國立中正大學歷史研究所‧ 史學論叢 1

隋唐中央權力結構及其演進

———————— 雷家驥著

東大圖書公司

國立中央圖書館出版品預行編目資料

隋唐中央權力結構及其演進／雷家驥
著.--初版.--臺北市：東大發行：
三民總經銷，民84
　　面；　公分.--（國立中正大學歷
史研究所史學論叢）
參考書目：面
ISBN 957-19-1718-4（平裝）

1.政治制度-中國-隋（581-618）
2.政治-制度-中國-唐（618-907）

573.138　　　　　　　　　83011800

© 隋唐中央權力結構及其演進

著作人　雷家驥
發行人　劉仲文
著作財
產權人　東大圖書股份有限公司
　　　　臺北市復興北路三八六號
發行所　東大圖書股份有限公司
　　　　地　址／臺北市復興北路三八六號
　　　　郵　撥／〇一〇七一七五——〇號
印刷所　東大圖書股份有限公司
總經銷　三民書局股份有限公司
門市部　復北店／臺北市復興北路三八六號
　　　　重南店／臺北市重慶南路一段六十一號
初　版　中華民國八十四年二月
編　號　E 62028

基本定價　拾壹元壹角壹分

行政院新聞局登記證局版臺業字第〇一九七號

有著作權‧不准侵害

ISBN 957-19-1718-4（平裝）

隋唐中央權力結構及其演進

東大圖書公司

編　號　E 62028

出 版 序

　　這書原是我我十五年前的博士論文。當年通過教育部學位考試後，一來因為工作無著，一貧如洗；二來又深感於文章誠如曹丕所說是「經國之大業，不朽之盛事」，不能也不敢率爾發表。後來執教文化大學歷史系，所承乏的課程與本書內容無關，於是一擱數年，不曾認真思考過出版之事。直到五、六年前，龔鵬程兄掌理學生書局編政，承其不棄，囑以付梓之事。其時正值國內經濟大好，政治日漸開放，可以搜羅參考的外國論著與大陸出版品日益充盈，原擬修改補充，了卻宿願，同時，也答報鵬程兄之盛情於萬一，然而筆者勞形於東吳史系行政之餘，費神於課研兩忙之際，實在心餘力絀，於是又一擱數年。惟投我以木桃，報之以瓊瑤，拙著《中古史學觀念史》反而率先交由學生書局出版了。

　　後二年，筆者南下嘉義協助毛漢光先生創辦歷史研究所，課研之繁忙不僅逾於往常，還要南北奔波，更是無暇顧及此書的出版。適值三民書局暨東大圖書公司劉董事長振強先生，氣魄渾厚，與本所簽訂系列的出版協約，於是師友相推，力邀出版。他們最能說服我的理由是，學術日新月異，推陳出新，我人之一作，僅有他山之功而已；何況，拙作除了可供作觀摩之外，還具有印證、紀念當年研學情況與水準的意義。

　　我在大學初期，原本以探究中國近現代的歷史變化為目標，生平第一篇論文是〈清宣宗對鴉片戰爭的各期態度〉，希望由此開始，一路研究下去，以止於當今。但是當時政治處於敏感期，我又窮困得連常跑故宮博物院、中央圖書館與中研院近史所的資費也了無著落，就算人到了那裡，管理檔案秘笈的人對身為大二學生的我，或者不予理會，或者婉拒借閱。資料取得的不易使我深深領會改變研究方向的必要性，是以從

大三開始，我決定以中國古代史爲研究鵠的，其中又以政治權力及其組織行爲作重心，展開系列探討：〈唐代樞密使到度〉是我的大學論文，〈曹植贈白馬王彪詩幷序箋證〉是我的碩士論文，而本書則爲博士論文。其間週游於師大、新亞和文大之學術廊廟，嘗以遊學於更多的老師，體會更多的學風自期。因此招致若干師友批評我門戶不專、血統不純，不過卻也獲得若干師友的欣賞與鼓勵，以今視昔，不免有幾許唏噓，也有幾許感恩！

個人經濟能力與政治禁忌的雙重阻礙，使我當年不得不斷然改變研究方向，回想起來不能不說是一個正確的抉擇，我因而定下心來紮實地看了一些人人皆可讀到的書，集中精神重新思考了很多人人都曾思考過的問題。也曾有師友告訴我，隋唐大問題已經被前輩高人研究殆盡，意思要我改變題目。不過，經過審慎的閱讀思考，我以爲從不同的角度提出問題仍然大有可爲。每個時代各有屬於那個時代的大問題，前輩高人所關心的、所解決的問題，後人未必就不能再加以探討。本書的研究成果或許並未超越前輩，但是問題的提出、解釋的進行，乃至結論的完成，不乏一愚之得，可供批評與觀摩。茲篇論文，在當時頗獲好評。這對我日後的學術興趣與研究自信，頗有翼助之功。教育部學位考試時，曾有一兩位前輩提出質評，其要點可以歸納爲兩個問題：第一，茲篇論文似乎衝著陳寅恪先生而來；第二，行文方式略嫌不妥。陳先生一直是我仰儀的前輩，對他的學說提出意見不代表衝他，也未必能衝得了他，無庸置辯。至於第二點，涉及我個人的治學理念，願借此稍作説明。

鄭樵批評司馬遷，説恨他博不足、雅不足。考據學興起以後，非博不足言考，非雅無以爲據，於是論學益講博雅，此係學風漸移所致。回想我進入研究所時，國內學術移植一套歐美的論文格式，行文言必作注，文末泛列文獻──窮中外古今有關乃至可能無關、已經讀過或者全未讀過的書目而列之，同時論證行文之時，力求典重，藉此炫示其博

雅，可以視作傳統所謂博雅的現代化形式。我以為其弊不免煩瑣累贅，
華而不實。

　　吾人豈能反對讀書需先求廣博？溯自司馬遷以來，「網羅天下放失
舊聞」是研究歷史的前提，惟僅僅讀書廣博卻不能等於成一家之言，這
個道理章學誠闡釋得最透徹。吾人又豈能反對言必有據？惟言必有據並
不等於言必作注，如果論證行文之間大量附注，而所注者則僅謂見某書
某卷某傳，實徒增煩瑣，於學術之推闡了無助益。此外，《史記》為文
史名著，不僅可以藏諸名山，也可以副在京都，「間以俚語」正是其關
鍵所在，這種特色如果可以被譏為雅不足，正坐今人古語之弊，而不知
歷史語言可以傳歷史文化的遞變，這個道理劉知幾已作過精采的闡釋。
鑑於這樣的治學理念，我的論文通常只列舉徵引書目及對我的觀念有重
要啓示作用的篇章，不敢過濫；腳注則力圖避免煩瑣累贅，儘量注其綜
要；至於論證行文，有時並不避運用約定俗成的俗語。

　　博士僅是研究所高級研究訓練的結果，獨立研究的開始，如果就此
便自視為博學碩識、天下莫我敵固然不可，以此為取得利祿的敲門磚也
有不當。我對當時研究風尚既有意見，自然必須透過訓練，將一己的理
念付諸實踐，茲篇論文就是這樣的一個產品，不完全走煩瑣經院派路
線，希望在符合學術性與知識性的要求下，兼顧其普及性和通俗性。對
我來說，研究只能藏諸名山束之高閣，畢竟有所遺憾，若是能傳諸其人
通都大邑，對學術的發展應該具有正面的意義。至於個人理念付諸實踐
後的得失如何，願求博雅君子之教正。

　　或許有人會發現我近幾年所發表，有愈來愈回到經院派的傾向。這
並不代表我否定了先前所秉持的理念。這是格於當今國內的學術體制和
風氣，身在學院，便必須發表「學術性」的論文，從而提供研究生以
「科班訓練」，不得不爾。環境不可扭轉謂之天，天之影響於人甚大，
古今皆然，如何調整天人之際，正是我近年思考的重要問題。

　　值此出版之際，指導教授宋旭軒和蔣慰堂二師是我必須表示感謝的，也謝謝學棣易毅成和張玲綾賢伉儷負責此書符號的調整與校對，我的岳家和拙荊黃淑梅女士，在我最窮乏之時賜予全力的支持，尤其令我衷心銘感，不敢忘懷。

目　　錄

出　版　序

序　論 ⋯⋯⋯⋯⋯⋯⋯⋯⋯⋯⋯⋯⋯⋯⋯⋯⋯⋯⋯⋯⋯⋯⋯⋯ 1

第一章　唐朝的崛興及其人事權力結構的演進

第一節　唐初的人事權力結構與武周革命 ⋯⋯⋯⋯⋯⋯⋯⋯ 7

一、陳氏假說及唐初開國、治國主要人物的社會背景 ⋯⋯⋯ 7

二、地區性價值觀念的差異及唐太宗新士族政策 ⋯⋯⋯⋯22

三、隋唐固本國策下的高級統治階層人事結構 ⋯⋯⋯⋯⋯25

四、唐初高級統治階層人事結構的摧毀 ⋯⋯⋯⋯⋯⋯⋯⋯32

第二節　武周的新權力結構及其威權政治 ⋯⋯⋯⋯⋯⋯⋯⋯43

一、武后崛起的背景 ⋯⋯⋯⋯⋯⋯⋯⋯⋯⋯⋯⋯⋯⋯⋯⋯43

二、武后權力系統的安排與展開 ⋯⋯⋯⋯⋯⋯⋯⋯⋯⋯⋯46

三、武后稱制與革命及其威權發展 ⋯⋯⋯⋯⋯⋯⋯⋯⋯⋯58

四、武周建立後的人事結構 ⋯⋯⋯⋯⋯⋯⋯⋯⋯⋯⋯⋯⋯68

第三節　「革命」餘波與復辟政潮 ⋯⋯⋯⋯⋯⋯⋯⋯⋯⋯⋯87

一、武周的繼承與發展 ⋯⋯⋯⋯⋯⋯⋯⋯⋯⋯⋯⋯⋯⋯⋯87

二、從妥協調和至復辟兵變 ⋯⋯⋯⋯⋯⋯⋯⋯⋯⋯⋯⋯⋯94

三、復辟政府與繼承政府 —— 中宗的抉擇及其嬖倖 ⋯⋯⋯97

四、第一次反韋武兵變及韋武集團的分裂 ⋯⋯⋯⋯⋯⋯ 103

五、二度復辟及其反動 ⋯⋯⋯⋯⋯⋯⋯⋯⋯⋯⋯⋯⋯⋯ 109

附注…………………………………………………… 123

第二章　隋朝唐初中央政府的重建及其危機

第一節　隋代中央組織的演進及權力的分配………………… 153
一、中央政府重建的原則………………………………… 153
二、最高行政部門的改革及其危機……………………… 160
三、出令、審駁系統的改革及三省關係………………… 165

第二節　唐武德體制及其危機………………………………… 172
一、李唐政權及行政組織法令…………………………… 172
二、隋朝唐初的機務授權與參政授權…………………… 177
三、最高行政部門的重建………………………………… 190
四、唐初政制危機………………………………………… 198

附注…………………………………………………… 205

第三章　儒家政治理想下的貞觀、永徽時代

第一節　中央權力的再度整合及大唐前期政制的形成………… 213
一、人才主義銓選政策及機關精簡……………………… 213
二、參政制度的重建……………………………………… 218
三、貞觀體制下的三省權力、地位與關係……………… 239
四、中央政務分行大單位的取消………………………… 253

第二節　君權的理性化與唐代繼承問題的根源……………… 262
一、君權與治權的關係及其惡化的原因………………… 262
二、唐初對君權的馴化…………………………………… 271
三、隋唐君位繼承問題的因素…………………………… 276
四、隋唐繼承問題的概況分析…………………………… 285

附注…………………………………………………… 305

第四章　律令制度的破壞與柔性體制的出現

第一節　君權提高與威權政治下的司法、監察及人事行政體系　325

一、律令與君權⋯⋯⋯⋯⋯⋯⋯⋯⋯⋯⋯⋯⋯⋯⋯⋯⋯⋯　325

二、君權的提高與司法系統⋯⋯⋯⋯⋯⋯⋯⋯⋯⋯⋯⋯⋯　330

三、君權提高與監察系統的發展⋯⋯⋯⋯⋯⋯⋯⋯⋯⋯⋯　338

四、政府人事行政權的分配及君主奪權⋯⋯⋯⋯⋯⋯⋯⋯　344

五、君主的特別任用權⋯⋯⋯⋯⋯⋯⋯⋯⋯⋯⋯⋯⋯⋯⋯　353

第二節　侵官奪權現象下的中央權力結構與決策、設計、

實作三聯制的演變⋯⋯⋯⋯⋯⋯⋯⋯⋯⋯⋯⋯⋯⋯⋯　360

一、君主專制與人事膨脹的關係 —— 內侍省之例⋯⋯⋯⋯　360

二、差遣機關的侵官奪權現象⋯⋯⋯⋯⋯⋯⋯⋯⋯⋯⋯⋯　368

三、行政結構的演變⋯⋯⋯⋯⋯⋯⋯⋯⋯⋯⋯⋯⋯⋯⋯⋯　373

四、三省制度的演變及議政制度的形成⋯⋯⋯⋯⋯⋯⋯⋯　379

五、平章政事機關職銜及職掌的奠定⋯⋯⋯⋯⋯⋯⋯⋯⋯　400

附注⋯⋯⋯⋯⋯⋯⋯⋯⋯⋯⋯⋯⋯⋯⋯⋯⋯⋯⋯⋯⋯⋯⋯⋯　409

第五章　唐朝軍事政策與國防軍事體制的奠定

與發展

第一節　唐初固本國策下的建軍政策及侍衛體系⋯⋯⋯⋯⋯　429

一、唐初建軍政策及其軍事體制⋯⋯⋯⋯⋯⋯⋯⋯⋯⋯⋯　429

二、政令二元化下的軍政體系⋯⋯⋯⋯⋯⋯⋯⋯⋯⋯⋯⋯　436

三、政令二元化下的侍衛體系⋯⋯⋯⋯⋯⋯⋯⋯⋯⋯⋯⋯　445

四、兵府的建制、功能、部署與國家戰略的關係⋯⋯⋯⋯　455

第二節　唐朝固本國策下的禁衛、警防及行軍作戰體系⋯⋯　462

一、禁軍的建立與功能……………………………… 462

二、禁軍兵源、兵力及其對政局的影響……………… 469

三、鎮戍的地位、組織與功能……………………… 474

四、（都督）府、州與鎮戍的督導指揮關係………… 482

五、行軍兵源與兵力………………………………… 493

六、行軍作戰體系…………………………………… 498

　　附注………………………………………………… 506

結　論…………………………………………………… 525

參考書目……………………………………………… 541

附　表

表一　唐「太原元謀、勳效功臣」背景……………………11

表二　唐「凌煙閣功臣」背景…………………………12

表三　唐初三朝決策階層人物背景統計……………16

表四　初唐（六一八～六四九）宰相及六部首長地籍比較………18

表五　唐初姻戚宰相………………………………28

表六　初唐（六二六～六八四）重要政治案件一覽…………33

表七　武后早期整肅重要人物（六五五～六六〇）………48

表八　高宗末期（六七四～六八三）武后北門學士集團………53

表九　武則天時代宰相統計………………………65

表一〇　則天時代酷吏集團重要人物……………71

表一一　武則天控鶴、奉宸集團人物……………79

表一二　中宗朝宰相背景及勢力消長………………102

表一三　睿宗復位期間太平集團宰相的政治成分……111

表一四　隋朝唐初中央職事官體系沿革………………157

表一五　隋尚書令、僕射人物……………………181

表一六　隋朝參政人物……………………………184

表一七　貞觀宰相、參政年表……………………227

表一八　貞觀尚書省官參政年表…………………242

表一九　唐武德間行臺……………………………257

表二〇　唐朝前期律令格式修撰…………………328

表二一　唐前期吏部尚書任用狀況………………350

表二二　唐高宗、則天時代新拜宰相分類統計……379

表二三　唐高宗、則天時代新拜宰輔本官分類統計……………… 390

表二四　唐高宗、則天時代新拜宰輔本官品秩統計……………… 391

表二五　貞觀十六衞府官稱沿革及職掌……………………………… 446

表二六　唐折衝府配置………………………………………………… 458

表二七　隋唐地方警防、兵府及行政三系首長品秩比較…………… 477

表二八　貞觀都督區…………………………………………………… 486

表二九　隋大業八年親征高麗行軍序列……………………………… 499

附　圖

圖一　唐朝統治階層的變動⋯⋯⋯⋯⋯⋯⋯⋯⋯⋯⋯⋯⋯⋯11

圖二　李唐創業功臣家世及屬區成分⋯⋯⋯⋯⋯⋯⋯⋯⋯14

圖三　漢靈帝時代政府統率指揮⋯⋯⋯⋯⋯⋯⋯⋯⋯⋯　155

圖四　隋開皇三年以前尚書省組織⋯⋯⋯⋯⋯⋯⋯⋯⋯　163

圖五　隋大業三年尚書省組織⋯⋯⋯⋯⋯⋯⋯⋯⋯⋯⋯　164

圖六　唐《武德令》頒定後尚書省組織⋯⋯⋯⋯⋯⋯⋯　194

圖七　唐《武德令》下的中央行政主要統率、指揮系統⋯　199

圖八　唐《武德令》下政府主要建制組織結構⋯⋯⋯⋯　203

圖九　唐貞觀體制最高命令正常運行系統⋯⋯⋯⋯⋯⋯　252

圖一〇　唐武德四年陝東道大行臺組織⋯⋯⋯⋯⋯⋯⋯　255

圖一一　隋唐繼承次序⋯⋯⋯⋯⋯⋯⋯⋯⋯⋯⋯⋯⋯⋯　278

圖一二　貞觀間內侍省編組⋯⋯⋯⋯⋯⋯⋯⋯⋯⋯⋯⋯　363

圖一三　武德七年國防、軍事體制⋯⋯⋯⋯⋯⋯⋯⋯⋯　435

圖一四　唐初左衞府組織編制⋯⋯⋯⋯⋯⋯⋯⋯⋯⋯⋯　449

圖一五　隋大業八年親征高麗行軍每軍行軍部署⋯⋯⋯　500

圖一六　貞觀軍事系統⋯⋯⋯⋯⋯⋯⋯⋯⋯⋯⋯⋯⋯⋯　504

圖一七　唐貞觀、永徽間律令制度下正常軍事體制⋯⋯⋯　505

序　論

　　唐朝是中國中古歷史上最偉大光輝的時代，近代中國許多文化因子，皆可以在這個時代尋覓到根源。可以這麼說：唐代乃是中國中古時代轉變爲近代的轉捩階段，宋朝則是承著其契機而加強改變，其種種的變化，正需要逐一加以研討。

　　中國史學降至現代，吸收了許多科學方法和理論，不少其他學科的方法理論亦可以引用於研究歷史。由於眼界大開，技術日新，國史研究，蔚然可觀。不過，運用新理論及方法去研究唐代的變革，迄今似仍未能令人滿意。當然，文化的進步在日積月累，難以一蹴卽就，許多新的解釋、假設及基礎研究，對於將來重新評估唐朝或中古史，甚至整個國史，其貢獻應該無可置疑。

　　研究歷史應該特重那一方面？這個辯論性的問題實在難以解答。然而一切政治、社會、財經等問題，皆統攝於文化之內，而且互相關聯，連鎖影響，勢難厚此薄彼。要之，凡是有關歷史性轉變的大政策、大制度、大事件、大人物，凡是有關國計民生的一切問題，皆需給予適當的重視與研究，庶幾可以達到通變成言的史家最高理想。

　　由於近來討論現代中國的論著日多，筆者從而約略瞭解近代中國如何進入現代化的社會，然而，近代中國如何形成，從何時開始？國人論著，實未能滿足其好奇心，外國論著則又多從社會經濟或者思想學術方面立論。至於爲今人評爲數千年專制的政治、政制及國防軍事，論述差少。選讀唐宋諸史，則感史海茫茫，了無岸涯！恐縱埋身於斯，若不凌空跳出，冥思默構，終無所得。於是節制範圍，擬定計劃，限以年月，逐步研討。

筆者興趣素在權力結構及政軍典制。讀大學時，曾以《唐代樞密使》為題，草就畢業論文。因而欲順此推究，進窺隋唐五代至北宋神宗改革的演變。綱領擬就，遂欲以六年時間，逐漸完成。不意博士課程繁重，敷衍無益，戮力以赴，由是耽擱兩年，了此學分。嵯峨至今，適逢世變，自身環境，亦大更張。窮乏如我，思無能力，再加延誤。是以將原計劃分為兩段，自隋至盛唐，遂先稿成。因論述以隋唐為主，故顏之曰《隋唐中央權力結構及其演進》，不連序論及結論在內，共五章，都約三十萬字。

本篇研究中央權力，分由人事權力結構、國策及高層政治權力組織、國家戰略及武力體系三大系統著手：其中再分由朋黨與政黨、威權政治、律令政治、政權與治權、政權的延續、治權的開展與演進、武力體系的建立與控制、中央與地方的權力關係、國策及其衍生政策等各方面，加以研討，相信隋唐中央權力演進各大問題，皆已收入討論範圍之內。

研究唐代權力結構，有若干問題需在此提出。隋朝及唐朝前半期大體上屬於律令政治時期，這段時期內，政府組織及行為大率以律令為根據，較傾向於法治。律令較為剛性，故研究起來也較為方便。及至柔性的格式政治興起，政府組織及行為即常常變動修改，常使研究陷於困境。例如玄宗時代使司林立，大體依照敕令格式而建置。其與君相關係如何，與律令機關的關係如何，皆有難以清理之感。另外，律令格式四種法令，除唐律之外，其餘幾乎無存；偶有殘句為政典採用而得以保留，但細管難以窺全豹，益增研究上的困難。試舉例言之：治政制史者恒喜視開元體制為唐朝政制未破壞前的典型，史料主要來源集中於《大唐六典》、《通典》、《唐會要》諸書、兩《唐書‧官志》。事實上諸書偶有採用令、格、式的條文，不過為數不多，而且《通典》以下諸書受《六典》影響甚大。《六典》世疑其為玄宗君臣理想化的政典，與史

傳事蹟未盡吻合。鄙意該書乃開元體制實際情況與開元令式的結合物，開元體制與該書所載頗有出入，原因在令、格、式與該書實際有所異同。《六典》與開元實際體制卽有如此差異存在，是則以上述政典所載，論定唐制本如此，顯然會陷於視政制爲靜態存在，無視政制動態有機發展可能的偏蔽。開元體制不可能代表安史事變以後的型態；同理也不可能代表貞觀體制，此兩個體制差異頗大。例如貞觀體制沒有員外宰相、中書門下、使司（節度使等）、獨立的禁軍體系；尙書省在行政法上仍爲宰相機關，三省分權制衡的狀態穩健施行。但是開元體制除了具有上述建制體系外，尙書省已排出決策系統，由中書、門下兩省長官及員外宰相合議決策，此皆爲非常重大的演變。《貞觀令》根據《武德令》修改而來，二者甚有差異，故《貞觀令》下的貞觀體制與《武德令》下的武德體制，亦有所差異。武德體制無參政制度而有天策上將與行臺的建制。體制不同，則權力結構有異，制度的精神意義及效果也因而不同。單以上述三種體制而論，武德體制較接近三省分權制衡型態，但因天策上將府及行臺等特殊組織而致亂。貞觀體制接近分中求合的精神，故內無權相及大統帥，外無地區性統一指揮組織僭越叛亂之禍。開元體制乃合議制，政治上有權相的出現，軍事上有藩鎮之禍害。僅舉此例，卽可顯示律令格式四種法令的遺佚，對唐代權力結構及其組織的研究影響之大，絕非《六典》等書可資補救。

　　其次，現今所存政典，對官署機關的編制及職權記述多，而對於其建制體系記述少，甚至沒有記載。這是傳統政典體例之弊，於本文研究亦增因難。

　　再次，兩《唐書》及其他書籍碑碣，收得人物不多，對於整個政府約三百年的人事結構研究，妨礙甚大。因此本文討論人事結構，取樣以功臣及三省長官爲主。竊意功臣可以代表李唐開國的主要力量：宰輔可以代表其決策，尙書都省及六部可以代表其行政力量，其人皆爲國家最

高權力圈內的人物，起碼可以涵蓋李唐中央最高的人事權力結構，而且資料較齊全，使統計上的涵蓋性增強。

上述三者乃是困難的犖犖大者，尚有不少較小的困難，於此不便贅述。爲了補救缺陷，本文研究時，儘量因著問題的性質，而採用該類學科的方法及理論加以研討，有時也運用演繹方式加以大膽的推論。筆者無意認爲所論將爲學界定論，其目的僅在試圖向學界提供新說而已。因此大問題儘量在正文論述，細部考證則置於附註中。

關於本文史料來源的問題，似有略加說明的需要。研究隋朝的權力組織，最基本有《隋書》在。《隋書》原無志，現今《隋書》十志乃于志寧等撰述，號稱精詳，在唐世單行，名爲《五代史志》。此書官志部分，似爲唐初學者依據隋《開皇令》及《大業令》修撰而成，二令今已佚，故其志實已成爲研究隋制最接近第一手的史料。其情形與《舊唐書‧官志》及《六典》對研究唐制略相似。《通典》及《新唐書‧官志》皆受《六典》影響，而《通志》、《文獻通考》則多沿《通典》之文。單就史料價值而言，《舊唐書‧官志》偶然收入律令格式條文，其價值尤在《六典》之上。研究盛唐以後政制，《六典》、《通典》、《新唐書‧官志》皆爲必讀之書。研究開元以前則不然，《舊唐書‧官志》經愼擇後方可採用，仍未爲最佳的史料來源。鄙意研究唐初，《唐律疏議》及《貞觀政要》兩書，實爲第一手史料所在，《疏議》收入法令遠較《舊唐書》爲多而且詳細，《政要》則爲兩《唐書》、《資治通鑑》、宋人所編大類書所採擷的對象。至於《唐會要》及《唐大詔令集》，收入詔敕公文甚多，亦爲第一手史料所在，可惜其對令典格式，猶未廣泛採摘。總而言之，本文討論盛唐以前體制，先徵《疏議》、《政要》、《會要》、《詔令集》及《舊唐書》諸志，然後旁參《六典》、《通典》以下各書，若無異同者則不注明贅述，若有異同，則在附注內考辨。

此外，唐人文集不少，碑碣亦多，此皆研究該人生前政制的第一手

史料。但其涵蓋性有限，僅可以作爲研究該人所處時代的體制中之某部分，不可籠統以偏蓋全。例如盛唐時代的名文人李華，所撰〈中書政事堂記〉顯然爲盛唐情況的寫照，若用之解釋貞觀時代的政事堂，恐有問題；且其文亦頗有錯誤，恐因李華非政制專家的關係。事實上張九齡、李林甫等撰注的《六典》，及杜佑所撰的《通典》，所言制度多爲盛唐制度，對於唐初已不甚了了，因此又何怪於李華？唐代制度及政制的文獻，宋初有《太平御覽》及《册府元龜》收輯；唐人文章碑碣，宋初有《文苑英華》、《唐文粹》，清朝有《全唐文》，近者有嚴歸田（耕望）師《石刻史料叢編》收輯，洋洋然蔚成大觀。然而唐人當時認識之誤，諸書傳抄之誤，運用時尤須審辨，不敢魯莽。一篇文章，一個事件，若後來傳抄之書與最早記述之書相同，雖文字略異，亦僅徵引最早可見史料的出處，餘書不引；若意義不同或需綜合介紹，則於附注特加說明。蓋餘贅若多，恐煩覽閱。

　　當世對隋唐政治與制度史有重大發明的大師，如陳寅恪先生、錢賓四師和嚴歸田師等，他們的學說已廣爲人知，所以我討論和引用他們的學說時，也就不贅引其出處。非敢掠美，而是李、杜文章在，光亮自然明；無庸再贅，卷末附載於參考書目卽足矣。

第一章　唐朝的崛興及其人事權力結構的演進

第一節　唐初的人事權力結構與武周革命

一、陳氏假說及唐初開國、治國主要人物的社會背景

隋煬帝失政，羣雄並起，尤以山東地區最烈。若從當時地域區位看，太原留守李淵的一枝，亦屬於山東反抗集團。太原起義集團迅速以武力控制了根據地，制定了北和突厥，南取關中，然後才逐一消滅羣雄的大戰略，其大戰略構想是所有起義羣雄中最成功的。太原集團在極短的時間內，略定了關中與四川兩個地區。這兩個地區的略定，被傳統的地緣戰略家認爲已經控制了征服全國的戰略中心，與劉邦開創漢朝的戰略頗相類似。關中爲隋朝首都大興城所在，倉庫儲備尚稱充實，而設在關中的折衝府兵力，則多被徵調於征伐高麗，當時隋煬帝留駐江都，僅以留守部隊作爲拱衞武力，遂給予太原集團實施長驅直突戰略的好機會。李淵略定關中，僅對反抗他的留守重要人員施以懲罰，其他隋朝官員及各種設施，率多仍舊，成爲後來統一中國的人才及物質基礎。

唐朝建國的策略與隋文帝建國策略完全一樣，大方針皆在如何鞏固中央政府及其君權，姑名之爲固本國策。唐朝的國策既與隋朝相同，因而律令體制亦沿襲開皇律令。開皇律令依國家安全構想設計而成，國家

安全的重心則基於固本國策而設計，因此隋唐建國政治的特色前後是一致的，不過隋文帝與隋煬帝的自制力比不上唐高祖與唐太宗，因而實行起來，二者所顯示的精神意義自有差異。整個政府組織的差異留俟後來各章研探，這裏僅以人事權力結構作爲研究重心。

隋唐統治權大體上始終由士族把持，史家對此多無異辭。若深入觀察，從兩晉以降，政權皆建在門第社會之上，掌握政權的王室，勢須與擁有高門第的士族合作，被統治者乃爲大多數的寒素庶人。但是，若以隋朝建立爲分界點，前此時代與後此時代的統治階層具有實質上的變動；這種變動因客觀因素，如科舉制度、賢能標準等的創制或改變而促成，二者最大的差異點是：前者士族子弟具有幾乎是世襲的絕對權利，而後者僅有相對資格。隨著時代的演進，魏晉以降的大士族部分出現了陵替下降的現象，或者出現了分枝削弱的現象，加上新士族的加入統治階層，遂使變動常常發生❶。

陳寅恪先生注意到隋唐士族變動的問題，提出了一些著名的假設。陳氏假設包括了：第一，北周實施「關中本位政策」，此政策至武則天時代才被摧毀。第二，在「關中本位政策」下，出現了關隴集團與山東集團的嚴重衝突，地域政治集團在隋唐仍然存在矛盾，成爲政潮的因素。第三，士族控制統治權，引起寒素的劇烈競爭，降至武則天時代，實施壓抑士族而拔擢寒素的政策，爲篡奪行動打基礎❷。自從陳氏假設出現，引起了中外學者的廣泛注意與進一步研究，或補充、或反對其成說，而焦點則多集中於陳氏假設的第二與第三點上。

所謂「本位政策」，據其論述，相當於今日政治學上的國策，「關中本位政策」蓋卽以關中地區爲國本的國策，這個國策的成立肯定，才能衍生出關隴與山東兩地域集團嚴重衝突的說法。鄙見陳氏此項假設是有缺陷的。因爲國家政策的制定，與其建國、立國的環境具有密切關係。陳氏解釋「關中本位政策」是出於形勢的需要，西魏、北周政權的開國

與立國，需要與東魏、北齊政權及南朝政權抗衡，因此在文化上提出正
統口號，在實質上須借賴關中力量，遂採定了「關中本位政策」。在此
國策實施之下，西魏、北周的統治階層遂歧視與排斥其他地區的人士，
因而引起衝突。若將此問題擴大並深入觀察，將可發現陳氏假設的第一
點並不是絕對正確的。

　　當晉元帝渡江，把政權建立於南方初期，政權的建立與穩定需要追
隨他南下的官僚及士族共同努力。南渡的士族原本在北方已具有勢力，
既然他們追隨政府南遷，自然是效忠政府的一羣，他們自然是統治權開
放分享的優先對象，這種政策也當然引起政權所在地區的南方人士的不
滿，而產生內在的矛盾。晉政府以王導為首，修改政策，開始引用南方
士族參政，其後又出現了「土斷政策」，使北人與南人融和，此即立國
於此，勢須依靠此地人民支持立國的客觀形勢所趨。若以陳氏假設的理
論來推論，此即南朝政權的「江南本位政策」。北魏自北南遷洛陽，下
令南來人眾皆定籍河南，並引用北方士族參政，這種情形與南朝頗有類
似之處，同理固可視為「河南本位政策」，廣言之亦可視為「北方本位
政策」。事實上南、北兩朝的政策乃基於現實的需要而制定，「江南本位
政策」之下，固不歧視北人或投降而來的北人；而「河南本位政策」亦
不歧視關隴或南朝的人物。為了爭取立國與勝利，南、北兩政權皆會求
取適當的人才為己用，地域因素當在其次；同理可推於西魏、北周及東
魏、北齊兩對立政權。依照政治發展來看，北方兩政權的建立皆為「北
方本位政策」下的統治階層分子，雖然各為其主，實無互相絕對斥拒的
需要；尤其北周政權統一了北齊，立國已不偏限於關隴，雖然首都建在
關中，但整個北方的統治，勢必不能僅靠關隴集團來維持。同理隋朝統
一了中國，亦勢須起用全國各地人才來治國。「關中本位政策」在此客
觀因素之下，若不揚棄，亦將遭到大幅度的修改，斷難維持幾達一個半
世紀之久，且其間英睿君臣輩出，亦斷不會不注意此危害國家安全的大

問題。鄙見認爲在國家統治權的人事結構上，由於北周是征服者，北周士族在現成上已掌握了統治權，被征服而另以新進姿態出現的北齊官僚自然處於劣勢，他們的任用及遷進資格自然不及關隴士族，這種情況是可想而知的。同理隋朝挾北方的力量統一南朝，南朝的士族所面臨的問題，亦當與北齊系統官僚最初被征服時相類似，這種情況是自然的演進。當然，某些關隴官員爲了確保他們已得的利益，某些山東及南朝官員爲了爭取未得的利益，而互相結黨產生競爭衝突是可能的，但這類事件幾乎在任何朝代均會出現。至於說構成地域政治集團，舉集團之力互相衝突，在隋唐之際則頗待商榷，在中國全部歷史則事屬罕見。論述隋朝唐代的政治風潮，竊意與其用地域政治的角度來申論，毋寧用個別案例或士、庶矛盾的角度來觀察，似乎更有可能得到歷史的眞相。

唐朝統治階層中，士族比例顯然佔絕大多數，與兩晉南北朝的差異甚微❸，因此唐代政治，可以視爲士族政治的延續，唐代社會亦可視爲門第社會的延續。若分期觀察，唐朝幾近三百年的時間，統治階層的結構雖有變動，但士族恒爲大多數的統治者。

唐朝的統治階層以士族爲主是可以肯定的。進一步需探討的則是唐朝政權的開創，依靠那些人物來支持？關於這個問題，由於史料的缺乏，很難對唐初所有官吏作一調查，唯一可行的乃是抽樣調查。一個王朝的建立，自會產生一批開國功臣；開國功臣乃是探求開國人事結構的最佳對象。武德元年（六一八）八月六日，高祖卽位不久，下詔推崇李世民等十七人爲「太原元謀勳効功臣」，這十七人代表了太原起事，開創政權的重要憑藉。降至貞觀十七年（六四三）二月二十六日，太宗亦下令推崇長孫無忌等二十四人爲「凌煙閣功臣」，對部分太原功臣及協助他奪權、治國的要員加以肯定的推崇。這兩類人物已能代表唐朝政權開創的力量，因此可爲抽樣調查的最適當對象。

圖一　唐朝統治階層的變動❹

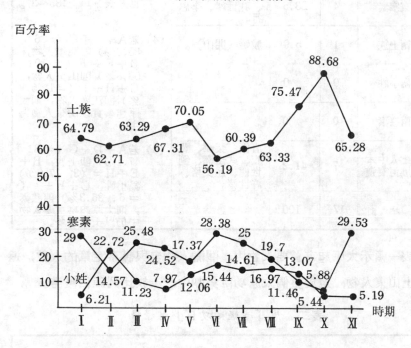

百分率

時期

表一　唐「太原元謀、勳效功臣」背景❺

類　　別	人數	百分率	姓　　　名	備　　　　　註
A關隴士族	2	11.8	李世民、竇悰。	(1) 上述功臣多在兩《唐書》有傳，頁碼不贅引，但《新傳》率皆簡略，不及《舊傳》精詳。
B關隴小姓	2	11.8	劉文靜、劉弘(宏)基。	
C關隴寒素	2	11.8	張平高、李高。	(2) 殷嶠卽殷開山，世仕江左，陳亡然後入關，寄籍雍州鄠縣。從陳亡至太原起事僅二十八年，固未宜列爲關隴集團；見《舊殷嶠傳》8:4～5，《
D山東士族	5	29.4	長孫順德、唐儉、柴紹、裴寂、武士彠。	

類別	人數	百分率	姓名
E 山東小姓	1	5.9	劉政會。
F 山東寒素	4	23.5	劉世龍、趙文恪、許世緒、李思行。
G 江南士族	1	5.9	殷嶠（開山）。
H 江南小姓	0	0	
I 江南寒素	0	0	
J 十七人中本貫屬河東道	7	41.2	唐儉、柴紹、裴寂、武士彠、劉世龍、趙文恪、許世緒。
合　　計	17	100	

備註（續）：

新殷開山傳》15:1～2。

(3) 武士彠家族兩《唐書》皆不詳，今據《新宰相世系表》14上:35～37。

(4) 若A＋B＋C（＝6；35.3%）即關隴人物，D＋E＋F（＝10；58.8%）即山東人物，G＋H＋I（＝1；5.9%）即江南人物，則太原起事實以山東人物為主。

(5) 若A＋D＋G（＝8；47.1%）即士族，B＋E＋H＝（3；17.6%）為小姓，C＋F＋I（＝6；35.3%）即寒素，則太原起事重要人物中仍以士族為多。

　　表一顯示太原起事首要人物中，關隴人物參與謀事定策的人數，遠比不上山東人物；至於整個太原功臣集團中，士族比例確佔優勢。

表二　唐「凌煙閣功臣」背景❻

類　　別	人數	百分率	姓　　名
A 關隴士族	3	12.5	李孝恭、杜如晦、李靖。
B 關隴小姓	3	12.5	劉弘基、屈突通、侯君集。
C 關隴寒素	1	4.2	尉遲敬德。
D 山東士族	7	29.2	柴紹、長孫順德、房玄齡、長孫無忌、唐儉、高士廉、李勣。
E 山東小姓	3	12.5	劉政會、魏徵、段志玄。
F 山東寒素	4	16.7	秦叔寶、程知節、張公謹、張亮。

備註：

(1) 侯君集兩傳皆不詳其先世，今據《新宰相世系表》12中：30，列為小姓。

(2) A＋B＋C（＝7；29.2%）為關隴人物，D＋E＋F（＝14；58.3%）為山東人物，G＋H＋I（＝3；12.5%）為江南人物，則山東人物實佔功臣的過半數。

(3) A＋D＋G（＝13；54%）為士族，B＋E＋H（＝6；25%）為小姓，C＋F＋I（＝5；21%）為寒素，則功臣

G江南士族	3	12.5	殷嶠（開山）、蕭瑀、虞世南。
H江南小姓	0	0	
I江南寒素	0	0	
合　　　計	24	100	

中以士族爲多。

(4) 李勣兩傳皆謂其山東富家，今據《新宰相世系表》徐世勣（卽李勣）條，曾祖以下三世爲刺史，應爲山東士族，15下：26。

　　據此表二，原已在武德元年名列「太原元謀勳效功臣」，貞觀十七年再列入「凌煙閣功臣」名單內者，計有劉弘基、殷嶠（開山）、劉政會、柴紹、唐儉、長孫順德六人。總之，此二十四人中，仍然是山東人物遠多於關隴人物；士族仍略佔多數比例。若上述三十五個功臣能夠涵蓋了唐朝建立政權的動力，則可推論唐朝開國的基本是以山東人物爲主，而以山東、關隴士族貢獻的力量較大；兩地區的士族力量，以山東地區略勝。據此，想高祖、太宗開創及穩固政權之初，需求人才及支持力量孔急，斷不會故意安排山東及關隴人物數量相當，力量相佯，以避免黨爭的發生。是則若說唐朝開國的權力結構，仍然沿襲「關中本位政策」，而依靠關隴集團之說，未可輕加採信。唐代邑里混亂，地望失實，劉知幾在《史通·邑里》已有痛論。陳寅恪先生對所謂山東、關隴，沒有定下界定，讀之者僅對此二涵意具有模糊的印象。今以貞觀十道爲準，關內道、隴右道列爲關隴地區，河南、河東、河北三道列爲山東地區，山南、淮南、江南、劍南、嶺南列入江南地區。人物的屬區一以本籍爲主，除非遇到特殊個案，例如劉文靜源出彭城劉氏，本族世居彭城居巢，但文靜一家自本族脫離，寄籍京兆武功，父祖皆在周、隋做官，因此記其屬區爲關隴小姓。至於陳寅恪先生將長孫無忌及褚遂良列屬關隴集團的領袖，不免有主觀之嫌。褚氏在漢代徙居河南陽翟，後來舉族南渡丹陽，世仕江左，爲江南士族，斷不因其父子曾在中央做

官，卽列入關隴集團，若陳先生的推論法可以成立，則凡在隋唐做中央
官的家庭，皆可列屬關隴人物，是則關隴、山東、江南，勢無明顯的分
界。至若因爲長孫無忌連姻王室，爲天子元舅，則不顧他身出元魏宗室
之長，世居河南洛陽的事實，而列屬關隴士族，亦屬主觀之例。因爲如
此一來，凡身爲外戚者，不論本籍，皆須改變地望，搖身變爲關隴人。
試想功臣之中，連姻王室帝族的人不少（詳後），若家族尙公主的、家
族出皇后的皆列屬關隴，而與皇子、皇弟及其子女聯婚的家族仍繫本
籍，如此分類是絕不合理的。舉長孫氏爲例，長孫氏一族爲洛陽高門，
絕不因長孫無忌一家爲外戚而改變；長孫無忌爲長孫順德的侄子，順德
擁有雙重功臣身分，若將無忌列爲關隴士族，則順德將如何安置？因
此，除劉文靜此類已移居數代的特殊案件之外，其他一概以本籍爲屬區
的標準，是較爲合理的分法❼。若以鄙見爲分類標準，將可把三十五名
功臣的背景分繪成圖二中的兩個比例圖，甲圖表示功臣的社會門第，乙
圖表示功臣的地域屬區，如此則李唐開創政權的人物成分，可以一目瞭
然，無須冗贅。

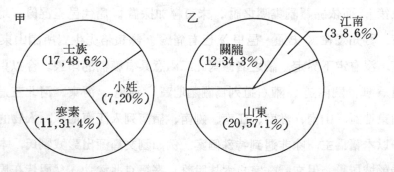

圖二　李唐創業功臣家世及屬區成分

甲　　　　　　　　　　乙

士族　　　　　　　　　　　　江南
(17,48.6%)　　　　　　　　　(3,8.6%)

　　　　　小姓　　　　關隴
　　　　(7,20%)　　　(12,34.3%)

寒素　　　　　　　　　　山東
(11,31.4%)　　　　　　(20,57.1%)

　　唐朝開國創業功臣以山東人爲主，士族成分所佔比例較多，上述圖
表可爲佐證。功臣是開國事業中最重要的一羣人，沒有他們的支持協
助，唐朝能否建立，尙爲未知之數，因此上述圖表的涵蓋性應是相當大

的。另外，士族比不上小姓與寒素合起來的比例，亦宜注意。

　　開國創業情況既然如此，至於建國治國的人物背景又如何？唐初羣臣眾多，不可遍搜，即以毛漢光先生的統計，在武德貞觀之間所能控制的官員數目，亦不過四百餘名，事實上這三十三年中，即中央官的數目已遠超此數，更遑論地方官了。在史料缺乏情形之下，惟一可行的仍是抽樣調查。按照律令政制，國家權力集中控制於高品（三品以上）官。但高品官中，有些是無職掌的如三師三公；有些是地方長官如都督刺史；有些是侍從文教官如太子宮僚、秘書監等；有些是實作機關長官，如諸卿；處理國家政務的厥為三省官員，而三省官員之中，又以國務決策階層的三省長官及以他官參政的官員最為重要。決策階層關係到大政方針及國務處理，以之為取樣對象最為適當。因此治國人物抽樣調查，即以此為準；時間斷限自武德元年（六一八）起至高宗顯慶五年（六六〇）止。因為高宗即位前期仍然遵循貞觀制度及政策，這段時間世稱「貞觀、永徽之治」。自龍朔元年（六六一）以後，制度政策頗有更張，而且武后亦開始干政，人事面目漸變。今以顯慶五年以前唐初高祖、太宗、高宗三朝宰相及參政官作成表三，裨便討論。

　　根據表三所示，初唐四十二年之間，決策階層的權力結構以士族為主（見A＋D＋G項），士族在決策組織中獲得壓倒性優勢。若以屬區來觀察，則山東人物較關隴人物略佔優勢（見備註欄）；如果將山東人物與江南人物合為一集合，則關隴人物在決策組織中遠處下風，情況與圖二乙圖所示相類似。值得注意的是四十二年之間，開國初期的大臣已先後老成凋謝，政府的第二代官員陸續繼起接棒，自太宗末年至高宗初期，正是統治權逐漸交替的時期。根據統計數字，若從家世的角度去看，士族在決策階層中的力量逐漸減弱，而寒素及小姓則逐漸擡頭。提拔寒素及小姓進入決策階層的政策，在太宗時期已顯示出來，被提拔的

表三　唐初三朝決策階層人物背景統計⑧

類別	高祖朝 人數	百分率	小	計	太宗朝 人數	百分率	小	計	高宗早期 人數	百分率	小	計	三朝合計
A 關隴士族	6	50.0	A+B+C=7 (58.3%)	A+D+G=11 (91.7%)	5	20.0	A+B+C=6 (24%)	A+D+G=17 (68%)	4	22.2	A+B+C=6 (33.3%)	A+D+G=12 (66.7%)	關隴人物 18
B 關隴小姓	1	8.3			1	4.0			1	5.6			士族人物 32
C 關隴寒素	0	0			0	0			1	5.6			
D 山東士族	3	25.0	D+E+F=3 (25%)	B+E+H=1 (8.3%)	8	32.0	D+E+F=15 (60%)	B+E+H=5 (20%)	5	27.8	D+E+F=8 (44.4%)	B+E+H=4 (22.2%)	山東人物 21
E 山東小姓	0	0			4	16.0			2	11.1			小姓人物 10
F 山東寒素	0	0			3	12.0			1	5.6			
G 江南士族	2	16.7	G+H+I=2 (16.7%)	C+F+I=0	4	16.0	G+H+I=4 (16%)	C+F+I=3 (12%)	3	16.7	G+H+I=4 (22.2%)	C+F+I=2 (11.1%)	江南人物 7
H 江南小姓	0	0			0	0			1	5.6			寒素人物 4
I 江南寒素	0	0			0	0			0	0			
總計	12	100			25	100			18	100			46
關隴：山東：江南	7:3:2				6:15:4				6:8:4				
士族：小姓：寒素	11:1:0				17:5:3				12:4:2				

備 註

(1)「三朝合計」項皆已剔除了重複的人物，其數目所代表的人物詳⑨。

(2) 所收四十六名宰相，包括三省首長及參政宰輔⑩。

(3) 關隴人物十八名，山東人物二十一名，顯示關隴決策階層人物略佔優勢。

(4) 三地區的士族人物合共三十二名，佔總人數69.6%，顯示士族為主要冶以往結構，在政府中具有壓倒性優勢與史書所載相合。

(5) 總計項下面比數的表示三朝權力結構變動的趨勢。

人物或者是開國的臣子，或者是後起的人才。儘管寒素或小姓在太宗與高宗時的決策階層中各僅佔不超過三分之一的比例，但二者合起來則已達二分之一，與高祖時代士族壟斷的局面比較，實在不可同日而語。若說武后為了打擊關隴士族才起用寒素及小姓，此說誠有未盡是之處；毋寧說此政策在太宗時已施行，高宗與武后將之推廣，可能更接近當時史實。

　　從另一角度看，此四十二年間是否因為「關中本位政策」的影響，導致決策階層中，關隴人物佔優勢的局面？根據表三的顯示，這個假設成立的機會甚微，而且愈後似愈不可能。開國功臣集團中，山東人物佔過半數以上優勢，這些人物以意氣風發的革命人才為多，而經綸論治的治國人才較少，尤以太原功臣最具此種現象。高祖靠他們協助，以「馬上得天下」，但卻不便重用他們，以「馬上治天下」。何況從起事至攻入首都，為時極短，首都原有的隋朝官僚，曾與高祖比肩事主，對他的篡權亦沒有強烈的反對，反而協助他篡權建國，因此關中官僚，實亦唐朝開國集團的一羣。他們是現任治國的官員，具有豐富的行政經驗，因此他們在篡政初期的組織中，仍然具有優勢，但非壓倒性的優勢。而且，這種優勢在太宗朝已經逐漸在決策階層中消失，在人數方面已比不上山東人物。山東人物在決策階層中，已佔過半數的比例，力量遠超關隴人物了。什麼因素促成此種轉變？鄙意高祖以太原為起事的大本營，太宗亦以洛陽為其政治鬥爭的根據地，這兩個中心皆屬山東地區，而父子二人所依靠的人物，多為山東豪傑，尤以太宗公開延攬人才，深沉經綸的人物更多，因此在太宗奪得君權之後，其重要幹部皆因而進入決策階層。這是出於政變之後客觀政治的需要，亦與他們的卓越才幹及太宗感情上的信賴有關。由於太宗踐祚的政治環境與高祖時頗不相同，所以高祖十七名太原功臣之中，在他踐祚時，僅有李世民、裴寂與劉文靜三人同時

進入決策階層，所佔比例甚微。但是太宗「凌煙閣功臣」二十四人之中，卻有杜如晦、長孫無忌、高士廉、房玄齡、李靖、侯君集、魏徵、張亮、李勣、蕭瑀十人，相繼成為重要的決策階層人物，尤其以房玄齡、杜如晦、高士廉、長孫無忌與魏徵五人，最為太宗所倚信，權力極大。山東人物既為功臣的重要結構，隨著他們升進決策階層，則所謂「關中本位政策」下的關隴力量勢須弱化。高宗初期既是新、舊人物交替的時期，玆以高祖、太宗兩朝，三省六部首長的屬區作一比較，則太宗朝宰相及重要政務首長的人事改變情形，更可明顯表示出來。

表四 初唐（六一八～六四九）宰相及六部首長地籍比較[10]

類　　別	尚書令僕射	侍中	中書令	參政	六尚	部書	小計	區域合計	備　　註
A關隴士族	3 (30)	6 (40)	6 (42.9)	2 (12.5)	22 (42.3)		27 (42.6)	29 (47.5)	包括李世民、杜如晦、杜淹、李元吉、李靖、竇威、竇抗、楊恭仁、楊師道、宇文士及十相，另有十七尚書（已剔除與宰相重複的人物，下同）。
B關隴小姓	0	1 (6.7)	0	1 (6.3)	3 (5.8)		3 (4.9)		包括劉文靜、侯君集兩相及韓仲良一尚書。
C關隴寒素	0	0	0	0	0		0		
D山東士族	6 (60)	4 (26.7)	4 (28.6)	5 (31.3)	18 (34.6)		18 (29.5)		包括裴寂、封德彝、長孫無忌、房玄齡、高士廉、溫彥博、裴矩、王珪、高季輔、李勣十相，另李綱等八尚書。

E 山東小姓	0	1 (6.7)	1 (7.1)	3 (18.8)	2 (3.8)	6 (9.8)	28 (45.9)	包括魏徵、岑文本、戴冑、崔仁師四相，另劉政會、武士彠二尚書
F 山東寒素	0	1 (6.7)	1 (7.1)	2 (12.5)	3 (5.8)	3 (6.6)		張行成、馬周、張亮三相，此三相均曾任尚書，或以尚書參政。
G 江南士族	1 (10)	2 (13.3)	2 (14.3)	3 (18.8)	3 (5.8)	5 (8.2)	6 (9.8)	蕭瑀、陳叔達、劉洎、褚遂良四相，許敬宗一尚書。
H 江南小姓	0	0	0	0	1 (1.9)	1 (1.6)		僅任瓌一尚書。
I 江南寒素	0	0	0	0	0	0		
J 背景不詳者					2 (3.8)	2 (3.3)	2 (3.3)	兩《唐書》無傳，家世籍貫不明者乃沈叔安、蕭造兩尚書。
K 收得人數	10	15	14	16	54	63	63	三省及參政宰相共三十三人，以地域區分，關隴：山東：江南=12：17：4。六部尚書中，關隴二十五人，佔48.1%，山東二十三人，佔44.3%，江南四人佔7.6%⓫
總計（百分率）	10 (100)	15 (100)	14 (100)	16 (100)	52 (100)	61 (100)	61 (100)	

　　根據表四，六部政務首長中，關隴與山東人數相差不大；但宰相及參政宰相則自貞觀時期，山東人物已獲得優勢。若將山東人與江南人合為一集合，則唐初四十二年政治，不論決策階層或六部政務機關，關隴人物常處於少數的地位，政治舞臺讓山東人與江南人佔有了人數優勢。儘管四十二年間全體官員或者經常有變動，但宰相與六部首長代表了官

僚系統的最高層次，起碼顯示了政府最高階層具有山東人物佔優勢的趨勢，陳氏假說固未可深信為定論。

根據表一至表四，起碼對唐初四十二年的權力結構產生某些認識。在家族背景方面，這也是一個重要的社會因素，唐朝的開國，包括唐高祖太原起事及唐太宗兵變奪權，他們的幹部多來自士族家庭。但士族子弟在開國之初，並沒有佔盡壓倒性的優勢。由於唐高祖很快的奪取了關中，作為經略中國的根據地，於是勢須取得富有治國經驗及社會勢力的隋朝官僚作為支持。所以武德時代的政府決策階層，除了擔任宰相極短的劉文靜之外，其餘十一名宰相全部為士族子弟。十一名宰相中，竇威、竇抗、楊恭仁、宇文士及、裴矩、蕭瑀、陳叔達七人皆為隋朝舊臣。原本在政界極為活躍而具有勢力，武德時代獲得特別信任而全權處理庶務的蕭瑀，他是南朝蕭梁王室子弟、隋煬帝的妻舅，具有堅強的意志與豐富的行政經驗。出身楊隋宗族的楊恭仁，亦是身分顯赫，他的父親楊雄是隋朝大將，是隋朝第一個參政官，他的叔父楊達亦為煬帝的納言（侍中），他本人亦在隋朝擔任重要的官職，因此他被高祖遙授納言，成為唐朝第一個軍區司令遙授宰相之例。此種措施無異含有對隋朝舊臣安撫，以爭取支持之意，因此太原功臣僅有李世民、裴寂、劉文靜三人進入決策階層，佔全部宰相四分之一，而且裴寂亦出身山東土族，曾任官於隋朝，由開國到治國，士族皆成為重要的支柱，無怪武德三年某日，高祖對右僕射裴寂驕傲的說：「我李氏昔在隴西，富有龜玉，……及舉義兵，升為天子。至如前代皇王，多起微賤，劬勞行陣，下不聊生。公復世冑名家，歷職清要，豈若蕭何、曹參，起自刀筆吏也！惟我與公，千載之後，無愧前修矣！」❷高祖驕傲的說話，在統計上得到了有效的證實。但武德朝士族壟斷政治的局面維持不了多久，隨著以小姓及寒素佔多數的功臣集團加入統治階層，尤其升進決策及政務階層，士族的力量卽遭到削弱。太宗朝小姓及寒素進入決策階層的，由原來的百分

之八強劇增爲百分之三十六，高宗前期增至百分之三十八點九，六部尙書的小姓及寒素比例亦隨著增加。政府最高層次開始公開提拔士族以外的人物，此與高祖時重用士族同爲有意安排的人事政策。太宗君臣制定的國家人事政策在選拔賢才，因此吏部尙書楊師道切實執行，「深抑勢貴及其親黨」，發生時論評擊的事件❸。因此，提拔小姓及寒素的政策，實不始於武則天。 就以陳氏假說特別強調的關隴士族集團而言， 他們在武德朝的決策階層中佔多數的百分之五十，在太宗朝已跌至百分之二十，高宗早期亦僅佔百分之二十二強。強弱逆轉的軌轍，於此可見。不過，人數上的處於劣勢，縱在「人治」特色減弱，「法治」特色加強的貞觀時代，尙未必表示關隴士族已完全弱化。若從三省宰相的人事變動中觀察，將可瞭解更清楚。

　武德貞觀間，尙書省宰相共有十人，武德時代，秦王李世民一直擔任尙書令，裴寂擔任右僕射。但李世民兼職甚多，且常出征在外，無法兼顧國家政務；而裴寂以太原功臣受寵於高祖，平常僅陪侍高祖，對李世民主持下的尙書省並不實際負責工作。於是全國政務工作，遂落在蕭瑀身上，所以蕭瑀在武德六年由中書令調升爲右僕射，而原任右僕射裴寂則遷爲左僕射，政務仍由蕭瑀負責。因此武德朝的尙書省，一直由江南士族的蕭瑀主持❹。太宗朝尙書省最重要的長官爲房玄齡與高士廉，二相乃促成「貞觀之治」的重要人物，亦爲太宗爲秦王時的心腹。二人同爲山東士族子弟， 尤以房玄齡任期長達十四年， 已超過貞觀時期之半。總括來說，尙書省十相全爲士族子弟。

　門下省侍中在武德朝亦爲士族壟斷， 任職最久的仍爲江南士族、陳朝帝裔出身的陳叔達；唯一小姓子弟劉文靜以功臣爲侍中，尋卽罷免，不久被殺，他是武德朝三省長官唯一非士族的人。貞觀朝進入門下省的唯一非士族爲魏徵，他擔任門下省長官十年，爲四十二年中門下省侍中任期最長的人， 權力大而活躍，非歷任侍中可比。因此可以說貞觀中

期，門下省一度受小姓子弟的魏徵控制。高宗初年，寒素出身的張行成出任侍中，份量亦較同時並任侍中的于志寧來得重要。所以門下省長官非士族子弟的人數雖少，但其活躍於政界，較士族不遑遜色，尚可能過之。

中書省亦遲至貞觀末期，分由岑文本及馬周兩個非士族出身的人來領導。三省宰相之外，值得注意的是以他官參政的人，他官參政的制度武德朝是沒有的，由太宗特創，而且授權參政的非士族人物多達七人，包括一時之選的魏徵與戴胄。因此，表三所顯示的非士族力量，在太宗朝已開始崛起與增強，這種高層結構轉變的趨勢極為可信。

二、地區性價值觀念的差異及唐太宗新士族政策

陳氏假設的中心在強調關隴集團與山東集團的政治對立，反駁這個說法的文章不少，不過，廣泛而系統的反駁則不多見。關於這個問題，最好能分開數點來觀察，此即：李唐政權依靠什麼地區的力量來建立？政權建立後依靠什麼地區的力量來統治？上述兩地區是否有矛盾，尤其政治矛盾的存在？上述兩地區是否果真為了某些矛盾而全面衝突，甚至結成政治團體，公開作政治性的對立？

關於此系列問題，本文第一、二兩表及第二圖已提出了某些解答。高祖以山東的太原為其起事的中心策源地，其功臣過半數皆為山東地區的人物，其中籍貫在唐朝河東道（相當今之山西省）的即達百分之四十一強。秦王世民自武德元年十二月即兼任陝東道行臺尚書令，陝東道行臺乃討伐山東羣雄的最高軍、政指揮部，其統治範圍是潼關以東，包括今日山西、河南、山東等省的廣大地區，亦即所謂山東地區；所有唐朝在此範圍內的軍區部隊及東討的中央征伐部隊，均須接受陝東行臺尚書令的節度❶。因此，李世民自建國開始，即以尚書令身分兼為山東地區最高軍、政指揮官，與山東發生親切的關係。陝東行臺在武德五年升格

爲大行臺，以洛陽爲大本營所在，李世民遂倚之作爲聯絡山東豪傑，爭奪皇位繼承權的中心。「淩煙閣」功臣大體皆爲協助李世民奪權的人物，其中關隴人物僅佔百分之二十九強，而山東人物卻佔百分之五十八強。因此李唐政權的建立，關隴、山東、江南三地區的人物都貢獻了力量，而以山東人的力量最爲強大，而非關隴人物。這項事實不能輕易加以否認。政權建立之初，高祖需依靠關隴爲統一的基地，故需重用關隴人物，這個政策性的決定是非常自然的，而與所謂「關中本位政策」似無極密切的關係，其情況一如元魏自代北南遷洛陽，需起用北方漢人以作支持；及晉宋朝廷建在江南，需尋求江南人的支持而起用江南人，沒有很大的差異。所謂本位化，需從大局發展而作如是推想才較合理。何況高祖朝宰相人數，關隴人物僅佔過半數的比例，而非具有絕對的優勢，高祖十二名宰相之中，最有權勢的除了李世民本人之外，其次當數山東士族的裴寂及江南士族的蕭瑀。關隴宰相雖佔過半數，與裴、蕭二相比較，聲勢上有所不及。而且，隨著中國的統一及李世民的兵變成功，關隴人物在決策階層中多數的地位已遭大力削弱。不但關隴宰相比例劇降爲百分之二十四，而山東宰相劇增爲百分之六十，卽以人選而言，山東宰相在政治上更活躍、更具權勢。貞觀名相除了杜如晦爲關隴人之外，房玄齡、高士廉、長孫無忌、魏徵、王珪等皆爲山東人，蕭瑀、褚遂良則爲江南人。杜如晦在貞觀三年卽逝世，關隴宰相不但在人數上處下風，在權勢上亦遠遜於山東人。卽使在可知的六部五十二個政務首長中，關隴人與山東人亦勢力相均，若將山東與江南結爲一集合，則此集合的人物已超逾過半數的比例。因此就治國而言，起碼自太宗開始，山東人物已具優勢，關隴人物的力量不能輕易言匹敵。

隋唐之前，中國分裂時間長達二百多年，其間政權興替，旋起旋仆。北魏統一北方以後，南北分峙之勢才稍定。這種形勢不及一百年，北方又分裂爲二，大體上全國形成鼎足分立之勢。這種形勢再經半個世

紀，在開皇九年（五八九）才告完全消滅。大混亂與大分裂，造成了某種程度人文交流的閉阻，使各地區產生了不同的社會風氣與價值觀念。大體上說，江南尚文而輕武，所以隋唐名將，皆無江南人。北齊統治下的山東則崇尚門第婚姻，以維持門第社會，達到政治社會上的某種程度的穩定。這種風尚為關隴人所鄙視，他們的價值觀念是崇尚冠冕，即政治事業。至於代北地區，原多胡人及胡化漢人居住，他們則崇尚武功。各地區的風尚及價值觀念的差異、誤會與偏見即產生於此。武德元年，《舊竇威傳》載唐高祖與內史令竇威談到兩家的顯赫及婚姻，高祖笑謂竇威說：「比見關東人崔、盧為婚，猶自矜伐。公世為帝戚，不亦貴乎！」不論李唐先世源出趙郡李氏或隴西李氏之考辯如何，其自稱為世居隴西，故以關隴尚冠冕的價值觀點看山東尚婚姻的風氣，自然對山東士族缺乏政治事業，依靠門第婚姻維持的破落風氣，加以輕視及嘲笑。唐太宗亦有類此的行為。他厭惡「山東人好自矜伐，以婚姻相尚」的風氣，認為「甚傷教義」，乃特別下詔，令高士廉、岑文本、韋挺、令狐德棻召集學者修定《氏族志》。修撰的人多為山東人，主持者亦為山東士族高士廉，他們評定門第遂以山東觀念為主。山東四大家族之首的崔氏因而名列第一。書成奏上，太宗憤怒發還，命令修改。原因即是太宗以關隴尚冠冕的觀念，認為士族應該以建立赫赫事功，尤其對唐朝建立事功為主，依靠金元婚姻來維持門第為「甚傷教義」。因此他指示說：「我與山東崔、盧家豈有舊嫌也！為其世代衰微，全無官宦人物，販鬻婚姻，是無禮也。依託富貴，是無恥也。我不解人間何為重之！我今定氏族者，欲崇我唐朝人物冠冕，垂之不朽。何因崔幹為一等？！」⑩太宗的意思是欲將關隴的價值觀念推廣至全國，成為統一的觀念，而且此觀念既以皇唐事功為標準，對政治具有促進的作用。所以他指責民間重視金元婚姻，認為「祗緣齊家惟據河北，梁陳僻在江南，當時雖有人物，偏僻小國，不足可貴！至今猶以崔、盧、王、謝為重，我平定四

海，天下一家，凡在朝士，皆功效顯著，或忠孝可稱，或學藝通博，所以擢用。見（現）居三品以上，欲共衰代舊門爲親，縱多輸錢帛，猶被偃抑。」並進而指責及指示編修人員說：「卿等不貴我官爵耶?！不須論數世以前，止取今日官職高下作等級！」高士廉等在政治壓力之下重修，遵照指示的原則將崔氏降爲第三等，而依唐朝官品評列等第。太宗的政治壓力對社會風氣的改變並無迅速而明顯的效果，唐朝的山東籍大臣仍然崇尚山東的門第而與之通婚❶。由此可見高祖父子輕視山東士族，是由於地區性社會價值觀念的不同，因而造成誤會與偏見。而且，太宗也知道這是社會觀念的不同，是長期分裂造成的結果，屬於社會問題而非政治問題，所以僅以政治壓力爲手段去加以改進統一，而沒有以「關中本位政策」爲中心，對山東士族加以嚴厲的政治迫害與排擠。某日太宗對侍臣談及山東與關中人，「意有異同」，出身山東寒素的張行成馬上跪下進奏說：「臣聞天子以四海爲家，不當以東西爲限，若如是則示人以隘陋。」太宗迅速接納他的忠告。這件事情當指上述社會價值觀念的偏見，而非政治上的歧視❶。這種社會偏見在兩地存在是沒有問題的，也是兩地人物互相矛盾的原因。除此之外，史籍上沒有足夠的證據支持兩地在「關中本位政策」影響之下，存在嚴重政治矛盾與衝突的假設❶。若說爲此而結成政團，以政治集團的力量來對立鬥爭，似屬烏有之事。唐初四十二年間，政爭多止於個案衝突，若以政治集團方式出現者，幾盡針對繼承權的問題而形成。高祖時太子建成與秦王世民的競爭，太宗時太子承乾與濮王泰的衝突，乃至一些王室子弟欲窺君權，每一人物之後皆有兩地人物參與，沒有關隴集團擁護此人，山東集團則擁護彼人的局面出現。因此，唐初的政治權力結構應從門第劃分，而不應從地域的角度去觀察，否則不能得窺歷史的眞相。

三、隋唐固本國策下的高級統治階層人事結構

隋朝策定固本國策，爲唐朝所因襲。在此國策之下，如何有效提

高中央政府的權力與如何有效確保關中根本之地，前者屬於政治體制問題，後者屬於國家戰略構想及國防軍事體制的問題，皆在後面各章加以討論。但固本政策核心問題之一為如何穩固君權，以避免權臣強藩的篡奪。為了解決此項問題，在政制方面則有三省制衡的制度及律令政治的出現；另一方面則屬於政府最高階層的人事部署，這兩種解決途徑並行互濟。換句話說，皇帝起用最親密的人為政府高級官員，而運用制衡的辦法以使之無法專權跋扈。隋文帝自己以外戚權臣而篡位，對於魏晉以來中央政府威信低落，篡亂頻仍，自有巨大戒心，從他動輒屠殺功臣將相的行為，即可證知。唐高祖、唐太宗父子皆以兵變成功而做皇帝，雖然自制力較隋文帝父子強，沒有屠戮功臣，但如何確保君權，為向所關心的切務。君權需要靠最可靠、最有力量、最有才幹的人來共同維護；治天下不能僅靠皇帝一人，誠為最客觀的政治問題，英明的皇帝大都知道這個真理。不過，什麼人才是最可靠、最有才幹、力量，可以託付國政？隋、唐皆以士族為其權力基本結構是毫無疑問的，其決策階層的人選多自士族中揀拔亦可想知。但是，從隋代宰相中，可以發現隋朝選任宰相，大體在士族優先之下，尚有幾種原則，第一是從元勳心腹中揀拔，第二是從王室宗室子弟中揀拔，第三是從姻戚中揀拔。楊隋本身為關隴大姓的弘農楊氏，具有士族身分固無待言，即第一及第三類宰相，亦多具有士族身分，否則不被倚重，甚至被冷落[20]。事實上，由於文帝以外戚篡位，對於姻戚亦具戒心，隋代姻戚宰相有四人，以高熲、宇文述權勢最大，幾為諸相之冠[21]。對於文帝來說，最放心者莫過以王室宗族子弟擔任宰相或要官。太子楊勇干預朝政之外，諸子拜相有楊廣（煬帝）與楊秀；諸孫拜相者有楊昭與楊倓；皇弟有楊爽。宗室人物宰相有楊素、楊約、楊文思、楊雄、楊達。隋朝國祚不及三十年，楊氏親戚宰相卻有十人，幾達宰相人數之半，而且權勢極大[22]。若從另一角度看，隋朝的最高權力結構，分由宗親、姻戚、元勳心腹結合而成。不過，在隋朝猜忌政治

之下，發動政變、兵變的人物，卻以王室子弟爲主；而隋末大亂亡國，亦由楊素之子楊玄感首先爆發大規模的武力反叛；最後因姻戚宇文述之長子宇文化及發動兵變，結束了煬帝政權，又因煬帝中表兄弟李淵實際摧毀楊隋政權，另建唐朝。這種事實非文帝始料所及，亦非人事政策包涵了危機，而是由於變態的猜忌心理及政治所造成。

唐高祖爲煬帝的中表，從小卽備受姨父（文帝）、姨母（獨孤后）的喜愛，因此官職升遷迅速，熟知隋朝國策。唐初決策階層的人事政策，與隋朝幾如同出一轍。所不同者乃是高祖、太宗父子自制力與自信心皆極爲堅強，懲罰大臣的風氣遠不及隋朝的嚴厲，而且君臣感情上亦遠較隋朝融洽。唐初王室子弟的婚姻，多與功臣元勳締結，使功臣元勳具有姻戚的雙重身分，進入決策階層或晉升要官後，與王室同休戚，增強了家屬認同的心理。這似乎是唐初有意安排的政策。所可惜者乃是唐朝王室及宗室子弟，才幹之士甚多，但因玄武門兵變事件的影響，太宗乃修改其父政策，不再容許子弟進入決策階層，僅以之擔任大將要官，或外放爲都督刺史，因此自太宗至睿宗，朝廷沒有李唐宗室宰相，至使武氏、韋氏集團能輕易發動政潮，唐朝幾爲之滅亡。

唐朝前期，王室子弟參預國政決策的僅有高祖三子，卽太子建成、秦王世民及齊王元吉，其他諸子年紀尙輕，未及參政。玄武門事件後，遂無機會參政。不過，太子建成從未正式拜相，正式拜相者僅有世民與元吉，而且世民在武德朝自始至終爲首相（尙書令），後來更兼中書令，高祖實施隋文帝的宗室政策甚爲明顯。太宗朝宗室拜相者僅李勣一人。不過李勣本姓徐世勣，因功賜姓李氏，勉強列屬宗室宰相，其實他是李世民征戰的副手，爲凌煙閣功臣人物，而以此拜相❷。

高祖十二相中，具有太原功臣資格者三人，其中一人卽李世民，另二人爲裴寂與劉文靜。至太宗朝，二十五名宰相中，具有功臣資格者爲十人，前面已述。十人皆爲凌煙閣功臣，佔宰相人數百分之四十，可見

凌煙閣功臣乃是太宗建立政權及統治中國的權力基礎。功臣先後凋謝，至高宗前期，僅剩長孫無忌及李勣二人繼續爲相，而且是最具權勢的宰相。長孫無忌不久爲武氏集團整肅殺害，李勣則在永徽四年晉升爲司空，影響力仍甚大。

高祖自始卽重用姻戚爲宰相。本文所說的姻戚，並不狹義地專指皇太后、皇后、駙馬的家屬而言。鄙意姻戚的定義應爲王室人員的姻親，包括了皇帝祖母（太皇太后）、母親（皇太后）、妻子（皇后）、諸姑（大長公主）、姊妹（長公主）、女兒（公主）、孫以下直系女兒（郡主）的配偶家屬，及皇帝的諸父、兄弟、諸子（親王及太子），與孫以下直系血親（郡王）的配偶家屬。皇帝從曾祖諸父及從祖兄弟以外的姻親，皆不列爲王室姻戚，而可視爲宗室姻戚，但不屬於本文研究的範圍。根據有關史料，唐室姻戚並不全爲宰相，身居大將要官者亦不少。宗室名將及姻戚名將，提供了唐初三朝武功顯赫的統帥人才。其中最稱名將者首推李靖、李勣，李靖非宗室子弟。二人之後世稱名將者，宗室方面有李孝恭、李道宗，姻戚方面有柴紹、程知節、薛萬徹、薛萬均、薛萬備等。他們身居要官，對唐朝的貢獻不下於宰相，尤以李勣、李道宗、薛萬徹，在李靖之後爲太宗推崇爲當世三大名將❷。爲瞭解唐初決策階層的姻戚人物及其婚姻情況，僅將武德、貞觀兩朝姻戚宰相表列如表五。

表五　唐初姻戚宰相

宰臣姓名	任相時期	與王室婚姻狀況	備　　　註
1.裴　寂	高　祖	子律師尙高祖女臨海公主；女爲趙王之景妃。	《舊本傳》七：一～三；《新本傳》一三：三～五（列傳卷數頁數，下同）。
2.蕭　瑀	高祖，太宗	子銳尙太宗諸女中最有禮的襄城公主；銳卒，公主改嫁。	蕭瑀爲後梁明帝之子，曾封新安王。姊爲隋晉王妃，卽煬帝蕭后。其本人亦爲獨孤氏婿。詳《舊本傳》一三：三～七；《新本傳》廿六；一～二《新襄城公主傳》八～二。

3.竇　威 4.竇　抗	高　祖 高　祖	竇威乃高祖竇皇后的從父，抗乃皇后的從兄。竇威兄子軌之子竇奉節尙高祖女永嘉公主（即房陵公主）。竇抗第三子誕尙高祖女襄陽公主；次子靜之子達尙太宗女遂安公主；抗弟璡之女爲高祖子酆王元亨妃。竇誕與襄陽公主之婿柳氏的外孫女爲高宗王皇后。竇氏自高祖至中宗，尙主者八人，女爲王妃者六人，唐世貴盛，莫與爲此。永嘉公主後又嫁賀蘭氏；竇達卒後，遂安公主又嫁王氏。	竇氏爲先朝士族，隋室姻戚與北周姻戚。竇氏諸人詳《舊傳》一一：三～八；《新傳》二○：三～七；《新襄陽公傳》，<遂安公主傳>與<房陵公主傳>八：一～三。
5.楊恭仁 6.楊師道	高　祖 太　宗	師道爲恭仁弟，尙高祖女桂陽公主（即長廣公主）。恭仁曾孫睿交尙中宗女長寧公主（公主傳作愼交）；從孫執柔爲武后相。師道子豫之尙巢王元吉女壽春縣主。恭仁從姪女爲巢王妃；弟子思訓尙太祖女安平公主（公主傳作楊思敬）。恭仁叔父達之女，即武后之母。楊氏爲隋宗室，武德以來名位尤盛，則天時又以外戚奪寵。共尙主者三人，女爲王妃者五人，贈皇后一人。桂陽公主先嫁趙氏，趙氏卒，改嫁師道。	楊氏兄弟皆隋觀王楊雄之子。 楊氏諸人傳詳《舊傳》一二：五～七；《新傳》廿五：一～二；《新長廣公主傳》八：一；<長寧公主傳>八：七；<安平公主傳>八：二。
7.封德彝	高祖，太宗	子言道尙高祖女淮南公主（<公主傳>作道言）。	<封倫傳>。詳《舊傳》一三：一～二；《新傳》廿五：二～三，《新淮南公主傳》八～二。

8.高士廉	太　宗	士廉妹乃長孫晟妻，生長孫無忌及太宗文德皇后長孫氏。晟卒，士廉代養其家，後以長孫氏妻太宗。高士廉之子履行尙太宗東陽公主。後坐章懷太子而奪封邑，又因長孫無忌舅族而受壓抑。	高氏爲北齊宗室。《舊高儉傳》一五：一～四。《新高儉傳》二〇：一～三；《新太宗文德順聖皇后傳》一：二～三；《新東陽公主傳》八：三。
9.長孫無忌	太宗，高宗	太宗文德皇后兄，高宗親舅。子冲尙太宗與長孫后之女衡山公主（即長樂公主）。從父弟操之子詮尙太宗與長孫后之女新城公主。詮以罪徙，改嫁韋氏。	長孫氏爲北魏宗室，後以繼承問題爲武后、許敬宗等陷害，無忌身死，家族除名外流。《舊長孫無忌列傳》一五：一四～一〇；《新傳》三〇：一～四，《通鑑》永徽元年正月一九九：六二七一及顯慶四年四月注二〇〇：六三一四。《新新城公主傳》八：五；《新長樂公主傳》八：三。
10.杜如晦 11.杜　淹	太　宗	子荷尙太宗女城陽公主，坐太子承乾謀反，伏誅。公主改嫁薛氏。杜淹爲如晦叔父。	《新杜如晦傳》廿一：四～五；《舊傳》一六：六～九。《新城陽公主傳》八：四。《新杜淹傳》廿一：五～六。
12.房玄齡	太　宗	子遺愛尙太宗女高陽公主（公主即合浦公主，高宗同母妹）。女爲高祖子韓王元嘉妃。高陽公主乃太宗最疼愛之女，後以夫婦謀反，遺愛伏誅，公主賜死。	《舊房喬傳》一六：一～六；《新傳》廿一：一～四（《新傳》作房玄齡）。《新合浦公主傳》八：四。
13.宇文士及	高祖，太宗	爲宇文化及弟，尙煬帝南陽公主；其妹爲高祖所寵愛的昭儀；高祖又以宗女	宇文氏爲先朝大族。詳《新宇文士及傳》廿五：五；《舊傳》一三：九～一〇。《

			壽光縣主妻之。	舊韓王元嘉傳》一四：九～一〇，元嘉母卽宇文昭儀，爲宇文述之女。
14.溫彦博	太 宗		子挺尚高祖女千金公主（卽安定公主）。挺死，改嫁鄭氏。	《新溫彦博傳》一六：一～二。《舊溫大雅傳》一一：一～三。《新安定公主傳》八：二；《舊杜如晦傳》一六：六～九。
15.王 珪	太 宗		子敬直尚太宗女南平公主，坐太子承乾反，徙嶺南，公主改嫁劉氏。公主嫁王氏，爲唐室公主第一位向舅姑行婦禮者。	《新王珪傳》廿三：一～二；《舊傳》二〇：一～三。《新南平公主傳》八：三。《通鑑》貞觀十一年三月一九四：六～二八。
16.戴 胄	太 宗		帝聘其女爲道王元慶（高祖子）妃。胄無子，以兄子至德爲子，爲高宗時宰相。	《舊戴胄傳》二〇：三～六；《新傳》廿四：五～六。
17.魏 徵	太 宗		太宗令霍王元軌娶其女，並許以衡山公主降其長子叔玉。不過，魏徵生前曾秘密推荐中書侍郎杜正倫、吏部尚書侯君集有宰相之才，魏徵卒後，杜正倫以罪黜，侯君集則牽涉太子承乾案而伏誅，太宗懷疑魏徵阿黨，乃下手詔停止衡山公主與叔玉的婚姻，其家漸衰。	《舊霍王元軌傳》一四：一〇～一一；《舊魏徵傳》廿一：一一。

　　表五共得武德貞觀姻戚宰相十七人，這兩朝共有三十三名宰相，故姻戚宰相卽已佔了全部宰相人數的百分之五十一點五，超過了半數。分別而計，高祖十二相，姻戚則有七人，佔百分之五十八點三。太宗二十五相，姻戚有十三人，佔百分之五十二。儘管王室何時與這些宰相家屬

通婚姻，史乏明載，但對於唐初與元勳家屬通婚政策的研討，並無甚大影響。不論這些宰相家屬在拜相前或後與王室通婚，必使他們在執政期間，由於休戚感的影響，會盡力協助王室治國，使政治篡亂行爲減少，對「貞觀之治」提供了有效的貢獻。

四、唐初高級統治階層人事結構的摧毀

唐初國家最高領導人的人事政策，雖然沿襲隋朝，但是施行得更廣泛、更徹底，而對他們的殺害率卻減低至極輕微的地步。甚至，在以王室爲中心之下，國家最高領導人具有三結合的趨勢，王室、宗室宰相不用說，功臣拜相而具有姻戚身分的，高祖時共有裴寂、蕭瑀二人；太宗時有蕭瑀、高士廉、長孫無忌、杜如晦、杜淹、房玄齡、魏徵七人。上述共八相，加上李世民一人，此九人正是武德、貞觀間決策階層中的最具權力的人物，其餘諸相的重要程度，大都在此九人之下。這種情形不是偶然發生，實爲政策性的選擇。因此換一角度來看，唐朝最高的權力結構基礎爲姻戚、功臣、王室宗室人員。這種結構亦可能從政府整體中獲得證實，不過可能沒有決策階層那麼明顯。原因是中央及各級地方官員額甚多，而史料則缺乏，至於那些人自太原起事即追隨高祖父子，那些人具有姻戚身分，均不易調查統計。上述功臣、姻戚宰相，由於正史有傳，其子弟的仕宦情形尚可求知；一些軍功顯赫，雖不及李靖、李勣等一流名將的宗室大將，亦因身爲皇族之故而有傳記紀錄；或者原爲蕃國大首領歸順唐朝而爲名將，其婚姻史籍亦略有記載㉔，此外即難以證知。但是唐初重用宗族、姻戚、功臣元勳，使此三類人物成爲權力基本結構，則可從此爲數不多的列傳中推知。功臣元勳雖身居將相大臣，但未必出身士族世家。太宗的政策是培養他們成爲士族高門，其措施一方面下令《氏族志》以本朝官品爲標準去評品門望，一方面王妃、主婿皆從勳臣家選擇對象，而不議山東士族子弟㉕。這種政治上的權力結構原

本非常鞏固，可以達至長治久安效果的。然而太宗即位出於弑兄弟逼父親的陰謀行爲，此行爲使他對王室人員及大臣的心理，在某種程度下產生不平衡的現象，表六爲自武德九年（六二六）玄武門第一次兵變，以至於光宅元年（六八四）則天稱帝間，共五十八年所發生的較重要政治案件十二宗，平均約每五年即爆發一宗❷。

表六　初唐（六二六～六八四）重要政治案件一覽❷

時　　間	案　　　由	結　　　　　果	備　　　註
武德九年（六二六）六月	秦王李世民發動玄武門事變，奪得皇位繼承權。	太子建成及其子承道、承德、承訓、承明、承義；齊王元吉及其子承業、承鸞、承獎、承裕、承度皆坐誅，絕屬籍。 幽州大都督廬江王瑗因曾與建成相結，不自安，發兵欲反，爲右領軍將軍王君廓所殺（同月）。 貞觀十七年十一月，追劾密明公贈司空封德彝陰持兩端，曾固諫高祖欲廢隱太子改立太宗之事，詔黜其贈官，改諡曰繆，削所食實封。	《通鑑》一九一：六〇一一～六〇一二。同年多十月丙辰朔，太宗已即位，詔追封故太子建成爲息王，諡曰隱，齊王元吉爲刺王（《通鑑》一九二：六〇二四）。貞觀十六年六月庚寅追復建成爲皇太子，元吉追封爲巢王（《通鑑》一九六：六一七五）。 《通鑑》一九一：六〇一四～六〇一五。 《通鑑》一九七：六二〇五。
貞觀元年（六二七）十二月	利州都督義安王李孝常因入朝，留京師與右武衞將軍劉	李孝常等伏誅，長孫安業以皇后異母兄故，減死，流巂州。	《通鑑》一九二：六〇三九。

	德裕及其甥統軍元弘善、監門將軍長孫安業互說符命，謀以宿衛兵作亂。		
貞觀三年（六二九）正月	司空裴寂坐聽其有天命之妖言而不報，當死，流靜州，後卒於州。		《通鑑》一九三：六〇六二。
貞觀十七年（六四三）二月	太宗子齊州都督齊王祐與長史權萬紀不和，乃殺萬紀，並據地謀反。三月丙辰，太宗詔兵部尚書李世勣等發懷、洛、汴、宋、潞、滑、濟、鄆、海九州兵討之。	齊府兵曹杜行敏執之至京師，賜死於內侍省。同黨誅者四十四人，餘不問。治祐反事，辭連太子承乾所養刺客紇干承基，承基坐繫大理獄當死，承基乃上變，告太子承乾謀反。	《通鑑》一九六：六一八六～六一八八。《通鑑》一九六：六一九二，一九七：六一九三。
貞觀十七年（六四三）四月	太子承乾喜聲色及畋獵，屢見責，疑爲多才藝又有奪嫡之志的魏王泰告之，乃稱疾不朝數月，陰養刺客謀殺魏王泰，又與太宗弟漢王元昌、駙馬杜荷（杜如晦子，尚太宗女城陽公主）、大將侯君集（其婿賀蘭楚石爲東宮千牛）、洋州刺史趙節、左屯衛中郎將李安儼等相結謀反，爲所養刺客紇干承基所告發。	詔廢太子承乾爲庶人，餘皆伏誅。魏王泰被幽於北苑，晉王李治立爲太子。中書令楊師道左遷爲吏部尚書（師道娶長廣公主，公主原適趙慈景，生趙節。師道治承乾獄，陰爲趙節脫罪，由是獲譴）。魏徵嘗薦侯君集有宰相才，上疑徵阿黨，乃罷徵子叔玉尚衡山公主之婚約。	《通鑑》一九六：六一八九～六一九二。《通鑑》一九七：六一九三～六一九七。《通鑑》一九七：六二〇二。

貞觀十九年（六四五）十二月	太宗征高麗（十九年三月至十二月），留侍中劉洎輔皇太子於定州。太宗班師還，臥疾，劉洎探病，被譖欲專權，自比伊、霍。太宗賜之自盡。	《通鑑》一九八：六二三三。
高宗永徽三年（六五二）十一月	駙馬房遺愛（房玄齡子）與高陽公主（太宗女）夫婦，駙馬都尉薛萬徹（尚高祖女丹陽公主），駙馬都尉柴令武（柴紹與高祖女平陽公主子）與巴陵公主（太宗女）夫婦，司徒荊王元景（太宗弟）及房遺則（遺愛弟，荊王元景之婿）等謀反。	明年二月甲申詔遺愛、萬徹、令武皆斬，元景、高陽、巴陵公主並賜自盡。司空安州都督吳王恪（太宗子）與長孫無忌不和，被誣，賜自盡。房遺直（遺愛兄）貶，侍中兼太子詹事宇文節，江夏王道宗，左驍衛大將軍駙馬都尉執失思力（尚高祖女九江公主）坐與房遺愛交通，流嶺表，恪母弟蜀王愔廢爲庶人。	《通鑑》一九九：六二七九～六二八一。
永徽五年（六五四）十月	武昭儀扼殺己女，誣王皇后爲之，高宗於是有廢立之意。	明年六月，武昭儀誣王皇后與其母魏國夫人柳氏爲厭勝，敕禁柳氏入宮。七月，戊寅，王皇后母舅前中書令吏部尚書柳奭貶爲遂州刺史，十月，廢王皇后、蕭淑妃爲庶人，親屬除名，流嶺南（王后、蕭妃後均爲武后所殺）。同月，立武氏爲皇后。又明年（顯慶元年，六五六）正月，貶太子忠爲梁王、梁州刺史，立武后四歲子代	《通鑑》一九九：六二八六～六二八八。《通鑑》二○○：六二九三～六二九六。

		王弘爲皇太子。	
		顯慶五年（六六〇）七月，廢梁王忠爲庶人，徙黔州。	《通鑑》二〇〇：六三二一。
		蕭淑妃之二女，義陽、宣城公主坐母罪，幽於掖庭，年踰三十不嫁，上元二年（六七五）太子弘見之，奏請出降，上許之，天后怒，四月乙亥，太子薨，時人以爲天后酖之。蕭淑妃子郇王素節，警敏好學，天后惡之，儀鳳元年（六七六）十月，自歧州刺史左遷申州，又令不須入朝，降封鄱陽王。	《通鑑》二〇二：六三七七。 《通鑑》二〇二：六三八一～六三八二。
顯慶四年（六五九）四月	太尉趙公長孫無忌反對立武后，武后令許敬宗誣陷無忌構陷忠臣近戚，伺隙謀反。	詔削無忌太尉及封邑，以爲揚州都督於黔川安置，許敬宗又誣褚遂良、于志寧、柳奭、韓瑗與無忌朋黨，於是詔削遂良官爵，除奭、瑗名，免于志寧官，無忌子秘書監駙馬都尉冲等除名，流嶺表，遂良子彥甫、彥冲流愛州，於道殺之，益州長史高履行（高士廉子，長孫無忌舅子）累貶洪州都督。	《通鑑》二〇〇：六三一二～六三一五。
		七月，命許敬宗等共覆按無忌事，逼無忌令自縊，詔柳奭、韓瑗所至斬決，籍沒三家，近親皆流嶺南爲奴婢。	《通鑑》二〇〇：六三一六。
麟德元年（六六四）十二月	高宗密召西臺侍郎·同東西臺三品上官儀議廢立武后事，爲武后發覺，使許敬宗誣奏儀、宦官王伏勝與廢太子	上官儀與其子庭芝、王伏勝皆死，籍沒其家，賜忠死於流所，朝士流貶者甚衆，皆坐與儀交通。	《通鑑》二〇一：六三四二～六三四三。

	忠謀大逆。		
永隆元年（六八〇）八月	武后誣太子賢反，廢爲庶人，幽於別所，立英王哲爲皇太子。	黨羽皆伏誅，則天后光宅元年（六八四）三月逼令廢太子賢自殺。	《通鑑》二〇二：六三九七。《通鑑》二〇三：六四一九。
則天后光宅元年（六八四）正月	中書令裴炎等勒兵入宮，宣太后令，廢中宗爲廬陵王，幽於別所，立豫王旦爲皇帝，政事決於太后。	四月遷廬陵王於房州，後又遷於均州。諸武用事，唐宗室人人自危。	《通鑑》二〇三：六四一七～六四一八。
光宅元年（六八四）九月	眉州刺史英國公李敬業等，以匡復廬陵王爲辭，反於揚州。	內史裴炎請武后歸政皇帝，被斬，籍沒其家。同年十一月徐敬業（九月李敬業被追削祖考官爵，復姓徐氏）兵敗被部將所殺。裴炎案連單于道安撫大使，左武衛大將軍程務挺被斬，夏州都督王方翼（廢后王皇后近屬）流崖州死。右衛大將軍李孝逸因克徐敬業，威望甚重，諸武忌之，左遷施州刺史。	《通鑑》二〇三：六四二二～六四三一。《通鑑》二〇三：六四二二～六四三三。《通鑑》二〇三：六四三七。
垂拱四年（六八八）八月	太后潛謀革命，稍除宗室，韓王元嘉、霍王元軌、魯王靈夔、越王貞等募兵有匡復之志，太后派兵討之。	九月亂平，宗室多被誅殺，至天授元年（六九〇）八月，唐宗室殆盡，其幼弱存者亦流嶺南，又誅其親黨數百家。	《通鑑》二〇四：六四四九～六四五一。《通鑑》二〇四：六四六七。
天授元年（六九〇）九月	稱帝，改唐爲周，赦天下，改元。以皇帝爲皇嗣，賜姓武氏，以皇太子爲皇孫。		《通鑑》二〇四：六四六七。

　　表六顯示王室人員或部分功臣、姻戚，受到玄武門首次兵變不良啓發，心理上不能平衡而屢次爆發政治案件。皇帝對此類案件的態度是施予嚴厲的制裁，當貞觀十七年二月，政治案的主角由太宗第五子齊州都督齊王祐扮演，在其妻族協助下舉兵反叛，太宗親下手詔討伐，厲責李祐「天地所不容，…人神所共怒！往是吾子，今爲國讎，…汝生爲賊臣，死爲逆鬼。」並自責「上愧皇天，下愧后土」。及至征伐軍討平叛亂，李祐賜死於內省，餘黨全部誅殺，以示炯戒❷。但心理不平衡已非嚴懲酷罰所能遏止，兩個月以後卽爆發規模更大的太子承乾案，更多的王室、姻戚、功臣參與此案；尤其協助太宗發動玄武門兵變的主角之一，而當時官拜兵部尚書參預朝政，握有軍政實權的侯君集亦爲此案主角，其所代表的意義更大。太宗對侯君集參與一事極表重視，召集大臣親自審訊，並採納羣臣的建議，親自下令處以死刑❸。事後痛定思痛，自知玄武門兵變一事影響已深，乃斷然下詔，令「自今太子不道，藩王窺嗣者，兩棄之。」❸嗣後卽使言行有政治嫌疑者，皆予以嚴懲，侍中劉洎一案，卽是此政策下的犧牲者。儘管太宗心理上已產生不平衡及恐懼感，但其修養與自制力甚強，尚未對宗族羣臣採取恐怖政策以資箝制。不過，對王室、宗族、姻戚子弟及大臣涉嫌政治案件施加殺戮嚴懲的政策，卻自太宗開始，由武則天廣泛推行。

　　武則天所以能實施恐怖政策，主要是太宗已爲她創下了良好的基礎及榜樣，表六所示貞觀朝受政治案牽累的姻戚大臣家族卽有封（德彝）氏、杜（如晦）氏、楊（師道）氏、魏（徵）氏、裴（寂）氏等，高宗早期則有房（玄齡）氏、柴（紹）氏、薛（萬徹）氏、長孫（無忌）氏、高（士廉）氏等。太宗時最具權勢的長孫、房、高、杜、魏等家族無一不受牽累，宗室及姻戚名將李道宗、薛萬徹、執失思力等亦受牽連，貴戚家族莫不震慴。玆舉兩例以見貴戚家族受震撼後的心理：身爲功臣，與李靖並爲名將之首的李勣，在高宗中期臨死之前對其弟司衞卿李

弼及子孫家人說:「…我見房玄齡、杜如晦、高季輔，辛苦作得門戶，亦望垂裕後昆，並遭癡兒破家蕩盡！我有如許犬，將以付汝。汝可防察，有操行不倫，交遊非類，急卽打殺，然後奏知。…違我言者，同於戮屍。」⑱高士廉長子駙馬高履行已官至三品，坐長孫無忌親累而左遷至永州刺史而卒。其弟右衛將軍眞行之子典膳丞高岐，與章懷太子陰謀事洩，高宗詔付眞行，令自懲戒。眞行極恐懼，親手殺其子，然後棄其屍於衢路，以避禍患，結果仍貶爲睦州刺史⑲。高士廉乃貞觀第一流名相；李勣乃第一流名將，且備受高宗與武后的敬信，兩個權勢顯赫的家族受到震撼而恐懼如此，其他貴勢可以想知。武則天之所以篡位成功，實由於最顯赫的貴戚大臣及其家族已淪喪凋謝，而其他貴戚大臣互以此爲戒，不敢過問，因而武后的行動，順利而少阻礙。

從政制來看，姻戚、功臣子弟多已因父兄遺蔭遷至三品大臣官職，但因先後坐罪淪喪，或警戒自保，不能有力的維護王室。而王室、宗室方面，亦因太宗修改高祖的政策而推行封建，力量分散削弱，亦因而不能藩衞中央，甚至不能自保。

魏晉以降，由於君主的猜忌，大多對其宗親施加嚴厲乃至恐怖的壓抑或屠殺政策，導至君主孤立，一遇危機，權位不保的局面。隋文帝矯正此政策，重用宗親，出則爲行臺、總管，入則爲宰相大臣，隋煬帝謀害其兄太子楊廣，文帝臨崩前又發動了一次不流血政變而卽位。及至卽位不久，其弟并州總管漢王諒舉兵討伐他。事平後，煬帝子孫又發生了皇位繼承的競爭。因而使煬帝採取對宗族的嚴厲壓抑措施，形成王室，甚至皇帝本人的孤立，使王朝迅速滅亡。唐高祖乘此而奪得政權，而懲隋室的孤立，所以廣泛地册封三從以內兄弟子姪數十人爲郡王，子弟爲親王，雖年始童孺皆得受封。事實上，李唐宗親在軍政，尤其在軍事方面力量雄厚，對建國出力甚大，高祖因襲隋文帝的宗室政策，希望他們與功臣、姻戚密切結合，形成強固的權力結構。這個國家安全構想，在

玄武門兵變後發生大幅度修正。

太宗兵變成功，殺了太子建成及齊王元吉之後，尋即下令將此兩兄弟的男系血親完全誅滅，以防日後爲患，這種恐懼心理是可想而知的。太宗在武德九年即位後，計劃對宗族施加壓抑。不過楊隋的孤立無援，也是太宗所熟知的問題，內心於是產生矛盾而不決。某日，他拿出宗籍詢問羣臣，要求他們討論封建是否對天下有利。其當時用意似乎在利用羣臣的言論，來掩飾其壓抑宗族的事實。右僕射封德彝是非常圓滑善變的人，他可能瞭解太宗的想法，斷然認爲封建乃勞役天下，非至公之道。太宗因而說：「朕理天下本爲百姓，非勞百姓以養己之親也！」乃於同年十一月，下詔降宗室郡王皆爲縣公，只有立功的數人不降●。由郡王降爲縣公，是一種劇降，宗室的力量自然大削。宗室名將李孝恭、李道宗、李神符、李神通等部分人，即使王爵不降，但其在政府的力量主要是因任官而來，而非因封王而得。及至即位後的第二年七月，太宗進一步與羣臣討論王室子弟的問題，詢以如何能達到「子孫長久，社稷永安」的政治效果。右僕射封德彝早在上一個月去世，當時左僕射蕭瑀即以秦漢王室孤立爲教訓，力主實行封建。太宗對這個問題瞭解甚深，亦爲其內心矛盾所在的根本問題，既然蕭瑀贊成，太宗亦同意他的看法。但西漢形式的封建是太宗所不欲採取的，朝廷始有封建之議●。反對封建政策的力量甚大，正反雙方的辯論直至貞觀五年（六三一）底，才因中書侍郎顏師古折衷正反兩說，提出其有限度封建之說，而告決定。有限度封建政策基於制衡與監視兩原則來制定，根據顏師古的建議，其制衡原則施用於封土建國的均等，監視原則則施於立國環境、國官任用權、司法權及封建禮儀體制皆須置於中央政府控制指揮之下●。太宗採納此議，將其適用範圍推至宗室勳賢。貞觀十年（六三六）正月，調整弟子原有封號，翌月即實行第一次封建，共十二人分兼所在地都督。諸王國原本依制只食戶邑，但既兼都督，遂具有地方的權力。太宗與諸弟

泣別時說：「兄弟之情，豈不欲常共處邪！但以天下之重，不得不爾。諸子尚可復有，兄弟不可復得。」❸將內心疑忌他們，但又需保存他們以作王室支柱藩衞的心情，約略表達出來。翌年，太宗檢討此次封建，認爲分土共治的立國形態可行，乃在六月六日，進一步下詔令上述十二王及其他子弟共二十一人，世襲王國所在地的刺史，無大過不得更改。九日以後，又將世襲刺史的制度推及凌煙閣功臣。世襲刺史的制度遭功臣集團的抵制，長孫無忌等認爲外放刺史，不能留在中央任官，無異因罪遷徙，並且可能遺害子孫，所以加以力辭。太宗不得已，下詔取消此制，改爲五等爵制度，以後封君，僅有戶邑而無國土。降至貞觀十六年，更因褚遂良的建議，諸王年幼者皆不得之國，留京接受教育，至成長後才派任都督、刺史，遂成定制❸。

　　這種封建制度其實有名無實，封君雖有官僚而無政事，雖有名號而無領土，雖有食邑而無人民。從而沒有可能建立自己的力量，更談不上藩衞王室的作用。舉例而言，貞觀十七年齊王祐的叛亂謀反，他不是以齊國的力量去發動的，事實上當時亦無齊國實質的存在。李祐自上述貞觀十年受封爲齊州都督、齊王。醞釀兵變期間，他僅能利用暗中收買死士的方式以部署，而沒有權力改變齊州都督部內各州縣官吏的職位；最後，兵變爆發，部內各州刺史，乃至齊州管內各縣令，皆拒絕接受其指揮，他僅能以暴力威脅爲手段，逼使齊州城的百姓附和聽命。反而兵部尚書李勣奉詔依法便道徵兵，組織征伐軍來討，先機雖失，但仍能迅速討平此變。齊王祐兵變事件可以說是太宗封建制度的一個考驗，證明藩王沒有能力保衞中央，亦沒有能力保衞自己，反之卻能證明中央力量足以在任何環境下，皆能控制封君而致之於死地。太宗對此制度並無加以檢討改進，因而垂拱間諸王雖爲都督、刺史，欲聯合討伐武后，但其境遇一如齊王祐，使則天能迅速討平他們，並加以大屠殺與大整肅，宗室力量爲之蕩盡，雖身爲皇帝的武后親生子中宗、睿宗及其諸子，亦被輕

易處置，不能免於威脅。因此，太宗的封建政策不但不能消弭敏感的政
治案件爆發，反而使宗族力量削弱，無力維護王室君權。根據《舊唐
書》所載初期的王室及宗室子弟二百一十五人中，發生事故者有一百一
十三人。分類言之，則

A、在太宗時被殺或貶卒者有：　　　　　　　　十六（人，下同）

B、在高宗時被殺或貶卒者有：　　　　　　　　七

C、武后時所殺或貶卒者有：　　　　　　　　　六三

D、太祖至高宗間因其他罪狀獲削免、流徙、
賜死處分者有：　　　　　　　　　　　　　十三

E、武后時以他罪獲流徙、削爵處分或潛逃
者有：　　　　　　　　　　　　　　　　　十四

F、武后時宗族被殺人數爲發生事故總人數
的：　　　　　　　　　　　　　　　　　　百分之六十

G、武后時宗族發生事故（C＋E）爲發生
事故總人數的：　　　　　　　　　　　　　百分之七十三

上述⑲A、B、C三項乃宗族子弟因政治罪而被殺或貶卒的人數，顯示
宗族遭受政治迫害自太宗開始，武后時最恐怖。宗族子弟中，聲望愈
高，親等愈近者，必首遭迫害。因此在武后時代沒有橫遭禍害者，大
都是親等較疏遠而沒有聲望及影響力的人，這些倖能生存者當然噤若寒
蟬，而且也沒有匡復唐室的力量。

　　高祖太宗以宗室、姻戚、功臣、士族爲其權力基本結構，但在太宗
時代，此結構已因政策而產生變動，高宗時變動加劇，至武后掌政，李
唐宗室力量遂告崩潰，姻戚功臣力量亦漸陵夷，士族力量雖仍巨大，但
在太宗提拔低門及寒素，培養新士族的政策下，士族亦有大幅的變動。
及至武周建國，唐初的舊有結構幾乎面目全非了。

第二節　武周的新權力結構及其威權政治

一、武后崛起的背景

武則天的崛起與上述政治環境有密切關係，若非宗室削弱，姻戚、功臣及其家族凋零，則武氏縱能升爲皇后，亦未必能控制國家統治權。在貴勢受到震懾，逐漸不敢干涉敏感的政治問題時，李唐王室亦屢有改變，成爲武氏崛起的良好機會。

武氏生於高祖武德七年（六二四），貞觀十一年（六三七）十四歲時，以才人獲選，進入宮中❹。長孫皇后則在上一年已去世了。長孫皇后是非常成功的妻子，生太子承乾、魏王泰及晉王治（卽高宗）三子，在她去世時，幼子晉王李治才九歲，而李治在太宗十四子中，排行第九。非皇后所生的其他十一子，分由太宗八個妃妾所生。換句話說，當皇后逝世時，太宗正值三十九歲英年，而遽處於內無正室，妃多子幼的環境。太宗算是多情的人，爲了懷念髮妻，終生不再續弦。不過這種環境卻造成妃妾爭寵、諸子爭愛的局面。武才人適於此時選入宮中，使她有機會學習到各種鬥爭的技術。

在這種家庭環境中，晉王李治不是太宗最寵愛的兒子，當然太宗也不會給予特別的父愛。他最親密的人一爲其舅長孫無忌，一爲嫡親兄長太子承乾及魏王泰。可惜兩位兄長在貞觀十七年（六四三）因爲競爭皇位繼承權，雙雙遭廢黜幽禁，使李治唯一可依賴的親戚，僅爲母舅長孫無忌，這時他才十六歲。更嚴重的問題隨著而來，太宗原本最喜愛李治的四哥魏王泰，他雖受貶黜，但太宗對之仍念念不忘，可能仍會將繼承權交給他。但李泰乃事變主角之一，因政治關係，無法理順章成的立他爲太子❹，太宗乃將希望移向另一最寵之子，李治的三哥，亦是承乾以

外， 太宗的最長子吳王恪。幸好吳王恪的母親爲隋煬帝的女兒楊妃之子，地親望高，中外所向。大臣惟恐日後產生問題而加以力爭，太宗的意圖才取消❷。根據法律規定，繼承優先權在李治而不在李恪❸，太宗優先考慮李恪，對李治來說，是一項嚴重的心理打擊。以長孫無忌爲主的大臣依理力爭， 又亟稱李治「仁孝」。李治雖因而得以立爲皇太子，但卻埋伏了李唐禍亂的根源。李治幼失母愛，又不是父親所最疼愛的兒子，何況他的兩個同母兄長仍然存在，另一個有文武才而爲父親疼愛的兄長亦虎視於旁，因此李治僅能以順從屈附的所謂「仁孝」態度，去避免任何的挫折或被人攻擊的藉口。更甚者乃是太宗一度欲立另一楊妃，李治第十四弟李明生母爲皇后， 此事若成功， 則李治的繼承權亦不穩❹。一連串的挫折感容易使人產生依順的心理取向，甚至可能會產生戀母心理，這可能是爲什麼他會迷戀與依順大他四年的武才人的理由。太宗崩逝那年，武才人已二十六歲，李治才二十二歲，武氏以成熟的生理及頭腦，成爲李治傾訴挫折感的最佳對象；未必僅因武氏的狐媚美色，迷惑至竟冒天下的大不韙而娶她爲妃嬪的。

　　武氏據說出於周平王少子之後，武則天家族在隋唐間絕非寒門，其父武士彟雖然沒有仕隋，而居并州文水縣，卻以家富豪俠，助高祖太原起事，成爲太原功臣之一， 官至都督、尚書，爵爲應國公，爲三品大臣。士彟長兄士稜，亦以農夫身分追隨起事而官至司農少卿、宣城縣公，次兄士逸亦以軍功在貞觀初官至刺史、鄳國公。至於武氏三代父祖，亦在北齊、北周、隋朝爲官，不過官品不高而已❺。依照太宗指示重修《氏族志》，以培養本朝冠冕爲士族的原則，武則天更不可視爲「寒微」身分。就武則天本身而言，實亦出身士族，其門第雖然不及山東崔、盧、李、鄭等世族，對傳檄罵她「地實寒微」的徐敬業家族而言，與武氏家世亦不過在伯仲之間，但是對於撰寫檄文的駱賓王家族而言，則駱氏才爲「寒微」之家，而非武氏❻。

武則天雖非寒門出身，卻也非屢世的高門巨閥。加上諸父去世後，兄弟無人身居要官，在特重門第的社會裏，自然使武則天內心有挫折感。尤其在她將要被冊爲皇后前，反對者的理由之一即爲王皇后乃「名家子」。換句話說反對者認爲武氏門第不及鄰縣的太原王氏，故力加阻止❼。事實上，武氏父系門望固不及王皇后，但母系則不遑多讓，可相匹敵❽，不料其家世先爲羣臣用以阻止她爲皇后的理由，後爲徐敬業集團用以作爲討伐她的藉口。刺激之下，武后後來加速提拔寒素，並重修《氏族志》爲《姓氏錄》，一方面將后族列爲第一等，一方面設法使她所任用的五品以上官員亦得列爲士族❾。這些措施可能與武后的補償心理有關。

武則天的崛起不以依靠門第爲主是可以肯定的，但有兩個特別的機緣，使她能夠脫穎而出。一是唐太宗死得早，並使她能在太宗臥病期間勾引到心情苦悶的太子李治，而當時她的容色未衰，頭腦聰明。另一個機緣則爲王皇后與蕭淑妃成爲情敵，互相競爭。武氏遂因早已與高宗結下愛情，又以容色、才藝出眾，加上生活樸實❺❿，因此能擊敗王后、蕭妃及反對她的大臣，登上皇后的寶座，並玩弄高宗於股掌，使之寵愛不衰。武則天身爲皇后時，生活自制檢點，避免羣臣攻擊，一方可能由於過度補償的心理作用，開始設計整肅反對她的人物，並進行干預朝政，控制統治權。武后的計劃與行動是非常縝密的，顯示出她的卓越組織能力及旺盛的權力慾。更可怕的是在其過度補償心理背後，隱藏著可怕的報復心理。其據《舊外戚‧武承嗣傳》記載，武后曾經有過一個非常挫折及遭人蔑視的童年。她的母親楊夫人乃是武士彠庶妻，生下了武則天三姊妹而沒有兒子。士彠卒後，正室相里氏之子武元爽，及其兄武士讓的兩個兒子武惟良與武懷運，均對待楊夫人失禮，武則天三姊妹的境遇當然亦不好過。這種境遇是支配武則天不斷奮鬥、競爭奪權、出人頭地的原動力，亦是驅使她採行恐怖政治的動機之一。

武則天一生的發展可以分爲幾個階段：第一個階段乃是貞觀十四年，她十四歲以良家子身分入選爲才人，初次接觸最高統治者，打入王室的生活圈。第二階段乃是貞觀末邂逅太子李治，爭取到大唐未來統治者的愛情，儘管未來的統治者在輩分上是她的兒輩。第三個階段是她利用王皇后與蕭淑妃的鬥爭，在永徽五年（六五四）三月正式成爲高宗的昭儀，將暗中的關係轉變爲公開的關係，並在翌年十月，犧牲了親生女兒的生命，打倒了王皇后及蕭淑妃，正式成爲高宗的皇后。自後展開整肅反對者的行動，至顯慶四年（六五九）整肅長孫無忌等貴勢以後，政歸中宮之局已成，是爲第四個階段。顯慶五年以後，武后逐步干預朝政，由幕後轉至臺前，直至麟德元年（六六四）正式垂簾聽政於高宗之後，成爲「二聖」，是爲第五階段。從弘道元年（六八三）高宗崩逝，武后以太后執最高統治權，全面性整肅異己，是她第六個轉捩點。第七個轉捩點在天授元年（六九〇）稱帝篡國，至長安四年（七〇四）被推翻，乃進入其人生最後的階段。這幾個階段中，武則天打擊的對象不同，培養的政治勢力亦有差異，取代了唐初的結構。茲自第三階段開始，試對其政治權力演進略加分析。

二、武后權力系統的安排與展開

在第三階段，武則天最迫切的問題卽是取得高宗合法配偶的地位，亦卽取得與高宗關係完全正常化。對於已失去高宗寵愛的王皇后及蕭淑妃而言，武后可以輕易將之除去。所憾者武氏原爲高宗父親的妃妾，取得正常地位及排斥皇后，勢須引起朝廷的震動。換句話說，武氏所需對付的不在內宮，而在外朝。外朝最重要的反對人物爲宰相長孫無忌、褚遂良、韓瑗、來濟等人，尤其長孫無忌，爲國之元舅，太宗顧命大臣，曾經總理三省國務，現任「太尉、同中書門下三品」，政府的首相。武氏自知其家族在外朝沒有力量，唯一化解反對的辦法是利用金元賄賂手

段，去收買他們。武氏本人不能直接與朝臣交通，她的辦法是透過皇帝重賞厚賜來取悅他們，或是利用其家族，或已成爲其私人心腹的朝臣登門聯絡討好❺。在此措施之下，武氏聯絡到一批趨炎附勢的朝臣，使之成爲心腹，這些人以許敬宗、李義府爲首，也是武氏最早出現的政治集團。

　　武氏在永徽六年（六五五）十月成爲皇后，反對力量在武氏個人手段及其集團的對付之下，開始了失敗的命運。武氏下一步的方針乃在徹底瓦解內宮中妨礙或威脅她的力量。此卽殺害廢后王氏、蕭妃，並整肅其家族，以免高宗顧念舊情，回心轉意。尋卽向太子李忠採取行動，將他廢黜、幽禁及殺害❺。顯慶元年（六五六）正月太子忠廢爲梁王，改由武后親生長子，年僅五歲的李弘爲太子，武后至此地位已然確定，於是將整肅的矛頭指向外朝。宰相大臣對武后的態度，「司空、開府儀同三司、同中書門下三品」李勣的態度中立而較偏向武氏，左僕射、同三品于志寧及侍中崔敦禮不敢表示意見。長孫無忌、褚遂良、柳奭、韓瑗、來濟五人，皆力持反對態度。長孫無忌、褚遂良、李勣皆前朝宰相，亦爲顧命大臣，要搖動他們實甚困難。幸好當時實際上宰相沒有數目限制，而且諸相意見不齊，心志不一，武后精明地利用此弱點加以行動。首先她安挿親附她的朝臣進入決策階層，俾在決策組織中有左右的力量。第一個武后心腹拜相的是李義府，他以五品上階的中書舍人晉升爲「守中書侍郎、參知政事」，是唐朝開國以來，升爲宰相前原官品秩最低的人。三個月以後，武氏卽立爲皇后。兩年以後，李義府亦進兼中書令。另外，許敬宗以禮部尚書支持武氏爲后，成爲武氏朝臣集團的另一領袖。武后成爲皇后的第二個月，卽命令許敬宗以尚書身分待詔於武德殿西門，直接加以指揮，與李義府兼中書令的同年（顯慶二年，六五七），乃轉遷爲侍中。至此，武后已在朝廷擁有個人勢力，並在中書、門下兩省各佈下了一顆重要的棋子，開始對反對她的重要官員整肅。武

氏利用其朝臣集團整肅反對者，其方式大都採用誣告、僞證的方法，並先從朝臣開始，進而打擊權勢較小的宰相，最後在顯慶四年(六五九)，攀倒反對人物的中心長孫無忌，這是各個擊破、逐級升進的打擊戰略，而效果非常成功。茲將其第四階段整肅的重要人物表列如表七。

表七　武后早期整肅重要人物（六五五～六六○）

姓　名	籍　貫	家　世	被整肅時所任官職	被整肅的經過與結果	備　註
柳　奭	蒲州解縣	山東士族	吏部尚書（前任中書令）	外甥爲王皇后，永徽六年，王后見廢，奭被貶爲愛州刺史，尋爲許敬宗等構陷，潛通宮掖，謀行鴆毒，與褚遂良等朋黨，罪大逆，遣使殺之，籍沒其家。	《舊傳》二七：八；《新傳》三七：一一；稱皇后爲奭之外孫，誤，當爲外甥女。
褚遂良	杭州錢塘	江南士族	尚書右僕射同三品	永徽六年，反對皇后之廢立，以忤旨左遷潭州都督，後又轉桂州、愛州，顯慶六年卒。後二年，許敬宗等奏長孫無忌逆謀均爲遂良煽動，乃追削官爵，子孫配流愛州。	《舊傳》三○：五～八。《新傳》三○：五～七。
韓　瑗	雍州三原	關隴士族	侍中兼太子賓客	永徽六年，反對皇后廢立，顯慶二年，許敬宗誣奏瑗與褚遂良潛	《舊傳》三○：七～八。《新傳》

				謀不軌，貶瑗振州刺史，四年卒。明年長孫無忌死，敬宗等又奏瑗與無忌通謀，遣使殺之，及至，瑗已死，發棺驗屍，籍沒其家，子弟配徙嶺表。	三〇：八～九。
來　　濟	揚州江都	江南小姓	中書令兼太子詹事	永徽六年反對高宗立武昭儀爲宸妃，顯慶二年許敬宗奏濟與褚遂良朋黨構扇，左授臺州刺史。	《舊傳》三〇：八～九。《新傳》三〇：九～一〇。
長孫無忌	河南洛陽	山東士族	太尉、同中書門下三品	永徽六年，反對皇后廢立，顯慶四年，許敬宗誣奏無忌交通謀反，去其官爵，流黔州，又遣使至州重鞫無忌反狀，逼令自縊而死，籍沒其家。	《舊傳》一五：四～一〇。《新傳》三〇：一～一四。

　　上述柳奭、褚遂良、韓瑗、來濟及長孫無忌皆爲武后極欲整肅的對象。其中柳、褚二人已罷相，其他三人則爲現任宰相。這五人之中，兩人出於山東士族，一人爲關隴士族，一人爲江南士族，僅來濟爲江南小姓。顯示對武氏立后持反對意見的人，從未結成地域集團的力量；相反的，武后僅整肅反對及阻礙她控制權力的人，並未專門排斥關隴集團或出身士族的人物。在這一期中，構成武后朝臣集團的重要成員有六人，此即李義府、許敬宗、崔義玄、王德儉、侯善業與袁公瑜。李、許二人

皆曾爲宰相，一爲山東小姓，一爲江南士族。崔義玄則爲山東小姓，時任御史大夫。其他三人均不詳，僅知王氏當時任中書舍人，侯氏任大理正，袁氏任大理丞。六人之中，除李義府可能因武后提拔而拜相之外，許、崔二人皆自唐初卽入仕，此時皆爲高級官員。最值得注意的是中書省乃最高命令發出的機關，而李義府爲中書令，以王德儉爲舍人，顯然武后有控制命令的意圖。又崔義玄爲監察系統最高長官，侯、袁二人爲司法系統官員，顯示武后一開始卽欲運用政府的監察及司法機關，以逐其誣告枉刑的計劃。這六人對武后來說，皆爲翊贊功臣㊝。

　　長孫無忌被整肅的翌年（顯慶五年，六六〇）高宗由於疾病關係，下詔由皇后參決國務，遂使武后政治生命翻開新的一頁，也是唐代政治史上重要的轉振點。唐制皇后僅能掌理內宮妃嬪命婦之政，不能過問外朝國政。以前武后整肅反對者，亦須依靠李義府等外朝親信進行，不能逕行公開指揮。現在高宗旣詔皇后參政，卽將最高統治權託委給她，與她共同分享此權，自此至高宗崩，武后的行爲更公開化、更正式化，已經不是干預朝政或擅竊君權的問題，而是合法的行使君權。至麟德元年（六六四），天下合稱高宗、武后爲「二聖」，則其地位更形穩固了。在這段期間，則天的整肅行動益形擴大，反對者如宰相上官儀等固然遭受整肅，對她立后或掌握權力表示模擬兩可的人，如宰相于志寧等亦遭受整肅。具有上述政治態度的人，包括王室子弟在內，亦不能倖免。卽以高宗朝四十七名宰相而論，除表七所示五相外，尚有于志寧、杜正倫、許圉師、上官儀與趙仁本，共十相先後遭整肅，羣臣則難以一一統計。親生子女第一個爲她的政治慾而犧牲者乃其長女安定公主，親生長子太子李弘亦因經常拂逆其意見而突然死去，繼任太子的次子李賢亦因反對母親而遭廢黜幽禁，最後被殺㊝。親生子女皆可殺害，天下有何人不可殺害？駱賓王沒有將此事大加渲染，反而將其「殺姊屠兄」列爲討伐藉口，顯有本末顛倒之嫌。事實上，武后殺姊屠兄，除了其姊子賀蘭氏因

被高宗寵愛，威脅武后地位之外，其他被殺者，皆與報復童年遭受歧視的心理有關，政治因素較淡❸。

　　武后當了皇后，羣臣反對她已不因名位問題，而是因爲她竊取君權的問題。從顯慶五年（六六〇）高宗已令武后參決國政。五年（麟德元年，六六四）之後，帝后合稱「二聖」，而武后每升朝，必垂簾於高宗之後，同決國務。武后旣已分享君權，當然有權拔擢親和她的人，導致國家人事行政系統的破壞，關於此事，容詳後章。武后的掌權干政及破壞制度，是引起羣臣反對的主因，尤其一些有識見、公忠謀國、而又有特殊背景的大臣，反對的態度更公開而堅決。這時高宗仍然健在，對大臣頗禮敬，武后因而不能爲所欲爲，亦不敢輕易擴大打擊面；反而對其親信如李義府等的過分行爲加以裁抑整肅，或追復長孫無忌的官爵，企圖以此政治手腕分解朝臣的敵對情緒。羣臣在整肅威脅之下，不敢輕易使舊案平反，但反對武后竊政的意志則一直存在。上元二年（六七五）三月，高宗風疹突然發作，不能聽政，乃下達一個意旨：此卽「欲遜位，令天后攝知國事。」這是非常駭人、曠古未有的事。依照制度，皇帝任何意旨若需頒下有司執行，必須先經中書省撰製，中書省長官對此皆有事前審議權。當時中書令閻立本已薨，中書省長官爲中書侍郎同三品郝處俊及中書侍郎李義琰。此二人皆執正不阿，拒絕武后干政的人。因此郝處俊迅速提出反對意見，他說：「……天子理陽道，后理陰德，……各有所主守也。陛下今欲違反此道，臣恐上則譴見於天，下則取怪於人！昔魏文帝著令，身崩後尚不許皇后臨朝。今陛下奈何遽欲躬自傳位於天后？！況天下者，高祖、太宗二聖之天下，非陛下之天下也！陛下正合謹守宗廟，傳之子孫，誠不可持國與人，有私於后族！……。」李義琰亦力加支持郝氏，認爲他所引經旨足可依憑。高宗似曾以此旨與其餘四相商議，當時四相依次爲劉仁軌、戴至德、張文瓘與李敬玄，四人皆非武后親黨，而劉仁軌更以元老身分，後來警告過武后，此意因而被

打消❺❻。這時武后已參決大政十六年；天下合稱她與高宗爲「二聖」，
她上朝垂簾聽政， 亦已十二年。 宰相大臣反對她干政的態度尚如此堅
決， 誠爲上官儀事件以來， 武后竊權過程中第二次最大的挫折❺❼。這時
高宗欲待太子李弘病癒後遜位給他，不料李弘突在翌月暴薨，另立李賢
爲太子。 李賢亦是精明能幹的人， 爲武后所難駕馭， 母子常起暗鬥衝
突，因而在六年（永隆元年， 六八○）之後，李賢遂遭廢黜幽禁，改立
第三子李哲（中宗）爲太子。李哲性格較其兩兄長爲軟弱，武后較易控
制。弘道元年（六八三）十二月， 高宗頭風復發， 崩於洛陽， 遺詔令太
子卽位， 由太后處分大事， 臨朝稱制。這時中宗已二十八歲， 急欲行使
君權， 因而太后絕不能長久稱制專權。權力慾旺盛的太后， 絕不輕易還
政， 遂在翌年二月， 與宰相裴炎藉口而發動兵變， 廢中宗爲廬陵王， 連
年僅三歲的皇太孫（中宗嫡子重照）亦廢爲庶人， 一併幽禁。翌月， 廢
太子李賢亦在幽所爲武后親信所殺。至此改立性格最柔順的第四子爲皇
帝， 此卽睿宗。睿宗當年亦已二十三歲， 但太后不還政， 首相裴炎遂因
徐敬業的起兵， 警告太后還政， 結果爲武后所殺， 並形成政治大獄。此
時， 留守西京的首相劉仁軌， 突然遣人致書於太后， 向她提出嚴重警
告， 以「呂后禍敗之事」爲規諫。武后因而特令武承嗣親賷璽書往京慰
喩， 虛僞地表示自責之意， 這是武后竊政第三次大挫折。不料， 仁軌不
久卽以老病而薨。武德、 貞觀遺留下來的元老重臣， 至此殆盡， 遂使
武后大逞其志❺❽。上述一連串事件使我們知道武后在高宗生前及死後一
年， 其權力仍然受到外朝的制衡與反對， 無法爲所欲爲。武后雖然在外
朝也有親信， 但在屢受挫折之下， 不得不犧牲一些過分囂張者， 以謀取
羣臣的妥協。在這種形勢下， 武后被逼改變方式， 在親信朝臣集團中，
選取一些人另外組成指揮核心， 此卽著名的「北門學士」集團， 也是武
后朝臣集團中的新權力結構系統。

　　武后成爲皇后的第三個月， 卽命令其親信大臣禮部尚書許敬宗待詔

於武德殿西門，以作爲她溝通並指揮外朝親信的橋樑。及至她獲得參決
大政的授權，遂可以直接而公開的指揮當時同爲宰相的李義府、許敬
宗，及其他臣僚。直至龍朔三年（六六三），李義府被整肅，咸亨元年
（六七〇），許敬宗退休，武后外朝親信遂無升進決策組織的人，形成羣
龍無首，無法直承武后指揮的狀況。武后乃在上元間向高宗要求，召令
文士劉褘之等人進入禁中，陽爲充任武后秘書，協助武后撰述，陰則經
常密令參決大政，以分宰相之權。由於他們不經南牙，而由北門出入，
當時被人稱爲「北門學士」，茲將他們的背景表列如表八。

表八　高宗末期（六七四～六八三）武后北門學士集團

姓名	地籍	家世	出身	官職	政治態度及生涯	備註
劉褘之	常州（江南）	小姓	不詳	左史、弘文館直學士	劉褘之少與孟利貞、高智周、郭正一俱以文藻知名，高、郭二人稍後拜相，褘之與利貞初同「直弘文館」，上元中才遷爲從六品上階的左史，成爲北門學士之首。一度坐罪，爲武后所救。後爲高宗所器重，擢遷中書侍郎，並托以輔助相王（睿宗）。後來參與擁立睿宗，擢同三品，爲宰相，成爲撰作詔旨的主要人物。後因提議武后還政於睿宗，被部屬密奏，武后認爲忘恩背叛，因事誣告其通姦受賄，五十七歲賜死	《舊劉褘之傳》三七：二～四。《新宰相世系表》一一上：三二。《新劉褘之傳》四二：二～四。

					於家，時年垂拱三年。	
元萬頃	洛陽（山東）	士族	蔭任	著 作 郎	萬頃爲北魏宗室子弟，父在武德時任總管。善屬文，起家拜通事舍人，後任從五品上階的著作郎，召入爲北門學士。武后以太后臨朝，擢爲鳳閣（中書）侍郎，因素與徐敬業兄弟友善，永昌元年爲酷吏所陷，配流嶺南而死。	《舊元萬頃傳》一四○中：二。《新元萬頃傳》一二六：八～九。
范履冰	懷州（山東）	寒素	不詳	周王府戶曹參軍	他以正七品上王府戶曹召入禁中凡二十餘年，太后臨朝，累遷至春官（禮部）尚書同平章事。武周革命後，在載初元年嘗坐犯逆者而被殺。	《舊范履冰傳》一四○中：二。又附《新元萬頃傳》。
苗神客	滄州（山東）	寒素	不詳	著 作 郎	不詳	附《舊范履冰傳》，又附《舊元萬頃傳》。
周思茂	貝州（山東）	寒素	不詳	太子舍人	以正六品上階太子舍人與履冰入禁中，最蒙親遇，多參預政事，累遷至麟臺少監，崇文館學士。垂拱四年下獄死。	附《舊范履冰傳》，又附《新元萬頃傳》。
胡楚賓	宣州（江南）	寒素	不詳	右 史	文思敏捷，召入禁中。自殷王文學拜右史，崇賢直學士而卒。	《舊胡楚賓傳》一四○上：

						九。 又附《新 元萬頃傳 》。
張昌齡	冀州（山東）	寒素	進士	襄州司戶參軍	弱冠以文詞知名，爲太宗所器重，貞觀二十一年特勅於通事舍人裏供奉，後正式除長安尉，出爲襄州司戶，丁憂去官，後爲武后外甥賀蘭敏之奉引，於北門修撰，尋又罷去。乾封元年卒。非武后嫡系，且僅以文學工作爲主。	《舊張昌齡傳》，一四〇上：八～九。《新張昌齡傳》一二六：四。

最初召入禁中而爲武后親信的是劉褘之等六人，張昌齡是後來加入的，而且不是武后親黨。六人之中，後來被武后及其酷吏集團所殺者有四人，這時恐怖政策已普遍推行。值得注意的是「北門學士」集團皆爲武后外朝附從者的一個系統，而且大都家世寒微，須靠武后重用提拔，才可能有出頭之日。這些人除了張昌齡出身進士及第之外，其他似皆非進士出身，顯示陳氏假說中謂則天大力提拔寒素的進士出身人才之說，起碼在高宗朝尚未如此。事實上太宗、高宗時已開始提拔進士出身者，張昌齡卽太宗所親自提拔，而且特勅任用。第一個使武后權力發展受挫的是進士出身，太宗提拔的江南小姓上官儀，他位至宰相。而且高宗時，具有士族家世的宰相大臣仍多，與高祖、太宗遺留下來的元老大臣結合成一股勢力，有效地制衡武后的權力，並阻止其過度發展。例如上述反對高宗遜位於武后的郝處俊，他家世爲山東小姓，貞觀中舉進士，外祖卽開國大將許紹。李義琰原出隴西李氏，爲李唐疏遠的宗族子弟，亦爲進士出身⑩。與郝處俊同時阻止遜位的宰相，劉仁軌爲山東小姓，

博學而功勳赫赫，是經歷三朝的元老重臣；戴至德亦山東小姓，爲貞觀名相戴胄的子弟；張文瓘爲山東士族，明經出身，是高宗當時最信任的宰相⑩；李敬玄家世顯赫，源出趙郡李氏，貞觀末以博學爲寒素出身的宰相馬周所薦用，後又爲武后心腹許敬宗所力薦⑪。協助武后兵變廢黜中宗，後來又反對武后不還政，極力擁護唐室的裴炎，出於顯赫的聞喜裴氏，世爲山東著姓，以明經出身。這些事例顯示高宗朝進士科出身的官員，山東或江南的小族或寒素人物，不但未完全爲武后拉攏，用以對抗關隴士族；反而對抗武后的大臣中，不乏此類人物。相對而言，江南士族子弟的許敬宗，山東士族子弟的崔義玄及裴炎，皆曾成爲武后心腹。由此可見武后在高宗朝用人，全視其人政治態度而取捨，親和己身者則用之，反對己身者則鋤去之。高宗晚期，新形成的「北門學士」集團背景才有取山東寒素的傾向。但觀察她以太后臨朝，至被推翻時，所信用的官員背景，則「北門學士」多爲山東寒素，或許此時則天的政策是倚用士族治國，提拔寒素而制衡之。

武后竊政最重要的階段乃是高宗駕崩至武后「革命」卽位這一段時間。武后臨朝的權力來源有二，一是積二十五年參政的威勢，一是高宗遺詔的特別授權。天皇大帝遺詔說：「……往屬先聖（太宗）初崩，遂以衰毀染疾，久嬰風療，疾與年侵。近者以來，忽焉大漸。……皇太子哲(中宗)，……夙表皇帝之器。凡百王公卿佐，各竭迺誠，敬保元子，克隆大業。……皇太子可於柩前卽皇帝位。……軍國大事有不決者，兼取天后進止。……」⑫這是一道關係唐朝國運的遺詔，經過武后、宰相裴炎、或「北門學士」修改或僞造的可能性不大。遺詔揭露了三個問題：第一卽高宗自身爲皇太子以來卽患風療，羣醫無法根治，且愈來愈嚴重。國家需要健康的人來擔任元首，否則將會造成政治不良的後果，高宗及後來的順宗皆因無法根治的疾病來統臨全國，結果皆造成政治風潮。近代國家的元首，必有定期例行健康檢查，其狀況恒爲國人所矚

目，原因即在此。唐高宗以無法根治的隱疾之身，繼承大寶，非常明顯
的影響了他的精力與才能。根據《舊高宗紀》，高宗風疾起碼嚴重發作
過三次，每一次皆使他喪失行爲能力一段時間。首次發作在顯慶五年，
使他命令武后代他決定國政。第二次在上元二年，使他命令武后全權攝
知國政，甚至欲遜位休養。第三次亦即最後一次，一度用針灸術暫時奏
效，並使其突然併發的失明症消失，因而急速下詔太子監國，命令宰相
裴炎等於東宮平章國事。因此，遺詔所揭露的元首疾病報告，無疑告訴
了全國或後世研究者武后何以能干預朝政的因素。第二，高宗最後的風
疾發作後，曾下詔委託太子監國，宰相均須至東宮裏贊決策。遺詔中又
勅令太子柩前即位，羣臣「敬保元子」。顯示高宗的心意是希望已年二十
八歲的中宗親自掌握最高統治權，而無意遜位於武后。當時唯一的顧命
宰相裴炎，最能瞭解高宗的意願，所以裴炎後來公然要求武后還政於睿
宗。第三，依照制度，天子居喪諒闇，以日代月，以冢宰攝國政，亦即
繼位天子在三十六日之內不能親理國務的。不過遺詔指定天后決定「軍
國大事」，亦即授權她兼行冢宰之事，實屬驚人之舉。中國歷史上，嗣
君沖幼，太后臨朝的例子多見；但嗣君年近而立，尚請太后臨朝，實爲
歷史所罕見。唯一的可能解釋是高宗防範當時地尊望重的宗王如李元嘉
等，恐怕他們與羣臣發動奪權行動吧！事實上武力奪權乃是唐室心內的
陰影，武后在迅速接掌君權後，中宗亦在高宗崩後第八天即位。同日，武
后恐怕諸王爲變，以太后令擢遷位望最尊的韓王元嘉爲太尉，霍王元執
爲司徒，舒王元名爲司空，以撫慰宗室之心。而且，在中宗即位的第十
九日，命令王果等四員將軍分往幷、益、荆、揚四大都督府，會同府司實施
戒備，以防事變❸。當然，根據第二項所述高宗的最後意願，他並無授權
武后長久攝政的意思，中宗年紀已長，喪期滿日，武后勢須依法還政。

　中宗嗣聖元年（即睿宗文明元年，武后光宅元年，六八四），政治
發生一連串突發性事件，武后遂利用此機會強行竊政，使歷史改寫。

三、武后稱制與革命及其威權發展

中宗的性格不及其兄長的堅強，才具也比不上其兄。他所以能安穩地為太子至即位，主要由於武后認為他柔順而易於控制。事實上中宗為太子時，確無表示厭惡或反對其母后的紀錄，這種反應即使在武后殺害其髮妻之時，亦沒有任何不滿的表示❷。然而，中宗在即位後第二個月（嗣聖元年正月左右），突然堅持擢升其岳父豫州刺史韋玄貞為宰相，又欲授其乳母之子為五品官。中書令裴炎堅持不同意中宗的意旨。中宗大怒說：「我以天下與韋玄貞何不可？而惜侍中耶！」裴炎將此事奏告太后，二人認定中宗有「欲以天下與韋玄貞」之罪，密謀廢立。鄙意此事非常奇怪，依照天子居喪，以日代月的慣例，中宗僅需守喪三十六日，即可除服親政，何必在此時急欲專權？可能中宗見太后尚未有還政動靜，自己久處積威之下，無從培養親信幹部，遂任命最親密的人入掌樞機，以作支持。何況中宗在唐史上，確是喜歡任用私人、濫授官職的皇帝。這次行動可能出於心理恐懼或素性使然，他以為既登大寶，詔令誰敢不從，而忽視了太后仍在臨朝稱制，兩省宰相只奉太后令的制度。及至裴炎依法拒絕通過其命令，因而產生意氣用事，說出皇帝所不該說的話。權力愈旺盛的武后，原本似無意還政，退居養老。中宗的行為，正好成為她繼續執政的好機會。皇帝這次的言行，根據唐朝法律是不構成罪狀的，但這是政治問題，不能用普通法律去衡量，因而中宗被捕後質問武后說：「我何罪？」太后答：「汝欲以天下與韋玄貞，何得無罪?!」是則武后與裴炎，確定中宗犯了政治罪。裴炎為正人君子，何以冒此大不韙，策定廢黜皇帝此驚人之舉？鄙意裴炎既為唯一受高宗顧命的宰相，有絕對責任穩定國政。在他來說，太后臨朝稱制期間，中宗此為已屬越權。且皇帝無戲言，言出必行，中宗竟向他說出欲讓天下的話，他身為顧命宰相，對此自加留意。何況任命宰相及五品官，須得宰相薦進及君

權持有者的核准，因而他勢須稟明依法代理君權的武后。對他而言，上不負顧託之命，下不違政制之軌。執行這次廢立的重要人物尚有中書侍郎劉褘之、羽林將軍程務挺與張虔勖。程務挺是標準職業軍人，只知奉令行事；劉則為「北門學士」之首，高宗曾命令他輔助睿宗；張則為武后親黨。執行兵變的軍人，有些是奉令而為，有些是企圖勳賞而為，軍人及羣臣這兩種態度，對武后的計劃極其有利，因而兵變一舉成功㉒。

中宗被廢翌日，睿宗即位為皇帝。儘管睿宗已二十三歲，天子居喪期亦已過去，但武后毫無還政的意願。更甚者乃是她將睿宗移居別殿，不得預聞政事，而君權仍操於自己。睿宗性格較三個兄長更柔順怕事，眼見兄長、宗親被殺被廢，反對武后干政的羣臣慘遭整肅，更不敢過問任何事情，以沖退態度自保。至垂拱二年（六八六）正月，武后假惺惺下令還政於皇帝。睿宗知其非出誠心，奉表固辭，武后亦不堅持，依舊臨朝稱制。自後睿宗及其家屬仍形被軟禁。在睿宗文明元年至天授元年（六八四～六九○）武后「革命」以前的六、七年間，羣臣普遍反對武后干政，即使「北門學士」集團的人也有如此態度，因而引起武后的報復殺機，其政策一為提高自己的聲望與權威，一為整肅異己，一為培養幾個新的權力結構系統，以幫忙她鞏固權勢，茲分列略述之。

根據唐朝有關史料，可以勾劃出武則天個人的特徵。在外觀方面，她是嬌媚的人，姿容保持到年老不衰㉓。她在心理上可能有過補償及報復的心理，前面已略述，後面討論其政策可作助證。其外觀及心理，對其性格影響極巨，她是非常善於利用本身條件及各種機緣的人，由於其精明機靈，她做到了普通婦人或皇后所不能做、或不敢為的事。最顯著的是能忍而有毅力，她忍著恥辱，不惜以父妾而侍高宗；她忍著犧牲骨肉以達到政治目標；她忍著憤怒，慢慢安排以整肅長孫無忌、上官儀等，並對寫信警告她過分干政的首相劉仁軌表示道歉及推崇。相反的，她更能忍心推行恐怖政治，屠殺骨肉、宗室及將相大臣，乃至其心腹黨羽。根據史實，可以推

見她因過補償及報復心理之下，一方面極具自制力，一方面又行事不擇手段，不畏言論，但求達到效果，性格非常複雜；組織力強而才藝廣泛。

利用機會提高本身的聲勢，不始於高宗崩後，早在貞觀末年，她即利用美色與感情俘虜了屬於兒輩的太子（高宗），進而製造環境擊敗了王皇后、蕭淑妃，使自己成為皇后。她以生活節儉樸實，曾獲高宗公開下詔讚美，推為天下士女的榜樣，這種自制直至她成為太后才消滅。最重要的是她利用高宗健康不佳的大好機會正式公開參政，並在五年之後，與高宗並稱為「二聖」，使她的權勢得以確立。又過了十一年（上元元年，六七四），她與高宗並稱為「天皇」、「天后」，為史無前例的榮譽。她以太后臨朝的第五年（垂拱四年，六八八），睿宗與羣臣尊她為「聖母神皇」，為中國歷史上，身為太后所能得到的最高無上尊號。兩年之後「革命」稱帝，加尊號為「聖神皇帝」，以後多次加尊號，創下了歷史的紀錄⑰。加尊號乃古代皇帝提高聲望的手段。換句話說，則天早在當皇后時，已刻意增加其聲望，樹立其個人權威，充分表現出旺盛的權力慾。尊號是一種不大實際的虛銜，武則天所追求的卻在實際的權威。因而在高宗後期，她即利用「北門學士」修撰書籍，使能在意識型態上達到個人權威的目的。例如賜給太子李賢學習的《少陽政範》、《孝子傳》二書；賜給羣臣士民學習的《列女傳》、《臣軌》、《百寮新誡》三書，皆有訓誡臣民，樹立權威的作用⑱。及至臨朝稱制，又委託宰相裴居道等，將武德以來法令大加刪改，完成新的法令，對唐朝律令政制影響不小⑲。律令是規範政府行為的法令，則天能夠運用創制權以控制政府，當然極有助於其個人權威的提升。此外，為武后開「革命」之階的乃是佛教。武后母親楊夫人信佛教，武后未入宮前，已曾與佛教結緣。入宮以後，又與道教結緣。當了皇后以後，一度幾因信用術士行厭勝，而為高宗及宰相上官儀定策所廢；傳說她廢黜太子李賢原因之一，與李賢派遣刺客刺殺其所親信的道士有關。因此，武后實為佛、

道兩教的信徒，而且很早便能利用宗教活動，也能深切體認到宗教的力量。她以太后身分執政，自知得不到臣民的悅服，而處於一個史無前例的環境之中。若要切實而永久的執政，勢須名正言順的即位當皇帝，但女性當皇帝，是國人不能接受的新觀念，必會釀成極大的風波。聰明的武后知道要使臣民接受其為君主的事實，勢須依靠某些信仰，使之發生說服力量。南北朝至隋唐，佛教已成為民間最大、最流行的宗教，武后本身亦為佛教徒，因而如何利用佛教力量，乃是武后思慮焦點所在。在太后臨朝中期，魏王武承嗣等人即曾僞造符瑞。符瑞出現是秦漢以來君主用以肯定其政治效果，或製造篡朝換代的手段。符瑞在太后稱制期間出現，當然會造成一種政治意識，為其「革命」鋪設了道路。武后為了表示符瑞確因她而出現，而決定了幾種反應的措施，表示天人符應的姿態。其重要者乃是自稱「聖母神皇」，將符瑞出地的洛水改名「永昌水」，翌年改元為永昌元年（六八九）；另外，汜水所出的瑞石定名為「天授聖圖」，因而她「革命」即位，即改元為「天授」，以示符應。在她「革命」的前夕，利用佛教僧羣僞造《大雲經》而表上之，鼓吹太后乃彌勒佛降世而為世間主之說。武后接受後，下制將此經頒於天下，造成篡國的有利形勢❼。《大雲經》內載女性為君主的事，此經頒告全國，無異預告將取代皇帝而自為之的意思，使臣民做好心理準備，並試探臣民的反應態度。這時武后的整肅屠殺政策已達恐怖階段，臣民當然不敢輕易表示態度，因此載初二年（六九〇）七月頒經，九月九日壬午，武后乃正式宣佈革唐之命，改國為周，改元「天授」，加尊號「聖神皇帝」，以示上與天降符瑞相應，下與佛經所載相合。將相大臣自此開始，已不對武后干政積極反抗；他們眼見武后權威已不可搖動，聰明地將矛頭轉移，利用兩分法將武后與諸武集團分開，表示反對諸武，尤其反對將皇位繼承權移交武承嗣。忠於唐室的大臣，希望利用這種方式以確保李氏子弟將來能順利繼承君位，徐圖復興唐室。

　　武后的整肅政策 在她當皇后以 來陸續推行， 由於其時權威聲望未高，高宗健在及武德、貞觀遺留的羣臣健在者頗不乏人，武后的朝臣集團尚未處於絕對優勢的地位，因此不敢輕易將打擊面擴大。高宗崩後，唯一對她可以廢殺的人已不存在。中宗、睿宗爲己親子，史無兒子爲父廢生母的前例，況且武后能輕易駕馭他們。當時二帝家屬已形同幽禁，武后最感威脅的乃是其次子，廢太子李賢素以精明強幹爲羣臣所愛戴，雖已幽禁於巴州，但若有任何變動，難保他不逃脫起事。因此她在廢黜中宗的同月底，命令將軍丘神勣率兵到巴州，表面任務是防衞李賢，其實是執行殺害的任務❼。李賢既除去，武后以軍權在握，自不恐懼宗室及將相大臣。但這兩類人物對她樹立權威仍極具威脅力，除了部分堅決反對她干政者之外，大都起碼不親附屈服於她，因此武后有施行高壓手段的必要。中宗皇帝及其嫡長子皇太孫李重照當然是第一個整肅的對象。對於羣臣的大加整肅，在中宗被廢的第二日卽展開。

　　武后廢黜中宗的翌日，執行兵變的「飛騎」部隊中有十餘人飲於坊曲， 其中一人後悔地說：「 鄉知別無勳賞， 不若奉廬陵（廬陵王卽中宗）！」有人至玄武門軍營告密。於是衆人皆逮入「羽林獄」，全部處死，而告密者超擢五品官。禁衞軍是支持武后權威的最重要力量，不論其支持動機出於執行軍令或趣炎附勢以謀取富貴榮耀，要之皆不能對武后有二心。武后重賞告密的人爲五品官，使整肅方式由從前李義府、許敬宗等僞造證據，誣告他人成罪，進步爲告密揭發的手段，鼓勵了告密的風氣❼。此年九月， 由於諸武用事， 衆心憤惋，被貶爲柳州司馬的英國公李敬業（徐敬業）乃聯合同時被貶的官員，計劃以匡復廬陵王爲號召，起兵討伐武后。李敬業集團以武力佔據揚州，糾合一州之衆，卻求得與故太子李賢相貌相似的人，僞稱李賢未死而逃至此，並以之爲號召，公開發檄討伐武后，旬日間得衆十餘萬。李敬業集團很快地在此年十一月被平定。未平定前，洛陽爆發了一次大整肅。中書令裴炎眼見太后不還

政，又追王武氏五代祖妣以下直系尊親，重用武氏子弟；武氏子弟皆密勸太后因事誅殺宗室。對於這幾件政策性的事情，裴炎皆大力反對，使武后不悅。裴炎也如劉仁軌一樣，誤認武后志在效法漢朝呂太后，絕未料到其志不僅以此為滿足。劉、裴二相皆曾以呂后之敗來警告過武后，不但羣臣多具與二相相同的看法，即使武后親信的劉禕之等，也不知道武后的最後企圖在做皇帝。李敬業集團似乎觀察政治發展得較透徹，他們認為武后欲效法呂后，但其危害王室國家的程度，已超逾呂后的行為，因此在討武后檄文中公開宣示其意見，但得不到全國普遍的認同反應，甚至平定他們的討伐軍統帥正是宗室大將李孝逸。檄文具有政戰的作用，李敬業解釋其起事是因為自己乃「皇唐舊臣，公侯冢胤」，受恩於國，發憤圖報，並以「忠豈忘心」責備及號召羣臣。這篇檄文武后閱後，引起激賞共鳴；對某些羣臣而言，卻產生了政戰作用❼。裴炎對李敬業的舉兵，故意不召開政事會議急速商議對策，待太后問計，即挾此要脅，答以皇帝年長而不得親政，使李敬業引以為口號，堅認若太后還政，則可不討自平。監察系統官員認為裴炎此舉有異圖，奉命收裴炎下獄，嚴加審訊，裴炎不屈。羣臣意見分為兩派，一派力證裴炎必反，一派力證不反。結果裴炎被殺，連累頗廣，其中以侍中劉景先、單于道安撫大使、左武衞大將軍程務挺最重要❼。裴炎事件爆發，武后非常憤怒，召集羣臣公開加以警告，並表示其整肅的決心。她說：「朕事先帝二十餘年，愛天下至矣！公卿富貴，皆朕與之；天下安樂，朕長養之。及先帝棄羣臣，以天下託顧於朕，不愛身而愛百姓。今為戎首，皆出於將相羣臣，何負朕之深也！且卿輩有受遺老臣，倔強難制過裴炎者乎？有將門貴種、糾合亡命過徐敬業者乎？有握兵宿將、攻將必勝過程務挺者乎？此三人者，人望也！不利於朕，朕能戮之！卿等有能過此三者，當即為之。不然，須革心事朕，無為天下笑。」這是典型的威權政治心態，羣臣震懾之餘，一時俯首無言❼。

以挑戰態度反對武后干政的裴炎等雖被殘酷整肅，羣臣一時震懾，但是這個觀念並未因而消失，轉變爲羣臣私下討論的問題。不僅懷念唐室的羣臣如此，卽武后親黨也有些人如此，所以武后不得不另建新系統——酷吏集團，專門負責情報、司法工作，將打擊面擴大至親信朝臣。例如垂拱三年（六八七）爆發的劉褘之案。褘之爲「北門學士」之首，深得武后信任，又以協助兵變廢黜中宗，擢爲中書侍郎同三品。當時軍國詔勅獨由褘之撰出，則天曾以他作爲「推善於君」的樣板，要求羣臣向他學習。此年，褘之私下對鳳閣（中書）舍人賈大隱說：「太后旣能廢昏立明，何用臨朝稱制？不如返政，以安天下之心！」這時告密以求富貴的風氣已極流行，賈氏遂向武后密奏，告了其長官一狀。則天不悅，告訴左右說：「褘之，我所引用，乃有背我之心，豈復顧我恩也！」因而將他誣告下獄，特詔肅州刺史王本立主審其案。王氏向褘之宣示制勅，褘之認爲武后手勅不能算做正式制詔，公然批評武后專權違法說：「不經鳳閣、鸞臺（中書、門下），何得名爲勅？！」武后大怒，認爲他「拒捍制使」，當依律處死。當時有人上疏救援，甚至睿宗也親自抗疏爲其舊僚申理。褘之親友以爲皇帝親自抗疏搭救，必獲原有，私向褘之道賀，但劉褘之回答親友說：「吾必死矣！太后臨朝獨斷，威福任己。皇帝上表，徒然速吾禍也！」從這件案件發生的始終，可以斷定武后整肅的主要對象是反對她非法干政及反對她政治上獨裁專權此兩類人，而不計較這些人與她有什麼關係，對她有什麼功勳❻。武后「革命」稱帝的前期，最得她親信的大臣是關隴士族的李昭德，他是明經科出身，長壽元年（六九二）拜相，極具權勢，是唯一能夠壓抑諸武集團及酷吏集團的人。武承嗣因被其敵對抑壓，乃向則天攻擊他。則天居然責備武承嗣說：「自我任昭德，每獲高臥，是代我勞苦，非汝所及也！」李昭德旣獲如此寵信，又抑壓諸武、酷吏兩集團及趨炎附勢希圖進用的朝臣，因而引起此三類人物的攻擊。行爲反覆的「前魯王府功曹參軍」丘愔上疏

攻擊他說:「臣聞百王之失，皆由權歸於下。宰相持政，常以權盛爲殃。……陛下創業興王，……總權收柄……。天授以前，萬機獨斷。……公卿百寮，具職而已。自長壽以來，厭怠細政。委任昭德，使掌機權。……臣近於南臺見勅日，諸處奏事，陛下已依；昭德請不依，陛下便不依。如此更張，不可勝數。……一切奏讞，與奪事宜，皆承旨意，附會上言。今有秩之吏，多爲昭德之人。……權重一去，收之極難……。」李昭德父子立朝，皆以強直正色稱著[77]。他合法行使中書令的宰相權，而且極小心的「皆承旨意，附會上言」，最後仍被丘愔一疏擊倒。丘愔之疏威力如此巨大的原因，正是其言擊中權威人格者權力慾及排他性的內心深處。從丘愔之疏所反映，看出武則天一直恐懼大權旁落而獨裁自專。任何人對此稍具威脅，皆在排斥整肅之列。中、下級官員反對武則天，自李敬業以後，大都限於言論態度上的間接反對，整肅較爲輕易。將相大臣的反對，往往由行爲反應出來，這是他們對國家的責任；尤其他們位高權重，僚友門生眾多，較易引起則天的猜忌，加上他們往往爲世族子弟，因此每次整肅，牽連廣泛。從則天以太后干政至被推翻，她的任免宰相紀錄打破了國史的紀錄，其中有一半以上獲罪受罰，就以整肅宰相人數來計，則天的紀錄亦高居歷史的榜首。茲作表九，以便參考。

表九　武則天時代宰相統計[78]

地籍 家世＼類別 人數	甲 誅戮	乙 流貶	丙 進士出身	丁 明經出身	戊 制舉或他科	己 兩唐書無傳	人數	地區人數 小計
關A 士族	1	5	0	4	1	2	12	17
B 小姓	2	0	0	0	0	1	3	
隴C 寒素	1	1	0	0	0	0	2	24.6%
山D 士族	5	6	5	4	1	3	25	43
E 小姓	3	4	2	1	0	1	9	
東F 寒素	2	5	3	1	2	0	9	62.3%

江 G	士族	1	1	0	1	1	0	2	9
H	小姓	2	0	1	0		1	1	4
南 I	寒素	2	0	0	0		1	1	3	13%
三地總計		19	22	11	11		9	69	69 100%

　　據表九，則天所殺宰相共十九人，人數佔百分之二十五強，亦卽達全體宰相的四分之一以上。這些被殺的宰相中，絕大部分因政治關係而被殺，不但連累自己的家屬，亦往往連累他人。二十二名被流貶的宰相，亦大部分因為政治上發生了問題，純粹因贓污等罪而受此處罰者較少。而且，上述十九名被殺的宰相，不乏先遭流貶，然後再遭殺害（包括畏罪自殺），若將其計入乙項則流貶人數更不止於二十二人。無論如何，武則天一共用了七十五名宰相已是驚人之舉；其中共四十一人獲罪受懲，若將情況不明而僅可以肯定獲罪流貶的任知古、孫元亨（卽孫元通，被殺）、王璿三相包括在內，卽達四十四人，佔全體宰相的百分之五十八強，．亦卽有半數以上宰相受到處罰，而其中絕大多數是政治整肅，誠為震撼性的打擊。這七十五宰相在武則天實際掌握政權的二十一年中，平均每年任免三點六人；而每員宰相平均任期僅約三個半月，可見決策階層的人事變動率非常高，其原因主要為政治整肅。當然，有些幸運的在則天時代始終自保而未被陷害，但其人數目不多。有些更幸運的宰相在因政治問題而貶黜後，不久再為則天所重用，二度入相，東山再起，其人數更少，而以狄仁傑的遭遇最富傳奇性[79]。狄仁傑曾任大理法官及地方長官，皆有政績，天授二年九月，則天從洛州司馬的官職上提拔他為地官（戶部）侍郎判尚書事、同平章事，以中央財經首長而兼參大政。未幾，為酷吏首領來俊臣所構，逮捕下獄。俊臣主持制獄的慣例是在第一次開庭而馬上合作供認罪狀者，可以減死。俊臣將此例告知仁傑，仁傑慨歎說：「大周革命，萬物唯新。唐朝舊臣，甘從誅戮，反

是實！」因而認罪。俊臣認爲他已認罪，稍加寬待，又令其判官王德壽
說服狄仁傑牽累楊執柔。王氏爲狄仁傑獻計，要求仁傑以楊執柔曾爲其
部屬的藉口，將楊氏牽入此案，爲仁傑所拒；仁傑並伺機密令其子持書
直訴於武則天以告變。則天得悉，召見仁傑，詢以爲何認罪成供？仁傑
說：「向若不臣反，已死於鞭笞矣！」又問以爲何作〈謝死表〉？仁傑表
示非其所作，乃來俊臣私令王德壽代作。因而特勅免死，劇貶爲彭澤縣
令，仁傑第一次任相僅五個月。旣貶黜之後，武承嗣因爲他反對其謀奪
君位繼承權的關係，屢次勸請則天誅之，則天不從，因而倖免於死。六
年之後，因爲處理河北戰地政務有功而再度拜相，先後擔任納言（侍
中）、內史（中書令），最爲則天所恩寵，成爲李唐復辟成功的重要人物
之一。狄氏雖爲極幸運者之一，其本身遭受下獄幾死的遭遇，已足夠反
映當時整肅行動的恐怖於一斑。

　　整肅行動是非常恐怖的，直至武后「革命」前夕，羣臣大體都不敢
再公然反對她的權威，轉而考慮如何保存李氏二子 —— 中宗及睿宗，使
之正當繼承武后，待日後重建唐室。在這種情勢下，武后並未中絕其整
肅政策，卽位前兩個月，尚在麗景門內特置一所制獄，以擴充囚犯的容
納量。麗景門制獄是酷吏集團的大本營，入門待罪的官員，大都不能生
而復出，因此酷吏稱此門爲「例竟門」，意卽入此門者慣例皆死。這所
監獄裏面設有一特殊的區域，稱爲「三品院」，用以處置將相三品大臣。
在酷吏羅織威脅之下，朝士人人自危，相見不敢交談，道路相遇，僅敢
以目招呼。武則天確是提拔了許多新進的人，由於告密風氣盛行，或武
則天認爲他們不稱職，因此往往不旬月卽遭掩捕處決。朝士入朝，經常
先與家人訣別。據載酷吏常以整肅人數競賽，雖不因政治問題，往往也
在羅織之下成罪。因而唐朝宗室、貴族誅沒者數百人，將相大臣亦數百
家，刺史、郎將等中級官員以下，更不可勝數。周興一人所鍛煉陷害者
卽有數千人；來俊臣更兇險，他羅織的對象多爲宗室、貴戚與將相大

臣, 甚至李昭德、諸武、太平公主、盧陵王、皇嗣(睿宗)、張易之等武則天最親最信的人, 皆曾在羅告之列, 前後為之破家者亦千餘人, 二人為酷吏之最。其他重要酷吏整肅人數, 常以千數⑧。

四、武周建立後的人事結構

整肅政策是出於武后欲「威制天下」的構想, 用以確立個人權威。但整肅是治國的消極手段, 容易造成政治混亂。武后已從政治大亂之中樹立了權威, 勢須依靠某些人助她治國。武后所以能夠保持國家穩定及社會、經濟發展, 成為傑出女主, 最主要的因素是能提拔人才。武則天提拔官員, 一方面從現有的中下級官員中揀拔, 一方面從白衣中挑選。但其先決條件有二: 一是其人對武后干政及權威不加反對或威脅, 一是其人需有適當的才幹, 否則即使任官, 亦會迅速地遭受掩捕整肅。當然, 政治態度親附於她, 而又以才幹為她賞識的人, 將會成為武后優先拔用升進的對象; 但武后對於守正不阿而有才具, 雖不親附於她, 亦不反對或威脅她的人, 亦能尊敬重用, 狄仁傑、婁師德皆可為例。這些前提條件瞭解以後, 將可較易研討其權力結構。

國家人事行政及政府官員編制的制度, 在高宗初期已告破壞, 武后參政以後已有濫官泛階的趨勢。原本在制度上, 六品以下官員的晉用, 必須經過尚書省吏部的考銓、門下省的同意, 始得除授; 至於五品以上官, 亦需循此程序, 而由皇帝制授, 高宗時代未至完全氾濫。自武后整肅裴炎以後的第二年(垂拱元年, 六八五)二月, 下制改善檢舉系統, 並設立投匭制度, 雖農夫、樵人, 皆得上書或告密, 文狀直達或面見武后, 投書或告密者因而往往任用為官。翌月, 又下制九品以上官及百姓, 咸令自舉。這兩種措施乃是武后提拔人才的重要途徑, 尤其是毫無門資的寒素人士或力量薄弱的小姓子弟。例如屬於山東小姓的傅遊藝, 在載初元年(即永昌元年, 六八九)僅為極微賤的合宮主簿, 為人趨炎

附勢，親附武后。尋擢左肅政臺（御史臺）御史，不久授爲左補闕。然後「上書稱武氏符瑞，合革姓受命」，則天甚悅，驟擢之爲給事中。數日之後，加同平章事而拜相。同月，又遷爲朝散大夫，守鸞臺（門下）侍郎，仍同平章事。就在這年九月（天授元年，六九〇），武后革命即位，寵其推戴發難之功，賜姓武氏，並加本官爲銀靑光祿大夫。時人稱之爲「四時仕宦」，意爲一年內自靑而綠，及於朱紫。他是第一個建議武則天屠殺各地配流犯人，以斬草除根的人，因而列入〈酷吏列傳〉之內❸。武則天即位後，另有兩種提拔人才的方法。則天本人文學頗佳，因此對科舉人才頗加擢用。她除了拔擢貢士爲官之外，更重要的乃是親自主持貢士考試，使自己成爲及格者的「座主」，收恩於己。她第一次，也是有科舉制度以來第一次的皇帝殿試，發生於天授元年二月，這時則天才即位半年，乃親策貢士於洛成殿，成爲科舉制度的殿試之始。各道巡省大使或存撫大使薦舉人才，自隋已然，唐仍沿襲此制度。長壽元年（六九二）一月，則天親自延見各道存撫使的舉人，不問賢愚，悉加擢用，以「試官」處之，唐朝大量湧現「試官」自此始。則天認爲舉人才藝高者，則試鳳閣（中書）舍人、給事中；次者試員外郎、侍御史、補闕、拾遺、校書郎等。依制兩省供奉官得由皇帝勅授，但尚書省及憲臺等中、低品官員，須經吏部銓敍。則天以勅授舉人爲試六部員外郎、御史臺侍御史，顯屬違法行爲。不過則天爲了提拔自己認可的人才，是無視於律令的存在的。儘管這些人試任後，若不稱職即不得正授，甚至旬月之間遭掩捕殺害，但樂此而出仕者亦不少。當時的人寫了一首詩譏諷她濫以祿位收買人心，詩云：「補闕連車載，拾遺平斗量，欋推侍御史，盌脫校書郎。」舉人沈全交甚至續加兩句說：「䶎心存撫使，眯目聖神皇。」❸透過這些途徑入仕的人很多，但未必皆親附武則天。即使趨附武則天及其親信的人物者，其內心亦未必完全支持他們。則天深諳法家法、術、勢的原理，其攬權態度誠如劉褘之所說「臨朝獨斷，威福任

己」；當了皇帝以後的態度亦如丘悟所說「萬機獨斷」，「公卿百寮，具職而已」。她對用人的態度亦如其公開警告羣臣時所說的「公卿富貴，皆朕予之」，所用者有不稱意或敵對意圖，輒加屠害，她批評劉禕之，說他忘恩負義，卽此心理的表現。因此則天朝不少宰相大臣，僅為追求個人的利益，滿足個人的榮耀感，而攀附武則天及其最親信的人物，談不上政治立場、政治集團的境界。及至則天被推翻，樹倒猢猻散，他們為了恐懼復辟派的報復，或為了尋求新的權威以作依附自保，於是韋后、上官昭容、太平公主等，皆成為他們攀附的新權威。君臣之間，你給我榮耀，我認同你權威，正是則天、中宗、睿宗三朝的政治形態。則天政權能夠乘時崛起，而又迅速崩潰，主因卽在此。她所以能夠輕易控制朝廷，亦與其能瞭解權威人格的心理，而加以利用有關。

當時羣臣間的政治心理，武則天是可以瞭解的。她大量提拔小姓、寒素進入統治階層，這些人縱使日後產生敵對態度，亦必能夠輕易處理，而且在政治上的影響也斷不及裴炎、李敬業等人。在這種考慮之下，小姓及寒素晉升入決策階層的比例遂較高宗以前增加，從表九已可助證。同時，則天從這些人之中，刻意培養出幾個權力系統，以幫助她樹立威權、治理國務及控制羣臣。對於協助她樹立威權及控制羣臣貢獻最大者，乃是酷吏集團。

鄙意酷吏之所以稱為集團，是由於他們有權力、有組織、有目的、有計劃與及有公開行動，其權力直接來自武則天的授權，其任務是行使告密、檢舉、偵緝、起訴、特別司法及監察權。他們的身分多為監察及司法系統官員，雖各隸於不同的機關，但皆以「例竟門」制獄為其大本營，手下有不少類似秘密警察的人員。這些人員接受來俊臣等訓練，《羅織經》卽為其主要的課程；他們訓練後，卽加以運用、尋證、偽證、誣告、刑求、結案、牽連等皆有方式程序，以資實行。茲將酷吏的重要人物作成下表，以俾參考。

表一〇　則天時代酷吏集團重要人物

姓 名	籍 貫	家 世	出 身	政治態度及狀況	備 註
丘神勣	河 南 洛 陽 （山東）	士 族	似 蔭 授	武后親信將領，協助殺害廢太子李賢。又爲武后討伐瑯邪王冲，屠殺千餘家。天授二年下獄伏誅。	史料同❼⓿。曾賜姓武氏。
傅遊藝	衞州汲縣 （山東）	小 姓	不 詳	親附武后而屢加勅授，因上書請武后「革命」而拜相，尋停相。希則天旨屠殺宗室，並建議發使分赴各地屠殺流人，雖因夢登殿而爲其親告發，則天卒用其謀屠殺流人，故酷吏因此而起。他卽因上述罪名伏誅。	史料同❽①。曾賜姓武氏。
來俊臣	雍州萬年 （關隴）	寒 素	因告密而勅授	俊臣因犯罪爲和州刺史東平王李續所杖，天授中告密，則天以爲忠，由侍御史遷至中丞，則天特別授權他專按制獄，前後坐誅者千餘家。他與侯思止、康暐等召集數百人加以訓練，又與朱南山等撰著《告密羅織經》，發明許多告密刑求等方法，陷害大臣甚多。西番首長多人、諸武、太平公主、張易之、睿宗等皆曾被其誣告受審，而酷吏的另一領袖周興卽由他主持	《舊來俊臣傳》，一三六上：一～五；新同傳一三四：二～四。

				審訊。諸武、太平公主等恐懼，聯合告發其罪，棄市。	
周興	雍州長安（關隴）	寒素	吏	他明習法律，原為尚書省吏，累遷司法系統官員，至秋官（刑部）侍郎，則天專用他主持制獄，被害者數千人。天授二年被告發與大將丘神勣謀反，下獄當誅，特勅流嶺南，為仇家所殺。	《舊周興傳》一三六上：五。又附《新來俊臣傳》一三四：三～四。
索元禮	不詳	不詳	因告密而勅授勳官	元禮乃胡人，他是第一個探知武后欲威制天下心理而告密的人，因而擢游擊將軍，專在洛州主持推案，每推一人必廣泛牽連數十百人，則天屢召見賜賞，以張其勢，殺屠數千人，成為周興、來俊臣等效法的榜樣。他與來俊臣是酷吏中首按制獄的，後來則天欲收拾人心而殺之。	《舊索元禮傳》一三六上：五～六；新同傳一三四：一～二。
侯思止	雍州醴泉（關隴）	寒素	同　上	因密告舒王李元名而擢游擊將軍，不識字，尋擢御史，專按制獄，後為宰相李昭德抑壓，並榜殺之。	《舊侯思止傳》一三六上：六～七；新同傳一三四：四。
萬國俊	河南洛陽（山東）	寒素	不詳	原官司刑評事，為來俊臣所引用，在御史臺任官，《羅織經》的撰著者之一，常與俊臣同按	《舊萬國俊傳》一三六上：七。

				制獄。長壽二年受詔至嶺南，屠殺流人三百餘人，並上疏建議分使屠殺諸道流人，爲之死者共約三千人。尋死，死因不明。	
來子珣（武家臣）	雍州長安（關隴）	寒　素	因上書陳事而勅授	永昌元年勅受監察御史，常希旨按制獄，有功，賜姓武氏。長壽元年配流而卒。	《舊來子珣傳》一三六上：七～八。又附《新來俊臣傳》一三四：三。
王弘義	冀州衡水（山東）	寒　素	因告變而勅授	初授游擊將軍，後任御史，與來俊臣同陷羣臣。延載元年俊臣貶，他亦流瓊州，另一酷吏胡元禮奉使至嶺南，殺之。	《舊王弘義》一三六上：八；新同傳一三四：五。
郭霸（郭弘霸）	舒州同安（江南）	寒　素	不　詳	原爲縣丞，應則天「革命」舉，向則天輸誠而擢爲監察系統官員。後死。	《舊郭霸傳》一三六上：八。《新郭弘霸傳》一三四：五。
吉頊	洛　州河　南（山東）	小　姓	進　士	後起的酷吏。萬歲通天二年與武懿宗主持綦連耀案，陷宰相李元素等千餘人，因擢左臺中丞。聖曆二年遷爲宰相，與張易之兄弟親善，爲控鶴、奉宸系統的人。後與武懿宗衝突，貶卒。	《舊吉頊傳》一三六上：九～十。《新吉頊傳》四二：七～八。《新宰相世系表》十四下：十一。
崔元綜	鄭州新鄭（山東）	士　族	不　詳	他是清河崔氏「南祖房」子弟。天授中累至秋官（刑部）侍郎，長壽元年拜相，勤於政事。	此人雖不列入酷吏列傳但行同酷吏，其事附於《舊豆盧

				但外示謹厚而情實刻薄，每受制鞫獄，必吹毛求疵，陷人於重辟，人多畏之。翌年犯罪流貶，後再用，中宗時至刺史而卒。	欽望傳》，四十：九。《新宰相世系表》十二下：二七。《新傳》亦附於豆盧氏，所載略同。
武懿宗	并州文水（山東）	士　族	武周宗室	武后從兄子。他是武士逸之孫，屢爲卿監大將，嗜殺，受制鞫獄甚嚴酷，有「周興，來俊臣之亞」的稱號。封王爵。	附《新武士護傳》一三一：五。又附《舊武承嗣傳》，一三三：十。

　　表一〇中十三個重要酷吏中賜姓武氏者三人，武后親屬一人。這十三人中論籍貫地區，則山東七人，關隴四人，江南一人，而另一人則不詳；論家世則士族三人，小姓二人，寒素七人，一人不詳；論出身則告密而勅授以官的有五人，不詳者亦五人，以進士出身者僅一人。酷吏集團與北門學士爲武則天前後期最重要的心腹系統，此二集團均有共同類似的特點：一是以寒素爲主要基礎，但亦包括士族人物在內；成員的地籍以山東爲多，江南人士亦有之，「北門學士」集團無關隴人，但酷吏集團最重要的四個人：來俊臣、周興、侯思止、武家臣（來子珣）皆爲關隴人，當時殘酷程度堪與四人比肩的僅有武懿宗一人，其餘皆有所不及。因此，以武則天起用山東人壓抑關隴人之說是尚可以斟酌的。後來在天壽間能有效壓抑酷吏的狂置者，正是關隴士族子弟的李昭德。據此，解釋武后這兩個集團的結構，以門資立論更合情實。第二點則是此兩集團的人物，「北門學士」原已做官，但官品不高，酷吏集團原已做官者不多，僅有丘神勣與崔元綜二人原已擔任高級要官，與武后以提拔中下級官員或平民兩對象的鄙見相合。最重要的是在此兩集團中，嚴格上說皆無科舉，尤其進士科的人，張昌齡原非武后親信，吉頊亦不完全

爲酷吏中人。陳氏假設中提到武后大力提拔寒素進士，似有保留的餘地。第三點則是「北門學士」中，因功而拜相的有二人，酷吏集團則有三人，顯示武后非常重視其人事升黜，以作爲獎勵，因此他們都對則天效忠屈服，而建立了武周政權。第四點相同之處是這兩類人物下場多不得善終；「北門學士」被殺的原因多與政治有關，酷吏則多因其行爲受到將相大臣或武則天親屬嬖倖的反擊，在則天直接或間接同意下，成爲其犧牲品。

上述兩種集團皆爲武則天政權的權力基礎，與武則天的宗室、姻戚及嬖倖三集團，合成武周的權力結構。在威勢上，能與酷吏集團相倖的，則爲嬖倖集團，宗室及姻戚次之。這三個集團以宗室出現最早。

據《舊式承嗣傳》，武后將兄弟元爽等人殺害後，其家屬在配流之列。但武氏不能無後以襲爵奉祀，乃以其姊韓國夫人之子賀蘭敏之爲武氏後。武后原本因爲童年被諸武薄待，因而才有逼害他們、絕其屬籍及改其姓爲「蝮氏」的報復行爲。在這種情況下，諸武難有解放翻身之望。然而賀蘭敏之是一個聰明而又放蕩的人，他後來獲悉其母、姊之死，可能與武后有關，遂在行爲上表現出來，引起武后的疑忌。武后所以遲遲不向他採取行動，是格於他爲唯一奉武氏之後的人，而且他又與武后母親榮國夫人（卽其外祖母）通姦，爲楊夫人所寵，所以暫相容忍。咸亨二年，楊夫人卒，乃因罪將敏之配流雷州，自殺於途中。這時武氏可說絕後。武后不得已，將諸武家屬自嶺南貶所召回，命令元爽長子武承嗣襲爵奉後，諸武因而獲得釋放，而且先後做官，例如武承嗣在高宗駕崩前已官至秘書監，武三思已官至右衛將軍。由於武元爽兄弟的薄待楊夫人母女，武后一直懷恨在心，因而亦不過分重用他們的子弟。這種心理，是造成她後來不將皇位繼承權交給諸武的重要因素。

武后臨朝稱制，意欲建立武氏直系七廟及追王父祖，宰相劉仁軌及裴炎等都加以反對，皆以呂后事件爲例而加以警告。同年五月，拔擢已

任禮部尚書的武承嗣爲同三品。這是武氏子弟進入決策階層之始。諸武一旦掌握大權要職，馬上展開奪權行動，以武承嗣及三思爲首，屢次建議武后因事誅殺韓王元嘉等貴枝，以絕宗室之望。這類建議雖因裴炎等大臣反對，而在外又有李敬業檄文公開揭發其「猶復包藏禍心，窺竊神器。君之愛子，幽之於別宮；賊之宗盟，委之以重任。」因而武后暫時取消這類計劃。但屠宗奪權之心，已因諸武的建議而得到鼓勵。及至裴炎輕易被殺，李敬業迅速覆沒，使武后對朝臣力量產生輕視之心，這種心理可從上述公開警告羣臣的說話表現出來。垂拱二年武后假意還政，睿宗婉拒不敢接受，羣臣亦無強烈反應，武后乃放手重用諸武，「革命」前夕，武承嗣、武攸寧皆在相位，武三思、武懿宗等則分踞要官，其他宰相大臣皆下之，武承嗣的計劃亦得以推行。根據《通鑑》綜述，李氏宗室大屠殺大整肅在垂拱四年（六八八）開始，永昌元年（六八九）年底，最有聲望的宗王大都遭受殺害，家屬亦已配流。同年十一月，下制削除唐朝宗室屬籍，使睿宗等王室人員變成孤立。天授元年九月，傅遊藝等關中百姓九百餘人上書推戴「革命」，請賜皇帝姓武。武后不許，跟著又出現了一次六萬餘人的請願團體，上表支持傅遊藝的意見，皇帝亦上表自請賜姓武氏。乃卽位改元，以睿宗爲皇嗣，以皇太子爲皇孫，皆賜姓武氏；宰相岑長倩，羣臣傅遊藝、張虔勗、丘神勣、來子珣等並賜姓武氏；武氏宗親十九人皆封親王、郡王，女系則爲長公主，這是武周新宗室的形成。諸武集團以武氏宗室爲主，他們征伐則任統帥，在內則爲宰輔清要之官，由於武后記恨的心理，他們並沒有特別大的權力，從武后當太后以至被推翻，升入決策階層僅有武承嗣、三思、攸寧三人，這三人皆曾有三次拜相的紀錄，顯示政治地位亦不穩定，武則天並無專倚他們的信心。但是諸武集團所以在朝廷形成威勢，基本因素乃是因爲他們是武周宗室，最高權威者的親屬。在威權政治之下，小權威因大權威而產生，是必然的事情。當然，諸武集團的存在，對武則天控制國政絕對有所幫助。然而武則天對其宗室的懷恨心理，不但使諸武集團不能

獲得並維持其更大的權勢，甚至爲部分大臣所加以利用，將武則天與其家族二分化，導致諸武不能繼承君權，而在則天崩後，逐漸亦告崩潰。

岑長倩等賜姓武氏的人，大都在利用價值完了之後被整肅殺害；武則天親子睿宗等家屬雖亦被賜姓，但形同幽禁，毫無權勢。武后的宗親，無論在人數、才幹、聲望上，均遠遜於唐初李氏宗室。而且以武承嗣爲首，他們有意窺覬武則天死後的君位繼承權，則天對此一直警惕。大約則天防範玄武門兵變事件的重演，因而無意確立諸武的權勢，一直不讓他們拜相的人數增加，也無意讓拜相的人久居相位。但是姻戚在這方面則無如此嚴重的顧慮，因而起用姻戚晉入決策階層，以爲其政權的扶持，乃是則天明確而肯定的政策。長壽元年正月，則天母系近屬夏官（兵部）尚書楊執柔擢加同平章事爲宰相，乃公開對人說：「我令當宗（宗室）及外家（楊氏）常一人爲宰相。」嚴格來說，武則天的外戚宰相僅此一人，拜相亦僅八個月，沒有很大作爲❸。不知何故不再繼續任用弘農楊氏「觀王房」的子弟爲宰相，以實踐其聲明。與武氏有其他姻親關係的人另有裴居道、宗秦客與楚客兄弟。居道乃山東大門第子弟，爲則天長子故太子李弘的岳父，則天以太后臨朝而拜相，四年後爲酷吏所陷，下獄而死。宗氏兄弟則是則天從姊之子，秦客因潛勸「革命」因而拜相，後與二弟楚客、晉卿皆坐贓而配流嶺南；秦客卒後，楚客兄弟乃得召還，楚客尋拜相，雖在則天朝無甚大作爲，在中宗朝卻是諸武集團的中堅砥柱❹。依表五所示十七家宰相，除楊恭仁一家外，其餘多因歷受打擊而陵替，在則天時代的政壇上，無復顯赫的勢力與地位。陳寅恪先生暢論李、武、韋、楊婚姻集團在政治上的力量，但在則天之時，李氏與韋氏皆無特別的勢力，杜陵韋氏子弟雖在此時歷官拜相，卻未可以婚姻關係視爲任用的原因，更談不上與李、武、楊三家合成政治勢力。事實上僅以武則天外家楊氏而言，在社會政治雖有勢力，但升進決策階層者亦僅楊執柔一人，因此武周姻戚，在參決國政方面，力量甚爲薄弱，與則天聲明的政策極不相符。

　　武則天另有一特別集團，此即嬖倖集團。原則上此集團並非用以作為政治的基礎結構，不過由於其中心人物極得則天愛幸，因而在權威方面超越了諸武或其他任何集團，而且在政策方面往往也具有影響力。

　　嬖倖集團是唯一在威勢上匹敵酷吏集團，榮耀上又遠遠超過之的集團。武則天曾經有過兩個嬖倖集團，一為薛懷義集團，一為張易之兄弟為首的控鶴、奉宸集團。則天會擁有這類人物是非常自然的，她自十四歲入宮，至太宗駕崩，婚姻生活已經出現異常現象。則天以「掩袖工讒，狐媚偏能惑主」的方式「穢亂春宮」，殆是一種異常的行為。隨著她成為高宗的情人，獲賜「武媚」之號，以生理的顛峰狀態及絕頂媚豔，面對一個年紀比她輕四歲而又宿疾在身的皇帝，當然具有情緒上的挫折。三十歲當了皇后以後，生活上的節制，可能使她日後在這方面尋求補償。武則天對性的潛意識是奔放的，這可從她與高宗早期的關係得到印證。若從家族歷史入手觀察，武氏家屬似乎因性觀念開放及愛慾旺盛，多有性異常的行為❸。前面談到武后五十九歲喪偶，色容未衰，六十一歲那年，唐高祖之女千金公主為了避禍而取媚於武后，乃向武后推薦薛懷義，說他「有非常材用，可以近侍」。懷義因而承寵，朝貴自武承嗣、三思以下，皆執役敬禮如僕役❸。懷義為了出入宮門方便而剃度為僧，對推廣《大雲經》以助武后「革命」具有貢獻，因此極具權勢，屢次出任大軍統帥，宰相及諸武僅為之副手或幕佐。但是薛懷義是不懂政治的人，他雖然極有權威，又團結了一羣無賴之徒，卻僅止於作威作福，沒有形成政治勢力。因此在則天七十一歲那年，終以失寵及涉嫌叛變而被殺，黨羽皆在緝捕殺害之列。

　　薛懷義死後兩年，則天又因女兒太平公主的推薦而認識了張昌宗，昌宗向則天推薦其兄易之「器用過臣，兼工合鍊」，兄弟二人乃入侍宮中。張氏兄弟與薛懷義完全不同類型，他們是白皙美姿、衣飾華麗的人，而且通音律詩歌，為唐初宰相張行成的從孫。因此則天於聖曆二年

（六九九）特別設置「控鶴監」，以張氏兄弟為控鶴內供奉，隨侍左右。「控鶴監」在久視元年（七〇〇）改制為「奉宸府」，以張易之為奉宸令，地位在御史大夫之下。原則上控鶴、奉宸人物無職可任，是則天與詞人墨客及宰相公卿宴樂的地方。但張氏兄弟與此機關的人連成一個團體，在政治上具有勢力，諸武、姻戚及其他宰相大臣，有不少人經常趨候門庭、執役如僕。屬於控鶴、奉宸系統或朋附張氏兄弟的現任或前任宰相，計有李嶠、李迥秀、蘇味道、房融、韋承慶、楊再思、吉頊七人，多以性格軟弱而文辭優長見稱於時。至於大臣或著名文士屬於此集團者，可知者為崔神慶、宋之問、杜審言、沈佺期、閻朝隱、王紹宗、徐彥伯、崔湜、富嘉謀、薛稷等數十人。茲將此集團人物可考知者列為表一一。

表一一　武則天控鶴、奉宸集團人物

姓　名	籍　貫	家世	出身	政治態度與狀況	曾否拜相	備　註
張易之張昌宗	定州義豐（山東）	小姓	蔭任	為此集團之首，其弟昌宗亦首領。其家族皆為此集團人物。兄昌期、昌儀、同休等亦因而作威作福，官至四品。後因復辟集團兵變而皆被誅殺。	無	宰相張行成乃其兄弟之叔祖。詳《新宰相世系表》一二下：二一～二二。《舊張行成傳》二八：六～九。張易之在聖曆二年控鶴成立時為監。

李逈秀	隴西狄道（關隴）	士族	制舉	其家屬出李唐興聖皇帝第七子，隴西李氏「武陽房」子弟，唐初大將李大亮卽其從父。他舉「英材傑出」科，則天愛其才而寵待之。又因其母養顏有術而迎入宮中請益，故後拜相。逈秀有「風流之士」的稱號，但頗託權倖，傾心事張易之兄弟，後坐贓貶出。爲控鶴內供奉之一。	有	《舊李大亮傳》一二：八～一一。《新宰相世系表》一二上：一三；又詳《舊吉頊傳》，見下。
李嶠	趙州贊皇（山東）	士族	進士	李嶠乃趙郡李氏「東祖房」子弟，直系頗有衰落之勢。他以文章與蘇味道齊名，號稱「蘇李」。高宗所拔擢。則天詔勅多倚之，曾任麟臺少監，·後拜相。中宗卽位，坐附會張氏兄弟左遷刺史。三入爲相。睿宗時退休。	有	《舊李嶠傳》四四：一～三。《新宰相世系表》一二上：五四。又詳杜審言項。
蘇味道	趙州欒城（山東）	寒素	進士	文辭與李嶠齊名，是熱衷權位、俯仰取容的人，有「蘇模稜」之號。中宗卽位以親附張氏兄弟而貶。	有	《舊蘇味道傳》四四：一。《新宰相世系表》一四上：四一。又詳杜審言項。
楊再思	鄭州原武（山東）	士族	明經	他是楊國忠的同族曾祖輩，爲人巧佞邪媚，善於取媚人主，但個性恭愼怕事，未嘗忤物，有「兩腳野狐」之譏。甚親附張氏兄弟。	有	《舊楊再思傳》四〇：六。《新宰相世系表》

						一一下：三五。
韋承慶	鄭州陽武（山東）	士族	進士	原為京兆杜陵韋氏，出「東眷」，後徙江南。 其父卽韋思謙（仁約），高宗時著名御史，太后臨朝後拜相，後退休。承慶乃長子，辭藻擅美一時，則天末拜相，中宗時坐附張氏兄弟而貶嶺南。其弟韋嗣立亦為則天、中宗宰相，為韋后親黨。父子三人皆相則天，皆進士出身。	有	《舊韋思謙傳》三八：一～九。 《新宰相世系表》一四上：廿六。
吉　頊	洛州河南（山東）	小姓	進士	甞與武懿宗告發綦連耀一案，牽連宰相李元素等千餘人，皆海內知名之士。因而擢受右臺中丞。與張氏兄弟極親善，因而拜相，為控鶴內供奉之一。則天亦以心腹待之，後因反對諸武而貶卒。中宗追贈左臺大夫。	有	《舊吉頊傳》一三六上：九～一〇。又詳「酷吏表」。
員半千	晉州臨汾（山東）	寒素	童子科等八科及制舉	他應制舉，由高宗親自策問，擢高第，甚有名氣，武后以為他是古人。由左衛參軍調入供奉，待制顯福門。累遷正諫大夫兼右控鶴內供奉。半千性直，上言說古無控鶴，今授任者皆浮狹少年，請罷之。因而忤旨左遷。中宗時武三思用事，對之又加以排斥。是則員半千乃控鶴人物中的正人君子，對諸武氏作為頗加反對的人。	無	《新員半千傳》三七：二～四。 《舊傳》一四〇中：四。
崔　融	齊州全節（山東）	寒素	八科舉擢第	為太子（中宗）的老師及秘書。武后欣賞其文章，累加擢遷，一度坐忤張昌宗意旨而左遷	無	《舊崔融傳》四四：三～六

				，昌宗怒解，又召入爲春官郎中知制誥，後至司禮少卿仍知制誥。張氏兄弟集納文士，融與宰相李嶠、蘇味道及麟臺少監王紹宗等，皆以文才降節事之。他文辭典麗，則天的大手筆皆多委之。中宗即位，坐附張氏兄弟左遷爲刺史，後病卒。		。《新崔融傳》三九：一。又詳杜審言項。
王紹宗	揚州江都（江南）	寒素	勅授	江南大姓瑯琊王氏的子弟，家貧而以儒學名。徐敬業欲刼之入夥，堅拒，事後由討伐軍統帥李孝逸表上其節，武后召赴東都，親加褒慰，擢太子文學，爲公卿慕悅風範的對象，張氏兄弟亦結納之，因至麟臺少監。中宗立，坐廢於家。	無	見崔融項。《新王紹宗傳》一二四：六。《舊傳》一三九下：三～四。皆列入＜儒學列傳＞。
杜審言	襄州襄陽（江南）	小姓	進士	審言才高傲世，少與李嶠、崔融、蘇味道爲「文章四友」，世號「崔李蘇杜」。武后親自擢用，審言作＜歡喜詩＞頌之，詩文爲則天所重，官至員外郎。中宗立，坐交通張易之而配流。其孫即名詩人杜甫。	無	《新杜審言傳》一二六：四～五。審言從兄易簡亦有高名，爲貞觀宰相岑文本表弟。高宗時以「朋黨」左遷，審言附其傳，見《舊傳》一四〇上

						: 一○～ 一。
劉允濟	河南鞏縣（山東）	寒素	進士	文辭與王勃齊名。武后修明堂成，作賦獻頌而遷著作郎。一度幾爲來俊臣所陷殺。後官至鳳閣舍人。中宗立，坐二張昵狎左遷。	無	《新劉允濟傳》一二七：二。《舊傳》一四○中：三。又詳宋之問項。
沈佺期	相州內黃（山東）	寒素	進士	累至給事中，受贓被彈劾，會中宗立，坐罪長流驩州。他也是名詩人。	無	《新沈佺期傳》一二七：二。《舊傳》所載甚略，今以《新傳》及宋之問項爲據。
宋之問	汾州（山東）	小姓	勅授	儀貌魁偉，長於雄辯。武后召與楊炯分直習藝館。詩文爲武后所重，累遷尙方監丞左奉宸內供奉。因張易之受則天寵甚，乃與閻朝隱、沈佺期、劉允濟傾心媚附易之，至爲易之奉溺器。易之的文章多爲他與朝隱所代作。易之敗，二人坐貶。之問逃歸，以告變傾附武三思，後又傾附太平公主，故被見用。及見安樂公主勢盛，又傾附之，爲太平公主所恨，告發他知貢舉時受贓而左遷。睿宗立，以其險詐，流嶺南並賜死。宋之問詩文與沈佺期齊名，號「沈宋」。	無	《新宋之問傳》一二七：二～三。《舊傳》所載較簡略。

嚴朝隱	趙州欒城（山東）	寒素	進士制舉	曾爲太子（中宗）舍人，以個性滑稽，文章詭異受知於武后，累遷給事中、仗內供奉。甚諂媚武后及二張。中宗立，坐貶崖州。	無	見宋之問項《新嚴朝隱傳》一二七：三。《舊傳》一四〇中：一〇。又見宋之問項。
劉憲	宋州寧陵（山東）	小姓	進士	累遷左臺監察御史，天授中奉詔按來俊臣，欲痛繩之，反爲所構而貶官。俊臣死，乃調入至中書舍人，後坐善張易之而出爲刺史。	無	《舊傳》一四〇中：四～五。《新傳》略同。
薛稷	蒲州汾陰（山東）	士族	進士	高宗宰相薛元超從子，以辭學知名，尤工隸書，外祖即魏徵。其子尚睿宗女仙源公主，故後爲宰相。時以鳳閣舍人爲控鶴內供奉。	無	《舊傳》附於＜薛收傳＞內，二三：三～四。
田歸道	雍州長安（關隴）	士族	明經	以殿中監爲控鶴內供奉，爲人頗正直，則天親信之，令他監押玄武門禁軍。兵變發生時，他堅拒交出兵權，以附從叛亂，幾爲復辟派所殺。中宗以其忠，召拜太僕少卿。	無	附入其父＜田仁會傳＞，詳《舊傳》一三五上：八。
房融	河南（山東）	士族	不詳	張氏兄弟失敗，房融當坐黨下獄，削奪宰相職權而流高州。	有	房融兩書無傳，其子房琯乃肅宗宰相，《舊琯傳》略提其父，六

						一：二；《新珀傳》則無載。又見《新宰相世系表》一一：四六。
崔神慶	貝州武城（山東）	小姓	明經	父崔義玄爲御史大夫，贊襄武昭儀爲皇后及陷害長孫無忌有功，其兄卽則天宰相崔神基，則天因其有政績而又因其父功勞，擢至司禮卿。張氏兄弟被殺，坐黨繫獄，流於欽州而死。	無	《舊崔義玄傳》二七：一三一～四；《新同傳》三四：一～二。

　　根據表十一，控鶴、奉宸集團多爲山東人，又以小姓寒素人物爲多。但傾附的七名宰相之中，卻有五人爲士族子弟。這個集團的特色是以文士爲主，攀附權威與追求榮耀的人頗多，是武則天附屬集團中最無立場的一羣，因此儘管得到親信，可以壓抑諸武集團，甚至酷吏集團，最後仍然成不了大事業，一舉爲復辟集團所摧毀。由於這個集團的人物多爲趨炎附勢以求取名利的人，所以張氏兄弟被誅，則天被推翻以後，遂失去靠山，於是紛紛各自尋求新的權威人物爲依附，造成中宗、睿宗兩朝人事糾紛，政潮屢起的因素之一。

　　最後，武則天掌政二十一年的政治結構，需作全面的綜合。大體上說，武則天乘著太宗以後的政策，拔用寒素小姓等才俊；唐室在外無強宗，內乏強輔，宗室、姻戚、功臣等集團力量大削之餘，再假借整肅而徹底加以清除，因而形成新的政局。武則天當政期間，最高權力因不假借於人，尋常政務亦往往躬親過問，並挾整肅之威，樹立了其個人權威。在其個人統治之下，她倚信於誰，誰則成爲最高權威下的小權威。太后

時期的武承嗣與薛懷義，稱帝期間的李昭德、來俊臣、張易之、張昌宗等，皆因此而在政治上不可一世，炙手可熱。威權政治的特色之一是因大權威而產生小權威，因小權威而產生更小的權威，因而形成集團。集團的成員多為具有權威人格的人，他們的特色是擁護自己所依靠的權威而自己又成權威人物，甚至流於趨炎附勢，干求名利。這種政治情勢為武德、貞觀所鮮見，而在高宗時代開始，則天時代發展，從中宗以後，已成政治上的大問題，玄宗一度改革，效果並不良好，最後仍因威權政治而產生極大的風波，研究姚崇、張說、李林甫、楊國忠等人的政治行為，當可深切體會。因此，盛唐以後，這個政治課題一直困擾著李唐政壇。及至宦官集團成為威權政治的主流，國政遂難有更新的希望了。

　　武則天下面的幾個權威人物是形成武周權力結構的基本分子。則天當皇后初期，李義府、許敬宗等朝臣集團在政壇上固不可一世。及至高宗崩逝前後，這個集團已為「北門學士」集團所取代。則天臨朝，「北門學士」集團已因則天名正言順臨朝，故逐漸喪失了其溝通則天與外朝親信間關係的功能，因而力量消失，成員先後遭受整肅。代之而起的是諸武構成的宗室集團及酷吏集團，與宮廷派的薛懷義集團。「革命」以後，薛懷義集團因失寵而整肅消滅，繼之者乃張易之兄弟的控鶴、奉宸集團。這幾個集團乃則天政權的重要基礎。

　　假若將則天政權的權力結構加以地域分析，則武德、貞觀時代的功臣多半為山東人；而自貞觀時代，山東人在決策階層中達到百分之六十的過半數優勢，則天時代亦達百分之六十二強，顯示了山東人在政府高層組織中，自太宗以來至武則天，優勢地位沒有變化。雖然「北門學士」及控鶴、奉宸集團以山東人為主，但其人物皆非則天特別倚以治國重任者。酷吏集團中亦以山東人較多，但最重要的幾個人物卻多為關隴人。這種現象很難用以作為則天利用山東人對抗關隴人的解釋。

　　另一角度來看，唐初功臣以士族子弟為多，其人數雖未超過半數，

但士族官員，尤其是決策階層的官員，士族子弟自唐初卽已獲得壓倒性優勢。則天時代政府的決策人物，屬於士族子弟的共有三十九人，根據表九可知的六十九人計算，已達百分之五十六點五，與貞觀、永徽百分之六十左右的比例相差不大。則天時代宰相人事的政策顯然沒有太大改變，至於小姓比例則相差不多，寒素方面則略有升高的現象。因此，可以假定則天的決策階層人事政策是拔擢寒素，而綜合來說，仍是士族控制的局面。則天撰修《姓氏錄》時，將后族列爲第一等，並提拔勳品五品以上爲士族，顯示了則天無意摧毀士族門第，而有意將武氏家族升入高門，與之並列；並培養唐朝以來新形成的士族。此政策與太宗的政策完全相同，唯一差異者乃是李唐家族原本就是高門，不須運用政治力量加以提升而已。觀察則天的幾個集團均有士族子弟參加，而其整肅的人物亦有小姓、寒素在內。以宰相計，小姓及寒素而被懲罰的宰相達二十二人，超過宰相被懲的半數，更足以證明則天沒有對士族特別懷有惡意。她的拔擢寒素政策，僅爲政治的一種手段。事實上，則天政權的確立，單靠上述集團的協助是不夠的，士族對她的屈服、認同及襄助，在政治上所發揮的作用尤大。尤其具有政治野心的李唐宗室及姻戚人物，自太宗以來誅黜略盡，其他士族對於敏感的政治問題已不敢積極過問，這種政治心態，對武周政權的建立無異極爲有利，這也是武則天沒有極端排斥士族的因素。

第三節　「革命」餘波與復辟政潮

一、武周的繼承與發展

所謂「革命」，乃武后篡國代唐時君臣所用的專有名詞。此名詞後得唐中宗等皇帝承認，因而獲得唐朝政治史正式的地位。復辟是指武周

末期，唐朝舊臣策動推翻武周政權，恢復高宗舊秩序及清除武周殘存事物與勢力的運動。這兩個行動是互相對抗的，因而造成政潮疊起。

武后很可能因爲過度補償的心理，而激發其極旺盛的權力慾，她以太后身分，非法廢黜中宗，殺害廢太子李賢，軟禁睿宗及王室子弟。以不能干預朝政的睿宗爲皇帝，而她以母后掌政，這種局面是否能夠永久維持，像她以前在高宗生前臨朝參政一樣？答案顯然是否定的。因爲高宗是她的丈夫而睿宗爲親子，她在高宗朝垂簾參政，大臣多表不贊成。但高宗因病而特令妻子輔助他參決大政，最後權力仍然操之在高宗，這是羣臣僅止於表示恐懼武后權力過大，而未有採取劇烈對抗行動的原因。及至高宗崩逝，武后殺子廢帝，臨朝稱制，羣臣亦無瞭解其眞正意義者，劉仁軌與裴炎等正直的大臣，亦僅以漢代呂后事件加以警告而已。劉、裴等人以呂后爲例加以警告，隱含了正反兩面意義。在羣臣而言，太后對王室的行動及重用武氏子弟，類似呂后的行爲，應無改朝篡政之心，因而可以等到太后去世，即可加以復辟清理，一如西漢周勃、陳平的行動。在武后而言，武后知道羣臣既以呂后事件爲警告之例，當然瞭解羣臣隱伏不發的心理，恐懼一旦死去，象徵其權力的事物制度，乃至武氏子弟的生命，必爲復辟派所摧毀。最佳的對策莫過於進一步的篡朝換代，使武氏正式成爲國家的主人，而且可以得償權力的夙願，打破年長的睿宗不能干政而埋伏的危機及僵局。武氏子弟當然亦瞭解此種危機，所以武承嗣、武三思、宗秦客等人皆曾勸請武后「革命」，並以實際行動促成之。武后瞭解即使「革命」代唐，未必就能使羣臣甘心臣服而無後患，甚至可能在「革命」的當時，即會遭到武力對抗。但若不「革命」，則勢須在半自動及半在朝臣壓力下還政於睿宗，喪失權力而退居閒處，此又爲武后所不甘心的事。因此最後的抉擇，仍以「革命」爲上。

「革命」的意識形態早已開始推展形成，較有聲望的宗室及堅請她

還政的大臣已多被整肅。革命前夕所要部署的行動，一爲切實控制政府重要部門，一爲發動羣衆運動以箝制忠於唐室的羣臣。當時政府重要機關長官幾乎完全落入武后親信黨羽手中，如：

文昌臺（尚書省）文昌左相（左僕射）同三品：武承嗣。

文昌右相（右僕射）同三品：岑長倩。

文昌左丞：　　　　　　　　周　興。

右丞：　　　　　　　　　不詳，（「革命」後由檢校地官侍郎李元素遷任，並同平章事。）

天官（吏部）尚書：武三思。

侍郎：李景諶。（此年三月侍郎增加一員，另兩員不詳是否除人？）

地官（戶部）尚書：韋方質，王立本。（原任韋方質在一月貶黜，繼任王立本在二月被殺。翌年六月格輔元由左臺大夫遷任，並同平章事。）

侍郎：不詳。（兩員均不詳。）

春官（禮部）尚書同平章事：范履冰（四月被殺，翌年一月由武思文繼任。）

侍郎：不詳。

夏官（兵部）尚書：歐陽通。（原任岑長倩遷爲右僕射，繼任武三思在九月前後遷爲吏部尚書，通繼武三思。）

侍郎：不詳。

秋官（刑部）尚書：不詳。

　　　　　　　　侍郎：周興、崔元綜。（侍郎兩員，酷吏周興已在
　　　　　　　　　　　　九月遷爲左丞。元綜任期不
　　　　　　　　　　　　確。）

　　　　多官（工部）尚書：不詳。

　　　　　　　　侍郎：裴行本？（行本在二年九月以多侍同平章事，
　　　　　　　　　　　　可能在此年已任多侍。）

　　鸞臺（門下省）納言（侍中）：武攸寧、史務滋。（原任武承嗣在
　　　　　　　　　　　　一月遷左僕射）

　　　　　　　　侍郎同平章事：傅遊藝。

　　鳳閣（中書省）內史（中書令）：邢文偉、宗秦客。（原任岑長倩
　　　　　　　　　　　　遷左僕射，由
　　　　　　　　　　　　鳳侍同平章事
　　　　　　　　　　　　邢文偉繼任。
　　　　　　　　　　　　宗秦客《新宰
　　　　　　　　　　　　相世系表》誤
　　　　　　　　　　　　作檢校納言。）

　　　　　　　　侍郎：邢文偉、宗秦客。（文偉在二月遷
　　　　　　　　　　　　內史，秦客九
　　　　　　　　　　　　月檢校內史。
　　　　　　　　　　　　是年文偉坐秦
　　　　　　　　　　　　客藏污罪，二
　　　　　　　　　　　　人均被貶。）[87]

　　重要部門人事陸續部署，乃在同年九月三日（丙子），由傅遊藝率領
關中九百餘人詣闕上表推贊「革命」，請改國號爲周，賜皇帝姓武氏。
武后不許，但卻擢傅遊藝爲給事中，無異對臣民給予暗示。於是宗室姻
戚、四夷酋長、沙門道士、遠近百姓，組成全國各階層的團體，人數共

達六萬餘人，俱上表請求武后答允傅遊藝等要求；皇帝亦上表自請賜姓武氏。跟著羣臣又奏符瑞出現，武后乃在七日核可皇帝及臣民之請，兩日後「革命」代唐。《通鑑》對此敍述甚詳。

從整個「革命」的過程看，形成了一些後遺症：它教會了臣民如何奪權鬥爭，以權力是尚；亦卽教導了臣民誰能掌握權力，卽可以爲所欲爲。威權政治、恐怖統治、朋黨交燬等政治現象，因而成爲唐朝政治史的大課題。另一種後遺症則是君權繼承的問題，武后的二度廢皇帝而以女性干政，尋卽成爲政爭的焦點。

武則天篡國後，對具有復辟思想的臣民並未放鬆，從宰相狄仁傑下獄，自供「大周革命，萬物唯新。唐朝舊臣，甘從誅戮，反是實」的供辭，卽可反映其政策。則天的意思是徹底肅清復辟思想，羣臣的態度是人人自危。他們只好先退而自保，並繼續尋求復辟的出路 —— 皇位繼承人的維持。

則天卽位時已達六十七歲高齡，隨時可能去世，如何在武氏子弟得勢之中維持睿宗爲君位繼承人，乃是唐朝舊臣思慮所在。則天的繼承問題，自她卽位卽已產生。她在卽位稱帝的同日，下制降皇帝爲「皇嗣」，降皇太子爲皇孫。「皇嗣」並非合法的皇位繼承人的稱謂，與「皇太子」的稱謂頗有差異，成爲睿宗繼承地位不穩定的原因。諸武集團以武承嗣爲首，在周朝而言，他是開國功臣；在家族而言，他是名正言順的武氏奉祀人，自然較賜姓武氏而爲前朝皇帝的睿宗更具繼承武周皇位的合法資格。因此，諸武集團經常勸請則天將繼承權移交武承嗣，而承嗣對此亦極具野心。第一次繼承人政潮在則天卽位的第二年發生，鳳閣（中書）舍人張嘉福指使洛陽人王慶之等數百人上表，請立武承嗣爲皇太子，這是革命以來第二次羣眾運動。當時在朝廷中名位與武承嗣相當的文昌右相、同三品岑（武）長倩一反畏縮的態度，堅持反對，力言皇嗣已在東宮，不宜有此議論，奏請切責上書者，然後加以告示解散。則天又問於

地官尚書、同平章事格輔元，格氏亦表堅決反對，因而爲諸武集團及
酷吏集團所誣，鍛鍊成政治獄而處死❽。這次羣眾請願絕非則天授意進
行，而是諸武集團效法其姑母皇帝利用羣眾運動以達致政治目的的行
爲。則天對於傳位給武氏子弟抑或李氏（當時亦賜姓武）子弟，態度上
是猶豫不決的。她曾親自接見請願團的領導人王慶之，問及「皇嗣，我
子。奈何廢之？」慶之答覆的理由爲「『神不歆非類，民不祀非族。』
今誰有天下，而以李氏爲嗣乎?!」王慶之引用《左傳》爲論據，又死泣
不肯退下，而將相羣臣在表上亦多有署名者，顯示其行動必有後臺支
持。則天允許王慶之隨時來見，自是慶之屢次求見，重申主張，惹起則
天的煩怒，將此事交由鳳閣侍郎李昭德處理。李昭德將王慶之引出，向
朝士公佈說：「此賊欲廢我皇嗣，立武承嗣!」命令左右撲擊，杖殺之，
請願團才畏懼解散❾。

　　以岑長倩爲首保護「皇嗣」的羣臣在第一次與諸武集團對抗中雖然
遭受沉重打擊，但未完全失敗，此後的重心遂落在李昭德身上。李昭
德反擊武承嗣的對策是針對母愛及武則天權力慾的弱點，他曾向則天密
奏：「承嗣，陛下之姪，又是親王，不宜更在機權，以惑眾庶。且自古
帝王父子之間，猶相篡奪，況在姑姪?!豈得委權與之。脫若乘便寶位，
寧可安乎？」又曾說：「天皇（高宗），陛下之夫；皇嗣，陛下之子。陛
下身受天下，當傳之子孫爲萬代業，豈得以姪爲嗣乎？自古未聞姪爲天
子，而爲姑立廟者也!且陛下受天皇顧託，若以天下與承嗣，則天皇不
血食矣。」❿則天對李昭德的意見表示震驚，尋在長壽元年（六九二）
七月，將武承嗣、武攸寧與外戚楊執柔一齊罷相，取消了常使宗室及外
家一人爲宰相的政策。則天專委李昭德，直至延載元年（六九四）被貶
爲止。其間諸武屢譖昭德不入，更無法危害「皇嗣」的地位。諸武集團
雖然無法危害「皇嗣」，但酷吏集團卻一度幾將「皇嗣」陷害，因此李
昭德主持下的政治，亦以整肅酷吏爲主⓫。李昭德在延載元年因被劾專

權而貶後，來俊臣復入任司僕少卿，他爲了重邀則天的寵信，欲羅告諸武及太平公主，又欲誣告「皇嗣」及廬陵王與南、北牙同反。反爲諸武及太平公主所發，繫獄處死。李昭德與來俊臣同在神功元年（六九七）六月丁卯處死❷，對於諸武集團來說，正是爭奪繼承權的大好機會，不料卻因幾件適時發生的事件，使其希望徹底幻滅。

神功元年契丹及奚叛亂擴大，唐師數失利，大將王孝傑且戰死，全軍幾乎被殲。契丹移檄朝廷，以廬陵王作爲政戰號召，這是繼承問題突變的契機。羣臣乘此，多所表示。值狄仁傑起用，撫定河北有功，是年十月入爲宰相，而則天對他敬重有加。他針對武承嗣等數度遣人說服則天，以自古天子未有以異姓爲嗣爲理由，干求繼承權，乃經常從容以母愛親情感動則天；不但勸她抉擇親子爲繼承人，並勸她召還廬陵王爲繼承人。同僚宰相王方慶、王及善亦有相同表示，遂使則天決心捨棄武氏子弟爲繼承人的構想。對契丹政戰的反應不但來自朝廷羣臣，更重要的是控鶴、奉宸集團的參與。控鶴供奉吉頊是一個投機的人，他曾送兩妹與武承嗣，救其坐贓受懲的父親，後以告變起用，深爲則天信用及張易之兄弟所親狎。契丹進攻河北，他亦受命坐鎮相州，瞭解契丹政戰的號召力。還朝後，爲張氏兄弟籌劃保存富貴之策，勸張氏兄弟說：「天下士庶，未忘唐德，咸復思廬陵王。主上（則天）春秋高，大業須有所付，武氏諸王，非所屬意。公何不從容勸上立廬陵王以繫蒼生之望！如此，非徒免禍，亦可以長保富貴矣。」張氏兄弟正以受寵深厚，天下側目切齒爲慮，乃因而乘間屢爲則天言之。則天知道計謀由吉頊策定，乃召問之。吉頊復爲則天具陳利害，遂決定召還廬陵王爲繼承人❸。正在此時，突厥默啜可汗因求婚，而則天派遣武承嗣幼子延秀前赴迎娶，默啜公開宣佈世受李氏恩，欲將其女嫁與李氏子弟而非武氏，認爲李氏尚有兩子健在，理應統兵輔立之。因而拘留武延秀，發兵進攻中國，並以此爲理由之一，傳檄指責武周朝廷。當默啜傳檄天下之時（聖曆元年八

月，六九八），同月，武承嗣因爲不能成爲皇太子，快快發病而死，刑勢至此劇變，李唐復辟之局已成。同月底，周師四十餘萬北上迎敵，兵力猶不足，則天乃在九月初下制募兵，但響應者每月不過千人。這時，「皇嗣」因請遜位於其兄廬陵王，則天允許，中宗乃得復立爲「皇太子」。中宗復爲太子三日之後，則天命令他爲河北道行軍元帥以討突厥，來應募投軍者旬日至五萬人，顯示了民心的歸向認同。繼承問題，至此解決，剩下來的問題乃是則天如何調和李、武兩家矛盾的事情。

二、從妥協調和至復辟兵變

李、武兩家的調和含有重大的意義，武則天希望武氏子弟在權勢保持的前提下，與李唐王室調和爲一體。諸武勢力旣能保持，則武周的事物制度及人事結構亦必能保持，而不虞李唐君臣將來復辟摧毀。就整個局勢發展而看，自酷吏集團盡去，羣臣卽屢有平反冤獄的呼聲，對則天施加甚大壓力。例如復辟派的要人姚元之（崇），曾當面指出則天以前的政治「甚於漢之黨錮」，則天的人格將來可能被視爲「淫刑之主」。儘管則天口頭將責任推諉於以前的宰相，怪責他們屈順不諫，但必能自知此事無可推諉，其以往的政施，日後勢將被攻擊❹。因此欲維持以前的結構體制，避免攻擊摧毀之禍，最佳的方法莫如保存諸武集團的勢力，而使之日後發生政治作用。這是調和政策實施的因緣。

政治性調和，常用的方法是和親與盟會，這也是則天採用的兩種方式。李、武子弟聯姻，而兩家的外戚楊氏黏合其間，其作用不僅止於親上加親❺。婚姻不能成爲和平共處的重要因素，因此在聖曆二年（六九九）四月，則天安排了一次明堂之盟，參與者有太子(中宗)、相王(睿宗)、太平公主與武攸暨等。他們宣誓告天地，然後將誓文銘之於鐵券，藏於史館。此年年底，太子與相王的家屬才被解禁出閣。這時候，羣臣已洞悉諸武集團在則天未死之日，已應沒有多大作爲，敵對行動，可在

日後施行。這種情勢武則天非常清楚，但無可奈何。

　　張易之兄弟的宮廷派對皇位繼承具有如此巨大的影響力，原因在則天的寵愛及則天內心實有相同的看法。則天與宮廷派的關係不同於朝廷大臣。在其眼中，李昭德、狄仁傑等人僅爲政府大員，而張氏兄弟則無異家人。李、狄諸人縱然遭則天倚信，但過分敏感的政治關係仍然不敢輕易干預，因此他們僅止於以親情母愛感動則天，而則天則以「家事，外朝不宜過問」而婉拒之。天下未忘唐德之語，僅張氏兄弟之親密才敢逕直相告。張氏兄弟既知天下未忘唐德，而擁護廬陵王，顯示他們並無挾恃則天以奪權的野心。但其集團權勢太盛，則爲羣臣所慮。因爲羣臣當時並不知道復辟李氏，擁護中宗，控鶴、奉宸集團人物貢獻最大。張氏兄弟等人固然不將滿朝文武放在眼內，干預政府人事；甚至亦不將諸武放在眼內，諸武集團因之亦產生敵視心理。控鶴、奉宸人物知道諸武集團將來必會失勢，對之頗有公開侮辱的情事。例如久視元年（七〇〇）吉頊在則天面前公然辱罵武懿宗，則天見狀極不高興，認爲在我生前尚如此屈辱我諸武，將來如何能夠倚爲輔助。諸武亦因其背叛而附太子，共發其罪，因而坐貶。吉頊向則天辭行時有一席精彩的對話。

　　吉頊問：「合水、土爲泥，有（競）爭乎？」

　　「無之。」則天答。

　　「分半爲佛（像），半爲天尊，有爭乎？」

　　「有爭矣。」

　　「宗室、外戚，各當其分，則天下安。」吉頊頓首說：「今太子已
　　立，而外戚猶爲王，此陛下驅之使他日必爭，兩不得安也！」

　　則天答：「朕亦知之，然業已如是，不可何如！」[96]

　　這段對話顯示則天欲利用她所拔用的人來輔助諸武，但李、武相抗之勢已成騎虎難下，將來的衝突難以避免，這是君臣上下的共同看法。而且，吉頊言外之意，控鶴、奉宸集團無意亦無力斡旋此事。翌年八

月，武邑平民蘇安恒上書發難，指責諸武干政而要求則天禪位東宮，並說自古無二姓俱王之理，請求降黜武氏諸王而晉升皇孫為王，否則「千秋萬歲之後，於事非便。」半年之後，他又上疏公開指責則天說：「臣聞天下者，神堯（高祖）、文武（太宗）之天下也！陛下雖居正統，實因唐基。當今太子追迴，年德俱盛，陛下貪其寶位，而忘母子深恩，將何聖顏以見唐家宗廟；將何誥命以謁大帝（高宗）墳陵?!陛下何故日夜積憂，不知鍾鳴漏盡！臣愚以為天意人事，還歸李家。陛下雖安天位，殊不知物極則反，器滿則傾。…」❼蘇氏乃一介平民，其大膽上言，當時代表了社會一般人的意見。則天此時已無意對復辟思想嚴加懲抑，以增加李、武兩家仇怨，因而對此亦不加以處罰。

復辟要求解決政權轉移、國號更正、體制復舊、人事整頓、冤獄平反等廣泛問題，其趨勢早已在則天末年形成。前兩項是一而二、二而一的事，第三項乃須待前兩項完成乃可行動。羣臣當時最注目者，莫過於後兩項問題。則天前後拔用的人甚多，要全面整頓，在則天生前，誰也不敢表示出來。羣臣欲清除者乃是則天所培養而已受到整肅的大小權威人物及其引用的人，來俊臣等已先後清除，對諸武集團則不便採取行動，其矛頭因而指向控鶴、奉宸集團。《通鑑》載久視元年（七〇〇）張昌宗弟張昌儀為洛陽令時，請屬無不聽從。某次薛姓選人賂以五十兩金，干求吏途。昌儀上朝，以狀授天官（吏部）侍郎張錫。數日後張錫遺失文狀，遂問昌儀，昌儀居然罵他，並說此人姓薛，名字已不記得，指示凡姓薛者卽與之。張錫大懼，在銓簿上姓薛者六十餘人悉留用為官。顯示了控鶴、奉宸集團的威勢，及其人事權力的巨大。長安元年（七〇一）則天已七十八高齡，政事多委張易之兄弟。中宗長子邵王重潤與其妹永泰郡主、妹夫魏王武延基曾私議二張隨便入宮，張易之遽向則天投訴，則天下制逼令三人自殺。顯示了張氏兄弟的力量，可以隨時威脅王室，改變歷史。朝臣對此警惕側目，王室對此畏懼害怕，諸武對之懷恨在心，

控鶴、奉宸集團遂成爲孤立無援的一羣，大臣如魏元忠、宋璟等，遂有意壓抑其勢力。長安三年（七○三）九月，宰相魏元忠極力反對晉升張易之的兄弟張昌期爲雍州長史，諸張乃共同誣告元忠謀反，引起全國性的爭議。蘇安恒再度上書，極斥張氏兄弟邪佞亂政，恐會引發「除君側之惡」的兵變。則天爲了安撫臣民的激動情緒，對魏元忠等僅施予政治性的貶黜。元忠臨行面辭，知道張氏集團已與羣臣勢如水火，乃當面警告則天，指責張氏兄弟終爲亂階，則天並不採納。自後朝臣經常攻擊此集團，集團分子因罪下獄受害者亦多人。長安四年底，張氏兄弟的親黨任宰相者僅有楊再思、房融、韋承慶三人❾❽，而則天病重，在長生院休養，已累月不見宰相。侍奉左右的張氏兄弟眼看則天病重，恐禍及己，乃秘密部署戒備措施，遂引起全國疑懼，屢有飛書及牓書公開宣稱張氏兄弟謀反。宰相張柬之等乃聯絡朝臣、禁軍，擁護太子及相王實行緊急兵變，誅殺諸張，逼令則天禪位，而由中宗復位。

三、復辟政府與繼承政府——中宗的抉擇及其嬖倖

中宗在神龍元年（七○五）正月二十五日即位，他首先下令大赦，將則天尚未允許平反的冤屈加以全面性清雪，包括皇族在內，尚有子孫者皆恢復屬籍，量敍官爵；只有張易之黨不在赦免之限。翌日，命令參與兵變的李義府之子羽林將軍李湛遷徙則天於上陽宮，主持嚴備軟禁。但在翌日，卻率百官詣上陽宮，上則天尊號爲「則天大聖皇帝」。此舉顯示了重要意義，即中宗無意於逼害諸武集團，更無意否定武周曾建立的政權，自後中宗每十日一往上陽宮晉謁則天。翌月甲寅，中宗下制恢復唐朝國號，典禮、器物、服飾、旗幟、官名皆如高宗永淳以前制度，將武周的神都復爲東都，北都降爲并州。換句話說，中宗即位，僅將復辟之政推動了平反冤屈、政權轉移、改易制度三項各一部分而已，他無意全盤推翻武周的政治。中宗這種態度其來有自，在他貶廢幽禁於房陵

以來，日日恐懼被母親殺害，每聞刺史至，輒惶恐至欲自殺，幸爲韋后制止，所以其心理是不平衡的。及至復位，他遂有逃出生天，補償既往之感，行爲非常任性。他欲眞切的享受權力，對復辟政變羣臣的意見，因而多所相左，不肯採納。同時他與睿宗兄弟二人皆以仁愛著稱，至流於軟弱，無意對任何人趕盡殺絕。這種心理與性格的人，不宜做亂世皇帝，但其兄弟二人畢竟相繼復位，遂釀成嚴重的政治鬥爭。

在對武周政權方面，一方面因爲已有誓文及調和政策在前，一方面則天仍爲「則天大聖皇帝」，所以武氏諸王仍然在位，甚至一度以武三思爲司空同三品，以安撫諸武集團之心。神龍元年五月，下制遷周廟七主於西京，奏事者不能侵犯武氏三代祖先名諱，這是正式承認武周政權的表示。儘管同月在復辟派壓力之下，降諸武爲縣王或公爵，但此時武三思已入宮操縱中宗夫婦，因而下令復修則天之政，此政策顯然與羣臣發動兵變的意向及中宗恢復貞觀故事的詔令背道而馳。

中宗恢復宗室的地位，解放及尋訪宗室後裔，爲重整人事的一部分。神龍元年三月，多次下制平反冤屈，尤其命令自武后以太后執政以來破家的羣臣，其子孫皆恢復資廕，並追懲酷吏集團。但是徐敬業、裴炎二家不在反平之限；即使則天當皇后時的死對頭王皇后、蕭妃、褚遂良、韓瑗、柳奭諸族，亦在限外，直至同月十一日則天崩逝，才以遺詔赦免解放。這樣不完全的平反，一方面象徵武后地位的肯定，一方面卻引起羣臣的不滿。完全平反，需至玄宗時代才完成。

政府人事方面最爲復辟集團所不滿。復辟兵變的對象以武則天爲首，其次即控鶴、奉宸集團，再次即爲諸武集團。中宗復位，諸張已誅，其黨羽皆在斥逐之列，但有小部分例外，內史楊再思，由於曾爲東宮僚佐，僅轉改爲戶部尚書，仍同三品；張氏兄弟所親善的胡僧慧範，亦轉附韋后，爲韋后親重，竟稱他預誅諸張有功而授以銀青光祿大夫，封爲縣公。控鶴、奉宸集團原本多爲趨炎附勢之人，如今靠山既倒，紛

紛各自另覓權威爲新靠山，其中最重要的是鄭愔，他投靠武三思而成爲
諸武集團的謀主，整肅兵變領袖卽由他策定及設計。這些人行爲如此，
實爲睿宗以前不能徹底淸除政府人事的原因。諸武集團在兵變發生時岌
岌可危。兵變領袖所以不乘亂淸除諸武集團，是由於誤認中宗勇烈，必
會爲慘遭屠戮的宗族報仇，所以留下諸武讓中宗親自誅戮，以張天子之
威。但中宗事後的態度，卻出乎意料之外，他不但沒有對諸武加以報復
或象徵性的貶降，反以授武攸暨爲司徒，武三思爲司空、同三品，甚至
將已隱居嵩山的武攸緒召入朝，授以太子賓客。最令復辟領袖痛心的是
神龍元年五月，中宗居然以攸暨、三思等爲立功之人，與張柬之等復辟
功臣同時賜以免死鐵券。復辟領袖屢次要求中宗誅殺諸武，至此完全失
望，反而隨時有被諸武集團迫害的危機。第一個體會此危機的是姚元之
（崇），他迅速採取自保的態度，表示對武則天的忠忱與眷戀；有些則
在武三思重新得勢，危機形成後，亦採取類似態度以自保，他們都能倖
免於諸武集團的迫害。只有張柬之等政變首腦，堅決與諸武集團對抗，
因而遭受到架空、整肅的結果。中宗以繼承武周政權的姿態出現，復辟
派始料不及。

　　諸武集團在則天末年，武承嗣死後逐漸分爲兩派，一派態度較爲溫
和，以武攸暨爲首，他們僅想與李氏共和，無政治野心。一派以武三思
爲首，態度激烈，他們一方面爲自保，一方面爲向政變集團報復，後來
更具有復興武周之志，政治風潮逐與此派多有關係。諸武集團轉危爲安
與武三思派系的努力有關，亦與中宗、韋后、上官婉兒、安樂公主及太
平公主等權威人物的支持有關，這些權威人物中，最具決定力量的是韋
后。諸武集團靠山已失，勢須另找新靠山才足以自保，他第一個對象爲
上官婉兒，然後透過婉兒而靠附韋后，他們之間的關係是非常複雜的。
武三思與中宗爲表兄弟而又是親家，其長子武崇訓卽中宗與韋后的愛女
安樂公主的丈夫；三思本人則與中宗妻妾韋后及上官昭容（婉兒）私

通，因而依靠這種婚姻及不正常關係，使諸武集團轉危為安，其中武三思派系更有與韋后集團合流之勢。韋后、上官昭容當時皆有參政權，二人引導武三思入宮，遂常與中宗平決大政，外朝宰相反受抑制，這種形勢在兵變翌月已出現。在中宗夫婦而言，他們對兵變功臣原無特別感激於心，但也沒有惡意。神龍二年五月癸巳，兵變首腦侍中敬暉等率領百官上表，向中宗提出要求及警告說：「五運迭興，事不二大。天授革命之際，宗室誅竄殆盡，豈得與諸武並封！今天命維新，而諸武封建如舊，並居京師。開闢以來，未有斯理！願陛下為社稷計，順退邇心，降其王爵，以安內外。」此表顯示羣臣對人事未能徹底整頓及中宗推行李唐、武周二元王朝人事的政策，極為不滿，不意中宗公開答覆說：「⋯伏以則天大聖皇帝內輔外臨將五十載，在朕躬則為慈母，於士庶卽是明君。垂拱之中，⋯瑯邪（王）構逆，⋯行大義之懷，遂有泣誅之事。周唐革命，蓋為從權。子姪封王，國（有）常典。⋯今以聖上（武則天）乖豫，高忱怡神，委政朕躬，纂承丞緒。⋯昔漢高祖以布衣取天下，猶封異姓為王.，況朕以累聖開基，豈可削封外族羣公等？⋯攸暨、三思等，皆悉預告凶豎（指張氏兄弟），⋯早獻丹誠。今若削除舊封，便慮有功難勸。」[99] 這是中宗與復辟集團之間非常尖銳的政策辯論。中宗命令上官昭容專掌制命，此制恐為昭容所為，而得中宗同意簽頒。此制顯示中宗個人的看法是其政權來自大周，他現在行使則天大聖皇帝的委託統治。神龍年號乃則天的年號，則天仍為皇帝乃是既存的事實，羣臣仍為則天之臣子，意義甚明。大周的宗室，既是李唐的外戚，又是復辟的功臣，自然不須變動。中宗以復辟為表面號召，二元王朝人事政策為內裏實質，正是政潮屢起的主要原因。就在敬暉等表上翌日，武三思與韋后讒說中宗，說敬暉等恃功專權，將不利於國家；並進而為中宗策劃外尊內奪的計劃，將兵變主腦侍中敬暉、桓彥範，中書令張柬之、袁恕己，特進同三品崔玄暐五相陽升為郡王，而並罷宰相。武三思跟著命令

百官復修則天之政，不附武氏者斥之，爲兵變首腦所逐者平反恢復，卽使控鶴、奉宸集團亦可依例恢復，這是一次不流血的反復辟政變。復辟政變集團先後有反擊行動，以力量分散而不團結，亦先後失敗。武三思爲了使韋后集團仇惡復辟派，不惜暗中利用別人牓書韋后穢行於交通要道，請加廢黜，復辟集團當初因此類類似今日「大字報」方式而發動兵變，此時由武三思派系加以利用，成爲韋、武集團嚴酷整肅羣臣的導火線。復辟運動僅如曇花一現，兵變不到半年，武三思派系卽可重整旗鼓加以反攻，一年以來，兵變的重要領袖卽被陸續整肅屠殺。威脅解除，卻又造成了韋、武集團的貌合神離，及許多新權威人物的出現，唐朝遂陷於混亂的威權政治及嬖倖政治之中。其重心人物有韋后、上官昭容、武三思、安樂公主、太平公主及其他公主與中宗、韋后的嬖倖人物，他們各可干預朝政，各有親信勢力，並且互相勾心鬥角，風雲激盪。他們力量之大，可舉中宗夫婦所寵的尙宮賀婁氏爲例。明經出身而爲關隴士族子弟的唐休璟，在則天朝爲職業軍人，以軍功拜相，則天倚以國防重任。他反對張氏兄弟，曾當面請求則天防察之。兵變發生前，他以夏官（兵部）尙書、太子右庶子、同三品、檢校幽、營二州都督、兼安東都護，到幽州主持軍事。中宗復位，蓄意任用東宮舊僚爲宰相，乃召還晉升輔國大將軍、同三品，委任以中央國防事務，並酬庸其往日的直言。休璟歷右僕射、中書令、吏部尙書諸官職，神龍二年三月，以八秩晉二高齡退休。但他不甘心就此脫離權力圈，多方求進，甚至爲其子娶賀婁氏養女。當時賀婁氏權威已成，頗干國政，憑附者皆得寵榮，唐休璟卽因其助力，再起爲太子少師同三品，休璟的「年踰八十而不知止足，依托求進」，固「爲時所譏」，但其事卻反映出威權政治下的時代風氣，更重要的是反映出上述權威貴盛的程度❶。從宰相人選的安排，可以觀察中宗時代派系盛衰的狀況，因此將此期宰相的背景，略作調查如表一二。

表一二　中宗朝宰相背景及勢力消長⑩

	神龍元年	二	景龍元年	二	三	四	小計
A復辟兵變集團	7	／	／	／	／	／	7
B中宗東宮舊僚	8	6	3	2	4	2	8
C則天朝原任及曾任宰相者	13	8	7	5	8	7	17
D韋武集團	4	4	6	6	9	11	16
E諸公主及其嬖倖人物所引拔者	／	／	／	／	3	3	3
F太平公主集團	1	1	1	1	1	2	2
G李氏王室及宗族子弟	1	／	／	／	／	／	1
H中宗朝才拜相者	5	3	4	3	8	10	17
總　　計	18	10	9	8	16	17	34

　　根據表一二，顯示了決策階層黨性的複雜，例如原屬復辟兵變集團的崔湜，他是貞觀要人崔仁師之孫，敬暉派他監視武三思派系，結果他投靠武三思，三思拔引他為中書舍人，遂與控鶴、奉宸集團的鄭愔同為武三思謀主，這二人皆成為宰相。崔湜後來又傾附於上官昭容（婉兒）、安樂公主等，多方攀附。計中宗三十四員宰相，立場堅定者僅為少數。而且，中宗復位僅六年，所任免宰相達三十四人，平均每年任免五點七人，較則天的三點六更高，政治的波動，當難避免。根據C項所示，中宗用人，仍以武周舊臣為原則，他們的政治地位也較為穩定，即使他初期重用的東宮舊僚，亦大多數為則天朝現任或卸任宰相。這種人事結構，對研治唐史者瞭解何以中宗不能推行復辟政治，提供了有力的線索。中宗復位初期，政府最高階層人事結構以武周舊相，東宮舊僚及兵變領袖為主；時間越後，則韋、武集團力量越大，武周舊相亦多轉變為韋、武集團的人，因此韋、武集團在景龍元年以後，實際上已控制了政

府。復辟派中僥倖未遭整肅的朝臣，亦不敢再表明其立場。

中宗沒有學習其母規，將君權緊緊操於己手，這是他遭殺身之禍的原因。所有集團派系之中，以韋、武集團聲勢具有壓倒性的優勢，使他們膽敢行弑於天子，並且易如反掌。中宗二十二年前被武后廢黜的理由即因韋后家族的關係。由於幽禁於房陵十餘年，得韋后的陪侍照顧，感激不已，曾發誓將來復位，任由韋后為所欲為而不相禁制。韋后亦在補償既往損失的心理之下，復位後尋即為所欲為，毫無顧忌。韋后本人具有政治野心，復位後，即效法武后施帷帳於殿上聽政的故事，與中宗共同處理國務，並且追尊其父母為王與王妃。此舉引起羣臣的反對，尤其兵變領袖表現更強烈。韋氏家族當時在朝廷力量不大，韋后為了抗衡反對力量，不得不吸收黨羽親信，武三思派系所以能迅速與韋后集團結合，原因在此。

韋后既因參政而遭受復辟兵變領袖的反對，於是，與武三思派系合力排斥他們。儘管武三思利用牓書揭發韋后穢行，呼籲廢黜皇后，使刺激韋后進一步殺害兵變領袖。但韋后內心實未以復辟人物為假想敵，亦沒有徹底而廣泛的整肅他們之心，這是韋后與武三思政策分歧之處。韋后的目標是計劃整肅皇太子，最終目的在效法則天的「革命」。其政治野心及計劃得到上官昭容的贊助，早在神龍元年，將兵變領袖排斥於決策組織之外時，已逐步實行⓾。韋后與其夫君一樣，沒有學習到武后控制權力的方式，反而卵翼了不少新權威人物，這些權威的為所欲為，使權力呈多元化現象，成為韋后竊政行動中最失敗的地方；尤其某些新權威人物的政治野心與韋后類似，更為其致命之傷。

四、第一次反韋武兵變及韋武集團的分裂

君位繼承問題仍然是中宗朝最重要的政治問題。中宗夫婦生有一子四女，即故皇太孫李重潤與長寧、永壽、永泰、安樂四公主。皇太孫在

則天朝廢爲庶人，後因中宗重新立爲皇太子而封爲郡王，他與妹妹永泰郡主（公主）及妹夫武延基批評張氏兄弟入宮，而被則天所殺，因此中宗夫婦遂無嫡子。中宗復位同日，下制加相王（睿宗）號「安國相王」，拜太尉、同三品，爲太宗以來宗王最顯赫的殊榮。但是相王是謙沖友愛的人，絕無權力野心，參預兵變，僅爲被動，所以翌月卽堅辭太尉、同三品的官職。在中宗內心中，此弟曾經做過皇帝，也曾經將皇太子地位讓給他，如今旣無嫡子，爲酬庸其友愛及功勞，因而欲立他爲皇太弟，作爲皇位第一繼承人。後因相王固辭而止。這時，中宗另有三個庶子，依次爲譙王重福、衞王重俊、溫王重茂。重福以次當立爲皇太子，不幸其王妃爲張易之的甥女，韋后懷殺子之恨，誣讒重福爲殺害重潤凶手，重福由是累貶爲均州刺史，由該州地方官監視軟禁⑩。李重俊遂依法成爲皇太子。李重俊爲不知姓名的後宮所生，韋后因其非親子而厭惡，中宗對之亦無特別慈愛。而且重俊自有親信，絕非韋后所能控制，對韋后的竊政計劃必有妨礙。重俊因爲沒有父母的特別支持而又獨立特行，尤爲特進、德靜王武三思所忌；上官昭容以三思故，亦每下制詔推崇武氏，抑壓太子，引起互相衝突。加上三思之子駙馬、左衞將軍武崇訓與媳婦安樂公主經常陵侮太子，至稱呼他爲奴；崇訓又建議安樂公主恃寵請中宗廢黜太子，立自己爲皇太女。積怨日久，遂爆發了兵變，景龍元年七月，欲清除韋、武集團，結果僅武三思父子十餘人被殺，兵變集團尋被敉平。太子兵變集團包括了前復辟兵變的主角左羽林大將軍、郡王李多祚及宗室左金吾大將軍成王千里等人，可以視爲復辟兵變集團與李唐宗室聯合反擊韋武集團之舉，意義非比尋常。太子兵變的失敗，敗在沒有聯絡更多的人，沒有全面控制禁軍，且在韋武集團極盛而未分裂時發動⑩。

　　太子兵變集團失敗，反兵變的韋武集團對羣臣展開整肅行動，由於中宗沒有這種心意及韋后意欲乘此而加緊推行其竊政計劃，因此整肅面不廣泛，最重要的是安國相王及鎮國太平公主被誣告偵詢與首相魏元忠

被貶卒❻，兵變失敗以後，羣臣頗有覺悟，屢有敵對韋、武集團的行為出現；而韋、武集團亦告分裂為韋后、上官昭容、安樂公主及沒有武三思的武三思集團四個大系統。四大系統在目的上的分裂，是造成他們最後失敗的原因。

根據兩《唐書》后妃及諸公主傳，韋后在太子兵變的翌月，即接受宗楚客等「順天翊聖皇后」的尊號，與中宗的「應天神龍皇帝」匹敵，顯示了她努力提高個人的權威地位，效法則天以前與高宗合稱天皇、天后的故智。此後她利用符瑞確立權威，縱容安樂、長寧公主及其妹鄁國夫人、尚宮柴氏、賀婁氏、女巫第五英兒、隴西夫人趙氏等依勢專橫，這些人請謁受賄，雖屠沽奴婢，用錢三十萬，即可請求中宗別降斜封墨勅除官，「斜封官」因此出現而氾濫。此外，亦可透過她們以博取員外、同正、試、攝、檢校、判、知等官職，這類官員當時為數達數千人，與「斜封官」一樣氾濫。韋后樹立這些權威，似乎有意造成外圍集團，以控制朝政，與則天親除百官、收恩於己的政策不同。太子失敗以後，中宗夫婦不再建立太子，韋后此舉，頗有乘此激進之意。

武三思父子雖被殺害，其集團仍在，繼三思而為領袖的是武承嗣的幼子，安樂公主的第二任丈夫，太常卿兼右衞將軍武延秀及兵部尚書同三品宗楚客。武延秀、宗楚客的目的在恢復大周，安樂公主則志在為「皇太女」，因此韋后、安樂公主與武延秀、宗楚客貌合神離，往往有矛盾衝突。趨炎附勢的將相羣臣，分別選擇權威而事之，也往往同時依附幾個權威，推波助瀾，因而政治問題極複雜。例如武三思在兵變前權傾人主，常說：「我不知代間何者謂之善人，何者謂之惡人？但於我善者則為善人，於我惡者則為惡人耳。」這種政策下，武三思派系人員多為諂附之人，崔湜原被復辟兵變首領敬暉派遣監視武三思，他卻因而轉為三思的謀主，整肅復辟兵變領袖出力最多。他因諂附武三思而屢被遷升，又附會上官昭容而因之拜相。為相時又兼附安樂公主，任意銓衡官員，因而

被貶。幸得上官昭容及安樂公主之力，未幾再入爲左丞，又因諂附韋后而再相。睿宗卽位，將他外放，他又靠附太平公主，爲她引用，三度入相。玄宗討平太平集團，賜以自殺。崔湜爲貞觀要人崔仁師之孫，舉進士，以姿儀文才知名，兄弟並居清要，所以自比王導、謝安家，對人說：「吾之一門及出身歷官，未嘗不爲第一。丈夫當先據要路以制人，豈能默默受制於人也！」⑩觀此語，可知他與韋、武集團的宰相楊再思、蘇味道不同類型，崔湜爲趨炎進取，自己又作弄權威的權威人格典型，楊、蘇僅爲趨炎附勢以追求榮耀而已。無論如何，當時攀附權勢的羣臣，除宗楚客、紀處訥等極少數人外，其他率皆搖擺不定、反覆無常的人。韋后、武三思等才識遠遜武則天，因而他們所用的幹部也非可以謀事的人才。更重要的是上官昭容態度的改變。她是韋、武集團的核心人物，武三思系統得她支持而勢力大增，韋后得她支持而順利干政。自從太子兵變，武三思被殺後，她機警的敏感到危機的存在，態度遂逐漸疏遠韋武集團，暗中支持李氏王室。上官昭容乃武后整肅的宰相上官儀之孫女，從小沒入宮廷。由於其聰明好學，爲則天所悅，則天晚年已獲得參決表奏的大權。中宗任她爲婕妤，委以「專掌制命」，此權的委託，使她擁有左右朝政的力量。太子被激而兵變，與她有密切關係，因此兵變時第一個遭受攻擊的人就是她。兵變失敗以後，她恐懼未來的危機，一方面暗中祖佑王室，一方面建立自己的系統以疏遠韋、武集團。上官婉兒與其他後宮一樣，在外有邸宅，可以隨意與朝士交遊，可以透過斜封墨勅使人任官，而且又是皇帝的私人機要秘書。在兵變敉平之後，她升爲昭容，建議中宗設立修文館系統，此系統中人多爲知名文士，包括宰相李嶠等，其主要任務乃在禁中陪侍皇帝。修文館系統的實際主持人卽上官婉兒，她透過它分散了韋、武集團一部分人而自成勢力。

　　中宗時期的權威人物中，唯一與韋、武集團無關而又與之處於競爭狀態的乃是太平公主。太平公主乃高宗與武后僅存的唯一女兒，中宗、

睿宗的同母妹，因此特承父母兄長疼愛。公主健美而多權略，則天以為類己，經常命令她參預軍國大事，這時她已年屆四十。太平公主雖參預大政，在母親權威之下，卻也不敢放縱專橫。中宗復位，以預誅張氏兄弟之功進號「鎮國太平公主」，尋而與諸公主開府置吏，為唯一與親王儀制地位相同的公主。太平公主有干政經驗，父、母及兩兄長皆為皇帝，夫婿卽定王武攸暨，加上自己獨擅「鎮國」脣號，名位史無前例，因而權勢甚盛，日益豪橫。詞人、後進造其門者甚多，其中貧窘者則以金帛救濟之，或推薦他們為官，因之而至大官者不少，故士人亦翕然稱之。韋后、上官昭容等雖用事於禁中，皆自以智謀不及公主，對之甚為畏憚；中宗對此唯一的妹妹亦憐愛有加，不加干涉。太平公主因而輕易形成其集團❿。韋、武集團不能收買太平集團，也不敢敵視太平公主，兩系人物互相弄權、和平共存的局面勢必不能長久維持，觸發其衝突的導火線乃安樂公主系統。安樂公主安插其親信晉入朝廷，甚至晉入決策組織，每每事先寫好勅旨，然後將內容掩蓋，堅要中宗簽署批准，太平公主所薦用之人，中宗亦多允許，韋后雖決策於中，上官婉兒雖專掌制命，皆不敢否決。兩公主對人事的安排，可能為衝突的因素。安樂公主屢次要求為「皇太女」，中宗因宰相魏元忠的建議而屢加否決。魏元忠原則上不反對韋后，但「皇太女」的事卻堅決反對，因此被安樂及武三思系統利用太子兵變的機會而整肅。兵變以後，決策大臣多為韋武集團，而安樂公主要求更急切。當時可以左右其事的顯然僅有太平公主一人，太平公主的夫婿乃諸武集團的溫和派領袖武攸暨，他們沒有支持安樂公主第二任丈夫武延秀復興大周的計劃，自然也不會支持安樂公主專權的計劃。溫和派的諸武是否支持太平集團雖不可知，但他們厭惡激進諸武及韋后集團則可斷定。太子兵變之後，羣臣頗有攻擊韋、武集團的言論行為。列屬修文館系統的溫和派武氏子弟武平一也曾因而上表，雖然不敢斥責韋氏家族，卻聲請抑損外戚權寵。景龍三年，太平與安樂集

團各樹勢力，更相譖毀的情況甚爲嚴重，中宗引以爲患，問計於武平一。平一建議斥逐雙方姦險人物，若不奏效，卽須「抑慈存嚴」的禁制⑩。至此安樂公主與太平集團及諸武溫和派已勢成水火，而且奪取皇位繼承權的希望日益黯淡。景龍三年以來，武延秀、宗楚客等武三思系統及安樂公主系統卽屢遭太平集團的攻擊，中宗左右維谷，僅以和解爲事，所以時人稱之爲「和事天子」。有些臣子也因而直接攻擊韋后，景龍四年四月，定州人郎岌上言指責韋后、宗楚客將爲逆亂，被韋后殺害。翌月，許州參軍燕欽融又上言，攻擊韋后淫亂，干預國政，而且宗族過分強盛；另外又斥責安樂公主、武延秀、宗楚客圖危宗社。中宗親自延問後，神色默默。宗楚客在傍竟矯制令禁軍殺害欽融，中宗雖未當場發怒，但其意快快。中宗原本在韋武集團包圍之中，外無可倚的重臣，魏元忠貶卒之後，僅有中書令蕭至忠最憐中宗，然而蕭至忠原則上仍是搖擺不定、傾向韋后的大臣⑩。中宗的孤立狀態與對韋、武集團態度反應，乃造成韋武殺機之因。適韋后的寵倖朝臣馬秦客、楊均常出入宮掖，恐事洩被誅，韋后急於應變；而安樂公主求「皇太女」於中宗不成，乃與韋后協商，要求韋后臨朝，自爲「皇太女」。母女策劃已定，遂與親信行動，在六月壬午毒弑中宗。

政變既生，韋后自總朝政，進行緊急處置，一方面徵召府兵入京分由韋氏子弟統領，宣佈首都戒嚴；一方面急遷裴談、張錫、張嘉福、岑羲、崔湜等五人爲相，召開禁中緊急會議。上官昭容與太平公主撰寫遺詔，堅欲以韋后臨朝，而以相王執政。宗楚客及韋溫則在會議中否決此事，不許相王輔政。十六歲的中宗幼子溫王重茂在第六日卽位，但君權控制於韋后。當時三思系統勸韋后遵武后故事，並稱引圖讖謂韋氏宜革唐命，於是韋武集團乃設計進一步剷除相王及太平集團。韋武集團的兵部侍郎崔日用恐怕禍延於己，秘密通知相王的第三子臨淄王李隆基。隆基素與禁軍有來往，利用禁軍憤恨諸韋欺凌的心理，聯合太平集團實行反

政變。韋武集團重要首領自韋后以下，包括上官昭容在內，皆被殺死，為時僅距離中宗被弒十九日。臨淄集團與太平集團聯合兵變，相王完全不知曉。兵變後四日，兩派又聯手廢帝為溫王，擁立相王復位，自後朝政遂為兩派所控制。

　　韋武集團失敗覆沒，韋后本人的竊政計劃亦隨之湮滅，其失敗的因素相當複雜。最基本的因素為韋后過急於效法武則天，而又缺乏則天的才識與剛毅。武則天奪權的動機甚早啟發。但在皇后漫長的二十餘年間，則天一直沒有明顯的表露出來，她的行為在高宗生前決不放縱，也絕不培養自己的親戚或寵倖，使之干預朝政，甚至親附分子過分專權活躍而有為她樹敵的趨勢時，則天不惜加以整肅處罰，以符時望。至於不敵視她而又有才幹之人，則天亦不惜累加拔擢。她利用高宗稱帝的長久時期及上述政策培養聲望，絕不僅靠一些虛銜符讖作為奪權手段。及至臨朝稱制，則天顯示出其殘忍剛毅的個性，用高壓政策打擊宗室及羣臣，但亦不過分將權力委託於其親信。武則天上述的長處，正是韋后的短處。韋后不惜在權威未確立前即弒夫自尊，無異自毀靠山。對於反對她的羣臣無意全面整肅，無異養敵為患。她卵翼武三思、安樂公主等權威，姑息猶豫，政出多元，不但分散了力量，而且擴大了內部矛盾，無異養癰自殆。加之親附羣臣，大都軟弱鄉愿，趨炎附勢，難與則天所用的大臣才具相比，韋武集團的毀滅，正是栽於此類黨羽之手。

五、二度復辟及其反動

　　反韋武集團兵變的中心人物為李隆基，背後支持人為太平公主，兵變發動時兩系人物皆有參加，因此睿宗復位時期，兩系在朝廷的勢力旗鼓相當。李隆基為睿宗第三子，母親即貞觀宰相竇威的從裔孫。睿宗降為皇嗣後，竇妃在長壽二年正月被則天殺害，當時李隆基才九歲，由竇妃之妹鞠養長大。隆基與皇室兄弟為則天軟禁在宮中十餘年，聖曆元年

由於則天決意復立廬陵王爲太子，乃得出閣任官。他目睹皇室多故，乃秘密結交豪傑，圖謀匡復社稷。因此他的志向，不僅在推翻韋武集團而已。李隆基在兵變卽日晉封平王，四日後晉升殿中監、同三品，其兄弟則分統軍隊，親信亦委以要官或宰相，他們推行復辟政治，並且很快的調升復辟派要人姚崇、宋璟爲相，委以二度復辟的大權。以李隆基、姚崇、宋璟爲首推行二度復辟的措施，可以綜合爲若干項：第一是整肅及清除韋武集團。第二爲取締公主府、員外官、斜封官等特殊政府組織與編制，以整頓制度及人事。第三是追懲武三思父子，連帶取消武則天的尊號，廢除武氏宗廟、陵寢等象徵武周的事物，欲連根將武氏權威及其流毒拔起消除。第四爲平反韋、武集團的寃獄，恢復第一次復辟兵變及太子兵變被害的大臣名譽地位；連帶也恢復了爲武則天所肅整而未獲平反如裴炎等大臣名位。

上述最重要的復辟措施急速推行，嚴重影響到太平公主的利益，因而發生政治衝突。太平公主是武則天之女，深爲則天所愛，其夫婿武攸暨亦爲則天之從子，他們的婚姻出於武則天特意的安排❶。因此復辟派削除則天的尊號及象徵武周的事物，引起諸武溫和派及太平公主本人的不滿。在武攸暨唆使下，太平公主加以干預，則天的尊號不得不恢復，而武周陵寢儀制，亦在景雲二年（七一一）五月恢復。其次，太平公主在則天晚年卽已參預朝政，中宗朝更以鎭國太平公主府爲其結合力量，左右朝政的大本營。所有公主府中以太平之府儀制最盛，復辟派一旦取消公主府，無異削弱其權威，對她刺激甚大。而且復辟派整頓政風及人事，員外官旣屬政府員外編制，她不便公開阻撓；斜封官則是特恩除授，太平公主在中宗朝也利用中宗的斜封權而安插其親附者。一旦取締斜封官，無異宣告其賴以結合的集團被強逼解散，一部分朝臣已利用先帝恩命爲理由，攻擊姚崇的政策，警告此政策意欲「彰先帝之過，爲陛下招怨」，今全國沸騰，「恐生非常之變」。太平公主亦挺身力言，卒使停任的數

千斜封官獲得量才敍用的機會❿。這數千斜封官中，太平集團僅佔一部分，其除大部分當爲韋、武集團之人。這些人原本卽爲追求利益而獲斜封，如今太平公主能保護他們，他們勢將投靠太平公主。同樣，未被誅殺的韋武集團重要人物皆多遭貶黜，他們亦急切尋求新靠山以自保，太平公主遂成爲他們的避風港。公主旣與太子李隆基集團敵對，勢須擴充其力量，這些遭受復辟派懲罰的韋武集團人物，必對復辟派產生敵對心理，正好加以利用。因此在兵變後不久，太平集團卽與韋武集團餘黨逐漸合勢，後者成爲前者的分子。玆以睿宗復位期間，太平系統的宰相列爲一表，當可協助瞭解政情。

表一三　睿宗復位期間太平集團宰相的政治成分

姓　名	籍　貫	家世	出身	宰　　相				黨性及政治際遇	備　　註
				則天	中宗	睿宗	玄宗		
薛稷	河東汾陰（山東）	士族	進士			√		高宗宰相薛元超從子，一門屢世以文學知名。薛稷爲魏徵外孫，睿宗在藩時已引爲幕僚，並以其子伯陽尚仙源公主。睿宗復位，與蘇頲對掌制誥，俄與崔日用均以中書侍郎參知政事。後與日用紛爭，日用指責他外托國姻，內附張易之、宗楚客，睿宗將二人並罷相。是則薛稷曾爲控鶴、	詳同表十一薛稷項。又可詳《通鑑》睿宗景雲元年七月丁卯及玄宗開元元年六月，二一〇：六六五二及六六八一～六六八六。

							奉宸及武三思系統的分子。薛稷罷相爲太子少保，睿宗以其姻戚而又有文學，常召入宮中參決大政，恩過無比。此時他附太平公主。太平集團失敗，賜死於獄。	
崔日用	滑州靈昌（山東）	士族	進士			√		系出博陵崔氏，則天時爲宗楚客推薦而擢遷，爲三思系統的人，因而驟遷爲兵部侍郎兼修文館學士。因向李隆基告發韋武集團秘密，以圖避免日後之禍。韋武覆沒，乃以功參知政事，爲相月餘與薛稷爭執而並罷。薛稷指責他附武三思，賣友邀功，非忠臣義士。他也自言「吾一生行事，皆臨時制度，不必重專守始謀。」雖附和三思系統，然亦爲上官昭容修文館系統之人，不知曾否親附太平公主。不過，玄宗以武力	《舊本傳》四九：一～二。《新宰相世系表》一二下：六三。《通鑑》見同上註第一時間。

								整肅太平集團，則是由於他的告密與設計，恐怕他曾與太平集團人物有密切交誼。開元七年病卒。	
蕭至忠	雍州長安（關隴）	小姓	不詳		√	√	√	原為蘭陵蕭氏，與蕭梁同族異房。陳亡，徙長安。曾祖蕭德言時稱「關西孔子」，乃高宗師傅。中宗時朋附武三思，因而仕途無阻，乃至拜相為中書令。節愍太子兵變，三思系統誣告相王及太平公主，中宗召至忠按之，至忠力保，二人得免。他後來附和韋后，與之婚姻。睿宗復位，貶為刺史，尋祕密干求太平公主，為公主引入復相。太平公主敗沒，他逃入山寺，尋被捕誅，家屬籍沒。	《舊蕭德言傳》，一三九上：八～九。《舊本傳》四二：十五～十七。《新宰相世系表》十一下：一。
崔湜	定州安喜（山東）	士族	進士		√	√	√	崔仁師之孫，本為兵變的復辟集團派赴偵伺武三思，卻投靠於三	《舊崔仁師傳》二四：八～一二。

								思，反過來設計整肅兵變領袖，因而遷官。尋又附會上官昭容，因而爲中宗所親厚。中宗朝他曾同時爲武三思、上官昭容、安樂公主的心腹，後因罪外放。外放時曾秘密參與譙王重福兵變之謀。重福敗死，張說、劉幽求營救他。玄宗本人亦對之頗加恩結。韋后臨朝，第二度召入拜相，睿宗卽位又外放，俄又因親附太平公主，爲公主所引，三度入相。太平事敗，坐罪徙嶺南，後因發現他是逆黨主謀人物，追賜死。其弟崔滌，則爲玄宗親信之一。崔湜曾公言以「先據要路以制人，不能默默受制於人」爲其原則。	《新崔仁師傳》二四：八～一〇。詳《通鑑》玄宗先天元年八月，二一〇：六六七七；開元元年七月，二一〇：六六八五。
趙彥昭	甘州張掖（關隴）	寒素	進士	√	√			原靠打獵維生，受母親激勵而取進士，以文辭知	《舊趙彥昭傳》四二：一四

姓名	地望	族屬						事略	資料來源
								名，熱衷於權位。中宗朝巴結安樂公主，亦附會當時得令的女巫趙五娘。睿宗復位，一度貶放。同月又拜相，恐因附會太平公主之故，及姚崇入相，惡其為人，累貶之，卒於任。	～一五。《新傳》，四八：六～七。
岑　羲	南陽棘陽（江南）	士族	不詳	√	√	√		伯祖岑文本，父為岑長倩。長倩因反對武承嗣奪嫡而被殺。則天末，承嗣立薨之，則天因其父犯罪，乃拜天官員外郎。中宗朝附復辟兵變集團，反對武三思，一度忤三思而轉遷。睿宗即位，為侍中，引兄弟子侄數十人為官，後坐太平黨而伏誅。	《舊岑文本傳》二〇：六～九。《新岑文本傳》二七：一～二。
竇懷貞	扶風平陵（關隴）	士族	不詳		√	√		高祖竇皇后家族，父即高宗宰相竇德玄。中宗朝向韋后、安樂公主謟順委屈，甚至娶韋后乳母為妻，自稱「皇后	《舊竇德明傳》一三三：一～三。

								「阿䜣」，韋后敗，左遷，又附會太平公主，因之再擢爲相，時人笑他「前爲韋氏國䜣，後作公主邑丞」。太平事敗，懼罪自殺，仍被追戮其屍，改姓毒氏。

　　由表一三可見，太平集團多爲進士文人，他們或原屬控鶴、奉宸集團，或屬韋武集團等，或同時傾附多個權威，僅有岑羲因殺父之仇，而力抗三思系統的。大體來說，太平集團多爲奔競的文士，他們多依靠以前張易之、韋后、武三思等權威人物提拔，其中原爲員外官，知、攝、試、判，乃至斜封官者，想不在少數。這些人一天在朝任官，則政治絕不會有革清釐整的希望，甚至隨時會爆發景雲元年的兵變事件⑫。韋后集團備受整肅排斥，其怨恨心理是可想而知的。他們既是失勢的一羣，誰能有力保護及重新引用他們，他們將會爲之致力，並向復辟集團展開反擊，這種情勢也是當時實情，從景雲元年兵變主腦鄭愔的行爲，已可對韋武集團人物的志操心理有所瞭解。太平公主不滿李隆基急速推行的復辟措施，她必須培養更大的勢力才能抗衡，這羣久在宦海翻覆的失意政客，正好成爲公主利用的對象。太平集團鑒於復辟派以太子李隆基爲後臺靠山，要消除新政，一方面需剪除復辟人物，另一方面則須攀倒太子。而且太平公主參政已久，年屆四十七歲，原本對二十六歲的太子頗加輕視，及見其英武能幹，將來未可控制，遂欲更立性格較爲軟弱的人來當太子，俾能長久擅權。因此在睿宗復位後僅數月，即有謠言稱太子不是嫡子，不當立爲皇位繼承人，使睿宗曾下制戒止這種言論。

　　太平集團一方面傳出易換太子的風聲，欲造成輿論壓力；一方面派

遣親信密佈太子左右以作覘伺，　太子動靜，　必經由太平公主聞報於睿
宗。太子對其姑的所爲深感不安，而且亦對她素爲忌憚，這樣關係絕非
能透過協商而獲解決，因而需訴諸武力行動。睿宗爲謙沖柔和的人，對
其妹及其子皆極爲倚信，國家大事，須先徵得二人意見，然後才加決定。
睿宗對其妹的仁愛，適足以增加太平公主的聲勢，助長衝突的形成。太
平公主的計劃似不考慮武力奪權，而是維持斜封官及安插黨羽擔任正式
官職，以控制政府。在其計劃之中，控制決策組織最爲重要，因此排斥
復辟派宰相，拉攏中立派宰相，及安插自己的親信爲宰相同時進行。睿
宗復位的景雲元年（七一〇）下半年，宰相名單爲如下：

　　　左僕射同三品：蘇瓌。

　　　侍中：韋安石。

　　　中書令：蕭至忠（六月貶，同月復任，七月再貶）、韋嗣立（七
　　　　　　　月貶）、姚崇。

　　　同三品：平王李隆基（六月立爲皇太子）、鍾紹京、張仁愿、李
　　　　　　　嶠、唐休璟、張錫、裴談（皆在七月八月間或貶或罷）、
　　　　　　　宋璟。

　　　同平章：趙彥昭、崔湜、岑羲、薛稷、崔日用（皆在七、八月間
　　　　　　　或貶或罷）、劉幽求。

降至先天元年（七一二）八月，玄宗卽位，睿宗退爲太上皇時，宰相如
下：

　　　左僕射平章軍國重事：竇懷貞。

　　　侍中：劉幽求、岑羲。

　　　中書令：無。

　　　同三品：魏知古、崔湜、陸象先。

又降至開元元年（七一三）七月，玄宗以武力肅清太平集團前，其宰相
人選則爲：

左僕射同三品：竇懷貞。

侍中：岑羲、魏知古。

中書令：崔湜、蕭至忠。

同三品：陸象先、郭元振。⑬

據此可見武力肅清前夕，七名宰相中，竇、岑、崔、蕭四相皆爲太平公主心腹；魏、陸二相則較爲中立；僅郭元振一人爲當今皇帝玄宗的親信。當時三省皆在太平公主控制之中，尤以出命的中書省最重要，加上深受太上皇寵信的太子太保薛稷，亦爲太平集團人物，常與太上皇平決國政於禁中，是則太平集團至此已完全控制政府，起碼亦佔壓倒性優勢了。這種優勢，自景雲二年（七一一）二月姚崇、宋璟因反對太平公主被貶後，即告形成。

　《通鑑》綜述太平公主事迹甚詳，據載景雲二年初，太平公主曾公開要求宰相易置東宮，諸相中僅有吏部尚書同三品宋璟一人當面向她抗議，指出太子有大功於天下，不應易置。事後他與中書令兼兵部尚書姚崇商量，分析現勢，認爲太子地位的確不穩⑭，因此秘密向睿宗建議，請解除諸王軍權及將太平公主夫婦外放於東都，俾遠離政治權力圈。中書侍郎同平章事張說亦在姚崇支持下，建議下制由太子監國，表示決不易置皇太子的意志，這是復辟派對太平集團展開的重要反擊。睿宗將之付於實行，遂引起太平公主的憤怒，責讓於太子。李隆基事實上對其姑甚爲忌憚，因而恐懼，奏姚、宋離間王室，請從極法，最後將二相貶出爲刺史，事情才告一段落。姚、宋乃復辟政治推行的最重要領袖，二人被貶，繼其職權者爲侍中韋安石與黃門（門下）侍郎同三品李日知，韋、李雖不是太平公主集團，卻也沒有足夠的勇氣與力量抗衡太平集團，自後朝政紊亂，復如景龍之世。太平公主在姚、宋二相離職後，乃大量引用斜封官，引起朝臣的反對，睿宗亦瞭解這種情勢，乃在四月召開三品以上的大臣會議，表示自己素懷澹泊，不以萬乘爲貴，從前曾辭

「皇嗣」及「皇太弟」的地位，如今欲傳位太子。此事爲太平集團所阻止●。五日之後，睿宗下制授權監國皇太子以更大的權限，由原先僅授以處理六品以下官員除授及徒罪以下刑罰，擴充爲凡政事皆先取太子處分，其軍旅死刑及五品以上除授亦先由太子議決。太子隆基爲了緩和形勢，曾上表讓位於長兄宋王及奏請太平公主還京。太平公主還京，排斥太子及控制政府的計劃推行更力。引起復辟派的右補闕辛替否上疏公然指責睿宗製造亂政，至謂：「陛下族韋氏之家而不去韋氏之惡，忍棄太宗之法，不忍棄中宗之政乎！且陛下與太子（李隆基）當韋氏用事之時，日夕憂危，切齒於羣兇。今幸而除之，乃不改其所爲。臣恐復有切齒於陛下者也，然則陛下又何惡於羣兇而誅之?！」●復辟派的言論對睿宗頗有影響，適值當時太平集團傳出天象顯示兵變，皇太子當爲天子的謠言，睿宗自以此局面不易處理，乃於景雲（先天）三年七月，召開第二次遜位會議，欲「傳德避災」，意志甚堅決。太平集團原意利用兵變謠言傷害太子，不料卻收到反效果，乃力加諫阻。及至遜位制頒下，太平公主仍勸睿宗位雖傳遜，大政猶宜總領，因此睿宗仍以太上皇身分兼省大政，親自處理三品以上大臣任免及大刑政，這是太平公主及其集團繼續獲得權勢的原因。玄宗在八月卽位，事實上沒有完全掌握君權，太平集團仍在政府具有壓倒性優勢。玄宗的親信大臣劉幽求等，徵得玄宗同意，計劃採取武力行動對付太平集團，事洩，玄宗大懼，急速向上皇列奏幽求等罪狀，以謀脫罪，劉幽求等得因而流配。這是李隆基集團第一次武力行動的失敗，也是兩派武力衝突的開始。

　　先天元年八月第一次武力行動計劃失敗後，雙方緊張的情勢已越來越嚴重。由此至翌年上半年，朝廷文武之臣，大半爲太平集團的人，尤其宰相六人，除守侍中魏知古及中書侍郎同三品陸象先之外，其餘竇懷貞、岑羲、崔湜、蕭至忠皆爲太平親信；左右羽林軍等北牙系統部隊分由常元楷、李慈控制；具有憲兵性質的金吾衞部隊，其將軍李欽也是太

平集團人物。中書令崔湜等遂爲太平公主設計弑帝兵變，他們的計劃是
在食物中放毒，以毒弑玄宗，然後由常元楷及李慈統率羽林部隊突擊武
德殿，再由竇懷貞等宰相統率南牙系統兵力，控制羣臣加以響應。玄宗
似乎早已有所預防，他在此年（開元元年，七一三）六月加親信郭元振
爲兵部尚書同三品，這是一著重要的棋子，除非玄宗被弑而太上皇被
逼，否則由兵部尚書控制的南牙部隊，勢必不會輕易落入太平集團之
手。玄宗自先天武力計劃失敗後，一直不敢輕易採取敵對太平集團的行
動，事實上他在政府體系中已處於劣勢地位。郭元振的拜相，對他具有
振奮的作用，起碼使他免除南牙系統的武力落入敵對集團控制之憂。所
以當七月四日太平集團兵變的消息秘密傳至，乃與宗室、親信秘密會
議，決定先發制人。他們沒有調動南牙部隊，以免打草驚蛇，僅與郭元
振及北牙另一武力龍武軍等實行反兵變，提早一日解決了太平集團的要
員，敉平太平集團的叛變，百官素爲太平公主所善者，全加貶黜，素爲
所惡者，多被升遷，太上皇亦下誥命令玄宗行使完全君權。

　　玄宗先後在姚崇、宋璟的協助下整頓朝政，推行復辟。但自武后至
此，歷經三十年左右，某些制度及風氣已有積重難返之勢，因此開元政
治絕不與貞觀政治完全相同。研治唐史者恒喜以開元政治代表唐朝前期
政治，不注意者恐有混淆之誤。關於典制問題，可留下面數章加以論
列。這裏宜加注意的是玄宗與姚、宋推行的新政，範圍廣泛，社會、財
經方面亦屢有新猷。在姚、宋先後主政的八年之中，他們努力的目標主要
在整頓武后以來的積弊，尤其要革除威權政治及朋黨集團的惡風。在背
景上，姚、宋二相皆非玄宗心腹，也不屬於以前的臨淄集團。宋璟是公
忠體國，不避權勢的君子；姚崇則是機警多智的人物。兩人皆爲復辟派
的人物，姚崇更爲推翻武則天的參與宰相之一。他們兩人整頓的目標不
但爲武則天以來的各種權威集團，而且更包括玄宗的臨淄集團在內，其
政策得到玄宗大力的支持。例如臨淄集團要員，雖建立大功，但在姚、

宋執政期間，皆受到嚴肅的壓抑而不能驕橫，甚至故意將他們外放或貶
黜❿。宗室姻戚受到控制，更不在話下。尤其宗室、王室人物，在姚、
宋執政期間，推行不許理事，不得交通的政策。諸王盡量外放爲刺史，
但不能過問州務，本州政事，一概由上佐負責；若諸王充任都護、都
督、節度使等官職，制度亦如此。諸王及其駙馬等在首都則不許交通羣
臣，以免猜忌；皇子則多不出閣，擔任官職，皆以遙任虛領爲原則。宗
室、姻戚的勢力，至此大受限制而削弱，類似功臣的臨淄集團人物又多
遭壓抑處罰，於是以前的權力結構至此完全崩潰，朝臣平流並進的局面
逐漸明朗化。單就這方面而言，姚、宋的復辟是成功的。

　　由於威權政治長久出現，深植人心，開元羣臣，大都經歷過武周、
中宗、睿宗三個時代，姚、宋執政前後不過十年，要矯正這種觀念作
用，談何容易。就以玄宗對姚、宋委信的程度言，他們本身即無異爲新
權威人物。誠如吳兢在太子重俊兵變後，韋、武集團欲加害相王及太平
公主時，他向中宗的疏諫說：「夫任以權則雖疏必重，奪其勢則雖親必
輕。」❽姚崇、宋璟在他們分別執政時期，他們不滿意的宰相即備受排
斥，留任諸相，多不敢堅持意見，但唯諾罷手，所以羣相會治的制度無
異變成獨相單行的局面。姚崇辭職的原因，就是因爲子弟交通賓客，廣
受賄遺；而且他所親信的紫微省主書趙誨，亦有受賂包事的行爲，爲玄
宗親自處罰，因而憂懼辭職。復辟制度較容易，革新風氣卻困難，姚、
宋時代過後，繼任的張嘉貞、張說、宇文融皆有權任過大的流弊。開元
末李林甫拜相，至天寶末楊國忠拜相，實質上已恢復威權政治，前者爲
宗室，後者爲姻戚，他們雖未各以宗室、姻戚爲權力基礎，不能視爲宗
室集團或姻戚集團，但朝臣朋附的情況，與武周、中宗時代雷同。玄宗
年輕英睿，猶能制止姚崇親吏及王毛仲、姜皎等行爲；至年老荒怠，遂
由李、楊專權誤國，無法制止了。玄宗長處在能擇人委任，至成「開元
之治」，最後卻因不能知人而仍能委以權任，招至禍敗。這個問題尚關

乎宰相制度的演變，留待下章再贅。

　　總括來說，唐朝前半期政治上有幾個權力系統，李唐的權力結構在武則天臨朝前後已加以有計劃的摧毀，她所建立的武周政權，建在新的權力結構之上。武周的權力結構，是造成唐朝前期政治擾攘的主因，直至開元時代才被摧毀。政治集團自唐朝建國已出現，但是並不以地域為結合的核心，而是以權勢為核心。權力鬥爭有時會利用到當時門第的矛盾現象，但仍以權力、榮耀為衝突的關鍵。太原起事人物在隋恭帝時期皆結集於李淵的大將軍、相國府，李世民的親信皆結集於秦王、天策府，與李世民敵對者則分結為東宮、齊王系統。這是唐朝政治集團的緣起，其親黨與地域或貴賤無極密切關係。太宗即位後，集團政治已予控制，降至高宗顯慶、龍朔以後，又因武后而復熾，極盛於中宗、睿宗之世。玄宗委託姚、宋二相整頓，雖一度清澄，卻沒有收到徹底的效果。李林甫、楊國忠的執政，完全推翻了姚、宋的努力。自此以降，政治上崛起的新集團，在中央即為宦官集團，在地方則為藩鎮集團，他們操縱著某些權力而形成集團，就類型而言，頗與唐朝前期不同。唐朝前期的宗室、姻戚、功臣等集團，因太宗至玄宗以來的種種限制，至此已萎縮無力。中央與藩鎮勢力的升降，除了因為心理、財經、政治的影響外，最重要的是武力因素。甚至當皇帝失去軍隊的控制權時，即使他最委信的大臣，也僅能成為二、三流的權威人物而已。承平論政，世亂重軍，安史之亂本身未必極重要，但其影響世變則極鉅，研討唐朝後半期的集團政治，其極致必趨向軍權，與前期依靠政權的支持略有不同。

附　注

❶ 詳毛漢光先生,《唐代統治階層社會變動》(臺北,政大政研所五十七年國家
博士論文未刊本),頁四二。毛先生另有《兩晉南北朝士族政治之研究》(臺
北,中國學術著作獎助委員會,一九六六,初版),此兩書對兩晉以降至隋唐的
士族較有完整的研究。至於晚唐五代的士族問題及士族政治,較有系統研究
的厥爲 Wolfram Eberhard 的 *Conquerors and Rulers—Sociel Forces
in Medieval China* (Leiden, 2nd Edition, 1965) 及王賡武的 *The
Structure of Power in North China during the Five Dynasties* 二
書。讀畢此四書,當對中古士族問題會有較完整的認識。

❷ 陳先生是中國一個較有系統提出士族變動及士族政治問題的學者,其說或有
斟酌之處,但其眼光的銳利,遂使研究隋唐史學開創新途。陳先生研究此類
問題,多已收入《陳寅恪先生論文集》(臺北,三人行出版社,一九七四),
包括了<唐代政治史述論稿>、<論隋末唐初所謂「山東豪傑」>、<記唐
代之李武韋楊婚姻集團>諸文。其論點可詳此三文。

❸ 毛漢光先生曾將兩個時代的統治階層社會成分作了比較。他以唐朝三千三百
七十一個人物爲基礎,以士族、小姓、寒素爲分類而作此統計,原則上三千
多人在唐朝約有三百年間的官吏中,所佔比例極微少,且其所得人物多爲兩
京地區人士,因此其統計結果的涵蓋性顯然並不甚大,但卻可以與史料的敍
述互相參考,當無疑問。據其《唐代統治階層社會變動》一文所載,唐朝參
加統治階層的士族,恒在過半數以上。若以整個朝代總計,士族成分佔百分
之六十六強,兩晉南北朝則達百分之六十七強,幾無強烈的差異。詳該文頁
三一～三六。

❹ 本圖據毛漢光先生《唐代統治階層社會變動》第一表製成,頁三四。原表不
以線條表示,而以人數及其百分率表示。今省其人數,僅以百分率作成此
表。原表統計總人數共三千三百七十一人,其中士族二千二百三十三人,小

姓四百十四人，寒素七百二十四人，分爲十一個時期，每期受計人數約在二
百至三百餘人之間。又毛先生所分十一個時期，筆者未敢完全苟同，今爲方便
起見，仍依其分期法：Ⅰ六一八～六四九，武德貞觀時期。Ⅱ六五〇～六八
八，高宗時期。Ⅲ六八四～七〇九，中宗、睿宗、則天時期。Ⅳ七一〇～七
三二，睿宗復位至開元二十年。Ⅴ七三三～七五五，開元末至安史之亂。Ⅵ
七五六～七七九，肅代時期。Ⅶ七八〇～八〇五，德宗時期。Ⅷ八〇六～八
二六，順、憲、穆、敬時期。Ⅸ八二七～八四六，文、武時期。Ⅹ八四七～
八七三，宣、懿時期。Ⅺ八七四～九〇六，僖、昭時期。

❺ 武德元年八月六日詔所列太原功臣十七人，見《唐會要》（臺北，世界書
局，一九六八，三版）第四五卷，頁七九九。這十七人兩《唐書》多有傳
記，此不贅列（《舊唐書》，臺灣商務印書館百衲本，景宋元闕本。《新唐
書》，臺灣商務印書館百衲本，景宋嘉祐刊本）；僅劉世龍、趙文恪、張平
高、李高、許世緒、李思行六人的事蹟附在《舊劉文靜傳》第七卷，頁七
～八（舊某傳或新某傳，蓋指《舊唐書》某傳或《新唐書》某傳）。竇悰事
蹟則附入族叔《舊竇威傳》中，第二卷，頁五～六；長孫順德附入《舊長孫
無忌傳》中，第一五卷，頁四。另外在《新唐書》方面，趙文恪、張平高、
李思行、許世緒、李高五功臣附入《新裴寂傳》第一三卷，頁五～八；竇悰
附入《新竇威傳》第二〇卷，頁五；長孫順德附入《新長孫無忌傳》第三〇
卷，頁四一五。其他功臣若有必要引證，則在表內備註項注明頁碼。又所謂
士族、小姓、寒素的定義，蓋依毛漢光先生所下界定。即唐以前士族世系連
貫者，或三代五品官以上者，或外蕃大族歸順唐室者皆爲士族。若世系不連
貫，爲官時斷時續，或二代以下爲五品以上或三代以上爲五品以下官者爲小
姓。世次不明或祖父從未任官皆爲寒素，詳《唐代統治階層社會變動》，頁
二二～二三。

❻ 唐「凌煙閣」最初似曾稱爲「戢武閣」，詳趙明誠《金石錄》（臺北，藝文
印書館石刻叢書乙之三，景印）卷二三，〈唐段志玄碑〉跋尾，及〈唐河間
元王碑〉跋尾，頁七及八。貞觀十七年二月二十八日詔列功臣二十四人姓
名，見《唐會要》第四五卷，頁八〇一；及《舊長孫無忌傳》第一五卷，頁
七～八，這二十四功臣兩《唐書》皆各有傳，不贅引頁碼於此。

❼ 長孫無忌及褚遂良的宗族變動，除了兩《唐書》皆有傳之外，較詳細記載可

參《新唐書宰相世系表》（簡稱《新宰相世系表》，下同）第一二卷上，頁一～四及第一二卷下，頁二五～二六。至於本文主張的分類法，大體從 Howard F. Wechsler 的 "Factionalism in Early T'ang Government" 一文的說法，他對陳寅恪先生的分類法有詳細的評述，並評論陳先生主觀之誤；但他竟將國舅及駙馬，與皇弟、皇子、皇孫一視同仁，列爲關隴人物，實亦未完全符合事實而陷於主觀判斷，姑不採此標準。其說詳該文頁八九～九二。〔收入 Wright, Artiur F. and Twitchett, Denis. *Perspectives on the T'ang,* (1973), 臺北，虹橋書局影印，一九七四，初版。〕

❽ 此三朝決策人物在兩《唐書》大都有傳，爲本表資料主要來源。另一來源爲《新宰相世系表》第一卷，頁一～九，及萬斯同＜唐將相大臣年表＞〔收入二十五史刊行委員會輯：《二十五史補》（上海，開明書店，一九三七），頁七二一七～七二二三，以下簡稱＜唐將相表＞〕。＜唐將相表＞記載宰相多據《新宰相世系表》，二表皆有錯誤之處，若有考證需要，將另注說明。今尙須略贅者乃：⑴《唐會要》說高祖宰相有十六人，事實上僅有十二人，因長孫無忌與杜如晦二人實未在高祖朝拜相，又：高士廉、房玄齡二相在玄武門兵變後，太宗控制君權才拜，故列入太宗朝，今據兩傳兩表刪除此四人。⑵《唐會要》說太宗朝宰相二十九人，人數與兩表合，但其中裴寂、楊恭仁、許敬宗、楊弘禮實未拜相（詳後章），今剔去之。即實得二十五人。⑶永徽、顯慶間宰相共十八人，其中宇文節、辛茂將、任雅相三人無傳，其背景僅據《新宰相世系表》所載。《唐會要》所載三朝宰相詳第一卷，頁二～四，宇文節三人分詳《新宰相世系表》第一一卷下，頁四八，第一三卷上，頁二〇，及第一三卷上，頁二一。餘有傳者不贅引。

❾ 三朝宰相姓名分列如下：
高祖宰相：A李世民、李元吉、竇威、竇抗、楊恭仁、宇文士及；B劉文靜；D裴寂、裴矩、封德彝（倫）；G蕭瑀、陳叔達。
太宗宰相：A宇文士及、杜如晦、杜淹、李靖、楊師道；B侯君集；D封德彝、房玄齡、高士廉、長孫無忌、溫彥博、王珪、高季輔、李勣；E戴冑、魏徵、岑文本、崔仁師；F張亮、馬周、張行成；G蕭瑀、陳叔達、劉洎、褚遂良。
高宗早期宰相：A于志寧、韓瑗、崔敦禮、辛茂將；B宇文節；C任雅相；

D長孫無忌、高季輔、盧承慶、柳奭；　E杜正倫、李義府；
F李勣、張行成；　G褚遂良、許敬仁、許圉師；　H來濟。

上述諸相剔除重複者，即得本表「三朝合計項」各數字。宇文節本出北周宇文氏皇族，至他已呈衰落，故列為小姓，反而被賜姓宇文的宇文士及家族，卻自隋以來一直興盛，列為士族。此種情況，崔仁師亦類似。仁師本出博陵崔氏，但其直系家族世次已不明，據本文所據小姓的定義，列為小姓。

⑩ Howard F. Wechsler, "Factionalism in Early T'ang Government"一文中，為了駁斥陳氏假說的主觀，精心製作了若干統計表以作論證。案此類統計表除了地域分類法與鄙見不合外（前已言之），尚有一些疏忽不實之處：其一，其第三・八、三・九、三・一〇，三表分別列出三省長官的名字與地籍，但第三・八表漏了自武德元年至九年一直任尚書令的李世民（太宗），第三・九表漏了武德末任侍中的齊王李元吉。第三・一〇表則漏了武德末兼中書令李世民（論證詳後章）。其二，其第三・一一表統計三省首長共二十三人，但前述三表則有十五人，若加上李世民及元吉兄弟，應共有十七人。二十三相不知據何資料，是那二十三人？若加上以他官參政的非正式宰相在內，又應不止二十三人而已，詳表三。其三，其三・一二表列武德宰相為十人，貞觀宰相為十七人，案《新宰相世系表》、＜唐將相表＞及列傳，武德宰相連李元吉在內應有十二人，《唐會要》載十六相，其實高士廉、長孫無忌、杜如晦、房玄齡四相乃太宗玄武門兵變，取得君權後拜，依Wechsler原來斷限，應列屬太宗宰相，故高祖具有自由意志下除拜的宰相僅十二人。至於太宗宰相則有二十五人，即以三省長官的正宰相計，亦有蕭瑀、封德彝、陳叔達、宇文士及、高士廉、楊恭仁、房玄齡、長孫無忌、杜如晦、王珪、李靖、溫彥博、魏徵、楊師道、劉洎、岑文本、馬周、褚遂良十八相，其表不知少了哪一人？而三・九表將侍中于志寧及張行成列在貞觀二十三年，實則二相在太宗崩後，由高宗任命，依照其斷限，應不屬於太宗宰相。其四，其第三・一三表列敍六部尚書，武德朝據嚴歸田師《唐僕尚丞郎表》（臺北，中央研究院歷史語言研究所，一九五六，初版）應有二十三人，剔去重複者實有十七人，與該表合。但該表明載其中有三人籍貫不詳，不知哪三人？據余所知，不詳者僅沈叔安、蕭造二人而已。又貞觀朝六尚除去重複者計有三十七人，其表則僅有三十五人，漏了兩人。又謂不詳者有三

人，不知是哪三人？據余所知貞觀尙書家世全皆可知。總之其諸表錯誤頗多，故重列此表俾作參考。其諸表可詳原文頁九八～一〇三。

⑪ 總計一項是以確實可知背景的人數爲準，即除去不詳的兩人。今將各項機關首長姓名開列如下：

尙書省令、僕射：李世民、杜如晦、李靖（三人屬關隴）；裴寂、封德彝、長孫無忌、房玄齡、高士廉、溫彥博（六人屬山東）；蕭瑀（江南）。三地之比爲三：六：一。

中書省中書（內史）令：李世民、李靖、楊師道、竇威、楊恭仁、宇文士及（六人屬關隴）；封德彝、長孫無忌、溫彥博、房玄齡、岑文本、馬周（六人屬山東）；蕭瑀、褚遂良（二人屬江南）。三地之比爲六：六：二。

門下省侍中（納言）：竇抗、楊恭仁、宇文士及、杜如晦、楊師道、劉文靜、李元吉（七人屬關隴）；裴矩、高士廉、王珪、魏徵、長孫無忌、張行成（六人屬山東）；陳叔達、劉洎（二人屬江南）。三地之比爲七：六：二。

參政官：杜淹、侯君集、李靖（三人屬關隴）；房玄齡、長孫無忌、高士廉、李勣、魏徵、戴胄、張亮、高季輔、張行成、崔仁師（十人屬山東）；蕭瑀、劉洎、褚遂良（三人屬江南）。岑文本與許敬宗並未參政，詳後章。三地之比爲三：一〇：三。三省及參政宰相別去重複者後之比爲一二：一八：四。

六部尙書：關隴士族：楊恭仁、杜淹、杜如晦、楊師道、竇璡、皇甫無逸、于筠、竇靜、豆盧寬、李道宗、李孝恭、于志寧、屈突通、李靖、崔敦禮、竇誕、韋挺、杜楚客、李大亮、唐臨、獨孤懷恩、閻立德，共二十二人。

關隴小姓：侯君集、劉文靜、韓仲良三人。

關隴寒素：無。

山東士族：李綱、盧承慶、高季輔、鄭善果、裴矩、唐儉、房玄齡、溫大雅、王珪、長孫無憲、劉德威、段綸、封德彝、高士廉、李緯、長孫無忌、李勣十七人。

山東小姓：戴胄、劉政會、武士彠三人。

山東寒素：馬周、張亮、張行成三人。

江南士族：劉洎、陳叔達、許敬宗三人。

江南小姓：任瓖一人。

江南寒素：無。

六部尚書中除兩人不明外，共五十二人，其中關隴有二十五人，佔百分之四十八；山東有二十三人，佔百分之四十四‧三；江南有四人，佔百分之七‧七。若以士族計，三地士族共四十三人，佔百分之八十二‧七。六部尚書人物嚴師《唐僕尚丞郎表》皆附有史料來源及考證，不重贅，但其中一些人物在此須略加敍述，此卽：其一，于筠其人兩《唐書》無傳，其曾孫卽于邵（見《舊于邵傳》第一三七卷，頁四～五），謂其先本代人，後徙居京兆萬年。據《新宰相世系表》，于筠乃于志寧從父，爲關中士族（見該表第一二卷下，頁六八）。其二，李緯亦無傳，據《新宰相世系表》有戶部尚書李緯其人，其祖卽隋大將李子雄〔《隋李子雄傳》（臺北，宏業書局，一九七四，新校標點本）第三五卷，頁一六一九～一六二〇〕，其家源出趙郡李氏「西祖房」，世爲士族（見表一二中：七）。其三，段綸亦無傳，因尚高密公主，故略附於《新高密公主傳》（見第八卷，頁一），傳謂段綸爲段文振之子，文振出士族之家，《隋書》有傳（詳第二五卷，頁一四五七～一四六〇）。其四，三代以上或不知何時其家徙居他處者，卽以該處爲其屬區所在，如屈突通本昌黎人，不知何時徙居長安，故列爲長安人（《舊本傳》第九卷，頁一，《新本傳》第一四卷，頁一）。崔敦禮出博陵崔氏二房，世爲山東著姓，但北魏末已徙居關中，故列屬關隴（《舊本傳》第三一卷，頁一，《新宰相世系表》第一二卷下，頁五八）。同此例者尚有閻立德、獨孤懷恩、唐臨三人。

⑫ 唐代名學者蘇冕曾就此語，確認「創業君臣，俱是貴族；三代以後，無如我唐。」事實上，若就功臣人物家世看，建立唐朝者，士族並無壓倒性優勢，圖二甲圖可以顯示，但若連同治國者而論，此語誠不虛妄。高祖語及蘇氏評論可詳《唐會要》卷三六〈氏族類〉，頁六六三～六六四。

⑬ 貞觀人事政策可詳第三章第一節。楊師道爲武德宰相楊恭仁的少弟，隋朝宗室，父叔兄弟一家四人自隋至唐先後拜相，他主持銓政一方面是爲了避嫌，一方面亦是政策的執行，詳《唐會要》卷七四〈掌選善惡類〉，貞觀十七年條，頁一三四四及《舊楊恭仁傳》第一二卷，頁七。

⑭ 蕭瑀是梁明帝之子，隋煬帝蕭后之弟，善爲文。煬帝時累至內史（中書）侍郎，並獲「委之機務」的授權，隋唐之際擔任民（戶）部尚書，而選爲內史令（中書令）。由於高祖母親爲獨孤氏，而蕭瑀又爲獨孤氏之婿，因此受高祖寵信。其事詳《舊蕭瑀傳》第一三卷，頁三～七，及《舊裴寂傳》第七卷，頁一～三。

⑮ 陝東道行臺名義上統治上述地區，事實上由於王世充等武力集團的存在與對抗，行臺是不能有效統治此地區的。直至羣雄先後平定，武德五年攻下洛陽，解決了力量最堅強的王世充集團，行臺才能有效的控制此區的大部分地方。但李世民以兼行臺尚書令獲得此地區一切部隊的節度授權，則自武德元年十二月始，直至玄武門兵變後撤銷行臺組織才止。其任命狀見《唐大詔令集》（臺北，鼎文書局，一九七二）卷三五＜諸王、除親王官上・秦王太尉陝東行臺制＞，頁一四八。

⑯ 李唐世系論述尚未肯定。但高祖、太宗父子家居隴西，受關隴風氣影響則可論定。兩人的說話請詳《唐會要》卷三六＜氏族項＞，頁六六三～六六四。

⑰ 此段引文及事情本末詳見《舊高士廉傳》第一五卷，頁二～三。唐朝將相如房玄齡、魏徵、李勣等仍以與山東士族婚姻爲貴，爲政治壓力所不能改變。這種風氣仍然流行，源出江南士族的許敬宗等亦受薰染，史稱許敬宗貪圖聘禮金錢而與出身「皇家隸人」的大將軍錢九隴結爲婚姻，並爲錢氏曲敍門閥。李義府對「關東魏齊舊姓，雖皆淪替，猶相矜尚，自爲婚姻」的風氣甚崇拜，他曾以山東小姓的門第，爲其子向山東舊姓求婚。在山東舊門第拒絕之下，憤而奏請隴西李氏等七姓不得相與爲婚。是則反對此種風氣者，不但爲關隴人，亦有山東低門寒素的人物。詳《舊許敬宗傳》第三二卷，頁二，及《舊李義府傳》第三二卷，頁六。《通鑑》（《資治通鑑》之簡稱，臺北，宏業書局，一九七二，據元刊本新校標點）卷二○○，高宗顯慶四年十月條，頁六三一八。

⑱ 詳《舊張行成傳》第二八卷，頁七。

⑲ H. F. Wechsler, "Factionalism in Early T'ang Government"一文中，爲了否定唐初兩地政治集團的存在及衝突，他就唐初六項引起朝廷爭議的政策性問題，將正反雙方人物的地籍作了詳細的調查，證明任何一問題，正反雙方均有兩地人物參與，並非呈現尖銳的對立狀況。此六項政策性

的問題，範圍廣泛，包括了國家典禮、立國方式、皇族政策、君位繼承、國家安全政策及征戰，可詳該文頁九〇～九六，一〇九～一一〇，一一二～一二〇。他的結論是唐初的政治衝突乃是典型的個人強烈的妬忌心理所引發，屬於個人的衝突。儘管此文在分類法上與本人不同，而其統計上亦有錯誤，大體上，此文研究態度嚴謹，廣泛而有系統，結論亦正確，探討唐初政爭者應該閱讀。

⑳ 例如楊隋開國元勳，又是楊堅未篡位前的心腹的李德林，他是李百藥的父親，具有秀才甲科資格，爲當時最著名的文士之一，但他出身小姓家族，不但不受同時將相的重視，雖貴爲內史（中書）令，亦遭文帝冷落，不許他預聞大政。爲相十餘年，最後尚因懼禍辭職，外放爲刺史。《隋李德林傳》第七卷，頁一一九三～一二〇四，隋朝不出身士族的宰相，比例極微，可以說僅此一例。

㉑ 楊隋姻戚宰相爲高熲，他官至左僕射兼納言，爲相十九年，是山東士族、開國元勳及「開皇之治」的最重要宰相，由於他曾爲文帝獨孤皇后父親的僚佐，所以爲皇帝、皇后所敬信，其子娶太子楊勇之女。後爲文帝所猜忌，又遇廢太子事件，除名爲民，爲煬帝所殺。蕭琮卽後梁末帝，梁亡入朝，煬帝卽位，以蕭后之故拜爲內史令。但他有自知之明，從不處理國政。後來亦因謠言坐廢，未幾而卒，其弟卽初唐名相蕭瑀。柳機爲山東士族，隋初拜納言（侍中），數年後外放爲刺史。其子柳述，尚公主。宇文述，代北士族。其子卽宇文士及（唐初宰相），尚南陽公主。煬帝卽位，拜左衛大將軍，尋參預朝政，卒後贈司徒尚書令。詳《隋書》卷六〈高熲傳〉，頁一一七九～一一八四，卷四四〈蕭琮傳〉，頁一七一九～一七九五，卷一二〈柳機傳〉，頁一二七一～一二七二，卷二六〈宇文述傳〉，頁一四三六～一四六八。

㉒ 楊氏宰相在任最久的爲楊素，計十七年。官職最高的亦爲楊素，爲尚書令，亦爲隋朝唯一的尚書令。權勢極大的宰相，當以楊雄、楊素爲最。其中楊文思、楊素、楊約出於同一家族，與王室關係疏遠，其他皆爲皇帝五等以內親屬。楊約、楊文思附入〈楊素傳〉，見《隋書傳》第一三卷，頁一二八一～一二九六；楊達附入其兄〈楊雄傳〉，《同書傳》第八卷，頁一二一五～一二一八。其餘各有傳記，不贅引。

㉓ 詳《舊李勣傳》第一七卷，頁六～一二，《新李勣傳》第一八卷，頁四～

七。

㉔ 詳《舊薛萬徹傳》第一九卷，頁五～七，《新薛萬徹傳》第一九卷，頁四～
五。其餘二薛乃其兄弟，附見同傳。萬徹尚高祖女丹陽公主。又餘人各有
傳，不備引。至於柴紹，即具有雙重功臣身分的譙國公紹，《通鑑》「胡
註」誤爲許紹，他尚高祖妹同安長公主，夫婦二人對唐朝建國貢獻甚大，詳
《舊柴紹傳》第一五卷，頁五～六；《通鑑》卷一九六，貞觀十七年二月戊
申並注，頁六一八五～六一八六。

㉕ 例如原爲突厥可汗之子的阿史那社爾，軍功彪炳，尚高祖女衡陽公主。突厥
酋長執失思力亦爲貞觀名將之一，尚高祖女九江公主。皆爲太宗姻戚。至於
鐵勒王族名將契苾何力尚宗女臨洮縣主等例，尚未計算在內。詳《新阿史那
社爾傳》第三五卷，頁二～三，《新執失思力傳》第三五卷，頁四，《新衡
陽公主傳》及＜九江公主傳＞第八卷，頁二。

㉖ 詳《通鑑》卷二〇〇，高宗顯慶四年十月條，頁六一一八。

㉗ 凡犯罪動機及行爲與政治有關的，本文皆稱爲政治犯，這個定義適用於君位
繼承的窺伺與競爭衝突。按照唐朝法律，犯此罪者罪名多集中於「十惡罪」
中的第一、二、三條，此即「謀反」「謀大逆」「謀叛」，可詳《唐律疏義》
（臺北，臺灣商務印書館，點校元泰定本，一九七三，臺二版）卷一＜名例
律＞第六條，頁一四～一六。

㉘ 本表概據《通鑑》，時間首列，頁碼詳備註。《通鑑》所載若與兩《唐書》
沒有差異，則不列註兩書。

㉙ 李祐爲陰妃所生，叛亂之事由妻族唆使。李祐賜死後，仍被剝奪一切官爵，
廢爲庶人。詳《舊庶人祐傳》第二六卷，頁六～八，《新傳》略同。

㉚ 侯君集爲凌煙閣功臣之一，有顯赫軍功。早在與太子聯絡之前已有謀反的言
行，爲另一凌煙閣功臣洛州都督張亮所秘密告發。太宗以缺乏證據，按下不
理。太子承乾欲發動事變強取繼承權，遂因君集女婿東宮千牛賀蘭楚石密結
君集。侯君集以太子劣弱，意圖先助其奪權，然後再向其圖謀，因而密謀協
助，欲倣效玄武門兵變。詳《舊侯君集傳》第一九卷，頁一～四，《新傳》
略同。

㉛ 《舊濮王泰傳》第六六卷，頁四～六。

㉜ 《舊李勣傳》第一七卷，頁九～一〇。

㉝　《舊高士廉傳》第一五卷，頁四。高士廉爲長孫無忌母舅，高履行與無忌爲表親。

㉞　詳《舊淮南王神通傳》第一〇卷，頁一～三；《唐會要》卷四六＜封建類＞，頁八一六；《通鑑》卷一九二，是月庚寅條，頁六〇二五。

㉟　蕭瑀乃梁室子弟，又爲隋煬帝外戚，對南朝及楊隋王室孤立之痛，當有極深刻的體認。更重要的是他主張恢復漢代的封建政策，這個政策關係到一個嚴重的國體問題。因爲漢代封建結構以同姓宗親及異姓功臣爲主，封君擁有龐大的領土及臣民，幾乎類似聯邦共主的政治，這是太宗所不願施行的。而蕭瑀提出此建議，最堪注意的是他當時已與秦王系統的功臣產生衝突，很可能藉此機會將他們以異姓功臣的身分而加以分封，使之離開中央決策組織。詳《舊蕭瑀傳》第一三卷，頁三～七，《新傳》第二六卷，頁一～二，及《通鑑》卷一九二，貞觀元年七月條，頁六〇三七；《唐會要》卷四六＜封建雜錄上＞，頁八二四～八二七。

㊱　顏師古所提內容爲：(1)依照地理遠近，戶邑均等，不可過大，而強弱相濟的原則封土建國。(2)封國須與州縣雜錯而居，使互相維持，不能爲非。(3)國官皆由省選用。(4)封君不得在中央法令之外，擅作威刑。(5)朝貢禮儀，由中央制定條式。詳《唐會要》卷四六＜封建雜錄上＞，頁八二六。《通鑑》卷一九三，是年十月及十一月條，頁六〇八九。

㊲　十二王中高祖子六人，太宗子六人，十一王皆在三月之藩，僅太宗最寵愛之子相州都督魏王泰不之官，以功臣張亮代行都督事。李泰留京，成爲後來與太子承乾競爭繼承權的伏因。詳《通鑑》卷一九四，貞觀十年正月至三月，頁六一一八～六一一九。

㊳　詳《唐會要》卷四六＜封建雜錄上與下＞，頁八二七～八三一。《通鑑》卷一九五，貞觀十一年八月甲子及十三年二月條，頁六一三二～六一三三及六一四五。《舊唐書》卷一＜太宗文德順聖皇后長孫氏傳＞，頁二～四；卷一五＜長孫無忌傳＞，頁四～一〇；卷一四＜荊王元景傳＞，頁七～八；卷二八＜于志寧傳＞，頁一～五。

㊴　本調查僅據《舊唐書》＜太祖諸子、代祖諸子列傳＞、＜高祖二十二子列傳＞、＜太宗諸子列傳＞、＜高宗中宗諸子列傳＞、＜睿宗諸子列傳＞，依次爲列傳第一〇、一四、二六、三六、四五卷。至於建國後追封已死的宗

室，及高宗曾孫輩以下子孫，或身爲皇帝者，或情況不明者，皆不收錄。故僅得二百一十五人。實際發生事故人數不收入早卒者在內，若一人先後多次犯罪者，亦僅以一人計算。

❹ 武氏在貞觀十一年，十四歲選入宮中，諸書多有記載，以此推知其出生於武德七年。武則天的事蹟，素爲世人所談論，學術性的研究也不少。但對她一生具有全盤探討，通俗之餘亦具學術性的著作，當以 C. P. Fitzgerald 的 *The Empress Wu*（武則天）一書最佳（臺北，虹橋書局影印，一九七四，初版）。但該書對唐朝某些政策、制度、觀念頗有錯誤的見解。該作者在書末所附大事年表，謂武氏生於武德八年（六二五），九年乃一歲，至貞觀十二年（六三八）才十三歲，此年被選入宮。此是以西洋年齡計算法計算之誤。

❹ 魏王泰在十四個兄弟中排行第四，以文學稱著，最爲太宗所寵，官雍州牧、相州都督、左武侯大將軍。在其兄長太子承乾獲罪後，太宗曾有意立他爲太子。但又恐怕嗣後「儲君之位，可經求而得」，因而一併黜落，但仍念念不忘，晚年，屢封他爲濮王。詳《舊濮王泰傳》第二六卷，頁四一六。

❹ 吳王恪二哥楚王寬早薨，故承乾以外，年紀最長者乃李恪，李恪有文武才，太宗常以爲類己，加以寵愛，時任安州都督。高宗卽位後拜司空、梁州都督。因其母爲隋煬帝女，自己又名望素高，爲物情所向，所以遭到長孫無忌深所忌嫉。永徽三年，無忌因駙馬房遺愛案而誣殺李恪，以絕衆望。這種政治誣殺，無忌旣狠心爲之，則武后的恐怖政策，固未可厚非。詳《舊吳王恪傳》第二六卷，頁二～三。

❹ 繼承問題請參第三章第二節。

❹ 楊氏原爲齊王元吉之妻，宰相楊恭仁、楊師道的從姪女，亦爲楊隋宗室。太宗殺弟而沒其妻，生第十四子李明，甚得太宗寵愛，欲立爲皇后。因爲她身分特殊，魏徵等力阻，其事遂寢。李明在貞觀二十一年封爲曹王。由於元吉一門滅絕，永徽中，高宗詔令出繼元吉香火，後坐太子李賢事件而貶卒。詳《舊楊恭仁傳》第一二卷，頁五～六，《舊曹王明傳》第二六卷，頁一二。《通鑑》卷一九八，貞觀二十一年八月丁酉，頁六二四九。《新曹王明傳》第五卷，頁九～一〇。

❹ 武士彠曾祖父爲北齊正四品的鎮遠將軍，襲壽陽公。祖爲北周永昌王諮議參

軍，品秩不詳。案：北齊無王府參軍之官職，隋朝親王府諮議參軍爲正五品，
則北周王府諮議參軍當亦不會有太大差異。父武華，爲隋東都丞，亦五品以
上官。又士彠在武德九年卒，士逸在貞觀初卒，士稜至貞觀中卒，當時武則
天似已入宮。詳《舊武士彠傳》第八卷，頁七～八。《新宰相世系表》第一
四卷上，頁三五～三八。溫大雅《大唐創業起居注》亦載士彠事蹟（收入
《筆記小說大觀》九編第一册。臺北，新興書局，景明等刊本，一九七五），
詳該書第一卷，頁一八。

❹ 徐敬業卽李敬業，英國公李勣之孫。光宅元年舉兵討伐武后，事敗，勅還本
姓。詳《舊李勣傳》第一七卷，頁一○～一二，敬業附此傳，檄文全文亦載
此。《舊駱賓王傳》第一四○卷上，頁一四；賓王附入《新王勃傳》第一二
六卷，頁七～八，《新宰相世系表》徐世勣條，第一五卷下，頁二六。

❹ 王皇后，并州祁人，與武氏同州。其祖卽尚高祖妹同安大長公主的隋州刺史
王裕。太宗以公主年老輩尊，特加敬異。從父卽貞觀中岐州刺史王仁表，從
祖兄（卽仁表子）王方翼爲高宗時威震西域的名將，官至安西都護、太原郡
公，爲武則天誣殺。王裕階至開府儀同三司，其父卽隋司徒王宋（詳《新
同安公主傳》第八卷，頁一。《舊王方翼傳》第一三五卷上，頁一二～一
三）。王皇后爲山東士族子女，其母族卽大士族蒲州解縣柳氏，屢世顯宦。
王后母舅卽柳奭，永徽間中書令（詳《新宰相世系表》第一三卷上，頁一～
二。《舊柳亨傳、柳奭附》第二七卷，頁七～一二）。王后因祖母同安公主
的介紹而成爲太子妃，其父仁祐爲特進刺史（詳《舊高宗廢后王氏傳》第一
卷，頁六）。

❹ 武后母親榮國夫人楊氏乃宰相楊恭仁家族，隋觀王楊雄的後裔，出身弘農楊
氏大門第。

❹ 《姓氏錄》成，《氏族志》卽被沒收焚毀。《姓氏錄》編修的倡議者及主要
主持人之一爲李義府，他是武后的親信，因家屬不列入高門，乃建議改編，
心理動機與武后類似，故能得到同意。李義府甚至將軍功仕至五品者亦列入
《姓氏錄》，所以縉紳士大夫皆以與此同列爲恥，號此書爲「勳格」。詳《舊
李義府傳》第三二卷，頁三～七。《新李義府傳》第一四八卷上，頁三～
五。《通鑑》卷二○○，高宗顯慶四年六月，頁六三一五～六三一六。

❺ 高宗永隆二年，武后的權勢已甚穩固。是年正月，高宗斥責民間士女衣飾侈

糜，即舉武后當時「常著七破間裙」爲例，希望士女皆以此爲榜樣。可見武則天爲皇后時，生活相當嚴謹樸素。見《舊高宗紀》下，第五卷，頁九～一〇。

(51) 例如武氏透過高宗重賞長孫無忌，又私請其母楊氏親詣長孫府邸請求，希望化解其反對態度。無忌收下皇帝的厚賜，拒絕楊氏的干求。武氏並不死心，又令禮部尙書許敬宗向無忌屢申勸請，皆爲厲色拒絕。遂種下了武后向長孫無忌惡毒報復的因子。詳《舊長孫無忌傳》第一五卷，頁九。

(52) 武氏成爲皇后後，王氏及蕭氏均囚於別院，降爲庶人。高宗曾至此院，念及舊情，欲改此院爲「迴心院」釋放二人。武后得悉，遂斬去二人手足，投於酒甕中，不久卽縊殺之，以斷絕高宗回心轉意。王皇后母舅中書令柳奭早已因王后見疎而憂懼請辭，轉任吏部尙書。皇后廢後，貶爲刺史，尋遭許敬宗、李義府誣構罪名而被殺，家屬籍沒。蕭氏家屬則配流嶺南(詳《舊高宗廢后王氏傳》第一卷，頁六，《舊柳亨傳》第二七卷，頁八）。太子李忠爲高宗長子，爲後宮劉氏所生。他被廢的原因乃由許敬宗發難，說皇后武氏已有嫡子，李忠僅爲庶長子，不宜爲太子，因而廢黜。李忠身分低微，他被立爲太子是王皇后及中書令柳奭的主意，王后無子，用他作爲政治利用。此事亦得長孫無忌、褚遂良、韓瑗等宰相大力支持。太子忠在顯慶元年廢爲梁王，遭到軟禁，因恐懼已極，故有防備措施，顯慶五年被告占卜，廢爲庶人。麟德元年，又被誣告與宰相上官儀及宦官王伏勝謀反而被賜死。年僅二十二歲(詳《舊燕王忠傳》第三六卷，頁一～二)。

(53) 六人事蹟見《舊李義府傳》第三二卷，頁六～七。六家子弟則天皆加以照顧，李、許二人及身爲相，崔義玄兩子神基與神慶皆爲要官，神基在則天時拜相。詳《舊崔義玄傳》第二七卷，頁一二～一四。《新崔義玄傳》第三四卷，頁一～二。案：崔義玄以通五經著名，其子亦以「明經」及第。兩傳不載其家世，實則崔義玄直系數代仕宦不詳，但其家系出淸河崔氏「南祖房」，爲山東大門第的子弟。詳《新宰相世系表》第一二卷下，頁三四。

(54) 武后共有二女四子，長女生下不久，武氏親手扼斃之，用以誣告王皇后下毒手，成爲廢皇后原因之一（詳《新高宗則天順聖皇后武氏傳》第一卷，頁五）。麟德元年追封爲安定公主。新書公主列傳不收入，蓋因其早殤。次女卽太平公主。長子李弘有文學才幹，富同情心，屢次拂逆武后，由是失愛。

上元二年從幸合璧宮，遇鴆毒而薨，年二十四歲。據云當時李弘已患病，高宗欲在其痊癒後遜位給他。因此死因可疑，唐人及新傳說他遇鴆薨，殆可相信（詳《新孝敬皇帝弘傳》第六卷，頁二～三；《舊孝敬皇帝弘傳》第三六卷，頁四—五。《通鑑》卷二〇二，高宗上元二年四月並註，頁六三七七）。李賢繼李弘為太子，具有學術，《後漢書》的註即其領導完成。李賢是一個英睿精明的人，高宗曾下詔褒美他。母子之間，可能在權力上有所衝突，武后聽信術士的話，認為英王（即中宗，李賢三弟）及相王（即睿宗）更適宜為儲君，此二子皆性格柔順的人，比不上兩兄弟的堅強。這時，內宮傳出謠言，說李賢原是武后姊所生，遂使母子互相疑忌，武后屢加切責，又為此而撰《少陽政範》、《孝子傳》以賜之，更使李賢不安，衝突終於表面化，武后使人誣告李賢有陰謀（謀反）。調露二年（六八〇），武后命令宰相薛元超及裴炎，御史大夫高智周等，會同法官舉行三司合議庭會審，罪名成立，廢為庶人而被幽禁。武后臨朝後，李賢遭幽禁他的指揮官，武后的親信丘神勣所逼令自殺，年已三十二歲。案：《新李賢傳》說他死時三十四歲，C. P. Fitzgerald 在其 *The Empress Wu* 一書中，即以此為證據，證明李賢為武后姊所生。今據兩傳，皆說李賢排行第六，李弘排行第五無誤。李弘死時二十四歲，即永徽三年生。縱使李賢為他人所生，既排行第六，起碼出生在李弘之後，若以其死時三十二歲計，當生於永徽四年，與《舊章懷太子賢傳》所說合（詳第三六卷，頁五～六，《新章懷太子賢傳》見第六卷，頁三～四。又詳㊻）。

㊻ 薄待楊夫人的主要是武元爽，武惟良、武懷運、武后異母長兄武元慶似亦牽涉在內。當時元慶為宗正少卿，元爽為少府監，惟良為衛尉少卿，懷運似為刺史。楊夫人唆使武后報復，俱貶之為遠州刺史。元慶至州而卒，元爽又配流振州（在海南島）而卒，家屬均配流嶺南。惟良及懷運則在乾封元年（六六六）八月被殺，殺因與韓國夫人母女有關。武后同母有三姊妹，后排行第二。其姊很早守寡，夫即賀蘭越石，生有一子一女，女即高宗所寵的賀蘭氏，子即後來則天命令奉祀武氏後的賀蘭敏之。則天成為皇后，家屬當然顯貴，其姊即受封為韓國夫人，而其女受高宗寵幸，威脅到其二姨武則天的地位，武后因而設計殺害她。某日，武后諷高宗行幸韓國夫人宅，命令武惟良等獻食，因而毒死賀蘭氏。武后歸罪惟良兄弟，將二武殺害，並絕其屬籍，

改其姓爲「蝮氏」。此次下毒案，未聞韓國夫人亦在喪身之列，故檄文所謂「殺姊」之事，與其所謂「弒君」之事似同爲虛構。高宗不大可能同時幸其女，而又奪其母，《新書》之外史籍亦僅載賀蘭氏得幸，而未聞韓國夫人亦被寵幸。此年武后已四十三歲，韓國更不止此數，其女賀蘭氏年輕，似爲得幸的原因。因此李賢爲韓國夫人所生之說，恐未可輕信。試想誰敢冒犯武后私隱而洩露此事？何況謠言旣起，武后亦未對李賢立卽採取行動，反而賜以《孝子傳》。因此李賢爲武后次子，當可信也。詳《舊武承嗣傳》第一三三卷，頁四～五；《新高宗則天順聖皇后武氏傳》第一卷，頁六。

⑤⑥ 高宗當太子時已有隱病，顯慶五年詔令武后參決百司事，卽因疾病發作。此次病復發，何以糊塗至遜位於武后？誠屬怪事。《新高宗紀》不載此事，但郝處俊、李義琰傳則載之，僅云高宗欲令天后「攝知國政」，爲二人力爭而止。《舊高宗紀》及〈李義琰傳〉說法略與《新書》同。但《舊郝處俊傳》則明載高宗不但令天后「攝知國事」，且兼欲「遜位」，因而詳載郝氏反對的理論。《新郝處俊傳》載其反對，內亦有「今陛下奈何欲傳位天后乎！」之句；《通鑑》節錄修改此段說話，亦有「不傳之子孫而委之天后乎」一句，則高宗確曾欲遜位於天后之事可明。《通鑑》及兩書對此事未給予適當的重視，誠憾事也。詳《舊郝處俊傳》第三四卷，頁七；《新傳》第四〇卷，頁七。《通鑑》卷二〇二，高宗上元三年三月條，頁六三七六。

⑤⑦ 武后成爲皇后不久，遂牽制皇帝而專威福。高宗不能堪，加上武后引道士行厭勝，爲宦官王伏勝所告發。高宗大怒，將廢武后爲庶人，召宰相上官儀商議。上官儀力言：「皇后專恣，海內失望，宜廢之，以順人心。」高宗命他草詔。左右奔告武后，武后急自申訴，高宗後悔，又恐武后怨他，乃說是「上官儀敎我」。遂使武后利用上官儀及王伏勝曾爲梁王忠（卽廢太子李忠）僚佐的歷史關係，誣告三人謀反，麟德元年皆伏誅。自此年開始，武后垂簾聽政，天下合稱「二聖」。《舊上官儀傳》不載此事，見《新上官儀傳》第三〇卷，頁一一～一二：及《通鑑》卷二〇一，高宗麟德元年十二月，頁六三四二～六三四三。案：李義府在此時間突由極寵而被整肅，下獄除名，配流巂州，蓋與武后分解羣臣敵對情緒有關。李義府亦是武后第一個犧牲的親信大臣。

⑤⑧ 裴炎爲山東士族，聞喜裴氏的子弟，他與武后合作，以兵變推翻中宗，尋因

政策方針與武后衝突而被殺，牽累宰相劉齊賢及郭待舉與一些大臣名將，或貶或誅，詳《舊裴炎傳》第三七卷，頁一～二。劉仁軌則爲山東小姓，是當時開國以來碩果僅存的元老政治家、著名的統帥。他的警告及太后的自責，俱見《舊劉仁軌傳》第三四卷，頁五。他在死後次年，家屬卽被酷吏陷害。

⑤⑨　李義琰雖爲隴西李氏子弟，但其祖先在數代以前已遷居魏州，直系家屬仕宦情況不佳，故列爲山東小姓。詳《舊李義琰傳》第三一卷，頁六，及《新宰相世系表》第一二卷上，頁一五。

⑥⓪　《舊張文瓘傳》第三五卷，頁三～四；《新宰相世系表》第一二卷下，頁一九。

⑥①　《舊李敬玄傳》第三一卷，頁五～六；《新宰相世系表》第一二卷上，頁二七。

⑥②　收入《唐大詔令集‧遺詔上‧大帝遺詔》第二卷，頁六七～六八。

⑥③　三王皆高祖之子，於高宗言是叔父，於中宗言是叔祖，當時皆有聲望。弘道元年底的緊急部署，可詳《通鑑》卷二〇三，是年十一月及十二月，頁六四一五～六四一六。

⑥④　中宗原配爲趙氏，趙氏被殺，才娶韋氏。趙氏祖父綽，雖無功臣之號，但爲開國元勳之一，官三品將軍，其子卽尙高祖女常樂公主的駙馬趙瓌，趙瓌亦至將軍，趙妃卽其女。中宗爲英王時，納趙氏爲王妃，夫婦在輩份上是不適合的。後來趙妃母親（常樂公主）得罪，她因而坐廢，幽死於內侍省，這時正是高宗第二次風疾發作後，太子李弘暴斃時的事，時爲上元二年四月。據載趙妃被武后故意幽禁餓死，原因是妒忌高宗對妃母常樂公主（卽高宗之姑）態度恩隆。妃父母因而被貶，後來被殺。《新中宗和思皇后趙氏傳》第一卷，頁一二；《舊同傳》第一卷，頁六～七。當時英王（卽中宗）僅二十歲。

⑥⑤　中宗被廢發生在二月戊午（六日），距離他卽位的十二月甲子（案：《唐會要‧中宗條》說十二月六日卽位誤。諸書皆記高宗十二月丁巳崩，此日爲十二月四日。遺詔命令七日而殯，太子在柩前卽位，十二月甲子正好是七日，亦卽十二月十一日，是月甲寅朔。）剛好五十四日，依法武后該當還政了，但她不但不還政，反而發動兵變，居心可知。中宗在十二月十一日卽位，翌年正月元日改元嗣聖，立太子妃韋氏爲皇后，擢后父普州參軍韋玄貞爲豫州

刺史。韋玄貞出京兆杜陵大門第（＜韋后傳＞說她爲京兆萬年人，因隋併杜陵入大興縣，唐改大興縣爲萬年縣），即杜陵「東眷」的「駙馬房」裴氏。雖爲大士族，但其直系官階並不高，但杜陵裴氏家族則在政治上甚有勢力。韋玄貞在十日之內，由參軍劇遷爲宰相，無怪裴炎堅決拒絕發令。事實上此日裴炎已通過任命另一杜陵韋氏子弟左散騎常侍韋弘敏爲太府卿同三品，並已發佈任用令。中宗尚欲令岳父爲侍中，又欲授乳母之子爲五品官，在法制、情理，皆不適當，裴炎應是正當的。後裴炎眼見睿宗即位而太后不還政，遂屢次反對武后的政策，傳說甚至曾部署兵變，以武力使之還政。後來中宗、睿宗先後復位，對其家屬及行爲都加以照顧及表揚，顯示裴炎絕非小人，也絕非賣身沽權的武后心腹。程務挺更是一代名將，立場完全與裴炎相同。二人不可與劉褘之、張虔勗等量齊觀。詳《通鑑》卷二〇三，高宗弘道元年十一月至則天后光宅元年二月，頁六四一五～六四一九。《舊高宗紀》弘道元年十二月，第五卷，頁一二。《舊中宗韋庶人傳》第一卷，頁七。《新宰相世系表》第十四卷上，頁二及二三～二四。《舊裴炎傳》第三七卷，頁一～二；《新同傳》第四二卷，頁一～二。劉褘之等各有傳，不贅引。又裴炎曾計劃兵變倒武，《通鑑考異》認爲不可能。詳《通鑑》，則天后光宅元年九月甲申註，第二〇三卷，頁六四二五～六四二六。又唐制守喪三十六日，可詳《舊虞世南傳》第二二卷，頁三。

⑥⑥ 武氏十四歲獲選入宮的條件之一是美貌，可知她少年時代已以美貌見稱。高宗爲太子時，她才二十餘歲，更臻成熟。高宗後來賜她「武媚」之名，顯示高宗一直惑於其嬌媚無疑，徐敬業＜討武曌檄＞稱她「狐媚偏能惑主」，當是世人皆知之事。由於武后精於化裝術，又得張易之等人爲她煉丹服食，所以高宗崩後，她以六、七十歲高齡仍不覺衰老。甚至天授三年九月，因牙齒掉落而引爲驚奇，特別改元爲「長壽」以作紀念，這年她已六十九歲。武氏家族中，以美貌見稱者多人，恐武后美色，除後天保養外，另有天賦遺傳的因素。詳《舊武后傳》第一卷，頁四～一二，《新傳》第一卷，頁五。《舊李迥秀傳》第十二卷，頁一四；《舊張易之傳》第二八卷，頁八～九。《通鑑》卷二〇五，長壽元年九月庚子並註，頁六四八七。

⑥⑦ 武則天稱帝以後，前後擁有四個尊號，此即天授元年的「聖神皇帝」，長壽二年的「金輪聖神皇帝」，延載元年的「越古金輪聖神皇帝」，册萬歲元年的

「天册金輪聖神皇帝」。連同「天后」、「聖母神皇」合共六個尊號。久視元年（七○○）五月，她以七十七歲高齡而病癒，下詔大赦改元，並停尊號，否則可能仍會有新的尊號增加。

⑱　詳《舊元萬頃傳》第一四○卷中，頁二。

⑲　律令政制問題請詳後章。 則天對武德以來三朝律令加以大幅刪改， 撰爲新格，並自爲序。又在新格之外別成垂拱留司格，成爲當時最新的行政法。此法令以詳密稱著，爲後來編修格式所本。詳《舊刑法志》第三○卷，頁七；《新刑法志》第四六卷，頁四。

⑳　武后對符瑞的反應行爲詳《 新高宗則天順聖皇后武氏傳 》第一卷， 頁八～九。武后與宗教的關係請詳李樹桐師＜ 武則天入寺爲尼考辨 ＞〔《 唐史考辨》（臺北，臺灣中華書局，一九六○，初版），頁三一○～三三五。〕及＜唐代的政教關係＞〔《唐史新論》（臺北，臺灣中華書局，一九七二，初版），頁一六六～二一一〕兩文。唐初道教及教士的地位在佛教之上，武則天因佛教對其「革命」的貢獻，提升之於道教之上。但太宗爲了感念其母而在宮中興修佛事，對原已信佛的武后當然具有影響。唐代的宗教政策李師在＜唐代的政教關係＞一文略已綜論，但關於唐初宗教政策的制定問題， 請詳參 Arthur F. Wright 的 "T'ang T'ai-Tsung and Buddhism" 一文（收入 *Perspectives on the T'ang*，頁二三九～二六三）。

㉑　丘神勣乃左衞大將軍丘行恭之子，當時任左金吾將軍。他殺了李賢之後，武后在同年三月假惺惺爲李賢舉哀，並歸罪於神勣，但其處罰僅止於降爲刺史，並且不久卽再度入調爲左金吾將軍。 顯示這次行動， 出於則天的示意， 斷無疑問。丘神勣爲則天心腹爪牙，曾以將軍身分多次屠殺或主持審訊羣臣。神勣爲山東士族子弟，父親曾救獲太宗立下軍功，太宗特詔將其事蹟雕爲石像，樹立於昭陵（太宗陵）闕前，以旌武功。詳《舊丘神勣傳》第一三六卷上，頁五。其傳在《新書》裏附入＜來俊臣傳＞第一三四卷，頁四。其家世詳《舊丘和（神勣祖父）傳》第九卷，頁四～六，《新傳》所載略同。

㉒　見《通鑑》卷二○三，則天后光宅元年二月己未，頁六四一八。

㉓　這篇檄文爲非常著名的著作，往往爲人選爲古文範例，稱爲＜討武曌檄＞，其實武后在五年之後才改名爲曌。國字原無此字，曌乃武后特創十二字中的第一個，取日月當空之象，發音如「照」，暗合符應，作代唐準備。因此此

檄應改名為＜討武氏檄＞為妥。據說武后閱讀此檄，對作者極表佩服，認為不用此人，宰相之過。武后有此共鳴反應，當是此檄擊中其內心無異。詳《舊李勣傳》第一七卷，頁一一，《新高宗則天順聖皇后武氏傳》第一卷，頁五。

⑭ 劉景先原名齊賢，避太子李賢之諱而改名。他是高宗宰相劉祥道之子，正是檄文所謂「皇唐舊臣，公侯冢胤」，而又身為正宰相，他與鳳閣（中書）侍郎胡元範是力證裴炎公忠體國的主要人物。胡元範流瓊州而死，景先則一貶再貶，為吉州長史，五年之後為酷吏逮捕下獄，自殺而死，家屬籍沒。劉氏屬山東士族（詳《舊劉祥道傳》第三一卷，頁二～四）。程務挺為太宗大將程名振之子，山東小族，父子俱為名將。他協助武后廢黜中宗後，出任單于道安撫大使，經略突厥，為突厥最可怕的敵手。聞裴炎下獄而密表申理，結果反被誣告，武后遣使至軍中斬之，籍沒其家。突厥悉務挺已死，所在宴飲，為之立祠，每出師攻戰必先禱之。務挺之死，對唐朝北面國防影響極大（詳《舊程務挺傳》第三三卷，頁七～八）。因程務挺而被殺的，尚有王皇后親屬、夏州都督王方翼。裴炎、劉景先、程務挺皆山東人，可見武后整肅，不以地區為主，而以權力衝突為因素。

⑮ 此事見載於《唐統紀》及《新高宗順聖皇帝武氏傳》。《通鑑考異》竟以「恐武后亦不至輕淺如此」為辭，否定了其真實性（《通鑑》卷二〇三，則天后光宅元年十二月癸卯註，頁六四三二）。鄙意整肅反對者，武氏為后時已實行。此時羣臣公開警告或反對她，她亦以公開態度反警告，是非常可能的事。何況被整肅的主要三人，誠如武后之言，皆一時「人望」，握權將兵，但「不利於朕，朕能戮之」，此語極具威脅性，與則天當時推行的政策相符，她以此宣示羣臣，自以心戰為目的。且武后自高宗崩後，原形畢露，無復自制修飾，與薛懷義姦情，羣臣多知之。武后為太后後，「輕淺」之事，過此者尚多，溫公駁論未是。

⑯ 劉褘之的案件也連累了部分朝臣，詳《舊書本傳》，頁碼見表八。

⑰ 李昭德之父為李乾祐，是貞觀時著名的法律人才，官至御史大夫、刑部尚書。昭德具有乃父強幹之風，又得則天寵信，因此是則天朝最不畏強勢的人。詳《舊李昭德傳》第三七卷，頁七～九。

⑱ 本表所列，蓋以武后臨朝稱制至被推翻之日為準，此期間所任免的宰相，

《唐會要》一共列了七十八人。查薛元超實屬高宗時宰相，袁恕己、敬暉、桓彥範乃中宗復辟後的宰相，此四相應剔除。另外，《唐會要》漏了魏元忠，故武則天一共任免過七十五個宰相，其中有二十七相在太后時任免，五十四相在「革命」後任免。此五十四相中有小部分曾在太后時已做過宰相，除去重複者，合共七十五相。本表所統計宰相姓名開示如下：

A：甲、李昭德。乙、韋宏（弘）敏、韋待價、李迥秀、姚璹、豆盧欽望。丁、李昭德、姚璹、韋安石、唐休璟。戊、李迥秀。己、王德眞、韋宏敏。其他有韋巨源、王方慶、楊執柔，剔除重複（下同）共有十二相。

B：甲、騫味道、樂思晦。己、騫味道。其他有蘇良嗣，共有三相。

C：甲、張光輔。乙、王孝傑。共二相。

D：甲、裴炎、裴居道、劉齊賢（景先）、韋方質、李元素。乙、李游道、狄仁傑、裴行本、崔元琮、張錫、韋承慶。丙、韋思謙、韋承慶、韋嗣立、李嶠、周允元。丁、狄仁傑、崔玄暐、裴炎、楊再思。戊、姚元之（卽姚元崇、姚崇）。己、裴行本、崔詧、房融。其他有李道廣、朱則敬、武承嗣、武三思、武攸寧，共二十五相。

E：甲、魏玄同、傅遊藝、格輔元。乙、崔神基、宗秦客、宗楚客、吉頊。丙、魏玄同、吉頊。丁、格輔元。己、郭待舉。其他有劉仁軌，共有九相。

F：甲、郭正一、范履冰。乙、婁師德、蘇味道、杜思儉（儉？）、魏元忠、袁智宏。丙、郭正一、婁師德、蘇味道。丁、杜景儉。戊、魏元忠、李懷遠。其他有王及善，共有九相。

G：甲、歐陽通。乙、陸元方。丁、陸元方。戊、陸元方。共二相。

H：甲、岑長倩、劉褘之。丙、張柬之。戊、張柬之。己、顧琮。共四相。

I：甲、邢文偉、史務滋。己、沈君諒。共三相。

上述共有十九個宰相。己項共有九相，兩書皆無傳，其中房融乃肅宗宰相房琯之父，琯傳略敍其父。其他八相皆以兩書他傳，各表，《通鑑》等略知其情況。至於任知古、孫元亨（又作孫元通）、李景諶、王本立、武什方、王璿六相連《新宰相世系表》皆無記載，情況難徵，故不列入本表統計之內。武什方原姓韋什方，乃居於嵩山的隱士，則天賜姓武氏，拜相尋罷。詳《通鑑》，卷二○五，延載元年六月至八月，頁六四九四～六四九五。

⑲ 則天在高宗弘道元年（六八三）以太后臨朝，至中宗神龍元年（七〇五）正月被推翻，前後共二十三年，但除去弘道元年及神龍元年兩年的執政時間僅為一個月外，實即掌握君權共二十一年又一個月，加上閏月，合共二百五十七個月。以此作為計算基準。始終自保的宰相在⑱中為甲、乙兩項以外的宰相，A類有一半（六人），B類有一人，D類有十四人，E類有兩人，F類有兩人，H類有兩人，I類有一人，共有二十八相，為宰相總人數的百分之三十七強。雖因政治遭貶黜而能在則天時再起的宰相計有關隴士族的豆盧欽望，山東士族的狄仁傑，山東寒素的杜景佺、魏元忠，僅此四人。因他罪獲貶而二度入相者不計算在內。狄仁傑兩書有傳，所載略同，今以《舊傳》為本，見第三九卷，頁一～七。

⑳ 酷吏情況兩書＜酷吏列傳＞皆有記載，本節下段尚須討論，此不贅引。

㉑ 當時服色，青為八、九品，綠為六、七品，朱為四、五品，紫為三品以上。傅氏純因附合武后，於一年之中由青服擢至侍郎，階官則至從三品銀青光祿大夫，故著紫服。其中傅神童亦至正三品的多官（工部）尚書，兄弟並承寵。詳《舊傳遊藝傳》第一三六卷上，頁五，《新宰相世系表》第一四卷上，頁四二。《新書》無傳。《通鑑》卷二〇四，天授元年九月丙子對此有記載，頁六四六七～六四六八。

㉒ 詳見《通鑑》卷二〇五，是年是月丁卯，頁六四七七～六四七八。又：此詩末二句或作「把椎侍御史，腕脫校書郎」，詳《唐會要》卷六七＜試及邪濫官類＞，天授二年條，頁一一八〇～一一八一。

㉓ 楊執柔乃楊恭仁之弟、楊師道之兄楊續的孫子，僅拜相八個月即罷免。執柔傳附於《舊楊恭仁傳》第一二卷，頁六～七，《新書》卷二五所載略同。其世系詳見《新宰相世系表》第一一卷下，頁三〇～三四。

㉔ 宗氏家世寒微，其事詳《舊宗楚客傳》第四二卷，頁一七～一八。

㉕ 例如武后母親楊夫人年紀已大，仍與親女韓國夫人之子賀蘭敏之通姦。敏之在輩份上是她的外孫。韓國夫人母女似乎與妹夫、姨父的高宗有私情，起碼其女與高宗確有私姦。賀蘭敏之除了與外祖母通姦之外，曾經逼姦過未婚的太子妃及武后貼身侍女多人。武三思與中宗為表兄弟，他卻首先與中宗的妃妾上官婉兒通姦，透過婉兒又與韋皇后通姦。則天喜歡姪子武攸暨，乃殺其妻，而將親生女太平公主嫁之，太平公主亦有通姦紀錄。則天之孫女、中宗

之女安樂公主原爲武承嗣次子崇訓之妻，卻與武三思之子延秀通姦；崇訓死後，改嫁給延秀。諸事皆見載於諸武及太平公主等人傳，《舊傳》第一三三卷，頁四～一二。

⑧ 薛懷義原稱馮小寶，商販爲生，身材魁偉結實，在洛陽買賣時得幸於千金公主的侍女，公主知之，乃向則天推薦。則天以小寶非士族子弟，乃令其與女婿薛紹合族，改稱薛懷義，又爲了入宮方便，乃度之爲僧。詳《舊薛懷義傳》第一三三卷，頁一三～一四。《通鑑》卷二○三，垂拱元年多十一月，頁六四三六；卷二○五，天册萬歲元年二月，頁六五○二。

⑧ 據嚴歸田師《唐僕尚丞書表》及《新宰相世系表》。此年被殺宰相有納言裴居道、春尚同平章事范履冰二人；被貶黜者有內史宗秦客、邢文偉、韋方質三人。原任左相蘇良嗣則病卒。故則天「革命」後，應有宰相武承嗣、岑長倩、武攸寧、史務滋、宗秦客、邢文偉、傅遊藝等七人，皆爲武后親戚親信。六部尚、郎亦多如此。

⑧ 當張嘉福等尋求羣臣連署，推戴武承嗣爲皇太子時，岑長倩與格輔元卽拒絕署名。表上，又與司禮卿判納言事歐陽通等堅決反對。諸武大怒，藉故排斥岑長倩，外放爲征伐吐蕃的統帥，而在中道追還，逮下制獄。格輔元亦爲武承嗣所譖。則天令來俊臣主理其事，俊臣要脅長倩之子靈源，令誣告歐陽通、格輔元等數十人，共同謀反。結果數十人逮下制獄，毒刑拷打，終不認罪。來俊臣乃僞造歐陽通供辭，於是岑氏等三相皆坐誅。岑長倩乃貞觀中書令岑文本子弟，高宗朝已拜相，但因懼禍，常陳奏符瑞以取媚則天，一度賜姓武氏。詳《舊岑文本傳、長倩及輔元附》第二○卷，頁八～九，《舊歐陽詢傳、歐陽通附》第一三九卷上，頁六。《通鑑》卷二○四，則天后天授二年九月至十月，頁六四七四～六四七五。

⑧ 《舊李昭德傳》似在時間上有誤（第三七卷，頁七～九），今據《通鑑》，同⑧。

⑨ 李昭德的言論已不能考其正確時間，似曾多次上言，詳《舊傳》如⑧之外，《通鑑》亦有載之，但所載時間上有出入，意思則略同，詳該書卷二○四，則天后天授二年十月，頁六四七六；卷二○五，長壽元年五月，頁六四八三。

⑨ 酷吏領袖之一的周興，早在「革命」成功後已奏請消除李氏宗室屬籍（《舊

周興傳》第一三六卷上，頁五），當時睿宗及子弟皆被軟禁，並有私謁「皇嗣」者腰斬的命令。長壽二年（六九三）一月，有人私謁而被腰斬於市，又有告密者告發「皇嗣」潛有異謀，則天制令來俊臣主理此案，廣泛刑求，欲陷害睿宗。幸則天覺悟而止。昭德經常廷奏來俊臣等罪狀，在「皇嗣」案發後翌月，因事杖殺酷吏侯思止於朝堂，並追懲執行屠殺流人的酷吏萬國俊等人，於是酷吏相繼獲罪，兇燄大減，來俊臣等餘下未受追究者，不久亦坐罪受整肅。所以丘愔彈劾李昭德之文，說他「作福專威，橫絕朝野」。事實上李昭德抑壓諸武及酷吏確爲膽大的行爲，對李氏王室的保護，功勞極大。詳《舊李昭德傳》同❽❾，《通鑑》卷二〇五，長壽二年一月至二月，頁六四九〇～六四九一。

❾❷ 李昭德當時亦復任監察御史，仍對抗來俊臣，結果亦爲來俊臣所誣下獄，二人同日棄市處死。詳《通鑑》卷二〇六，則天后神功元年六月，頁六五一八～六五一九。

❾❸ 關於中宗召還及復立爲皇太子的事，諸書記載頗晦。《通鑑考異》提出駁論，大意否定召還中宗而立之爲繼承人之議，不是狄仁傑首建，而是吉頊的計劃。其論據爲當時睿宗仍爲「皇嗣」，仁傑不可能勸則天廢睿宗。又認爲中宗還都，則天以長幼之序欲立之，「皇嗣」亦以此遜位，故遷延半載，大體以實錄爲本。竊意司馬溫公之言狀似合理而論據欠穩。因爲契丹以廬陵王爲號召進犯河北，赴河北撫定的狄仁傑與吉頊等人當必知悉。及還朝後，狄仁傑極可能以此爲言。則天曾拒絕狄氏之言，請他不要干預其家事，仁傑答以身爲宰相，君相義同一體，理應干預。是則仁傑已決心過問繼承問題，睿宗當時僅爲「皇嗣」，與後來中宗復任的「皇太子」身分頗異，仁傑既欲干預，此必在過問之列，當無疑問。否則建議召還中宗，爲了何事？難道誠如溫公之言，中宗還都，即可加強李氏對抗武氏集團的力量？此說顯然不成立的。仁傑兩傳均載則天向仁傑說還爾太子（儲君）之事，則仁傑應有復立中宗之議。況睿宗僅爲「皇嗣」，尚在幽禁，地位未穩，武承嗣等以宗法關係力爭，老成謀國的狄仁傑既獻議召還中宗，自然會想到以兄代弟，名正言順的道理。且「皇太子」的更改，乃國家大事，非一日可辦，遷延半載，實無可疑。吉頊本爲武承嗣姻戚，承嗣繼立爲帝，對他有利而無害。但他是投機分子，若破壞武承嗣計劃不成，必當被禍，若非外國及羣臣有復立中宗之議，

安敢冒此大險？顯然他是因爲大勢輿論所趨，而趁勢作此建議，以保持日後
的富貴而已。而且則天雖有捨棄諸武之心，但最後定奪仍未決定，吉頊的計
劃實爲奠定唐朝復辟的基石，因此睿宗卽位，下制褒揚，說：「時王命中否，
人謀未輯，首陳返政之議，克副祈天之基──永懷遺烈，寧忘厥効。」詳《舊
吉頊傳》第一三六卷上，頁九～一○；《新傳》第四二卷，頁七～八。

⑭　《舊姚崇傳》第四六卷，頁一。

⑮　陳寅恪先生〈記唐代李武韋楊婚姻集團〉一文對此頗有申論，但其文論述婚
姻集團的影響，頗有未盡符合史實之處；而李、武、楊三家自唐初以來已有
聯婚之勢，實不始於則天。韋氏一族，在則天以前幾無與王室要人婚姻者，
卽韋后與中宗的婚姻，亦因武后殺害太子(中宗)妃趙氏(卽和思皇后)，韋
后才得成爲繼室。在則天朝，韋氏族人與李、武兩家婚姻者絕少，故李、
武、韋、楊四家聯婚，實非則天的政策(陳文詳《陳寅恪先生論文集》，頁
六三九～六六四)。就以武氏子弟言，爲駙馬者則天同輩無人，則天從子則
有武攸暨(武懷道長子，尙則天女太平公主，二人表兄妹)；從孫輩則有武
崇訓(三思長子，尙中宗與韋后女安樂公主，二人從表兄妹)、武延秀(承
嗣幼子，安樂公主改嫁之)、武延基(承嗣長子，尙中宗永泰公主)、武延暉
(承業長子，尙中宗新都公主)。安樂公主與武延秀私通，後改嫁之，爲中宗復
位後之事。肯定在則天朝已結婚姻者僅武攸暨、武延基二人，至於武延暉、
武崇訓二人則不詳。李氏子弟娶武氏女者亦不詳，僅知唐玄宗娶武攸止之女
在則天以後，此卽著名的武惠妃。韋氏似除韋后之外，則天朝殆無與李、武
兩家通婚者。至於睿宗家屬，當時似無與武氏通婚者，睿宗、玄宗父子剷除
諸武集團，疑與此有關。

⑯　這段事件及對話，他書多有記載，今據《通鑑》卷二○六，則天后久視元年
正月，頁六五四四～六五四五。

⑰　蘇安恒是一個冀州寒素讀書人，他前後所上之疏，包括本節後段攻擊張易之
的言論，均詳載於《舊本傳》第一三七卷上，頁一○～一二。本段引文，僅
依《通鑑》節引其重點，見卷二○七，長安元年八月丙寅及二年五月壬寅，
頁六五五六及六五五九。

⑱　是年宰相共有十四人，親附張氏兄弟者爲李嶠、楊再思、李迥秀、韋承慶、
蘇味道、房融六人。截至十二月爲止，仍任宰相者爲納言韋安石、御史大夫

守內史楊再思、鸞臺侍郎同平章事崔玄暐、秋官侍郎同平章事張柬之、正諫大夫同平章事房融、天官侍郎同平章事韋承慶，另外二相姚元之（崇）及唐休璟，則出使在外，共八相。

⑨ 羣臣表詳《通鑑》是日，第二〇八卷，頁六五九〇。中宗答辭詳《舊武承嗣傳》第一三三卷，頁六～七，羣臣之表亦見此傳，今因《通鑑》而節錄其意。

⑩ 唐休璟在神龍二年致仕，《舊本傳》誤作景龍二年，今據《新宰相世系表》更正。《新本傳》蓋據《舊本傳》，亦誤。詳《舊本傳》第四三卷，頁二～四，《新本傳》第三六卷，頁一一～一二。中宗復位，任用舊僚爲相，此即唐休璟、韋安石、楊再思、魏元忠、李懷遠、崔玄暐、祝欽明七人。楊再思爲控鶴、奉宸集團的人，崔玄暐則爲兵變領袖之一，如此權力安排，似亦爲政爭的因素。

⑪ 本表依據《新宰相世系表》及＜唐將相表＞而製。列入調查的宰相僅以中宗復位至被殺時爲止，其第一次即位及被弒後的人事變動皆不計入本表。又韋武集團覆沒後，黨羽多靠附太平公主，今將其人仍然列屬韋武集團。一個宰相可能扮演多個角色，他一方面可能親附韋武，一方面亦可能親附太平公主，所以本表總計項的數目未必與調查分類各項的總和相同，由此亦可以看出當時政情的複雜，今將依各項先後開出其名單如下：

A：安國相王（即睿宗）、張柬之、姚崇、敬暉、桓彥範、崔玄暐、袁恕己。

B：唐休璟、楊再思、崔玄暐、豆盧欽望、魏元忠、韋安石、李懷遠、祝欽明。

C：唐休璟、楊再思、崔玄暐、張柬之、姚崇、武三思、豆盧欽望、魏元忠、韋安石、李懷遠、韋巨源、房融、韋承慶、李嶠、宗楚客、韋嗣立、張錫。

D：武三思、楊再思、祝欽明、韋巨源、韋承慶、李嶠、紀處訥、宗楚客、蕭至忠、韋嗣立、韋溫、鄭愔、崔湜、張嘉福、張錫、裴談。

E：唐休璟、趙彥昭、崔湜。

F：韋巨源、岑義。

G：安國相王。

　　H: 安國相王、敬暉、桓彥範、袁恕己、祝欽明、蘇瓌、于惟謙、紀處訥、
　　　蕭至忠、張仁愿、韋溫、趙彥昭、鄭愔、崔湜、裴談、岑羲、張嘉福。

⑩ 根據《通鑑》、〈兩本紀〉、〈兩韋后傳〉等記載，韋后追王其父韋玄貞及
與中宗共同臨朝，乃是神龍元年二月之事，這兩種措施皆為武后竊政初期的
措施。是年五月，上官昭容勸韋后效法則天故事，上表請士庶為母服三年之
喪，將役齡縮減為二十三至五十九歲，並改易制度，以收時望，皆為中宗所
允許。是則韋后實行竊政開始甚早。以後她利用各種措施，拔用親黨，樹立
權威，甚至在景龍元年八月，夫婦同受尊號為「應天神龍皇帝」及「順天翊
聖皇后」等，皆完全襲取武后的故事。因此可推斷韋后志向與武三思不同，
復辟羣臣不公開反對她，她亦無擴大打擊面以樹立仇敵，使計劃進行遭受節
外生枝之虞。

⑩ 《舊懿德太子重潤傳》及〈庶人重福傳〉第三六卷，頁七～九。

⑩ 當兵變發生時部分禁軍在右羽林大將軍劉景仁率領下反兵變，與張柬之等事
先安插人事控制左右羽林軍的情形不同。而且原控鶴、奉宸集團，當時成為
韋武集團的宰相楊再思與李嶠、武三思派系心腹兵部尚書宗楚客、左衞將軍
紀處訥等迅速調兵防禦，因而兵變失敗。當時韋、武二系尚稱團結，武三思
系以兵尚宗楚客、將作大匠宗晉卿、太府卿紀處訥、鴻臚卿甘元柬最為中
堅，而御史中丞周利用、侍御史冉祖雍、太僕丞李俊、光祿丞宋之遜、監察
御史姚紹之為三思系統的五狗，他們執行打擊反對派的任務，對朝臣監視頗
嚴，可能為太子不敢廣結志士的原因。詳《通鑑》卷二○八，中宗神龍二年
七月，頁六六○六；及卷二○八，景龍元年七月，頁六六一一～六六一三。

⑩ 武三思父子被殺後，韋武集團欲整肅敵對或政府要人，因中宗沒有此心意，
自不能透過勅旨派遣親黨主持整肅，因而由右御史臺大夫蘇珦依照正式途徑
主持偵審太子之獄。太子親黨拘為囚徒，有密引相王，蘇珦為之申理，中宗
亦不追究。但安樂公主及兵尚宗楚客日夜謀譖相王，三思系統的「五狗」之一
侍御史冉祖雍奉命誣奏相王及太平公主與太子通謀，請付制獄，幸得羣臣力
諫而相王又謙恭寬厚，安恬好讓，弟妹二人乃免於禍。魏元忠以右僕射、中
書令最為中宗敬重，但武三思在中宗復位初期已利用籠絡手段瓦解了他的敵
意。在兵變之前，元忠雖憤恨三思擅權，但對韋后則無反對之意，而頗有苟
且屈服的傾向。其子被逼參與太子兵變，他力圖脫禍，但三思系統並不罷

休，堅持整肅他。中宗無力保護，因而一貶再貶，卒於貶道之中。整個事件《通鑑》有綜合敍述，詳卷二〇八，中宗景龍元年六月至九月，頁六六一一～六六一七。

⑩ 武三思語見《通鑑》卷二〇八，中宗神龍二年七月，頁六六〇四一六六〇六，崔湜事亦詳此，且又可詳《舊崔仁師傳》第二四卷，頁八～一二。

⑩ 高宗原有四女，義陽、高安兩公主乃蕭淑妃所生；太平公主同母姊爲武后所殺，用以誣告王皇后。中宗有八個女兒，下降武氏子弟的有新都、永泰、安樂三公主，下降韋氏子弟的有定安、永壽、成安三公主。八位公主中，爲韋后所生的有長寧公主、永泰公主及安樂公主。永泰公主爲張易之讒殺，故韋后所生僅剩二公主。高宗、中宗諸公主在神龍二年正月皆奉制開府置官屬，儀制最盛的依次爲太平、安樂、長寧及其他公主，她們各擅威福，不可一世。太平公主因身分特殊，安樂公主因中宗夫婦被貶時所生，最爲疼愛，故二主聲勢最大。詳《唐會要》卷六〈公主〉，頁六四。《舊武攸暨傳、太平公主附》第一三三卷，頁一〇～一二，《舊武延秀傳、安樂公主附》第一三三卷，頁八一九。《新高宗三女傳》及〈中宗八女傳〉第八卷，頁五～八。《册府元龜・宰輔部・樹黨類》（臺北，清華書局，景宋本，一九六七）特別指出宗、紀二人雖跡附韋氏但實共爲朋黨，詳第三三七卷，頁二九〇。

⑩ 武平一原名甄，爲千牛大將軍潁川王載德的長子，與延秀同輩。當時爲修文館直學士、起居舍人，其事詳《通鑑》卷二〇九，景龍二年十月己酉，及三年十一月癸亥，頁六六二五及六六三七，《新武平一傳》第四四卷，頁一～二。

⑩ 當時宰相左僕射韋巨源與韋后敍親戚；右僕射蘇瓌態度不明，起碼不敢對韋武。侍中韋安石爲巨源親戚，態度較爲耿直，但韋后蓋亦視他爲親戚，故安石對之亦無強烈敵意；紀處訥則爲武三思姻戚，三思系統的中堅。中書令李嶠原爲控鶴、奉宸集團人物，依附韋武，亦與上官昭容有關係；宗楚客則爲三思系統意志堅強的領袖，其他宰相韋嗣立、韋溫皆韋后親戚；唐休璟，因賀婁氏而相；趙彥昭因安樂公主及韋后所信的女巫趙五娘而晉，爲韋武集團的外圍人物。僅有張仁愿以大將拜相，不常過問政治，至於在景龍三年中已貶或卒的宰相崔湜、鄭愔、楊再思皆韋武集團之反覆人物，非忠君體國的人。因於《舊蕭至忠傳》謂景龍中以後，宗、紀兩相內懷姦計，「自樹朋黨」，

韋巨源、楊再思、李嶠等皆「唯諾自全，無所匡正」，僅至忠「頗存正道」，使中宗感動說：「諸宰相中，至忠最憐我！」第四二卷，頁一六～一七。

⑩ 高宗時吐蕃請求將太平公主下嫁，武后不欲公主遠離而居夷狄，乃急爲公主擇婿，嫁給薛紹，薛紹在垂拱中被誣與諸王謀反而下獄死。武后乃私殺武攸暨之妻，而令攸暨尚太平公主。公主爲薛氏生二男二女，爲武氏生二男一女，中宗朝皆食封邑。其中三子皆參與此次兵變而封異姓王。詳《舊武攸暨傳》第一三三卷，頁一〇～一二；《新太平公主傳》第六卷，頁五～七。

⑪ 斜封官在景雲元年八月罷停，翌年二月恢復。其間攻擊姚、宋此政策的有殿中侍御史崔蒞、太子中允薛昭素等，不知是否太平集團分子。詳《通鑑》卷二一〇，上述兩年月，頁六六五五及六六六三。

⑫ 這次兵變的主角是原屬酷吏集團來俊臣系統；俊臣伏誅，附爲控鶴、奉宸集團張易之系統；易之伏誅，成爲諸武集團武三思系統的謀主；三思被殺，轉附韋武集團韋后系統的鄭愔所唆使爆發。鄭愔在中宗末坐受賕而銓衡失序，罷免宰相，貶爲江州司馬。他潛過均州，竟教唆刺史譙王李重福（中宗次子）舉兵誅韋后，行動未發而韋后事敗，鄭愔又勸重福以中宗最長子身分佔領洛陽舉兵。重福遂自立爲皇帝，追尊睿宗爲「皇季叔」，其弟溫王爲「皇太弟」，以鄭愔等分爲丞相以下官，進襲洛陽。幸被討平。事件始末可參《通鑑》卷二〇九，睿宗景雲元年七月至八月，頁六六五三，及卷二一〇，頁六六五五。

⑬ 名單據《新宰相世系表》，其中宋王李成器曾任左僕射，爲玄宗長兄，但未掛同三品，依當時制度已不是宰相，故不入計，又睿宗復位的下半年，宰相遷免頻繁，可詳原表。

⑭ 當時李隆基長兄宋王成器掌禁軍，高宗長孫，故太子李賢的長子邠王守禮亦在首都有職任，依法依情，此二人皆擁有繼承皇位的優先權，太平集團亦以此爲交構的理由。

⑮ 當時太平公主外放在蒲州，未召還首都。會議時，太平集團的分子殿中侍御史和逢堯以睿宗春秋未高爲由，諫止此事。逢堯爲詼詭偏激的人，則天時他以平民身分詣鼎詣闕求用，結果被大臣責讓，流莊州十餘年。後以進士高第而出身任官，睿宗時親附太平公主。詳《新趙彥昭（和逢堯附）傳》第四八卷，頁七。《通鑑》卷二一〇，景雲二年四月甲申，頁六六六四。

⑯ 辛替否是復辟派人物，也是抗拒太平集團的人，其疏詳新、舊兩本傳，今節錄《通鑑》之文。參《通鑑》卷二一○，景雲二年十月，頁六六六八～六六六九。《舊傳》第五一卷，頁一三～一七。《新傳》第四三卷，頁一○～一二。

⑰ 例如第一次策劃武力清除太平集團的玄宗親信宰相劉幽求，在太平覆敗後重新入相，擔任左僕射同三品，同年底更兼任侍中，姚崇入相，掌握權力，將他罷爲太子少保。張說協助玄宗策定武力清除太平集團而入相，爲檢校中書令，他欲阻止姚崇入相，指使御史大夫趙彥昭（原韋武集團、太平集團）彈劾姚崇，及至姚崇入相，二人皆先後解職貶黜。此外，玄宗親信有功的京兆尹崔日知坐罪貶爲縣丞，權勢寵冠一時的姜皎放歸田園，王琚、王毛仲、鍾紹京等亦遭壓抑。

⑱ 吳兢爲著名史家，與劉知幾爲同僚。宰相朱敬則推薦其才而入直史館，此時爲右補闕。此疏《舊本傳》不載，《通鑑》及《新本傳》各節錄不全，今據《通鑑》之文，詳見卷二○八，中宗景龍元年八月，頁六六一四。

第二章　隋朝唐初中央政府的重建及其危機

第一節　隋代中央組織的演進及權力的分配

一、中央政府重建的原則

隋唐制度的淵源有三個系統，這三個系統大體皆承襲漢魏制度而各有演變，魏晉南北朝各政權，各處於時空不同、形勢有異的局面，勢須因襲之餘，另作因應改革，是非常合理的。晉宋齊一系，至梁朝因「土斷」措施等江南本位化政策，不得不對以前制度頗事更張。鮮卑諸胡盤踞中原，欲長居久安與南朝競爭，必須移治洛陽，實行以洛陽為中心，兼擷漢魏、胡俗制度，推行漢化政策，其更張亦可視為一種本位觀念的更化。及至北魏分裂，宇文氏以長安別樹異幟，棄漢魏而遵周官，此卽陳寅恪先生所稱的「關中本位政策」，可視為孝文帝洛陽本位政策的別出。上述三個系統，事實上兼為隋唐律令政制所本，不過在取捨之間，以洛陽本位化的制度為主，亦卽北魏、東魏、北齊一系的制度。

兩晉以降，尚書、中書、門下三省迭起掌大政，逐漸由宮廷組織，轉變為政府機關❶，與原本地位為公及從公級的單位，產生了複雜的關係。然而公級單位如三師、三公、丞相、大將軍等，自魏晉以降，其權力組織普遍傾向特殊化，反而在政府體制上不如三省正式。卽以三公而論，三公分統九卿的制度至此已成虛制，原則上三公已無國務決策權，

行政督導權亦被剝奪，變成「坐而論道」的最高級官職，但體制上仍屬職事官系統，一旦由權臣強人任之，則可發揮無比的作用。試以隋唐開國君主爲例，隋文帝曾任北周「假黃鉞、左大丞相」，「大丞相、都督內外諸軍事、大冢宰」，「相國、隋王」，並以相府官僚系統接管北周政權。唐高祖亦在恭帝朝廷爲「假黃鉞、使持節、大都督內外諸軍事、大丞相、唐王」與「相國、唐王」，終以丞相府官僚系統篡政，與其姨父楊堅同出一轍。三省在此類強公之下始無可作爲，否則在政府體系中常居於活躍顯要的地位。

漢魏制度宰相必須爲政府體系中最高品秩的職事官，如相國、丞相、司徒、司馬、司空；若非最高品秩的職事官，在體制上固不視爲眞宰相。例如漢魏恒以品秩地位與三公相同，甚至超過之的太傅、大將軍等官領錄尚書事，原則上僅可視爲非正式的宰相。他們可以透過領、錄、平尚書事的授權，切實指揮行政系統，但卻無統率百官之權。秦朝及西漢前期丞相制，丞相得統率及指揮百官，及至西漢晚期至魏晉，三公制代興，三公分統九卿，而行政權則逐漸爲尚書臺掠奪，但三公仍爲宰相之官，可無疑惑。例如漢靈帝光和四年（一八一）八月丁丑詔說：「尚書令忠下太常，太常耽、（太常）丞敏下常山相。」❷根據此行政系統及當時三公統九卿之制，可以勾繪出當時的政府組織可能如圖三。

根據圖三，可知魏晉以降，不論三省如何權重，論其性質僅爲皇帝的機要秘書機關，固未爲正式宰相機關。即使尚書臺自東漢已成中央行政中樞，若就政府體制而言，其地位尚與統率百僚的三公有一段差距，所以權臣當國，勢必假相國、丞相或三公之官以收統率之效，強制百官「總己以聽」，行使統率指揮之權。

魏晉以降，尚書臺已逐漸轉化爲外臺，與中書、門下兩機關的宮廷性質頗有差異。尚書臺轉化爲外臺，取代三公而成爲宰相機關的過程是緩慢的，中央政府組織處於這種環境，加上更有其他新機關、新編制的

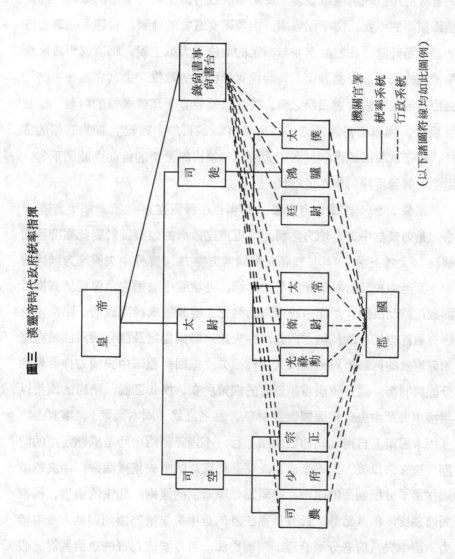

圖三　漢靈帝時代政府統率指揮

出現，遂使中央政府產生紊亂現象。而且君權在這個時代普遍低落，中央官職常用以酬庸權臣強藩，於是整個政府體制頗有解體的傾向；卽使活躍顯要的中書、門下兩機關，由於帶有宮官的性質，也經常隨著君權的盛衰而升降，在制度上並無固定的地位。大抵上說，隋唐成爲政府決策機關的三省，在魏晉南北朝時代實無穩定的地位，尤其在皇帝失勢、強臣政治或軍國危機出現之時，往往成爲他官干預或兼領的對象。以東晉爲例，揚州都督兼刺史、錄尚書事，或再加中書監，卽爲宰相的常任，皇帝欲收回或牽制旣失的大權，勢須倚靠更新的侍從機關門下省。這是一個制度隨時變革的時代。

都督、刺史皆爲地方官職，卻可以平錄尚書事，或兼領中書監、令，是則幾無中央、地方之別。隋唐重建政府的政策卽針對此類問題而解決。大體上說，其目標朝向削弱地方勢力，釐分中央與地方職權著手。及至中央政府脫離地方勢力影響，乃增強中央權力，俾能切實推行國政，控制藩鎭。然而中央權力的強化亦容易造成權臣政治，隋文帝及唐高祖皆有切身的經驗。因此，中央政府職權穩定及強化後，卽須考慮如何有效的抑制公府儀制及其特殊權力；進而對整個中央權力作合理的分配與制衡，這是隋唐重建政府的國策所在。換句話說，隋唐的國策以集權中央及中央分權而制衡爲中心，姑名之爲「固本國策」。事實上，「固本國策」自南北朝卽已醞釀進行，不過降至隋唐乃是成熟定型的時期；唐玄宗以後，又逐漸破壞，朝著更廣泛的中央集權演進，中央組織則捨棄了分權制衡的原則，轉變爲分職牽制的原則，北宋的中書、樞密對峙制度，卽其結晶。此外極需注意的是中央集權勢須削弱地方政府權力，而中央政府若分權合理，制衡得法，可以造成良好的政治基礎。假若中央分權失宜，制衡失效，輕者可以造成權相局面，重者可以變爲君主專制，兩者皆對國家安全具有惡劣影響。這種政治現象在第一章已略有敍述，武則天不經中書、門下而逕自下制，此卽君主專制的現象；裴

炎、李昭德、李林甫、楊國忠等行爲，即屬權相政治。安史之亂乃「固本國策」破壞的象徵，地方割據日益嚴重，擾攘至北宋，乃大加矯正，是則宋代君權之大，固亦可由此背景推知。

　　隋文帝以相國身分篡政，相府僚佐順利接替北周政府，對於制度的根本弊病自然深切瞭解。他篡政之時，效忠周室的藩鎮公開聲討其罪，並以武力作爲反對的後盾。因此即位以後，逐漸根據「固本國策」擬定國家戰略，並依照國家戰略構想改革府兵制。軍事制度的改革成功，使隋朝成功的跨出重建政府的第一步 —— 削弱地方武力體系以集權中央。關於軍事制度，容後章詳述。藩鎮割據須先有武力支持，然後才敢侵噬地方財政權及國家人事行政權，形成藩鎮體制。一旦武力瓦解，此兩權即可不用兵刃收歸中央。魏晉以降容易成爲特殊權力組織的公府，隋文帝使之固定爲虛位最高職事官，不但剝奪了其辟署權，使國家人事行政一律統由尚書省吏部辦理；甚至裁撤其幕僚組織，使之成爲純粹的閒曹孤官，在政府建制中不能自成體系。這兩項措施，皆是建設新政府的先決步驟。

　　隋唐政府組織有職事、散階、勳品等系統，本文所欲詳者僅爲職事系統。隋唐根據開皇律令、大業律令及武德律令，職事系統雖屢有改革，但沿襲痕跡可循。茲據三種律令所發表的中央職事官體系作成表一四，以備詳檢。

表一四　隋朝唐初中央職事官體系沿革❸

分類	開　　皇	大　　　業	武　　　德
師	太師、太傅、太保	廢	無
公	太尉、司徒、司空	同左	同左

省	尙書、門下、內史、秘書、內侍	尙書、門下、內史、秘書、殿內	尙書、門下、中書、秘書、殿中、內侍
臺	御史、都水	御史、謁者、司隸	御史
監	無	長秋（卽開皇的內侍省）、國子、將作、少府、都水	將作、國子（學）
寺	太常、光祿、衞尉、宗正、太僕、大理、鴻臚、司農、太府、國子、將作	太常、光祿、衞尉、宗正、太僕、大理、鴻臚、司農、太府	同左
衞	無	翊（原左右衞府）、騎（原左右備身府）武、屯（原左右領軍府）、禦（原無此建制），候（原左右武候府），各分左右、共十二衞	衞、驍、領軍、武候、屯、領，各分左右，共十二衞
府	左右衞、武衞、武候、領、監門、領軍府，共十二府	左右備身及監門四府	左右監門、千牛。（監門常與十二衞同列）

　　開皇三師三公五省二臺十一寺十二府，就官品看，省級以下單位絕非政府一級單位，十二府禁衞部隊亦不屬行政機關統率。但若從行政系統及職權分配上看，師公官署實可摒棄於行政職事之外，而以尙書、門下、內史（中書）爲一級權力組織，十二府亦須受其行政督導，成爲下級機關。隋文帝將宰相品秩降低，又將相權劃分爲三個機關所共掌，皆以固本國策爲設計原則，防止權臣專權，而又可以減少政令錯誤的機會，基於歷史的背景，基於時代的需要，所以能開創一代大典。

　　開皇行政法令是不斷修改的，所以政府結構也隨時改變。政府結構改變有一定的途徑，就決策系統的三省而言，修改的方向是本著分權制衡而演進，審讀《隋書》列傳，有不少事例與此原則相違背，但隋朝政制朝此方向實踐則應無可置疑。至於其他各種機關，其改進目標似乎有

兩原則，此即有用與有效，當時的術語稱爲「設官分職」。前代機關龐雜，隋朝勢須精簡機關，保留最有用的而淘汰其駢冗。政府編組精簡，爲減輕負擔的最佳措施，而且又是追求效率的先決條件。因此終隋一代，政府各機關不斷在合併、裁汰的整合過程中，官員編制亦如此。國家人事行政權收歸中央，人才的選拔頗以才幹爲標準，人事原則的確立，完全以配合「設官分職」，建立效能政府爲鵠的。從制度上探討著名的「開皇之治」，甚至「貞觀之治」，必能解開何以達成大治的因素。事實上，成就「貞觀之治」的羣臣，幾乎皆曾在隋朝任官，嚴格來說，他們皆是開皇制度下提拔、學習的一羣，「貞觀之治」頗可象徵「開皇之治」的延續或重建。

假若採用專有名詞以表示開皇制度的特色，則開皇政制實可稱爲三省制，這也是隋唐兩代的典型。文帝創制的偉大之處，在確定尚書、門下、中書三省爲共同決策機關，消滅了前代三省權限不清，糾紛屢作的現象。三省共同擁有一個宰相權，宰相在制度上「事無不總」，然而三省分權卻不以職事爲準而以權力行使程序爲本。東漢的三公制，兩宋的二府制，皆將相權依職事割分，宰相遂不能統籌全局，因此太傅錄尚書事或宋代的同平章事兼知樞密院事，皆爲補救的辦法，而非正常的制度。文帝君臣當然瞭解丞相獨相制或三公分職制所產生的流弊，乃毅然將一個相權分配給三個機關，成爲出令―審駁―施行三個程序，以分配給中書、門下、尚書三省。出令―審駁―施行爲下行程序，反過來尚書省將政務提請施行，交由門下審駁定議，然後移給中書省勘議出令，則爲上行程序。在這樣的制度下，政策錯誤的機會比較少；若非皇帝特別授以「專掌朝政」，或命令其中一省長官兼任另一省長官，則宰相專擅的局面絕不會出現。文帝制定的制度以分權別職爲主，重分不重合，此與貞觀以後利用「政事堂」會議，改變宰相制度爲分中求合的精神意義迥然不同。正常情況下出現權相，貞觀以後屢見，隋代則非上述兩種情

況出現，絕少發生專擅的弊病，此亦爲隋型三省制與唐型三省制差異之處。

從整個政府體制看，三省爲決策機關，其中之尚書省又兼爲行政設計機關，臺、寺等中央機關顯然是執行尚書省所頒政令的實作機關。政府結構由決策─設計─實作三個系統結合而成，這是隋唐行政體系中的三聯制，由三省領導，尚書省爲中樞，臺、寺等機關切實執行。

漢代的九卿位居中二千石，爲朝廷大臣。開皇制度則以太常至太府爲九寺，品秩正三品，與六部尚書相同。國子寺長官國子祭酒及將作寺長官將作大匠則位居從三品，體制上與京兆尹及上州刺史同級。從三品以上官，隋唐制度已爲朝廷大臣，當時風氣輕視地方高級行政長官，大家都希望躋身朝廷，而以三品大臣爲鵠的。因爲地方長官直接晉升宰相的機會遠遜於中央官，中央官易於培養清望，卽使不能迅速拜相，但親近或接觸權力的機會則甚多，對仕宦前程影響大，這種風氣一直降至中唐才告改變。臺、寺機關在制度上爲實作系統，儘管組織龐大，卻遠離中央權力的核心，與六部尚書的權勢相較則遠遜難匹。因此本文討論中央權力，多集中焦點於中央決策系統與行政設計系統，至於實作系統則非有必要，姑從省略。

二、最高行政部門的改革及其危機

中央權力機關，自隋文帝以後至唐高宗，最重要的是尚書省。漢魏以來,尚書省卽「事無不總」，而尚書令、僕及諸曹尚書，權勢最隆，合稱「八座」，爲百官師長。隋唐建制，中央職事機關，除虛位的師公官署之外，已無可與尚書省匹敵的機關。尚書省爲一個整體，爲國家政本之地，六曹尚書儘管活躍勢隆，就制度視之，不過爲尚書都省的直屬輔助機關，不能脫離尚書省而如臺、寺機關一樣獨立。治史者常狃於一句政治術語，此卽中書出旨，門下審駁，尚書「奉行」。尚書「奉行」

大政，意味尚書已排斥於決策系統之外，這是唐中宗以後的制度，正是開元政制的典型，隋朝唐初並不如此。實際上政府所有機關的政事公文，一切須申報尚書省裁決，其行動依法須受尚書省指揮督導。文帝末年由於猜忌左僕射楊素，特勅他「三五日一度向省評論大事」❹，限制他行使總理權。所謂「評論」，卽唐朝的所謂「平章」，是指評議討論的意思。「評論大事」卽唐朝的「平章軍國重事」，意謂平常政事卽不需平章，這是一種限制或優禮宰相的方式，隋唐兩代皆相同。兩宋則用以處重臣或權臣，意義相反。文帝特勅楊素「三五日一度向省評論大事」，亦卽不許他每日到尚書省處理公務，卽使赴省之日，亦不許處理平常公務。奪權之甚，莫過於此。再深入研究此勅令，「向省評論大事」顯示尚書省有舉行政務會議及裁決政務的權力，這種情形自漢魏以來卽逐漸形成。隋文帝廢除「錄尚書事」之職，而且一生沒有除授尚書令，因此尚書省首長最整齊時，不過僅有左、右兩僕射及六曹尚書，雖然仍湊足「八座」之數，但卻是違法的。尚書令爲正二品宰相，位高勢逼，雄猜如隋文帝，不願眞正用以除人。尚書令名存實亡，故需增加一僕射，以維持「八座」之制，無形中左、右僕射在實際政制中成爲尚書省的長官。兩僕射在開皇三年（五八三）四月以前，聯合主持尚書省政務，在制度上由尚書省副長官成爲非正式的宰相，品秩爲從二品。三省長官共爲宰相的制度，至此乃得維持。整個行政系統原則上爲中書出令 門下審駁，尚書遂依照詔敕的方針設計各種命令，頒下有關機關執行。反過來上行系統則是百司公事匯集尚書省，尚書都省將之分類而送交六曹尚書判示裁決，然後取得「都省」同意，或「都省」逕自向皇帝行使提請權，透過門下省參加意見後奏呈皇帝或逕移交中書省出旨。因此「尚書八座」並非處處居於遵旨奉行的地位，很多政策常先由尚書省決定，然後移交兩省依照法定程序正式頒發制詔而已。兩僕射既有如此權力，因此隋朝唐初，任僕射者皆爲諸相中最有聲望才幹，及最受君主親信敬重的人，

與開元以後僕射即使加同三品，亦未必爲最有權威的宰相，情況迥異。

隋唐尚書省內部組織基本上劃分爲都省－部－司三級體系。都省爲長官辦公、事無不總的機關，部曹則爲協助長官分行各類政事的高級輔助機關，司則爲構成部曹的基本單位，尚書省長官的幕僚機關則有左、右兩丞。開皇三年以前，兩僕射聯合主持省務，當時的組織如圖四所示。

開皇三年以後，尚書省不斷改革，至煬帝大業三年（六〇七）頒定新律令，尚書省乃奠定了基本的形式，茲將其組織圖繪如圖五。

在尚書省改革過程中，僕射、尚書的地位不受影響，但原本爲司長的三十六員侍郎則裁減員額，並升爲副部長，每部各一員。原本每司副司長員外郎一員，至此取消，改以「郎」爲二十四司司長，每司兩員；尋又裁爲每司一員，另外以承務郎爲副司長，亦每司一員。至此部、司兩級單位皆以長官及副長官各一員成爲固定編制。最值得注意的是隋制重分不重合，開皇三年（五八三）詔令左僕射掌判吏、禮、兵三尚書事及獲得對御史臺彈糾之權；右僕射掌判都官（刑）、度支（民）、工部三尚書事及本省總務處理權，自此尚書省政務頗有分裂之勢。分職而非分權，對僕射行使「事無不總」的相權實有甚大妨礙，何況某些事情並不單純到僅歸任何一部或任何一僕射的裁決即可解決，這種情況下只有兩種主要解決的途徑，一是頻繁的召開都堂會議，共謀解決；一爲由皇帝行使特別授權，指定某一僕射「專掌朝政」，以補救寡頭之憾。隋朝名相高熲、楊素等，皆曾以僕射「專掌朝政」，背景即在此。

僕、尚以「八座」合稱，六部實爲國家分類行政的標準，政府機關的裁省與否，端視其業務是否與六部二十四司密切配合而定。開皇三年，文帝一度省廢臺、寺機關及其直屬單位，即以六部二十四司爲存廢標準。當他計劃裁撤大理寺時，「散騎侍郎，奏內史侍郎事」盧思道力加反對，指出尚書省有駕部司，所以十一寺中保留了太僕寺；但尚書省

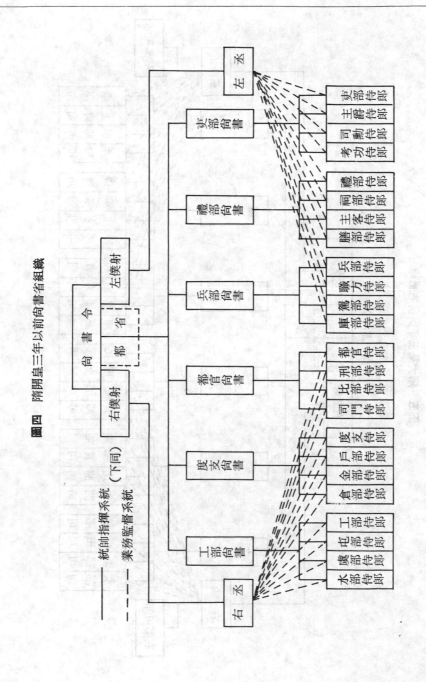

圖四　隋開皇三年以前尚書省組織

—— 統帥指揮系統（下同）

---- 業務監督系統

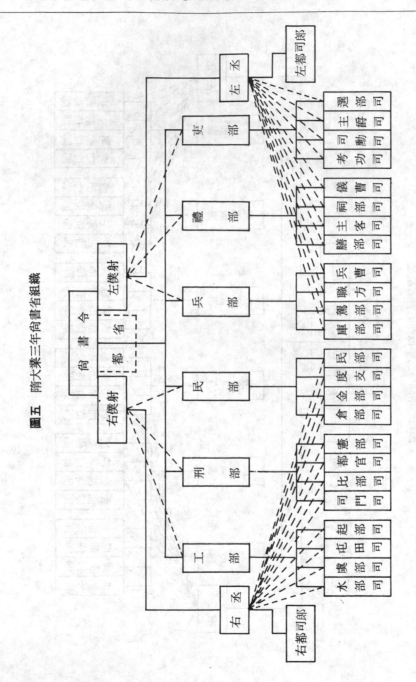

圖五　隋大業三年尚書省組織

有刑部司，裁撤大理寺，無異是重畜產而賤司法，於理不合。其意見爲文帝採納，保留了大理寺，而削減了大理寺監、評及律博士等編制。自後約十年之間，中央實作系統僅剩太常、宗正、太僕、大理、司農、太府、將作七寺，與六部保持政令關係❻。六部爲政務機關，職權重，責任大。六部尚書雖在建制上隸屬於尚書省，但「八座」同爲政務官，在制度上尚書須接受僕射的督導指揮，但在設計施行政務時則在某種程度得自行負擔行政責任。遇到後臺強硬的尚書，僕射有時也不能對之發揮督導功能。例如隋初納言（侍中）柳機之子柳述，是文帝最喜愛的女婿，開皇末以開府儀同三司、攝黃門侍郎奉詔往判尚書省吏部尚書事，爲吏部代理首長。左僕射楊素權重勢大，百官皆不敢得罪違忤。某次柳述判決吏部公文後，申報都省，意見與楊素不合。楊素遣人將公文飭還吏部，訓令柳述修改。柳述竟然命令來使轉告楊素，說:「語僕射，道尚書不肯！」❼此事件詳情不可知，就事而論則有兩種可能的解釋：一是吏部首長柳述恃勢公然抗衡長官命令，屬於違法行爲。一是柳述依法執行其職權，而爲長官所干預，他在合法情況下，拒絕接受長官的干預。從此事不了了之的情況看來，極可能屬於後一種情形，亦即六部首長各在某種程度下，擁有裁決政事，爲僕射所不能干預的權力。當然，其行政責任應由尚書負責。隋、唐兩代皆有兩僕射均不除人的時期，在缺乏長官領導之下，六部自然處於寡頭狀態而自行裁決本部政務。這種情況經常發生，必會造成尚書省地位的損害，全般政務的處理裁決，勢將轉移於門下及中書兩省，最後反將尚書省摒棄於決策系統之外，淪爲奉行設計的大本營。唐高宗以後，尚書省出現了此種趨勢，因而在中宗以後，尚書省不復爲宰相機關了。

三、出令、審駁系統的改革及三省關係

門下、中書兩省亦爲宰相機關，但非行政機關，與尚書省兼有兩者

的性質不同。即使納言（侍中）或內史令（中書令），雖爲正宰相，在制度上均無直接下令給六部或臺寺的權力，一切命令由上而下，均需依法移交尚書都省，然後由左右丞、左右都司等有關官員分類轉送六部有關部會施行。在行政體系中，其權力遠遜於尚書省長官，因此在品秩上亦較尚書令低二階，較僕射低一階，僅位正三品。甚至在隋朝班位中，亦居於同列正三品班的吏部尚書，太常、光祿、衞尉「三上卿」及太子三少之後。唐睿宗以前，門下、中書兩省長官仍居於吏部尚書之下。

　　兩省基於歷史因素，始終帶有皇帝機要秘書及侍從機關雙重性質，其長官所以能正式成爲宰相，與此有密切關係。開皇律令爲建立國家體制的重要基礎，其沿襲的主流爲北齊的律令制度。門下省在北齊爲最活躍的一省，長官稱爲侍中，有六員之多；副長官稱爲黃門侍郎，亦有六員編制。門下省直屬有左右、尚食、尚藥、主衣、齋帥、殿中六局，分掌宣傳、饌食、醫藥、服飾、陳設清潔及駕前引奏、襄贊禮儀等事務，侍從服務的性質甚濃厚。開皇時代，門下省的編組更形擴大，除了城門、尚食、尚藥、符璽、御府、殿內六局略有改變，職掌大致與北齊相同外，最重要的是其機要性質增強。文帝時門下長官改稱納言，員額減爲兩員；副長官改稱給事黃門侍郎，有四員的編制。其他重要屬官計有散騎常侍四員，通直散騎常侍四員，諫議大夫七員，散騎侍郎四員，員外散騎常侍六員，通直散騎侍郎四員，給事二十員，員外散騎侍郎二十員，奉朝請四十員。此皆北齊所無，而爲文帝增置的機要人員。上述六局以外的一百一十五員機要人員編制，其重要職責爲獻納意見，部從朝直；自給事以下的三類官員，更兼掌出使勞問之事。最堪注意的是保管皇帝印鑑的符璽局，撥隸門下長官統率指揮，顯示皇帝的詔勅勢須經由門下省的處理，然後才得合法頒下，成爲門下審駁權的重要權源。獻納權卽提出意見的權力，爲三省所共享有，審駁則爲門下省的特權，爲尚書、中書兩省所無，隋朝任納言的多爲尚書僕射兼任，或以重要性次於

僕射的人擔任。隋朝專任及兼任納言，計有高熲、蘇威、楊素、楊文思、楊達、楊爽、柳機七人，除了柳機個性謹愼畏罪，又有不肯參加擁戴楊堅受禪的背景存在，因而擔任納言時不獻可否、不理省務外，其他納言皆無職權受到限制的紀錄。本省旣爲機務機關，各種屬官依法皆有參與機務的職權，審駁權僅爲機務處理權的一種，本省副長官及某些屬官皆得行使，不過需得到納言的裁定，然後才可啓奏於皇帝。以副長官給事黃門侍郎爲例，隋朝有兩個稱職之例：柳莊原由給事黃門侍郎在西梁仕至鴻臚卿，開皇六年文帝吞併西梁，尋拜柳莊爲給事黃門侍郎。他明習法令，雅達政事，「凡所駁正，帝莫不稱善」，而且也爲納言蘇威所器重。柳機爲納言時，從弟柳雄亮同時爲給事黃門侍郎，「尚書省凡有奏事，雄亮多所駁正，深爲公卿所憚。」❽門下省一方面駁正中書省的詔勅，一方面又可駁正尚書省提請的政務裁決，顯示了審駁權在決策系統的重要性。

　　門下省另一特權是諫諍權。諫諍言行未必限於門下省才得舉行，但專門以諫諍爲職掌的諫議大夫，則僅有門下省有此編制。向皇帝提出諫諍，對羣臣而言可能是重大的事；對諫官而言則是理所當然而又尋常的事。例如文帝初任諫議大夫，後遷至給事黃門侍郎的劉行本，某次文帝發怒，欲在殿前笞打一郎官，侍從左右的劉行本請稍加寬貸，文帝拒絕不顧。劉行本於是上前正色行使諫諍權中的直諫權，他說：「陛下不以臣不肖，置臣左右。臣言若是，陛下安得不聽？臣言若非，當致之於理，以明國法，豈得輕臣而不顧也！」然後將朝笏放在地上，退下。文帝爲之斂容而謝，豁免所笞者❾。諫諍權的存在，是皇帝希望透過它而阻止自己的爲所欲爲，避免過失。諫諍權由宰相所控制領導，在制度上更具有讓宰相在某種程度上制衡君權的意義。任性的皇帝對羣臣的諫諍可以不聽，例如隋煬帝曾對祕書郎虞世南說：「我性不欲人諫，若位望通顯而來諫我，以求當世之名者，彌所不耐。至於鄙賤之士，雖少寬

假，然卒不置之於地，汝其知之。」❿但對於經常隨侍左右，合法行使
諫諍權的諫官，雖心感不耐，卻不能不聽。聽後不從，則常有第二、第
三次諫諍隨之而來。此正是大業律令廢除諫議大夫建制的原因。門下省
既是宰相機關，擁有獻納、審駁、諫諍之權，在制度上皇帝下行及尚書
省上行的公務，皆得受其審議牽制，即使司法問題亦需受其合法處理。
例如上述的給事黃門侍郎柳莊，某次尚書省判決某犯爲流刑，依法奏請
皇帝正式頒旨。案件經門下省通過而上行，不料文帝堅要改判爲大辟死
刑。柳莊拒絕文帝的判決，據理力爭，此行爲即屬於審駁及諫諍的行
爲。門下省利用此兩權過問司法，至唐代即演變成尚書省定讞，門下省
最後覆判的司法制度。於是皇帝立法，憲令著於官府，刑罰必於民心，
即使立法者亦不能隨意干預司法。傳統上皇帝得操生殺之柄，但隋唐間
除了煬帝及武則天等少數君主外，皇帝甚少在尚書定讞，門下覆判的合
法程序外隨意殺人，僅有牽涉敏感的政治性案件，皇帝才有機會操生殺
之柄，而且大體上仍然需經過正常審判或特別審判（制獄）的程序。門
下省權力之重，職務之廣，於此可見。

　　門下省體系在隋煬帝時代有巨大的改變。最重要的是將殿內、尚
食、尚藥、御府四局，改隸於新成立的殿內省，使門下省脫離皇帝服務
機關的性質。另外又將散騎常侍、諫議大夫等員額龐大的侍從官編制大
量裁汰，使門下省濃重的侍從性質大減。引駕、出使等官職事務皆移交
新成立的謁者臺，反而將尚書省的給事郎移隸門下，位次黃門侍郎，職
掌爲省讀奏案，爲後來唐朝給事中審讀奏議制度的開始。署押奏案權爲
門下省重要的權力，門下雖廢，但給事中署押制度，至明清仍沿用。至
此，門下省納言兩員，黃門侍郎兩員，給事郎四員，另統符璽、城門兩
局，成爲基本結構，宰相及機要機關的特色大增，侍從、勤務的性質幾
乎盡去。唐初名義上沿用開皇制度，就尚書、門下兩省而言，當以因襲
大業制度爲多。

　　中書省在北齊爲製作詔勑的秘書機關兼掌管音樂的文藝機關，長官爲中書監及中書令，副長官爲中書侍郎，直屬最重要的單位乃「舍人省」，此即唐代的「舍人院」。「舍人省」的職掌爲署勑行下及宣旨慰勞。開皇制度中書省的官稱沿襲北周，稱爲內史省，內史監、令各一員，侍郎四員；不久廢內史監而增置內史令一員，仍爲兩員長官的編制。以下有內史舍人八員掌理文翰制命，通事舍人二十四員掌宣傳制命，原來的音樂系統則告撤消改隸。因此內史省演變爲純粹的機要機關，較門下省爲早，內部組織亦遠較門下省爲小。大業三年（六〇七）更收縮編制，改定內史令、侍郎各兩員，舍人四員；通事舍人改稱通事謁者，改隸於謁者臺。另外增加新編制起居舍人兩員，專掌皇帝動靜生活的記注。中書省始終與門下省一樣，同爲皇帝的侍從機關，兩省官員皆爲供奉官，因此皆有獻納權。但中書省權力的特色則在製作詔勑的出令權。皇帝令令皆由此撰寫、副署，然後才得發出。中書省因有出令權，連帶內史令、侍郎及舍人皆有副署權，此與門下省納言、黃門侍郎及給事郎因具有審駁權而連帶擁有副署勑旨的權力相同。而且法令規定「常行詔勑，則用內史、門下印」❶，所以後來尚書省功能喪失，地位淪降，而此兩省仍然保持原狀，甚者權勢日隆。不論皇帝逕自交下的意旨也好，或是門下省移交來的尚書省決議案也好，均需內史令及侍郎撰成命令，內史舍人掌理重大制誥的機會較少，此與盛唐以後情況略異。依照制度，中書出令必須徵得門下審駁同意，是則中書省勢需受制於門下省。而且中書省若僅依照門下省經過審駁後移來的尚書省公文，毫無反對餘地的撰寫爲詔勑，則必定失去三省分權制衡的意義，甚至降爲門下省的附庸單位。另一方面，中書省若完全遵奉皇帝的意旨撰寫命令，則僅可視爲皇帝的秘書處，而不可視爲有權平決國政的宰相機關。如今諸政典對中書出令的權力皆記載不詳，容易使人連想到中書省若要牽制君主或門下省，只有出於拒絕出令此一消極之途。如此則三省共爲宰相，分權而制衡的制

度，顯然極不健全。這個死結在讀過《舊唐書・蕭瑀傳》後，始得豁然而解。蕭瑀爲蕭梁王室，武德時代內史令。唐高祖常有勅頒下，但中書省往往不依時宣行，高祖爲此責備蕭瑀。蕭瑀對於涉嫌違抗聖旨，遲滯公事另有解釋。他在隋煬帝時曾以帝之妻舅身分爲內史侍郎，煬帝並委以機務，後因屢次忤旨而左遷。他向高祖解釋說：「臣在大業之日，見內史宣勅，或前後相乖者，百司行之，不知何所承用。……臣在中書日久，備見其事。今皇基初構，事涉安危；遠方有疑，恐失機會。比每受一勅，臣必勘審，使與前勅不相乖背者，始敢宣行。遲晚之僭，實由於此。」⑫是則中書原本對任何命令方案，皆有預先審議之權，此卽勘旨權，遇有於事不合者，有權將之擱置，然後利用法定的獻納權向君主提出意見。預先審議權爲出令權的延續，兩者具有母權與子權的關係，當中書省合法行使母權時，子權亦屬合法，因此得以輔助君主，制衡尙書、門下兩省。當中書省不敢行使預先審議權之時，顯示制衡制度已經破壞，可能出現了威權政治或其他特殊情況。以隋朝爲例，歷任內史令或兼任內史令者計有虞慶則、李德林、趙昫、趙芬、楊素、楊約、元壽、蕭琮、楊廣（隋煬帝）、楊秀、楊昭、楊暕十二人。他們或者爲楊隋親戚，或者爲親信謀士，而位望則大體次於僕射及納言⑬。隋朝第一位專任內史令李德林，秀才出身，爲著名文士，亦爲文帝親信。他在北齊卽已入直中書省「參掌詔誥」，後來升至通直散騎侍郎，爲皇帝特令與中書侍郎宋士素、副侍中趙彥深「別典機密」，最後晉升爲中書侍郎，委以「內省文翰」及「別掌宣傳」。由於一直在中書省任官，而且擁戴楊堅，文帝卽位，乃正除爲內史令。當時有兩個原因使他不能舉職，一爲文帝的重要謀臣虞慶則爲「內史監兼吏部尙書」，李德林勢力位望皆不及他。一爲虞慶則建議屠殺北周宗室，李德林反對，違忤文帝心意而失寵，權力因而被剝奪。後來文帝因罪責備他說：「公爲內史，典朕機密，比不可豫計議者，以公不弘耳，寧知之乎！」德林乃因懼辭職⑭。

事實上隋初文帝最親信的功臣高熲以左僕射兼納言，虞慶則以內史監兼吏部尚書；不久趙煚以右僕射兼內史令，尋爲虞慶則所代。尚書省首長分兼門下、中書長官，分權制衡已不存在，李德林勢位皆遠下於高、虞二相，故不能舉職。煬帝卽位，前西梁皇帝蕭琮以今上妻舅而拜內史令，他懍於猜忌政治，而自身身分特殊，絕不視事履職，但退朝縱酒而已。楊素之弟楊約時亦爲內史令，煬帝命令他宣旨誡勵蕭琮，亦無效果。李、蕭二令，前者因三省制衡破壞而失職，後者因身分特殊而閉退。其後，猜忌之政大行，宰相多不除人，煬帝僅以親信文士虞世基爲內史侍郎「參掌朝政」，但也一直不正除爲內史令。「參掌朝政」乃特別授權，制度上絕非正宰相。虞世基以內史侍郎獲得參政授權，無異爲內史省實際主持人。當時國家已亂，日有表奏數百。煬帝欲謹愼思量對策，經常不在朝廷當廷決定，入閣之後，才召世基，口授節度。世基領旨回省，製成詔勑，絕不違背聖旨，無異放棄向皇帝行使中書省的合法權力。蕭瑀向唐高祖談到大業時期內史省唯諾奉行，正指此事。世基之弟虞世南當時亦在內史省任起居舍人，熟知其弊，因此後來曾以此告訴唐太宗，勸勉他努力，避免覆轍❺。

　　三省爲領導國政的機關，互相分權制衡。隋朝此制乃當時一流學者聯合研究出來的良法，若遇到三省宰相互兼或威權政治出現，則制度必告損害。隋朝僅在開皇前期因建國不久，國家仍處於危機狀態；稍後討陳，國家進入非常狀態，才持續地以僕射分兼兩省長官，使事權劃一。其後此種互兼現象卽不再出現。成造隋朝政治混亂而導致崩亡者，主因在文帝中業以後，猜忌大行，威權政治出現。當羣相向另一權相或君主威權俯首，不敢執行職權，正常行政及國家安全卽已受到破壞。當煬帝雄忌羣臣，宰相出缺不以除人，另外改派他官參政，則良法美意完全摧毀。政府最高權力系統已告摧毀，國家不混亂危亡者，實屬罕見。這是隋朝新政府危機所在，唐朝事實上在某種程度上步上隋朝覆轍。就政制

而論，唐朝能夠殘喘，與門下、中書兩省能夠保持職權有關，當勅旨不經鳳閣（中書）、鸞臺（門下）而能逕直行下之時，正是武后篡國之時，唐朝在此實際上已滅亡過一次。製定三省分權制衡的學者羣，最大的失策在三省各自堅持己見時，沒有設立適當的解決辦法，只好申訴於皇帝最後裁定，讓君主有獨裁的機會。更甚者君主意旨不當，三省若加否決，必因忤旨被貶，曾無適當的制度保護三省行使正當權力，以牽制君權。此則爲中國傳統政制危機所在，不僅三省制所獨有了。

第二節　唐武德體制及其危機

一、李唐政權及行政組織法令

李唐家族在西魏已顯赫，是屬於關隴地區的軍事閥閱之家。高祖於北周天和元年（五六六）生於長安，七歲卽襲唐國公封爵。十六歲那年，楊堅篡周，建立隋朝。由於他具有國公爵位，文帝又是其姨父，乃補爲「千牛備身」，成爲皇帝侍衞。文帝夫婦對此姨甥特見親愛，屢遷刺史、將軍。煬帝大業十三年（六一七）以五十二歲年紀授任太原留守，這年五月甲子，遂在太原起事。唐高祖起事的原因頗複雜，他是雄才大略的人，結納豪傑，素樹恩德，一度引起表弟隋煬帝的猜忌，險遭不測之禍，此事可能促成其日後的起事❶。換句話說，李唐太原起事與隋煬帝猜忌之政有關係，似是無可置疑之事；後來高祖、太宗父子努力自制，避免覆轍，欲開創君聖臣賢之局，應與此事的影響有密切關係。

唐高祖由起事至卽位開國，一直打著「匡復」的旗幟進行，此與隋文帝楊堅欺負孤兒寡婦，赤裸裸的暴露奪權行爲，多少稍有不同。唐高祖先打入關中以「匡復」王室，擁立隋恭帝以穩定關中情勢。及至隋煬帝在江都死於兵變，然後受禪開基，並好好安置隋室子孫，甚至楊隋宗

室楊恭仁、外戚蕭瑀，皆在建國兩年之內先後拜為納言及內史令。這種胸襟手段，顯然較隋文帝為高超。因此人情道理，責難於楊隋開國者多，責難於李唐者少，而李唐開國二主，亦得以高揭政治理想，不需自卑畏縮，雄猜於人。楊隋、李唐運用相同的政治體制，卻發生不同的政治效果，此為重要的關鍵。

唐高祖開大將軍府為攻略關中的大本營，其重要幕佐後來多成為「太原元謀勳效功臣」。扶植隋恭帝以後，又以武德殿為丞相府，相府遂取代先前大將軍府的組織及功能，而且將不屬於太原系統的重要人才兼容並蓄，與隋文帝倚用親信的作風不同。毫無疑問的相府幕佐為接收隋朝政權，開創李唐政權的主要系統，在武德元年（六一八）拜相的右僕射裴寂、納言劉文靜，皆為大將軍府及相府的幕僚長；內史令竇威則為相國府司錄。其他重要幕佐的情況，從下列諸人可約略推知：

竇誕：　　　　　　　　丞相府祭酒──▶殿中監，尋遷將
　　　　　　　　　　　　　　　　　　作大匠兼納言，
　　　　　　　　　　　　　　　　　　拜相。

竇軌：　　　　　　　　丞相府諮議──▶太子詹事。

殷嶠（開山）：大將軍府掾──▶丞相府掾──▶吏部侍郎。

劉仁會：大將軍府戶曹參軍──▶丞相府掾──▶衞尉少卿。

陳叔達：　　　　　　　丞相府主簿──▶黃門侍郎，尋判
　　　　　　　　　　　　　　　　　　納言事，拜相。

唐　儉：大將軍府記室　──▶相國府記室──▶內史舍人。

溫大雅：大將軍府記室　──▶相國府記室──▶歷遷黃門侍郎。

溫大有：攝大將軍府記室　──▶相國府記室──▶累轉中書侍郎。

令狐德棻：　　　　　　丞相府記室──▶起居舍人。

李　綱：　　　　　　　丞相府司錄──▶禮部尚書兼太子
　　　　　　　　　　　　　　　　　　詹事。❼

上述相府重要幕佐未必在唐朝開建時即踞最高貴的官職，但皆爲清要的官職。顯示唐高祖挽留了不少隋朝大臣，因此唐初兩、三年間，人事狀況正常，舊有臣工沒有遭受大規模排擠。武德時代出現政治問題，是由於制度及中期以後人事結構而造成，頗有重蹈楊隋覆轍的趨勢。

據《通鑑》唐高祖即位的第九日，即命令仍爲相國府長史的裴寂及相國府司馬的劉文靜召集專家學者修定新律令。新律令的修定顯示高祖一方面對隋朝律令制度不滿，另一方面亦可能含有更生改化的意義。他在武德元年（六一八）六月下詔廢除現行的大業律令而頒行新格，格不及律令的剛性，是因時制宜，富有彈性的法令。以格代替律令，正是武德前期政制混亂的原因。雖然如此，但國家長期沒有基本大法—律令統治，終究不是爲政之道，乃於武德四年（六二一）七月丁卯，下詔律令格式在新律令未頒定之前，暫以開皇律令爲準，這是唐朝繼承開皇律令的先聲。降至武德七年（六二四）四月一日庚子，武德律令正式頒下，開皇律令的效力才告結束。武德律令及改定武德律令而成的貞觀律令，自是成爲唐朝的律令政治圭臬，開創一代盛典。

武德律令頒定之前，行政法令在前一月已完成。行政法令爲政府組織的根本法令，根據武德行政法令，政府組織系統劃分爲三類五種，此即職事官、散官、勳官三類。職事官又分爲「京職事官」（中央職事官），與「外職事官」（地方職事官）兩系統；散官又分爲文散官與武散官兩系統；加上勳官系統合共五種。勳官系統用以酬庸勳效；散官系統爲一切官員的本階，銓敍時即以之爲本，此皆非本文所欲詳者。本節論述重心在職事官的中央職事官系統；中央職事官系統之中，東宮、王公府佐、國官皆非純粹的國家行政系統機關，亦不在論述之列。單就國家行政系統言，有三公、六省、一臺、九寺、一監、一學、一府（天策上將）、十四衞，共三十六個機關。今將十四衞另闢專章，則僅有二十二個機關可備敍述，此二十二個機關即爲唐朝前期的主要中央組織。上節

表十四所列，即根據武德律令而組成的三十六個機關，其中「監」級機關的國子學，在四年之後（貞觀元年，六二七）改爲國子監，爲方便比較的緣故，遂列入監級機關類外，其他各類機關與開皇及大業組織比較，顯示不論機關官稱、地位及分類法，武德體制沿襲大業較多，依據開皇律令較少。更重要的是武德律令，絕非完全捨棄或效法隋朝的律令，它是兼採開皇、大業兩者的優點研製而成的。司馬光謂武德律令「比開皇舊制增新格五十三條」[18]，言下之意似乎武德律令完全承襲開皇律令，而僅多新格五十三條，實屬謬誤。開皇律令融合東魏、北齊、西魏、北周及南朝三系統而成，而以北齊河清律令爲主，具有世界（指中國世界）法的傾向[19]。影響開皇律令修定方向的人物，以崔仲方及裴政爲要。系出博陵崔氏的崔仲方，明經出身，爲隋文帝的同學及北周權臣宇文護的幕僚。他秘密襄助文帝篡代，並爲其行爲建立五行相生的理論根據。隋朝建立，建議廢除北周職官制度而以漢魏爲改革準繩，爲文帝所採納，隋朝不直承周制，與其建議關係密切。裴政原出河東裴氏，亦爲山東著姓，但其高祖從宋武帝徙家於壽陽，屢世在南朝任官。裴政十五歲爲官，後來陷入北周，開皇元年（五八一）受詔與蘇威等修定律令，因此向文帝建議，認爲北魏制度參雜胡制而違反古制，北周則多迂怪，請以合理與否爲原則加以選擇，而以漢、魏、晉爲標準，他所熟悉的南朝制度，亦在折衷酌取之列，是爲引入南朝律令系統的關鍵人物[20]。因此開皇律令，大體上兼採各朝律令而成。如此說來，開皇律令應已完美，不必另改。事實上隋朝新建，專家學者所定的律令，是否完全符合實際需要，尚待時間來判定。實施的結果，答案爲否定的。因此文帝本人卽不斷運用詔勅修正律令，煬帝更常大加改動，至史官不能備記的地步[21]。唐高祖對開皇及大業兩律令的批評，誠如其詔所說：「有隋之世，雖云釐革，然而損益不定，踈舛尚多；品式章程，罕能甄備。」[22]同詔唐高祖聲稱其改定新律令，目的在「補千年之墜典，極百王之

餘弊。思所以正本澄源，式清流末，永垂憲則，貽範後昆。」因此武德
律令，絕不會完全採用開皇舊典。格爲行政法令的一種，新格五十三條
在武德元年已頒行，多爲行政懲戒法，所以武德新律完成，可以將之融
入新律。律、令、格、式爲性質不同的政典，律是法律，令爲國家組織
的法令，若觀念不清，必有錯謬❷。隋唐政府建制，以令爲根據，而不
本於律。有關隋唐律令政典的修撰，及近人討論隋唐制度淵源，常載述
律（刑典）而忽略令（政典），詳論律的淵源，而以令附之，以爲令亦
如此，顯然陷於律、令不辨的混淆中。就律而言，武德一次修改，太宗
貞觀間嘗有頗大幅度的修改，是則武德律與貞觀律已有異。現在仍可見
世的《唐律疏義》乃以貞觀律爲本，用之與開皇律比較，以闡明承襲主
源則可；用以申論唐律一切沿襲隋朝，甚至排斥南朝、北周律學因素，
恐有再酌之處❷。同樣的，武德、貞觀諸令今已不能看到，若據表十四
職官分類所列，表面上武德職員令本於大業令之處，尤多於開皇令。若
加以深入研究，實則武德令兼採隋朝開皇、大業兩令而成，而不專據開
皇令，其主要承襲淵源正是北魏、北齊、楊隋的一脈。

　　前後參加修定武德律令的人，計爲裴寂、蕭瑀、竇威、虞世南、李
綱、劉林甫、裴矩、韓仲良、郎楚玉、顏師古、崔善、王敬業、王孝
遠、靖延、丁孝烏、房軸、李桐客、徐上機、殷開山、沈叔安等人，囊
括了關隴、山東、江南各地一時之選，其人多在隋朝任過官職，裴矩更
是隋朝參政官。這裏需注意的是，左僕射裴寂似不是實際主持的宰相，
內史令竇威爲高祖竇后親戚，《舊竇威傳》說他對朝典創定貢獻頗大，
高祖稱他爲「叔孫通不能加」。可惜竇威在武德元年六月拜相，同月病
逝，但高祖既以漢代創定朝典的叔孫通相比，顯示武德律令修定的方針
與他有關。根據《舊蕭瑀傳》，律令修定的主持人爲右僕射蕭瑀，他系
出南朝蕭梁王室，對梁朝律令當然熟悉，而且他又是隋煬帝蕭后之弟，
煬帝曾任之爲內史侍郎，委以機密，對隋制得失，知之甚稔。其實諸人

多在隋朝任官，隋制得失，皆所熟知。例如南朝士族的虞世南，仕隋爲起居舍人，其兄虞世基卽爲其長官——內史侍郎、參預朝政。其兄破壞制度的行爲，他實不滿意。而且虞世南在隋朝大亂時，一度陷身於竇建德集團，並爲其創立制度。是則世南不但熟稔梁陳、楊隋律令，兼且有實際創制的經驗。表十四職官名稱，分類多用大業律令，恐與這些人仕隋的背景有關。北魏太和、北齊河清、隋朝開皇諸律令，皆有南朝人士參與編修，所以皆具世界法的特色，而一脈相承。武德律令的特色亦在此，兼以世事遷移，所以不全據開皇令。

二、隋朝唐初的機務授權與參政授權

隋朝一方面建立三省分權制衡的制度，一方面又利用兼官或特別授權的方式破壞此制度。三省乃政府最高權力組織，其正常與否，關係朝政極巨。唐高祖因天下動亂，格於形勢而保留兼官以收事權合一的效果，但對於爲害三省分權的參政授權方式，則加以取締，成爲他重整制度較成功的一環。

隋唐正宰相中，以門下省的納言及中書省的內史令品秩最低，爲正三品。正三品的大臣，勢位皆與納言及內史令相埒，在北朝系統中，正三品班職事官皆以吏部尚書居首，太常、光祿、衞尉三上卿次之，納言、內史令又次之。是則庶務機關的卿官，地位亦不在兩省宰相之下。尚書「八座」，魏晉以降卽成貴官，號稱百司師長，權位亦不低於兩省長官；尤以吏部尚書，雖無宰相之實，卻有宰相之名。「八座」及「三上卿」等正三品官，隋朝皆視爲宰相的位任❷。唐朝後來宰相必加同三品銜，而特別指明是「同中書、門下三品」，卽此之故。正三品首長位任同於宰相，但在體制上仍非眞宰相。在隋朝律令體制中，三省長官以外別無宰相，吏部尚書等正三品官僅爲假宰相，而參政者亦僅爲非正式宰相，爲了區分正宰相與參政的非正式宰相，本文特別稱呼後者爲參政官，蓋

當時政制，實不視之爲宰相的緣故❷。討論政制演進，區分宰相與參政官，實爲一重要概念。另外，參政官與參掌機密作業的官員亦有分別，區分此二者的異同，乃是另一個重要概念。對此不加措意，則論述相制，多所混亂。

　　參政官的法外權力是獲得參決「朝政」之權，他們多有本官，而獲得特別授權，所以授權時詔勅必須指明參掌、參議、參預，甚至專掌「朝政」，然後乃成參政官，最常見的辭句乃是「參預朝政」。參政乃是法外授權方式，此方式因隋朝以前的法外機務授權演變而來。法外機務授權乃南北朝流行的非正常制度，極可能與君主欲加強君權有關，此類例子可見者不少，今以前述的隋朝第一任專任內史令李德林爲例，以概其他。李德林爲當時著名文學之士，舉秀才甲科出身。北齊廢帝末（五六〇），以議曹官職與散騎常侍高元海等「參掌機密」，成爲皇帝的機要秘書。不久孝昭帝即位，德林因孝昭帝爲宰相時，爲其丞相府行參軍，仕途自此暢順。武成帝河清（五六二～五六五）中，遷爲員外散騎侍郎，特勅「仍別直機密省」。齊後主天統（五六五～五六九）中，累至給事中等官，特令「參掌制誥」，尋遷中書舍人，正式成爲掌理制誥之官。武平（五七〇～五七五）初，加通直散騎侍郎，勅旨授權與中書侍郎宋士素，副侍中趙彥深「別典機密」。其後趙彥深貶出爲刺史，祖孝徵入調爲侍中，朝士攻擊德林爲彥深朋黨，不可仍掌機密。不料祖孝徵素重其才，拒絕羣臣的要求說：「我常恨彥深待賢未足，內省文翰，方以委之。……不宜妄說。」並且升他爲中書侍郎。當時齊主亦雅好文學，更特勅命令德林與黃門侍郎李孝貞、中書侍郎李若「別掌宣傳」，至文帝建隋，晉拜內史令。依齊隋制度，在中書、門下兩省宿直、掌理文翰、參掌制誥、宣傳勅旨等作業，皆爲機務作業，兩省長官總管之，皆爲機要秘書長，屬官皆爲機要秘書，若以他官爲之，則爲機務授權。李德林以議曹「參掌機密」，以給事中「參掌制誥」，皆是以他官而獲機務授權

之例。齊、隋制度不同之處在兩省於齊制中本為機要機關，而隋制則兼為宰相機關，因此隋制兩省長官兼有宰相及機要秘書長雙重性質。體制既明，則可知上述「參掌機密」、「直機密省」、「參掌制誥」、「別典機密」、「別掌宣傳」等名義，皆為機務授權而非參政授權，獲授權者僅為機要秘書而非成為宰相。

　　機務授權不會牽涉「朝政」一詞，隋唐「參預朝政」乃指參預朝政決策，這是宰相的權力，但機務授權方式則始終承用。隋朝第一個獲得指定「典理機密」的是內史侍郎李圓通及黃門侍郎陳茂❷。此類事例以後遂多見，煬帝時，內史侍郎虞世基，更獲「專典機密」的授權。唐朝在未建國之前，即已沿用此方式，丞相府主簿陳叔達與丞相府記室溫大雅即以相府幕佐「同掌機密」❷，此與隋文帝篡政前，委機密於心腹人物如出一數。唐朝建立，專掌軍事赦令的丞相府主簿陳叔達遷為黃門侍郎，尋兼納言，不久正拜為侍中，成為宰相。「專掌文翰」的丞相府記室溫大雅亦遷為黃門侍郎，其弟溫彥博則從中書舍人晉升中書侍郎；幼弟溫大有原本攝大將軍府記室與長兄大雅「同在機務」，常以兄弟同在機務機關工作，意不自安，固請辭職，為高祖力加挽留，武德元年（六一八）遂為中書侍郎。兄弟三人皆在機務，所以大有雖勉強應命任官，但每退讓，遠避機權。三人「對居近密」，為時人所榮，甚至高祖也曾對溫大雅說：「我起義晉陽，為卿一門耳！」溫彥博更在貞觀初晉拜為中書令❷。武德初獲得機務授權，在政壇上活躍的人，以劉林甫及顏師古最著。劉林甫正官為內史舍人（中書舍人），高祖特令「專典兵機」，亦即在內史省專門處理軍事機密。顏師古同時亦以內史舍人「專掌機密」，似與劉林甫分掌文、武機務。他們本官皆為內史舍人，制度上原無專典之權，特勅委之，即為授權。顏師古在貞觀中晉升中書侍郎，仍然「專掌機密」，武德、貞觀間的制詔，多出其手。後因罪免職，中書令溫彥博認為舉朝才幹文學無如顏師古者，無法任命繼承人選。太宗乃向溫彥

博親自薦舉中書舍人岑文本，任命他繼爲中書侍郎「專典機密」。岑文本爲江南寒素，仕西梁王朝時已官至中書侍郎「專典文翰」，甚有文才。貞觀元年（六二七）除秘書郎兼直中書省，爲名將李靖薦舉，晉爲中書舍人，由此漸蒙太宗親顧，分擔了顏師古部分重責，史稱他「所草詔誥，或衆務繁湊，卽命書僮六、七人，隨口並寫，須臾悉成，亦殆盡其妙」，因此太宗親向宰相推薦他❸。奇怪的是歷來學者皆以岑文本爲中書侍郎「專典機密」，視之爲宰相，而原任此官職的顏師古卻從未被視爲宰相。此類誤將機務授權視爲參政授權的例子在貞觀時代頗多，容在後面詳述。要之，機務授權的方式，自隋制以前卽已出現，與參政授權絕不相同，二者不能分辨，則必有混亂之弊。

隋文帝未建國之前，卽利用參政授權的方式，任命心腹控制國家決策。他以丞相身分，矯詔授其親信鄭譯爲內史大夫以控制內史省，牽制了大內史的權力，尋又先後任命他爲相府長史（幕僚長）治內史上大夫事兼領天官（吏部）都府司令、總六府事，兼掌丞相府、內史省及尙書省事務。另一心腹柳裘亦被擢爲內史大夫，委以機密。前者顯然以代理方式參政，後者則爲機務授權。更甚者乃是楊堅任命家人李圓通及陳茂，以相府僚佐「參預政事」，這是名正言順的參政授權。此二人在受禪以後，分別出任內史及黃門侍郎，取消參政授權，而各在內史、門下省「典理機密」，成爲參政授權改爲機務授權之例❸。

開皇時代，三省分權制衡，長官皆爲宰相，正常情形，尙書令一員，納言兩員，內史令兩員，宰相不過五員，三省副長官皆未在體制上視爲正宰相。問題是隋文帝爲雄猜之主，正二品的尙書令不以授人，故以從二品的尙書僕射分爲左右兩員，與六尙維持「八座」之制，而通判省事。開皇三年以前，尙書省組織採用層級節制的原則，僕射通判省事，六部分行政務，二十四司助理政務施行。此年以後，兩僕射各掌三部，逐變成二元領導體制，可以說兩僕射正式成爲尙書省實際長官。僕

射在律令上僅爲尙書省的副長官，尙書省兼有宰相及政務機關的性質，如今僕射實際成爲該省長官，故得視爲代理宰相。前此若要兩僕射接替尙書令的宰相角色，必須兼任納言、內史令之官。此與參政授權略類似，目的在肯定其宰相地位。茲將隋朝尙書令、僕射表列如表一五，俾便參考。

表一五　隋尙書令、僕射人物

姓　名	地　籍	家世	任相時間	宰　相　官　職	備　　註
高熲	渤海縣（山東）	士族	十九年	開皇元年拜尙書左僕射兼納言，尋辭僕射以避權勢之嫌。數日後復任僕射。開皇十九年（五九九）八月，爲官屬所告變，除名爲民。	煬帝卽位（六〇五），高熲拜太常卿，曾批評朝政，帝以其謗訕於三年七月，下詔誅之，《隋書》本傳。
趙芬	天水西縣（關隴）	小姓	不　詳	在北周原爲「東京左僕射」，陰附楊堅，深見親委。開皇初徵拜左僕射，俄兼內史令。未幾以老病出刺蒲州。其左僕射恐爲右僕射之誤。	拜相情況不詳。《隋書》本傳，一一：一二五一～一二五二。
趙煚	同　上	士族	三年以上	爲北周大將，以曉習故事，開皇元年二月丁卯遷爲尙書右僕射。開皇三年四月壬申兼內史令。視事未幾，以忤旨出刺陝州。	《隋書》本傳，一一：一二四九～一二五一。
虞慶則	京兆櫟陽（關隴）	士族	九　年	開皇元年二月與高熲同時拜相，爲內史兼吏部尙書。開皇四年四月庚子，遷尙書右僕射。開皇九年正月癸酉，因與楊素不協，	虞氏與高熲皆爲開皇重臣，開皇十七年（五九七）十二月被告謀反，伏誅。《隋

				轉爲右衞大將軍。	書》本傳，五：一一七四～一一七六。
蘇　威	京兆武功（關隴）	士族	四拜相，四黜免，前後約共任相三十年	開皇元年二月乙亥，拜太子少保，翌月戊戌兼任納言、民部尚書與高熲「參掌朝政」。尋又兼大理卿、京兆尹、御史大夫，本兼共五官，故爲憲司彈劾。開皇九年閏四月，遷爲尚書右僕射。十二年七月乙巳，被彈劾朋黨之罪，除名。十四年七月乙末，復拜納言，後又坐事免官，俄又復任。仁壽元年（六〇一）正月乙酉，接楊素遺缺爲尚書右僕射。煬帝卽位誅高熲，蘇威坐其事免官。歲餘出爲太守，俄召還。以上大將軍「參預朝政」，未幾拜太常卿，以先朝舊臣，漸加委任。歲餘，復爲納言，爲裴蘊彈劾他朋黨等罪，除名爲民，時在大業十二年（六一六）。	隋文帝曾批評他「求名太甚」。《隋書》本傳六：一一八四～一一九一＜隋煬紀＞大業三年稱他爲左僕射，似接替楊素遺缺（本傳無載）。
楊　素	弘農華陰（關隴）	士族楊隋同鄉		開皇九年（五八九），以平陳之功遷爲納言。翌年轉內史令。十二年繼蘇威爲右僕射，與左僕射高熲「專掌朝政」。仁壽元年遷爲左僕射，尋被彈劾作威作福，文帝特勅限制其權力。大業元年遷爲尚書令，遭忌，翌年進爲司徒，罷相翌月薨。	楊素爲隋朝唯一眞除的尚書令。詳《隋書》本傳，一三：一二八一～一二九六。

　　三省制度在開皇初猶未成定制，高熲以左僕射兼納言，趙芬以左僕射兼內史令，趙煚以右僕射兼內史令，皆爲專以事權，俾爲宰相的行政先例。三年四月以後，兩僕射已成尚書省實際長官，尚書省乃全國政務中樞，故兩僕射兼兩省長官之例亦逐漸取消。

　　隋朝建國以後，正式以「參預朝政」名義授權他官參政的第一人，實爲廣平王楊雄。楊雄爲文帝族子，助文帝篡政有功，因除左衞將軍兼宗正卿，俄遷右衞大將軍「參預朝政」，進爵廣平王，楊雄既爲諸衞大將軍，朝夕侍從宿衞，又爲皇親王爵，參與朝政決策，因此貴盛，冠絕一時，與高熲、虞慶則、蘇威被人稱爲「四貴」。楊雄美姿儀，有器度，寬容下士，加上如此權勢，因此朝野傾屬，引起文帝的猜忌。文帝欲剝奪其參政、統兵之權，既不可能任用他爲僕射，更不可能拜他爲尚書令，在無罪情況之下，又不可能使之左遷，因此在開皇九年（五八九）八月壬戌，將他從左衞大將軍、宗正卿之官職册拜爲司空。司空爲三公之一，位正一品的職事官。制度上三公爲最高級虛位的職事官，史稱這次晉遷乃文帝「外示優崇，實奪其權」，即是之故。楊雄有自知之明，既「無職務，乃閉門不通賓客」，以杜絕文帝進一步的敵對行動❸。楊雄以其皇親關係及擁立功勳，當有資格正拜宰相。但當時尚書令不以授人，兩僕射已有人選；納言則一由左僕射高熲兼任，一由太子少保蘇威兼任，員額已足；內史令一似由左（右？）僕射趙芬兼任，趙煚繼之，一由李德林專任，員額亦滿，故僅以最高武官身分「參預朝政」，成爲非正式宰相。文帝之意，似乎一則以酬庸功勳，一則欲安排宗親於決策組織，以監視及分散宰相之權。另一獲得參政授權的人乃是太子楊勇。「皇太子」並非職官，制度上僅爲儲君之位，無品秩，無職守。但自開皇初，文帝即命令「軍國政事及尚書奏死罪已下，皆令勇參決之。」楊勇時僅十餘歲，過早預問國政，後來即成爲文帝猜忌廢立的因素之一❸。

　　參政授權現象於煬帝大業中大盛。煬帝在大業二年（六〇六）六月

晉升尙書令楊素爲司徒，奪其實權之後，尙書令不再除人。僕射原僅有蘇威一人，三年七月蘇威坐事免官，僕射亦不再除人。於是尙書省遂無長官統領，六部寡頭施行政務，成爲政亂因素之一。當時宰相，僅有納言楊達及楊文思二人，內史令爲蕭琮與元壽，合共四相。蕭琮不知何時卒，且不實際任事。楊文思則在大業六年（六一〇）六月因足疾，不堪侍從煬帝幸江都而免相。至大業七年（六一一）正宰相僅有納言蘇威、楊達及內史令元壽三人。末二相均在翌年病卒，是則自大業八年五月以後，全朝僅有納言蘇威爲正宰相。宰相空缺旣不除人，當時軍國正値多事，蘇威一相絕不能獨力勝任，於是出現多人參政的局面。蘇威爲煬帝朝參政的第一人，他在大業三年七月坐事免除僕射，歲餘出爲太守，俄召還，以從二品無職守的上大將軍散官「參預朝政」，未幾乃授以太常卿職事官。又歲餘，任納言，任此官一直至大業十二年除名爲民止。第二個參政官乃宇文述。宇文述對文、煬二帝極有功勳，且爲煬帝親家，大業四年特勅與蘇威「常典選舉，參預朝政」。稍後內史侍郎、「專典機密」虞世基，黃門侍郎、「參掌機密」裴矩，御史大夫、「參掌機密」裴蘊，相繼「參掌朝政」，號稱「五貴」。隋朝參政皆爲皇帝的心腹人物，茲將他們的有關資料表示如下。

表一六　　隋朝參政人物

姓　名	籍貫家世	參政名義	參政時本官及品秩	履歷及與王室關係	備　　註
楊　勇	關隴士族	參決軍國政事及尙書奏死罪以下	皇太子。無品秩。	文帝長子。開皇二十年十月廢爲庶人，文帝崩時，太子楊廣僞詔賜之死，諸子徙嶺外，煬帝勅令所在殺之。	《隋房陵王勇傳》，見❸。
楊　雄	同	上參預朝政	右衞大將軍兼宗正	正文已述，不贅。	詳同❷。

				卿，正三品。		
蘇　威	同	上	參預朝政	散官從二品上大將軍，尋除太常卿，正三品職事官。	原爲北周權臣宇文護女婿，爲高熲所薦拜相。	詳表十五。
宇文述	同	上	參預朝政	上柱國、左衞大將軍、許國公。散官從一品，職官正三品。	爲北周權臣宇文護親信，後附楊堅，爲之討平相州尉遲迥。開皇初拜上柱國右衞大將軍，又有平陳之功。他是煬帝奪嫡的主謀者，奪嫡成功，兼爲楊廣幕佐。其子宇文化及後爲江都兵變弒煬帝的主持人，次子士及尚煬帝女南陽公主，後爲唐相。大業四年參政後，委任與蘇威等四貴相等，親愛則過之，言無不從，勢傾朝野，當時莫比。天下大亂，勸帝幸江都，於江都疾卒，贈司徒、尚書令。	《隋宇文述傳》二六：一四六三～一四六七。
虞世基	江南小姓		參掌朝政	內史侍郎，正四品。	仕陳至尚書左丞，陳亡，仕隋爲通直郎、直內史省，至內史舍人。煬帝重其文才，甚親禮之，遷內史侍郎，與蘇威等四人「參掌朝政」，爲煬帝最重要的機要人物。江都兵變，父子同遇害。	《隋虞世基傳》三二：一五六九～一五七四。
裴　蘊	江南士族		參掌朝政	御史大夫，從三品。	原出河東聞喜裴氏世族，祖、父皆爲南朝顯官。蘊仕陳至興寧令，爲隋間諜	本傳僅載機務授權，參政事詳＜虞世基傳

				。陳亡，拜開府儀同三司，以諂媚於煬帝，於大業五年擢爲御史大夫，與裴矩、虞世基「參掌機密」。爲煬帝機要重臣之一，主持監察系統，排斥不附和者，江都兵變前，欲策動反兵變，故父子俱遇害。	＞。《隋裴蘊傳》三二：一五七四～一五七七。
裴 矩	山東士族	參掌朝政	黃門侍郎，正四品。	河東聞喜裴氏子弟。有文藻智術，仕至北齊王府文學。齊亡，爲楊堅幕佐。隋朝建立，遷至吏部侍郎。煬帝初，主持東都營建及西域事務甚稱職，累轉黃門侍郎，爲煬帝時著名外交人才，在江都委節於兵變集團，爲侍內（侍中）。及宇文化及稱帝，遷爲右僕射。化及敗，爲竇建德所獲，亦遷至右僕射，先後爲兩個集團制定儀注。建德兵敗，裴矩等以其佔領地獻給唐朝，不久亦拜相。	裴矩機務授權見＜裴蘊傳＞。參政授權見＜虞世基傳＞，本傳皆不載。《隋裴矩傳》三二：一五七七～一五八四。

根據表一六，有幾個問題值得提出討論。第一個乃是參政官授權名義，參政官皆帶散、職本官，他們因詔勅指令參決國政則僅爲授權，原則上是違反律令制度的，因此絕對不是一種職銜，參政入銜，乃是唐高宗以後的發展。在隋朝七名參政官中，多以「參預朝政」或「參掌朝政」名義發表任命，其原詔令已不睹，故無法得知其詳情。楊勇的「軍國政事及尙書奏死罪以下，皆令勇參決之」一文，未知是否詔令的原文。至於楊素在仁壽（六〇一～六〇四）間被隋文帝奪權，本傳引詔勅

說：「僕射，國之宰輔，不可躬親細務，但三、五日一度向省評論大事。」自此終仁壽之末，左僕射楊素卽「不復通判省事」。此文極可能為詔勅原文，是則「評論大事」絕非職銜可以證知無疑，從貞觀參政方式更可得到進一步助證。例如名將李靖自貞觀四年至八年（六三〇～六三四）任右僕射，個性謙退沉厚，每與宰相參決國政，總是恂恂然似不能言。後因足疾懇辭，太宗特別慰留，詔勅特令李靖，「患若小瘳，每三、兩日至門下、中書平章政事：患若未除，任在第攝養。」翌月乃加特進。「至門下、中書平章政事」出於原文，太宗授權李靖三兩日參與評論大政，而非給予李靖新的職銜。貞觀十年（六三六）侍中魏徵以目疾，屢表遜位，太宗挽留不果，特詔進為特進，仍知門下省事，「朝章國典，參議得失。」貞觀十七年（六四三）右僕射高士廉退休，太宗亦特詔進為開府儀同三司，「同中書、門下三品平章政事」。這類授權方式皆非發表新職銜[39]，但自盛唐以降，觀念多已混淆不清。要之，隋朝唐初，宰相實無另外職銜，「參預朝政」等授權，固未可與高宗以後相銜制度相比。

　　其次，參政官的散官原為本品所繫，但諸傳多不詳。除皇太子在官品法令中無品秩外，楊雄及宇文述在參政前卽為上柱國，從一品武散官，宇文述更另加正四品的開府儀同三司文散官，蘇威則逕以從二品散官上大將軍參政。若就職事官而言，獲得參政授權者品位未必全低於門下、中書兩省正三品長官，如楊雄、宇文述皆為正三品的諸衞大將軍，蘇威則「三上卿」之首。虞世基等三人才以低於正三品的職官參政，但其品秩皆在從四品以上，皆為清要之官，且文武兩系統官員皆得參政，毫無重文輕武之事。上述觀念的澄清，對下章討論唐朝制度極有幫助，故僅附此論列。

　　煬帝時代五名參政官，就人選而言則各有長才，就德性而言則未為佳選。蘇威是追求名利的投機官僚，宇文述是貪鄙的陰謀家，虞世基為文學高手，但無大臣之器識，裴蘊則為弄權之人，僅以裴矩頗有才具，

但亦缺乏公忠骨梗，不能自拔於權勢之中。隋朝亡國，煬帝與「五貴」皆難辭其咎。不過本文重心不在論列人物，特別提出「五貴」，僅爲進一步討論「五貴」參政背後所代表的政治精神與制度。

隋制參政官之中，楊勇爲皇太子，文帝授權參政，意在培養儲君治國之才幹；楊雄參政，則以酬庸勳貴爲主，但兩人皆爲宗室，顯示文帝推行固本國策的決心，而無意大肆破壞政制。煬帝先後授權「五貴」參政而不正式除授宰相，實根於君主獨裁及猜忌政治的運用，而有意破壞三省制度。煬帝欲確立其個人絕對權威，三省制實爲嚴重的羈絆，尤其尚書令、僕射權重位高，對君權任意施爲無異是極大威脅。楊素既已爲左僕射，又有擁立功勳，勢須晉爲尚書令而掌權，因而在楊素出任尚書令一年，即另晉爲三公，奪其實權。蘇威以僕射獲罪免相，復相後即不再拜爲僕射，僅以納言處之。自大業八年（六一二）下半年始，除蘇威一人爲門下省長官之外，其他兩省皆無長官，以掃除約束的障礙。三省五相之中，既然僅有一相，則整個政府幾乎已無長官，宇文述等四人參政，就政府體制言，宇文述僅爲大將軍，裴蘊僅爲御史大夫，二人皆依制不可能干預三省內部作業。虞世基爲內史侍郎，裴矩爲黃門侍郎，他們參政後雖可過問國政，並各自處理本省機務，但是仍非兩省長官，品秩地位皆不可與內史令及納言並論相提，對全般行政實有不良影響。就國務中心的尚書省而言，尚書省內部作業仍可由左、右兩丞負責，對外分行政務則六部寡頭負責。不過六部各有專司，全般政務原由令、僕解決，如今令、僕皆闕，則綜理無人，唯一辦法乃是提交不屬於尚書省的參政官評決。這種情況隨時產生統率上的問題，容易影響行政效率；甚至因參政官品位較尚書爲低，更容易產生情緒、意見諸問題。門下、中書兩省由副長官參政，情況一如尚書省，但侍郎既是本省副長官，問題尚無尚書省般嚴重。再者，三省無長官或僅有一省有一員長官，對於分權制衡的原則來說，實爲極大的危機。制度上，中書出旨，門下審駁，

分別處理機密要務，皆須得到長官裁決同意，如今由副長官決行，僅屬代行性質而非合法行使職權。長期代行，是制度上的弊病，顯示政令系統無眞正負責人。而且，中書審議命令，門下駁正詔勅，遇到重大政事或歧異糾紛，不論在本省或兩省之間發生，由於缺乏合法裁決的長官，參政的副長官勢須提交全體參政官參決；若果遇到兩省沒有屬官參政的情況，更須事事提交參政官評決。參政官的裁決未必盡合兩省機務屬官之意，例如中書侍郎或舍人審旨不同意，門下侍郎或給事中駁正不同意，皆可利用不副署的方式阻止命令的發下，參政官既非他們長官，自然無權行使命令指揮。理論上這種情況不徒使決策系統癱瘓，更嚴重的是變分權制衡爲事權合一於參政官。儘管《五代史志》及《隋書》缺乏記載，參政官既未必是三省屬官，自需設置一特別會議地點，以共同參決國務，這是唐朝「政事堂」及後來的「中書門下」政務會議的夾源。就政制論，這個國家最高政務會議實爲扼殺三省分權制衡的兇手。煬帝時代，已有蛛絲馬跡顯示出其弊點，例如三省事務需提交參政官評決，遂使參政官得以擅權自專。宇文述參政，煬帝對之「言無不聽，勢傾朝野」，至「文武百僚，莫敢違忤」，這猶是因爲皇帝寵信弄權之例。虞世基損抑表狀，虛報國情，使「外間有變，帝弗之知」；又誣陷忠言者，使「外人杜口，莫敢以賊聞奏」，若三省分權，焉能如此？裴蘊將監察系統轉爲類似秘密警察的組織，用以推行恐怖統治，尚書省無力糾正控制，實因本省沒有宰相級的長官負責支持的緣故。天下大亂，煬帝詢問納言蘇威，蘇威畏罪，竟說：「臣非職司，不知其多少，但患其漸近。」雖是推諉之辭，但國家行政，原有尚書令、僕負責，其言未必盡非？是則三省若無長官之下實行參政制度，對三省業務皆有影響，嚴重者可以造成參政官專權而三省分權制破壞，危害國家安全❸❺。唐高祖身歷其事，除了授權太子建成參政外，在玄武門兵變之前，絕未授權他官參政，顯然以前車爲鑒，欲釐整政制。

三、最高行政部門的重建

　　武德四年（六二一）以前，唐朝政制並無一定準繩，此年高祖下詔暫用開皇律令，制度始上軌道。降至武德七年（六二四）頒定武德律令，唐朝才正式擁有自己的制度。隋《開皇令》及《大業令》各三十卷，乃隋朝政府組織的法令總合，武德時由裴寂領銜完成有令律十二卷，《武德令》三十一卷❸。上述諸書均已失傳，隋兩令由《五代史志·百官志》約可窺知，唐《武德令》由於《貞觀令》等脩撰，影蹟幾滅，兩《唐書·官志》及其他政典所載，極少爲《武德令》下的制度。不過，從極稀少的史料中，某些關於武德政制的問題，猶可加以推論。

　　武德體制與開皇體制顯著的差異爲前者恢復尚書令一官的除授，將全般行政系統重新恢復爲一元領導的層級節制體系，與開皇分由兩僕射二元領導不同。秦王李世民終武德之世一直擔任尚書令的官職，他後來又擔任三公、天策上將、中書令、行臺諸官，皆爲加官或兼官，尚書令本官從未卸下。這與《開皇令》空有尚書令之官，而無其人的情況迥異。隋朝以前，尚書省僅爲機務及行政機關，尚書令總理六部事務，僕射副之；握有國政決策權的官爲各種公官、丞相、或錄尚書事。換句話說，尚書省系統中，位在尚書令之上，而又掌握朝政的乃是錄尚書事一職。隋代取消錄尚書事，而將尚書省建制爲「事無不總」的宰相機關，則國務總理權自然由虛位的師公官轉移於尚書令。尚書令一方面以宰相身分決策國政，一方面又以最高行政長官身分總理本省諸部事務；僕射僅以副長官身分協助長官通判本省事務，國政決策，固不得參預。但是隋文帝既然一直不除授尚書令，朝政中樞的尚書省不便於長久接受地位較低的納言及內史令指揮，因此代行長官職權的兩僕射亦得參決國政。開皇三年規定左、右僕射各統三部，左僕射不能干預右僕射的職權，同樣的右僕射亦不能過問左僕射的事務。但是政務所涉廣泛，未必一部或一

僕射所得處決，許多事情勢須兩僕射會決，所以蘇威在開皇前期與左僕射兼納言高熲「參掌朝政」，接替蘇威右僕射遺缺的楊素亦在後半期與高熲「專掌朝政」。此三人極可能透過參政授權獲得宰相權力，然後各以左、右僕射身分，分判所統三部事務。古今中外各國的行政系統，率多採用一元領導的層級節制體系而組織政府，開皇二元體系於事極具妨礙作用，起碼在文帝仁壽（六○一～六○四）時間，尚書省已有恢復一元領導的趨勢。當時楊素已接替高熲爲左僕射，仍然「專掌朝政」，而接替右僕射的蘇威，事事不敢與之爭，爲楊素陵侮對象之一。蘇威拜相較楊素爲早，又爲前任右僕射，竟不敢抗衡楊素，可能與楊素功大勢重，當時得令有關。但是值得注意的是蘇威重任右僕射，〈本傳〉卻無「參掌朝政」，或「專掌朝政」的紀錄，是則委任上似乎遠遜於左僕射楊素，他是否具有參政權而成爲非正式宰相，猶待詳考。假若蘇威未獲參政授權，則他僅爲總理尚書省庶務及判行都官、度支、工部三尚書事的最高行政長官而已。左僕射楊素既然「專掌朝政」，權勢自然有異，他干預右僕射的事務，自然不無可能。稍後文帝畏忌楊素權重，特勅限制他「三、五日一度向省評論大事」，顯示他原本過問尚書省一切大小事務，而蘇威被陵侮之說，顯然與職權被干預有關，亦即隋朝一元領導的體制逐漸恢復。煬帝卽位，楊素晉爲尚書令，則開皇中尚書令此一建制官署，至此始眞正施行。身爲僕射的蘇威，在制度上更無力以抗衡其長官，需至翌年楊素解職，才有機會行使其代行的權力。大業前三年（六○五～六○七），尚書省僅有一僕射，楊素解職，蘇威卽以唯一僕射代行，是則尚書省仍爲一元領導。至大業三年蘇威以左僕射坐罪免官，尚書省遂頓成寡頭狀態，六部政務，需提交兩省長官或參政官裁決了。這種情況及其危機，前面已有敍述，此不再贅。

　　唐朝正宰相及參政官皆爲「知政事」之官，罷相或解除參政，例稱「罷知政事」，因此「知政事」具有廣泛的意義，專指掌握預知決策的

相權而言。唐諸宰相列傳，例證甚多，不需贅舉。三省長官依法爲正宰相，擔任者例知政事，不必指明。高祖卽位翌月，首次發表宰相任命詔，以皇子李世民爲尚書令，相國府司馬劉文靜爲納言，隋民部尚書蕭瑀與相國府司錄竇威同爲內史令，四人皆爲正宰相。但太原起事首謀人物，地位在劉文靜之上的相國府長史裴寂則拜爲右僕射，若依開皇制度，尚書省既有尚書令，則朝政裁決權自然不由副長官的僕射掌理。換句話說，既有尚書令，則僕射應無宰相資格。唐高祖欲酬庸功勳，拜裴寂爲相，而品位需在劉文靜之上，依法應册爲尚書令才能符合。然而尚書令既已由世民擔任，法無兩令，乃退而求其次，拜之爲右僕射，詔令特別指定他「知政事」❸。唐朝僅有武德一朝眞正依法除授尚書令，亦僅在《武德令》及《貞觀令》有尚書令的建制，高宗以後，尚書令已從律令中廢除，偶有任之者，僅爲酬庸勳業，非眞行職權。因此，政典中記載尚書令之文，若非本於《武德令》，則必本於《貞觀令》。《貞觀令》對《武德令》作了多大修改，今已不可考知。據史傳之言，修改幅度殆不太大，《舊唐書·官志》尚書都省項記載尚書省職權、組織如下：

> 尚書省領二十四司，尚書令一員。令，總領百官，儀形端揆，其屬有六尚書，一曰吏部，……六曰工部，凡庶務皆會而決之。左、右僕射各一員，從二品，掌統理六官，綱紀庶務，以貳令之職。自不置令，僕射總判省事。……左、右丞各一員，左丞掌管轄諸司，糾正省內，勾吏部、戶部、禮部十二司，通判都省事；若右丞闕，則併行之。右丞管兵部、刑部、工部十二司；若左丞闕，右丞兼知其事。❸

首先，根據此文，尚書令爲尚書省長官，統率六部政務，而本省庶務，亦由他主持。兩僕射爲副長官，依法僅能協助長官「統理」六部，

督導本省作業，其副手左、右兩丞亦依法協助兩僕射分掌本省內部行政，僕射、兩丞皆無對外發令的權力。於是尚書省機關內部組織的直轄統率系統，實為尚書令一六部一二十四司，僕、丞皆在此系統之外。僕射既無對外發令之權，又不能「領」六部二十四司為屬官，其品位雖為宰相之任，而實非宰相之官，判然分明，不需置疑。裴寂身拜右僕射，若不指令「知政事」，則無權過問國政而參決之，事亦可明。唐初制度上既有尚書令，即不需兩僕射分統六部而使之成為二元領導。尚書令依法統率六部尚書，右僕射則僅能依法協助長官處理刑、民(戶)、工三部庶務，自不置令，僕射才代行總理權。史謂裴寂僅陪侍高祖參決政事，多不過問尚書省庶務，其故在此。身為尚書令的李世民，由於經常出征及兼官過多，全國政務及尚書省庶務亦不能經常處理。李世民與裴寂個人關係不甚佳，所以不委託他代行通判省務之權。高祖當時亦極需裴寂日夕陪伴討論，因此也不授權裴寂以右僕射代行尚書令總理全國政務及判行本省庶務的職權，反而「委託」內史令蕭瑀「關掌」。蕭瑀在武德六年（六二三）晉升為右僕射，裴寂遷為左僕射，但尚書省政務仍由蕭瑀負責，「委託現象」至此結束。及至翌年《武德令》正式頒定，體制似乎才趨向正常❸。

　　武德體制中的尚書省為全國最高行政機關，對外行政由尚書令統率指揮六部，六部分別統率指揮二十四司執行，對外發令直用尚書省名義，是則組織上與圖四、五所示的隋制略有不同，茲作圖六以參考。

　　據圖六可知武德律令政制，實揉合開皇、大業兩令而成，而別出心裁，絕非完全倣照開皇律令。此外極需注意的是尚書省與百司的關係究竟如何？尚書省既為最高行政機關，必與其他建制機關發生政令的關係。就行政系統言，尚書省為上級的政務機關，寺監衛府皆為執行政務的下級庶務機關，觀念迄今始明❹。事實上尚書省在唐朝前半期以前，為一切職事機關的上級行政機關，臺寺監府州皆須受其行政節制，即使

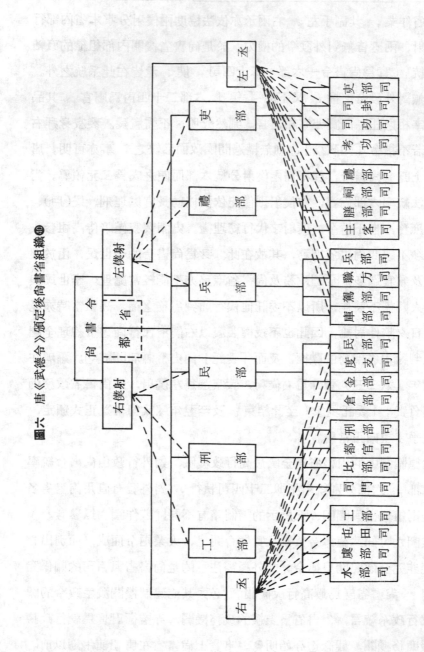

圖六　唐《武德令》頒定後尚書省組織❶

同爲宰相機關的門下、中書兩省，地位或高於尚書省的東宮、王府、天策上將府等組織，依法皆須接受尚書省的行政督導。例如皇太子東宮系統各機關，皆歸詹事府統率指揮，長官太子詹事乃三品官，制度上長官品位代表其機關地位，因此詹事府自然地位低於正二品的尚書省，《舊唐書・官志》太子詹事項說：「詹事統東宮三寺、十率府之政令，少詹爲之貳。凡天子六官之典制，皆視其事而承受之。」❷是則詹事府必須承受尚書省六部的行政指揮，然後督導所屬機關執行之。王公亦非職官，其府務例由長史、司馬統領，與尚書省發生行政上下級關係，起碼東宮、王府、天策上將府的屬官考核、銓敍等人事行政，其機關的財務行政等皆須受尚書省的節制；若遇訴訟犯罪，上述機關勢須成爲御史臺行使監察權的對象，亦成爲大理寺行使審判權的對象，而此兩個系統，則又歸屬尚書省都省及刑部的督導節制。顯示尚書省在行政系統中具有無比的權力，此即最高國務總理權。

　　行政關係既明，統率關係又如何？此爲嚴歸田師《唐僕尚丞郎表》及〈論唐尚書省之職權與地位〉論著中所未詳的一部分。尚書臺在漢魏已逐漸成爲百官師長，所謂師長，當指長官而言。行政體系幾乎天然爲一元領導的層級節制體系。丞相制廢，九卿分由三公統率，而行政領導權則旁移於錄尚書事領導的尚書臺，錄尚書事及尚書令自然成爲最高行政長官。尚書省指揮不相統屬的機關，於政事推動極爲不宜，若行政權穩定不動，則統率權亦勢必從三公掠奪來屬。魏晉南北朝制度迭更，系統不易釐清，但皇帝極不可能直接統率諸卿等中央機關，則可推知。同理，隋代唐初職事機關中，臺、寺、監、府、州，皆不可能跳過宰相機關而直屬皇帝統率，是則決策系統三省中必有一機關爲行政統率機關。經過長期演進，掌握行政權的尚書省理應成爲政府最高統率的機關。開皇時代曾經依據六部結構來刪定寺監中央機關，透露了寺監爲六部屬官的意義。事實上，依照尚書省結構來決定寺監的去取，兩晉以降即屢有

此議，顯示此時期尚書省已逐漸有總統百司的趨勢。在南朝系統中，東晉安帝時（三九七〜四一八）徐廣似爲議立百官正式向錄尚書事「執下官禮」的第一人。劉宋常恐錄尚書事威權過盛，孝武帝在孝建元年（四五四）下詔取消此官，引起羣臣爭議，沈懷文竟引行政法及行政先例爲據，力加反對。他說：「臺輔之職，……《典禮》：『……以統百官』；……《政典》：『……以正百官』。鄭康成云：『冢宰之於庶僚，無所不總也。』考於茲義，備於典文，詳古準今，不宜虛廢。」❹ 依照沈氏之意，尚書省長官錄尚書事實爲臺輔之官職，與鄭康成所謂「無所不總」的冢宰相同，在《典禮》及《政典》皆有法律根據。所謂「以正百官」、「以統百官」的規定，前者表示督導權，後者表示統率權，正是百官師長之意。尚書省最遲至東晉已建立其獨立職權，擁有「執行天子詔命指揮羣司」及「依法直接指揮羣司」的雙重權力❹，而且在儀禮上已使百官爲其下官。換句話說，東晉、劉宋之間，尚書省極可能已成爲政府最高行政統率機關。政府最高統率機關的特色必需是政府體系中最高級的職事機關之一，機關長官的品位既代表機關地位，則其長官須是最高級的職事官之一。長官品位如何，可從品秩及印綬兩途觀察。以品秩言，尚書令在漢代僅爲隸屬於中二千石少府卿統率下的機關，位爲千石。不但與中二千石的九卿品位相差極大，且亦遠不及二千石的郡國守相。當時制度，太傅、太尉等官雖與丞相品位相等，甚至超過之，但絕不影響丞相府爲政府的最高統率機關。到了南朝的梁陳，尚書令的地位已升爲十六班，高踞首席第十八班的僅有丞相及太宰、太傅、太保、大司馬、大將軍、太尉、司徒、司空八公，除此九官之外，殆無職事官班位高於尚書令，亦無與尚書令班位平等的職官。十六班以上皆爲上公、公、從公的地位，皆金章、龜鈕、紫綬，尚書令自不例外。北朝降至北齊，尚書令居正二品，地位與南朝相似。一、二品官皆金章紫綬，制度亦均與南朝相倣。是則不論南、北朝，尚書省正從千石的銅印墨綬機關升爲最高

級的金章紫綬官署之一，這是政府最高統率機關必需具備的條件。隋唐官品及儀制沿襲北朝系統，職官建制序列在開元時代才有較大的改變，在此以前，重要中央職官的序列大抵如下：

正一品：天策上將、三師、三公。

從一品：太子三師。

正二品：尚書令。

從二品：尚書左、右僕射、太子三少。

正三品：吏部尚書、侍中、中書令、諸衞大將軍、禮、兵、民（戶）、刑、工五尚書。

從三品：太常、宗正等諸寺監長官、御史大夫，諸衞將軍。㊺

　　尚書省為一個機構，以令為官署長官，六部直屬而不能脫離獨立，所以北齊、楊隋均規定尚書省「事無不總」，「事無不總」乃相權的專用名詞，即使隋朝位從二品的雍州牧，唐朝位從二品的京兆、河南七府牧及揚州等五大都督府，皆須聽受正二品機關的尚書省節制。制度上除了天策上將府此一特殊機關之外，三師、三公、太子三師，太子三少皆「坐而論道」的虛位職事官，既不理事，所以也不統率其他機關，甚至也不開府置屬。於是，尚書省在體制上無異於最高職事機關，事無不總理，於大多數機關亦有統率之權。研究政制者多格於唐朝宰相制為「幕僚制」，遂為此一現代行政學名詞束縛，特重其幕僚型態而忽略了行政系統的領袖型態。前引《舊唐書・官志》的記載，說：「尚書省領二十四司。尚書令一員。令，總領百官，儀刑端揆，其屬有六尚書。」此處之「領」字，當釋為統率，即尚書令統率六部二十四司的本部組織，同時亦對外統率百官。「儀刑端揆」（督導權）是師，「總領百官」（統率權）為長，南北朝皆云尚書令為百官師長，當指此而言。隋煬帝大業令將諸卿由正三品降低為從三品，用意似為拉遠寺監與尚書省的地位差距，使統率上更為明顯，因此為唐朝沿襲。唐高宗麟德二年（六六五）封禪泰山，依

照傳統當由三上卿之太常卿行亞獻禮，光祿卿行終獻禮，但退休宰相劉
祥道駁論說:「昔在三代,六卿位重，故得佐祠。漢魏以來，權歸臺省,
九卿皆爲常伯（尙書）屬官。今登封大禮，不以八座行事而用九卿，無
乃徇虛名而忘實事乎？」❹據其言，則九卿爲「常伯（尙書）屬官」，乃
法令有據的「實事」，因此隋唐寺監等中央機關及府州等高級行政機關，
絕不可能超越尙書省的領導統御，直隸於皇帝，制度可明。盛唐以降,
內、外諸司使設置寖盛，對正常體制形成了嚴重的奪權現象。諸司使直
承君相指揮，尙書省日益閒退，這是另一種組織型態，亦爲兩宋政制的
淵源，與唐朝前期的正常體制大異。根據此有限史料而推，除天策上將
府、東宮、王府等少數機關外，大多數政府機關皆需接受尙書省的統
率; 而且卽使是上述少數例外機關，在行政上亦需接受尙書省的督導,
難怪貞觀元年（六二七），太宗對尙書左丞戴胄說:「尙書省，天下綱
維，百司所禀，若一事有失，必受其弊。」又《唐律・名例律》第四十
條規定官吏犯公罪，上官須連坐。《疏議》解釋「上官」一名說:「上官
者，在京諸司向臺省，及諸州向尙書省，諸縣向州之類。」並特別提出
「如州上文書向尙書省」或「若省司下符向州」，有錯而不覺,承受者皆
坐罪。省符卽尙書省機關命令,機關命令須在統率系統中運行之,顯示尙
書省起碼對州政府有指揮權力❹。推測唐尙書省統率系統可能如圖七。

四、唐初政制危機

　　解決了尙書省的統率及行政地位，然後才可以進一步討論唐初的政
制危機。唐初在政制上產生的危機有三種: 一爲兼官過度擾亂體制，二
爲大機關分行制度削弱了固本國策的推行，三爲特殊權力機關的出現。
　　律令制度上一官有一官的職權，他官不能干預，在官員各舉其職的
前提之下，卽使機關長官亦未便過分指揮屬官的職權，若某官出缺，人
選未定，特派他官暫兼，在體制上無可厚非，但長久相兼，則必會亂

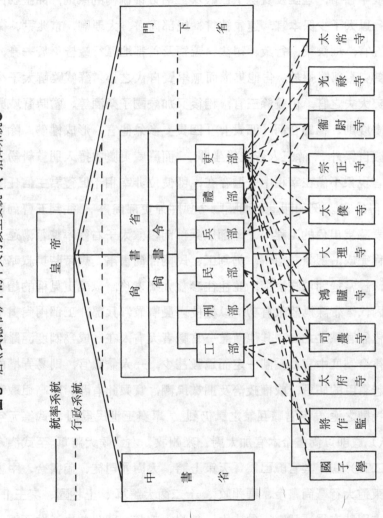

圖七　唐《武德令》下的中央行政主要統率、指揮系統⑱

統率系統 ———
行政系統 －－－－

制。若兩官相兼，爲患未必甚大，但多官相兼，則有壅塞專權之弊。講求律令政治的人，必會重視此問題。兼官之弊，隋朝已然。隋初僕射分兼侍中或中書令，理論及實際上已破壞三省分權制衡的原則，開皇初的蘇威，曾以太子少保本官，連兼納言、民部尚書、大理卿、京兆尹、御史大夫五官，則決策、行政、司法、監察及首都地區行政皆集於一身，因此爲御史臺部屬彈劾，告他集權而無舉賢自代之心。蘇威雖解太子少保及御史大夫之官，仍兼餘三官，稍後又加兼國子祭酒等。當時蘇威與高熲、虞慶則、楊雄合稱「四貴」，「四貴」多兼他官，形成權勢，除了楊雄見機自保外，餘三人皆先後坐罪，而蘇威更屢次捲入朋黨糾紛之中。兼官現象不僅在宰相中普遍存在，卽使位非宰相，但獲君主信任的人，亦得兼官。例如開皇初鴻臚卿令狐熙兼吏部尚書，往判五曹尚書事；蘇孝慈爲出色的工程人才，卻以兵部尚書兼太子右衛率總督漕運工程，工程完成，遷兼左衛率，仍判工、民兩部尚書事。煬帝時樊叔略任司農卿，經常過問司法事情，並往往參督九卿事務；以酷吏見稱的趙仲卿，亦因代煬帝誅鋤政敵有功，以檢校司農卿兼判兵部、工部兩尚書事❹。此皆兼官職之尤者，其他僅兼一官職者大有人在，成爲制度混亂的根源。律令制度中官員編制一定而爲數甚少，一人兼數官，則易弄權而又易引起羣臣的妬忌，威權政治及朋黨風潮，實與此有關。唐高祖取消了參政授權之途，但官職互兼之風仍烈。舉秦王世民爲例，武德元年（六一八）底卽以尚書令本官加太尉、雍州牧、右武候大將軍。至武德八年（六二五）底，其官職已爲「天策上將、太尉兼司徒、尚書令、中書令、陝東道大行臺尚書令、雍州牧、十二衛大將軍、上柱國、秦王」；其弟元吉同時亦爲「司空、兼侍中、幷州大都督、稷州刺史、左領軍大將軍、右武候大將軍、上柱國、齊王」❺。李世民以天策上將，身兼三公之兩公，又以尚書令首相兼中書令，餘不必贅，卽可知兼官之濫，實爲權力鬥爭，引發玄武門兵變之源。

　　唐朝奠基於天下混亂、危機四伏之中，高祖派兵遣將，往往授以緊急權，用以統一戰地軍政事務，適時鎮壓危機。總管、安撫大使等官職成爲緊急授權的對象，他們既擁有緊急權，亦卽傳統所稱的「便宜行事」權，而且又多是羣雄來降的將領，因此唐初形勢是尋降尋反，尋反尋降，反覆無常，其中最重要的是唐高祖復用隋文帝的行臺制度，使形勢更亂。行臺乃中央尚書的分行機關，統轄若干總管及廣大地區，依法統率管區內軍、政、財事務而具有緊急權，勢力強大，非中央所能切實控制。例如杜伏威等集團來降，其地皆置爲行臺，作用僅在羈縻之，中央政令事實上不能有效推行於其管區。一旦叛亂，則唐朝馬上喪失一大片領土與人民，這是唐初政制及政治上危機所在。卽以秦王李世民爲例，他在武德元年（六一八）十二月以「尚書令、雍州牧、右武候大將軍」晉升及加兼「太尉、使持節、陝東行臺（尚書令）」，節度管內蒲州、河北諸道總管及東討諸府兵。翌年五月，又以上述官職加「左武候大將軍、使持節、涼、甘、瓜、鄯、肅、會、蘭、河、廓九州諸軍事，涼州總管」。三年四月，又加益州行臺尚書令❺，幾乎統御了一半國土。他以陝東道大行臺所在地洛陽爲大本營，經營奪嫡事業，故能奏功，躍爲君主。其事蹟蓋亦可視爲行臺叛亂之類。如何釐整官制，收權中央，以推行固本國策，後來卽成爲貞觀政治的重心。

　　武德政制中另一嚴重問題乃是特殊權力機關的出現，行臺亦爲特殊權力機關之一，但《武德令》未將之列入正常體制，僅爲中央臨時分行的性質。在《武德令》中，堂堂正正成爲政府建制組織的乃是天策上將府。就隋制而言，全國軍士一律稱爲衞士，分由中央衞府及東宮率府統率，制度上皆受尚書省兵部的軍政督導，絕無例外。但軍令下達，一以詔勅爲主，尚書省的符命對之並無絕對指揮效力。因此隋制中，儘管詔勅下達必須經過三省處理，但諸軍總部認勅不認官，則是直隸於皇帝無疑。隋文帝臨崩，太子楊廣矯詔調動軍隊；唐高祖未卽位前，曾任「假黃

鉞、使持節、大都督內外諸軍事」，奪取皇帝的最高指揮權，此皆隋制皇帝爲軍令系統最高統帥之例證。秦王李世民在武德元年以尚書令兼右武候大將軍，卽以首相兼右武候部隊總部司令官。當翌年加兼涼州總管時，同詔命令他再兼左武候大將軍，已兼兩總部統帥之官。李世民除了兼統武候衞兩總部之外，尚兼有陝東道行臺管內各軍區（總管區）部隊及管內中央派遣軍的最高指揮權，是破壞軍事制度而危害國家安全的嚴重情況。此後，世民又兼統益州行臺及涼州軍區部隊，已成尾大不掉之局，皇太子李建成對他猜忌，是可以想像的事。猶有甚者，在武德四年（六二一）十月，世民平定盤踞洛陽地區的王世充集團，高祖以組織法上已無較太尉、尚書令更高的官職酬庸其功勳，乃特創天策上將一官相酬，並准許開府置屬，專掌國家征伐。天策上將品秩正一品，位在王公之上，又是掌理征伐作戰的最高官署，遂成特殊權力機關。但這時的天策上將府在體制上尚未成爲最高統帥部，其性質近似參謀總部。武德五年（六二二）十月，李世民又建立了平定江淮地區的殊功，高祖特詔天策上將統率十二衞大將軍，遂使天策上將成爲東宮及王府衞軍以外所有武裝部隊的最高統帥，天策上將府成爲最高統帥部❸。武德七年（六二四）頒定律令，天策上將正式成爲建制機關，也是政府最高而最具危機的機關。何況李世民不是單純擔任此官，當時其正式官銜爲「天策上將、太尉、司徒、尚書令、陝東道大行臺、益州行臺尚書令、雍州牧、涼州總管、左右武候大將軍、領左右十二衞大將軍」，權勢在一人之下，萬人之上；其教令與皇帝的詔勅、太子的教令並行，效力相同，這種情形益增太子疑忌，亦使政制、政治的均衡爲之破壞。假若將此組織繪爲圖八，則政制上的危機可以一目瞭然。

　　圖八未將行臺組織包括在內，行臺爲中央尚書省（京省）的分行機關，因此中央尚書令無異爲各行臺的長官，秦王李世民身爲中央尚書令，又兼爲陝東道大行臺與益州行臺兩尚書令，其他行臺長官，率多由

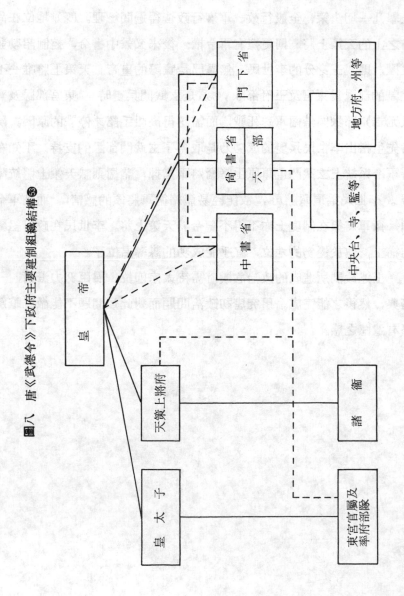

圖八　唐《武德令》下政府主要建制組織結構⑤

京省屬官派出，因此李世民卽使不任天策上將，已經是勢高權重，制度上舉凡一切決策、全般行政、軍事行政皆得過問總理。既兼地位在尙書省之上的天策上將，則更擁有軍令權；後來又兼中書令，控制詔勅發出之權，則親王身分的李世民，無異已是實際的皇帝。天策上將唯一不能控制的部隊爲東宮及王府部隊，這是玄武門兵變時，東宮部隊及齊王（元吉）部隊與禁衞軍殊死戰，而需請得高祖手詔才停戰的原因。陳寅恪先生指出李世民兵變的成功乃是取得了玄武門部隊的支持，不知在當時軍令系統上玄武門屯軍原由諸衞將軍指揮，諸衞則隸天策上將統率指揮。李世民爲頂頭上司，故能輕易籠絡衞軍將領的感情，而且軍令如山，衞軍將領在制度上亦不得不聽令於天策上將。李世民在政府組織的結構上，處於優勢的地位，宜乎能成功的謀奪君位了。

上述政制所造成的政治危機，需待太宗卽位，君臣努力澄清，一代盛典，然後才能完成。研究唐初政治問題而對此類問題不能徹底瞭解，終有遺憾之感。

附　注

❶ 關於兩晉以降三省演進，詳見陳啓雲：〈兩晉三省制度之淵源、特色及其演變〉（《新亞學報》一九五七，第三卷，第二期，頁九九～二二九）。該文論述重心在兩晉，但對兩晉前後的制度演變亦頗有討論。他提到魏晉政府重心在尚書、中書，南朝則變爲中書、門下；北朝承魏晉，但以尚書、門下爲重心，隋唐則糅合此二系統，形成新的型態。

❷ 對此問題曾睿《中國政治制度史》（臺北，啓業書局，一九七四，臺一版）第二冊第三篇，第一章第二節略有敍述，引文見〈無極山碑〉，該書亦引之，但與原文頗異，見頁六三。案：太常卿耽卽陳耽，他在是年多十月晉升爲司徒，見《後漢書・靈帝紀》第八卷，頁一〇二下。案：漢制九卿兼爲中央行政官及庶務官，所以政令得經九卿而下郡國長官，而九卿對尚書省行文用上行，如同碑載「太常臣耽、丞敏頓首上尚書」。據陳啓雲先生解釋，諸司在兩晉以前上尚書，可能有兩種情況，一爲上尚書請轉上皇帝，其對象爲皇帝。一爲逕以尚書省爲受文體，卽以行政下屬身分申上尚書省。歐陽修此碑跋尾頗疑當時官制，蓋未深究尚書省的職權與地位之故。詳歐陽修〈後漢無極山神廟碑〉，收入《集古錄》（臺北，藝文印書館石科叢書乙之三，景印）卷三，頁一四～一五。陳啓雲文見本章❶，頁一三八～一四四。

❸ 本段所述隋以前政制，蓋依《五代史志・百官志》所載。《五代史志》乃唐于志寧等撰，與《隋書》分別行世，後因《隋書》無志而收入之，情形與《後漢書》相同，今爲尊重作者，《隋書》十志，仍稱《五代史志》，今《隋書・百官志》卷二一載梁陳制度，卷二二載北齊制度，卷二三載隋文帝開皇制度及煬帝大業制度。文帝制度今編入《隋書》第二八卷，頁七七三～七九三，煬帝制度入第二八卷，頁七九三～八〇三，本節以下討論隋制皆據此。又《五代史志》僅載機關官稱及編制，對建制及職權多不論述，學者須輔以《隋書》列傳，然後才可豁然瞭解。至於武德制度可詳《通鑑》及《舊

唐書‧官志》，《舊志》多詳玄宗以前制度，與《唐六典》、《三通》、《新唐書‧官志》多詳玄宗以後制度頗異。今《五代史志》及《舊唐書‧官志》所載未必爲律令原文，但三朝律令體制，皆可由此窺見其規模。東宮及地方職事官等均不收入本表之內。又唐初監級單位在寺之下，今爲比較隋制，故移置寺級之上。

❹ 《隋楊素傳》第一三卷，頁一二八一～一二九六。

❺ 本圖依《五代史志‧百官下》製成。當時稱六尚書爲六曹尚書，侍郎亦未升爲部的副首長，而爲司級單位的首長。而且，當時尚未有「司」的官稱。開皇六年第二次改革，三十六侍郎分掌的單位才定名爲「司」，每司增置員外郎一人，共二十四人，實爲副司長。圖五繪製史料亦同，但機關官員官銜與本圖有異（令、僕、尚則相同），故圖五不明載官銜。

❻ 被裁撤的機關有光祿寺、都水臺，裁入司農寺。衞尉寺則分別合併於太常寺及尚書省。鴻臚寺亦裁入太常寺。這些機關在開皇中陸續恢復建制。詳《五代史志》卷二八〈百官下〉，頁七九二～七九三；《隋盧思道傳》第二二卷，頁一四○四。

❼ 楊素對此無可如何，甚至後來因柳述之言，文帝剝奪了楊素處理政務的大部分權力，詳《隋柳機傳》第一二卷，頁一二七二～一二七三。

❽ 柳莊、柳機皆出河東柳氏世家，柳機之子即前述與楊素衝突的柳述。詳《隋柳機傳》第一二卷，頁一二七一～一二七四；《隋柳莊傳》第三一卷，頁一五五二。

❾ 《隋劉行本傳》第二七卷，頁一四七七～一四七八。

❿ 《五代史志》卷一七〈五行上‧言不從類〉，頁六三四。

⓫ 見《五代史志》卷七〈禮儀志〉，頁二五五。隋唐制度，尚書省所奏公事，經門下省審閱，若非大事，即得逕移中書省出令。這類小事在尚書省奏請後，門下、中書兩省甚少留難，故兩省均不需啟奏於皇帝，逕在中書出令後，分用兩省關防通過，然後移還尚書省。兩省成爲宰相機關的原因之一即在此。《六典‧中書省‧中書令條》注：「（隋）文帝廢三公府僚，令中書令與侍中知政事，遂爲宰相之職。」（第九卷，頁六○）既爲宰相，始得用兩省關防，其理甚明。

⓬ 《舊蕭瑀傳》第一三卷，頁三～七。

⓭ 王室計有楊廣、楊秀（皆文帝子）、楊昭、楊暕（皆煬帝子）四人，與皇帝
同邑同姓，可能有極疏遠關係者有楊素、楊約、楊文思三人，皆楊素家族。
蕭琮則爲文帝外戚，原爲西梁皇帝。諸內史省長官之中，僅有虞慶則一人曾
任「內史監兼吏部尙書」，而非內史令。諸相《隋書》各有傳，頁碼不贅引。
又萬斯同，《隋將相大臣年表》列敍「八座」、兩省首長，本文敍述隋朝宰
相，可詳參此表，收入《二十五史補編》第四册，頁四六九三～四六九七。

⓮ 李德林爲唐李百藥之父，父子皆爲著名學者。詳《隋李德林傳》第七卷，頁
一一九三～一二〇九。

⓯ 其實虞世基的態度，與唐初名相，當時任內史舍人的封德彝敎唆有關。請詳
《隋虞世基傳》第三二卷，頁一五六九～一五七四；《舊虞世南傳》第二二
卷，頁一～四；《舊封倫（德彝）傳》第一三卷，頁一～二。又蕭琮之弟蕭
瑀當時亦爲內史侍郎，他對虞世基及封德彝的行爲極表不滿。後來太宗卽
位，封德彝與他同爲宰相，二人卽發生衝突。

⓰ 詳《唐高祖紀》第一卷，頁一。又唐初歷史有經許敬宗改動之嫌，因此眞相
晦澀，李樹桐師在＜李唐太原起義考實＞一文頗有暢論，該文收入《唐史考
辨》頁一～四二。同書另文＜論唐高祖之才略＞亦有暢論，頁四三～九八。

⓱ 筆者無意盡列相府所有幕佐的情況，而且史料殘缺，亦不可能爲之。所列諸
人，第一個官職爲大將軍府幕佐，其人皆爲太原起事人物。第三個乃唐朝官
職，他們由丞相府幕佐轉任唐朝官職的最早官職，有些人因記載不明，僅以
累轉、歷遷代表此非第一任官職。這些人中，除溫大有附於其兄＜大雅傳＞
內（《舊傳》第一一卷，頁一～三），竇軌、竇誕附＜竇威傳＞（《舊傳》
第一卷，頁四～七）內之外，其餘各有傳，不贅引。

⓲ 見《通鑑》卷一九〇，高祖武德七年夏四月庚子，頁六九八二。

⓳ 陳寅恪先生對隋唐制度淵源極有卓見，但論及隋、唐因襲關係之處，惜其吝
墨，未作詳敍，詳其＜隋唐制度淵源略論稿＞，收入《陳寅恪先生論文集》
上册，頁一～一四九。

⓴ 請詳《隋崔仲方傳》第二五卷，頁一四四七～一四五〇；《隋裴政傳》第三
一卷，頁一五四八～一五五〇；《五代史志》卷七＜禮儀志＞，頁二五三～
二五四；同書卷二〇＜刑法志＞，頁六九七～七〇三。

㉑ 詳《五代史志》卷二三＜百官下＞，頁七九三及八〇三。

㉒　唐高祖對前代律令的批評頗詳細，引文僅爲其總批。餘詳《舊唐書》卷三〇
　　＜刑法志＞，頁一～二。

㉓　格與式皆由勅旨整理而成，具有因時制宜的特色，與較剛性的律令不同。格
　　爲「百官有司之所常行之事」，式爲「其所常守之法」，以今日觀念視之，
　　「格」爲公務員及機關行政行爲法、公務員懲戒法。唐初既廢現行的大業律
　　令，又未下詔暫用開皇律令及頒示新律令，故在武德元年特頒新格以暫用，
　　七年新律成，則附入新律。詳《新唐書》卷四六＜刑法志＞，頁一；《舊唐
　　書》卷三〇＜刑法志＞，頁一。新格頒下爲武德元年十一月四日，今從《唐
　　會要》卷三九＜定格令類＞，頁七〇一。

㉔　武德律以開皇律爲本，諸書所載同。今武德律原貌已不可重睹，故論者皆以長
　　孫無忌等在高宗初期所上的《唐律疏義》爲例，作隋唐法律比較。案：唐律
　　爲房玄齡等修定，貞觀十一年正月頒下。唐律重要的精神在輕刑，削改隋律
　　不可勝計云云。開皇律共五百條，凡十二卷；唐律亦五百條，共十二卷，篇
　　名與開皇律同，但精神、條文已有修改。陳寅恪先生根據篇名以論述隋唐刑
　　典淵源，頗有排斥南朝（尤其梁、陳）及北周律學因素，似有牽於其名而未
　　能徵其實的嫌疑。詳《五代史志》卷二〇＜刑法志＞，頁六九五～七一七；
　　《舊唐書》卷三〇＜刑法志＞，頁一～四；《新唐書》卷四六＜刑法志＞，
　　頁一～四。陳先生之＜隋唐制度淵源略論稿・刑律篇＞，頁九四～一〇九。

㉕　例如文帝某次命令吏部尙書牛弘宣勅，牛弘至階下卽不能言，回來向文帝謝
　　罪，文帝安慰說：「傳語小辤，故非宰臣任也！」牛弘乃政治上極活躍的
　　人，但從未參政，文帝之言，表示吏部尙書位任如宰相，見《隋牛弘傳》第
　　一四卷，頁一二九七～一三一〇。又右僕射虞慶則在開皇九年解職後，轉爲
　　右衞大將軍，尋又改爲右武候大將軍。十七年，文帝因其「位居宰相」，派他
　　統兵討伐嶺南。諸衞大將軍正三品，排班在內史令之後，在禮部等五尙書之
　　前。由此可知正三品大臣，皆宰相之位任，而非眞宰相。參《隋虞慶則傳》
　　第五卷，頁一一七四～一一七六。

㉖　宰相，國之重官，政典理應記載，但《五代史志》所載開皇體制及大業體制，
　　皆不及備，顯示律令無此官。且《五代史志》在唐初完成，當時已有「參知
　　政事」此類授權，修撰者理應知此爲宰相之職，他們追記隋制，而不敍述此
　　職，顯示降至唐初，參政僅爲授權，有宰相之實而無其名，爲摒出律令官制

之外者。

㉗　《隋李圓通傳》第二九卷，頁一五〇七～一五〇八；《隋陳茂傳》第二九卷，頁一五〇八～一五〇九。

㉘　《舊陳叔達傳》第一一卷，頁三。

㉙　溫大雅字彥弘，大有字彥將，皆以名行，而溫彥博則以字行。兩省侍郎爲副長官，爲法定機務處理人之一，「同在機務」，「對居近密」皆指此而言。詳《舊溫大雅傳、兩弟附》第一一卷，頁一～三。

㉚　劉林甫爲高宗宰相劉祥道之父，其事詳《舊劉祥道傳》第三一卷，頁二。顏師古爲北齊顏之推的孫子，爲中國大經學家，原名籀，以字行世。詳《舊顏師古傳》第二三卷，頁五～六。岑文本爲江南寒素，具有極佳資歷與文辭。故太宗親自行使薦舉權，後拜中書令，詳《舊岑文本傳》第二〇卷，頁六～九。

㉛　鄭譯原任內史上大夫，因專權貪財除名爲民，後復召「領內史事」，因與楊堅同學，又素在內史有供職，故楊堅倚任之。楊堅篡政，他出力甚大。後因貪贓狼藉，爲文帝所疎，受禪後不復參理大政，勒令以上柱國歸第。李圓通爲楊堅之父楊忠麾下的軍士，與楊氏家僮私通的私生子，生後不爲生父所認養，故一直在楊堅手下給使差役，因侍從救護之功，爲楊堅感激，故以相府幕佐身分「參預政事」。他一直被信任，煬帝時官至兵部尙書，留守京師，陳茂亦以寒賤爲隋公幕佐，典理楊氏家務，未嘗不稱旨，故委以心腹之任，後至太府卿，卒於官。李、陳兩人詳同㉗，另詳《隋鄭譯傳》第三卷，頁一一三五～一一三八；《隋柳裘傳》第三卷，頁一一三八～一一三九。

㉜　楊雄後在煬帝伐高麗之役從征，中途以老疾病薨。《隋觀德王雄傳》第八卷，頁一二一五～一二一八。

㉝　《隋房陵王勇傳》第一〇卷，頁一二二九～一二三九。

㉞　李靖事詳《舊李靖傳》第一七卷，頁一～六；詔文見《唐大詔令集》卷五四＜李靖特進制＞，頁二八九。特進，唐制正三品文散官；開府儀同三司，從一品文散官。魏徵、高士廉兩書有傳，其授權事見《新宰相世系表》貞觀十年六月及十七年六月條。

㉟　諸人行爲引文，詳參表十六所引各人的本傳。又隋朝僅楊素一人眞除尙書令。元勳重臣贈此官者亦少，今可考者僅得四人，此即煬帝任行臺尙書令時，其重要輔弼王韶卒後，煬帝特贈司徒、尙書令、十州刺史。另一即爲「五貴」

之一的宇文述，亦贈司徒、尚書令、十郡太守。另二人則爲隋文帝宗長，卽從祖父楊元孫與族祖楊鍾葵，皆贈柱國、尚書令。詳《隋書》卷二七＜王韶傳＞，頁一四七三～一四七五；卷二六＜宇文述傳＞，頁一四六三～一四六八；卷八＜河間王弘傳＞，頁一二一一；卷八＜楊庶綱傳＞，頁一二一四。

㊱ 詳《五代史志》卷二八＜經籍二・史部・刑法類＞，頁九七三，及《舊唐書》卷二六＜經籍志・乙部・刑法類＞，頁二七。

㊲ 僕射非長官，故非宰相，此爲唐初繼承隋制的制度。後人格於貞觀以後尚書令不除人，高宗以後廢除尚書令建制，遂以僕射爲尚書省長官的制度，因此對武德以前制度諸多誤解。這種誤解自唐朝已形成，宋儒亦未深究，因此對貞觀時代僕射何以變成需加掛同三品等名義始得爲宰相，皆不能推本溯源。兩書記載武德、貞觀諸僕射極爲混亂，就以裴寂而言，兩傳皆失「知政事」一辭。司馬光研究極爲敏銳，直書裴寂爲「右僕射知政事」。《新宰相世系表》亦明載「知政事」一句，但《新傳》失載，顯示歐陽修對此制仍未透徹明瞭。嚴歸田師在《唐僕尚丞郎表》大著之中，對此亦未置疑。孫國棟先生在其＜唐書宰相表初校＞一文中，特別提出此問題，但承認證據不足，故未深入發掘。請詳《通鑑》卷一八五，武德六年六月甲戌，頁五七九三；《新宰相世系表》第一卷，頁一；孫先生文見《新亞學報》第二一卷，頁三〇九～三一〇。

㊳ 《舊志》原文見第二三卷，頁一，《新唐書・官志・尚書省項》所載略同而較簡。至於《唐六典》及《三通》所載亦無大異。《通志》（臺北，新興書局，景清乾隆殿本，一九六三，新一版）、《文獻通考》（臺北，新興書局，景清乾隆殿本，一九六三，新一版）之文，大抵以杜佑的《通典》爲本（臺北，新興書局，景清乾隆殿本，一九六三，新一版）。

㊴ 裴、蕭二相在武德朝情況，兩書所載略同，但以《舊書》較詳，可參《舊裴寂傳》第七卷，頁一～三；《舊蕭瑀傳》第一三卷，頁三～四。又杜佑《通典》作於中唐，曾在職官四、尚書上、僕射條指出一個現象，他說：「大唐左、右僕射因前代，本副尚書令。自尚書令闕，二僕射則爲宰相。……貞觀末，除拜僕射，必加同中書門下平章事及參知機務等名，方爲宰相，不然則否。」其言頗有錯誤，僕射獲參政授權方爲宰相則無錯，事詳下章。君卿任相於中唐，對政制極具研究，僕射原不爲宰相，可由其言而得到勘證。至於

鄭樵在《通志》說：「初，唐因隋制，以三省之長中書令、侍中、尚書令共議國政，此宰相之職也。其後……僕射爲尚書省長官，與侍中、中書令號爲宰相。」除了說明三省長官爲宰相正確外，僕射何以成爲宰相，皆語焉未詳，亦待後敍，詳《通典》二二：典一三一上。《通志》四九：考四五○下。

⑳ 本圖據《舊唐書・官志》所載尚書省組織繪製，表示其正常狀況下的制度。又《武德令》無左、右都司建制，此與《開皇令》相同，而與《大業令》相異。<官志>所載尚書省官吏編制未必爲武德制度，尚令、兩僕、六尚、六侍、兩丞各一員則較可信，至於諸司郎中、員外郎，武德時代難以詳考。據《唐會要》卷五八<左右司郎中及員外郎條>，頁一○○二～一○○三，左右司郎中在貞觀二年復置，員外郎則在永昌元年始置。禮部第三、四兩司，序位與隋制相異，亦不知是否武德時代的制度。

㊶ 唐尚書省與百司的政令關係，歷代多混淆不清，其行政上的上下關係，嚴歸田師於其<論唐代尚書省之職權與地位>大文中，極有暢論，使一代行政規模，明確於世。但該文所述，以玄宗以前唐朝前半期爲主，即將尚書省地位未變時的原貌恢復，至於後半期的詳細關係，則未有詳論。而且該文申論尚書與百司關係，主要集中討論其與寺監諸衛的關係，對於建制上的天策上將府、東宮、王府等機關，猶乏詳論。收入《唐史研究叢稿》（香港，新亞研究所，一九六九，初版），頁一～一○一。另著《唐僕尚丞郎表>亦有申述。

㊷ 《舊唐書》卷二四<官志>，頁二四。諸政典略同。

㊸ 徐廣當時爲祠部郎，奉錄尚書事會稽王道子及其子元顯命令議立此儀，道子及元顯父子並錄尚書事在晉安帝隆安三年（三九九），至元興元年（四○二）桓元叛亂，道子、元顯均罹難，桓元遂總百揆。徐廣事見《南史》（臺北，臺灣商務印書館百衲本，景元大德刻本）卷三三< 本傳 >，引文則見《宋書》（臺北，臺灣商務印書館百衲本，景宋蜀大字等本，一九六八，臺二版）卷八二<沈懷文傳>。

㊹ 陳啓雲確定尚書省至兩晉已擁有此種地位、權力，惜未進一步分別行政地位與統率地位，其說詳同本章❶之文。

㊺ 本序列參照《五代史志・百官下》及《 舊唐書・官志 》製成。槪以《 武德令》的次序爲本，但有些地方頗需注意：㈠天策上將隋令及《貞觀令》皆

無，僅《武德令》有，位在王公之上。㈡《開皇令》中，太子三師位正二品，序在尚書令前，太子三少則位正三品，序衞尉卿下，納言（侍中）前。唐朝各進一階，不知何時定令。㈢《開皇令》中太常、光祿、衞尉三上卿皆正三品，在吏部之後，在太子三少及納言之前，《大業令》降光祿以下八卿爲從三品，太常卿則未詳。唐制太常以下諸寺位從三品，太常及宗正兩卿在天寶初才升入正三品。御史大夫原位從三品，《開元令》將其位昇在諸卿寺之前。㈣《開皇令》中，吏部以外，餘五部序列爲禮、兵、都官（刑）、度支（民）、工部，《武德令》改爲如文內所述，貞觀以後又屢有改變。

㊻ 劉祥道爲武德時專典兵機、與中書令蕭瑀撰定律令的劉林甫之子，高宗時拜相，對官制頗有研究。當時六部尚書改稱爲常伯，故稱九卿爲常伯屬官。詳《舊劉祥道德》第三一卷，頁二～四。

㊼ 此時左僕射蕭瑀免官，右僕射封德彝卒，太宗委託戴胄處理本省庶務。詳《唐會要》卷五八＜尚書諸司中・左右丞類＞，頁九九七。又見於《舊戴胄傳》第二〇卷，頁四。＜名例律＞詳參《唐律疏議》，二・五：二三～二五。

㊽ 東宮、王府等少數機關直隸於皇帝，並不構成政府的主要職事機關，今不列入。國防軍事系統則詳下文，此亦不列入。

㊾ ＜蘇威傳＞前面已屢引，諸人可詳《隋令狐熙傳》第二一卷，頁一三八五～一三八七；《隋蘇孝慈傳》第一一卷，頁一二五九～一二六〇；《隋樊叔略傳》第三八卷，頁一六七六；《隋趙仲卿傳》第三九卷，頁一六九六～一六九七。

㊿ 詳《唐大詔令集》卷三五＜諸王、除親王官上・秦王等兼中書令制＞，頁一四九。此制中元吉官稱司徒，似爲司空之誤。

51 詳＜秦王太尉陝東行臺制＞、＜秦王兼涼州總管制＞、＜秦王益州道行臺制＞，三制見同㊿書，頁一四八～一四九。

52 詳＜秦王天策上將制＞及＜秦王領左右十二衞大將軍制＞，二制頁碼同51。案：《武德令》無三師的建制，最高職官爲三公，李世民高居三公之首，爲太尉，且爲尚書令首相，勳官則爲最高的上柱國，爵位爲親王，已無可再高，故酬以天策上將。天策上將府的組織編制見《舊唐書》卷二二＜官志＞，頁一六～一七。

53 本圖根據武德七年至九年時期研製，至於諸衞大將軍及地方的府牧與都督府，品秩皆在三品以上，原應在圖上與兩省六部並列，但爲繪製方便起見，故繪如本圖。

第三章 儒家政治理想下的貞觀、永徽時代

第一節 中央權力的再度整合及大唐前期政制的形成

一、人才主義銓選政策及機關精簡

唐太宗因爲在政府體系中居於優勢地位，所以能夠奪嫡成功，當上皇帝。以太宗的英睿，又是在武德體制下實際的獲得利益者，當然瞭解政治的弊端而思改革。隋唐的國策皆在重整及穩固中央政府，而使中央政府分權制衡爲根本；前者乃消滅藩鎮之禍，屬於中央與地方分權的問題，後者乃中央治權分配的問題，基本意義在使治權合理化及消滅權臣政治，此卽前文所說的固本國策。太宗君臣對此國策體認深刻，各種國家安全制度及國家戰略卽據此製定。舉例言之，例如貞觀時徹底推行府兵制，使軍隊國家化與中央化，天策上將府、各地總管府、行臺皆被取消，改用都督制、鎮戍制，劃分軍政區與衞戍區，而取消軍政、軍令合一的軍區制度；而且軍事系統與行政系統二元分行，消滅統一指揮的現象。至於邊防體系亦採用軍政分離及小部隊分屯制。此國防軍事問題，皆在下面專章討論。就國家安全而言，租庸調制度的運用是導致社會安定的原因；特別司法制度（詔獄）的抑制及正常司法制度的推行；取消司隸臺而使監察權一元化，進而實行中央分巡制度，切實瞭解，督導全國政治，此皆使中央聲望提高而促進國家安全，將在後章陸續討論。君

權的行使、君主繼承制度的變化，與封建制度諸問題，皆為關係國家安全的犖犖大者，留待本章各節討論，本節則僅討論國家安全制度之下，中央權力組織的整合及國家人事行政的政策。

玄武門兵變成功以後，李世民以皇太子監國，尋即取消了天策上將此一對政制具有潛在危機的官署。即位後，採取了兩個重要措施，一為在建制上取消王府部隊，一為取消行臺制度，兩者原本皆為特殊權力組織，然後才適度修改武德律令。貞觀律令在貞觀十一年（六三七）正月修成頒下，在頒令以前，政制的改革已在進行。若以中央職事系統言，武德體制的三公、六省、一臺、九寺、一監、一學、天策上將、十四衛府，與貞觀制的三師、三公、六省、一臺、九寺、三監、十二衛沒有根本性的差異。貞觀體制最大的特色在政府官員編制的精簡。貞觀元年（六二七），君臣根據武德律令及當時實際情況，制定文武官員總額為六百餘員，成為中國政治史上劃時代的精簡編制❶。竊疑六百餘官可能為中央官數目，地方長官，各機關幕僚人員及吏員、鄉官等，皆未包括在內。不過，就以中央官而論，貞觀時代仍為最精簡的時代，當可無疑。六百餘的編制，由房玄齡承旨制定。頒定之前，太宗指示玄齡說：

> 致理之本，惟在於審量才授職，務省官員。故書稱任官惟賢才，又云官不必備，惟其人。若得其善者，雖少亦足矣；其不善者，縱多亦奚為？當須更併省官員，使得各當所任，則無為而理矣。卿宜詳思此理，量定庶官員位。❷

根據這段記載，精簡政策似乎出於太宗主動的構想，但以貞觀大臣的才德而言，此政策可能成於君臣意見的交流，而為君臣共有的看法。無論如何，太宗的指示顯示了精簡政策後面的政治理想，此即選賢與能，提高效率，以達到大治。事實上，以如此少數的編制，若不選用人才，而或才不當其任，勢必造成政府威信的降低，行政的錯謬及效率的癱瘓。

所以編制精簡政策必須與人事上的人才主義相輔而行，而且才幹尚重於德行。貞觀人才之盛，效率之高，爲世人稱美，即使討論高宗以後人事突變、威權政治、編制膨脹、諸司奪權等現象，亦莫不與此有關。這兩個政策，實關係國家安全，不溯其源，則不審其流，亦無以分別貞觀與其前、後各朝政治差異之所在。

就心理方面而言，太宗及其貞觀重臣大都經過奪嫡鬥爭，進行過弒兄逼父、弒儲君挾天子的勾當，皆有非常之才而缺乏忠君的觀念，他們汲汲求治，推行政治理想，極可能欲藉此掩蓋或補償以前的重大過失。人才主義的國家人事行政政策，似由此產生，太宗與魏徵的一段對話可以爲佐證。魏徵爲山東小姓，太宗政敵太子李建成的重要助手，曾經力勸建成先行誅鋤秦王。及至太宗即位，對他敬禮器重，釋棄前嫌而擢拜諫議大夫。魏徵有諫諍之才，前後諫陳二百餘事，所以擢爲尚書右丞。依制右丞掌理民、刑、工三部的十二司事務，兼有專門針對監察系統而行使的彈劾權。貞觀二年（六二八），傳說魏徵阿黨親戚，太宗特令御史大夫溫彥博調查其事。彥博查無實證，卻回奏說魏徵身爲人臣，不能遠避嫌疑，致招此謗。太宗命令彥博爲此責備魏徵，令他今後需形迹檢點。他日魏徵入奏，當面反駁太宗的意見說：「臣聞君臣協契，義同一體。不存公道，唯事形迹。若君臣上下同遵此路，則邦之興喪，或未可知！」太宗懺悔道歉。魏徵又說：「陛下使臣爲良臣，勿使臣爲忠臣。」太宗怪問其異，魏徵解釋說：「良臣，稷、契、咎、陶是也；忠臣，龍逢、比干是也。良臣使身獲美名，君受顯號，子孫傳世，福祿無疆。忠臣身受誅夷，君陷大惡，家國並喪，空有其名。以此相言，相去遠矣。」太宗深納其言❸。貞觀君臣論政，喜引儒家經典，即以儒家政治理想爲其理想。孔、孟討論政治人物，爲人臣者常責以敬，而很少責以忠。孔、孟論忠，多爲人與人相交之態度，君臣相交，若以私人關係而言，則當「與人忠」；若以公事關係言則多言蒞事敬，公私分明。大臣當國，須

全心全意爲國家設想，而敬涖其事，君臣私交尚在其次，此爲魏徵精意所在。孔子從未斥責管仲棄主之仇而效力於齊桓公；孟子更喜提倡變易諸侯、變易社稷，甚至否定商湯弒君之說。此皆爲國人熟知的理論，與宋儒批評魏徵、王珪不死建成之難有異。道德批判可以施用於某種事物或限度，但若將君臣私交之道而責之於爲國理事，使臣子獻忠於君而必盡力繼之以死，則爲孔、孟所未力言，而爲唐代君臣所缺乏的觀念。唐朝君主屢遭弒逆奪權，名臣如魏徵、姚崇、韓愈等，皆未有奮起力爭的紀錄，但皆不失爲唐朝的良臣。魏徵的良臣論，意指品德優良而能經邦治國的人，這是貞觀以降的選舉標準。大治需有良好的制度與人才，太宗取消建制上的特殊權力機關而將達至「開皇之治」的基本制度略加修改，加上人才鼎盛，「貞觀之治」於焉出現。

太宗具有唯賢才是用的觀念，鼓勵羣臣舉才，倡言「內舉不避親，外舉不避仇」❹，而且君臣皆有毅力去貫徹始終，太宗甚至親自向有關首長行使薦舉權，岑文本、馬周兩中書令皆曾以才幹爲太宗舉薦任命。侍中張行成亦爲寒素，舉制舉乙科而任侍御史，太宗以爲能幹，乃向房玄齡說：「觀古今用人，必因媒介。若行成者，朕自舉之，無先容也。」❺與太宗向中書令溫彥博推薦岑文本繼承顏師古出任中書侍郎專典機密情況相類似。史稱貞觀七年（六三三），太宗欲晉册開府儀同三司、奪嫡第一功臣之一的妻兄長孫無忌爲司空，無忌力辭，並請其母舅吏部尙書高士廉代爲勸止，太宗遂對士廉解釋：

> 朕之授官，必擇才行。若才行不至，縱朕至親，亦不虛授，襄邑王神符是也。若才有所適，雖怨讐而不棄，魏徵等是也。朕欲以無忌居后兄之愛，當多遺子女金帛，何須委以重官？蓋是取其才行耳！無忌聰明鑒悟，雅有武略，公等所知，朕故委之臺鼎。❻

太宗器重長孫無忌是因其才行，而尤重其「聰明鑒悟，雅有武略」之

才，故委以三公之官。太宗自舉皇叔李神符爲例，說明他有開國戰功，
但才具不及，不能虛授的道理。又如太宗表親宗正卿竇誕在君臣談話時
昏忘不能答，太宗乃下手詔說：

> 朕聞爲官擇人者治，爲人擇官者亂。竇誕比來精神衰耗，殊異
> 常時。知不肖而任之，覬尸祿而不退，非唯傷風敗政，亦爲君不明
> 考績。黜陟，古今常典！誕可光祿大夫還第。❼

竇誕解職乃因衰耗不肖，亦爲才幹因素。如何就有限官額選擇人才來擔
任，乃「爲官擇人」的人才主義選舉政策所在，太宗能始終貫徹奉行，
當時主持國家人事行政的大臣亦能切實執行。唐代名相以房玄齡、杜如
晦兩僕射最著名，二人掌選舉，史稱「聞人有善，若己有之。明達吏
事，飾以文學。……不以求備取人，不以己長格物；隨能收敍，無隔卑
賤」❽。貞觀三年（六二九）杜如晦病逝，死前推薦左丞戴冑掌管選舉。
戴冑爲精於律令的人，翌年以本官「參預朝政」，推行「抑文雅而獎法
吏」的政策，俾律令法治能有效形成。當時的吏部尚書高士廉，亦能
「凡所署用，莫不人地俱允。」❾舉朝文武皆以才行任用，甚至宰相任
用亦各因其長，實爲貞觀政治最成功之處❿。

　　上述兩個政策在高宗中期以後逐漸破壞，形成政府混亂、人事複雜
及膨脹，主要原因在於君臣疏怠任情，缺乏貞觀精神，而又加上政潮波
動，威權屢作，遂使一代良法，逐漸崩潰。但是上述兩政策亦有本身的
缺點，不容忽視。首先，編制精簡政策使機關裁減，官少事繁。若爲官
者人選失當，必致政事壅塞，效率緩滯；若遇環境驟變或危機出現，必
有人手不足以應付之虞。高宗以後編制擴充及差遣機關的出現，即爲敷
應實際環境的需要，遂致冗員激增，遠超正員；使司膨脹，掠奪律令機
關的職權，則爲始料不及的發展。其次，受人才精選政策影響打擊最大
的乃是士族。選舉唯賢才，門資因素遂轉居其次，戴冑以法吏爲尚而抑

壓文雅，當時已爲士人所嗤。出身高門的貴公子楊師道在貞觀十七年（六四三）爲吏部尚書，亦以「深抑勢貴及其親黨」爲原則，爲時論所譏嘲⑪。結夥邀選之風自隋朝已盛。阿黨之論，朋黨之成，多由此起。事實上選舉糾紛自隋已然，而貞觀元年（六二七）溫彥博掌選事，大量淘汰競選者，卽曾引起落第者的騷動⑫。這是人才主義政策及選舉制度的潛在危機。唐朝銓敍以身、言、書、判爲主，而特重判行公文的才幹；考試科目則分爲秀才、明經、進士、明法、明算等，亦據人才主義而劃分，對士人德行則多所忽略，卽使制舉科目亦多在求才。兩漢重視選賢，魏晉以降尚門第，隋唐開始偏重人才，皆各有其弊。高宗武后時代有才幹而操行劣的大臣如許敬宗等，多爲人才主義下的產物。唐朝國祚約三百年，多得代有能臣的支持，但其政治波動亦與部分有能而未賢的臣子有關，若仔細研究每一個政治事件的人物或藩鎮本人及其助手的操行，眞相必可明瞭。更重要的是人才主義的適用範圍不及於君主，皇帝選擇繼承人未必以人才爲主。缺乏治國才幹的人當了皇帝，如何能堅持「爲官擇人」的政策，高宗、中宗、睿宗父子德行不算很壞，但才幹則屬中庸，人事緊縮政策遂在他們手上破壞，人才精選政策亦告搖動。是則貞觀君臣設計的制度僅適用於君聖臣賢之局，而不適用於君庸臣劣或等而下之的情況，與孟子變易諸侯、變易社稷的理想尚有大段距離。不過，貞觀君臣的精神理想出現於君聖臣賢之局，政策設計亦與此有關，上述兩個政策是使「貞觀之治」迅速達成的原因，其正面意義必須加以重視。歐陽修盛贊太宗君臣的重整制度與人事政策，認爲爲法精密，治事簡易，達到了「萬世法」的理想⑬。事實上貞觀政治確實樹立了君主政治的模範，達到了某種程度的儒家政治理想。

二、參政制度的重建

在中央權力組織精簡整合的過程中，三省各有局部而重要的改變，

對後世影響最大的厥為參政制度重新推行，逐漸形成新的宰相制度；新的宰相制度更接近幕僚制，對宋元制度影響甚大。其次則為尚書省不除長官，使其步上純為行政機關而止於奉行命令的命運。相反的，中書省職權不變，五花判事制度的運用使其地位日隆；門下省亦因封駁押署制度而得以保存宰相機關的地位。這些改變遂使中央權力組織在結構上與隋朝迥異。

　　貞觀三年（六二九），太宗罷免裴寂司空之官，〈本傳〉載太宗責備說：「計公勳庸，不至於此，徒以恩澤，特居第一。武德之時，政刑紕繆，官方弛紊，職公之由。」即要其負擔宰相的政治責任——寂為高祖左右手知政事者也。武德時代「官方弛紊」，本文第二章討論武德體制的危機時已有述及，無庸詳贅。就宰相制度而言，武德體制施行的最大毛病出在任用制度紊亂。中書令蕭瑀掌理全般政務，乃違法之事。類似這種情形時常發生，例如武德二年（六一九）涼州總管楊恭仁遙授納言，成為唐朝第一個軍區司令遙領宰相的人，而且楊恭仁遠鎮西陲，門下省政事當然不能過問，在政治上無異虛授或失職。降至武德六年（六二三）入調，遷為吏部尚書兼中書令，但卻仍然檢校涼州諸軍事，是則中央、地方一身兼，出旨、施行一手攬，與唐太宗身兼尚書令、中書令、行臺等情形相同。宰相不專任，勢須加重其他宰相的責任，甚至破壞正常制度。高祖對策是運用判、兼、遙領、檢校、權檢校等方式任命宰相，以彌補缺陷。但是宰相僅為臨時或兼任性質，對中央行政實有妨礙。例如武德元年（六一八）竇抗以將作大臣兼納言、陳叔達以黃門侍郎判納言，則門下省實無專任長官。武德三年時封德彝兼中書令，中書省僅有此一員兼任長官；降至六年，封氏正除，同時楊恭仁以吏部尚書兼中書令，始湊足兩員之數，但一專一兼，仍未符合「職有常守，位有常員」的律令政治精神，太宗既欲推行律令政治，則對裴寂的批評未必出於意氣用事。

　　唐太宗人事政策在「爲官擇人」，唯賢才是用，沒有適當人才，則寧願空缺其官，雖處理國務的三省長官亦不例外，因此正宰相經常不足額。若以兩僕射爲宰相計，合門下、中書四員長官，共有六員宰相，但貞觀二十三年之中，幾乎沒有一年六相齊備。玄武門兵變之後，突厥入侵，國家處於非常狀態；稍後國家急求至治，又需報復突厥，遂需更多人才參與決策，以集思廣益。在制度上，尚書省有重大要務必召開都堂會議裁決，裁決結果又需移轉門下、中書兩省作最後予奪。兩省處理這類機密要務，法令上規定不准洩漏，否則須受懲罰。因此朝廷的決策反應，百司均不知曉，當然也就無法及時提供意見。而且百司啓奏，例需申送尚書而轉交門下省，門下省長官對此皆有處理的權力❶。他們的意見能否上達，亦未可知。如何在不破壞機關職權及人事編制下，使有才幹的人能夠參議朝政，收集思廣益之效？其措施當莫過於恢復及推廣參政授權的制度，根據制度創立的背景推之，隋文帝運用參政制度似乎以酬勳爲主，煬帝則意在取代三省分權，但貞觀行使參政制度則以集思廣益爲主，運用的精神意義各有不同。就貞觀、永徽時期參政制度運用的情況觀察，則唐初參政，旨在分中求合。參政官各有本官，出席決策會議之後，仍需回本機關辦公；他們的身分仍以本官來決定，與同類官員差異之處乃在獲得出席政事堂開會議政而已。換句話說，他們參政，絕不影響政制體系；參政官雖有出席會議參決政務之權，但無指揮三省作業之權，因此也不影響三省分權制衡的制度。及至參政制度演變爲宰相制度，參政官成爲眞宰相，以「中書門下」指揮政事，則已非唐初參政制度的原貌。後人記載討論唐初參政的制度，往往卽因後期演變的制度爲基礎，以後視前，以今論古，遂發生不必要的錯誤。

　　唐朝第一個三省長官以外，以他官參政的參政官乃是吏部首長杜淹，他在貞觀元年（六二七）九月獲得「參預朝政」，或稱爲「參議朝政」的授權❶。從杜淹官職記載混亂來看，顯示修史者對唐初參政的名

義已不甚淸楚，觀念上的錯誤遂由此而生。兹擧一些基本文獻的記載爲
例：

(一)杜佑《通典》說：「大唐左右僕射因前代，本副尚書令。自尚書
令廢厥，二僕射則爲宰相。……貞觀末，除拜僕射必加『同中書門下平
章事』及『參知機務』等名，方爲宰相，不然則否。然爲僕射者亦無不加
焉。至開元以來，則罕有加者。」《通志》、《文獻通考》大體相同❶。

僕射之官可留待討論尚書省時再贅，但貞觀時代絕無「同中書門下
平章事」的名義，「參知機務」亦絕不用於僕射等大臣，三通誤於不明
參政的名號等級。

(二)《唐會要》卷五一〈官號、名稱〉類，稱貞觀七年（六三
三）岑文本兼中書侍郞「專典機密」爲宰相之職，鄙意「專典機密」乃
機務授權而非參政授權，前章已贅，故《唐會要》實誤，又《唐會要》
引唐代著名政制學者蘇冕的駁論說：「『同中書門下三品』，是李勣除太
子詹事，創有此號。原夫立號之意，以侍中、中書令是中書、門下正三
品官，而令同者，以本官品卑，恐位及望雜不等，故立此號，與之同等
也。勣至（貞觀）二十三年七月遷開府儀同三司，八月又改尚書左僕射
並『同中書門下三品』，且開府是從一品，僕射是從二品，又令同者，
豈不與立號之意乖乎？謹案：後漢殤帝以鄧隲爲車騎將軍、儀同三司，
觀其創置之意，亦可上企三公也！可以爲證矣。永隆二年閏七年，崔之
溫、薛元超除中書令，並云『同中書門下三品』，又大乖也。」

研究唐朝宰相者常喜引用蘇冕之言，不知蘇氏觀念甚有錯誤。鄙意
「同中書門下三品」，不指位望而言，而是授與同中書令及侍中的決策
權力，參政授權需從「授權」著眼，而不可從「品秩」著眼，蘇氏之誤
在此。其次，蘇氏認爲「同中書門下三品」乃是授予低品官參政之用，
此觀念實極錯誤。尚書省旣不除尚書令，該省卽在實際上沒有宰相官，
於是兩省正三品長官乃成最高級的宰相，開元以前，授予「同中書門下

三品」者多爲三品大臣，同「三品」乃宰相最高的職銜，資淺者僅授「參預朝政」，更淺者則授「參知政事」等銜。至於說崔、薛二人在高宗永隆二年爲中書令並同三品，實無其事，蘇氏失考而已。中書令及侍中本身即爲中書及門下三品官，不需另外授權。

　　（三）《新唐書・官志》歐陽修批評說：「宰相之職，……自漢以來，位號不同，而唐世宰相名尤不正。初唐因隋制，以三省之長，……此宰相職也。其後以太宗嘗爲尙書令，臣下避不敢居其職，由是僕射爲尙書省長官，與侍中、中書令號爲宰相。其品旣崇，不欲輕以授人，故常以他官居宰相職，而假以他名。……其後或曰『參議得失』、『參知政事』之類。……貞觀八年，僕射李靖以疾辭位，詔疾小瘳，三兩日一至中書門下平章事，而平章之名蓋起於此。……自高宗以後，爲宰相者必加同中書門下三品，雖品高者亦然，唯三師、三公、中書令則否。……

　　歐公之說，明顯有幾項錯誤，參議得失非參政授權，此語即前章引用魏徵辭職，而仍知門下省事，「朝章國典，參議得失」的原文簡錄。而且歐公在〈宰相表〉中亦將「專典機密」的岑文本列爲宰相，顯示歐公對參政授權不甚明瞭。臣下不敢任尙書令，但僕射仍非長官，直至高宗中期以後廢除尙書令之官，僕射才成爲實際長官，歐公語焉不詳，令人生疑。正三品雖爲大臣，但不僅只有中書令、侍中位此階，六部尙書及諸衞大將軍等皆位正三品，若說品崇而不輕易授人，其錯誤如蘇冕相同，即以品秩而論授權之誤。李靖授權之文應爲「至門下中書平章政事」，歐公妄加改動，其實「同中書門下平章事」一名，在高宗末年才建立。若依歐公之說，三師、三公、中書令皆不要掛銜授權即爲宰相，此說有誤。三師、三公位居宰相，正三品諸官自隋朝以來亦視爲宰相之位，皆非眞宰相，前章已論。中書令確不需特別授權而爲眞宰相，但侍中亦如此，非僅中書令而已。

　　上述諸文獻皆爲後來研究者所據，故論述唐初相制，繆誤發生。筆

者綜究古今論著，認爲觀念的錯誤有數點：(1)參政授權與機務授權不能區分。(2)名號意義瞭解不清楚。例如有人認爲「同中書門下三品」意卽兼掌兩省事務，或者說爲了提高低品官的位望等。(3)對名號等級不瞭解。如「同三品」名號較「參預朝政」爲高，「參預朝政」似較「參知政事」爲高。高宗以後「同中書門下平章事」出現，僅用以處資淺見習的宰相，後來才逐漸取代「參預朝政」等名，與「同三品」成爲兩等級，最後亦取代了「同三品」之名，成爲最常見的相銜。(4)對律令體制缺乏深度認識。例如僕射在《貞觀令》中絕非宰相；中書令、侍中已爲本省長官，均不須加「同中書門下三品」等名號卽得爲眞宰相。三師在貞觀中才有建制，開元以前從未授人，而且三師、三公、僕射等高品職官，居宰相之位而實非眞宰相，需獲參政授權始得爲宰相，高品散官如開府儀同三司等更無論矣。上述四點，需待下面論述，以免空言無徵之弊。

　　參政授權與機務授權的差異，前章已有討論。三省長官皆爲裁決政事的宰相，而屬官協助之，此卽參議政務。《舊唐書・官志》記載門下侍郎的職權爲：「掌貳侍中之職，凡政之弛張、事之與奪，皆參議焉。」中書侍郎則爲：「掌貳令之職，凡邦國之庶務、朝廷之大政，皆參議焉。」亦卽兩省副長官在法令上原得參議政務，其與長官不同之處，在長官爲宰相，當然可以會同三省長官裁決政事，而三省副長官僅止於協助本機關長官參決本機關所處理的政務，行使本機關的法定權力；不獲授權，不得出席宰相會議。唐朝政務有時稱爲機務，而機務則往往與樞務、樞密、機密等名詞通用，但朝政一詞則甚少與此類名詞相混用，因此參政授權往往用「參預朝政」、「參議朝政」等名稱。貞觀間以此兩個名義先後參政者計有：杜淹（御史大夫、檢校吏部尚書）、魏徵（祕書監）、蕭瑀（御史大夫）、戴胄（吏部尚書）、侯君集（兵部尚書）、蕭瑀（特進）、張亮（刑部尚書）、褚遂良（黃門侍郎）共八人次。唐朝「知政

事」自始即指宰相之任，「參知政事」亦得視爲參政官，僅有劉洎（黃門侍郎）一人而已。「參預朝政」隋朝已運用，「參知政事」則爲貞觀十三至十八年（六三九～六四四）授給劉洎的專門名號。從貞觀元年至十三年（六二七～六三九）劉洎參政止，參政授權例皆以「參預朝政」（或「參議朝政」）爲名義。自十七年（六四三）始，增加了「同中書門下三品」之名，於是三種名號並用。在進一步分析參政官各種問題之前，勢須對貞觀機務授權情況加以瞭解。

　　兩省原本爲機要機關，其政務旣然得稱爲機務、機密、樞務、樞密，是則此皆機要密務的異名，與朝政國務略異。僅舉貞觀時一人爲例：杜正倫在隋朝舉秀才，太宗聞其名，令直秦府文學館。貞觀元年（六二七）魏徵推薦他爲兵部員外郎。至貞觀十七年（六四三），累遷至中書侍郎兼太子左庶子，史稱他「出入兩宮（指禁中及東宮），參與機密，甚以幹理稱」。直至高宗顯慶元年（六五六），才以黃門侍郎「同中書門下三品」成爲宰相❿。顯示他以中書侍郎兼太子左庶子，僅爲法定「參典機密」之官，是機要人員而非參政官。出任兩省侍郎卽爲參典機密，不必另外授權，史書明載其職，僅爲說明他爲機要官員，而「參與機密」亦非參政名號。武德初顏師古以正五品中書舍人「專掌機密」，中書舍人原不專門掌理機務，師古專掌，卽爲機務授權。師古後來升爲中書侍郎，仍然獲得此項授權。師古以罪免職後，太宗親舉岑文本繼之，貞觀十六年（六四二），岑文本遂爲中書侍郎「專典機密」，直至十八年八月晉爲中書令爲止。此兩年之間，岑文本固非參政官可明。貞觀十九年（六四五）唐太宗親征高麗，大軍出發，他將最高人事作如此安排：

　　隨駕親征要員：

　　　行軍最高統帥：皇帝李世民。

　　　　陸軍統帥：遼東道行軍大總管、特進、太子詹事兼太子左衞率
　　　　　　　　　（同中書門下三品）李勣。

海軍統帥：平壤道行軍大總管、刑部尚書（參預朝政）張亮。

隨駕宰相：司徒、太子太師（同中書門下三品）攝侍中長孫無忌

　　　　　吏部尚書、攝中書令楊師道。

　　　　　中書令岑文本。

　　　　　黃門侍郎（參預朝政）褚遂良。

隨駕機要人員：兵部侍郎（專典兵機）楊宏禮（一作弘禮）。

　　　　　　　太子左庶子、檢校中書侍郎（同掌機務）許敬

　　　　　　　宗（岑文本死後由定州調至）。

定州監國要員：

監　　國：皇太子李治。

監國宰相：開府儀同三司、攝太子太傅（同中書門下三品）高

　　　　　士廉。

　　　　　銀青光祿大夫、侍中兼太子左庶子、檢校民部尚書

　　　　　劉洎。

　　　　　正議大夫守中書令兼太子右庶子馬周。

東宮機要人員：太子少詹事（同掌機務）張行成。

　　　　　　　左庶子（同掌機務）許敬宗（後調至行營）。

　　　　　　　右庶子兼吏部侍郎（同掌機務）高季輔。

京師留守司：京城留守、司空、太子太傅（同中書門下三品）房

　　　　　玄齡。

東都留守司：洛陽留守、特進、太子太保（同中書門下三品）蕭

　　　　　瑀。⑲

　　大軍出發之前，人事尚未部署，當時宰相為司徒、太子太師、同三

品長孫無忌，司空、太子太傅、同三品房玄齡，太子太保、同三品蕭

瑀，特進、太子詹事兼太子左衛率、同三品李勣，侍中劉洎，中書令岑

文本，正議大夫守中書令馬周，刑部尚書參預朝政張亮，黃門侍郎參預

朝政褚遂良，共九相。大軍征行，太宗以李勣、張亮分統陸、海軍，長孫無忌及吏部尚書楊師道臨時分攝侍中、中書令，會合中書令岑文本及黃門侍郎參政褚遂良二人，則行營中，門下及中書省各有兩員宰輔相隨。監國系統除了任命高士廉臨時攝任太子太傅爲輔助之外，兩省長官仍各有一員留輔。兩京留司亦以宰相主持。是則「同掌機密」諸人，顯然是掌理監國機密而非參政。太宗在二月出發，三月行至定州才令太子監國，並特令高士廉、劉洎、馬周三相留輔，與張行成、高季輔、許敬宗等「同掌機務」。顯然是命令三相助決朝政，又與東宮機務人員同掌監國機務。處理監國機務皆爲東宮機要官員，而高士廉亦臨時攝太子太傅，劉洎攝太子左庶子，馬周則原已兼任太子右庶子，太宗以東宮系統處理監國機務的意思甚爲明顯，而左庶子「同掌機務」許敬宗因中書令岑文本在行營疾薨，急調行營，臨時掛檢校中書侍郎處理中書省機務，亦非授權參政。《舊楊弘禮附傳》稱當時「宰相並在定州留輔皇太子，唯有褚遂良、許敬宗及（楊）弘禮在行在掌知機務」[20]。褚遂良爲參政官，本官則爲黃門侍郎，是法定門下省機務的掌理人，隨營掌知機務當無疑問。許敬宗原以左庶子在定州同掌監國機務，調至行在爲檢校中書侍郎，代替疾薨的中書令岑文本掌知中書機務，當亦無疑。楊弘禮原官中書舍人，太宗因爲他有文武之才，特擢兵部侍郎從征，授權「專典兵機之務」，入則參謀，出則統兵攻戰。大軍班師，遷爲中書侍郎，未聞拜相參政，是則在行營時僅爲軍事機要秘書，「專典兵機」實非參政名號，與前章所述劉林甫在武德朝以內史舍人專典兵機類似，可視爲機務授權。事實上楊弘禮與許敬宗在行營乃是一文一武出色的機要秘書，許敬宗因爲草詔敏捷而爲太宗激賞，班師後遂授權「專掌誥令」。如此看來，上述張行成、許敬宗、高季輔、楊弘禮四人皆非參政官；「同掌機務」、「掌知機務」、「專典兵機」皆爲機務授權的名號而已，諸書將四人列爲宰相，卽出於參政授權與機務授權混淆之誤會。同理，貞觀二十

二年（六四八）正月中書令馬周去世，太宗命令司徒、太子太師、同三品長孫無忌爲司徒、太子太師、檢校中書令、知尚書門下二省事。又令中書侍郎崔仁師「參知機務」。仁師原官中書舍人兼檢校刑部侍郎，地位不高，史書稱他爲「中書侍郎參知機務」，僅爲說明他任此官而得參知中書省機密要務，並非指他爲參政官❷，諸書列爲宰相當誤。綜而言之，岑文本以中書侍郎「專典機密」，張行成、高季輔、許敬宗以東宮官「同掌機務」，楊弘禮以兵部侍郎「專典兵機」，崔仁師以中書侍郎「參知機務」，皆非宰執之任，在貞觀時不可列爲參政官。

　　上述岑文本六人 不能認爲是貞觀宰輔，則貞觀宰相 可作成如下年表。

表一七　貞觀宰相、參政年表❷

時　間	尚　書　省		門下省	中書省	參　政　宰　輔			備　　　註
	左僕射	右僕射	侍　中	中書令	同三品	參預朝政	參知政事	
武德九年	空	蕭　瑀 封德彝	陳叔達 高士廉	房玄齡 宇文士及	無	無	無	八月太宗卽位，起計。
貞觀元年 （六二七 ）	蕭　瑀	封德彝 長孫無忌	高士廉	宇文士及 房玄齡	無	杜淹（御 大檢校吏 尚）	無	九月杜淹爲唐朝首任參政。
二　　年	空	長孫無忌	杜如晦 （檢校） 王珪	房玄齡 李　靖	無	杜淹	無	長孫無忌正月解職，是年等於無僕射。
三　　年	房玄齡	杜如晦	杜如晦 王珪	房玄齡 李　靖	無	魏徵（秘 書監）	無	
四　　年	房玄齡	李　靖	王珪	溫彥博 李　靖 （八月遷 僕射）	無	魏徵、蕭 瑀（御大） 、戴胄（ 民尚、檢 校吏尚）、		十一月侯君集以兵尚加檢校吏尚參政，戴胄卸檢校吏尚。

年								備考
						侯君集（兵尚、檢校吏尚）		
五年	房玄齡	李靖	王珪	溫彥博	無	魏徵、戴胄、侯君集	無	
六年	房玄齡	李靖	王珪 魏徵（檢校）	溫彥博	無	魏徵、戴胄、侯君集	無	
七年	房玄齡	李靖	王珪 魏徵（正拜）	溫彥博	無	戴胄、侯君集	無	<唐將相表>七至九年有中令楊恭仁,誤。
八年	房玄齡	李靖	魏徵	溫彥博	無	侯君集	無	
九年	房玄齡	空	魏徵	溫彥博	無	蕭瑀（特進） 侯君集	無	
十年	房玄齡	溫彥博	魏徵 楊師道	溫彥博	無	蕭瑀、侯君集	無	魏徵六月解爲特進,仍知門下事。
十一年	房玄齡	溫彥博	魏徵 楊師道	空	無	侯君集	無	
十二年	房玄齡	高士廉	魏徵 楊師道	空	無	侯君集	無	
十三年	房玄齡	高士廉	魏徵 楊師道	楊師道	無	侯君集	劉洎（黃侍）	十一月劉洎參政。
十四年	房玄齡	高士廉	魏徵	楊師道	無	侯君集	劉洎	
十五年	房玄齡	高士廉	魏徵	楊師道	無	侯君集	劉洎	
十六年	房玄齡（七月遷司空）	高士廉	魏徵	楊師道	無	侯君集	劉洎	正月岑文本以中書侍郎專典機密,非參政。

年								備註
十七年	空	高士廉	魏徵	楊師道	長孫無忌 房玄齡 高士廉 蕭瑀 李勣	侯君集（四月伏誅）張亮（刑尚）	劉洎	四月立晉王爲皇太子。是年始置同三品，長孫無忌以司徒太子太師，玄齡以司空太子太傅，瑀以太子太保，勣以特進太子詹事兼左衞率爲之。
十八年	空	空	房玄齡 劉洎	岑文本 馬周 本周	長孫無忌 房玄齡 高士廉 蕭瑀 李勣	張亮 褚遂良（黃門侍郎）	劉洎	玄齡知門下省事㉓。
十九年	空	空	房玄齡 長孫無忌 劉洎	岑文本 楊師道 馬周 本道周	長孫無忌 高士廉 蕭瑀 李勣	張亮 褚遂良	空	二月親征高麗，高層人事部署前面已述。
二十年	空	空	房玄齡	馬周	長孫無忌 蕭瑀 高士廉 李勣	張亮 褚遂良	空	㉔
二一年	空	空	房玄齡	馬周	長孫無忌 李勣 高士廉	褚遂良	空	

二二年	空	空	房玄齡	馬　周 長孫無忌 褚遂良	李勣	褚遂良	空	崔仁師中書侍郎參知機務，非參政官。無忌爲「司徒檢校中書令、知尙書門下二省事」。
二三年	空	空	空	長孫無忌 褚遂良	李勣	空	空	五月太宗崩，計至此止。

　　根據表一七，貞觀時代僅有「參知政事」一人，參政官多以「參預（議）朝政」名義參決大政。至於「同中書門下三品」一名，遲至貞觀十七年（六四三）才出現。《舊太宗紀》貞觀十七年載：

> 夏四月庚辰朔，皇太子（承乾）有罪，廢爲庶人。……丙戌，立晉王治爲皇太子。……己丑，加司徒、趙國公長孫無忌太子太師，司空、梁國公房玄齡太子太傅，特進、宋國公蕭瑀太子太保，兵部尚書、英國公李勣爲太子詹事，仍「同中書門下三品」。

　　高士廉此時請辭右僕射，亦在六月詔令以開府儀同三司同三品平章政事。這是「同中書門下三品」一名的緣起。推測太宗之意，欲讓長孫無忌、房玄齡、蕭瑀、李勣四人以宰輔身分，分別兼任太子三師及兼任主持東宮事務的太子詹事之宮職，重其權位以輔助新立的皇太子。諸書格於三公乃宰相之官，不須授權而爲宰相的觀念，而誤會掛同三品名義者僅蕭瑀與李勣而已，遂將無忌與玄齡漏列㉕。前引歐陽修《新唐書·官志》說高宗以後參政須加同三品，而「三師、三公、中書令則否」，其說正是此項觀念錯誤的代表。三師、三公，正一品重官，隋制以來，正三品職官既然皆爲宰相之位，但除侍中、中書令外，其他正三品官皆無宰相之權，則師公官亦如是。師傅官自秦漢以來皆非眞宰相，《開皇令》

規定三師「不主事，不置府僚，蓋與天子坐而論道。」《大業令》更廢止三師之官，《武德令》亦無此建制。至貞觀十一年頒《貞觀令》後，乃重置三師官，不過降至玄宗，均不以授人。《舊唐書・官志》說：「三師，訓導之官，天子所師法，大抵無所統職。」㉖可證三師僅爲虛位的最高職事官，非眞宰相。《開皇令》中，三公「參議國之大事，……尋省府及僚佐。……朝之衆務，總歸於臺閣。」顯然爲沒有辦公廳及僚佐，更無相權的虛位官。《舊唐書・官志》亦說：「三公，論道之官也。蓋以助天子理陰陽，平邦國，無所不統，故不以一職名其官。大祭祀則太尉亞獻，司徒奉俎，司空行掃除。」㉗顯示三公僅論道理陰陽，助理典禮，名爲「無所不統」，實無所可統，一切大政，仍歸於三省。歐陽修在《新唐書・官志》所述大體同，但卻在三公「無所不統」一句之後，加上「親王拜者不親事」一語㉘，言外之意似乎在說非親王拜者則親事。茲將玄宗即位以前三公名單開列如下，以作討論：

　　　　親王三公：李世民（太尉、太尉兼司徒），齊王元吉（司空、司徒），荆王元果（司徒），吳王恪（司空），徐王元禮（司徒），韓王元嘉（太尉），霍王元軌（司徒），舒王元名（司空、司徒），相王旦（司徒、太尉），宋王成器（司空、司徒）。

　　　　異姓三公：裴寂（司空），長孫無忌（司空、司徒、太尉），房玄齡（司空），李勣（司空），武攸暨（司徒），武三思（司空）。

上述百年之間，親王任三公者十人，異姓六人，共十六人。其中一身兼兩公者僅太宗一人。就親王來說，秦王李世民任三公前，早已任尚書令、行臺尚書令等官；拜三公後，又加天策上將，兼中書令等官。其弟齊王元吉也早已任大將軍、大都督諸官，後兼侍中。是則兄弟兩人在武德朝的活躍，是因爲他們分別擔任宰相或其他重官之故。其餘八名親王

三公，曾無任何一人實際掌過大政；卽相王（睿宗）以「太尉、安國相王」之尊貴，在中宗朝亦未過問政事，則歐公所說「親王拜者不親事」誠然。異姓三公之中，裴寂在太宗卽位後晉三公，實無大權，所以太宗罷免其官時，僅責以武德朝任僕射時的乖亂。長孫無忌原任僕射，因長孫皇后恐外戚勢大招禍，力請太宗解其職任，故解僕射而晉司空，是則三公無權可知。其餘房玄齡與李勣爲三公時皆帶同三品，武三思則因中宗夫婦之寵，所以活躍於政壇。武攸暨爲則天侄兒，太平公主之夫婿，故寵以王公之任，亦無干政的紀錄。若再回想隋文帝欲奪觀王楊雄參政、統兵之權，隋煬帝欲奪尚書令楊素之權，皆以晉拜三公的手段爲之。因此三公非親王拜者，亦不可視事，其實也無事可視，其制極明。長孫無忌以司徒加太子太師，房玄齡以司空加太子太傅，並「同中書門下三品」之說，實甚可信。同三品的名號，亦可斷定始於貞觀十七年（六四二）四月己丑，首帶此名者乃無忌等四人。

　　「參預朝政」或「參掌朝政」乃隋朝慣用的參政名號，這是由於宰相職掌在處理朝政。貞觀前期的參政官亦一律以此爲名，中期以後才雜用其他名號。唐朝會決朝政的地點爲「政事堂」，宰相皆爲「知政事」之官，所以貞觀也一度以「參知政事」爲參政名號。此名義在玄宗以前極少運用，太宗朝以「參預朝政」爲主，高宗朝以「同中書門下三品」爲主，則天、中宗、睿宗三朝則多用「同中書門下平章事」，而雜以「同三品」、「參預朝政」諸名。玄宗以後，「政事堂」改名爲「中書門下」，自後「同中書門下三品」、「同中書門下平章事」乃成宰相正銜，其他名號遂遭淘汰。蓋因宰相是「知政事」官，故堂稱「政事堂」。因相銜爲同中書門下三品或平章事，故「政事堂」改稱「中書門下」，皆是先有此慣例之名，然後議政地點之名稱亦隨之而改也。歐陽修批評「唐世宰相名尤不正」，乃是不瞭解參政名號的由來，不能判別參政與機務授權異同的緣故。其實任用名義唐宋相同之處仍多，「攝某官」乃是臨時官。

「試某官」乃是臨時而帶見習的性質。「檢校某官」及「判某官事」乃是代行性質，檢校官自盛唐以後至宋代，逐漸成爲序用之官。「同某官事」、「知某機關事」、「同知某機關事」皆爲差遣，與「參預」、「參知」意義相同，在行政學上乃是授權方式。歐陽修的時代有「知樞密院事」、「同知樞密院事」、「知州」、「知府」、「知軍」等名號，卽以某官而獲授權處理他官職事。貞觀體制誠如歐公所贊「職有常守，而位有常員」，律令政治之下，官員不能過問他官的職權。但是國務朝政的決策對國家極爲重要，旣欲收集思廣益之效，而在宰相正員不足之下，勢須授權他官參政。參政官乃是會同宰相決策之職，宰相之中以正二品的尚書令最高，而且臣下因太宗曾任而避免不任，所以參政名號絕不會以「同尚書令」或「同尚書省二品」爲名。尚書令而外，僅有門下、中書兩省長官爲眞宰相，因而遂以同兩省長官爲名號，是順理成章之事。唐朝首次以兩省爲參政之名，事在貞觀八年（六三四）十一月，右僕射李靖性情謙退，性格沉厚，每次宰相會議皆「恂恂然似不能言」，遂以疾病爲理由，屢請辭職。太宗極需借重其國防長才，屢次不允，最後拗他不過，特別下詔說：

> 尚書右僕射、代國公靖，……功業有成。及參聞政本，職重端副。……以疾固辭，……情理難奪。煩以吏職，有乖養賢。……可特進，封如故。……患若小瘳，每三、兩日至門下、中書平章(政)事。患若未除，任在第攝養。㉙

太宗之意，在允許李靖以散官就第後，病況好些則隨時出席決策會議，沒有規定他多少日出席一次。「至門下、中書平章政事」的意思，當指至「政事堂」與侍中、中書令評論政事。貞觀十七年（六四三）六月高士廉辭右僕射，太宗亦特詔他爲「開府儀同三司，同中書門下三品平章政事」，其意義與李靖之詔相同。所不同者乃是高士廉之詔指明「同中

書、門下三品」長官一道評論政事，李靖之詔則僅指機關名稱，而且「中書門下」倒置爲「門下中書」。貞觀十七年（六四三）四月長孫無忌、房玄齡、蕭瑀、李勣並加東宮官「同中書門下三品」，這是同三品名號首次出現，但原詔已失，不知原文是否作「同中書、門下三品平章政事」？李靖在其前，高士廉在其後，皆以同兩省長官「平章政事」爲名，是則諸書若非節錄原文，則必爲原文省略了「平章政事」的贅詞。據此可證「同中書門下三品」的意義，乃是指同中書、門下兩省三品長官平章政事而言，其著眼點在與兩省長官論政的權力，是一種授權，絕非如傳統說法，是欲擡高低品官的位望。據表十七，貞觀帶同三品名號的五名大臣，無一不是當時重臣。長孫無忌與房玄齡爲正一品的三公官；高士廉爲從一品的開府儀同三品；蕭瑀以正二品散官（特進）爲從二品職官的太子太保；李勣原爲正三品的兵部尚書，太宗借重他挾輔太子，特別進其階官爲正二品的特進，請他擔任東宮最高品的實職官——太子詹事。若將授權誤爲授品，則他們變成同中書門下正三品，將其品秩大幅降低，實無此可能。此義既明，同理可推帶同三品參政的大臣，僅擁有與兩省長官參決朝政的權力，參政以外，指揮兩省機務作業的權力仍在兩省長官，參政官固無權侵官指揮。開元以前他官參政後，例須返回本機關辦公，以散官參政者，會議之後卽無職事。所以同三品的李勣在會議之後，例須返回詹事府，「參預朝政」的張亮則須返回尚書省刑部，侯君集返回吏部，劉洎與魏徵則返回門下省，中書令楊師道則返回中書省，各指揮本機關公事。「同中書、門下三品」並非指兼理兩省職務，此理彰然甚明。至於魏徵在貞觀十年（六三六）六月辭官獲准，太宗詔令說：

　　左光祿大夫、侍中、鄭國公魏徵，……可特進、封如故，仍知門下事。朝章國典，參議得失，自徒流以上罪，詳事奏聞。其祿賜

及國官、防閣等等，並同職事。**❸**

魏徵以特進知門下事，是太宗用以處宰相重臣之例，長孫無忌、房玄
齡、高士廉皆曾如此，這是由於「政事堂」在門下省的緣故。魏徵知門
下事，乃是傳統的任命方式，即差遣他判行門下省事務，在制度上實爲
代理長官。魏徵仍然行使相權，當然仍爲宰相無異，因此也必然出席政
事會議。至說「朝章國典，參議得失，自徒流以上罪，詳事奏聞」一
語，僅是附帶提示，而非參政授權。太宗以魏徵因病辭職，但又不欲離
開此歷練的政治家，是以挽留他知門下事，指示細務不必勞煩，只管過
問大事之意。未經細審，歐陽修卽遽認「參議得失」爲相銜，甚至以之
推論「唐世宰相名尤不正」，幸好原詔仍在，否則千年之後仍將因循其
誤。

　　上述討論參政名號的緣起，總括可得結論如下：唐初參政有一定的
名號，參政方式有軌跡可循，絕非「名尤不正」。大體名號有三種，一
爲「同中書門下三品（平章政事）」，一爲「參預（議）朝政」，一爲
「參知政事」，皆各具特定的意義，不可相混。若就權力的角度來看，
此三種名號皆指獲得與宰相相同的議決朝政之權而言，可無疑惑之處。
再者，三種名號皆爲參政的名義，而非職銜，因此貞觀、永徽之世，署
銜時例不列入，諸書說法皆同。爲了徹底瞭解，茲舉例以明之。例如貞
觀四年（六三〇），兵部尚書侯君集已參政，但十一年（六三七）册封他
世襲陳州刺史時，册文稱他爲「兵部尚書、潞國公」而不提參政名號，
前面開列親征高麗時人事部署，以括弧將其參政名號括著，卽表示不入
銜。十三年（六三九）侯君集出征高昌，仍以「交河道行軍大總管，使
持節、光祿大夫、吏部尚書、上柱國、陳國公」署銜**❸**。貞觀十九年（
六四五）二月太宗征遼途中曾祭比干，因而以〈祭比干文〉樹立爲碑，
而諸相署銜如下，（　）號所示乃原文所無之字。

　　　　司徒、太子太師、趙國公（長孫）無忌

　　　　開府儀同三司、申國公（高）士廉

　　　　光祿大夫、民部尚書、莒國公唐儉

　　　　吏部尚書、駙馬都尉、柱國、安德郡開國公楊師道

　　　　中書令、江陵縣開國子岑文本

　　　　正議大夫、守中書令兼太子左庶子馬周

　　　　中大夫、黃門侍郎褚遂良

　　翌年，太宗巡幷州，又樹〈晉祠之銘並序〉，其碑陰署銜人物，先後爲

　　　　司徒、太子太師、上柱國、趙國公臣（長孫）無忌

　　　　太子太保、上柱國、宋國公臣（蕭）瑀

　　　　特進、太子詹事兼左衞率、上柱國、英國公臣（李）勣

　　　　光祿大夫、刑部尚書、上柱國、郇國公臣張亮

　　　　禮部尚書、上柱國、江夏郡王臣（李）道宗

　　　　太常卿、駙馬都尉、柱國、安德郡公臣楊師道

　　　　正議大夫、守中書令、太子左庶子並攝吏部尚書、護軍臣馬周

　　試將兩碑與前面所列伐高麗時人事部署的名單比較，長孫無忌、高士廉，在第一碑不列同三品名號，褚遂良不列「參預朝政」名號。第二碑則無忌、蕭瑀、李勣皆不列同三品，張亮不列「參預朝政」❸。這種情形一直至高宗前期仍然如此，例如永徽四年（六五三）十一月十九日長孫無忌等署銜上進《唐律疏議》，其官職先後如下：

　　　　太尉、（同中書門下三品）、揚州都督、監修國史、上柱國、趙國
　　　　公長孫無忌

　　　　司空、（同中書門下三品）、上柱國、英國公李勣

　　　　尚書左僕射兼太子少師、（同中書門下三品）、監修國史、上柱
　　　　國、燕國公于志寧

尚書右僕射、(同中書門下三品)、監修國史、上柱國、開國公褚遂良

銀青光祿大夫、守中書令、監修國史、上騎都尉柳奭

銀青光祿大夫、守刑部尚書、上輕車都尉唐臨

太中大夫、守大理卿、輕車都尉段寶玄

太中大夫、守黃門侍郎、(同中書門下三品)、護軍、潁川開國公韓瑗

太中大夫、守中書侍郎、(同中書門下三品)、監修國史、驍騎尉來濟❸

這裏敍述史料，旨在證明參政名號不是正式職銜，不須列入官職之中，並從而證明在此期間，參政在律令體制中絕不是正式宰相，但權力慣例上則爲宰輔。於此贅引，對於下面討論時亦有幫助。

　參政名號的意義既明，不禁會追問何以貞觀君臣素擅律令，卻不採用統一的名號，反而雜用三種名號？其中必有原因，回答此一問題，必須從分析貞觀所有參政官的背景及本官入手。前面提到「同中書門下三品」之名最遲出現，帶此名者皆爲當時二品以上散、實官員，而且爲唐朝的功勳元老重臣，是則同三品名號絕非授給三品以下大臣的名號，卽使李勣本官爲三品詹事，但本品卻是正二品特進，他先前的官職是三品的兵部尚書，太宗特調他以二品散官主持東宮事務而已。若說「同中書門下三品」是用以授予三品以下官員參政，俾提高位望，顯爲謬說無異。問題癥結卽在「同」字上面。「同」字的意思唐制含同樣相同的意義，前引魏徵辭職獲准，太宗詔令他以散官知門下事，一切待遇「並同職事」，卽是此義。同中書省、門下省正三品的長官，卽是決策權力完全與宰相相同，其意義與宰相「知政事」，某官可以來「參知」；宰相預問朝政，某官可以來「參預」的意義略不相同。是則參掌、參預、參知，僅爲參政官的名義，而同三品則含有宰相的意義。因此「參政授權」由

「機務授權」演變而來，至此則由「參政授權」演變出「宰相授權」，即員外宰相是也，以後凡爲宰相，遂皆掛「同中書門下三品」或「同中書門下平章事」銜。這種演變，研究者常忽略過去，遂將政制的動態發展，視爲靜態的存在。瞭解此理，則可明瞭唐初同三品名號何以僅授給二品以上重臣，卽使三品大臣亦不授予，更無論四品以下官員了。

「同中書門下三品」旣含宰相授權的意義，則獲此授權卽爲眞宰相，與參政有異。若以參政制度發展的角度視之，「同中書門下三品」顯然爲與宰相權任相同的最高級參政名號，非「參預朝政」等號可比，其餘兩種名號皆爲次級名號。貞觀「參知政事」僅黃門侍郎劉洎一人，黃門侍郎當時乃正四品下階之官，地位不高，在中央各庶務機關長官之下，甚至在尙書左丞、吏部侍郎、太常少卿等官之下。從正三品宰相角度視之，以這樣位望不高的機要官出席政事會議，似乎意在借重其個人才識，向宰相提供意見；或者給予見習機會，培養他爲宰相而已。高宗以後極少以此爲參政之名，有之則其人在宰相團中地位仍然不高，因此「參知政事」可視爲最低級的參政官。「參預（議）朝政」則情況有異，雖然仍爲參政官，但國務朝政皆得參與評議、參與決策。此號具有歷史傳統，隋朝已用之，帶此號者亦多非四品以下臣僚。貞觀時代曾帶此號者共七人八次，若不計其檢校、試、攝之官，純以其原來正式官職計，則正三品者有戴胄、侯君集、張亮三人，從三品者有杜淹、魏徵、蕭瑀三人。蕭瑀在同三品名出現前，曾有一次以正二品散官參政。正四品下階則僅有褚遂良一人。諸人參政後本官或有轉遷，此皆不計在內。由此可見「參預朝政」一號，授任對象爲三品大臣，極少授予四品以下官。於此，似乎已可將參政等級作一歸納，以示絕非無軌可循，此卽「同中書門下三品」爲「員外宰相」，專門授予二品以上重臣。「參預朝政」乃一般參政官，專門授予三品大臣。「參知政事」乃資淺參政官，授予四品以下特有才幹的官員。如此，則貞觀時代參政制度及其發展可以完全

清楚。至於高宗中期以後的發展，留待下章敍述。

三、貞觀體制下的三省權力、地位與關係

《通典》稱唐制兩僕射本副長官，尚書令闕然後爲宰相，貞觀末拜僕射者必加「同中書門下平章事」及「參知機務」等名方爲宰相，不然則否；但爲僕射者亦無不加此類名號云云。《通志》、《新唐書・官志》等政典據之，籠統的下結論，說僕射爲尚書省長官，與侍中、中書令「號爲宰相」。這問題屬於「體制問題」。上章已申述三省長官爲宰相之官，非三省長官，卽使三師、三公亦不爲眞宰相。《武德令》、《貞觀令》所設計的律令體制，沿襲隋制而因革之，至於三省職權、地位及其互相關係，則無顯著改變。尚書省自漢魏以來卽有政本、機衡、衡軸諸名稱，爲天下綱紀之地，掌理朝政的機關。法令上尚書令乃機關長官，僕射卽使控制相權，亦不能視爲長官。慣例稱尚書令爲端揆、端右，以表示其百官師長的身分。據此稱謂，則僕射僅可稱爲端副諸類名稱，所以前引太宗在貞觀八年（六三四）下詔允許右僕射李靖辭職，正式稱呼他「參聞政本，職重端副」。是則在貞觀時實際上雖無尚書令，但兩僕射僅爲「端副」之任；法令規定尚書令以長官主持政本，僕射以副長官僅能「參聞政本」，在都省會決政務。因此〈李靖特進制〉的用辭，完全符合當時律令體制，毫無疑問。至於臣下不敢任尚書令，遂以僕射爲長官，號爲宰相之說，與貞觀制度不符，蓋貞觀從未有詔令以僕射爲長官，這是諸書不明體制而誤述的第一個地方。貞觀十七年（六四三）以後卽空闕僕射不除人，十七年以前共有僕射八人，八人皆無加號的紀錄，而且當時亦無「同中書門下平章事」之名，「參知機務」亦非參政授權。若說僕射在貞觀時必須加號參政，則爲第二項錯誤。武德元年（六一八）除裴寂右僕射而指定他「知政事」，爲僅見之例，以後遂不可徵。鄙意以後出任僕射的人，當援此例而「知政事」，否則如右僕射李靖在貞觀初期，能與諸相議政，「恂恂然似不能言」之事則無可解釋。由此觀之，

僕射在法令上雖爲尚書省副長官， 但自唐初卽曾指定爲「知政事」之官，後來任者可援例行之，似乎不需另外授權。若此推論成立，則可以知道僕射在尚書令未空闕廢止之前，已爲「知政事」之官，得與宰相評議朝政。換句話說，僕射在體制上仍爲尚書省副長官，但自唐朝開國開始，卽已成爲非常制的宰相。所以貞觀空闕尚書令，遂逕由兩僕射共同通判都省政務，與武德時代分掌三部的制度大異；行政系統保持一元層級節制體系，亦不因尚書令的空置而改變。有些詔令逕以機衡、朝端等名稱呼兩僕射，稱爲「任總庶尹」，原因卽在比❸。觀察貞觀時僕射解職，例稱「解僕射」、「罷知政事官」或「罷政事」，與其他宰相、參政官稱呼法相同， 則兩僕射雖未加號，慣例上應爲非常制宰相之官，或代理宰相無異。

貞觀君臣空闕尚書令一官，在政制上甚爲不智，甚至可以說是不識大體。這個措施對政制，尤其尚書省的職權地位影響甚大，其後遺症在高宗以後逐漸隨著參政制度的發達而爆發，可待下章討論。不過，卽使在太宗朝，其兆端已經開始顯現。制度上一切朝政皆匯集於尚書省，有法令可據的政事皆由六部判行。無法令可據，或重大、突發等事情，皆需提交都省會決，或請僕射裁決，然後移入門下省請旨。品位上僕射爲從二品，位望高於六部尚書及兩省長宰相僅一階；而且僕射兩員，權力上並無高下之分，在體制上也不是六部尚書的正長官，若尚書參政，在權力上更與兩僕射無甚大差別。都省會議，遂變得無人總其成。若「八座」和衷共濟尚好，一旦堅持不下，不但大政無法決定，更常有意見糾紛而至互相衝突的局面。貞觀君臣之賢， 仍時常發生此類問題，其嚴重性可想而知。例如貞觀初，蕭瑀爲左僕射，封德彝爲右，兩人卽經常衝突。史謂蕭、封二僕在尚書都省會決政務，封氏「與瑀商量可奏，至太宗前盡變易之， 由是與瑀有隙。」❺ 都省會議若爭執不下，太宗亦往往命令他官參與討論，如魏徵卽常以侍中身分至尚書省評理司法事務，堅持不下的尚書八座「無不悅服」❻。這是尚書省職權危機所在。而且， 尚書都省會議旣相持不下，勢須提請君主或參政會議作最後裁成。太宗曾公開向侍

臣誇說:「我爲人主,兼行將相之事,豈不是奪公等功?!」❸ 此種情況實造成三省制下,君主仍能攬權專決的基本因素。兼且政事堂會議之中,僕射既非首相,律令上更非眞宰相,位望不能與尚書令相比,門下、中書兩省宰相未必肯隨便附從之;何況六部尚書亦常參政,是則在都省不能議決的問題,提交政事堂時亦常繼續爭執。例如蕭瑀與封德彝爭執衝突,兵部尚書杜如晦、中書令房玄齡等因歷史背景等關係,與封德彝同一陣線,是則左僕射蕭瑀在都省會議處於下風,提交政事堂時仍然處於下風。史稱蕭瑀痛恨房、杜「疏瑀親倫(封德彝本名)」,因而上封事批評之,太宗祖祐房、杜等人,反以忤旨罷免蕭瑀宰相。不久,復拜左僕射,蕭瑀又與侍中陳叔達在御前忿爭,兩相皆坐不敬之罪而罷官。貞觀四年(六三〇)詔授御史大夫,授權參政,在政事堂會議時,「瑀多辭辯,每有評議,玄齡等不能抗。然心知其是,不用其言。」蕭瑀怏怏,遂藉機行使彈劾權彈劾左僕射房玄齡、中書令溫彥博及參政官魏徵。太宗仍祖玄齡等,遷蕭瑀爲太子太傅而剝奪其參政權。貞觀九年(六三五),蕭瑀以特進第三次參政,翌年又罷爲刺史,當時房玄齡仍爲左僕射,溫彥博已爲右僕射,魏徵則由侍中退休爲特進仍知門下事,蕭瑀與他們的糾紛似乎仍然存在,否則他不會突然出任刺史,而太宗則批評他「善惡太明」的缺點。貞觀十七年(六四三),蕭瑀以太子太保與長孫無忌等「同中書門下三品」,第四次參政,他又向太宗批評「玄齡已下『同中書門下』內臣,悉皆朋黨比周,無心奉上」,力言其必反。於是再度出任刺史❸。蕭瑀之例啓示僕射不論在尚書省或政事堂,皆沒有絕對優勢的地位,不可能像尚書令一樣位高權重, 以總理一切的首相身分出現。 蕭瑀爲左僕射時固然不能壓倒同列宰輔,當他參政時又常以參政官身分與左僕射房玄齡等宰相爭執,是則僕射不論由何人擔任,在決策系統及行政系統中,皆缺乏法令上如尚書令般的優越地位。貞觀僕射能夠維持大部分總攬政事的大權,這與僕射人選有關,屬於人爲因素者多,屬於法定因素者少。茲以尚書省官參政爲例,貞觀時代參政者多爲尚書,他官甚少,

今作成表一八以便參考。

表一八　貞觀尚書省官參政年表㊴

時間	都省		六部						備註
	左僕射	右僕射	吏	民	禮	兵	刑	工	
武德九年	蕭瑀	封德彝	長孫無忌	裴矩	豆盧寬	杜如晦	鄭善果	屈突通	參政者加＊符。代行三省長官加△符。
貞觀元年	蕭瑀	德彝／無忌	無忌／杜淹＊	裴矩／韓仲良	？	如晦	善果／李靖	？	
二	空	無忌	杜如晦	仲良	房玄齡△	如晦△	靖△	？	房玄齡以中令檢校禮尚。杜如晦、李靖是以本官分兼檢侍中及中令。
三	房玄齡	杜如晦	如晦△ 仲良 戴胄	良／胄	溫大雅／房玄齡△	如晦△／李靖△	靖△／韓仲良	段綸	李靖遷兵部檢校中令。
四	玄齡	李靖	戴胄＊／侯君集＊	胄＊	豆盧寬	靖△／侯君集＊	李道宗	綸	戴胄檢吏部參政，後卸吏部，侯君集參政檢吏部。
五	玄齡	靖	高士廉○	胄＊	寬	君集＊	道宗	綸	
六	玄齡	靖	士廉○	胄＊	陳叔達○	君集＊	道宗	綸	叔達任禮部，前任宰輔任六部首長，以下皆以○符表示之。
七	玄齡	靖	士廉○	胄＊	叔達○	君集＊	道宗	綸	
八	玄齡	靖	士廉○	空	王珪○	君集＊	道宗	綸	十一月李靖罷為特進、三兩日平章政事。

年									備註
九	玄齡	空	士廉○	竇靜	珪	○君集*	道宗	綸	
一〇	玄齡	溫彥博	士廉○	唐儉	珪	○君集*	道宗	綸	彥博由中令遷右僕。
十一	玄	彥博	士廉○	儉	珪	○君集*	道宗	綸	
十二	玄	高士廉	士廉○ 侯君集*	儉	珪	○君集*	道宗	綸	君集遷吏部，仍參政。
十三	玄	士廉	君集*	儉	珪○	長孫無忌 李道宗 李孝恭	道宗 劉德威 ?	綸	
十四	玄齡	士廉	君集*	儉	孝恭 道宗	無忌	德威	綸	道宗再任。
十五	玄齡	士廉	君集*	儉	道宗	李勣	德威	綸 杜楚客	
十六	玄齡	士廉	君集*	儉	道宗	勣	德威	楚客	玄齡晉司空。
十七	空	士廉	君集* 楊師道○	儉	道宗	勣	德威 張亮*	楚客 張亮 李大亮	李勣改任太子詹事同三品。六月，高士廉致仕，改爲開府儀同三司同三品。張亮八月改爲刑部參政。
十八	空	空	師道○	儉	道宗	?	亮* 韋挺（攝）	大亮	韋挺暫攝刑部。
十九	空	空	師道○ 劉洎△ 馬周△	儉 劉洎△	道宗 劉洎△	?	亮*	楊師道○	二月太宗親征高麗，師道、道宗、亮從征。侍中劉洎總吏、民、禮三部事，班師，馬周以中令攝

									備註
									吏部。
二十	空	空	周△?	道宗	崔敦禮	亮	*	?	唐臨可能是年任工部。
二一	空	空	周△ 李緯	道宗 于志寧	敦禮	?		唐臨	
二二	長孫無忌（知）△	空	周△ 盧承慶?	?	志寧	敦禮	?	閻立德	正月長孫無忌以司徒檢中令，知尚書門下二省事。又盧承慶以民侍檢校兵侍知五品選，非吏部真首長。
二三	無忌△	空	?	高季輔	志寧	敦禮	?	立德	高季輔以右庶子兼吏侍攝民尚事。五月太宗崩後人事不贅。

　　據此知僕射之任，太宗專門用以處重臣，任之者若非開國元勳，則為兵變的秦府首要，或一代名將，或皇室姻戚；而且名將也好，姻戚也好，例多為開國元勳或兵變主謀。除了蕭瑀鯁介，封德彝、杜如晦短命之外，任之者率皆久任。僕射有特殊歷史背景，而又為太宗專信久任，因此貞觀之時，僕射猶有總統朝政之勢，與高宗以後情況有異，這是人為因素使尚書省職權不會急劇改變。僕射以重臣任之猶有爭議衝突，非重臣固不敢輕易除之。事實上若非重臣而任僕射，對於僅低一階，而自己又非其正長官的六部首長，指揮上甚為不便。以貞觀二年（六二八）看，六部首長中，有四部由現任真宰相出任，即使親勳崇重如長孫無忌，亦未必對身為「兵部尚書、攝吏部尚書事、兼檢校侍中」的杜如晦，「中書令、檢校禮部尚書」的房玄齡，「刑部尚書兼檢校中書令」的李靖，能隨意指揮。聲望稍低的僕射，對前任宰相或現任宰輔的六部首

長，既無可如何，於都省會議自然不會在權力上具有壓倒性優勢；在外召開政事會議也一樣不具絕對優勢，長久如此而不調整律令，勢必對尚書省長官職權及整個尚書省組織，乃至整個行政體系，都會構成致命性的打擊破壞，這正是高宗以後發展的情形。開元時代僕射的權位，尚書省的權力結構與地位，與唐初大不相同，原因即在此。貞觀十七年（六四三）至太宗崩，僕射不再除人，似乎亦與此有密切關係。

開元以前尚書省每日辦公，一切機關事務皆需申奏尚書省，詔令亦需送至尚書省，由僕射以下各官商量裁決，因此政事繁重。都省既是總理六部政務，處理本省庶務及彈糾、選舉等部分直屬事務的部門，事務尤其繁重。甚至中央各機關有平行或下行的公文，需交由地方機關執行，亦必須送入都省，由都省發遣；六部的二十四司文案，皆由都省發付有關之司，司長等官判行後又須交回都省檢稽得失。由高宗以前二十四司除吏、兵兩部外，皆共用都司印發遣公事的情況，可見都省地位及事務的概略於一斑❹。太宗為了不使僕射過分操慮，俾有充分時間思考國家大政，在貞觀二年（六二八）勅令尚書都省細務，屬於兩丞負責，惟大事才關白於左右僕射，並批評房、杜兩僕「聽受詞訟，日不暇給」為失宰相之體❹。左、右兩丞法定為兩僕射的助手，《武德令》已廢止的左、右都司郎中，貞觀初亦告恢復，用以協助兩丞處理都省細務。是則太宗任命兩丞、兩都司分擔僕射操勞的心理可知。但何者為大事，何者為細務？很難加以判別，再加上僕射及六部首長參政者經常花費許多時間出席政事堂，逐造成兩丞職權日益活躍的機會；太宗甚至不急於除拜僕射，都省事務全委兩丞處理❹。這種措施弄巧反拙，反而使僕射權位大受打擊，逐漸成為可有可無之官。參政的六部首長情況沒有如此嚴重，但是六部首長參政亦使職權開始發生變化。大抵上首長參政，部務負責無人，使公文延積。或者未參政的首長不敢過分與參政首長爭執，事事不敢專決；而參政的首長亦往往逕行將政務提交政事堂評議，降低

行政效率。僕射不理細務，又與參政六部首長經常出席政事會議，於是本省事務及二十四司業務皆倚賴兩丞之力，兩丞任用非人，則必至政事紊亂。這種現象不自高宗以後才出現，即使房玄齡等人執政之時，已成嚴重的行政問題。所以貞觀十年（六三六），治書侍御史劉洎，即曾憤然上書公開抨擊尚書省。他首先批評「比來尚書省詔勅稽停，文案擁滯」，跟著向太宗解釋弊病的因素，認爲省官「並爲勳親在位，品非其任，功勢相傾。凡在官案，未循公道，雖欲自強，先懼嚻謗。所以郎中抑奪，唯事諮稟；尚書依違，不得斷決；或憚聞奏，故事稽延。案雖理窮，仍更盤下，去無程限，來不責遲；一經出手，便涉年載。或希旨失情，或避嫌抑理。勾司以案成爲事了，不究是非；尚書用便僻爲奉公，莫論當否，遞相姑息，唯務彌縫。」劉洎所評側重當時政風及人事，未從制度本身作根本探討。不過他抨擊省官任用非人，尤以兩丞、兩都司最爲弊病，則是針對當時之實情，所以太宗尋遷他爲右丞，用另一著名御史權萬紀爲左丞，以整頓朝綱❹。根據劉洎之言，公文壅塞，效率不高乃是當時病況，但病因有二，一爲處理都省事務及督責二十四司的兩丞人選不當，一爲六部人選不當及缺乏分層負責的風氣。鄙意第一病因乃是僕射不再過問細務的制度造成，實際作業情況宰相不知道，這是第一病因形成之因，任用非人尚在其次。「郎中抑奪，唯事諮稟；尚書依違，不得斷決；或憚聞奏，故事稽延」乃是典型官僚作風，層層不敢負責而必向上申報請示，其關鍵在六部首長亦依違不斷，首長依違不斷的原因是由於同列「品非其任，功勢相傾」，位望低的首長於是敷衍塞責，便僻奉公，這是第二病因之因。換句話說，不除位高權重的尚書令領導尚書省，而又常令尚書參政，使與僕射功勢相傾；而僕射又喪失了部分處理本省庶務的權力，此皆造成尚書省權位組織的危機。

貞觀元年（六二七），太宗向侍臣下達一個嚴肅的指示，說：

　　中書、門下，機要之司。擢才而居，委任實重，詔勅如有不
便，皆須執論。比來唯覺阿旨順情，唯唯相尚，遂無一言諫諍者，
豈是道理！若唯署勅文書而已，人誰不堪？何須簡擇，以相委託！
自今以後，詔勅疑有不穩，必須執之。❹

此詔證實兩省同爲宰相兼機要機關，屬官爲機要官，兩省處理機務的最
大任務爲執奏及副署詔勅。中書省執奏是行使勘旨權，門下省則是行使
駁正權。中書省勘旨然後撰詔，再將詔勅移門下省駁正後，由門下省請
付尚書省施行。這種制度自隋朝已如此，唐代沒有制度上的大改變，茲
以唐〈肅宗命皇太子監國制〉中兩省官署銜情形證之，其方式如下：

　　門下⋯⋯⋯⋯⋯⋯⋯⋯⋯⋯⋯⋯⋯⋯⋯⋯⋯⋯⋯⋯⋯⋯⋯⋯⋯⋯
⋯⋯⋯⋯⋯⋯⋯⋯⋯⋯⋯⋯⋯⋯⋯⋯⋯⋯⋯⋯⋯⋯⋯⋯⋯⋯⋯⋯⋯⋯

宣示中外，咸知朕意。主者施行。（以上制文）
司徒兼中書令
戶部侍郎、同中書門下平章事、兼知中書事臣元載
宣德郎、檢校中書舍人臣楊綰奉行
特進、行侍中、上柱國、韓國公臣晉卿
銀青光祿大夫、行黃門侍郎、同中書門下平章事臣遵慶，朝請大
夫、守給事中臣液等言⋯⋯⋯⋯⋯⋯⋯⋯⋯⋯⋯⋯⋯⋯⋯⋯⋯⋯⋯
⋯⋯⋯⋯⋯⋯⋯⋯⋯⋯⋯⋯⋯⋯⋯⋯⋯⋯⋯⋯⋯⋯⋯⋯⋯⋯⋯⋯⋯⋯

⋯⋯⋯⋯⋯請奉制付外施行。謹言。（此段爲門下省覆奏文）❺
根據《舊官志》，唐門下省編制，組織與隋制差異不大，侍中、侍郎
仍各兩員，其重要屬官在貞觀時以品秩高下有散騎常侍（從三品，兩
員）、給事中（正五品上，四員）、諫議大夫（正五品上，四員），起居
郎（從六品上，兩員）共十二員官員，另有城門、符璽兩局及弘文館、
史館四個組織。給事中、起居郎爲隋朝已有之官；常侍與諫議原亦爲門

下省官，一度廢止，武德時代始復置。後二者皆侍從諷諫之官，而以給事中職權較重要。給事中有多項職責，其中最重要的是「凡百司奏抄（卽上行公事），侍中審定則先讀而署之，以駁正違失。凡制勑宣行（卽下行命令），大事則……覆奏而請施行，小事則署而頒之。」唐制給事中得封駁制勑，亦得覆奏施行，參與副署，〈肅宗命皇太子監國制〉已可爲證。太宗責備兩省機要官唯署勑文書，沒有執論，與此有關。上行文書處理程序，在侍郎參議、侍中審定裁決之前，得由給事中先行省閱押署。例如貞觀十六年（六四二），刑部裁定若反叛罪名成立，得連坐反叛者的旁系親屬。當刑部將此裁定奏請施行，送入門下省時，卽遭給事中崔仁師駁落，其理由是連坐直系一等親已足夠發生警誡作用，不必連累二等以外親戚❹。給事中行使直接在黃勑內批勑封駁，在上行公文上署押駁正的權力。正是門下省最重要職權，給事中乃是協助本省正、副長官行使此權的重要官職。唐初宰輔舉行最高國務會議，其地點在政事堂，政事堂設於門下省。尋其原因，可能門下省因擁有駁正權，爲了避免上行公文在門下、尙書兩省之間來往駁正，又爲了避免下行公文在門下、中書兩省之間來往封駁，因此遂於本省設立政事堂，邀請尙書、中書兩省長官逕來討論政事，尋求一致的意見。門下省位居三省的樞紐，所以地位特重，任侍中者多爲重臣，而宰相解職，往往挽留下來知門下省事，卽此緣故。

中書省位任在北朝系統中遠遜尙書、門下兩省，隋唐由於兼收南朝制度，中書省位任遂逐漸提高。其中亦因人事關係，而有助於中書省位任的發展，此卽隋朝常以親王任內史令，大業中期以後，又獨以內史侍郎參政的虞世基掌理制詔，幾乎壟斷了出令之權。降至唐高祖，政事委任於內史令蕭瑀，晚期又以尙書令李世民兼任中書令，此皆有助於中書省位任的發展。若再深入研究，當知中書省的活躍，實不始於高宗以後❹。人事方面，武德朝由蕭梁王室的蕭瑀總關政務，繼任的封德彝亦極活

躍，太宗更以尚書令兼中書令，控制出令及施行之權。當時中書屬官溫彥博、溫彥將兄弟、顏師古、劉林甫等，皆爲政壇紅人，較門下屬官有過之而無不及。貞觀時代，兩省長官人選相當，屬官亦難分軒輊。在職官遷除方面，隋朝由納言（侍中）遷右僕射有蘇威一例，由內史監遷右僕射有虞慶則一例，由納言遷內史令（中書令）而遷右僕射、左僕射、尚書令亦有楊素一例。至於唐武德間，中書令蕭瑀在武德元年（六二三）遷右僕射，同年侍中楊恭仁遷吏部尚書兼中書令。貞觀時代，以侍中遷僕射者僅杜如晦一人，以侍中遷中書令者亦有楊師道一人；相反的，以中書令遷僕者有房玄齡、李靖、溫彥博三人，以中書令遷侍中則無人。尤其貞觀末，曾任僕射的司徒，同三品長孫無忌，被任用爲「檢校中書令、知尚書、門下二省事」，而不任爲僕射或侍中另知二省事，可見中書省官，在隋唐已因滲入南朝政制的因子而日益重要活躍，就以序名看，貞觀八年（六三四）李靖解僕射，詔令仍以「至門下、中書」平章政事而授權，至貞觀十七年（六四三）年，遂建立了「同中書、門下三品」之號，這是機關官稱序列轉變的關鍵，顯示了中書省的重要發展。高宗以後，侍中轉遷中書令的事例常見，而政事堂後來亦改稱「中書門下」，由門下省移置中書省，顯示了這種趨勢的繼續發展。

中書省組織編制與隋代無大異，僅增加通事舍人十六員以掌理引納贊禮及一些公共關係事務。中書省最重要的職權在審旨、出令，中書令職掌大政，下行文書皆「宣署申覆而施行之」，侍郎得參議其事。最重要的屬官爲中書舍人，共六員，正五品以上，得協助長官行使機務處理權。舍人最重要任務爲「參議表章。凡詔旨勅制及璽書冊命，皆按典故起草，進畫既下，則署而行之。……制勅既行，有誤，則奏而正之。」前引中書舍人岑文本起草詔勅，及〈肅宗命皇太子監國制〉舍人署行的情形，皆可助瞭解。另外，中書舍人有兩種特別職責，在玄宗以前已實行，而不知始於何時，可能隋代已開始，此即「六押」及「五花判事」。

中書舍人在梁、陳乃甚重要之官職，隋制情況則不甚明顯，但唐初劉林甫、岑文本等人任之，亦甚活躍。唐制因中書舍人有草詔及奏正之權，貞觀元年（六二七）太宗的指示亦兼有責備中書機務官之意，命令他們舉職行權。「五花判事」殆武德以來已有法令規定，所以《通鑑》轉錄太宗指示之勅後，復加申說云：「故事：凡軍國大事，則中書舍人各執所見，雜署其名，謂之『五花判事』。中書令審之；給事中，黃門侍郎駁正之。上始申明舊制，由是鮮有敗事。」[49]所謂「判事即雜判其事，是勘旨權的實行」，似乎是由中書舍人一人討論某事，提出意見而作成「商量狀」，然後由另外五員舍人同押連署以進，經侍郎而至中書令裁定，再由中書令奏請君主裁定的制度。司馬光所言，其實語焉未詳。開元初紫徽令（中書令）姚崇對此曾有解釋，他向玄宗奏請改革「五花雜判」制度說：

> 中書舍人六員，每一人商量事，諸舍人同押連署狀進說。凡事有是非，理均與奪。人心既異，所見或殊，抑使雷同，情有不盡。臣（姚崇）令商量，其大事執見不同者，望請便作商量狀，連本狀同進。若狀語交互，恐煩聖思。臣既是長官，望於兩狀後，略言二理優劣，奏聽進止；則人各盡能，官無留事。[49]

是則原本僅由一舍人主持商量，其餘五舍人參加意見而副署，此似為「五花雜判」名稱的來源。姚崇改革，允許五員舍人與主持者意見不合時，得另外撰寫一「商量狀」，與本狀同時呈交長官批准，此為開元之制而非貞觀之制。無論何制，「五花雜判」的精神意義在慎重命令，使「理均與奪」及「人各盡能」，則前後一致。「六押」制度的意義則在助理長官判案，即中書省移至六部的公文，制度上分由六員中書舍人押判。若屬機密大政，舍人才無權押判過問，否則一切常務，六舍人皆得分押。此制亦為唐初以來的制度，開元初廢止。其後屢有恢復之議，於

憲宗及武宗時一度成功，但不久仍廢❸，此與整個中央權力組織大改變
有關，本節不欲詳贅。此外，值得注意的是，朝廷機密的大政，除中書
令及侍郎以外，其他屬官是無權過問的，極機密的政令，往往由中書令
及侍郎親自撰寫制詔，所以擔任侍郎時，史書往往加上典理機務，參典
機密，甚至專典機密的語句於其後，這種情況是與宰相知政事具有差異
的。

　兩省機務作業既如上述，假設太宗下達一個命令，或政事堂作成某
項決議，皆須交給中書省出旨，門下省審駁，尚書省施行。在中書省方
面則先由中書舍人雜判起草，由侍郎參議，由中書令呈上皇帝畫勅，然
後移交門下省。門下省方面則亦先由給事中駁正，侍郎參議，侍中裁審
後，連署覆奏施行，然後移尚書都省。尚書都省稽檢之後，頒下給中央
及地方受令機關。若尋常小事，中書省移門下省後，給事中等得逕行
「署而頒之」，移給尚書省。反過來，中央及地方各機關有事上奏，皆
依法申上尚書都省，由都省官員依其性質發給六部二十四司裁定，大事
則都省會決，小事似乎得裁決後復送都省檢詳，然後移門下省請旨。門
下省經給事中、侍郎、侍中逐級審閱駁正，大事則奏稟皇帝，小事即可
逕移中書省出旨，尚書省的裁決經門下省的駁正後，中書省似乎已不能
再加駁落，若有異議，僅得經中書舍人雜判署押提出，經侍郎、中書令
審定，大事須向君主提請裁示，小事即得逕移門下省封審。茲繪成圖九
以便參考。

　就圖九所示最高命令的常務作業看，三省權力很難分別高下軒輊。
尚書省有裁決權，普通事務當不至於受門下省的駁落，同樣地門下省通
過尚書省的裁決，中書省亦不至於提出異議，於是勅詔可以很快的頒
下。能夠引起三省各持異議的政事當在少數，此類政事勢須和重大政務
一併提至政事堂會決的。中書舍人不許處理機密大政，給事中可能也如
此，但無論如何，普通行政問題，中書舍人是最早協助長官提出建議的

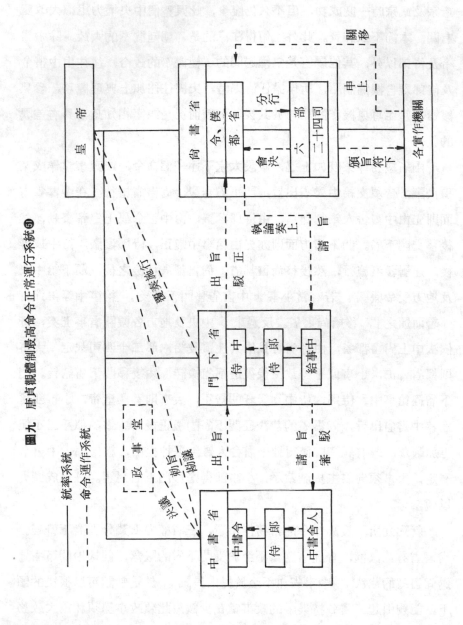

圖九　唐貞觀體制最高命令正常運行系統⑩

統率系統
命令運作系統

一羣，而給事中也爲協助長官最早作成審駁的一羣，皆屬機務官。王夫之認爲這個制度容易造成朋黨爭議，但卻具有反映公論，牽制權相，及糾正君相缺失的重大作用，許爲「治道之至密，而恃以得理者也」，誠爲確論㉒。貞觀三省制度分中有合，合中有分，觀此圖當可豁然明朗。

四、中央政務分行大單位的取消

　　唐太宗整頓政制另一項重要措施爲取消尙書省分行機構 —— 行臺。尙書省在漢魏稱爲尙書臺，所謂「事歸臺閣」卽指此，行臺卽爲尙書行臺的簡稱。行臺制度在曹魏中期出現，北魏盛行。鮮卑統治北方，因襲魏晉舊名而實行本俗制度，因而行臺制度在北朝大盛，有行臺與大行臺的建制，爲隋唐所沿襲。

　　就建制的緣起及性質而言，行臺乃中央尙書臺的分行機關，中央尙書臺所擁有的權力，行臺也有，而且行臺多具有緊急授權，這是中央尙書臺所無的。中央尙書臺管理全國政務，行臺則管理某特定區域的全般政務，甚至具有管內部隊的指揮權，有權對管內政事、軍事、財經作緊急處理。就施政範圍言，中央尙書臺屬全國性，而行臺則屬區域性。在體制言，行臺爲中央尙書臺分行單位，其組織、編制倣照中央尙書臺而較精簡，爲具體而微的尙書臺；其官僚品位亦比照中央尙書臺，多由中央官臨時充任。因此正常體制中沒有行臺的建制，行臺是分行的，臨時的尙書臺，實非地方最高行政機關，它僅是以中央分行機關的資格來統治地方㉝。

　　隋唐因襲北朝，開皇八年（五八八）以前及武德時代亦有行臺的建制，仍爲中央分行機關的性質。隋唐常制均無行臺的機關官署，行臺在隋朝屬於臨時編組，官僚品位屬於「流內視品」系統，與正常建制的「流內」系統不同。行臺官員旣非常制，則亦不可能成爲地方常制機關。唐初情況不明，自武德四年（六二一）以後，行臺官僚卽列入中央流內官

品系統，除陝東道大行臺外，其他行臺官僚皆比照中央尚書省同樣官職低一階銓敍；陝東道大行臺則全然與中央尚書省同樣官職品秩相同❺，是則唐初行臺爲中央機關的性質更明顯無疑。隋唐尚書臺早已改稱尚書省，體制上稱爲「京省」，卽中央尚書省的意思。行臺則稱爲「行臺省」，卽行臺尚書省的意思，官稱上亦更使行臺爲中央機關的性質顯示出來。若照正官稱來說，中央尚書省旣稱爲「京省」，「行臺省」若簡稱之當稱爲行省，不過由於歷史因素，習慣上仍稱「行臺省」爲行臺，此與明、清布政使司沿用元代習慣稱爲行省，意義相同。「京省」尚書令爲正二品，僕射從二品，尚書正三品，隋制則行臺尚書令爲「視正二品」，僕射「視從二品」，尚書「視正三品」，由於常以「京省」官員出任行臺官員，因此「京省」、行臺也有對換官職的例子。例如開皇八年(五八八)，元壽以「京省」主爵侍郎授任品秩相當的行臺左丞，後來調回「京省」仍任尚書左丞。秦王李世民以「京省」尚書令充任陝東道、益州道兩行臺尚書令，武德中溫大雅由工部侍郎出任陝東道大行臺工部尚書❺，此制原爲北朝以來行臺人事制度特點之一。行臺爲「京省」具體而微的分行機關，隋唐普通行臺，完整的組織編制有行臺尚書令一員，左僕射與左丞、右僕射與右丞各一員，有左則不置右，有右則不置左，其下有兵、民（都支）兩部尚書，分統考功等十二司；兵部例兼吏、禮兩部事，民部例兼刑（都官）、工兩部事，十二司亦多兼所缺諸司事。執行「行臺省」命令的直屬機關又有食貨、農圃、武器、百工四監，各有監、副監以下編制。行臺統臨，就建制組織來看，**簡直就如一個小中央政府來統臨，除了沒有門下等省，東宮、王府等組織外，四監實可比照中央臺寺實作機關**。特殊行臺組織編制則更龐大，以唐初陝東道大行臺爲例，試繪爲圖一〇。

　　觀圖一〇中之體制，行臺不啻爲地方上的小中央，絕非地方最高行政機關，可以明瞭。

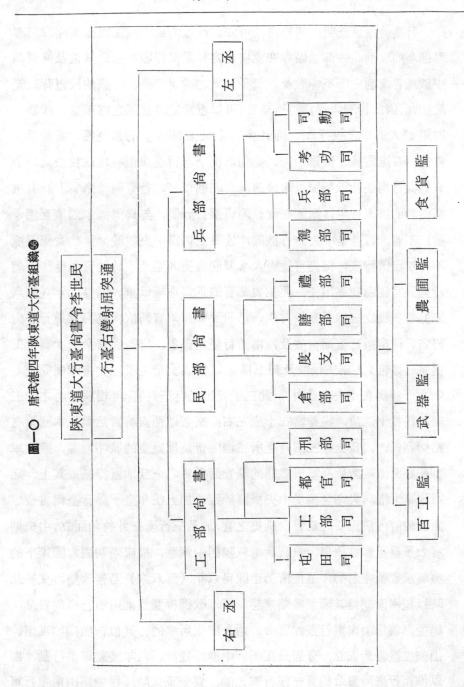

圖一〇　唐武德四年陝東道大行臺組織⑮

　　行臺的性質既明，其特殊性可知。行臺的設置往往視需要而設，事畢卽多加取消。一個地區存在危機或處於動亂作戰狀態，其波及範圍爲少數總管或刺史所不能顧及，於是乃爲之設置行臺。行臺的設置背景旣然如此，因此皆置兵部爲首席屬官，可以直接處理管區之內軍事、政事、財經、人事等全般行政，而且多有「便宜行事」的緊急權，某些重大處置得在處置後才奏稟中央。這種情況下，行臺類似戰地政務機關，中央對其行爲往往祗能加以事後追認。北朝以來，行臺與「京省」屢有抗衡對峙的情況發生，原因在此。隋唐推行此制，無異與固本國策互相矛盾。不過，行臺是中央分行機關，性質上仍爲中央組織，雖然實際環境不得不設置行臺，但仍可透過人事制度緩衝其尾大不掉的可能性。隋朝行臺長官皆由親王出任，而重要屬官的選擇亦極愼重。開皇二年（五八二）首次設立三個行臺於幷州、洛州及蜀州，官稱依次爲河北道行臺尚書省、河南道行臺尚書省及西南道行臺尚書省，行臺尚書令依次爲晉王楊廣（煬帝）、秦王楊俊及蜀王楊秀，皆爲文帝之子。文帝四個兒子，除太子楊勇在中央參政外，此三子皆出任行臺長官，楊廣當時才十三歲，楊俊十二歲，楊秀當在十歲左右，文帝這種安排當然與固本國策有密切關係。因爲上述三個行臺所在地區皆爲極重要的戰略地區，國防軍事任務原由地方最高軍事機關的總管府負責，一旦加置行臺於其上，此區政軍大權無異完全接受中央機關統臨。加上任命皇子爲行臺尚書令，而例兼管內最重要的總管、刺史之官，於是三行臺在外犄角而立，中央則有太子楊勇參掌政事，兼統兵屯咸陽居中策應，構成隋初固本國策下的整個國家戰略形勢。這種情勢至開皇六年（五八六）乃告改變，文帝此時以統一南朝爲其國家戰略構想，所以改調楊廣爲淮南道行臺尚書令，楊俊則調爲山南道行臺尚書令，兩人原來所掌的行臺似告撤銷，淮南、山南二臺皆新成立，分居長江下、中游以備戰。八年發動軍事行動，卽以淮南行臺尚書令楊廣充任行軍元帥，爲全軍統帥；楊俊爲山南道行軍

元帥，統率三十總管，**海陸軍十餘萬於漢口**，爲上流節度❺❼。此次部署透露了文帝畏懼行臺權力過大，若無親王統臨，則寧願撤銷的旨意。及全國統一，因而全部將行臺廢止。

　　唐初處於戰亂之局，高祖設置握有緊急權而類似戰地政務機關的行臺，實有必要。武德時代先後建立了東南、陝東諸行臺，整個唐朝亦僅此時期有行臺建制。茲將唐初行臺表列如下。

表一九　唐武德間行臺❺❽

行臺官稱	長官姓名	官　　　銜	行臺存在時間	行臺所在	特別任務	備　　　註
陝東道、陝東道（大）	劉文靜	民部尚書、陝東道行臺左僕射。	武德元年十一月己巳任命，至翌月才以秦王領尚書令。	不詳。討平王世充以後，在洛陽。	討伐任務。	《舊劉文靜傳》七：三～七。《通鑑》是日，一八五：五八二四。
	李世民	先太尉、尚書令、雍州牧、左武候大將軍、使持節、陝東道行臺、上柱國、秦王。後天策上將、太尉、司徒、尚書令、陝東道大行臺兼益州道行臺、雍州牧、左武候大將軍、涼州總管、上柱國、秦王。	武德元年十二月壬申始長此臺。四年九月平王世充，升大行臺。玄武門兵變後撤消。		節度蒲州河北諸道總管及東討諸府兵。	這是唐代最久的行臺，武德四年升格爲大，地位與「京省」同，由天策上將領之。《新》、《舊》兩紀及《通鑑》多稱四年以前爲大行臺，實誤。參《唐大詔令集》三五：一四八；《舊唐書·地志》一八：二〇，河南府條。

東南道（或淮南）	杜伏威	使持節、和州總管、和州刺史、東南道行臺尚書令、上柱國、楚王。	二年九月辛未置臺，七年伏威薨，臺廢。	伏威來歸當在和州（安徽歷陽）。三年六月改刺揚州，其行臺當在揚州（江蘇上元）。	總管江、淮以南諸州軍事。即仍然統率其舊地及舊部。	詳兩《唐書·杜伏威傳》，《通鑑》武德二年九月、三年六月、七年二月諸條，伏威官銜詳《唐大詔令集·楚王杜伏威賜姓屬籍詔》六四：三五五。治所詳《舊唐書·地志》揚州大督府條及潤州條，二○：一及七～八。
西南道（或益州）	李世民（兼）	太尉、尚書令、陝東道行臺、兼益州道行臺尚書令、雍州牧、左武侯大將軍、使持節、涼州總管、上柱國、秦王。	武德三年四月壬寅建臺，九年六月辛未廢。	成都	行臺統轄益、利、會、鄜、巠、遂六總管，主持軍政事務。	此臺由李世民長兼，詳《唐大詔令集·秦王益州道行臺制》三五：一四八；《舊唐書·地志》成都府條，二一：一。
山東道（可能有河北道的異名）	李神通	山東道行臺右僕射、右翊衞大將軍、淮安王。	四年七月甲戌建，五年罷爲大總管府。《通鑑》謂在五年四月丁卯。	洺州（河北永平）。	因劉黑闥之亂而置，以作戰爲主要任務。黑闥敗亡後而廢。	《舊淮安王神通傳》（一○：一～三），神通授河北道行臺左僕射，今據《舊高祖紀》及《通鑑》作山東道行

						臺。此行臺在五年廢，似與四年十一月建立陝東道大行臺有關。《舊唐書‧地志》洺州條（一九：一五），洺州後屬河北道，故疑河北道行臺，乃此臺之異名。
山南道（襄州道）	李元吉	侍中、襄州道行臺尚書令、稷州刺史、上柱國、齊王。	始置不詳。兩書＜齊王元吉傳＞皆說武德二年元吉爲幷州總管，爲劉武周攻擊而奔京師，尋授此官職，恐是二、三年間始置此臺。七年廢。	襄州（湖北襄陽）。	不詳，似對付長江中游蕭銑等集團。《舊唐書‧地志》襄州條說此行臺統交廣等二百五十州，顯示今日兩湖、兩廣等地皆在管區之內。《舊河間王孝恭傳》謂孝恭破蕭氏，六年遷襄州道行臺左僕射坐鎮荊襄，撫定嶺表。	李元吉的事蹟因太宗兵變緣故而晦澀，他任行臺尚書令時間不詳。《舊唐書‧地志》襄州條說武德七年罷行臺爲都督府（一九：四一），可斷定其行臺於七年廢止❺❾。武德六年以後，行臺事務似由河間王李孝恭主理。

						尋充行軍元帥討輔公祏，授東南道行臺左僕射，統攝江淮及嶺南。
東南道	李孝恭	襄州道行臺左僕射(？)、東南行臺左僕射、河間王。	七年三月己亥重建於杜伏威薨後，八年廢。	蔣州（即當時的揚州，輔公祏平定後改爲蔣州。）	討伐輔公祏。	李孝恭以襄州行臺左僕射充行軍元帥討輔公祏，事平，授東南道行臺左僕射，兩傳略同。詳《舊傳》一〇：五〜七，《新傳》三：五〜六。《舊唐書‧地志》潤州條，二〇：七〜八。
顯州道	楊士林	顯州道行臺尙書令、楚國公。	二年正月己巳建。三年六月甲寅廢。	顯州（即唐州，今河南泌陽）。	羈縻楊士林而置。	楊士林兩書無傳，詳《通鑑》、高祖武德二年正月己巳及三年四月壬子條，一八七：五八三九及一八八：五八八四。

上述東南、陝東、山南、西南、山東、顯州六道行臺，建置及廢止的時間各有異，主要因軍事而設，而非欲將全國劃分爲六大行政區。六

行臺之中，山東道行臺是歸屬陝東道大行臺統率的，益州（西南）道行臺尙書令亦由陝東道大行臺尙書令兼領。是則李世民一人兼統三行臺。僅山南由其弟李元吉出任，東南由其從兄弟李孝恭出任，高祖這種人事安排，與隋文帝沒有大異之處；只是杜伏威、楊士林皆曾任行臺長官，出於羈縻政策，爲文帝所無而已。因此唐代行臺性質有兩種，一爲中央派遣統臨特定地區全般政務及指揮作戰，一爲羈縻來降而殘餘勢力仍大的羣雄。武德四年（六二一）以後，除陝東道爲大行臺，屬官與「京省」同樣官職品秩相同之外，其餘皆爲普通行臺，依法其長官以下皆降「京省」同樣官職的品秩一階。影響唐初政局的問題不在品秩的高下，而在行臺權力的強大，楊士林的暗通王世充及蕭銑，杜伏威的觀風搖擺，此兩行臺任何變動，皆足以危害唐朝政權。所以高祖在位時，卽已有廢止行臺的措施。另一方面，秦王世民身兼三行臺，爲其奪嫡行動的資本，山東道行臺雖廢，仍兼兩行臺。而且政敵齊王元吉所領的山南行臺，於武德七年（六二四）廢止，自後僅兼任「幷州大都督，隰州都督、稷州刺史」，是則太子建成及齊王元吉集團，在地方勢力已遠遜秦王世民，加上世民在中央官職上亦處於法定的優勢，因此他們不採納魏徵等用刺殺手段誅鋤秦王集團的建議，遂註定秦王世民日後的成功。行臺對國家安全具有如此巨大的影響力，足以危害固本國策，秦王世民當然最爲瞭解，因此兵變而成爲皇太子之後，迅速將僅餘的陝東及西南兩行臺取消，以免他人擔任。在他眼中，行臺實與天策上將一官無異，皆爲特殊權力機關。及至卽位，推行精簡政策，行臺制度遂永遠取消，都督府亦歸爲國防體系，與政治分離，都督兼刺史則僅能過問所兼州郡的政務而已，於是尙書省一州一縣的三級建制完全奠定，掃除了重牀疊架的機關，提高了地方行政效率。若地方事務有所需要，則效法隋朝方式，臨時差遣安撫、巡省等使節降臨處理，事畢卽撤。此制既可加強中央對地方的督導，又不影響正常行政效果，更不可能造成尾大不掉之

局。貞觀、永徽之治，當可由此角度去觀察，更能瞭解清楚。

第二節　君權的理性化與唐代繼承問題的根源

一、君權與治權的關係及其惡化的原因

　　中央權力經過隋代的釐整與唐太宗的澄清，政府權力結構進入良好狀態，政府組織因之製定，蔚爲國史盛典。組織、權力既已納入正軌，何以隋、唐仍舊政潮洶湧？病源究竟何在？值得進一步探討。鄙意唐太宗以前，致亂的症狀在政制的不穩定，行臺、太子、諸王、天策上將府等機關形成致亂的基礎。高宗以後，權臣、奉宸府、公主府等又成爲新的特殊權力機關，破壞了貞觀優良的體制。這是動亂的症狀所在。追究病狀背後的根源，顯然與君權及君權的延續問題有關。隋朝唐初，君主皆曾以樹立律令政治爲職志，換句話說，均欲建立法治的社會。但傳統中國政治，深受儒家影響，皆有「徒法不足以自行」的觀念存在，而突出「人存政舉」的意念。人治觀念既重，其所崇尚的乃是聖賢在位，優良政制僅假以爲用。於是不同的人當君主，不同的人爲宰相，皆會產生不同的政策，對法制的尊重也有不同的態度，這是律令制度不斷變動的根源所在。

　　近世學者喜引近代政治學的理論來討論傳統政治，最常見的乃是將政權與治權分爲二元，認爲君主乃政權的持有人，而宰相則爲治權的領袖，兩權截然分明，這種說法在中國傳統政治上，似乎不能得到充分的支持，以重視律令制度的隋唐兩代來說，也沒有足夠的證據支持此說。律令沒有規定君權的性質、強度及範圍，皇帝是全國最高統治者，不但持有政權，而且也是治權的最高負責人，以極重視律令的唐太宗而言，他即常以君主而「兼行將相之事」，並以此自誇，這種統攝政道與治道

的慣例，正是傳統政治的現象。秦漢丞相職責，在「掌丞天子，助理萬機」。隋唐宰相則在「助天子而統大政」。嚴格來說，宰相僅爲皇帝治理天下的最重要助手，最高治權，仍然操於君主。在意義上，相權行使的制度，乃是君權行使的輔助制度，用以助理君主治國及避免君主的意旨行爲產生政治危機，甚至招來亡國之禍。因此三省分權制衡，創制的意義不能視爲皇帝設立絕對的制度以限制君權，門下、中書兩省成爲供奉官，尚書省亦恢復入宿制度，其輔助的意義極爲明顯。君主可以任意任免宰相，或限制其權力如楊素之例，顯示君權是無法限制的。假若將君主視爲國家元首，宰相視爲政府領袖，政府領袖可以客觀而充分的牽制君權，恐有值得再商榷的餘地。鄙意不是說政府不能限制君主，而是認爲依法君權不受限制，君主若遭遇某些臣工牽制，多是人爲情況，主要看看牽制者是誰，君主的性格如何，然後才可論斷。這種情況已屬於人治的問題，而不是法治的範疇。魏徵固然是牽制太宗，使之不能隨意任情的名臣；但劉洎任侍中，以伊、霍爲己任，即馬上遭太宗下詔賜死。劉仁軌上書以呂后事件警告武太后，太后爲之委屈懺悔；裴炎等相欲限制太后權力，使之還政睿宗，尋遭誅戮。這些事件類同而結果相異，皆是因人而異所造成，與法制關係不大。

唐朝君主絕少對羣臣大屠殺，武則天干政時代僅爲例外情形，此與唐太宗樹立君主的典範有關。《貞觀政要》及《太宗實錄》爲後來君主常讀之書，《貞觀政要》更是帝王修養的寶典，唐世昏暴之君不多見，未必與此無關。隋唐政治一脈相承，唐高祖、太宗父子即常以前朝爲殷鑒。貞觀十六年（六四二），太宗君臣曾有一次深具意義的討論，論題多由太宗提出：「君亂於上，臣理於下」與「臣亂於下，君理於上」孰較可取？這論題引起宰相以下侍臣甚大的興趣與辯論。若依照某些學者的意見，君主代表政權，其好壞影響治道不很大；羣臣代表政府治權，對政治直接發生作用，照理是前者可取。黃宗羲曾發揮此義，堪爲此派說法

的代表，他在《明夷待訪錄・置相篇》中，痛責明太祖廢相爲危害政治的極端行爲，認爲「天子傳子，宰相不傳子。天子之子不皆賢，尙賴宰相傳賢足相補救，則天子亦不失傳賢之意」[60]。事實上，傳統政治動力的根源在君主，宰相僅爲輔助動力。君主有足夠的權勢去廢除政府領袖，此卽是政治危機的根源。試問君主亂於上，他如何能夠選用賢人，而委以治國的全權？太宗懲於楊隋空有優良律令，卻因「君亂於上」而亡國，羣臣對於亂君，毫無牽制抗拒的餘力，聰明的臣工於此狀況下最佳的對策是辭官歸里，《隋書》斑斑可考的。就以唐朝爲例，武后廢中宗而立睿宗，睿宗立後又不還政，顯屬違法之甚。諸相提出警告及請求還政，除劉仁軌外皆獲罪誅戮。這種情況是君亂於上，羣臣若非屈服諂附，卽無由再能理於下。中書侍郎同三品劉禕之，以「北門學士」腹心協助武后廢帝而拜相，也曾私下批評武后干政，爲屬下密奏。武后卽以通姦受賄罪名誣告之，迺令肅州刺史王本立將其逮捕審訊。劉禕之認爲王本立所持勅令未經鳳閣（中書）鸞臺（門下），否定其效力。結果雖得睿宗親自抗疏爲之申理，仍以「拒捍制使」罪賜死。制詔未經兩省處理，顯屬違制，以己之違法行爲誣宰相而殺之，雖在皇帝親自挽救之下，仍告無效，則君亂於上，臣不能理於下的情況可知。相反的，君若理於上。羣臣不可能長久亂於下，這個道理唐太宗似乎極明白，他提出此論題，似是欲與侍臣互相印證。不過，諸臣多同意「君亂於上，臣理於下」的說法，獨魏徵提出反對，認爲宜取「臣亂於下，君理於上」。前面曾提到魏徵的「良臣論」，已明顯指出君主昏亂，忠臣諍諫徒然引起無謂的犧牲，形成恐怖統治。魏徵是明君良臣論的倡導者，前後理論是一致的。太宗對其理論亦甚表贊同[61]。太宗魏徵等欲塑造儒家的理想政治，所可惜者乃是兩人對於孔孟讚美的禪讓制度，孟子「殺一夫」而承認人民有革命權的學說未曾深究，或者避而不談。對於孟子「民爲貴，社稷次之，君爲輕。得乎丘民而爲天子，得乎天子而爲諸侯」等政權在民，治

權在君，君主不賢則可以變易之的大道理，更未切磋留意，製爲律令施行。太宗君臣既不敢、亦不願放棄既統而又治的君權，要追求儒家理想政治，唯一的出路乃是落實於聖君賢相共守律令之局。儘管人治的差異存在，但是太宗君臣馴化君權的努力，對後世政治及政治思想仍然具有影響力，所以本節頗欲較深入探討此問題。

唐初對政權的認識，受隋朝影響甚大。三省制度爲輔助君權的制度，在某種程度下對君權具有牽制作用，這是隋唐君臣所熟悉的。隋朝兩主皆曾有過推行律令政治及收斂君主勢術的決心，例如前述諫議大夫劉行本諫止文帝殿笞郎官，竟說：「陛下不以臣不肖，置臣左右。臣言若是，陛下安得不聽？臣言若非，當致之於理，以明國法，豈得輕臣而不顧也！」文帝爲之斂容謝罪。又如陳朝降將蕭摩訶之子作亂江南，大理少卿趙綽依法偵辦摩訶，判其坐罪。摩訶爲文帝所寵，文帝極力維護，欲加特赦。趙綽堅持依法辦理，使文帝爲之懇求說：「大理其爲朕特赦摩訶也！」某次，兩人違反了劣幣禁制令，文帝詔斬之。趙綽據律判定罰杖，殺之非法。文帝怒云：「不關卿事！」趙綽反駁答道：「陛下不以臣愚暗，置在法司，意妄殺人，豈得不關臣事！」文帝受到當面責難，大怒質問：「天子之威，欲相挫耶？」但最後仍然聽從趙綽的判決❷，此類事情在唐高祖及太宗時亦曾發生，顯示君主在某種程度下是尊重法治的。但這種情況並不表示政制及司法具有完全獨立存在的權力，《隋書》批評文帝：「天性沉猜，素無學術，好爲小數，不達大體。……其草創元勳及有功諸將，誅夷罪退，罕有存者。……逮乎暮年，持法尤峻，喜怒不常，過於殺戮。」文帝經常鞭笞羣臣，甚至親自臨決，殺死數十人。煬帝亦「猜忌臣下，無所專任，朝臣有不合意者，必構其罪而族滅之。……事君盡禮，謇謇匪躬，無辜無罪，橫受夷戮者，不可勝紀。」❸《隋書》一矢中的，指出隋兩主所以違亂制度，肆行殺戮，主因在沉猜雄忌，這種心理是法治的最大病根。

周靜帝第一次遜位詔云:「元氣肇闢,樹之以君,有命不恒,所輔惟德。天心人事,選賢與能,盡四海而樂推,非一人而獨有。……今便祇順天命,出遜別宮,禪位於隋,一依唐、虞、漢、魏故事。」❸乍看此皇皇詔令,彷如三代重現,公天下之道大行,其實這是王莽、曹丕以來,用儒家學說粉飾篡位醜行之故智。「非一人而獨有」之心,絕不見於平時歷代各帝的詔令之中。不過隋唐君主,對於王室私家及邦國,頗有清楚的區分觀念。隋文帝開皇二年(五八二)六月丙申頒營建新都詔,說:「朕祇奉上玄,君臨萬國,……京師,百官之府,四海歸向,非朕一人之所獨有。……」仁壽三年(六○三)七月丁卯求賢詔說:「……一人君於四海,覩物欲運,獨見致治,不藉羣才,未之有也。……其令州縣搜揚賢哲,……不限多少,不得不舉,限以三旬,咸令進路。徵召將送,必須以禮。」是則營都求才,皆是爲國。甚至他在遺詔中說:

> 人生子孫,誰不愛念,旣爲天下,事須割情。勇及秀等,並懷悖惡,旣知無臣子之心,所以廢黜。……若令勇、秀得志,共治家國,必當戮辱徧於公卿,酷毒流於人庶。今惡子孫已爲百姓黜屏,好子孫足堪負荷大業,此雖朕家事,理不容隱,前對文武侍衞,具已論述。

顯示王室事情,在文帝意念中乃私家事,廢太子諸王則是爲國家著想。這類觀念,唐史可徵。太宗廢太子,亦曾說此爲家事。唐世分有南、北衙,北衙系統及事務,皆爲君主私人系統及事務;南衙則代表政府。隋唐君主理解邦國與家室之異,觀念甚重要。在當時觀念中雖有家、國之分,但國以一人爲主,以一家統治,邦國卽爲其人其家所掩有,此卽所謂「家天下」。煬帝大業三年(六○七)六月丁亥詔建文帝廟宇,卽謂「朕獲奉祖宗,欽承景業」,力稱「高祖文皇帝受天明命,奄有區夏」。八年(六一二)正月壬午討伐高麗詔亦說「粤我有隋,……一六合而爲

家」❻。天下爲其所有，統治天下乃其家屬的事業，旁人不容置喙，卽使卓識如唐太宗，其觀念亦無以異之，所以劉洎欲效法伊、霍故事，輔助太子監國，卽馬上被殺；長孫無忌以權任太重，長孫皇后堅要他辭職避嫌。隋朝及唐朝前半期的政治大波動，如順著此線索探求，將可全顯其眞相。

　　楊堅乃周靜帝的外祖父，他在北周時長久遭到猜忌，幾度幾乎招致殺身滅族之禍，幸其善於應變，始免於禍。楊堅處身權力衝突的環境，不顧至親而乘孤兒寡婦之危，從逐漸培養私人勢力以至完全篡位。這一切的動機行動與結果，楊堅完全瞭解，時人亦皆知之。相州總管尉遲逈等三大鎮舉兵聲討其罪，雖然發生在首都以外，而不久失敗。至於中央羣臣亦懾於權勢，臣服於外而不滿於內，以剛正有器局稱著的裴肅，眼見楊堅爲丞相，野心日露，乃私下歎息說:「（周）武帝以雄才定六合，墳土未乾，而一朝遷革，豈天道歟！」表示了某些臣僚不平的心理❻。北周在荊州建立的傀儡朝廷 —— 西梁，本欲秘密動員軍隊與尉遲逈等結成同盟，使「進可盡節於周，退可席捲山南」。但出使關中的柳莊剛好回國，向梁主傳達楊堅拉攏之意，極力反對聯盟政策。其理由主要是指出楊堅欲學曹操及司馬懿父子的挾天子而令諸侯的方法，反觀三鎮皆非匡合之才，終歸必敗；特別向梁主報告關中實情，說明「在朝將相，多爲身計，競效節於楊氏」，「隋公必移周國」已成定局，與之相抗必速招禍敗，不如保境觀變爲上策❻。梁國使節能夠瞭解這種情勢，精明的楊堅焉有不知羣臣不平之心。及至篡國成功，卽對協助他成功而當時仍在弄權的心腹，如鄭譯、劉昉、李德林等人，持有猜忌心理，恐怕會有第二個篡國者的出現。不久，失職的鄭譯、劉昉，連絡失意的北周大臣梁士彥、宇文忻計劃政變，爲文帝偵破誅戮，採取了非常的批鬥手段，自後遂啓發了文帝猜忌政治的推行❻。晉王楊廣非法奪嫡，取得君位繼承權，最後又發動類似兵變的行動登上皇帝之位，其行爲較其父有過之而

無不及，所以猜忌政治的推行亦更甚於其父。治史者常以隋朝國富兵強，制度完備，而不旋踵崩亡，引以爲奇案。研求其因，則多歸之於用法苛嚴，不恤民生，其實此類因素皆因猜忌政治而引起。

帝王恐懼羣臣弄權，心理恐懼愈陷愈深，必產生非理性的行爲。相對的，具有此種心理而自制力及修養不強的人，勢須假借種種手段以樹立個人權威，提高個人聲望，於是獨裁專制、非禮違法的行爲遂層出不窮，此即本文所謂威權政治。

文帝當陳朝未滅、天下未統一之前，尚能抑制自我。及至天下統一，猜忌政治遂日漸出現。當時許多人認爲天下已一統，將可坐致太平。曾獲考績天下第一、唐朝名相房玄齡之父房彥謙卻私下告訴摯友說：「主上性多忌尅，不納諫爭。太子卑弱，諸王擅威。在朝唯行苛酷之政，未施弘大之體。天下雖安，方憂危亂。」⑥ 時局危機，可謂一語中的。

猜忌之君欲急切確立其威權聲望，起碼會有攬權獨裁、拒絕忠諫及任意懲罰等現象發生。君主過分干涉治權，政府原有結構必爲之破壞，而步上專制獨裁的道路。開皇中柳彧上疏諫文帝說：

> 萬機務廣，事無大小，咸關聖聽。陛下留心治道，無憚疲勞，亦由羣官懼罪，不能自決，取判天旨，聞奏過多，乃至營造細小之事，出給輕微之物，一日之內，酬答百司。至乃日昃忘食，夜分未寢；動以文簿，憂勞聖躬。伏望……若其經國大事，非臣下裁斷者，伏願詳決。自餘細務，責成所司。⑦

柳彧時任治書侍御史，以剛正爲文帝敬重，他所指責的君主攬權獨裁，百官恐懼得罪而束手，層層上申請求裁決的現象，已達至君臣互相不信任，而且上下對權力有戒懼心理，互有默契，與後來宋朝事事進剳子取旨，雖宰相不敢專決的情形類似。柳彧爲文帝信任的人，所言起碼不會過分誇張，文帝覽閱，僅表示了嘉獎之意。是則開皇中期以後，隋朝

已走上專制獨裁的道路。煬帝大業中，更發展至不除宰相，以虞世基等參政。「天下多事，四方表奏，日有數百，帝方凝重，事不庭決，入閣之後，始召世基口授節度。世基至省，方爲勅書。」世基睹將相大臣相繼誅戮，故「唯諸取容，不敢忤意」❼。煬帝獨裁之下，中書勘旨，門下封駁之權，固無法施行，君主權威由是劇升，空有三省良法美制而無法運用。

秦漢以還，君主習慣上擁有權力以操生殺之柄及課羣臣之能，此兩項權力乃是君主提高威勢，操縱羣臣的基本君權。隋文帝爲了控制全國官員，早在卽位的翌日，已遣使巡省風俗，自後巡省大使屢發，其作用是「必令爲朕耳目」，其目的則在使天子「庶使不出戶庭，坐知萬里」❼。此類使節權力甚大，上述的柳彧巡省河北五十二州時，曾有奏免長吏二百餘人的紀錄，使州縣肅然，莫不震懾。巡省大使對政治有正反兩種作用，可以使地方政治清和，也可以協助君主爲惡，文帝時代，總管、刺史動輒被逮捕入京。大業五年（六〇九）正月，煬帝更下詔命令郡守（刺史）每年必須密報屬官的影跡；同時又將分巡制度委託新成立的司隸臺，每年二月至十月分巡天下。不久，參政官御史大夫裴蘊諷令虞世基奏罷此臺，將其職權併入御史臺。裴蘊以臺長身分協助煬帝推行恐怖統治，增加御史編制百餘員，成立類似秘密警察的組織，「於是引致姦黠，共爲朋黨，郡縣有不附者，陰中之。於時軍國多務，凡是興師動眾，京都留守及與諸蕃互市，皆令御史監之。賓客附隸，徧於郡國，侵擾百姓。帝弗之知也。」❼君主欲樹立威權，多自以爲是，以爲天下人皆不及我，這是拒諫的主因。文帝拒諫，房彥謙已指出；煬帝更自言個性不喜聽諫，甚至廢止諫官建制，第二章已有引述。是則獨裁之君，常處於孤立狀態。虞世基不奏重要大政，裴蘊希旨而加倍推行恐怖統治，正是這種現象。從文帝喜歡命令左右觀察內外官員，有小過則加重罪，又患官吏貪汚，私下派人設置賄賂陷阱，受之者立斬，發展到羣小趨附

權威，結成朋黨以陷害人，國事已不可再爲。文、煬二帝喜歡殿笞、廷杖，文帝更有多次親臨斬決的紀錄，甚至授權各機關長官可以於律外杖罰屬官，於是全國「上下相驅，迭行捶楚，以殘暴爲幹能，以守法爲懦怯。」是則君權過度膨脹而擾亂體制，形成恐怖統治，實不始於裴蘊，天下統一以來已經展開了❹。百官失職、羣臣危禍，百姓遭虐，這是猜忌心理促成獨裁威權所產生的結果，因此隋朝國家富庶，制度完備，仍然難逃大刼。

再者，猜忌政策之下，影響國家戰略構想，因而造成脆弱的國防軍事制度。隋朝始終推行武器禁制政策，武器從不許擁有使用，而且加以沒收銷毀及禁止製造，甚至禁絕民間鐵叉、搭鈎、鑽刀等工具，其出發點爲國家安全者少，基於徹底消除暗中反對勢力者多。在國防部署中，文帝在開皇九年（五八九）平陳後，明令除中央衞軍及四方要塞衞戍部隊外，其他一切軍事機關、部隊及武器皆需停罷，強令「武學之子，可以學文」。翌年五月，又廢罷了山東、河南及北方緣邊新置軍府，這些地方後來皆成爲羣雄起事最烈的地區，而地方無力鎮撫。平陳以後，軍事制度實施中央化，各地軍府直隸中央諸衞率，廢止一切私兵而獨行府兵。全國僅有的中央軍雖亦散處各地，但軍事上則政、令分離爲二元系統，統率系統爲皇帝，各衞府率府，各驃騎、車騎府（煬帝時改稱鷹揚府）；軍政系統則由三省、兵部、總管府、州縣政府負責。爲了消除地方武力，軍隊調動則須由政、令兩系統調協執行，煬帝即位元年（六〇五）甚至廢止各地總管府。控制數州乃至數十州的軍區（總管）制度取消，一旦地方發生危機，諸州縣卽無法處理，亦無力處理，諸軍府兵額常在千員左右，平常兵甲藏於庫府，地方政府若無兵部命令則不能聯絡軍府統帥調兵配械，遇到聲勢浩大的武裝反叛，軍府亦無力單獨抗拒，假若軍械庫被佔，則府兵更束手無爲了❺。隋朝府兵平時卽有作戰訓練，戰力甚強，唐高祖因太原及關中部隊而興，王世充、宇文化及亦因府兵及募

士逞強一隅，屢敗羣雄，卽可爲證，但隋朝兵強國富，卻迅速土崩瓦
解，當坐國防軍事制度脆弱之賜，此則與猜忌政治具有密切的關係。

　　猜忌政治之酷毒，雖王室宗族亦不免於禍。楊隋家族歷遭兩主長期
猜忌、廢黜、軟禁、或處死配流，能保全者不多。文帝親姪蔡王智積因
父親生前與文帝不協，終生恐懼自閉，憂懼之下連有病也不敢求醫，死
前告訴親友說：「吾今日始得保首領沒於地矣！」煬帝親孫越王侗目覩宗
親逼害之狀，後來爲王世充逼令服毒，乃嚙呪說：「從今以去，願不生
帝王尊貴之家！」最妙的是煬帝次子齊王楊暕，因爲干涉繼承權而遭父
親軟禁，宇文化及兵變時，煬帝以爲是楊暕主持，以奪取君位；楊暕則
以爲是父親下毒手，以免後患。父子猜疑，至死不知眞相❼。楊玄感因
家門過盛，在朝文武皆其父親楊素的將吏，自己身爲禮部尚書，叔父楊
約時爲宰相，內不自安，遂結黨謀廢煬帝。及至舉事，貴族子弟羣起響
應，與後來李淵起事太原，而獲貴族支持情況相似。是則隋朝亡於威權
政治，而威權政治爲猜忌心理所造成。

二、唐初對君權的馴化

　　唐高祖爲雄才大略的人，又曾受隋室猜疑，他當然深明自己何以得
國的原因。他沿用隋朝體制，恢復諫官及軍區等制度，極力避免重蹈其
姨父、表弟的覆轍，這些優點皆爲唐太宗所努力效法❼。以此觀之，貞
觀之治實爲武德政治的延續。唐初二主與隋朝二主比較，前者不論才識
武略及做人修養的自制力，皆較後者爲強。兩朝政治的久暫盛衰，與此
關係極大。唐初君權的馴化最重要的一步是君主創制作法，但君主並非
高居法律之上而不受拘束，實質上君主「自作之，還須守之」。君主「設
法須與人共之」的觀念，高祖、太宗皆遵奉不失，此爲隋、唐顯著不同
之處❼。起碼自高祖降至高宗，君主重大違法之事極爲少見。法律與人
共守，在君主時代顯然是非常偉大的觀念。

　　貞觀四年（六三〇），太宗與宰相討論，要求房玄齡、蕭瑀對隋文帝的歷史地位作一評估。二相認爲文帝每日臨朝，或至日昃，五品以上引坐論事，衞士傳餐而食，應爲克己復禮、勤勞思政之主。不料太宗另有見地，他認爲二相僅知其一，不知其二。據其看法，他批評文帝最大缺點在「不明而喜察」，不明所以不通，喜察所以多疑，因此「事皆自決，不任羣臣」。進而申論天下一日萬機，君主一人竭力不能申理，而羣臣既知君旨猜忌，唯取決受成，雖有愆違而不敢諫諍，因此二世而亡。他甚至指出文帝這些行爲，皆因「欺孤兒寡婦以得天下」的黑暗手段影響而成。接著又申述自己與文帝不同，自己在擇才任官，使之舉職理政。事關宰相，則由宰相全權審度，然後將決策奏聞批准。在決策執行過程中，屬行考核及獎懲制度，因此百司各依職權理事，不憂天下不治❼❾。這段君相自白，顯示太宗眞正瞭解隋朝崩亡之因，自己雖亦弒兄弟逼父親，手段不光明，但志在排拒奪權的黑暗影響，放棄猜忌之政，徹底推行律令法治。根據諸書所載貞觀政績，事實與太宗此段自白頗能言行相符。是則太宗不僅旨在吸取楊隋的歷史教訓，抑且站在皇帝的立場去研究君主的理想角色，據其言，太宗頗有將政道與治道分離之意，這是貞觀、永徽間，宰相能放手施爲的原因，也是君權理性化的步驟。

　　太宗之志似較其父更高，他以儒家政治理想爲理想，欲效法儒家首席聖君堯與舜，此在《貞觀政要》常可閱到。他卽位之初，馬上遇到一個國策性的問題，此卽治理國家，該行王道抑或霸道。這個問題曾引起大臣的廣泛辯論，以右僕射封德彝爲首的官僚，力主行霸政，以迅速安定內外危機，甚至有人力言「人主必須威權獨任，不得委任羣下。或欲耀兵振武，懾服四夷」，實行獨裁及黷武政策。引起諫議大夫魏徵等大加反對，在御前激辯。魏徵認爲當今之局，整頓內政實爲優先，突厥之仇可徐圖報復，主張實行欲攘外而先安內的王道主義❽⓿。太宗卒從魏徵之言，奠定「貞觀之治」的政策基礎。仁政爲孔子所倡，王政乃孟子發揚

光大，　太宗曾引孟子之言勉勵羣臣，　則必讀過《孟子》一書而受其啓
發。他曾屢與羣臣討論「爲君之道，必須先存百姓」的意義❸，正與孟
子的民本學說相合。　從太宗力行租庸調的均產政策，　不願人民負擔太
重而拒行封建制度及取消世襲刺史制度，愼擇地方長吏而從嚴考核的政
策，皆可證明太宗對孟子的民本學說有深切的瞭解而奉行之。君主存在
以民爲本，拒行獨裁威權政治，這是君權以理性存在的關鍵。

　　上述太宗對隋文帝的評論，顯示其有政權、治權二元分離的意念，
不過治權詳定政策，須交君主認可批准，是則治權乃是政權的延續，具
有一體性。君道與臣道任何一者失調，皆會造成惡劣的結果，太宗與侍
臣討論「君亂於上，臣理於下」及「臣亂於下，君理於上」二者孰爲可
取，原則上君臣俱理最好，否則則後者可取，這是太宗與魏徵的共同看
法，其道理是因爲君權在決策，具有領導作用，　而治權則在策劃及執
行，體制上處於被領導地位。政、治一體，君、臣一體，不論身分或權
力皆是如此，因此治國平天下，君臣需有團隊精神，這是唐初特重的精
神。政、治不衝突，君、臣不敵對，爲君權理性化的精神基礎。貞觀三
年（六二九），君臣討論此政治原理，太宗即明確指出政治責任上，君
臣實爲一體，兩者同治亂、共安危，君主失國，羣臣亦不能獨存。他舉
「隋煬帝暴虐，臣下鉗口，卒令不聞其過，遂至滅亡；虞世基等尋亦誅
死」爲例❷，欲以廓清魏晉以降，國朝屢換，而貴勢高門置身事外，以
仍然享有榮耀爲傲的心理。太宗的意思似乎在向羣臣推行心理建設，而
羣臣對此類談話亦多有反應。魏徵曾針對此事上疏暢論，他引用孟子學
說，申明政、治兩權須劃分清楚，治權委託羣臣，委大臣以大事，責小
臣以小事；任人不可疑，若君主猜疑，本質上君主本身即最可疑❸。太
宗之論純以利害關係爲出發點，魏徵則從道義分析君臣一體性，補救太
宗言論的偏失。隋朝以猜忌失國，可疑者乃是君主本身的心理狀態。魏
徵公然指出「上亦有可疑」，無異直接批評君權。太宗接納其說，無異

承認君權須理性化，君主不能推諉政治責任於臣下。基於這個前提，太宗在政制上創行幾種措施，一方面要求門下、中書機要之司切實舉職執論以防止君權偏失，但三省分權的目的在「相防過誤」，所以指示切勿各守本位，形成對抗仇怨，應以團隊精神互相合作❸❹。唐代三省制從分中向合演進，發揮團體合作精神，太宗的指示實爲重要基礎。其次在貞觀六年（六三二）創設三師之官，十一年（六三七）正式列入《貞觀令》內。三師雖然一直因未有適當人選而空懸，但太宗創制原意在「朕踵百王之末，智不周物。其無師傅，何以匡朕之不逮」❸❺。是則三師乃訓導教育君主，馴化君權之官，太宗心意可想而知。另一方面太宗爲了不使君權孤立，而與治權密切保持溝通，於是擴大侍臣陣容，在貞觀初詔令京官五品以上必須輪值於「中書內省」，召見賜坐，從容與語，訪問天下政事，常與羣臣反覆劇辯❸❻，成爲後來延英議政制度的張本。聽政辯論爲現代政治決不可少的方式，太宗經常與羣臣劇辯，政事堂亦經常有劇辯，除了蕭瑀個性急峭偏狹之外，互相人身攻擊的事例極爲少見，太宗所謂「非慮無以臨下，非言無以述慮」，形成論政風氣，「貞觀之治」因之造成，君權有此交流意見機會，亦不至於橫暴而非理性。

　　太宗以三師輔導君權教育，以三省輔助君權決策，以諫官彈糾君權違失，三種制度皆爲馴化君權而設。唐初修隋史，史臣即猛烈指責煬帝「除諫官以掩其過」❸❼，是則唐初皆以諫官糾正君主爲重要制度。武德四年（六二一），高祖因孫伏伽而重置諫官，且提升諫議大夫爲正五品官，表示重視此職。諫官乃行使諷諫、順諫、規諫、致諫、直諫五種諫諍權的法定官署，與御史臺行使彈糾及彈劾兩種監察權有異。監察權行使於事後，有君相爲之仲裁；諫諍權行使於事前或事後，多具機密性質，無可以仲裁者，接納與否，端視君主自決。隋朝諫諍者常招大禍，唐初二主則極能納諫，此與其識見素養有關。唐二主鼓勵諫諍，尤其鼓勵直諫，因此以直諫著名的名諫輩出。武德朝以蘇世長、孫伏伽等作爲代

表,貞觀前期則有魏徵、王珪,後期則有劉洎、岑文本、馬周、褚遂良,他們率多後來拜爲宰相。貞觀五年(六三一),太宗詔令搜訪隋朝因直諫殺身者的子孫,以示崇敬。《貞觀政要・論政體》載其翌年發表談話說:

> 朕比來臨朝斷決,亦有乖於律令者,公等(侍臣)以為小事,遂不執言。凡大事皆起於小事,小事不論,大事又將不可救,社稷傾危,莫不由此。隋主殘暴,身死匹夫之手。率土蒼生,罕聞嗟痛,公等為朕思隋氏滅亡之事;朕為公等思(關)龍逢、晁錯之誅。君臣保全,豈不美哉!

要求臣爲君思亡,君爲臣思誅,然後兩相保全。鼓勵言路乃許多暴君亦說的例行公事,因而言路不因君主口頭鼓勵而興,要看君主對待言路的態度而定。魏徵任諫官時,卽已先後提出二百餘事,因而遷官。貞觀十二年(六三八),魏徵指責太宗近一、二年「不悅人諫,雖黽勉聽受,而意終不平」。太宗爲之謝罪矯正。面對他人的攻擊批評是非常難以忍受的,能忍之者有極大的決心與勇氣,提出諫諍者亦需決心與勇氣,尤以直諫爲然。所以太宗閱讀韋挺、杜正倫、虞世南、姚思廉等人所上封事對他批評後,召慰他們,說出「爲君不易,爲臣極難」的感慨[88]。爲了使諫官瞭解政策的決定,及時提出諫諍,乃採納諫議大夫王珪的建議,貞觀初卽詔令凡「宰相入內平章國計,必使諫官隨入,預聞政事」,這是諫官聞政制度的確立,對後世政治影響頗大[89]。諫諍制度日益擴大充實,武則天時增置拾遺、補闕諸官。以後又衍成門下、中書兩省左、右兩種諫議系統,遂成完整的制度。

　　上述各種制度及措施,顯示唐初卽有努力使君權理性化的決心。事實上自武德、貞觀以還,君主有獨專大政之心的,以武則天及唐德宗最爲明顯,唐世橫暴之主可說絕無僅有。鄙意終唐一代,最大的問題不在君主專制,這種情況並不常見;問題之最大者乃是唐朝君主委用大臣過

重，君權沒有密切監導相權，讓權臣、強藩、宦官等弄權專擅，釀成大難。用人失宜，倚人過專，這是政制及人事上的問題，基本上仍是傳統的人治問題。大體來說，太宗從各種角度使君權歸於理性化，起碼在唐宋歷史上發揮了巨大的影響力。君權的理性化加上良好的政制及人事，終於出現了中古時代最佳的政治。在武德、貞觀、永徽持續的優良政治時代中，歐洲已墮入黑暗時代，近世第一個民主政治榜樣的英國，尚處於君主專制，而未有議會政治的狀態。而亞洲則正因穆罕默德興起，造成神道設教及武力征服的時代。波斯都督府以東的東亞世界，卻以貞觀規模爲基礎，樹立天可汗制度，爲當時全世界最開明、最理性的地區⑩。

三、隋唐君位繼承問題的因素

君位繼承問題乃治唐史顯要問題之一，唐代政潮常與君位繼承的問題纏糾在一起，令人眼昏目眩。研治這個問題的學者，大率分由兩種角度去探討，此卽從政治學的權力鬥爭，或從社會學的蕃胡社會風俗影響，去加以研究。兩種方式各有其是，亦各有所偏。鄙意與其從權力鬥爭觀察，毋寧從倫理親情先著手分析；與其套用近代社會學原理，毋寧先實際地從中國歷史背景與制度去探索。這兩種途徑，事實上皆可引用於研究中國歷代君位繼承問題。由於君位繼承關係著君權的延續，影響了當時的政治，因此追隨其他學者之後，由上述兩種途徑對隋唐繼承問題略加論述，以補充成說可能未足之處。

研究君位繼承問題，首先需瞭解繼承制度及繼承人的地位，尤其在隋唐時代的地位。案：皇帝親子第一繼承人官方稱謂爲「皇太子」，隋唐宗法稱謂爲「嫡子」。在官方體制中，「皇太子」既不是官，也不是爵，更非勳品，而是儲君的法定稱呼，與皇帝其他諸子所居的正一品爵——親王有異。在宗法制度中，「嫡子」僅爲妻所生的長子的法定稱呼，與

妻的其他諸子及媵妾的諸子有異,嫡子除特殊情況,恒爲君位繼承人——
皇太子，但皇太子不一定是嫡長子。至於唐朝曾有「皇太叔」、「皇太
弟」,乃至幾有「皇太妹」等稱呼,皆爲非常的君位繼承人稱謂。唐朝法
律據隋朝修定而成，《唐律·戶婚律》第九條規定：「諸立嫡違法者,
徒一年。卽嫡妻年五十以上無子者,得立庶以長；不以長者,亦如之。」
可見立嫡爲隋唐所重視，而以「立嫡以長」的傳統法制爲原則，與前代
無異。長孫無忌等在《唐律疏議》運用法律解釋權解釋此條法律說：

> 立嫡者，本擬承襲，嫡妻之長子爲嫡子，不依此立，是名違
> 法。合徒一年。卽嫡妻年五十以上無子者，謂婦人年五十以上，不
> 復乳育，故許立庶子爲嫡，皆先立長。不立長者，亦徒一年，故
> 云：「亦如之」。依令：無嫡子，及有罪疾，立嫡孫。無嫡孫，以
> 次立嫡子同母弟。無母弟，立庶子。無庶子，立嫡孫同母弟。無母
> 弟，立庶孫。曾、玄以下準此。無後者，爲戶絕。

〈戶婚律〉第四十條規定妻有「七出」之罪則得去妻。《疏議》解釋：
「七出者，依令：一、無子。……。」又假設如下問答以解釋：

> 問曰：「妻無子者，聽出。未知幾年無子，卽合出之？」答曰：
> 「律云：妻年五十以上無子，聽立庶以長。卽是四十九以下無子，
> 合未出之。」[91]

是則據貞觀律令，立嫡乃繼承制度的根本大法，具有促進社會安定的意
義，王室以至於庶民皆適用〈戶婚律〉第九及第四十此兩條法律，立嫡
違法者需判徒刑一年。而且，立嫡法中，硬性規定嫡妻的長子乃爲嫡
子，嫡妻四十九歲以下有子，則須先立嫡子；五十歲以上，嫡妻無子，
因更年期生理，將來已無可能再有親子的機會，才允許依次立庶子。此
爲宗法得到法律保障，以免奪嫡糾紛危害社會安全，用心至明。依《疏

議・戶婚律》第九條解釋，隋唐繼承次序如圖一一所示。

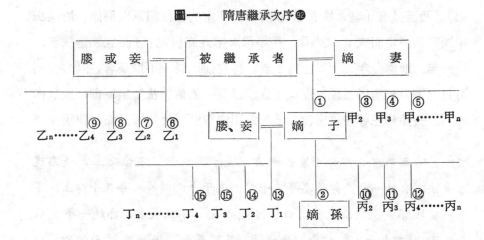

圖一一　隋唐繼承次序[92]

　　根據圖一一，隋唐繼承優先次序可以一目瞭然，曾孫、玄孫以下同此例，卽嫡長系統恒獲同輩中的第一優先權，爲宗法及法律所保障。若換另一個立場說，嫡子以外的諸子，在法律上並不排斥其獲得繼承權的可能性，圖一一中甲、乙皆代表諸子，他們得在無嫡子或雖有嫡子，而嫡子有罪疾，不得立爲繼承人，並且在其無嫡子（卽嫡孫）兩種情況之下，甲、乙諸子卽得依法依次序被立爲繼嫡。這種規定用意有二：一爲避免子弟爲繼承而紛爭。一爲避免戶絕情況發生，因此甚至子孫皆無，猶得依法收養過繼，蘊涵了「繼絕世」的傳統精神。諸弟得依法獲得繼承權，此應非兄終弟及的殷商制度或胡蕃母系社會風俗影響而成，乃是傳統宗法精神。隋文帝篡位前已立楊勇爲世子，卽位後卽立之爲皇太子。唐高祖篡位前已立李建成爲世子，卽位後册之爲皇太子。唐太宗卽位後亦以李承乾爲皇太子。此皆依律「立嫡以長」，完全符合宗法及法律。卽使唐高宗因王皇后無子而立庶長子李忠爲皇太子，後來王皇后被廢，所以地位不穩。王皇后無子，但以政治及倫理因素，才建議立後宮所生的李忠爲皇太子以自固。高宗廢王皇后在永徽六年（六五三）十月，此

時他才二十八歲，王氏當不超過三十歲，若高宗不廢王氏，太子忠在往後二十餘年之間，如果王氏幸能誕育一親子，則其皇太子地位亦將不保，何況高宗廢后的理由是「皇后無子，武昭儀有子」，正式廢后時則控訴王氏「謀行鴆毒」。換句話說，高宗欲援引「七出」的首項而廢妻，但王氏年未滿五十，此項名義不能成立，於是乃在廢后詔中指責其謀殺之罪。案：前引〈戶婚律〉第四十條律文說：「諸妻無七出及義絕之狀而出之者，徒一年。雖犯七出，有三不去，而出之者，杖一百；追還，合。若犯惡疾及姦者，不用此律。」❾❸高宗控訴王氏「謀行鴆毒」，卽控訴她謀殺親夫及弒君之罪，前者已超越了「義絕」，後者犯了「十惡」罪之首——「謀反」罪。出妻有「三不去」原則，「義絕」可以援引此原則，雖廢仍得追還配合，王氏卽符合「三不去」的原則，不得援用出妻。但是弒君乃「十惡」之首，罪在「八議」及「三不去」兩種原則之外，因此高宗得以廢后，其廢黜仍然依法律進行，沒有違法之處❾❹。高宗對王氏的行爲是情絕心狠，但不犯法，他與武氏的關係則構成「十惡」的第十款「內亂」罪名，卽和姦父祖妾。羣臣反對立武氏爲皇后的理由，似卽以此爲主，事非本節所詳，玆不贅述。總之，王皇后是依法律程序被廢，而太子李忠又非其嫡子，則太子地位不穩，可以卜知。及至武氏得立爲皇后，其子卽嫡子。李弘爲武氏與高宗的長子，雖僅五歲，其名分較年已十四歲的高宗庶長子李忠尊貴。廢后的翌年正月，皇太子李忠卽降爲梁王，詔書明言：「論嫡庶之分，辨貴賤之禮，以貴則皇后有子，以賢則不敢當仁。」是則高宗廢太子李忠而立李弘，完全合符立嫡之法，無可非議，更不宜引此例以論述繼承糾紛❾❺。唐朝前半期僅有一次嫡子在，而立嫡子之弟的非常事件，此卽唐睿宗及其嫡子宋王成器，因李隆基功勞大而立之爲皇太子。捨此之外，則以李隆基卽位後，因無皇后，又無嫡子，而造成繼承問題。其餘時間，君主「立嫡以長」，原則上並無違反之事。至於立嫡以後的各種變化，則與制度本身關係不大，可從

其他因素去追究。安史之亂以後,宦官集團逐漸崛興,君位擁戴,肆其主意,更是另一局面,不是法律、宗法所可理喻的了。

根據隋唐律令,嫡子母弟及其他諸弟皆有承繼的可能,這是中國的傳統,似與胡蕃風俗關係不太大。傳說傳子之局由夏朝開創,殷商則兄終弟及,至末世才轉變為傳子。周初繼承以立賢為主,而未必傳嫡,所以古公亶父選擇第三子季歷為繼承人,周文王於十子之中亦選擇最賢的次子姬發(武王)為繼承人,「三監之亂」即與此制有關。周公為促進國家社會安全,懲於「三監之亂」,乃製定宗法制度,規定繼承以嫡不以庶,立嫡以長不以賢的原則。但是先秦諸國,君主不依宗法而立者亦不少見。秦朝為中國正式進入統一局面、君主統治、中央集權的時代,但繼始皇為皇帝的卻不是長子扶蘇,而是少子胡亥,胡亥得以即位為二世皇帝,乃是得自李斯、趙高等政變之助。是則諸弟有繼承可能,若牽涉於政治問題,則情況極為複雜,非律令、宗法所能規範。劉邦創漢,第一代即發生繼承衝突,此即惠帝與趙王如意事件。此事件因劉邦的私愛如意母子而引起,最後因政治手段而結束,當時雖有精通禮法的叔孫通亦無能為力。這是構成繼承問題的第三個因素。

法令允許嫡子諸弟及其他庶兄弟獲得繼承權的可能,是屬於客觀既定的因素。權力鬥爭及倫常私愛,則屬於主觀能變的因素,這三個因素在整個中國歷史的繼承糾紛中經常扮演了重要的角色。國人熟知漢武帝獨尊儒術,但處理繼承問題卻不依從儒家嚮往的周朝禮法,其繼承糾紛較以前各帝更烈,而至訴諸武力作解決[96]。漢代繼承糾紛與君主倫常私愛的偏失關係極大,外戚干政之風亦極盛,這些問題皆與母系社會似無多大關連。西漢十二主,其中文帝、武帝、昭帝、宣帝、哀帝、平帝及孺子嬰七主,皆非嫡(長)子身分,武帝已降,幾乎無法依照傳統立嫡制度而決定繼承人。東漢十四主,包括著名的明、章兩帝在內,亦共有十二主沒有嫡(長)子身分。兩漢經學寖盛,號稱風俗為國史最淳美的

時代猶且如此，　顯示君位繼承制度始終不能維持一定而變化多端。　魏晉之世，最爲國人熟知的乃是曹植因得曹操的鍾愛，引起嫡兄曹丕的猜忌及衝突。　魏朝壓迫諸侯王的制度，因此而形成，成爲曹魏崩亡之因❾。另一例則是司馬師、司馬昭兄弟相傳而不傳子，遂篡魏室。反觀北魏乃胡人所建，孝文帝爲第六任皇帝，在他全面推行漢化政策以前，諸帝皆爲先帝的長子，僅有高宗文成皇帝因其父早薨，而以「嫡皇孫」身分卽位，仍屬嫡長系統。從第七任至十三任皇帝，反而有六帝是以王室子弟身分入繼大統的。北魏中期以後嫡長系統無法繼承的因素，與太子早死或太子無子的關係最大，其次則爲政治因素。北齊開國皇帝宣帝崩後，由嫡長子廢帝繼任。廢帝爲太皇太后所廢，改立其同母弟孝昭帝。孝昭帝崩，仍由母弟入繼。自後卽以嫡長子爲皇帝。顯示北齊早期是由於政治權力因素而擾亂立嫡制度，　其母后、外戚干政，與兩漢情況略同。北周情況與北齊略同，前三帝皆因權臣宇文護專政，乃以兄終弟及相承，自後卽以嫡子爲法定第一繼承人。　綜觀北朝，　君位仍以嫡長爲主，茲將兩漢、南北朝皇帝的身分略列如下❾：

	西漢	東漢	宋	齊	梁	陳	北魏	北齊	北周	唐（玄宗以前）
1.爲先帝長子者	4	1	0	0	0	2	?	1	2	0
2.爲先帝長子，但嫡庶不明者	0	0	3	1	0	0	4	2	0	0
3.爲先帝嫡長孫者	0	0	0	0	0	0	1	0	0	0
4.爲先帝諸子者	3	7	1	1	2	0	2	0	1	6
5.爲先帝兄弟或其他王室親戚者	4	5	3	3	1	2	5	2	1	0
6.繼任君主總數	11	13	7	6	3	4	12	5	4	6

　　若謂南北朝與隋唐時間接近，可能發生重大影響力，則南北朝繼任君主的狀況如下：

	南　　　朝				北　　朝			唐（玄宗
	宋	齊	梁	陳	北魏	北齊	北周	以前）
1.繼任君主人數	7	6	3	4	12	5	4	6
2.經由正常制度（主要指立嫡）而繼任人數	3	3	0	3	7	3	2	3
3.在不正常狀況下繼任人數	4	3	3	1	5	2	2	3

　　總括來說，繼任的君主原非先帝嫡長系統子孫的，南朝劉宋七主中即有四，齊朝六主中即有四，梁朝三主的全部，陳朝四主之半；北朝北魏十二主中之七，北齊五主之二，北周四主之半，皆前任皇帝嫡長系統以外的王室宗室子弟。換句話說，繼任皇帝本身不是先帝嫡長子孫者，除北齊之外，各朝皆佔半數以上。與兩漢情況頗相同，而南、北朝兩系統的情況亦無大異。顯示隋唐以前，由於諸弟有權繼承君位，君主倫常私情及政治權力變化，非嫡長子孫而獲得君位繼承權的情況甚爲普遍，不論胡人或漢人建立的朝廷，不論經學或玄學等學術思想，不論佛教或道教的宗教理論影響，其間差異並不太大。

　　隋唐重視立嫡制度是無可置疑的，每一君主立嫡時，第一次多以嫡子爲皇太子，即可爲證。隋朝曾經發生兩件轟動一時的立嫡案，第一件在開皇間發生於晉氏家屬。內史侍郎晉平東與其兄子晉長茂爭嫡，上訴至尚書省。尚書省不能決，文帝下詔交付廷議，廷議三次亦不能決，最後文帝採取民部侍郎高構的判詞來裁決。高構判決今已不考，但事後他爲文帝召入慰勞說：「嫡庶者，禮教之所重。我讀卿判數徧，詞理愜當，意所不能及。」顯示高構可能據嫡庶原則來作成判詞[39]。另一案發生在

文帝末年，隋太師李穆因不反對文帝篡國，故爲文帝所尊崇，子孫雖在
襁褓，悉拜儀同，一門執笏者百餘人，貴盛無比。開皇六年（五八六），
李穆去世，死時任太師、上柱國、申國公。嫡子李惇早死，有嫡孫李
筠，乃在開皇八年（五八八）襲其祖父申國公之爵。李筠叔父李渾因忿
刺殺李筠，引起大糾紛，文帝怒禁其族，而擱置申國公的繼承權。至仁
壽四年（六〇四），始下詔令羣臣討論爲申國公立嗣之事。蘇威認爲李
筠不義而導致骨血相殘，請廢其國。文帝裁決不許。李筠是否有子孫不
明，但文帝之意不在爲李筠立嫡，而在爲其祖父李穆立嗣，是則李穆因
嫡子、嫡孫已死，依律其他嫡子可以依次繼立。李渾排行第十，依圖十
一所示乃是甲十的地位，獲得第十一優先權。李渾時任左武衞將軍、領
太子宗衞率，遂利用其東宮屬官的關係，並運動妻兄宇文述遊說太子楊
廣，謀躐等奪嫡。太子左衞率宇文述乃楊廣奪嫡成功的謀主，乃以「立
嗣以長，不則以賢」爲理由向太子陳情，說李渾適合以賢襲封的條件。
楊廣及文帝已有奪嫡、廢嫡的先例，而宇文述所持理由正是他們廢奪嫡
位的表面理由，因而經太子奏請，皇帝同意，由李渾襲爵。是則太子楊
廣奪嫡之事，對全國影響甚大。起碼子弟可以透過政治及財賄的力量，
謀奪嫡位⑩。前一案似爲依據法律判決立嫡之例，後一案則是嫡子之弟
運用政治及財賄力量達至躐等奪嫡之例。因此繼承問題不僅發生於隋唐
王室，社會上有力量的人常有此類糾紛存在。

　上述三種因素以外，另一種客觀因素亦促成繼承問題的產生，此卽
政治上東宮地位的下降。隋朝以前，皇太子是儲君，一旦成爲太子，卽
與羣臣發生君臣關係，謀奪太子之位，無異謀奪君位，因此皇太子地位
較爲穩定。皇太子旣爲儲君，與羣臣有君臣關係，因而在政治上常扮演
較活躍的角色，甚至擁有法定的預備朝廷——宮朝與東宮系統各官僚機
關，太子從而學習統治的能力。隋唐制度，東宮列屬「京職事官」系

統。東宮太子太師、太傅、太保三師及太子少師、少傅、少保三少地位極高，作用與皇帝師傅一般，掌理教諭太子而不負政事責任。東宮政事分由詹事府、門下坊（唐稱左春坊）、典書坊（唐稱右春坊）負責，此三個機關與中央尚書省、門下省及中書省職權編制相類似，東宮一切庶務機關皆分由此三個機關統率指揮，另外東宮武官系統則有左右衛、宗衛、虞候、內及監門十率府，建制亦比照中央諸衛府❶。因此東宮在政制中，地位遠比親王府重要，組織規模亦大。文帝太子楊勇與唐高祖太子建成，自國家初建卽詔令參決國政，顯示了皇太子地位的崇重。但就文帝而言，他原爲北周太后的父親、皇帝的外祖父，卻排棄親情，實行篡奪，所以深知權力無溫情的道理，具有敏感的政治警覺。楊勇過早預聞政事，風頭甚健，又與禁衛軍有密切關係，遂逐漸挑起文帝對他猜忌之心。雄猜的父親與活躍的兒子，勢難長久相處。早在開皇初，某次有司依禮制召集百官在冬至日朝賀於東宮，太子亦依禮法服設樂，南面受朝，完全符合禮制及君臣之義。文帝對此卻猜忌不快，下詔切責「皇太子雖居上嗣，義兼臣子」，「禮有定差，君臣不離」。亦卽認爲國無二主，太子亦與羣臣同爲臣位，不當南面受朝。同詔命令廢止百官朝東宮的制度，以後國有慶節，只准宮官稱慶，更不許用「朝」字，太子南面的儀注亦改爲西向而坐❷。這是猜忌政治下，東宮地位的第一次遭受抑奪。不久，文帝詔令精選強勇的衛士宿衛，宰相高熲認爲不能將強勇者全調入宿，需留部分爲東宮衛士。高熲爲太子的兒女親家，文帝乃懷疑兩人勾結，選取壯士密有所圖，乃大怒下詔，盡奪東宮精銳侍衛隊。太子已知父親有猜忌之心，母后有廢立之意，二弟楊廣有奪嫡之謀，憂懼不安。文帝亦知其不安，乃密令楊素等秘密偵伺太子，進而盡奪太子統率東宮十率府的兵權，解散東宮的健兒。父子互相疑忌不已，文帝甚至公開對東宮屬官責備說：

> 仁壽宮去此不遠，而令我每還京師，嚴備仗衛，如入敵國。我爲患利，不脫衣臥，昨夜欲得近廁，故在後房，恐有警急，還移就前殿，豈非爾曹欲壞我國家邪❸！

太子勢力已遭削弱，猶猜忌如此，唯一可行的解決，必為廢立或政變。及至晉王楊廣立為皇太子，聰明的他為了消除父親疑忌，乃在翌月奏請降低太子的儀注，連東宮臣僚亦不得向太子稱臣。唐制雖恢復宮僚向太子稱臣，但羣臣則不需稱臣，權威大削，與朝臣不發生君臣關係❿。東宮地位劇降無力，諸王若有重大功勳與勢力，奪嫡之心由此而起。煬帝之子齊王暕，唐高祖之子太宗皇帝，及太宗之子濮王泰的奪嫡事件，與此均有關係，唐玄宗得立為太子，與此關係更明顯。

　　影響隋唐繼承問題的四個因素既明，可知運用胡蕃風俗作為解釋之說，恐有未週之處。安史之亂以後，君位擁廢逐漸由宦官集團控制，情況另論。安史以前，君位繼承糾紛實可以引用此四種因素逐一分析，其實況必將豁然明朗。

四、隋唐繼承問題的概況分析

　　隋朝最重大的政治事件為廢立皇太子，這件事情發生因素極複雜。文帝一妻五子，五子同母，他曾以此自豪，從容告訴羣臣：「前世皇王，溺於嬖幸，廢立之所由生，朕傍無姬侍，五子同母，可謂眞兄弟也，豈若前代，多諸內寵，孽子忿諍，為亡國之道邪！」顯示文帝認識到前朝王室多變，乃是由於倫常私愛發展而成。他是重視嫡庶之別的人，所以視五子同一嫡母為可傲的事。文帝在開皇二十年（六〇〇）廢太子時，穿戎服，列兵戎，邀集百官及諸親，儼然出征作戰。薛道衡宣讀廢太子詔，僅指責太子為「不肖之子」，責他才德庸闇，生活不檢而已。另詔懲處連坐的朝官及宮官，處斬者七人，這七個罪首的主要罪名乃是誘導太子「增長驕奢，糜費百姓」。其中最嚴重的乃是左衛大將軍元旻，被指為「包藏姦伏，離間君親，崇長厲階，最為魁首」。從未指責東宮集團已做出篡奪的行動。因此當時即有人上書認為「皇太子為小人所誤」，「不宜廢黜」❶❻。楊勇確以奢侈見稱，此事屢惹素以節儉見著的文帝反

感，並曾因此警告，至謂「天道無親，唯德是與」，楊勇並未稍改。父子之間個性作風不同，早已有芥蒂存在。但文帝廢太子主因出於權力猜忌，他指責七個禍首「包藏姦伏」，或製造玄象符應，當出於猜疑的心理。文帝曾表示還京師「如入敵國」，夜間連廁所也不敢上。逮捕太子親黨，由楊素主持刑獄，乃至文帝戎服陳兵才下詔廢太子，在在表示文帝沒有搜得太子謀反證據，廢立行爲僅基於長期的心理猜忌。構成楊勇被廢的另兩個重要因素，乃是失去母愛支持，甚至爲母親所誣告陷害；與其二弟晉王楊廣的奪嫡陰謀及唆使離間手段。

　　文帝獨孤皇后乃大司馬獨孤信之女，以妬忌見著於國史，但甚重視嫡庶之別。她父親前後三娶，死後卽發生繼承問題，皇后支持父親第一任妻子所生的長子獨孤羅取得繼承權●，以維護嫡長繼承的制度。她後來建議文帝廢黜太子楊勇，亦與嫡庶問題略有關係，但主要是親情的改變。文帝夫婦爲楊勇娶元孝矩女爲太子妃，但太子與太子妃之間感情不佳，因而太子另外喜歡雲定興之女雲昭訓，且內寵亦不少。這件事情卽引起善妬的獨孤后強烈惡感，加上太子曾埋怨母后，至說：「阿孃（指皇后）不與我一好婦女，亦是可恨！」甚至嬖幸雲氏至禮匹於嫡。母子怨隙遂逐漸擴大。開皇十一年（五九一）正月，太子妃暴薨，皇后懷疑太子與雲氏下毒手，乃完全喪失對太子之愛。元妃死時沒有親子，亦卽文帝沒有嫡孫。雲氏爲太子所生的長子，僅爲庶長子；另外九個兒子亦皆媵妾所生。獨孤后內心爲嫡孫問題及與雲氏不協問題煩惱極大，她曾對次子楊廣說：「每思東宮竟無正嫡，至尊千秋萬歲之後，遣汝兄弟向阿雲兒（雲氏）前再拜問訊，此是幾許大痛苦邪！」說畢母子相對悲泣，於是堅定了皇后廢嫡及楊廣奪嫡的野心。獨孤氏怨恨雲氏，進而懷疑其長子長寧王楊儼的誕生。文帝因皇后關係，對此亦表懷疑，甚至公開告訴羣臣：「雲定興女在外私合而生，想此由來，何必是其（楊勇）體胤！……今儼非類，便亂宗社。」文帝夫妻旣懷疑長孫非己類，不欲傳之君位，欲

黜其孫則必先廢其父的事遲早發生，可以無疑，這是家庭倫常的慘變[107]。

　　晉王楊廣排行第二，開皇元年（五八一）十三歲時，即屢任幷州總管、衞軍統師、行臺長官。六年徵拜雍州牧、內史令，爲宰相。兩年之後，出爲行軍元帥平陳，這時才二十一歲英年。楊廣位兼將相，功勳極大，本人又有才學，加上嫡子母弟法律上有繼承權，太子無嫡子，他卽獲得第二繼承權，遂萌發奪嫡之心。楊廣坐鎮淮南時卽折節下士，結納豪俊以邀取令譽，前引房彥謙在天下一統，衆人認爲可坐致太平時，卻持反對之論，認爲「太子卑弱，諸王擅威」，禍亂尙待將來，則晉王的行動顯然是他所目睹的。晉王奪嫡的策略一方面爲邀結人才培養聲望，並且在父母面前矯飾以取悅兩人。另一方面秘密聯絡楊素等重臣，使之對文帝夫婦發揮影響力。另外他又放出自己失愛於東宮，太子欲加屠陷的謠言；甚至長寧王儼爲雲氏與人野合之謠，可能亦與晉王集團有關，終於搖動了文帝夫婦的心意，決定「終不以萬姓付不肖子（指楊勇）也。我（文帝）恒畏其加害，如防大敵，今欲廢之，以安天下。」因此楊勇之廢，因素複雜，而以感情心理因素居多。廢黜太子乃國家大事，而且違法，所以文帝事先屢向羣臣試探反應。某次問於素所厚遇的文士韋鼎：「諸兒誰得嗣？」答道：「至尊，皇后所最愛者，卽當與之，非臣敢預知也。」笑再問：「不肯顯言乎？」[108]顯示韋鼎不欲涉入政治漩渦，但又明知文帝有廢立之意，故作此答。此事表示廢立因君主私愛而生，羣臣皆知之。反對廢立最力的是高熲及元旻，後者乃是七罪首之魁，高熲則爲太子親家。因此高熲嘗跪進諫，認爲「長幼有序」，太子不可廢。文帝夫婦自知理屈，默然不語。最後在開皇十九年（五九九）八月因皇后及他事罷黜高熲，翌年乃廢太子[109]。有些臣子在太子旣廢之後仍然進諫不已，文帝自知所爲不允天下之情，多加以懷柔撫慰，甚至陳列太子服飾玩物讓百官參觀，利用天變玄象等手段，表示太子當廢，勉強平息了廢立的風波[110]。太子被廢，旣無嫡子，卽使有嫡子，當時太子十子皆

坐廢，所以太子一家，已無可能擁有繼承權。於是法定有第二繼承權的楊廣乃依次而立。楊廣依法繼立，但文帝遺詔稱：「惡子孫已爲百姓黜屛，好子孫足堪荷負大業」，盛贊楊廣仁孝德業。是則楊廣之立，極可能兼引用「立嫡以賢」的理由爲粉飾。楊廣奪嫡的手段及理由，對其表侄唐太宗影響甚大。

　　煬帝太子楊昭於大業二年（六〇六）薨，三個兒子尚幼，煬帝乃暫不立皇太子或太孫⓫。二十二歲已有內史令、揚州總管、豫州牧履歷的齊王暕，遂爲朝野矚目，咸認楊暕當可以嫡子母弟身分嗣立。但煬帝未有立嫡之意，故楊暕急忙部署，企圖迅速獲得繼承權。由於行動過急，引起煬帝疑忌，將之軟禁，父子至死，互相猜忌，《隋書本傳》述之甚詳。這次奪嫡事件的失敗，對李世民急速兵變的事影響亦不少。

　　貞觀十二年（六三八），禮部尚書王珪奏言三品大臣以上遇親王於道皆爲之降乘，違法乖儀。太宗則認爲大臣皆自尊崇而卑我兒子，召宰相大臣而加質問。魏徵進言：「自古迄茲，親王班次三公之下，今三品皆曰天子列卿及八座之長，爲王降乘，非王所宜當也。求諸故事則無可憑，行之於今又乖國憲。」太宗說：「國家所以立太子者，擬以爲君也。然則人之修短，不在老少，設無太子，則母弟次立，以此而言，安得輕我子耶？」再答道：「殷家尚質，有兄終弟及之義。自周以降，立嫡必長，所以絕庶孽之窺覦，塞禍亂之源本，有國者之所深愼。」亦卽太宗據法律而認定諸子皆有繼承權，太子僅居第一優先的地位。太宗認爲諸子親王，皆爲未來可能的君主，此觀念極重要，他發動奪嫡兵變，卽以此爲本。魏徵之言並不否定嫡子母弟的繼承可能，僅在強調嫡長的地位，無嫡子則傳嫡孫，母弟地位不宜逼近嫡長，大臣對親王的禮遇亦不宜如同對太子一般，這是體制問題，用以保障嫡子，以防母弟興起奪嫡之心。魏徵所據仍爲法律，但其致意則在消滅嫡長以外奪嫡之風，因此爲太宗採納，批准王珪之奏⓬。這段對話對瞭解隋唐奪嫡之風極具價值，

不瞭解此種觀念，則不會明白何以賢如唐太宗亦不惜逼父親弒兄弟，並且不爲之痛表懺悔。

　　唐高祖共有二十二個兒子，分由十八個妃嬪所生。他性格仁厚，對諸子皆疼愛，尤其對嫡妻所生四子更爲愛護。高祖嫡妻竇氏，出自京兆高門，家族屢與周隋通婚，世爲貴戚，子孫爲大官甚多，高祖前行四子建成、世民、玄霸、元吉皆竇氏所生。竇氏賢淑有禮而工書法，極爲高祖敬愛，所以在隋末以四十五歲年齡死後，經常爲高祖所追思，並決心不再續弦。高祖處理諸子糾紛而失去內助之力，遂致措置失宜，釀成倫常慘劇。

　　高祖即位時五十三歲，建成三十二歲，次子世民才二十三歲。高祖不在家時，家務由建成主持，由此攻入關中以後，乃依立嫡制度立李建成爲世子，並以唐王世子身分在恭帝朝官拜尙書令。武德元年（六一八）晉册爲皇太子，即不便再領官職，尙書令一職遂由二弟世民取代。高祖刻意培養建成，「每令習時事，自非軍國大務，悉委決之」，又遣大臣李綱、鄭善果等兼爲宮官，與參謀議，以資輔助❿。高祖也常令太子統兵出征，以養聲望，甚至武德五年（六二二）十一月，高祖任命建成爲討伐劉黑闥的最高統帥，詔令陝東道大行臺、山東行軍元帥及河南、河北諸州，均須接受太子節度，並授太子以便宜行事的緊急權。換句話說，當時已爲天策上將、太尉兼司徒、尙書令、陝東道大行臺的秦王世民，亦配屬於其麾下，歸其指揮。此舉無異爲正在經營奪嫡的李世民之當頭棒喝。直至玄武門兵變，高祖沒有廢黜太子的明顯意圖⓫。由於太子爲人仁厚，高祖妃嬪及太子諸弟皆對之尊敬信服。除了秦王世民自以功勳蓋世，地位相當，起而爭嫡之外，太子再無其他競爭者。

　　唐高祖舉兵之前，李世民曾經貢獻大力，加上高祖效法其姨父隋文帝的政策，對王室宗親倚任甚重。及至揮兵入關，他將軍隊部署爲四部分，而自將中路軍。左、右兩翼部隊則分由建成及世民統率指揮，留守

部隊委託年才十五歲的第四子李元吉統率。這種安排固然出於固本之意，但卻導致日後的糾紛。建成向來在家居於支配的地位，一旦與少他十歲的二弟平分秋色，無異傷害了他的嫡子身分；世民則經常隨同父親赴任，甚少在家，一旦以首建舉兵之功，驟然位處感情生疏的兄長之次，摩擦似乎即由此而起。及至武德元年建成册爲太子，摩擦已有表面化的跡象。此年，萬年縣法曹孫伏伽以三事上諫，其第三事即暢論「性相近，習相遠」的道理，申述「子孫不孝，兄弟離間，莫不爲左右亂之。」因此請妙選太子及諸王僚友。孫氏之論，極可能與建成、世民兄弟不協有關，高祖大悅，詔令將其諫議頒示遠近，俾知人君之意，此舉應有深意❺。高祖自此一直安排諸子立功的機會，任官勢位亦略相等❻。高祖的均勢政策在武德四年（六二一）元月遭到突破性的發展，世民因爲平定王世充，收復洛陽，他任「太尉、尚書令、雍州牧、左武候大將軍、陝東道行臺、涼州總管」之官職，在律令制度上已無更高的官職可資酬庸，乃特置天策上將，位在王公之上，以世民爲天策上將兼領司徒，陝東行臺亦升格爲大行臺，餘官如故，以寵異之。李元吉亦有參戰，但僅晉册司空，地位相距其次兄甚遠。世民在軍事及地方勢力方面佔有優勢，奪嫡的行爲遂日趨明顯積極，使太子及齊王元吉的壓力增大。

　　當秦王世民壓力增強時，東宮屬官魏徵等甚至主張太子以武力清除世民及其秦王天策府集團，這種意見爲個性和厚穩健的李建成所拒。從正常發展的角度看，太子的決定是對的，父皇已老，太子地位穩定，是則時間越後，只有對太子越有利，歸納他對付世民的措施，實有四種：第一，適時爭取建功機會，結納人才，使與世民勢力維持均勢局面。第二，分化及爭取世民的僚友，和平削弱其集團力量。第三，盡量羈留世民於首都而加以伺察，阻止他用任何藉口離京返防而脫離監視，在外構成堅強的反對力量。第四，避免加害於世民，逼他作困獸之鬥。這四種

措施是穩健的，雖經許敬宗改動史籍，但對此亦未有徹底的刪改。

　　秦王世民卻不作如此想法，他是年輕志高，政治野心極大的人，從兄弟摩擦演進至奪嫡鬥爭，已經成為唐史上隱晦的一段大事。就李世民而言，他當然認識到自己僅擁有第三繼承權。由於建成長子太原王承宗不知何時而早卒，乃使世民擁有第二繼承權。世民若要奪嫡，最佳的榜樣乃是其表叔隋煬帝，希望造成某種形勢，援引隋煬帝「立嫡以賢」的故智，以達至合法合情的廢嫡。因此世民的措施是：第一，效法煬帝建立統一的不世功勳及以淮南作為政治資本，以威脅太子地位，因此屢次不辭危險統兵出征，逐漸控制幾個行臺及總管區，成為政治資本。第二，鼓勵王妃長孫氏「孝事高祖，恭順妃嬪」，以爭取家屬支持；又誣告太子與妃嬪有染，私德失檢，離間父親對長兄之愛，使之產生建成「不肖」的印象。第三，誣告建成兵變，使高祖對之產生猜忌心理，以收隋文帝對太子楊勇之效。第四，找尋藉口離京，返回大行臺總部所在地洛陽，然後連結山東豪傑，實行武力對抗東宮、齊王集團。當然，世民利用其天策上將、尚書令的特殊身分控制軍政，是可以想像的，武德後期三省人事的安排，似乎與兄弟的競爭有關。從武德五年（六二二）起，三省人事的變動如下：（◎乃世民集團或親附者，○乃太子集團及親附者）

　　　　　武德五年：尚書省尚書令李世民◎，左僕射裴寂。門下省侍中陳
　　　　　　　　　　叔達、楊恭仁。中書省中書令蕭瑀◎。
　　　　　六年：尚書令李世民◎，左僕射裴寂，右僕射蕭瑀◎。侍中
　　　　　　　　陳叔達。中書令楊恭仁、封德彝◎○。
　　　　　七年：尚書令李世民◎，左僕射裴寂，右僕射蕭瑀◎。侍中
　　　　　　　　陳叔達、裴矩○。中書令楊恭仁、封德彝◎○。
　　　　　八年：尚書令李世民◎，左僕射裴寂，右僕射蕭瑀◎。侍中
　　　　　　　　陳叔達、齊王李元吉○、裴矩○、宇文士及◎。中書令

楊恭仁、秦王李世民◎、封德彝◎○。

九年（正月至五月）：尚書令李世民◎、左僕射裴寂、右僕射
蕭瑀◎。侍中李元吉○、陳叔達、裴矩
○、宇文士及◎。中書令李世民◎、楊
恭仁、封德彝◎○。

蕭瑀是偏佑李世民的人，裴矩爲東宮要官。顯示世民在武德中期以後已控制尚書省及中書省，東宮、齊王系統則控制門下省。兵變前不滿一年，天策府司馬宇文士及權檢校侍中兼太子詹事，顯示世民已直接向東宮及門下省滲透，形勢上三省皆有世民心腹或偏佑於他的宰相。東宮、齊王集團努力維持門下省的控制權，操縱大政的封駁，至此亦不能完全控制了。衛軍最高統帥權從武德五年十月落入秦王世民之手，政府最高決策系統自武德八年十一月世民已取得優勢，這是世民膽敢發動兵變的基礎。

　　唐高祖既爲雄才大略的人，又有姨表一家倫常慘變導致亡國的先例在前，難道不明危機的存在？答案顯然是否定的。武德前期高祖根本無廢嫡之意，及至世民平定王世充，於律令體制已無官可加於其上，乃特創天策上將以寵異之，高祖寧願另闢一官以寵世民。是年底，朝廷決心徹底討平劉黑闥之亂，劉氏在陝東道大行臺控制地區作亂，原本派遣主持全國征伐權的天策上將及兼任陝東道大行臺尚書令的李世民出征，最爲恰當。但是高祖卻相反的派遣太子統兵親征，而且授權指揮陝東道大行臺及山東諸州府❼，無異告訴李世民不可奪嫡，世民欲引用「立嫡以賢」之心，至此絕望。不得不採取險著，誣告太子謀反❽。高祖對於兄弟衝突早已知之，僅召留守京師的太子至行在，兄弟兩人被責以「不能相容」，然後命令返防。高祖瞭解實情而信任太子，是則世民欲安排父皇與太子互相猜忌之局亦告絕望。這時，唐高祖不但未有猜疑太子之心，反而對世民表示厭惡。這種厭惡感情從世民平定洛陽王世充後出現，李

世民在洛陽與高祖的妃嬪衝突，又在其陝東大行臺轄區內動輒頒發教令，教令與詔勅抵觸時，效力反在詔勅之上。冒犯與跋扈乃是高祖當時對世民的印象，因此有世民「爲讀書漢所教，非復我昔日子」之痛心感覺。自此「恩禮漸薄，廢立之心亦以此定。」⑲史謂高祖曾三許世民爲皇太子，可信度極低⑳。竊意以高祖當時的態度，決不會廢立爲人仁厚、有大功而無罪過的太子建成，恐怕「廢立之心」的對象，相反的是秦王世民本人。《貞觀政要》乃第一手史料，爲諸史所採，今據此書，曾經有兩段提到武德中廢立的問題：貞觀九年（六三五）太宗宴集宰相侍臣，向房玄齡說：「武德六年（六二三）以後，太上皇（高祖）有廢立之心。我當此日，不爲兄弟所容，實有功高不賞之懼！」跟著盛贊當時任右僕射的蕭瑀堅決不屈服於太子建成。顯示世民此時已絕去「立嫡以賢」之望，且正爲兄弟所逼，建成、元吉兄弟可能有過利用高祖對世民印象惡劣，以某種壓力施於世民的行動。又早在貞觀六年（六三二）授陳叔達爲禮部尚書時說：「武德中，公曾直言於太上皇，明朕有克定大功，不可黜退云。朕本性剛烈，若有抑挫，恐不勝憂憤，以致疾斃之危！今賞公忠謇，有此遷授。」不料陳叔達不領其情，告以當時僅因懲於隋朝父子自相誅戮以至滅亡，因此竭誠進諫。太宗馬上答說：「朕知公非獨爲朕一人，實爲社稷之計。」㉒陳叔達力向高祖進言，保明世民大功，「不可黜退」，今由太宗於事後親口說出，是則高祖有廢黜世民之心，建成、元吉兄弟從旁相逼的事實，於茲大明。

　　從武德六年至八年前半年，環境對世民不利。父皇對他過分的行爲厭惡，有廢立之心。兄弟對他施加壓力，已經進行分化及爭取其僚友的工作，公開調整秦王天策府集團人物的官職。世民腹心人物之中，亦已有人看見形勢不佳，秘密靠附東宮、齊王集團㉒。世民欲以功高求賞，以其當時地位，再賞則當爲皇太子，但此計劃已告絕望；誣告太子謀反爲最厲害的手段，亦告失敗。高祖不會廢嫡，似已成定局。時間越後，於

世民集團越不利，因此最後一擲必為兵變。

　　世民兵變值得注意的是這是最後一著，是利用天策上將的最高統帥優越地位進行此陰謀，也是世民集團唯一可以改變不利形勢的方法。另外，策動兵變的房玄齡、杜如晦、長孫無忌、尉遲敬德與侯君集皆為非常人物，他們各被分化、賄賂、遷調，深知若不建議世民採取非常手段，則秦王天策府集團必將瓦解，一旦秦王被廢或太子即位，他們勢將竄身草野，因此不惜以脫離世民為要脅，請求非常行動。這五人中尤以房、杜二人最堪注意，兩人曾仕隋朝，為高構所薦舉。房彥謙非常留心於王室糾紛，平陳之後乃預言「太子卑弱，諸王擅威」，必導致世亂，因而辭官。房玄齡乃彥謙之子，隨父在京師亦已留心繼承問題，也曾預言：「隋帝……不為後嗣長計，混諸嫡庶，使相傾奪。儲后藩枝，……終當內相誅夷，不足保全國家。」他們皆為留心繼承問題的人，且主張嚴正嫡庶之別。此時建議兵變，當出於權力的追求與恐懼。房玄齡首先建議世民「遵周公之事」以誅戮兄弟，事成後只須對高祖「申孝養之禮」即可補過，堅定了世民「為國者不顧小節」的意志❽。房玄齡引周公之例是粉飾之辭，世民兵變與周公之事意義絕不相同。但世民集團以此掩飾其得國之姦，則始終不改。兵變即位乃隋煬帝的故智，世民兵變即倣效於此，而全盤方針則由房、杜等人籌定。

　　儘管高祖雄才大略，但家庭事務乃是古今難理的事，歷史上的著名君主如秦始皇、漢高祖、漢武帝、魏武帝、隋文帝、宋太祖、明太祖等，皆曾有過家庭糾紛而釀成政治問題。高祖苦無內助，衷心疼愛諸子，欲避免隋朝父子兄弟自相誅戮之禍而無策，因此面對建成、世民兄弟之事，其痛苦可知。中書令封德彝曾勸高祖早作安排，以杜絕世民野心，齊王元吉甚至密請殺害世民，皆為高祖所拒。在高祖心中，「立嫡之法」與「與賢之權」俱足以構成動亂，太子地居嫡長，行為良好而又有功勳，廢之則違法犯情，兩權相害取其輕，堅持「立嫡之法」實為良策。

對野心勃勃的世民，僅可加以安撫，讓時間決定一切。太子建成亦知此理，因此父兄皆無進一步逼害世民的行動。魏徵事後批評太子不早日聽採其策以殺世民，與兵變時蕭瑀與陳叔達對高祖說：「內外無限，父子不親；當斷不斷，反受其亂」的用意完全相同，世民父兄不忍誅黜血親的心意是可知的。相反的，世民亦知父兄之意，所以日後盡孝以補過；追贈建成為皇太子及為建成、元吉追封立後以表懺悔。不過，武力決鬥的本質乃是政治權力鬥爭的延續，兵變更是非常的手段，性質尤其慘酷。世民兵變，屠殺兄弟及其家屬，較煬帝的手段尤為直接而殘忍。貞觀十四年（六四〇），太宗親閱《高祖實錄》，對於六月四日玄武門事件加以自辯，自申義比「周公誅管蔡」與「季友鴆叔牙」，其實這種強辯適足以彰其姦。因為周公殺兄弟是因為他們舉兵造反，向君權挑戰而威脅嫡位。季友為魯莊公第四弟，莊公臨死而欲立嫡子班，問計於三弟叔牙，叔牙反對立嫡，堅持二哥慶父當繼立，因此季友以公命鴆殺其主張「兄終弟及」的三哥。這兩件事件皆為維護宗法立嫡制度的事例，因此太宗引申極為不妥，最後不得不刪改國史以掩飾❿。太宗以赤裸裸的武力解決，來平息其個人及當時制度因素所造成的權力鬥爭，然後用各種方式理由來文飾其姦，實開啓唐朝繼承糾紛的惡例；而其淵源則可上溯至隋煬帝，乃至魏晉以降諸繼承糾紛。司馬光在《通鑑》指出第一次玄武門事件實為以後各次北門兵變之母，其重大影響有兩方面：第一點是啓示了王室子弟奪嫡的可能性，這種可能性尤其適用於為君主特寵而享有聲望或實力的子弟。第二點為啓示了廢嫡的可能性，君父或奪嫡者皆可利用不肖不德等理由使皇太子遭到廢黜。換句話說，從太宗開始，立嫡以賢及廢不肖嫡子已成為唐朝政變的兩項先例藉口。雖然違法，但卻可以發揮政治慣例的效果。除此之外，治唐史者尚多忽略了一個更嚴重的問題，魏晉以降君權低落，常遭受權臣強藩的挑戰。隋文帝以武力向北周君主挑戰，造成篡國行為，煬帝亦在文帝彌留前以武力軟禁其父。其父

子的方式亦爲唐高祖及太宗父子所效法。自此以降，以實力向君權挑戰仍爲可行之道。武則天之廢中宗、睿宗，肅宗的非法卽位，及以後宦官集團擁立君主，控制皇帝，皆由隋朝唐初的惡例造成。向君權挑戰，在宋明以降幾乎是絕不可能發生的。因此玄武門第一次兵變的影響，不僅在繼承問題創下惡劣先例，而且使唐朝創下了挑戰君權的先例。唐朝政治常起波動，胥與此有莫大關連。

本節冗述再三，目的在申明「兄終弟及」的繼承可能，是傳統宗法及法律在某種情況下允許的，而不是全因胡蕃風俗進入中國所引起。嫡子同母弟起碼取得第三繼承權，而次於嫡子、嫡孫；甚至嫡子庶母兄弟亦能獲得繼承權，繼承權利並不爲嫡子、嫡孫、嫡曾孫、嫡玄孫等嫡長系統所完全壟斷，這是唐朝及其以前歷朝產生奪嫡事件的重要因素。奪嫡事件的發生，武力衝突僅是權力鬥爭的解決方式，權力鬥爭乃是奪嫡事件的手段，其發生的因素當從制度、政治及親情方面去探求，否則卽無以明其實況。

唐太宗與魏徵討論立嫡問題，太宗主張嫡子兄弟亦有繼承權，是從宗法與法律立論；魏徵主張立嫡長，乃是從消滅禍亂著眼。這次討論使太宗屈服，而這時正是太子承乾與濮王泰競爭嫡位轉變劇烈之時，意義甚大。太宗屈服於魏徵的道理，自有所懲鑒，後來更堅持因疾退休的魏徵重起爲承乾的太子太師、知門下事，欲借重其聲望及主張，使之「臥護」太子，如商山四皓的故事，以「用絕天下之望」。同年較早時更下詔追贈建成及元吉，重申「骨肉之恩」，強調建成「地乃居長」，申明國家「立嫡以長」的法令。維護嫡長制度之誠，用心良苦[25]。

太宗在武德九年（六二六）六月兵變後卽位，同年十月卽批准尚書省的奏請，依「立嫡以長」法冊嫡子承乾爲皇太子。太宗依立嫡法而冊太子，自己卻又奪嫡違法，顯然不能服人心，親建成的幽州大都督廬江王李瑗叛亂平定之後，卽著手對宗室進行教育。他首先在卽位第四個月

下詔貶降宗室郡王爲縣公，又將王室、宗室子弟外放爲都督、刺史，自後絕不任用爲宰相。諸王權位已遭抑壓，然後因諫議大夫褚遂良的建議，恐怕諸王在外專橫跋扈，於是決定對他們實施養成教育，待他們成年後才外放赴任。太宗除了爲諸王妙選師傅僚屬外，另於貞觀七年（六三三），委託侍中魏徵撰述古來帝王子弟成敗事蹟,題名爲《自古諸侯王善惡錄》，分賜子弟作爲鑑戒❷。委託主張嫡長繼立的魏徵來撰述，太宗自然深含用意。太宗與長孫皇后有三個兒子，長子即承乾，濮王泰排行第四，晉王治（高宗）排行第九。皇后在貞觀十年（六三六）六月崩，死時才三十六歲，她是賢淑而有禮法的人。她的死去，對太宗家屬打擊甚大，太宗追思其妻，自後不再續弦。皇后死時承乾才十七歲，兄弟三人失去母愛而爲父親疼惜，遂開啓了競爭父愛之門。太宗英年喪妻而不再娶，亦導致其他妃嬪及其親子非分之想。太宗家庭變局實堪注意。

　　貞觀十七年（六四三）是太宗家庭突變的一年，這年三月，陰妃所生排行第五的齊州都督齊王李祐，受到太宗兵變及承乾兄帝奪嫡糾紛的啓發，提前爆發兵變，幸李勣迅速平定❷。李祐爲太宗奪嫡事件直接影響下的第一次事件，他被處死後第十六日的四月初一，太子兵變事件跟著爆發，此則爲直接受到李祐兵變刺激，而提早效法太宗向君權挑戰的第二案❷。太子承乾兵變的背景值得同情，他不良於行，喜愛音樂舞蹈，也有任性的傾向。不良於行是疾，而性格及興趣則當時被視爲不佳的行爲，隋文帝太子楊勇即以此而遭廢黜。法律上,嫡子「有罪疾」，可被援引爲廢嫡的理由。加上太宗最疼愛者爲其母弟李泰及異母弟李恪，因而形成心理恐懼。四弟李泰在武德四年由祖父唐高祖作主，過繼給三叔衞王玄霸，至貞觀二年太宗命令解除繼嗣關係，授以揚州大都督、越王。揚州乃隋煬帝坐鎮及培養其文學才情與朋黨的地方，剛巧李泰亦爲王室子帝中最有文才的人，因此深爲太宗所愛。長孫皇后去世那年，李

泰徙封魏王，官拜雍州牧、左武候大將軍、相州都督，前兩官乃太宗在藩時長期擔任之官。而且太宗特許魏王府設置文學館以延攬人才，這種情況是當時各王府所無，而與太宗在藩時的秦府文學館具有相同的意義及作用。更甚者，太宗過分厚愛於李泰，特准乘輿上朝，特令他搬入武德殿居住，每月薪俸亦多於皇太子。這些寵異在皇后死後發生，遂刺激起太子不安的情緒。《隋書》序論皆魏徵所作，貞觀十年（六三六）正月魏徵等進上《隋書》。在文、煬兩帝記後即詳論隋朝亡於私情溺愛，對太宗實具有時代啓發的意義。翌年侍御史馬周更為此事上疏，檢討漢晉以來「樹置失宜，不預立定分」，以致滅亡的教訓，屬關人主「溺於私愛」，請「制久之法，萬代遵行」❷。但親情倫常，聖賢不免，太宗雖然瞭解嘉納，終無大改變，直至十二年與魏徵對辯，才屈服於嫡長的理論，這時承乾、李泰競爭之勢已成。值得注意的是兩人各成集團，其成員多與太宗奪嫡事件有關係。魏王方面，重要人物韋挺原為太子建成的重要幕僚，杜楚客則為秦王系統要人杜如晦之弟，房遺愛則為房玄齡之子。他們的方針亦與太宗當時相倣，盡量表現李泰的才德而誹謗太子的敗行，希望君父廢長立賢。太子方面，最重要的是參政官侯君集，他是玄武門兵變成功的第一功臣，是著名的統帥。其次乃玄武門屯兵將領李安儼，他原為太子建成的重要將領，建成被弒後統兵與秦王及玄武門屯軍殊死戰，此時負責監視太宗的行動。其他要角尚有太宗之弟漢王元昌、太宗女婿杜荷等。兩個集團的要人多為太子建成與秦王世民競爭時的要角，或要角之子弟，顯示此次糾紛與第一次玄武門兵變有直接的關係，而不僅止於啓示而已。侯君集以隋太子勇之事為例，鼓勵承乾準備武力及採用暗殺政策，而他自己正是鼓勵世民兵變的第一人。暗殺政策不成功，乃由杜荷主張實行兵變，他為策動太子兵變首要杜如晦之子。

承乾兄弟競爭之勢已成，太宗亦有所覺，但迄無有效政策，這與高祖當時情況相類似。貞觀十三年（六三九），褚遂良再次提出嚴重警告說：

「昔聖人制禮，尊嫡卑庶，謂之儲君。……庶子雖愛，不得超越嫡子。
……如不能明立定分，……或至亂國。」❷遲至貞觀十六年，雙方勢成
水火，而且有變質向君權挑戰，尋求最後解決的傾向，太宗猶問羣臣:
「當前何事最急?」褚遂良答以:「太子、諸王須有定分,陛下宜爲萬代法
以遺子孫。」太宗才發表其意見，認爲「朕年將五十，已覺衰怠。卽以
長子守器東宮，諸弟及庶子數將四十，心常憂慮在此耳。但自古嫡庶無
良，何嘗不傾敗家國」，因此要求搜訪賢德以輔助太子及諸王，並不許
府僚任期超過四年，以避免「分義情深，非意闚闖」❸。結納勢力不在
其爲臣僚與否，太宗當瞭解。觀太宗此言，乃是無意懲誡李泰，偏愛因
循，故卽使是年六月追贈建成爲皇太子，申明立嫡以長的法令；及九月
起魏徵爲太子太師，以絕天下之望，反應已經失去時效。

　　貞觀十七年（六四三）四月六日，太宗下詔廢太子承乾爲庶人，依
律其家屬連帶坐謀反大罪。嫡子、嫡孫皆已坐罪，獲得第三繼承權的李
泰依法當立。李泰旣爲太宗所愛，此時極力爭取繼承權，太宗也曾面加
允許,大臣劉洎、岑文本等亦支持依法立李泰,這是太宗痛苦矛盾所在。
因爲用情依法，則李泰當立，但太宗親自責問承乾時，承乾申辯說:
「臣貴爲太子，更復何求?但爲泰所圖時，與朝臣謀自安之道，不逞之
徒，遂教臣爲不軌之事。今若以泰爲太子，所謂落其度內!」李泰圖奪
嫡是實情，玄武門兵變事件影響廣泛，齊王李祐集團及太子、魏王集團
皆引爲先例，亦爲實情，若依法以李泰爲太子，無異鼓勵子弟及羣臣奪
嫡之風。但若不立李泰，不但違反了立嫡制度，而且開創了任意立嫡的
惡例。因此聽採承乾證詞後，太宗轉而對侍臣說:「承乾言亦是。我若
立泰，便是儲君之位，可經求而得耳!」❹是則太宗亦採納李承乾的辯
詞，有不願立李泰，以免啓發奪嫡之風的心理，故內心兩相矛盾。在這
種狀態下，《通鑑》載太宗單獨邀請司徒長孫無忌、司空房玄齡、兵部
尚書李勣、諫議大夫褚遂良四人談話，表示三子一弟所爲如此，內心誠

無聊賴，抽刀欲自殺。有些學者認爲太宗欲立第九子晉王李治，一紙詔令卽可告成，因此嘲笑太宗此舉爲表演權術。竊意以爲不盡然，治史者當站在太宗慘遭大變的立場去瞭解其心情，太宗此舉一半出於悲痛的眞情，一半在試探四臣的意向。長孫及房氏皆其兵變第一功臣，共患難而同治國，時居重位，爲百官之首，他們的意向足以左右朝廷。太宗欲違法捨棄魏王而立晉王爲太子，勢須瞭解二人的意向。房氏曾攝太子詹事，又曾拜太子少師，爲王室姻戚，但其子房遺愛時爲魏王泰心腹，留他討論甚有用意。長孫氏爲太子三兄弟的親母舅，三人誰當立對他皆無影響，但卻需要他表示意見。李勣曾爲晉王的幕僚長及東宮第一武官。褚氏素主嚴嫡庶之別，此時則主張捨魏王而立晉王，使王室子弟皆可保全。所以太宗不得不向他們探詢。事實上太宗留此四臣時，固已決定立晉王。因此當四臣急詢太宗意見時，太宗卽告以「我欲立晉王」，四臣馬上表示同意而奉旨，奏請羣臣有異議者斬之。太宗原本顧慮放棄獲得第三繼承權而又是最疼愛的魏王泰，而立第四優先的晉王李治，勢將因破壞立嫡制度而爲羣臣，尤其擁護李泰的羣臣所反對，現在既得此四名重臣的贊成，大喜過望，急令晉王當面拜謝四人，然後說出內心的鬱結云：「公等已同我意，未知外議何如？」長孫無忌保證羣臣屬心於晉王，太宗猶不放心，親御太極殿召見六品以上官加以訪問，得知眾皆同意立晉王，心情大放，而露悅色。整個立嫡事情的發展，大體來說，太宗欲徹底消除奪嫡惡風，勢須違法册立晉王而捨棄魏王，當時君臣守法的觀念甚強，此舉違反法律而必招反對，但又勢在必行，因此太宗乃有無聊到欲自殺的行爲。尋經四臣保證，羣臣贊成，違法立嫡乃告完成，然後才露悅色。

太宗違反法定立嫡次序的法律而立第九子 —— 太子承乾同母第三弟李治，則必須先處置太子同母第二弟魏王李泰。在太宗召見羣臣訪問的同日，卽詔李泰「潛有代宗之望」，亦卽責備其擾亂立嫡制度，以「有

罪疾」的名義而將之與太子承乾兩從廢黜。然後下詔立晉王爲太子，公
佈引用「以賢而立，則王季興周；以貴而升，則明帝定漢」的原則，前
例表示引用「立嫡以賢」原則，後例表示晉王兩個嫡兄已廢黜，他依立
嫡律正當冊立❸。司馬光評論說：「唐太宗不以天下大器私其所愛，以
杜禍亂之源，可謂能遠謀矣！」實質上此評對後來治唐史者頗有迷惑的
作用，使人不能全面認清貞觀朝的繼承糾紛及其發展眞相。魏王泰奪嫡
事件其實乃因太宗「私其所愛」而起，爲了堵塞此「禍亂之源」，才有
不惜犧牲素所疼愛的嫡次子前途，越次立晉王。太宗立晉王，目的不僅
在表示「不以天下大器私其所愛」，更重要的是表示了維護繼承制度，
提倡律令法治的決心，所以太宗事後對侍臣說：「自今太子不道，藩王
窺伺者，兩棄之！傳之子孫，以爲永制。」司馬光生於人治觀念較盛的
宋代，對於隋朝唐初律令政治的法治精神，宜乎瞭解略有偏差❹。

　　至此，唐朝前期的繼承問題已可略作小結。隋唐繼承問題大體皆依
立嫡法令而行，不論冊立或廢黜太子，皆多循法律途徑解決，起碼表面
上是如此的。隋文帝的冊廢太子勇，煬帝的冊太子楊昭，唐高祖冊太子
建成，太宗冊太子承乾，高宗冊太子李忠及太子李弘，則天皇帝重立中
宗而降皇嗣（睿宗）爲相王，皆爲完全合法的事情。睿宗嫡妻爲則天所
殺，嫡長子成器在睿宗第一次任皇帝時曾立爲太子，及睿宗降爲相王，
乃隨而降爲皇孫：及至睿宗第二次爲皇帝，成器自以不同母的三弟隆基
功勞極大，乃主動遜讓嫡權，睿宗亦同意，因此玄宗得冊爲太子，是
隋唐百餘年間唯一違反立嫡法律，而純粹引用「立嫡以賢」爲原則的事
件。其事出於父兄的主動冊讓，故亦爲百餘年間唯一的一次和平轉移嫡
權的違法事件。至於玄宗，因王皇后無子，故立嫡不定，由於私愛趙麗
妃，故立其所生庶次子，則屬非法。是則立嫡不守法，是從睿宗第二度
爲皇帝開始，以前蓋無此類事件。

　　宗法及法律皆允許嫡子諸兄弟有獲得繼承權的可能，這是啓發奪嫡

行爲的制度因素。隋唐制度有嫡子則不立嫡孫爲皇太孫，百餘年間唯一
違反此制度的是唐高宗。高宗立中宗爲太子，晚年中宗誕生第一個兒子
李重潤，身爲祖父的高宗大喜，下詔立重潤爲「皇太孫」，開府置官屬。
重潤不論是否爲太孫，依律已有第二繼承權，高宗因私喜而違法創制，
羣臣諫正而不能改，遂開創後代立「皇太孫」之例❸。

　　嫡孫因嫡子而來，嫡子因嫡妻而生。隋唐法律對嫡妻重視而保障，
原則上是一夫一妻，連媵妾亦有某種限制。皇后以外妃嬪有一定名額，
百官媵妾數目亦依官品而加限制。唐制命婦的封誥，原則上百官妻及媵
皆在封誥之列，妾則無此保障。如三品官母、妻依法得受封爲郡太夫人
與郡夫人，品秩與其夫、子相同，同時此三品官依法可有媵六人，此六
媵得依法視從七品而封誥，超過此數目的諸媵妾則一律視爲妾，不加封
誥。五品官母妻依法封母妻爲縣太君及縣君，亦五品；法定三媵則封爲
視從八品，此外皆爲妾。法令不但如此保障嫡妻，而且規定爲庶子身分
的官員，其生母不一定是父親的嫡妻，而朝廷僅依法封其嫡母，生母反
不能受封； 若嫡母已死或沒有嫡母， 才依法封其生母爲太夫人或太君
❸。根據前引〈戶婚律〉及封誥法令，顯示立嫡繼宗，所以必須嚴嫡庶
之分，而且擴及保障嫡系來源的母妻，這是立嫡制度的一部分。因此，
近世以胡蕃母系社會、胡蕃兄終弟及風習來解釋唐代繼承問題，有過分
誇張及套用學說之嫌。無嫡子與嫡孫，嫡妻所生諸子依法較媵妾所生更
有優先繼承之權。 因此文帝以五子同母自傲， 太子勇廢而依法立次子
廣，立賢名義僅爲附帶的粉飾。煬帝太子昭薨， 嫡子年幼， 遂啓其母
弟齊王暕奪嫡之心，但煬帝本人尚能遵守立嫡法， 旣有嫡孫， 故不立
嫡子母弟，反而因此軟禁他。 太宗誣告兄長建成淫亂後宮及謀反， 而
發動兵變。兵變成功， 死無對證， 乃依次以嫡子第一母弟身分成爲太
子。太宗廢太子承乾，家屬連坐， 依法當立李泰， 但爲保全諸子及戢
止惡風，乃先處李泰以罪名而廢黜，乃得合法的立晉王李治。高宗李治

的王皇后無子，因而暫立庶長子李忠爲太子，日後若王后生子，李忠地位固當不穩。及至武氏被册爲后而有子，所以武氏長子李弘卽以嫡子身分立，李忠事前以此上言遜讓，故降爲梁王，這是合法的。李弘死時無子，同母次弟李賢依法繼立，他在高宗八子中排行第六，但爲嫡子之次弟。李賢因政治問題與家屬並被廢黜幽禁，後來被殺，同母次弟的中宗繼立。中宗卽位不久被廢，乃是武太后向君權挑戰的行爲，與立嫡無關，當時皇太孫重潤等人亦同被廢黜幽禁，所以武后命令中宗同母次弟睿宗繼承君位。中宗嫡子重潤旣已被殺，庶長子重福爲韋后以政治罪所幽禁，故庶次子重俊依法繼立，這是李忠以來第二次庶子依法爲皇太子的事例。重俊後因兵變反對韋后及安樂公主而死，庶弟重茂未及立爲太子，卽發生韋武集團政變弒君，被直接擁上君位爲傀儡。因此李隆基（玄宗）及太平公主實行反政變成功後，當然廢黜此政變集團所擁的皇帝，至此中宗已無更少的庶子可資繼承，相王以曾爲皇帝的資格再度被擁，亦屬合理之事。玄宗對子弟防範甚嚴，出爲節度使、都督、刺史者已規定不許視事，由幕僚長全權負責，子弟在京則共院居住，使之無法獨立自成勢力。玄宗因嫡妻無子而形成繼承問題，自後繼承制度常常面臨挑戰，宦官集團勢力形成，繼承問題已進展至另一新局，與前期頗異。

　　總之，隋唐繼承問題大體依法解決，但自煬帝向嫡權及君權挑戰以後，爲唐太宗所效法，遂造成糾紛。唐朝前期，由奪嫡擴及向君權挑戰之例，僅有高祖朝李世民，貞觀朝齊王祐兩次。至於因妻妾身分發生繼承問題的，則有高宗太子李忠、玄宗太子李英兩次事件。太宗決心維護律令而立晉王以後，藩王覦覬嫡位者必廢之，已成永制，奪嫡事件自後可說甚少發生了。唐朝繼承問題多因法律制度、感情倫常、政治權力糾紛引起，應與胡蕃之風無大關係。君主旣出身嫡子母弟或庶母弟，所以唐朝追贈兄長爲皇太子，甚至追贈從未卽位的兄長爲皇帝的慣例，遂流

行起來。

隋唐努力維持嫡子繼承的制度，所可惜者乃是輕易因太子犯過而一家坐廢，癥結在此，不可不明。君位繼承及嫡位授受乃是政權和平轉移的關鍵，國家有法令加以規定，屬於最重要的國家安全制度。除武后、朱溫篡國不說，唐朝可說沒有廢帝的事件，太宗之於高祖，肅宗之於玄宗，雖類似廢帝，但亦出於前帝某種情度的允許同意❼。情況與漢魏以來諸例不同。太宗堅決維護立嫡制度，以後發生的繼承問題，性質上亦與前此諸例相異，無庸再詳論。要之，武德、貞觀努力馴化君權及維護嫡權是值得肯定的，在國史上極爲突出。君主在制度下不能任意立嫡，實爲政權穩定的基礎，留意隋唐宮庭政變的人也應對此給予適當的重視。

附　注

❶ 官員編制諸書記載不同，《通鑑》作六百四十三員，《文獻通考》作六百四十二員，《新唐書》作七百三十員，最早成書的《貞觀政要》（臺北，臺灣中華書局，景印，一九六二，臺一版）則作六百四十員。定額時間諸書亦異，《貞觀政要》及《通鑑》均作貞觀元年，《文獻通考》則謂貞觀六年，莫得其詳。今從《貞觀政要》及《通鑑》。詳《貞觀政要》第三卷，頁九～一〇。《通鑑》貞觀元年十一月，第一九二卷，頁六〇四三。《文獻通考》卷，四七：考四三五上。《新唐書·官志》第三六卷，頁一。又馬端臨估計周代官員數目爲六萬餘，兩漢爲十三萬餘，漢晉之間恒爲六、七千，南朝僅二、三千，隋爲一萬二千餘，唐貞觀以外爲一萬八千餘，北宋前期僅萬餘人，中期以後增至二至四萬餘人，故謂貞觀乃最精簡的時代。詳《文獻通考》卷四七＜職官一·官制總序·官數類＞，考四三八下～四四一上。

❷ 引文同❶所引的《貞觀政要》頁碼。

❸ 見《貞觀政要》第二卷，頁三九～四〇；《舊魏徵傳》第二一卷，頁二。

❹ 《貞觀政要》第五卷，頁一八。

❺ 見《舊張行成傳》第二八卷，頁六～九。

❻ 長孫無忌以第一功臣及才幹，太宗曾拜爲右僕射，但其妹長孫皇后恐怕其兄權重勢大而招禍，兄妹皆向太宗懇辭獲准，罷爲開府儀同三司。詳《舊長孫無忌傳》第一五卷，頁五。又無忌與房玄齡、杜如晦、侯君集皆爲太宗玄武門兵變第一功臣。

❼ 從竇威任宰相始，武德貞觀間竇氏家族出任要官者甚多。竇誕卽宰相竇抗之子，唐高祖竇后的從甥，他本人爲高祖的女婿，尚襄陽長公主，與太宗爲表兄弟兼姊（妹）夫。竇氏與王室婚姻狀況可詳第一章的第五表，引語見《舊竇威傳》第一一卷，頁七。

❽ 《舊房玄齡傳》第一六卷，頁二；《舊杜如晦傳》第一六卷，頁七。

⑨　詳《舊戴冑傳》第二○卷，頁三～六；《舊高士廉傳》第一五卷，頁二～
　　三。

⑩　太宗常與宰相侍臣品鑒宰相的才行，故太宗有知人善用之稱。評鑒之事，可
　　詳參《貞觀政要》（第二卷，頁八～一○），《舊唐書》王珪（第二○卷，
　　頁一～三）、蕭瑀（第一三卷，頁五），長孫無忌（第一五卷，頁八～九）
　　諸傳的記載。

⑪　《唐會要》卷七四〈選部上·掌選善惡〉，貞觀十七年條，頁一三四四。

⑫　溫氏時任吏部郎中掌選，淘汰者甚多，遂囂訟盈庭。彥博與他們爭辯詰難，
　　略曰喧擾。詳同⑪，《唐會要》貞觀元年條。

⑬　歐陽修就機關組織層次分明、權責清楚及人事精簡三方面稱讚貞觀體制，與
　　其身處北宋銓政繁擾、機關重疊、官吏繁冗的時代有關，這時北宋君臣已有
　　意以唐制為本進行改革，則歐公對唐制的解釋，在當時來說，具有「現代
　　化」的意義，其論贊可詳《新唐書》卷三六〈官志〉，頁一。

⑭　裴寂乃太原起事主要功臣，高祖拜為右僕射知政事，地位在尚書令李世民之
　　下，而在諸相之上。高祖對他特別信任，每日陪侍，雖不主持尚書省政務，
　　但對決策仍極具左右的力量。武德初，他與劉文靜衝突，文靜為之被殺，世
　　民亦不能挽救。太宗對他印象惡劣，恐與此有關。裴寂拜相的問題，第二章
　　第二節已討論；他與劉文靜的衝突，可詳《舊劉文靜傳》第七卷，頁三～
　　七。

⑮　兩省機務不准洩漏，侍中王珪卽因洩漏機務而在貞觀七年坐罪，左遷同州刺
　　史，當王珪為黃門侍郎時，曾附密表請侍中高士廉上呈於太宗，士廉將之寢
　　壓不奏，亦坐罪出為安州都督。皆可為例證（詳《舊王珪傳》第二○卷，頁
　　二；《舊高士廉傳》第一五卷，頁一）。唐太宗經常親覽表疏，甚至將之黏
　　在牆壁，俾出入省讀，但此類表疏似皆經門下省審核才呈上。侍中曾稱為納
　　言，意卽代表皇帝接納言論。太宗曾指示尚書省大事始申報僕射，小事卽由
　　兩丞負責，他自己對於表疏處理，大抵亦是大事才需由門下呈上，小事則門
　　下得逕自處理。所以貞觀中，言事者多請太宗親覽奏疏，太宗以問魏徵。徵
　　答：「斯人不知大體，必使陛下一一親之，豈惟朝堂，州縣之事，亦當親之
　　矣。」顯示君主覽閱公文，乃經過門下省選擇。（《通鑑》卷一九二，武德
　　九年十二月己巳，頁六○二六；及卷一九五，貞觀十四年十二月乙巳，頁六

一六三。）

⓰　杜淹的官職諸書差異。《舊本傳》稱他以御史大夫「尋判吏部尚書參預朝
　　政」。《新本傳》及《新宰相世系表》則稱為「檢校吏部尚書參預朝政」。
　　《舊本紀》稱為「御史大夫檢校吏部尚書參預朝政」。是則《舊本傳》稱
　　「判吏部尚書」殆誤，《通鑑》逐作「御史大夫參預朝政」亦誤。再者《舊
　　本傳》稱作「參議朝政」，與《新本紀》及《唐會要》同，但《新本傳》、
　　《舊本紀》及《通鑑》皆作「參預朝政」，若據隋制「參預朝政」之名，則
　　從後者的記載。參議或參預，諸史多相混，今亦無法確考。

⓱　詳第二章㊴。

⓲　隋代僅有秀才十餘人，而杜氏三兄弟皆舉秀才，為世人所稱美，詳《舊杜正
　　倫傳》第二〇卷，頁九～一〇，左庶子職權在東宮系統中頗與朝廷的門下省
　　侍中相類。

⓳　人員名單作這樣的分列法，出於筆者鄙見。諸書對此十餘人記載多闕，亦未
　　明指某人為宰相，某人為機要，今據兩書，《通鑑》作成此序例。人物散官
　　不能考者付闕如，（　　）符號乃參政授權名號，依當時制度不入銜，故以此
　　符表示。

⓴　楊弘禮（宏禮）為楊素之姪，有大將風，引語見《舊楊纂傳、弘禮附》第二
　　七卷，頁三～四。

㉑　詳《舊崔仁師傳》第二四卷，頁八～一〇。《新傳》略同。

㉒　本表製作主要據《新宰相世系表》及萬斯同〈唐將相表〉，此二表多有錯
　　誤，今：㈠凡他官參政而本官為尚書省官者蓋據嚴師《唐僕尚丞郎表》。㈡
　　凡臨時擔任或代行兩省長官及僕射皆書明本官，與參政官同例。㈢宰相罷解
　　及本官變動皆不另書，可自詳兩本紀及《新宰相世系表》。㈣宰輔互遷、
　　卒、出征，本表皆註明。㈤「空」代表此官空缺未除人，「無」代表未設此
　　官職。

㉓　《舊房玄齡傳》（第一六卷，頁三～六）說貞觀十六年晉司空前已為開府儀
　　同三司、太子少師、右僕射，辭職，遂拜司空「仍綜朝政」，但他抗辭不
　　允。他在十八年加太子太傅，仍知門下省事，直至死止。《新傳》（第二一
　　卷，頁一～四）同。《新宰相世系表》及《新本紀》皆失載。又據《舊太宗
　　紀》，房氏在十六年為司空，翌年四月更立太子，他以司空、太子太傅與長

孫無忌等並同三品參政。是則在知門下省事前，以同三品綜理朝政甚明，《舊本傳》記載不詳而已。

㉔ 長孫無忌在行營攝侍中，班師後不可能長攝。如楊師道在行營以吏尚攝中令，今據二十年<晉祠之銘並序>（詳下文）署銜已落攝中令之名，同理長孫無忌此時亦不可能攝侍中了。<唐將相表>以下諸年仍以無忌爲侍中，殆誤。

㉕ 《通鑑》列四人加官之事，而僅言蕭、李二人同三品。《新太宗紀》乾脆載蕭、李二人加官而同三品，不提無忌與玄齡。但《新長孫無忌傳》卻明載更立太子後，無忌爲「太子太師同中書門下三品，同三品自此始。」（第三〇卷，頁二）是則歐陽修自相矛盾。諸書皆認爲同三品名號自李勣始，實則始拜此職者乃長孫、房、蕭與李四人，不僅李勣一人。

㉖ 詳《五代史志》卷二三<百官下>，頁七七三及七九三；《舊唐書》卷二三<官志>，頁一。

㉗ 同㉖。

㉘ 《新官志》第三六卷，頁二。

㉙ 此詔在第二章已引。諸書多節錄其文，《新宰相世系表》記爲八年十月，作「至門下、中書平章政事」。《新太宗紀》不載此事，僅在十二月記載李靖以特進領軍出征。《新李靖傳》稱他以「檢校特進」就第，案：散官無檢校之名，歐公誤；又謂詔他「三日一至門下中書平章政事」，亦誤（詳第一八卷，頁三）。《舊太宗紀》辭官、出征皆記，但漏授權之事，且辭官記在八年十一月辛未，與《通鑑》及《唐大詔令集》同，故定爲十一月之事。又《舊本傳》及《通鑑》皆云：「每三兩日至門下、中書平章政事」，與《新宰相世系表》、《唐會要》（第五一卷，頁八八四）相同，是則原詔應作「至門下、中書平章政事」，謂「平章事」者恐爲傳抄之誤。詳《舊本傳》第一七卷，頁一～六；《通鑑》是月，第一九四卷，頁六一〇七。詔文詳《唐大詔令集》卷五四<李靖特進制>，頁二八九。

㉚ 魏徵乃太宗最敬重的大臣，同詔卽推崇他如漢代的留侯張良，直至他重病死前，太宗猶堅持請他扶疾爲太子太師，以輔助當時的皇太子承乾，死後不久，太子遂因兵變不成而被廢。太宗與魏徵的交誼，《貞觀政要》及《唐書》兩傳皆有詳載，Howard J. Wechsler在其 *Mirror To Son of Hearen:*

Wei Cheng at the Court of T'ang (New Haven, Yale Univ. Press, 1974)一書中，利用太宗與魏徵的關係來研究專制與官僚的問題，竟至推論太宗晚年對魏徵不懷好意。其說可詳其著，此不贅駁。詔文摘自《唐大詔令集》卷五五＜大臣・宰相・罷免上・魏徵特進制＞，頁二八九～二九〇。

㉛ 前銜見《唐大詔令集》卷七六二＜册侯君集改封陳國公文＞，頁三三七；後銜見《金石萃編》〔臺北，藝文印書館，一九六八。此書由嚴耕望師編入《石列叢書》（《石刻史料叢書》簡稱，下同。）甲三，原刻景印，附札記。〕卷四＜姜行本碑＞，頁九～一一。

㉜ 無忌攝侍中，楊師道攝中書令，皆在第一碑樹立後的翌月才發表。大軍班師後，史書不載是否已卸攝任，據第二碑，顯然已卸，則表十七㉔愚見可以成立。唐朝似乎有一、二品官不書姓，以示崇敬的慣例，此兩碑可得爲證。另外，唐制散官爲序階之官，職事官皆帶之。據《武德令》及《貞觀令》，散、職同品則不需列散官銜，所以此兩碑部分官員僅列職官之銜。《貞觀令》，散低職高稱爲守，散高職低稱爲行，相差一階爲兼。兩碑高品散官不書兼行諸字，如李勣以正二品特進（散）而不書行（三品）太子詹事，似爲誤漏，其他唐碑在此情形下多書行字。馬周以正四品上的正議大夫任正三品中書令，褚遂良以從四品下的中大夫任正四品下的黃門侍郎，皆依例書守字。兩令詳參《舊唐書》卷一＜官志＞頁二。前碑詳《金石萃編》第四六卷，頁一〇～一三；後碑見同書第四六卷，頁一三～二二。

㉝ 見《唐律疏議》附帶的＜進律疏表＞，頁一四～一六。

㉞ 例如《唐大詔令集》載＜長孫無忌開府儀同三司制＞云：「……以椒掖之親，處權衡之地，……可解尚書右僕射，仍進散位開府儀同三司。」又房玄齡解除相權，其＜房玄齡司空制＞亦云：「……開府儀同三司、尚書左僕射、太子少師、上柱國、梁國公房玄齡，……自任總庶尹，職重朝端。……論道槐庭，望實攸屬，……可司空。」前詔見第五四卷，頁二八九；後詔見第四四卷，頁二一七。《太平御覽》謂：「僕射爲執法，置二則爲左右僕射，皆與令同。」顯示僕射乃爲協助尚書令執法控制百官之官。詳該書＜職官八・尚書令項＞引「《唐書・官品志》曰」條，第二一一卷，頁七（臺北，大化書局，景宋本・一九七七，初版）。

㉟ 《舊封倫傳》第一三卷，頁二。

㊱ 《舊魏徵傳》第二一卷，頁三。

㊲ 尚書省官在隋朝已恢復入宿禁中之例，侍臣乃指包括宰相在內的三省官員，尤常指兩省供奉官而言。太宗之言，尋卽爲給事中張行成駁諫，詳《舊張行成傳》第二八卷，頁七。

㊳ 蕭瑀似爲守正不屈之大臣，但性格似乎太偏狹耿直。他與諸相衝突，情況不詳，似乎有意氣之爭因素在內，但不可視爲黨爭。詳《舊蕭瑀傳》第一三卷，頁三～七，又：封德彝與杜如晦、房玄齡皆爲太宗爲秦王時的重要幕佐，他批評「同中書門下」內臣必反，當時掛同三品者爲長孫無忌、房玄齡、高士廉、李勣及其本人，李勣爲秦王征戰時重要副手，餘四人皆秦府幕佐，溫彥博亦是親秦王的人物，僅有魏徵是東宮反秦王的要人。

㊴ 本表據嚴師《唐僕尚丞郎表》，但嚴師該表認爲太宗親征高麗時，張行成等人「同掌機務」爲參政之職，故貞觀二十年（六四六）以後，認爲張行成少詹事同掌機務兼檢校左丞爲現任宰輔，右庶子兼吏侍高季輔亦援例視爲宰輔，依鄙前論，「同掌機務」非參政授權，故不從之，是則兩丞及六部侍郎，貞觀世無參政者。又本表僕射不加宰輔符號。

㊵ 則天聖曆二年才準備二十四司之印。有關都省早期情況，請閱《唐會要》卷五七〈尚書省・諸司上〉，所載各故事及制詔，頁九八四～九八九。

㊶ 詳《貞觀政要》第三卷，頁一〇～一一，又詳《唐會要》卷五七〈尚書省・諸司上・左右僕射〉，貞觀二年及三年條中，頁九九〇。

㊷ 例如貞觀元年（六二七）左僕射蕭瑀罷官，右僕射封德彝卒，太宗不急於尋覓繼任人，而對左丞戴冑說：「尚書省，天下綱維，百司所稟，若一事有失，必受其弊，今無令、僕，係之於卿，當稱朕所望也！」貞觀二十年（六四六），尚書省已三年無僕射，左丞宇文節以明習法令及幹局見稱，太宗曾勞之，說：「朕所以不置左右僕射者，以卿在省耳！」詳《唐會要》卷五八〈尚書省・諸司中・左右丞〉，頁九九七及九九九。

㊸ 劉洎盛贊貞觀元年至四年（六二七～六三〇），戴冑爲左丞，魏徵、杜正倫先後任右丞時的工作表現，認爲當時雖無令、僕，尚書省效率仍能保持，風紀亦佳，後繼者皆任非其人。太宗用他爲右丞，似乎政績極佳，因此在貞觀十三年（六三九）遷黃門侍郎參知政事，後來晉升侍中。他是唐初繼戴冑、

魏徵，第三個爲兩丞然後參政的人。劉洎是極負責而有決策能力的人，後來
卽因此而爲太宗猜忌，在貞觀十九年（六四五）賜死，也是唐朝第一個被殺
的眞宰相。他此次評論，諸書多有節錄，《舊本傳》所載則似爲原文，詳第
二四卷，頁一～四。

❹❹ 見《貞觀政要》第一卷，頁一二；《唐會要・省號上》，貞觀元年條，卷五
四，頁九二六。《太平御覽・職官二・丞相下》引「《唐書》曰」謂事在貞
觀年，殆誤。詳該書卷二〇五，頁一。

❹❺ 詔見《唐大詔令集》第三〇卷，頁一一二～一一三。詔爲肅宗崩前所頒，時
在寶應元年（七六二）四月乙丑，兩日之後肅宗崩。司徒兼中令爲郭子儀，
行侍中爲苗晉卿，行黃侍同平章事爲裴遵慶，守給事中似是崔液。郭、元、
苗、裴爲現任四相，當時使相皆未署名。

❹❻ 給事中職責及崔仁師例，請詳《舊唐書》卷二三〈官志〉，頁一八～一九，
及《唐會要》卷五四〈省號上、給事中類〉，頁九三六～九四二。

❹❼ 孫國棟先生是主張此說的學者，他在〈唐代三省制之發展研究〉一文（《新
亞學報》，一九五七，第三卷，第一期，頁一七～一二一），力闡此說，但頗
有商榷餘地：第一，他認爲僕射「雖名宰輔，其實自（文帝）仁壽以後，已
無實權。」其例證僅有文帝剝奪左僕射楊素權力，但令三五日一度向省評論
大事一條，證據薄弱，且對隋制尙書省權力結構有誤會之處，本文第二章及
本章前面已論述僕射的發展。另外，假設僕射無權，大權自然分落於門下、
中書兩長官，斷無可能舉朝無宰輔之理。但第二，他認爲武德時始任命右僕
射裴寂知政事，乃眞宰相之職，當時兩省因職權尙未完全確立，故僕射爲首
相之任，鄙意不敢苟同，因爲常行詔勅必須用門下、中書兩省印，是則隋制
兩省已是宰相機關無異，侍中、中令皆爲眞宰相。武德時僕射在法令上固非
眞宰相，前文已證之，而首相之任當爲太宗擔任的尙書令，絕非裴寂此右僕
射。第三，他認爲「同中書門下三品」名號的出現才表示侍中、中書令爲正
宰相，故云：「自貞觀十七年始正式以中書令、侍中爲正宰相。」鄙意政制不
斷演進，原無所謂成熟時期，更難斷定其生老死諸階段，自隋視之，唐制爲
其發展，甚至變異，已不是成熟的問題。孫先生基於第二點兩省職權尙未確
立的觀念，有認定貞觀十七年以前侍中、中令皆非正宰相之意，此與《通
典》等書記載相違，而又未有充分的論證。諸書既云唐因隋制而三省長官同

為宰相，當有所據，且常行詔勅既必須用門下、中書省印，則最高命令必須兩省同頒才合法。是則侍中、中令在隋已為正宰相甚明，孫先生上述三點鄙意不敢苟同，請詳其文頁三〇～五四。

㊼　中書令、舍人職責引文詳《舊唐書》卷二三＜官志＞，頁二二。司馬光之言詳《通鑑》卷一九三，貞觀三年四月乙亥，頁六〇六四。案：司馬光將太宗之詔勅繫於三年，與㊹所引兩書元年之說有異，以兩書成書較早，今據之。

㊽　詳《唐會要》卷五五＜省號下・中書舍人項＞，開元二年（七一四）十二月二十日奏，頁九四四。

㊾　詳同㊽，建中二年（七八一）十月、元和十五年（八二〇）閏正月、會昌四年（八四四）十一月諸條，卷五五，頁九四五～九四七。

㊿　本圖據上述諸論點推定，有若干地方此圖未詳繪：㈠下行系統中，中書令取旨後，舍人、侍郎作業不便註明作業名稱。㈡門下逐級行使審駁權亦無須註明作業名稱。㈢各機關公事申上尚書都省，由都省分給有關部司判行裁決，然後交都省請旨。門下省移來詔勅，由都省頒行。各機關之間符移關白，皆先申都省，由都省頒行。此圖所示乃常務上、下行命令的作業系統，特殊情況不在此圖表示之內。㈣政事堂當時不是機關，位處門下省，與君主、三省皆無統屬關係，與後來發展大異，故無統率線條。

㊵　王夫之尚批評此制其他缺點，筆者未敢苟同，認為其說頗近唯心之論，詳參《讀通鑑論》（臺北，世界書局，一九六九，再版）卷二。＜唐太宗論＞，頁四〇八～四〇九。

㊶　論述北朝行臺制度的論著不少，最詳備之一當推嚴師的《中國地方行政制度史上編——卷中：魏晉南北朝地方行政制度》（臺北，中研院史語所專刊之四十五。其中卷上《秦漢地方行政制度》，一九七四，再版；卷中《魏晉南北朝地方行政制度》，一九六三，初版）。此書第十二章專論魏末北齊地方行臺，主張行臺乃胡漢糅合的制度。該書缺乏對行臺性質、權力範圍及強度、品秩建制等問題的系統討論，而特重行臺管區的考證。不過，嚴師肯定行臺乃「地方最高統治機關」，「非復如南朝北魏以都督府為地方州鎮之統治機關」，似有未詳之處。行臺既為中央尚書臺的分行，尚書臺總理全國，行臺當然總理其分行區，性質上是中央統臨地方，而非成為地方行政體系的最高機關，地方行政體系仍是府州郡縣各單位（詳該書頁七九九～八一五）。蔡學海先

生曾撰＜北朝行臺制度＞（《師大、歷史學報》第五期，頁七一～一八二），他就嚴師未詳之處立論，肯定行臺終成地方最高行政機關，其所引證據缺乏正面性，旁證亦似未能收到證實之效，故筆者對此仍未敢苟同。

㉔ 詳《舊唐書》卷二二＜官志＞，頁一五～一六；《通鑑》卷一八九，武德四年十月庚戌詔，頁五九三七。隋制詳《五代史志》卷二三＜百官下，流內視品類＞，頁七八九～七九一。

㉕ 詳《隋元壽傳》第二八卷，頁一四九七～一四九八；《唐僕尚丞郎表・工部侍郎類》及《大唐創業起居注》（收入《筆記小說大觀》九編一冊，頁三七三）溫大雅署銜。

㉖ 隋唐行臺組織編制略有差異，大體唐代僅有兵、民兩部，下轄各三司，另有食貨監而已。陝東道大行臺為特殊行臺，地位與「京省」相同，所以組織編制更大。本圖蓋據《舊唐書》卷二二＜官志＞，頁一五～一六；《通鑑》武德元年十二月壬申，三年四月壬寅及甲寅，四年七月甲戌及丁丑諸條製成，頁碼依次為第一八五卷，頁五八二六，第一八七卷，頁五八八〇～五八八一，第一八九卷，頁五九二六及五九三七。本圖注意：㈠兵部尚書兼行吏部事，故無吏尚，吏尚所轄司勳、考功兩司歸兵尚掌統。同理民尚兼行禮部兩司，工尚兼行刑部兩司。㈡行臺錄事、主事等官吏皆未繪入。㈢陝東道大行臺兼理山東道行臺及山東各府州，其機關今不繪入。㈣本圖僅繪組織及統率系統，行政系統與「京省」類似，不必贅繪。

㉗ 另一路由永安出發，是海軍部隊，由信州總管楊素為行軍元帥，詳《隋楊素傳》第一三卷，頁一二八二～一二八四。

㉘ 唐行臺制度僅武德時代有，故史傳皆不詳載，今從史料提煉出上述各行臺，詳情亦多不可考，《舊唐書・官志》（第二二卷，頁一五～一七）說：「武德初以軍務時繁，分置行臺尚書省。……其陝東道大行臺……（太宗）升儲並省之。山東道行臺，武德五年省，餘道九年省。」其注又載武德行臺僅有益州、襄州、東南、河東、河北五道，顯示撰者對唐代行臺已無清楚認識。據下表，當知益州道卽西南道行臺，襄州道卽山南道行臺。東南道先後有二臺，一似在河南洛口，一在揚州（卽潤州改稱）。河北道可能為山東道之異名。行臺常以所在地稱呼，如益州道等。總括本表所得，唐初行臺，起碼有東南、陝東、顯州、山南、西南、山東六道。顯州道是否就是河東道行臺，

待考。

㊾ 李元吉官職兩傳略同，《舊本傳》（第一四卷，頁五～七）說武德元年爲「幷州總管、齊王」，二年兵敗逃歸，尋加授「侍中、襄州道行臺尙書令、稷州刺史」。四年平王世充有功，晉司空，餘官如故。六年加隰州總管。九年轉左衞大將軍，尋進「司徒兼侍中、幷州大都督、隰州都督、稷州刺史」。《新宰相世系表》僅在武德八年十一月記元吉加侍中，九年二月進司徒。〈秦王等兼中書令等制〉（《唐大詔令集》第三五卷，頁一四九）記武德八年十一月元吉可侍中時，其銜爲「司徒（？）幷州大都督、左領軍大將軍、左武侯大將軍、上柱國、齊王」，是時世民爲太尉兼司徒，元吉司徒可能爲司空之課，但八年以前，元吉似未擔任過侍中，此時才擔任，秦王世民兼中書令，他則兼侍中。

㊿ 黃宗羲此段談話，頗可代表一般傳統學者的看法，此語詳《明夷待訪錄·置相》（臺北，臺灣中華書局，景印，一九六六，臺一版），頁九。錢賓四（穆）師所著《中國歷代政治得失》一書，對此說有所發揮。

㊱ 魏徵與太宗討論此題目，詳《貞觀政要》第一卷，頁二○～二一。

㊲ 《隋書》卷二七〈劉行本傳〉，頁一四七七；卷二七〈趙綽傳〉，頁一四八五～一四八六。

㊳ 《隋高祖紀》下，第二卷，頁五四～五六；《隋煬帝紀》下，第四卷，頁九四～九五。

㊴ 《隋高祖紀》上，第一卷，頁一一～一二。

㊵ 各詔請依時間詳閱《隋書》高祖、煬帝兩紀。

㊶ 裴肅系出聞喜裴氏，時任御史下大夫。楊堅偵知其言，罷免其官職，詳《隋裴肅傳》第二七卷，頁一四八六～一四八七。

㊷ 詳《隋柳莊傳》第三一卷，頁一五五一～一五五二。

㊸ 文帝將參與計劃的首腦誅戮後，沒收其資產，置於御前，命令百官任意射取，以此措施作爲向羣臣提出警告；又下詔宣佈諸人樹立朋黨，滲透軍隊等罪狀，實行公開揭發批判。詳《隋書》卷三〈鄭譯〉及〈劉昉傳〉，頁一一三一～一一三八；卷五〈梁士彥〉與〈宇文忻傳〉，頁一一六三～一一六七，此四人皆文帝篡國時的心腹人物。

㊹ 房彥謙後來辭官歸隱，詳《隋房彥謙傳》第三一卷，頁一五六一～一五六

六。

⑦ 《隋柳彧傳》第二七卷，頁一四八一～一四八四。

⑦ 《隋虞世基傳》第三二卷，頁一五六九～一五七四。

⑦ 《隋高祖紀》上，開皇三年十一月己酉詔，第一卷，頁二〇。

⑦ 《隋裴蘊傳》第三二卷，頁一五七四～一五七七 。

⑦ 開皇十年左僕射高熲及治書侍御史柳彧等，曾力諫朝廷非殺人之所，殿廷非決罪之地，不納。乃以辭官爲威脅，文帝勉強從之，但不久故態復燃，甚至恢復鞭刑以鞭殺官員。十七年乃正式授權各長官可杖罰屬官。可詳《五代史志》卷二〇<刑法志>，頁七一三～七一六。《隋高祖紀》下，十七年三月丙辰條，第二卷，頁四一。《隋盧思道傳》第二二卷，頁一四〇三，此類威刑事件，頗散見於各傳，玆不贅。

⑦ 隋唐國防軍事制度請詳第五章。隋代各種國防軍事措施，《隋書》兩帝本紀皆有記載。

⑦ 詳《隋書》卷九<蔡王智積>及<衞王昭傳>，頁一二二三～一二二六；卷二四<元德太子昭>及<齊王暕傳>，頁一四四二～一四四四。

⑦ 唐太宗因玄武門兵變，史臣許敬宗等對高祖事蹟爲人，頗有誣篾之處，其詳可參考李樹桐師<論唐高祖之才略>（收入《唐史考辨》，頁四三～九八）及<唐太宗的模倣高祖及其對唐帝國的影響〔收入《唐史新論》（臺北，臺灣中華書局，一九七二，初版），頁一一九～一六五〕兩文。

⑦ 高祖守法諸事，《舊唐書》卷二五蘇世長、孫伏伽諸傳皆有記載。治書侍御史孫伏伽曾批評高祖不守法，力言：「設法須與人共之。但法者，陛下自作之，還須守之，使天下百姓信而畏之。」見頁七。

⑦ 語見《貞觀政要》第一卷，頁一二～一三。這段談話司馬光在《通鑑》也有引用，但溫公因宋太祖亦是「欺孤兒寡婦以得天下」，故擅加刪改，將蕭瑀評論文帝原語改爲「雖性非仁厚，亦勵精之主也」，而刪去太宗指責文帝欺人孤兒寡婦之句。

⑧ 貞觀四年，太宗爲四夷共尊爲「天可汗」，太宗爲此極贊魏徵有遠見，詳《貞觀政要》第一卷，頁一六～一七；《舊魏徵傳》第二一卷，頁八一九。

⑧ 詳《貞觀政要》第一卷，頁一及一一～一二。

⑧ 詳《貞觀政要》第三卷，頁一。

⑧⑧ 此疏上於貞觀十四年，魏徵時任特進、知門下省事，詳《貞觀政要》第三卷，頁四～七。

⑧④ 對三省制的解釋，全文見《貞觀政要》第一卷，頁一○，事在貞觀元年，太宗向黃門侍郎王珪提出。

⑧⑤ 見《唐大詔令集》卷一○○＜置三師詔＞，頁五○五。三師乃「訓導之官」，故《大唐六典》等政典皆列之爲百官之首。

⑧⑥ 侍臣原本僅有兩省官員，太宗下詔擴大範圍，受宰相蕭瑀的啟發。太宗口才極佳，常引經據典與臣下爭辯，使入宿官員心理壓力加重，供奉官劉洎在貞觀十六年爲此上疏批評太宗。太宗向他解釋說：「非慮無以臨下，非言無以述慮。比有談論，遂至煩多，輕物驕人，恐由玆道。」他敬謝劉洎的讜言，但反覆詰難旨在溝通意見，故作風亦不稍抑。詳《貞觀政要》第一卷，頁九；第二卷，頁一八～一九；第六卷，頁一三～一四。

⑧⑦ 《隋煬帝紀》下、「史臣曰」，第四卷，頁九五。

⑧⑧ 詳《貞觀政要》第二卷，頁二二～二三及四五～四六。

⑧⑨ 諫官行使諫諍權的對象是皇帝，即太宗所謂「人君須得匡諫之臣，舉其愆過」。後來延英議政，諫官乃得依例入閣與聞，成爲制度。至於降至宋朝以後，諫官糾正對象變爲宰相大臣，則是太宗始料不及的演變。詳《貞觀政要》第二卷，頁一九及二五。

⑨○ 明朝西人東來，常贊歎於中國的開明專制，其實明清的制度，已較唐宋苛嚴甚多。太宗貞觀二十年（六四六）日本孝德天皇即位，下詔推行「大化改新」，即爲一個以唐朝爲榜樣進行改革的東亞國家，距離東亞各國正式確立天可汗制度僅四年。天可汗制度的規模作用，可詳羅香林先生＜唐代天可汗制度考＞（《新亞學報》第一卷，第一期，頁二○九～二四三）。林天蔚先生在《隋唐史新論》（臺北，東華書局，一九七八，初版）第八章第一、二節曾詳細比較中國中古最有名的開皇、貞觀、開元三個治世，推崇「貞觀之治」高居首席，惜其對貞觀君權及各種制度人事吝墨，未由此詳加比較，誠爲憾事。

⑨① 武德、貞觀間不斷修改隋開皇律，宰相房玄齡等最初刪成五百條，後增爲三十卷一千五百九條，依開皇律分爲十二類，＜戶婚律＞爲第四類，凡四十六條。貞觀十一年正月頒行，此即唐律。高宗初，詔令宰相長孫無忌等召集大

臣專家據唐律加以解釋，永徽四年十一月進獻，此卽著名的《唐律疏議》，其效力與律文相當。唐律的修定，兩書＜刑法志＞皆有記載，本節所引唐朝律文，皆據《唐律疏議》，第九條見二‧一二：一〇九；第四十條見三‧一四：四～五。

❾❷ 甲 n 表嫡妻所生長次諸子，乙 n 表媵、妾所生長次諸子，丙 n 表嫡子的嫡妻所生諸子，丁 n 表嫡子的媵、妾所生諸子，n 是代表出生次序。①、②……Ⓝ等數字，表示繼承優先次序。此繼承優先次序見於令，以補充＜戶婚律＞第九條的不足。《大唐六典》修撰時，亦據此令而收入。律與令原本乃天子以下一切人所需遵守的法令，故不論何人，無後者在戶籍法上卽爲「戶絕」。《大唐六典》爲政典，以政制爲主，亦據此律令規定「諸王公侯伯子男」等封國，「無後者國除」（詳＜吏部‧司封＞，第二卷，頁三五），無後則「戶絕」、「國除」，難怪官吏人民，皆以「無後爲大」了。

❾❸ 王皇后曾被武氏誣告她謀殺其女，其實此女爲武氏親手所殺。皇后亦曾因失寵的恐懼而請巫祝行厭勝之事，此事在秦漢以來皆爲重罪，幾乎與謀弒君主同罪。此類問題均見於《通鑑》、兩《后妃列傳》，及有關大臣的傳記，不贅引。高宗控訴的「謀行鴆毒」，當指此而言。案：＜戶婚律＞第四十條所謂的「義絕」，乃指夫妻雙方或一方毆罵、傷害、謀殺對方直系親屬而言。所謂「三不去」，乃指爲妻者曾持舅姑之喪；賤時娶，後貴；及有所受，無所歸而言。可詳《疏議》解釋，頁碼見❾❶。

❾❹ 殺害夫之血親乃構成「義絕」，得引用於出妻。同律第四十一條云：「諸犯義絕者，離之。違者徒一年。」（同❾❶所引頁碼）是則義絕乃必離之罪，但王氏曾以媳婦持太宗之喪，符合「三不去」的原則。何況法律規定有「八議」，符合此八項情況，得議減其罪，王氏殆符合「八議」之首議——議親。故卽使構成「義絕」，猶不能輕言廢后出妻。必須指控她「謀行鴆毒」，乃構成「十惡」首惡——「謀反」之罪。犯此罪者，罪在不赦之列，故高宗引用以廢后出妻。「八議」及「十惡」皆列屬＜名例律＞，詳《唐律疏議》，一‧一：一五～二五。

❾❺ 見《唐大詔令集》卷三一＜降太子忠爲梁王詔＞，頁一二一～一二二。太子李忠亦已知悉本身名份處境的尷尬，早已曾上表遜讓，此詔亦指出此事。李忠、李弘兄弟，年紀尚少，更不宜用作權力鬥爭之例。

96 武帝原爲景帝的中子，封膠東王。景帝所立的皇太子爲栗姬所生的劉榮，後廢劉榮，卻不立劉榮同母弟河間王劉德，劉德當時甚有令譽。不久，景帝決定立王姬爲皇后，立其親子劉徹爲皇太子，此卽後來的漢武帝。武帝衞皇后僅有戾太子一子，亦卽武帝嫡子。後來被廢，父子幾乎以武力相抗。戾太子廢後，依法應立庶長子劉旦，但武帝寵愛以奇異得幸的趙婕妤，於是立趙氏之子，亦是武帝六子之中最幼，當時僅數歲的昭帝。昭帝八歲卽位，其庶兄卽以長幼有序爲理由，產生重大政治糾紛，其後因政變失敗才停止。是則西漢前期繼承權鬥爭及君主私愛皆爲政治波動的重要因素。可詳《漢書》（臺北,臺灣商務印書館百衲本,又參臺北新陸書局五十七年十月景清武英殿本,此書由顏師古注。）景、武、昭諸帝紀，卷二三＜景十三子列傳＞及卷三三＜武五子列傳＞。

97 曹植本人並無奪嫡之心，但其朋友屬僚則挾他以攻擊曹丕，因而導致悲劇及嚴酷制度的產生 。詳拙文＜曹植贈白馬王彪詩並序箋證＞，刋於《新亞學報》，一九七七，第一二卷，頁三三七～四〇四。

98 本數字不包括開國君主或某些特殊或身分不明的君主。君主身分可詳查歷代正史的帝紀。玄宗以前共七主，溫王重茂雖爲韋武集團擁立而在位極短，仍算在內。但七主中，中宗及睿宗皆曾兩度卽位，他們第二度卽位均屬合法，故僅以一次計算。武則天另建大周，不在計算內。

99 晉平東等皆無傳，晉長茂是否嫡孫身分不可知，其判決結果亦不詳。要之高構甚有令譽，房玄齡、杜如晦皆爲其推薦任官，顯示高構頗有識見，據宗法、法律嫡庶之分來定判，因此爲文帝所採。事詳《隋高構傳》第三一卷，頁一五五六～一五五七。

100 楊廣以自己有先例在先，且李渾又爲其屬官，可能因此而爲之奏請。宇文述雖爲李渾妻兄，但其允予幫助的條件乃是李渾以每年國賦之半贈予宇文述，亦卽因李渾的財賄手段而不惜助其違法奪嫡。兩年之後，李渾日漸豪侈，不履諾言，故宇文述遂誣告李氏陰謀兵變，李渾因而處死，家族徙於嶺南。詳《隋李穆傳》第二卷，頁一一一五～一一二五。

101 唐東宮十率府名稱爲左右衞 、左右司禦（卽隋宗衞）、左右淸道（卽隋虞侯）、左右監門及左右內率府。每率府長官爲率，正四品上階。兩坊十率，隋唐品秩略同，太子三師隋制正二品，唐則從一品；太子三少隋制正三品，

唐則從二品。太子詹事在開皇三年罷，唐制則從三品，後升正三品。詳見《
五代史志》及《舊唐書・官志》，玆不備贅。

⑩ 詳《五代史志》卷四〈禮儀志〉，頁一八八；及《隋房陵王勇傳》第一○
卷，頁一二三○～一二三一。

⑩ 〈楊勇傳〉同⑩，頁一二三一～一二三三；及《隋高熲傳》第六卷，頁一一
七九～一一八四。

⑩ 詳《五代史志》卷四〈禮儀志〉，頁一八八及《隋高祖紀》下，開皇二十年
十二月戊午詔，第二卷，頁四五。又唐制羣臣須稱臣於太皇太后、皇太后、
皇后，反而不向儲君的皇太子稱臣。羣臣稱呼太子爲殿下，自稱則僅需稱
名，詳《大唐六典》卷四〈禮部郎中條〉，頁一四～一五。

⑩ 事詳〈楊勇傳〉，同⑩，頁一二二九～一二三九。文帝遺詔數責楊勇及其弟
楊秀，有「無臣子之心，所以廢黜」，似已經楊廣、楊素等人授意或改動而
成。遺詔見《隋高祖紀》下，第二卷，頁五二～五三。

⑩ 獨孤信原仕元魏，分裂後乃逃至關中仕北周，其妻及長子獨孤羅仍留居山
東，爲高氏所囚禁。獨孤信入關後復娶二妻，郭氏生六子，崔氏生皇后。北
齊滅亡。皇后遣人尋獲獨孤羅，但其他兄弟以羅少長貧賤而輕侮之，不事以
兄禮。文帝即位，贈后父太師、趙國公。諸弟以羅母沒於北齊，以前又無夫
人之號，認爲獨孤羅沒有承襲的權力。文帝爲難，以詢皇后，皇后說：「羅
誠嫡長，不可誣也！」遂決定以獨孤羅襲趙國公爵。顯見皇后亦重嫡庶之
別，詳《隋獨孤羅傳》第四四卷，頁一七八九～一七九○。

⑩ 引文及所述內容見〈楊勇傳〉，同⑩；及《隋元孝矩傳》第五○卷，頁一三
一七～一三一九。

⑩ 《隋韋鼎傳》第四三卷，頁一七七二。

⑩ 高熲乃獨孤信舊部，獨孤信被殺，曾救獲獨孤皇后，故皇后以宗長待之，極
其倚重。開皇末，高熲妻賀拔氏卒，皇后令他納繼室，不肯。不久，其愛妾
生一男，引起皇后妒性，向文帝讒毀他，文帝利用他事罷免其左僕射，太子
的支柱遂崩折（詳《隋高熲傳》第六卷，頁一一七九～一一八四）。又〈楊
勇傳〉亦有載諸臣反對廢太子之事。

⑩ 事詳《隋書》卷一○〈楊勇傳〉，頁一二三六及卷六九〈袁充傳〉，頁一六
一○。袁充爲太史公，希旨造玄象當廢太子，文帝即以此杜絕羣臣之口。

⑪ 煬帝蕭后生二子，長爲楊昭，次爲楊暕，僅此二子。另一子爲蕭嬪所生的楊杲。開皇十年，楊昭拜河南王，時年十二歲，薨時二十九歲。楊昭太子妃僅生恭帝一子，武德二年死時僅十五歲，大業二年當兩歲。其妃嬪所生燕王倓則年四歲，爲庶長子。另一庶子越王侗生卒不詳。大業二年，煬帝次子齊王已二十二歲，幼子趙王杲則尚未降生。

⑫ 見《舊魏徵傳》第二一卷，頁九。又唐制有隔品禮拜之制，正三品官需向三師三公拜，爲宰輔者則不需拜。親王位次三公，而又非職事官。三品大臣旣非其臣僚，況且於禮職事官從二品以上，散官正二品以上，在公文上例不稱姓，旣有此殊遇，實不必拜親王，魏徵、王珪的論據可能在此。禮拜之文，請詳《大唐六典‧禮部郎中條》，頁同⑭。

⑬ 《舊隱太子建成傳》第一四卷，頁二。

⑭ 對於建成兄弟的權力衝突，論者頗多。由於諸史多據高祖、太宗兩實錄，此二書又曾爲許敬宗所改動，故意見紛紜，李樹桐師在《唐史考辨》一書中，詳述高祖培養太子的意志，並考定高祖未有廢黜太子之心。可詳該書＜唐高祖三許立太宗辨僞＞（頁一九二～二一三）及＜唐隱太子建成軍功考＞（頁二七六～三〇九）兩文。

⑮ 詳《舊孫伏伽傳》第二五卷，頁六。又李樹桐師認爲兄弟摩擦現象，在京師圍攻戰中卽已發生，事詳《唐史考辨》，頁一二七～一三〇，＜初唐帝室間相互關係的演變＞一文。

⑯ 太子一直參政，也常統兵出征，已述。至於世民及元吉，位任亦略相等，世民任尚書令，元吉則留守太原。武德二年元吉因劉武周攻擊而導致太原棄守，位任幾遭削除。不久仍拜「侍中、襄州道行臺尚書令、幷州總管、稷州刺史」。是時世民任「太尉、尚書令、雍州牧、陝東道行臺、右武侯大將軍、涼州總管」二人並爲宰相，又並長行臺，勢力相當。

⑰ 山東州府皆歸陝東道大行臺統理，劉黑闥據河北作亂，建都洺州，曾爲世民打敗。此次是勾結突厥來犯。照理應由世民再征。當時由齊王元吉督師與戰失利，乃由太子親征，陝東大行臺及山東州府，乃至新成立於洺州而歸陝東大行臺指揮的山東道行臺，皆歸太子節度。

⑱ 武德七年七月慶州都督楊文幹叛變，辭連太子。全案請詳李樹桐師＜唐楊文幹反辭連太子建成案考略＞，收入《唐史考辨》，頁九九～一一七。

⑲ 詳《舊隱太子建成傳》第一四卷，頁二。敎令乃指親王的命令，在陝東地
區，秦王敎令與皇帝勅令並行同效。

⑳ 李樹桐師在＜唐高祖三許立太宗辨僞＞（《唐史考辨》，頁一九二～二一
三）曾有考證，認爲此說可能出於太宗捏造，以掩飾其得位的不當。但對於
高祖欲廢誰，李師則無詳考。

㉑ 詳《貞觀政要》第五卷，頁六及八。

㉒ 事實上互相分化及爭取對方部屬朋友是當時的實情，陳寅恪先生已經指出。
不過東宮、齊王集團分化及爭取的對象，已經進展到秦王世民的心腹小組，
兵變第一功的五人小組乃房玄齡、杜如晦、長孫無忌、尉遲敬德、侯君集，
已陸續被進行賄賂、分化及遷調等。最嚴重的是封德彝，他曾官內史令兼天
策府司馬，力勸太宗謀圖太子，太宗不許。他見形勢日益不利，乃向高祖建
議說：「秦王恃有大勳，不服居太子之下，若不立之，願早爲之所。」又向
太子建議說：「夫爲四海者不顧其親，漢高（劉邦）乞羹，此之謂矣！」亦
早勸高祖廢太宗，勸太子殺世民。貞觀初，封氏去世後，御史臺發現眞相，
追加彈劾。太宗下令百官議其罪，決定黜官削爵。諸人均各有傳，封氏之
變可詳《舊封德彝傳》第一三卷，頁一～二及《舊隱太子建成傳》第一四
卷，頁四。

㉓ 高構以嫡庶原則判晉平東的立嫡案，前文已述。房玄齡之言，詳《舊房玄齡
傳》第一六卷，頁一。

㉔ 許敬宗刪改國史之事，治唐史者多已公認確實。至於太宗自辯，請詳《貞觀
政要》並注，第七卷，頁八～九。

㉕ 參《舊魏徵傳》第二一卷，頁九～一〇。《唐大詔令集》卷三一＜息隱王
（建成）追復皇太子詔＞，頁一二三。案：該詔注謂下於十六年六月。據
《舊唐書》卷十四＜高祖二十二子列傳＞，謂建成在太宗即位後追封息王，
十六年五月追贈皇太子。齊王追贈時間不詳，但亦作十六年由海陵郡王追贈
巢王。《新傳》亦作十六年。《舊太宗紀》則作十六年六月事。追贈在先，
魏徵爲太子太師在後，翌年承乾被廢。

㉖ 詳《貞觀政要》第四卷，頁一一～一三，及一五。

㉗ 李祐在貞觀十年出任齊州都督，至此任期已達七年。其母舅陰弘智爲他策
劃，建議「王兄弟既多，即上（太宗）百年之後，須得武士自助。」舅甥二

人潛募武士，欲在太宗崩後奪嫡。不料李祐與長史權萬紀衝突，權氏解散及逮捕其武士，太宗聞奏，亦遣使節前來審按，因而提早爆發。李祐與母舅聯謀培養勢力，方式蓋與太宗及妻舅長孫無忌聯謀培養勢力相類似。這是太宗奪嫡的第一次直接影響事件。事詳《舊庶人祐傳》第二六卷，頁六～八；及《通鑑》卷一九六，是年二月及三月，頁六一八九。

⑫ 承乾事件兩書，《通鑑》記載皆詳，此不贅引。承乾對部屬指出東官去大內僅二十步，非齊王李祐形勢可比，則顯示太子提早兵變，實受李祐直接刺激啓示而成。

⑫ 見《貞觀政要》第四卷，頁一～二。

⑬ 詳《貞觀政要》第四卷，頁二～三及《舊濮王泰傳》第二八卷，頁五。

⑬ 《貞觀政要》第四卷，頁三～四。

⑬ 詳《舊濮王泰傳》第二六卷，頁五～六。

⑬ 太宗廢太子之詔明責太子「地惟長嫡」，但「善無微而不背，惡無大而不及」，亦直接公佈太子「自以久嬰沉痼，妄憂廢黜」，「懷異端而疑諸弟，恩寵雖厚，猜懼愈深」的心理。顯示太宗亦不諱言事變的因素。整個事變及冊立過程，《通鑑》是年四月及兩書庶人承乾、濮王泰、長孫無忌、李勣、褚遂良諸傳皆有記載，不贅引。至於＜廢皇太子承乾爲庶人詔＞則可詳《唐大詔令集》第三一卷，頁一二二；＜立晉王爲皇太子詔＞亦見同書第二七卷，頁九三。晉王當時爲幷州都督、右武候大將軍。

⑬ 司馬光之評見《通鑑》卷一九七，貞觀十七年四月乙酉，頁六一九五～六一九七。太宗所下永制詳《舊濮王泰傳》第二六卷，頁五～六。太宗曾經一度欲立第二子李恪或十四子李明，詳第一章第二節。

⑬ 前此各帝皆依法無立嫡孫爲皇太孫的例子。開耀二年（六八二）二月重潤誕生滿月，高宗爲之改元永淳，立爲皇太孫。吏部郎中王方慶引禮「有嫡子，無嫡孫」的原則反對，認爲「皇太子在而立太孫，未有前例」。高宗堅持自我作古，由他創制，但拗不過羣臣，雖立太孫，但仍遵律令不爲之置官屬。太孫後因中宗廢爲王，亦隨之坐廢。後因批評張易之兄弟，爲則天杖殺，第一章已敍及。詳《舊高宗紀》永淳元年二月，第五卷，頁一〇；《舊懿德太子重潤傳》第三六卷，頁七～八。

⑬ 詳《舊唐書》卷二三＜官志＞，吏部司封郎中條，頁四。《大唐六典》同條相

同第二卷，頁三八～三九。

⑰ 高祖在玄武門兵變後的第十三日，已詔司空裴寂等談到自己加尊爲太上皇退休的事。玄宗在蜀知肅宗已在靈武卽位，亦表示不再追究堅持，詔令正式冊立他爲皇帝。雖然格於形勢，但實出於其本人的意願。照理高祖可以一直爲帝至死，才由太子世民繼位的；玄宗亦可堅持自己的君權，使肅宗成爲不合法政府，臣之者皆爲叛亂集團，政局必變。兩帝不此之爲，其心意可知。

第四章　律令制度的破壞與柔性體制的出現

第一節　君權提高與威權政治下的司法、監察及人事行政體系

一、律令與君權

律令政治乃是以法令作爲基礎的政治，法令得到尊重、穩定、或趨向獨立，則政治將會走向法治。政府體制依照律令設置及運行，其體制將爲較硬性的體制，較客觀而不易改動。反之，政治及體制以君主的意旨（勅令）爲基礎，則人治及柔性體制必將因而出現。從漢至唐，門第政治興盛，君主尚未進入絕對專制的階段，君臣大體上仍能依法行事，這段時期可說是律令政治的時代。唐朝本身是轉捩的時期，而自武則天至唐玄宗，更爲轉捩期的重要階段，從此以降，律令地位日降，政治行爲及官僚設置多以勅令爲準，柔性體制於焉建立，對宋明以後政治影響極大。隨著勅令權威的日益提高，及君主透過學士、知制誥等職剝奪中書省的出令權，君主專制的政治亦日益發展。外國學者曾熱烈討論「中國近代之始」，中國近代型態始於宋朝，爲日人內藤虎次郎首先提出，引起廣泛的研討。內藤假設及不少日、歐、美學者討論此問題，多從社會經濟的角度去探討，論述近代中國政治形態之始者較少●。鄙意假若從近代政治形態的角度看，唐代後半期是值得留意的，宋明以降的政治特色，在唐朝前半期已陸續出現，後半期已益彰明，且有確立的趨勢。

本章論述，目的不在解決近代中國政治形態肇始的問題，但對此問題的瞭解，相信會有某種程度的幫助。

　　唐朝君權惡化及提高 由武則天的推動而加速 。 武后透過「 北門學士」等文人，爲她撰製勅令，不經中書、門下兩省而直下；中宗由上官昭容秉筆，墨勅斜封。母子兩人開創隋唐以來君主專制出令之風。安史之亂以後，知制誥之權除中書省爲法定機關外，另外委託翰林院掌理，出令系統自後分成內、外兩制。學士非官位，君主運用他們過問制誥，掌理內制出令，這是一種專制行爲，因此唐宋以降學士知制誥制度的發達，象徵了君主專制的發展。明朝的內閣，清朝的軍機處，當其權力提高之時，正是君主政治進入黑暗階段的時期。就這方面而論，武后至玄宗時期的政制演變，即已值得研究者深入注意。君主趨向專制爲宋元以降政治的特色，可以算爲國體的特色。至於政體方面，政府組織缺乏硬性的律令來支持，法令機關之外，差遣機關林立，誠如《宋史‧職官志》所說，法令機關「官無定員，無專職」，曹司「類以他官主判，雖有正官，非別勅不治本司事」。以差遣授權取代律令設定，一切以勅令爲準的彈性制度，是隨著君權的提高而產生的，唐朝前半期已具有這種現象，後半期這種彈性的組織已甚流行。此外，軍事制度由徵兵改變爲募兵，在國家衞軍之外另建獨立的君主禁軍，這類重大改變亦自武則天以降得到急遽的發展機會。開元君臣立志復辟貞觀之政，甚至研製《大唐六典》，最後因貫徹失敗，律令政治遂不可力挽。宋神宗與王安石等君臣，亦有志以《大唐六典》爲改革藍圖，效果不彰。此兩次大規模的改革失敗，爲中古政治轉入近代政治的契機，似乎可視爲律令政治的迴光反照。

　　律令政治的最大特色在政府結構以律令爲準， 統率分明， 職位有別，職有常守而位有常員，無侵官奪職的現象，而有層級節制，切實授權的效果。律令政治可以上溯至春秋、戰國，戰國初期魏國李悝作《法經》，透過商鞅等人在秦國的改革，遂產生了秦律，漢律即因之而成。

魏晉以降，令典大興，律令政治日益完備，成爲君臣上下、貴族寒庶共遵的軌範。律卽法律，令乃法令，法律不週足則輔之以法令。法令爲隋唐行政組織法及行政法的基礎，隋《開皇令》乃唐代律令所本，包括有官品令、諸省臺職員令、諸寺職員令、東宮職員令、行臺諸監職員令、諸州郡縣鎭戍職員令、選舉令、封爵俸禀令、考課令、宮衞軍防令、獄官令等等。貞觀律令可說集漢魏以來律令的大成，例如《隋諸省臺職員令》修改爲《三師三公臺省職員令》，《諸寺職員令》改爲《寺監職員令》，《東宮職員令》改爲《東宮王府職員令》，《諸衞職員令》改爲《衞府職員令》，《諸州郡縣鎭戍職員令》改爲《州縣鎭戍嶽瀆關津職員令》，因此最稱完備❷。此後，大規模修改律令之事已少，一方面是因爲貞觀諸令的完備，一方面是由於律令政治已遭破壞，國家只有收集勅令修撰成格式，無復武德、貞觀的舊貌了。

　　君權原本在律令上沒有受到限制，相反的，君權在傳統上包含了創制權，君主可以利用此權修改及創造新的律令。隋文帝遺詔一再申令說：「自古哲王，因人作法，前帝後帝，沿革隨時。律令格式，或有不便於事者，宜依前勅修改，務當政要。」格式原本隨時依勅令而修改，爲柔性的法典，用以補充律令的不足。律令較爲硬性，甚少隨時依勅修改的。但是，君主行使創制權，下勅全部或局部修改律令，乃屬合法的事。不過律令爲君臣庶民及各機關共守的法則，當機關官員依令行事時，君主干預之卽屬違反律令，將會遭受官僚體制的反彈，這是律令政治下，君主不能過分專制獨裁的基本原因，隋唐君主甚少局部修改律令，原因亦在此。唐朝君主干預官僚政治，他們往往避開修改律令，而別闢立法的途徑，此卽格式典則大興的原因。

　　格爲機關官員處理公事的法規，式爲機關官員組織編制及職權的法規，二者包括了今日的行政法、行政組織法、公務員懲戒法等法規在內，用以輔助律令的不足。格式的權源不以律令爲主，而以勅令爲主，這是律令政治破壞的根源所在。君主的勅令既然擁有創制的效力，因此

格式的法律效力絕不低於律令，甚至可能凌駕於律令之上。格式因勅令而隨時編修，爲政府統治行爲及組織之法，因此每次修撰，皆使政府產生某種程度的改變，是可以想像的。格式在南北朝出現，數量極少，北齊《麟趾格》僅有四卷，北周《大統式》僅有三卷，其他朝代無聞，顯示政治以律令爲主。隋朝是正式將律令格式並稱的時期，至唐太宗才首次將律令格式列爲四種法令體系，統治組織及行爲仍以律令爲主。自後格式修訂次數漸多，卷帙亦巨，顯示了政府正在急遽的改變。茲將玄宗以前四類法令的修撰次數及篇幅轉錄如表二〇，俾作參考。

表二〇　唐朝前期律令格式修撰❸

修撰時期	律	令	格	式	備　　註
高祖	《武德律》：12	《武德令》：31		《武德式》：14	本表數字乃卷數
太宗	《貞觀律》：12	《貞觀令》：27	《貞觀格》：18 《貞觀留司格》：1	《貞觀式》：33	
高宗	《永徽律》：12	《永徽令》：30	《永徽格》：14 《永徽散頒格》：7 《永徽留本司行格》：18 《永徽留本司格後》：11	《永徽成式》：14	《新唐書·藝文志》無《永徽成式》，據《舊志》增入。
則天			《垂拱格》：10 《垂拱新格》：2 《垂拱散頒格	《垂拱式》：20	《舊志》《垂拱格》作二卷，今據《新志》。

		》：3《垂拱留司格》：6		
中宗		《刪垂拱格》：7	《刪垂拱式》：20	刪格、式在神龍元年上，不知是否武后被推翻前已開始刪訂。
睿宗		《太極格》：10		
玄宗	《開元令》：30	《開元前格》：10《開元後格》：10《開元新格》：10	《開元式》：20	《舊唐書‧經籍志》《後格》作九卷。

　　格式乃政府行為組織的法令，高宗以後屢次修刪，顯示了政府體系正在作急遽的改變。而且，自高宗頒定《永徽留本司格後》之後，政府已開創直接奉行勅旨的慣例，玄宗時亦頒有《開元格後長行勅》六卷，是則玄宗以前，律令不足而補以格式，於是重格式而輕律令；格式不足而直行勅旨，於是重命令而輕法制，這是君權提高的現象。肅宗以後，格式的地位日降，修撰次數及規模已不及玄宗以前，政府組織與行為，往往直以制勅為指導，正與法家主張君主須有法術勢，持法以治天下的原則相符。前面論宋朝體制的官無定員，員無專職，正官非別勅不治本司事，律令機關職權多為差遣機關所掠奪的組織形態，胥由此發展而成。勅旨乃君權的表現，具有超越一切法令及更改之的效力。據唐律〈職制律〉第五十九條：「諸稱律、令、式不便於事者，皆須申尙書省，議定奏聞。」是則法律上規定百官亦有修改法令的提議權，但議案必須具申尙書省，集京官七品以上於都座詳議，議定然後始得奏聞❹。換句話說，

創制、立法之權操於君主，即使修改法令之權，羣臣得依法提議及評議，最後仍歸君主決定，所以唐高祖特勅建置天策上將以寵異秦王世民；太宗特勅魏王府增置文學館，特勅長孫無忌以太尉「檢校中書令、知尚書、門下二省事」以總攝三省，皆屬創制或違令的行為。君主任意得頒勅創制立法以指導政府，客觀的律令制度不得不因而破壞，體制由剛性轉變為柔性，契機在此。高祖、太宗是較能自律的賢君，律令政治遂得以維持推行。當君臣守法的精神消竭，威權政治流行之時，剛性體制固不能並存。唐玄宗欲復辟剛性體制，但君臣守法精神已不及貞觀，因而使司屢置，法令常改，終無法貫徹《六典》規劃的體制。宋神宗處於逕以勅令為準，君權高張的時代，據《六典》改制的政策歸於失敗，亦可以想知。君權升高實為中國政治由中古演進入近代的重要因素，唐高宗以來已經日益明朗。

二、君權的提高與司法系統

法、術、勢乃君主樹立威權的三個基石。法家主張君主切實控制創制立法之權，以約束臣民的言行，然後透過權術威勢統治國家。理論上法令權術，皆需依靠君主的威勢以維持，此即君主之勢。若大臣過分貴重，影響君主權勢，必然導致政亂。《韓非子‧二柄篇》說：「明主之所導制其臣者，二柄而已矣。二柄者，刑德也。何謂刑德？曰：『殺戮之謂刑，慶賞之謂德』。」換句話說，操生殺之柄，課羣臣之能乃是維持君主權威的兩種方法。若要提高君主權威，將生殺之柄及課臣之能著為令典，委託政府機關執行，是不能稱心如意的；勢須由政府機關收歸君主切實控制，然後才能達到目的。因此，司法權、監察權及國家人事行政權的運用及改變，與出令權、創制權、立法權一樣，關係乎君權的隆替。本節既然討論君權提高及威權政治，理應對此三權的運用及改變略加論述。

　　唐朝司法權分有兩種系統，一爲正常的，一爲非常的。非常的司法權指詔獄與三司審判而言，正常的司法權則由政府各級司法機關主持。中國古代的司法重要特色有三：第一是獄、訟沒有明顯的區別，獄卽刑事訴訟，訟卽民事訴訟。第二是司法系統由行政系統指揮統率，刑政合一，行政官兼爲司法官。第三是特重犯人的供辭，若有供辭，卽可迅速透過自由心證而審結，因此冤枉的裁判事件常聞。唐朝司法特色亦如此。唐制行政系統爲三級制，卽省、州、縣三級，所以司法審判亦以三級制爲正常體制。民事訴訟發生，習慣上先由鄉里有力人士調解，調解不成才向縣政府提出告訴；不服，乃向州政府上訴。民事訴訟上訴至州府，往往卽迎刃解決，極少再向刑部提出告訴。刑事訴訟亦循此途徑，抗告或上訴至州府，州府裁定或判決流刑以上罪時，必須申報尙書省，由刑部覆案。刑部覆案後移交門下省二度覆案，門下省不行使駁正權而認爲裁判合理，卽可請旨執行。在司法系統中，尙書省爲最高上訴機關，門下省爲駁正機關。若原告人不服州府裁定或判決，卽可向刑部上訴，此卽省訴與省審。唐朝省訴、省審，時有所聞。尙書省既爲最高上訴機關，省審不服，依法令再無上訴的對象，通常的訴訟，至此已止。但身負重大冤屈，不服省審的人，乃得提出非常上訴，此卽運用伏闕上書直訴於朝堂的方式，或站立肺石，擊打登聞鼓，向皇帝直訴，這類上訴常由三司受詔合議開庭會審，有時也由皇帝召集侍臣會審。合議庭原則上僅覆審上訴案件的原判，審議其所引刑名援法是否適當而已，多非重頭再審。若遇特殊情形，才會指派御史臺、刑部或大理寺有關官員前往審訊❺。這是正常司法體制的補救辦法。

　　正常司法系統中，刑部爲最高上訴及覆按機關，所以不設置牢獄，其他各級審判機關皆各有監獄，至於中央犯官及金吾部隊在首都地區逮捕到的人犯，則交由大理寺監獄羈留審訊。因此刑部及大理寺，爲威權人物安揷朋黨的重要機關之一。翊贊武氏當皇后的六個功臣之中，侯君

業爲大理正，袁公瑜爲大理丞；酷吏集團之中，身居大理寺官的人，皆對武后誅鋤異己有甚大貢獻。不過，司法行政權在尚書省，控制尚書省卽能控制司法系統。而且司法系統自有法定起訴審訊的程序，君主不便動輒干預司法程序；所以攬權者雖然安排親信擔任司法官，卻不能隨意任權違紀，正常司法系統因而不是攬權者最欲控制的機關，御史臺才是其急欲控制的機關。

御史臺自秦漢以降皆有監察功能，對百司羣臣具有糾察、彈劾之權，當御史官員行使此權時，卽往往是起訴的先導程序。威權人物欲整肅異己，多先假借監察系統提起彈糾，然後交付起訴審訊。翊贊武后六名功臣之中，李義府曾爲中書令兼檢校御史大夫，崔義玄爲御史大夫。韋武集團中御史中丞周利用，侍御史冉祖雍、監察御史姚紹之，皆爲「五狗」中的人物。其他親信曾任監察系統官員或臨時攝任者，爲數甚多。威權人物以御史臺爲主要的控制對象，與御史臺法定職權變質有關。

御史臺在秦漢爲皇帝的機要及監察機關，自從漢武帝曾經特置侍御史以承詔掌理大獄以來，卽與司法權發生關係，尤其與非常審判的詔獄有關。隋文帝調整制度，規定御史大夫、持書御史、侍御史、殿內侍御史、監察御史五種監察系統官員共三十五員，並廢除御史中尉的監察人事行政權，將之撥歸吏部。隋煬帝對御史臺的職權及編制先後多次改動，降至武德、貞觀間，御史臺有大夫一員，持書御史（後避高宗諱，改爲中丞）二員，侍御史四員，殿中侍御史六員，監察御史十員，共二十三員。隋制御史臺主要爲行使監察權的機關，煬帝時，裴蘊以御史大夫參掌朝政，乃奏廢司隸臺而擴充御史臺，使御史兼理偵察、起訴、審判諸事，無異爲特務機關，前面已有論述。貞觀間，御史臺雖已調整，但與司法事務仍發生關係，李乾祐爲御史大夫時，在御史臺特別設立刑獄，此卽著名的「臺獄」。當時御史臺的權力結構奇異，各級御史雖名

義上以御史大夫爲臺長，但卻略無承禀，各自爲政，有所鞫訊，皆有權逕自拘繫犯人於「臺獄」而加審判❻，成爲非常的司法系統，他們主理之獄，往往爲重大的詔獄。御史臺根據刑憲典章監察百官，對犯官提出糾舉或彈劾。慣例上被彈劾者必須退下待罪，罪重者卽需解送大理獄拘留待罪。因此憲臺具有無比的威勢，例如吏部尚書高季輔擢薦韋思謙爲監察御史，監察御史僅爲正八品下的低品官，但法定有分察權，他曾對人說：「御史出都（巡按），若不動搖山岳，震讋州縣，誠曠職耳！」又曾彈劾中書令褚遂良，使之左遷爲刺史，事皆在高宗初期發生。後來他更主張憲臺爲「耳目之官，固當獨立」，欲脫離行政系統的控制❼。憲臺旣有法定的監察權，李乾祐以後又有「臺獄」可以拘留人犯，逕自起訴偵訊，則憲臺無異是一個監察、檢察，非常審判的機關了，大理寺審判權起碼被其掠奪了一部分。君主不便干預正常司法系統，於是控制御史臺卽能切實掌握刑罰大權，以操生殺之柄。貞觀元年（六二七），因兵變後不久，形勢未穩，乃命御史大夫檢校吏部尚書杜淹參預朝政，成爲唐朝首任參政官，而且是以憲臺長官兼國家人事行政長官身分參政的，太宗當時欲直接控制刑德二柄的心意是十分明顯的。自此至安史之變百餘年間，晉遷爲臺長而同時參政、拜相共有如下人物：

太宗朝：杜淹（貞觀元年，御大、檢校吏尚、參政。御大卽御史
　　　　大夫。）

蕭瑀（貞觀四年，御大、參政。）

高宗朝：李義府（顯慶二年，中書令兼檢校御大。原任中書侍郎、
　　　　參政。）

劉仁軌（麟德二年，大司憲兼知政事，高宗改御大爲大
　　　　司憲。）

武后朝：騫味道（光宅元年，左臺御大、同三品、檢校內史。）

韋思謙（垂拱元年，右臺御大、同三品。）

騫味道（垂拱四年，左臺御大、同平章事。復相。）

王本立（載初元年，左臺御大、同三品。原任夏官侍
　　　　郎、同平章事。）

婁師德（萬歲通天元年，左臺御大、同三品。原任夏官
　　　　侍郎、同平章事。）

魏元忠（久視元年，左臺御大、同平章事。原任鳳閣侍
　　　　郎、同平章事。長安二年遷同三品。）

姚元崇（姚崇）（長安四年，相王府長史、兼知春官尙
　　　　　書、同三品、知羣牧使、攝右臺大夫。
　　　　　原任相王府長史、同三品。）

睿宗朝：張仁亶（景雲元年，右武衞大將軍，攝右臺御大、同三
　　　　　品。）

竇懷貞（景雲二年，左臺御大、同平章事。）

　　上述十二人，共十三次，皆以憲臺長官參政拜相，其中以前任宰相
再拜者爲蕭瑀、騫味道兩人，以現任宰輔轉遷者有李義府、王本立、婁
師德、魏元忠、姚元崇五人，尤值注意者武后一朝卽佔六人七次，第一
章談到武后推行高壓恐怖統治，與此實有密切關聯。另外，由臺長或副
臺長直拜宰相的，百餘年中僅有七人，此七人中僅有竇德玄在高宗麟德
元年（六六四）由大司憲遷爲司元太常伯（戶部尙書）、檢校左相，其
餘六人皆在則天朝，此卽：格輔元於天授二年（六九一）由左臺御大遷
拜地官（戶部）尙書、同平章事，周允元於延載元年（六九四）由左臺
中丞除鳳閣侍郎、同平章事，楊再思於同年由左臺御大遷鸞臺侍郎、同
平章事，吉頊於聖曆二年（六九九）由檢校左臺中丞遷天官（吏部）侍
郎、同平章事，魏元忠於同年亦由左臺中丞遷鳳閣侍郎、同平章事，
楊再思於長安四年（七〇四）由左臺御大守內史❽。宰輔曾任侍御史以
下御史官者，更比比皆是。上述兩類人物中，除婁師德、魏元忠、姚元

崇、張仁亶外，在武后朝者多爲武則天親信，即使魏元忠也是忠於武則
天的人，婁、張二相乃中立軍人，僅有姚元崇暗地裏爲復辟派的主角。
武則天專權的行爲在歷史上是沒有掩飾的，她操縱監察系統，實行恐怖
統治，更是公開的事。

　　高宗以前，詔獄由皇帝召集羣臣會審或交由御史臺鞫訊。試舉劉洎
案爲例。侍中劉洎爲太宗朝著名諫官出身，太宗征遼，留輔皇太子於定
州，兼總判吏、民、禮三尙書事，權勢極大。太宗臨行，一再殷囑劉
洎，劉洎保證盡力輔政，至說：「大臣有愆失者，臣謹卽行誅。」這是干
預君主生殺之柄，違反司法制度的事，太宗怪其妄發而警誡之。及大軍
班師，太宗中道生病，劉洎與同任留輔監國的中書令馬周奔赴入謁。謁
畢出來，黃門侍郎褚遂良問其長官劉洎起居，劉洎泣云：「聖體患癰，
極可憂懼！」不料褚遂良「誣奏」之，說：「洎云國家之事不足慮，正當
傅少主行伊、霍故事，大臣有異志者誅之，自然定矣。」以劉洎前後態
度及爲人觀察，他說這些話不足爲奇，但若謂牽涉陰謀，則似不明瞭其
公忠爲國，勇於任事的作風。太宗疾瘉，追究此事，劉洎以實對，又引
馬周以作證。太宗問馬周，馬周證明劉洎所辨屬實，但褚遂良執證不
已，太宗遽然將劉洎交付御史臺，賜他自盡。劉洎引決之前，請求憲司
給予紙筆，欲有所奏，但憲司不允。太宗知道此事，怒將憲司下獄問
罪，但劉洎案件一直不明不白。至高宗顯慶中，武后臨朝時，其子劉弘
業詣闕上言，提出非常上訴，聲言其父「爲褚遂良所譖枉死」，稱冤請
雪，當時中書侍郎參知政事李義府又左右之。高宗召羣臣審議，皆希義
府旨力言劉洎之枉。給事中樂彥瑋獨持異說云：

　　　劉洎大臣，舉措須合軌度。人主暫有不豫，豈得卽擬負國！先
　朝所責，未是不愜。且國君無過舉，若雪洎之罪，豈可謂先帝用刑
　不當乎？

高宗探納其言，詔令復劉洎官爵，將此次上訴寢息。案太宗〈劉洎賜自
盡詔〉說：

> 茲朕行旅，小乖和豫，凡百在位，忠孝纏心，每一引見，涕泗
> 交集。洎獨容顏自若，密圖他志。今行御史進狀，奏洎乃與人竊
> 議，窺窬萬一。謀執朝衡，自處霍光之地；窺弄兵甲，擅總伊尹之
> 權。猜忌大臣，擬皆夷戮。朕親加臨問，初猶不承；傍人執謗，方
> 始具伏。……是有無君之心。

顯示太宗可能曾將劉洎交付御史鞫訊，由御史作成供狀以進呈定罪。然
而霍光、伊尹皆爲古代公忠大臣，未有篡朝換代之心，御史狀說劉洎
「窺窬萬一」，顯然有問題。詔獄常無上訴機會，供狀可由審判官僞作，
前引狄仁傑下詔獄案卽可知，太宗似乎處於多疑的病患心理狀態，遂輕
易處決監國重臣，無異爲一種「莫須有」的政治罪❾。劉洎案件乃非常
上訴及詔獄之例，此類事例若再參考太宗、高宗間的政治大獄，必更明
瞭。

　　御史臺旣與司法權發生關係，武則天時更因而建立三司合議庭制度，
命令御史臺、刑部、大理寺合組三司庭以雜按大獄，御史臺至此完全成
爲特別的司法機關。武則天運用監察系統並不止於詔獄及合議審判。她
鑒於監察權的威勢及彈糾、起訴的方便，一方面擴大憲臺組織，一方擴
充其權力。光宅元年（六八四）九月，卽政變廢中宗後第八個月，特令
將御史臺改名爲肅政臺，而將之分裂爲二，左肅政臺職責在監察中央
官、部隊及奉詔出使；右臺專門按察州縣地方，各有大夫以下編制。這
是效法其娘家楊隋設立御史臺及司隸臺以分監中央、地方，專以責成的
故事。旣然分臺專以責成，全國無異完全落入監察系統的控制之中。監
察長官多爲武則天親黨，她又大量提拔新人進入監察系統，打破其原有
編制，至有「欔椎侍御史」詩句之譏。《新唐書·選舉志》稱御史人數

之多，至中宗時與員外官及宰相被人譏爲「三無坐處」。這些新增的御史，類似則天的秘密警察，在她篡位改國之前，遂特別於麗景門設置新的制獄 ── 時人稱爲「新開獄」，以解決大理獄及臺獄爆滿的緊張。「新開獄」除了逮捕審訊中下級官員人犯之外，尚有「三品院」以逮捕審訊宰相大臣。「新開獄」的事務由新置的「推事使院」主持，「推事使院」的推事乃差遣職，常以監察及司法兩系統官員充任。酷吏集團人物多爲御史官，多以「推事使院」爲偵緝、誣告、起訴、刑拷、審決、執行判決的大本營，入此門者常無重見天日的機會，故時人稱麗景門爲「例竟門」即在此。於是憲臺成爲君主的特務機關，臺獄與新開獄乃希旨羅織的基地，監察、檢察、司法乃其系統作業。

　　御史臺的泛權發展至開元時代始告終止。開元初，左、右兩臺正式復合爲一臺，緊縮人事編制。降至開元十四年（七二六）崔隱甫爲御史大夫，改革其權力結構爲領袖制，各級御史皆須接受臺長的節制指揮，御史臺的權力泛濫危機才稍被抑制。但是經過武周的變動，與御史臺有關的幾種新制，如御史由君主直接任用等制度，仍被保留下來，君權仍未回復到武德、貞觀的水準。

　　參與詔獄及三司合議審訊，乃是御史臺被保留而逐漸成爲定制的制度。與司法權有關的另有特遣推事制度，其實詔獄也是差遣制度之一，不過其特色是差遣在中央奉詔詔獄，而特遣推事則是差遣至州縣治理特定的刑事訴訟。特遣京朝官至州縣治理大獄，前代已常有此慣例，武則天既以御史臺爲其控制系統，特遣審判多由御史出充，原則上被差遣者是奉詔出使推事，可視爲詔獄的旁支系統。前面曾提到則天欲誅名氣最大的韓、魯諸王，差遣右臺監察御史蘇珦按審誣構的密狀，蘇珦以諸王無謀反的證據，不起訴諸王。這時有人誣告蘇珦祖祐，則天召見親詰，蘇珦抗議不屈，則天乃特令他赴河西監軍，另派人推審。鳳閣（中書）舍人韓大敏奉詔至梁州推按都督李行褒被誣告謀反之案，亦以無徵，改

判無罪，並奏請雪寃。有人警告他說：「太后意欲除之，忽若失旨，禍將不細。」但韓氏鯁直，依法不屈，則天改派御史至州覆按，構成李氏之罪，而韓氏亦被判「推反失情」與「知反不告」賜死❿。顯示則天得隨意差遣御史充使推事，充使者多承詔判決定罪，貫徹君主之意。特遣推事往往希旨專斷，甚至不待奏聞而擅加處決，長壽二年（六九三）全國性的特遣屠殺，誅戮邊區流人，卽在此背景發生⓫。武則天以後，御史臨時差遣至州縣推事的情況並無很大的改革，逐漸有成爲制度的傾向。由於御史擁有監察權及特別審判權，安史之亂以後，諸軍諸使及其僚佐多掛御史大夫以下官銜，以增其威勢事權；掛御史銜的使府參佐，逐漸成爲外臺制度。

三、君權提高與監察系統的發展

御史臺的另一種新制度爲分察制度。秦朝以監御史督察郡縣，後因御史不奉法，漢文帝改派丞相史出刺，分部巡察，分察制度正式確立。東漢以降，州刺史逐漸成爲行政單位及行政長官，刺史仍有督察所部的權力，但已缺乏中央政府分巡按察的意義，因此分巡分察制度復興。中國地大民眾，政區甚多，原則上巡行地方，乃各級行政長官的職責，巡行天下則爲皇帝的職司，稱爲巡狩。秦始皇五度巡行天下，卽履行天子巡狩之制。天子巡狩的督察權廣泛而無限制，但卻不常巡狩。漢代以刺史依六條分巡出刺，巡區及權力皆有限制，這是因爲刺史代表中央政府分部行使行政督導、監察權的緣故。刺史旣成行政制度，皇帝不能經常巡狩，勢須恢復分巡、分察制度，由皇帝指定宰相以下中央官員代表巡行。隋文帝受禪後，卽屢次特遣使節巡行天下，以巡省風俗，稱爲巡省大使。巡省使得由宰相以下充任，權力廣泛，誠如文帝之詔，其作用在「將遍四海，必令爲朕耳目。……庶使不出戶庭，坐知萬里。」煬帝亦詔稱：「古者帝王觀風問俗，皆所以憂勤兆庶，安集遐荒。自蕃夷內附，

未遑親撫。」❷顯見巡省使乃君主代表,與安撫使、巡撫使等性質不同。所以隋朝僅發使三次,大業二年（六〇六）以後,即常由煬帝親自巡狩。《大業令》中新增的司隸臺,設置刺史十四員以六條分察天下,臺長司隸大夫則指揮其直轄的兩員別駕分察京師及東都,皆每二月至十月出察,然後將結果提出報告。此十六道分察制度乃漢代刺史分察制度的恢復, 是代表中央政府巡視的性質, 與上述巡省大使代表君主者不盡同。後來司隸臺撤消,獨留司隸從事編制,常由京官權攝出察,充任巡察使,是則隋代巡省及巡察的任務,固非御史臺的法定職責,但御史既具監察權,使之充任巡察使乃最恰當的人選,這是御史臺分察制度恢復的原因。

記述唐史諸書,對分巡及分察制度似乎在概念上頗有混淆的地方,武德時代天下未定,各地往往有行臺或安撫大使等,此類官職大多有便宜從事的授權,自無另外遣使巡察的必要。太宗努力整頓地方政治,遣使省察乃屬需要之務, 太宗最早恢復的乃是巡省而非巡察。 貞觀七年（六三三）, 太宗計劃將天下分為十餘巡道,諸道之中,畿內道人選最難,大業制度中是由司隸別駕巡察的,唐朝後來制度是初由侍御史掌左右巡, 後來則改由殿中侍御史掌理,但這是監察權的分察,而非代天巡狩的巡省❸。太宗此次乃首度遣使出巡,為代天巡狩的性質,遂以人選問計於右僕射李靖。李靖推薦侍中魏徵,太宗以魏徵另有重要相詢,不可離開為由,反而決定請李靖親自出巡。翌年正月二十九日, 下詔申說:

> 昔者明王之治天下也, 惟懼淳化未敷, 名教或替, 故有巡狩之典, 黜陟幽明。……時雍之化, 率由茲道。宜遣大使, 分行四方, 申諭朕心。延問疾苦, 觀風俗之得失, 察政刑之苛弊, 務盡使乎之旨, 俾若朕親覿焉。

於是分遣蕭瑀、李靖、楊恭仁、竇靜、王珪、李大亮、劉德威、皇甫無逸、韋挺、李襲譽、張亮、杜正倫、趙宏智等巡省，共十三人，皆宰相大臣而非由御史巡省❹。因爲詔令「黜陟幽明」，所以諸書傳又稱之爲黜陟大使，詔令「觀風俗之得失」，故又稱之爲觀風俗大使，恐皆誤。此制乃依隋制而來，例稱巡省大使，史稱李大亮爲劍南道巡省大使，乃是正確的名稱，餘名似皆因後來制度的演變而產生誤會。代天巡省並非固定制度，亦無固定道數，隋朝有時遣八使，有時十使，其故在此，諸書依後來分察區的觀念而加揣測，顯亦錯誤❺。此次派遣巡省大使，致令部分宰輔大臣充任，位任重而權力大，但在精簡政策的當時，大臣充使在外，對中央行政當有影響，這是日後不再以宰輔大臣充使，而以御史分察取代的原因。貞觀二十年（六四六）正月，差遣大理卿孫伏伽等二十二人，以六條巡察四方，自後巡省大使卽以巡察方式出現，兼有代表皇帝及中央政府降臨督察的性質，亦可視爲臨時的巡省及正常的巡察融合的制度。武后於光宅元年（六八四）分裂御史臺爲左右兩肅政臺，原本以左臺知百司、監軍旅，右臺則專察州縣、省風俗，不久命令左臺亦兼察州縣。兩臺每年發使兩次，春天發使稱爲風俗使，秋季發使稱爲廉察使，以四十八條察州縣，巡察責任遂完全落在御史臺，亦卽武則天利用監察系統分行控制天下，廣泛打擊異己的肇端。巡察使工作繁重，自垂拱二年（六八六）開始，卽依巡察條例四十四件作業，至於另外臨時頒發的格及勅令，需使司執行者，又有三十餘條，「察吏人善惡，觀風俗得失」僅爲綜合之辭。使司例皆每年三月之後出都，十一月結束，回京奏事。巡部廣濶，每道所察文武官多至二千餘人，其他業務尚未包括在內，於是遂有惰職慢官現象發生。從天授二年（六九一）發十道存撫使開始，巡道數目才定爲十。降至中宗神龍二年（七〇六）二月，下勅選拔左、右御史臺及內外五品以上官二十二人，分爲十道巡察使，每兩年輪替一次，巡察至此才不一定由御史臺負責，但仍以御史充

使爲主。睿宗、玄宗時代，右臺及十道巡察的制度廢置不常，欲回復貞觀不常置之制，最後在開元初才正式取消右臺，而在開元十七年（七二九）恢復分察制，以十道再加京畿及都畿，成爲十二道的數目，使銜則早在中宗景龍三年（七○九）已改爲按察使❻。

粗言之，君主分巡及中央政府分察是有別的，太宗末將之融合爲一，就積極方面而言，則是負起監督地方政治的作用；就消極而言，則具有增加君主控制力的趨勢。這個制度因固本國策而得以崛起，至武后劃分十道，並將之委託於御史臺，當時御史臺已具有監察權及非常司法權，而成爲武后的特務機關，是則意義非比尋常。武后時代君權獨重，威權大樹，盤踞地方的反對勢力迅速平滅，使武后能輕易篡權改國，這個制度顯然值得大加注意。中宗、睿宗及玄宗皆試圖整頓此制，尋廢尋置，顯示積久之下，制度已難恢復貞觀原貌。玄宗雖廢除右御史臺，但分巡監察制度隨著君主權威的提高，仍然得以推行，成爲定制。儘管按察使人選可由內外官員充任，然而仍以監察系統官員爲主，這是因爲御史乃君主「耳目之官」的緣故。高宗時代去貞觀不遠，韋思謙竟以爲「御史出都，若不動搖山岳，震懾州縣，誠曠職耳」。這種觀念對政制的發展甚爲重要。政制上規定御史有對中央及地方百司監察之權，侍御史以下亦常臨赴州縣行使監察權，雖都督、刺史以下，幾乎皆爲之屈服震懾，降至開元十三年（七二五）三月十三日，下詔紏正御史的權職，卽聲言御史出使，「州縣祇迎相望，道路牧宰祇候，僮僕不若」的狀況，與現行格式規定不合❼。若以御史充任巡察使，權威之重，可想而知。御史以監察御史最低級，而監察御史裏行自太宗已出現，殿中侍御史裏行自武后創制，雖非正官，但皆爲君主直接勑授，是則御史臺控制全國，君主控制御史臺，實甚顯明。中宗以後，君權不能回復貞觀狀態，從監察權威不能大幅下降，而又與分察制度緊密結合，卽可證知。

在律令制度中，內外所有機關及官員皆得爲御史臺監察的對象。法

令上五品以上，三品以下官員，乃宰相進名，皇帝勅授之官；六品以下官皆由吏部銓授。御史臺結構特別，長官與各級御史沒有指揮的關係，共同比肩事主，爲君主耳目之官，因此雖低級至監察御史，自高宗永徽以後，亦多爲勅授，雖有吏部銓注，門下過覆，皇帝大半不認可❸。因此君主假之以控制州縣，亦假之以控制中央百司，雖尚書省亦不例外。舊例監察御史以任用先後爲上下，從下數起第一員監察吏部，次下監察兵部，逆次上數六員各分察六部。制度上，六部行政的督導權在都省的僕、丞，而僕、丞對御史臺則有行政督導權及監察監察權，照理說御史臺既受都省督導及監察，則其監察百司乃是協助尚書省推行大政，故在體制上不能脫離尚書省的指導，其監察六部，作用亦在協助都省監察六部而已。自從高宗將監察人事行政權由吏部及門下省收於君主之手，監察系統獨立的趨勢乃告出現。御史監察宰相以下百官，僕、丞監察御史，僅可視作相互監察，及至僕射退出宰相之列，都省的監察權對御史臺的控制逐衰弱，反而君主假借監察系統間接控制行政系統的力量增強了。太宗時彈劾宰相重臣的案件甚少，高宗以後則往往可見，這是制度改變的影響，對宋明臺諫經常針對政府而言事的風氣有促進的作用。尚書省在玄宗時代已完全退出宰相機關之列，自後職權日墮，德宗興元元年（七八四），御史臺調整對行政系統的監察，但六察制度仍爲約束行政系統的力量，尚書省職權的快速下墮，當與此制略有關係❹。由此角度視之，君權自高宗以後提升，當爲不辯之問題。

登聞鼓及肺石的上聞制度，傳統上爲寃屈上訴而設，由御史主持。武后廢中宗，乃用之於告密揭發，並下詔有人擊鼓或站石，御史即須受狀以聞。更有甚者，乃在垂拱二年（六八六）三月建立匭檢制度。御史臺既爲接受陳情請願、糾察百官的機關，故匭檢制度自始即與御史臺發生密切關係。匭檢制度是武后接納一個姓名魚保宗的人建議而創制，用銅製成四個匭，依照東南西北四方而分塗以青丹白黑四色，置於朝堂。

東方青匭用以接納養民勸農問題的建議，稱爲「延恩」。南方丹軌用以接納諫論朝政得失，稱爲「招諫」。西方白匭用以接納非常上訴及抗告，稱爲「申寃」。北方黑匭用以接納告發天文秘謀，稱爲「通玄」。好的作用是君主用以廣開聖聽；壞的作用則是表示君主對羣臣，甚至耳目之官亦不相信，必須親自瞭解民情秘謀。當時武后欲奪權，設置此制乃是用以瞭解民情輿論，並鼓勵告發揭秘，以收鎮壓之效。匭檢分由兩個系統聯合主持，目的似乎在防止串通掩抑。諫議系統官員例任知匭使，監察系統例任理匭使，知匭的任務在瞭解密狀案情以報告皇帝，理匭的任務則在處理此案❷。監察系統得受狀而展開偵緝、起訴、審判，甚至酷吏集團利用此匭檢進行誣告、僞證。至於諫議系統，原來僅有門下省有此建制，諫議大夫所掌的諫諍權可以說是一種變形的監察權，其對象爲皇帝，諫諍權所不同於監察權者主要爲對皇帝過失及機密政策可以指責，但卻無法律強制作爲後盾。武后垂拱元年（六八五），門下省另增補闕及拾遺兩種低級諫官，另在中書省建立相同的諫議系統，門下省諫議系統遂爲左系，中書省乃爲右系，但其言事對象則已發生轉向；由諫官知匭以報告君主，卽已知諫官亦已變爲君主的耳目之官，協助君主控制百官。而且諫議大夫法定四員，補闕拾遺初置各二員，左右兩系編制相同，稍後卽陸續擴充編制，加上試攝方式盛行，至有「補闕連車載，拾遺平斗量」之譏，與「欋椎侍御史」同爲泛濫之官。諫諍不需車載斗量那麼多人來擔任，是則武則天廣泛以諫官除人，目的在針對百官，似乎無須辯證。玄宗以後雖有大力整頓，但左右諫議系統已成定制，匭檢制度亦未撤銷。匭檢制度在宋朝改由檢院主持，御史司法則改由審刑院主持，登聞鼓則歸由鼓院掌理，仍與臺、諫兩系統關係密切。諫諍權自武后開始卽有由對君主轉而變成針對羣臣的趨勢，亦有與監察系統合流的趨勢，此種情勢在宋明成定局，其發展則在唐朝的前期。這兩個系統淪爲君主耳目爪牙，得風聞奏事❷，人選亦皆由君主勅授，因此其主持的機

關愈多，扮演的角色愈重，適足以促進君權的加強，加速律令制度的破壞而已。

四、政府人事行政權的分配及君主奪權

韓非所說二柄中之德柄，乃指慶賞之權，獎懲制度自不限於任用權，但實以任用權爲主。任用權乃是國家人事行政的基本大權，關係整個政府的建立與組織。儘管唐代政府的建立與組織以律令爲根本，但對此律令政府如何加以運用變化，則與任用權有關；君權的提高，律令政府的破壞，威權政治的流行，亦皆與之有密切的關聯。

唐朝的人事行政制度非常複雜，問題廣泛，迄今似仍無一本全面而深入的研究論著❷。本段目的不在硏討唐制人事行政體系及其各種問題，僅在探討任用權所寄及其行使的有關問題，尤其以唐朝前期君權提高與任用權行使的關係爲鵠的。

行使任用權的機關官署不同，在政治上顯然具有不相同的意義。公府辟徵乃漢制特色，雙重君主型態因之而成，於今似已成爲治國史者的常識。在理論上，主官去職，則其所辟署的僚佐位亦不穩；在形式上，中央不干涉地方辟署，則有中央與地方分權的色彩。與近代所謂責任政治及地方分權頗相類似，君主欲攬權獨專，固非易事，這是制度使然，人爲因素不能隨意扭變。魏晉以降，君權普降，君主一面須向公府權臣爭權，一方面又須與地方強藩競柄，固本國策逐漸形成。固本國策之下，勢須削弱地方力量而增強中央力量，使中央能隨意指揮地方；又須削弱，甚至撤銷公府建制，造成君尊臣卑之局，加強君主的控制力。隋唐宰相位僅二、三品，甚至四、五品，不復高踞品秩之首，其意當在此，實爲固本國策下的國家安全措施。中央向地方所收諸權中，最重要之一乃是任用權，地方公職逐漸收由中央的尚書省任用；君主向中央政府奪權之中，亦以辟署任用之權爲重，公相大臣固不再具有辟署僚幕佐

吏之權，卽使朝廷四品以上要官，其任用權亦收歸君主親掌，宰相大臣
僅得薦舉權而已。此爲隋朝唐初的任用權力形態，亦爲君權提高的重要
基礎。

唐朝官制有四個系統，卽職事官、散官、勳官、爵號四種，爵乃王
公侯等封爵，由吏部司封司掌理。勳官用以酬庸戰功，唐初文臣亦得授
予，前引碑碣有柱國、上柱國之號，卽可爲例；勳官十二轉，由吏部司
勳司掌理。散官卽本品，用以銓敍品階，故又稱階官，分九品二十九
階，由吏部吏部司主理。此三者隋代唐初皆謹愼遵行律令所規定，條流
分明，高宗以後才逐漸泛亂，不爲世人所重。而且三者與統治權的關係
並不甚大，本段主要內容故不在此。

唐玄宗以後，官銜常以如此方式出現：「（差遣職＋）散官＋職事
官（＋兼或代理職事官）＋勳官＋爵號」。除去括號者卽爲前期官銜常
見之例，若無勳、爵者則僅有散官及職事官。散官用以敍品，職事官
用以任事，此爲兩者之異。《唐律疏議》解釋〈名例律〉第七條第六款
說：「依令：有執掌者爲職事官，無執掌者爲散官。」❷卽有執掌之官乃
職事官，律令有明文，而前述太宗製定六百餘官編制，精選人才以用
之，當限於職事官系統。散官蓋無職任、無員額限制的。職事官劃分九
品三十階，有職事者例以散官繫本品，但職、散不一定同品，若以高品
散官任低品職事官者，貞觀時稱爲「行」，反之稱爲「守」。職事官有幾
種不同的類別：依性質分則有文、武兩系。依任官地方分則有內、外兩
種；內外之別又另有不同的意義，若以中央、地方而分則前者爲內，後
者爲外，卽前面所說「京職事官」與「外職事官」之別；若以禁內及朝
廷中央官分，則前者爲內，後者爲外，蕭瑀彈劾宰輔結成朋黨，卽稱之
爲「同中書門下內臣」，因此內臣不專指內侍省宦官而言，外臣則指京朝
官。肅宗以後，禁內機關紛紛設立使司，與朝廷諸機關分成兩大集團，
遂出現南司、北司之別，南司蓋外司，北司爲內司，至此言內外者，內

官蓋指北司（北衙）宦官集團，外官乃指南司（南衙）朝臣而言了。中央職事官中亦分有幾種類別，依其是否得上朝，則有京官、朝官之分，後者乃得上朝。依其清濁勢要而分則有清望官、清官以別於濁流。若侍從君主者則爲供奉官。至於更瑣細的分法，此處不需詳贅❷。

　　上述各種類職官皆爲九品三十階內的流內官，爲政府的重要官職。任命此類官職計有冊授、制授、勅授、旨授四種方式，實際僅有制、旨兩種任命，制授由宰輔薦進，君主決定；旨授由吏部銓注，宰輔決定，皆以君主命令方式任用。君命有七種：冊書、制書、慰勞制書、發勅、勅旨、論事勅旨、勅牒，總稱爲詔，天授元年（六九〇）則天篡國卽位，避武曌之名諱而改爲制。冊書用於立后建嫡，封建屛藩及寵命尊賢，必須臨軒備禮，隆重行之。制書用以授大官爵，發勅用以授六品以下官。政府重官之中，須行臨軒備禮以示尊賢的，厥有三師、三公、親王、尚書令、雍州牧、開封儀同三司、驃騎大將軍、左右僕射而已，亦卽除了一品王爵及文武散官外，行此禮的職事官僅有十員。其他二、三品重要職事官，卽使爲宰相大臣，亦僅以制書於朝堂冊拜，這是隋朝唐代通例。自從高宗顯慶元年（六五六）九月二十七日下勅三師三公以下在京者皆以詣朝堂受冊方式任命，尊寵之意已薄。則天臨朝，取消冊禮，一律以制授方式任用，則爲樹立君主權威，開創唐朝在禮儀上君尊臣卑之局的樞紐。以後偶行冊禮，皆因人而異，了無定制；德宗以後縱偶行之，其禮已輕，不復必由宰相讀奏❷。

　　唐制制授、冊授皆由宰司進名，君主親自決定，用以除四品以上要官，自高宗開始，君主又向吏部尚書掠奪五品官任用權，五品官遂由宰相進名，君主制授，此皆君主直接除授的範圍，乃成定制❷。唐高宗降低師、公、尚令、僕射任命之禮及掠奪五品官的任用權，實具劃時代的意義。依照制度，五品以上職事官乃常參官，皆爲各機關長官、副長官及重要屬官；唐朝清要官及半數以上清官皆劃入五品以上，此類職事官

既恩由君出，是君主操持德柄的重大進步，不可不注意。

旨授官由尚書省吏部主理，吏部銓注後，經僕射同意，門下省過官，乃由中書出旨，請皇帝依法畫旨降下吏部施行。吏部掌握中下級官員及一切流外、公務人員的任用權，兵部雖然掌管中下級武職官吏任用，但小部分事務亦由吏部掌理，權任不及吏部。就國家人事行政體系而論，吏、兵兩部分掌文、武任用，同為重要人事行政機關，方式亦類同，但是文職人員遠較武職龐大，故吏部實可視為政府的人事心臟，為所有政務部門中工作最繁重的機關。

吏部控制了廣大的中、下級官吏的命運，是由於根據律令獲得了兩個最重要的人事行政權——考選權與銓敍權，前者唐朝稱為「舉」，後者稱為「選」。《新唐書》乃是正史中第一本重視此劃時代制度的書，所以開闢專志以記述唐朝的選舉，〈選舉志〉上篇記載考選問題，下篇記載銓敍問題。中國選舉制度奠定於唐代，今日中國設專院以主理，而且也廣為世界各國所摹做。唐代的選舉作業及組織是這樣的：唐代出身之途甚多，無出身者多赴貢舉考試，考選權由吏部考功司執行。考試合格乃賜出身，與各種具有出身或其他資格的人赴吏部司或部本部銓敍。隋代至貞觀、永徽間，五品官的銓敍權由吏部尚書親自負責，稱為「尚書銓」；侍郎則負責六品以下官員的銓敍，稱為「侍郎銓」。由於六品以下官數目最龐大，一員侍郎實無法勝任，至高宗總章二年（六六九）四月一日，乃增加一員編制，於是「侍郎銓」分裂為二，一稱「中銓」，一稱「東銓」。武周永昌元年至聖曆二年（六八九一六九九），鑒於選人眾多，再增一員侍郎，主持新成立的「西銓」。聖曆二年五月取消一員，兩員侍郎分銓乃成定制，自後不改。「尚書銓」銓敍後，須送都省由兩僕射審核過官，然後關移於門下省；門下省依機務作業程序由給事中讀、侍郎省、侍中審，逐級審核，此即門下過官。「侍郎銓」（包括後來的中、東兩銓）銓畢，僅須提請吏部尚書過官，即可迅送門下省過官。假

若提請上級或門下省過官而不獲批准,上級官署得駁下全部或部分選人,另令主司改注;門下省的三級過官,亦有駁下之權。當門下省駁下,或尚書省上級官署駁下情況發生,主司亦得據理力爭,重執而上。所以中下級選人命運,幾乎皆由吏部尚書及侍郎決定。至於門下過官完畢,手續至此已完,俟門下省進奏以聞,卽可聽勅旨而施行,此卽旨授官的銓敍大概。君主對此僅行使同意權,極少行使否決權。

　　吏部人事權尙不止於此,吏部司掌理一種特別銓敍,卽此「流外銓」。流外系統主要是下級僚佐及胥吏,這類公職員數更龐大,是實際執事及與民親近的人員,由於不入九品之內,故稱爲「行署」。行署人員亦分爲九等,備受流內官員歧視,他們身分寒微,除了唐初因人事壓力不大,而太宗力行人才主義政策,故有小部分才俊升入流內,甚至做到清要官之外㉗,高宗以後由於流內選人日益激增,此途逐絕,大體永沉於下,難以超升。這種際遇使政府低級幹部情緒受到重大挫折,對實際政治影響極大。流外系統雖然低鄙,但仍受吏部銓敍任用,也稱爲「小銓」。「小銓」本由吏部司郎中(司長)專知,至玄宗開元二十五年(七三七),始下勅由吏部司銓敍完畢,提請本部正副首長裁定,這時吏部尙書的五品官銓敍權已被君主掠奪,君主奪吏部尙書之權,尙書奪部本司之權,可以視爲政府人事加強由中央控制,中級以上官員加強由君主控制的政策。另外,中外百官每年考績由考功司主判,判定後仍據以作銓敍升黜的依據㉘。吏部權任如此之重,無怪尙書名位,猶在侍中、中書令之上,而尙書省能夠切實指揮百官了。

　　吏部編制小而事務繁,編制旣不能增加,勢須差遣或委託其他機關協助處理,這是吏部職權被掠奪的客觀因素。吏部另一方面品位高而權任重,導致君相奪權,致使君權提高、威權政治及朋黨糾紛之事發生,則是本節欲略加論述者。

　　隋朝猜忌政治盛行,文帝自始卽對吏部不放心,偶然會詔令其他臣

僚參攝吏部事。開皇八年（五八八），文帝干預考課權以親考百官，列吏部侍郎盧愷爲上考，歲餘遷爲禮部尚書，攝吏部尚書事，顯示文帝對盧愷的信任。但是，盧愷後來被憲司彈劾他與宰相蘇威朋黨，銓畢不卽授選人以官，而又利用職權安挿蘇威兄弟。文帝怒說：「愷敢將天官（吏部）以爲私惠！」認定爲「姦臣之行」，除名爲民㉙。親自考課及認定吏部作弊，乃是君主不放心德柄的心理。自此以後，君主親自或命令他官干預選舉的情形日漸普遍。當仁壽大業初，牛弘任吏部尚書時，可能爲隋朝人事行政最上軌道之時。大業三年（六〇七）牛弘卒，翌年侍中蘇威與左衞大將軍宇文述獲得「常典選舉，參預朝政」的參選、參政雙重大權。稍後御史大夫裴蘊、黃門侍郎裴矩亦獲此雙重權力，「五貴」之中僅虞世基似未獲得參選授權。五人之中，前三者皆因此權而有自樹朋黨之嫌，蘇威卽以此坐廢。蘇威四人旣爲宰相參政官，是君主宰輔，干預選舉尚無可過分厚非，何況侍中、黃門侍郎法令上擁有過官之權，尤與選政密切。但約略同時或稍後，尚書左丞郎茂獲「參掌選事」授權，于志寧父輩于仲文亦以右翊衞大將軍「參掌選事」，右武衞大將軍李景亦授權與宇文述「參掌選舉」，授權淩濫㉚。此種風氣成爲慣例，唐朝開國卽不能改革，武德元年（六一八）第一次發表人事命令，李綱以禮部尚書「參掌選事」，而吏部尚書則空闕不除人。李綱非常稱職，高祖似借重其才，而其資歷未宜遽遷吏部尚書，故有此舉。終武德貞觀世，以位望在吏部尚書之下的他官參選的事頗少，以宰相，尤其僕射參選者較常見。僕射原本有審核銓選結果之權，本身亦得薦任四品以上官，故未可遽認爲亂制。不過，君主欲使選舉權操於宰輔的措施，似乎成了政策。茲將唐朝前半期宰輔與吏部的關係表示如表二一。

表二一　唐前期吏部尚書任用狀況㉛

時間 人數 項目	高祖 618.5 ～ 626.5	太宗 626.6 ～ 649.5	高宗 649.6 ～ 683.12	則天 683.12 ～ 704.12	中宗 705.1 ～ 710.5	睿宗 710.6 ～ 712.7	玄宗 712.8 ～ 756.6
A 僅正除吏尚而 非現任宰輔人 次：	0	3	4	4	2	3	6
B 以吏尚兼任或 代理正宰相人 次：	1	2	1	0	1	0	3
C 以吏尚掛員外 宰相或參政名 義人次：	0	1	3	1	6	1	0
D 以宰輔兼任或 代理吏尚人次 ：	1	7	4	2	2	0	5
E 主持吏部總人 次（非宰輔而 代理者在內）：	3	15	12	6	9	4	14
F 人數（除去重 複兩次以上者 ）：	3	10	10	7	6	5	12

　　吏部尚書權位已極重，授以參政宰相之職，或由宰輔主持選舉，表面上是加強選舉的權威性，深入探求則似乎不盡然。宰輔事繁權重，唐朝前期的僕射尤其如此，實在不必親主銓政。因為依法令宰輔有權決定四品以上職事官人選而奏薦之，對於五品以下官員，僕射有駁下之權，侍中有過官之權，甚至中書令亦必要時得勘議其事，則吏部在法令上已屬於宰相控制之下，可無疑問。若僕射典知選舉，是上級官署干預下級官署的法定職權；其他宰輔在品位上未必高於吏部尚書，詔令參與選舉，無異授權他官掠權，顯示君主不放心吏部的大職責，將之收歸日與親近的宰輔主持。從高宗中期以後有十餘年不除吏部尚書開始，吏部職權遂發生變化。這個變化可分兩面觀察：第一，原來吏部尚書主持五品職事官的銓敍任用，今長期缺任，又無授權宰輔典知的命令，於是五品銓選的大權遂依四品以上官員例，由宰輔進名推薦，由皇帝以制敕任命。換句

話說，高宗、則天皆各有十年以上不除吏尚，遂使君相得以取得五品官銓選的大權，使君主的德柄得以進一步擴充❸。第二，法令上吏尚握有審核「侍郎銓」的權力，吏尚既長期出缺，「侍郎銓」的核定權需有所依歸。當時的對策是設法使吏部侍郎掛宰相銜，或以宰輔兼代吏部侍郎之職。這種任命方式在高祖、太宗及睿宗、玄宗皆無，僅在高宗、則天、中宗時代出現。第一個侍郎拜相在高宗乾封二年（六六七）六月發生，此年無吏部首長亦無兩僕射，侍郎趙仁本遂擢為同三品而拜相。兩年後，由李敬玄以西臺侍郎同三品兼檢校司列（吏部）少常伯，是為宰輔兼任或代理吏部侍郎之始，當時僕射及吏尚仍然空缺無人；李敬玄兼任後的兩個月，政府遂增加一員侍郎以分擔其勞，「侍郎銓」乃分為中、東兩銓。自後總計高宗朝吏部侍郎拜相者有兩人，以宰相兼代者有一人。則天朝前者有三人，後者有一人；中宗朝前者有兩人三次❸。由君主控制五品官選舉，宰相控制六品以下選舉，正好發生於泛階、員外、斜封流行的三朝，是非常具有意義的。太平集團與臨淄集團聯合討平韋武集團，睿宗復位，起用則天、中宗朝為相的許州刺史姚元之（崇）為兵部尚書同三品，姚氏乃復辟主腦，主持革新之政。不久洛州長史宋璟亦入拜檢校吏部尚書同三品，二人分掌兵、吏兩部同為宰相，合力清刷敗壞的人事，當時頗有復辟貞觀、永徽之風的聲譽。泛階、斜封的官員紛紛集合於太平公主旗下反對，遂再遭貶出。至玄宗開元元年（七一三）十月，第三度起用姚崇，仍任兵部尚書同三品，並委以專權，主持革新，同列宰相皆罷手唯諾而已。姚崇委信之專，權力之大，但基於以往經驗，對於朝廷人事亦未敢自專。某次，姚崇奏請依序任用郎吏，玄宗不答，再三言之仍不答，姚崇大懼趨出，因而罷朝。高力士事後諫玄宗說：「陛下新總萬機，宰臣奏事，當面加可否，奈何一不省察！」玄宗答云：「朕新任元之以總大政，大事當奏聞共議之；郎吏秩卑，乃一一以煩朕耶！」力士轉告於姚崇，姚崇才轉懼為喜，放手改革❸。此例可

證高宗、則天以來，君主操縱德柄，破壞人事行政體系情況的嚴重。姚崇、宋璟先後主持中樞，但僅收復辟之效於一時而已。開元二十七年（七三九）兵部尚書兼中書令李林甫遷爲吏部尚書兼中書令，銓政日漸破壞。天寶十一載（七五二）林甫罷出，楊國忠以右相（中書令）兼文（吏）部尚書代替其缺，銓政更破壞無遺，此爲治唐史者所熟知，無須贅論。肅、代以後，正常人事行政體系日益崩潰，職權被奪，較開元時代相去甚遠，較貞觀時代更是面目全非。

正常人事行政體系的破壞是逐漸發展的，君主干預亦不始於唐朝。隋文帝親自考課百官，開創隋唐君主干預吏部職權之風。君主干預吏部不僅在銓綾權，且在考課權、考試權方面亦加干預。正常銓綾的干預上面已述，但君主又有一種非正常的干預方式，其對正常體制破壞之大，尤甚於正常干預方式：此卽親自行使薦舉權及中、下品官任用權。唐高祖因李素立鯁直上言，對之器重，特詔吏部授以七品清要官。吏部擬注爲雍州司戶，高祖認爲此官要而不清；吏部爲之改擬祕書郎，高祖又嫌清而不要，最後特擬侍御史，高祖乃予同意❸。當時五品由吏部尚書擬注，六品以下由侍郎銓綾，高祖表面上是尊重吏部職權，實際上可視爲君主親向吏部薦舉並指定任官之例，吏部是難以拒絕的。太宗親自向宰相溫彥博薦舉中書舍人岑文本爲中書侍郎專典機密。原本五品進四品，法令由宰相薦舉，溫彥博以難於入選而由太宗反過來向宰相薦舉，宰相亦難以不表同意。又如太宗欣賞從八品上的殿中侍御史張行成，乃對左僕射房玄齡推薦說：「觀古今用人，必因媒介，若行成者，朕自舉之，無先容也！」從八品官例由吏部侍郎銓任，太宗之意欲使房玄齡不反對其薦舉，並由他以僕射身分指揮吏部侍郎達成其願望❸。君主不論行使薦舉權於四品以上官抑或五品以下官，對宰相及吏部的正常作業皆有影響，只是形式上仍未違反律令體制而已。

五、君主的特別任用權

隋唐時代，　皇帝得特擢某些人在某機關供職，　這類供職者皆非正官，因此君主此舉不算違法，而且此類供職大多爲低級人員，故亦引不起人的大注意。此類特擢人員皆爲勅任，稱爲「直某某機關」。例如隋代儒學大師，劉炫與劉綽並世稱「二劉」，兩人爲同學，自少結爲盟友。劉綽後舉秀才甲科入仕，劉炫則以儒學知名，文帝特詔以白衣入直門下省以備顧問，甚爲君相所禮。但往後遍歷三省，竟不得官；縣政府以其無官，督責其賦役，劉炫無奈，乃向內史（中書令）李德林陳情。李德林下令送他至吏部銓敍，吏部尙書韋世康問其所能，自稱通《周禮》等十三家，結果吏部拒絕給予銓敍。劉炫幸得知名人士十餘人保明，吏部才敍之爲殿內將軍，解除其困急。同時與劉炫友善的另一名學者王孝緒，遭遇則無劉炫之幸運。他在開皇中召入秘書省協修國史，在省供職七年仍未得官，故亦不能豁免賦稅。王孝緒不得已，上書吏部尙書牛弘，哀告至說「明尙書公動哀矜之色，開寬裕之懷！咳唾足以活枯鱗；吹噓可用飛窮羽」云云，極盡委屈低鄙。牛弘知他有學業，但鑒於他旣無考試出身，亦無有力人士撐腰，仍然拒絕加以銓用[37]。這是選舉制度下奔競朋黨的機微，韓愈三上宰相書以哀告求用，與王孝緒無以大異。唐朝沿襲此方式，入直、供奉皆此類，則天時的控鶴供奉及奉宸供奉、玄宗時的翰林供奉最爲活躍著名。除入直、供奉之外，裏行、員外、員外置同正員、試官等皆其衍生制度。

貞觀五年（六三一），太宗召羣臣建言，中郎將常何家客馬周，代陳二十餘事奏上，太宗怪其能，遂詢問之，常何以實回答。太宗卽日下詔召見馬周，中途且曾四次派使催促。入對畢，太宗大悅，詔令馬周直門下省，翌年授監察御史，尋遷侍御史，一直至拜相。馬周具有州助教前資，監察御史乃從八品淸官，應由吏部銓用，君主不得逕自勅授。其

實馬周曾授「監察御史裏行」一官，爲唐制「裏行」官之始。唐初「裏行」官乃正員以外的編制，故不必由吏部銓用，而由君主直接勅授。貞觀二十一年(六四七)，進士張昌齡獻詩賦爲太宗賞賜，亦不經吏部銓敍，直接勅授「通事舍人裏供奉」。「裏行」、「裏供奉」、「內供奉」等，皆非正員，故爲勅授官，各帶本官，俸祿亦同於本官，亦得以本官名義赴吏部參加銓敍；直至則天文明元年（六八四）以後，乃不復更銜本官，逕以裏行等爲名❸。此後此類官日多，武則天修改法令，《垂拱式》中的〈吏部式〉卽規定監察裏行及試監察御史以七員爲限額，前者在開元初更無員額限制。另外文明元年設殿中侍御史裏行，據〈吏部式〉以三員爲限；長安二年(七〇八)設侍御史內供奉，以不超過正員爲限❹。這時則天早已分裂御史臺爲兩臺，推行恐怖整肅政策，〈吏部式〉所定乃政策推行之初的情況，稍後則天又大量任命試、攝御史，招致「㩖椎侍御史」之譏，則兩臺員數當又不是〈吏部式〉所能限制。由於此類官屬於員外編制，不須經由吏部的銓選，君主得直接勅授之，單以則天時御史臺此類官的擴充，卽知則天如何控制及擴充監察系統，並利用之全面擴大打擊面。

太宗不改革隋朝入直此類職務，反而創置「裏行」、「裏供奉」等職而勅授之，極爲不智，因爲他啓示了後來君主及權臣直接法外授官，非法控制政府的可行途徑。尋求太宗創制之初，其意當在力行精簡政策，不欲於六百餘員正官之內增加編制，以敷實際需要，於是乃勅授有才幹的人爲某官裏行或裏供奉，俾其有見習某機關工作的機會，日後卽以本官赴吏部正式銓用。其用意乃在不破壞正員編制而收儲備人才之效，俾其事先見習以收將來實際工作提高效率之功用心良苦，於法亦未完全違反。後來專君權臣以此爲施恩手段，以此爲分化瓦解正常官僚體制的方法，以達至其專權控制的大慾，則是太宗始料不及的事。

所謂員外官，概略言之，乃指正員以外特置之官，以下幾種名義任用者似可視爲員外官，此卽：試、同、員外、員外同正、裏行、裏供奉

（內供奉）及版授官。版授官乃君主以恩澤與耆老年尊的人，雖授以刺史、縣令，卻未列入令式，為員外之官無異。隋唐以前已有此慣例。同任官隋唐以前亦已出現，如開府儀同三司等皆是其例。貞觀時同任用於宰執機要臣僚，前面提到同中書門下三品，同掌機務即其例。試官唐初無此制，則天天授二年（六九一）為了施恩收望，十道存撫使所舉百餘人，分授以試官，性質為臨時試任，較裏行的見習性質更不穩定，但頗相類似。裏行、裏供奉、試官多以監察系統及兩省供奉官為對象，但試官則有試及秘書省及州佐的，因此較為泛濫，「補闕連車載，拾遺平斗量，欋椎侍御史，盌脫校書郎」之詩乃譏天授二年泛授試官的情形，《通鑑》是年一月載之頗詳。至於純粹以員外名官則不自唐始，隋代尚書省有員外郎，門下省有員外散騎常侍、員外散騎侍郎，諸衞有員外將軍、員外司馬督等官。不過隋代員外諸官皆為編制內之官（正員），而非編制外之官。唐朝釐整官制，正員的員外官僅有尚書省副司長職的員外郎得以保存，其餘盡廢。若以員外一名命名員外編制之官，則不知始於何時，唐高宗時已大量出現，幾乎無官不可員外。在他死前一年（永淳元年，六八二），郭正一以「秘書員外少監」本官擢拜同中書門下平章事，更是「員外」拜相之始。又早在永徽六年（六五五）八月，蔣孝璋除尚藥奉御「員外特置仍同正員」，則為「員外同正」之始，凡員外之官，似多可另外特置同正。於是員外之官極濫，幾乎無官不可員外；員外亦幾乎無不可特置同正員❹。單以中宗神龍二年（七〇六）為例，吏部尚書同三品李嶠為邀取時譽，即曾一口氣奏用員外官二千餘人，「悉用勢家親戚，給俸祿，使釐務，至與正官爭事相毆者」，同年七月李嶠改為中書令，目覩政府人事及行政混亂之狀，極為後悔，乃奏請停止員外官釐治職事，並引咎自陳失政，要求辭職。他在疏中詳細分析人事問題說：

> 分職設官，不可以濫。……自帝室中興，以不愼爵賞為患，

冒級躐階，朝陞夕改，正闕不給，加以員外。內則庫府為殫，外則黎庶蒙害，非求賢助治之道也。顧愛惜班榮，息匪服之議。文武六十以上，而天造含容，皆矜恤之。老病者已解，還授員外者，旣遣復留，恐非所以消敝救時也。請勅有司，其可用，進；不可用，退。又遠方夷人，不堪治事，國家向務撫納而官之，非立功首長，纇縻俸祿，願商度非要者，一切放還。

是則李嶠所論，雖切中時弊，但仍非全部罷停員外官，其可用者仍得留司進用。這些員外官包括了在京各機關官佐及州縣長吏，另外宦官亦達千人左右❹。可以想像當時行政體系混亂無效率的狀況了。

　　尚有更甚者乃是斜封墨勅授任之官，似亦為員外官的一種。斜封官與上述員外官不同之處，前者乃墨勅除授，不經中書、門下兩省及尚書頒佈程序；　後者則仍經三省作業，以朱勅授任。斜封官在中宗朝才開始，乃是因為后妃、公主及嬖倖人物的請託，而由中宗墨勅於側門授任的，這是非法授任官，但為后主結合朋黨集團成功的主因，韋武集團、太平集團等人物，盡多此類官。斜封官在中宗朝多至數千員，至「內外盈溢，無聽（廳）事以居」。是則斜封官原本似亦有辦公廳及職務，只因員數過多，乃至無廳事而已。前述睿宗復位，任姚崇、宋璟為兵、吏兩部尚書主持清理工作，這些人乃集中於太平公主旗下，共同抵抗，竟至排出姚、宋，恢復斜封官。直至玄宗開元初再起用姚崇、宋璟，皆先後委以大權，斜封官始得清除，但員外官仍未徹底整頓。員外官在玄宗時代雖已大量裁削，但內外官職仍得置員外官，尤其以禁軍、內侍省、蕃官為多，而且仍得每年參加吏部銓敍，或由宰相薦進。員外系統的泛濫，只不過沒有則天、中宗朝那麼嚴重而已❷。

　　授勳、封爵之濫自高宗開始，此尚不過分危害政府體制，僅使人輕視勳爵，降低政府威信而已。階官有「泛階」現象，亦在高宗乾封元年

（六六六）開始，君主干預吏部銓敍，「比及末年，服緋者滿朝」。韋武集團親信宰相蕭至忠，曾上疏告訴中宗不可泛階，指出當時「臺寺之內，朱紫盈滿，官秩益輕」❹。是則階級制度不待安史以後，已遭破壞，吏部的銓敍已不甚重要。高宗以後，各種員外官及斜封官大量湧現。韋嗣立上疏中宗，亟論職官濫授可導致競爭朋黨，加重財政負擔，當時僅舉中央機關爲例，即說「京諸司員外官，委積多者數十倍」，使政府財政「不支一年」❹。類此言論，高宗以來即屢次出現。君主欲樹立權威，親掌人事大權以勅授員外官及斜封官，此類官如正員一樣有職掌聽事，亦得參與吏部銓選及由宰相薦進，是則無異揭示君主私慾，利用員外官去向建制機關及官署奪權，將政府置於個人獨裁專制之下。中宗一朝，員外、員外同正、試、攝、檢校、判、知、斜封、裏行諸官凡數千人，每年赴選，連同新進赴選者，遂致兩京銓選達數萬人之鉅。正員不擴充，則他們銓進後仍爲員外及斜封官，乃是必然的事，因此員外拜相及逆用三年後空缺的現象乃發生❹。客觀形勢已經形成，威權政治則增加其嚴重性而已。君主權威及私心越烈，則員外官越多；員外官越多，則律令體制越被破壞，政府財政及社會經濟越加沉重混亂；體制及財經日壞，則國家危機日大；國家危機日大，則君主攬權之心愈切。這是高宗以後唐朝政治的惡性循環發展。開元四年（七一六）六月十九日，玄宗下勅，命令「六品以下官，令所司補授。員外郎、御史，併餘供奉，宜進名授勅。」❹吏部正式被剝奪五品官及六品以下員外郎、御史、供奉等官的銓敍任用權，所能銓用之官已不甚重要。君主人事權遠重於政府，顯示即使在姚崇主政下，君主亦無完全放棄私心的意向，極爲明白。從整個大勢看，開元改革乃是局部的、有限的，不能回復貞觀舊貌是當然的。政治惡性循環仍然存在，玄宗時代體制敗壞及財經問題發生，實可預料；至於導致史安之亂，顯然是不值驚奇的事。

　　唐朝人事行政問題極複雜，非本節所可詳述，本節僅在勾劃君主與人

事行政權的發展，俾見鄙說君權自高宗以後提高，律令制度破壞，**實**非向壁虛構。人事行政權中，職事官任用權關係政治及體制最大，故不憚贅論。至於君主干預考課權，經常親自或遣使考課百官，而加以黜陟獎懲，乃隋唐常見之事。君主干預吏部考試權，遣使或委託其他機關（主要爲禮部）主持，甚至在則天載初元年（六九〇）二月，親自登殿考試貢舉人，開始殿試之始，以收恩於己❼。於是由考試至銓用的一貫作業，君主皆得以插手過問。由中古門第君臣共同遵行的律令政治轉變到近代的君主專制獨裁，這段發展不能不加以嚴肅的注意。論者或謂三省制足以制衡君主，不知此時三省宰相或空缺不除人，或貶黜誅戮，比比皆是，何足以制衡君主？單以斜封官一事，即可見三省的無力。玄宗以後，宰相有時仍能制衡君主，改變其意見者，顯是人爲因素多，而制度因素少，宋明以後，大臣制衡君主之事，亦可常見，多非因爲制度造成。

綜而言之，正常人事行政體系至開元初已改變極大，君主所能控制的人事任用權不知強過貞觀時若干倍。貞觀時國家人事行政可分爲下述分類程序：

A　流外銓：視品及流外赴選者→吏部司郎中專決（不需上稟待覆）。

B　侍郎銓（包括中、東、西銓）：流內九品至六品官→吏部侍郎銓注→吏部尚書署核→門下省三讀過官→皇帝畫旨授任，即旨授官。

C　尚書銓：流內五品官→吏部尚書銓注→都省僕射署核→門下省三讀過官→皇帝畫旨任命，亦爲旨授官。

D　宰輔薦進：流內四品至一品→宰輔推薦→皇帝裁決→制授（包括臨軒冊拜、詣朝堂冊拜、普通制授。）

非正官的供奉人員或見習人員得由皇帝勅授，此爲法外特任人員。高宗

以後，君相逐漸掠奪Ｃ項權力。吏部尚書喪失Ｃ項權力，則轉而向下掠奪侍郎的六、七品官銓敍權；侍郎喪失部分權力，則又向下掠奪吏部司的流外銓權力，層層向下掠奪。降至開元時代，由於吏、兵兩尚書多爲現任宰輔，無暇處理六、七品銓選，乃委託侍郎銓選，變成通銓分掌，尚書但署名之例。且六品以下的員外郎、御史、供奉等官皆由宰輔薦進，吏部人事權任大削，最重要官員的任用已無權過問了。其形式則爲：

A　流外銓：視品及流外→吏部司部中銓注→吏部尚書及侍郎裁定而任用。

B　吏部三銓：流內九品至六品→吏部尚書、中、東三銓通掌銓注→門下省過官→旨授。

C　宰輔薦進：流內五品至一品及員外郎、御史、供奉諸官→宰輔推薦→皇帝裁決→制授或勅授。

制度變更如此，值得注意的是，雖然君主人事權力大增，吏部已不過問五品以上及一些六品以下特別官職的銓敍，但是爲數龐大的六品以下及流外等官仍由吏部銓敍，宰相裁決，因而初任官者或中下品官的命運，仍爲宰相及吏部所操縱。中唐以後宰相常以門下、中書兩省侍郎掛同平章事爲常例，宰相遂得逕決六品以下官的任用，因爲門下侍郎例有吏部三銓的核准通過權。其次，宰輔得薦進五品以上官及六品以下一些特別官，當其行使薦進權時，皇帝往往甚少否決。宰輔不薦進的人，皇帝也往往不便逕自任用，所以皇帝常有親自向宰輔推薦人才，待宰輔同意而進名，再加以正式任命之事。除了武則天獨裁之外，宰輔薦進權很少被剝奪，所以宰輔能夠切實指揮百官，逐漸有取代尚書省指揮公事之勢。中唐以降至宋代，「中書門下」成爲實際指揮行政的中心，尚書省退居閒曹，與此有密切關係。另外，開元以後，過官權有逐漸移至「中書門下」之勢，且玄宗對宰輔委任甚專，始終如一，所以銓政反而日漸紊亂，宰相幾乎完全控制一切官員的任用，尤其最得君主寵任而成爲權

相者。李林甫、楊國忠不用說，卽以姚崇爲例，其兒子及親信的小吏皆因而包攬事權，玄宗爲此而罷免其宰相。當其未罷相時，張九齡曾勸戒姚崇，指出許多人奔競於姚氏之門，謂時人至有「不識宰相，無以得遷；不因交遊，無以求售」之言❹。人事膨脹、官職不多；人事奔競，以宰相爲鵠的，日後牛李黨爭此類糾紛，亦可以由此探悉。

第二節　侵官奪權現象下的中央權力結構與決策、設計、實作三聯制的演變

一、君主專制與人事膨脹的關係──內侍省之例

君主政治下，皇帝乃是全國最高統治機關，古今中外幾乎相同。傳統中國，皇帝之外，尚有儲備統治機關。皇太子及其東宮系統，平時卽爲儲備機關，得在特殊情況下以監國的名義代行統治權；至於太皇太后、皇太后，亦得在皇帝駕崩或不能履行職權，而繼任皇帝年幼狀況下代行統治權，以皇后代行之例則罕見，此皆儲備統治機關，而在特殊狀況時發生統治作用。皇帝一人身統政權而兼治政事，勢不可能，乃組織政府，設官分職，實行委任統治。律令政治卽爲委任政治，皇帝以律令設限，委任各級機關官署以統治權。律令越穩定，越有權威，則機關官署必然地位越客觀，職責越分明，卽使君主亦不得任意加以干預，上級機關官署亦不得任意干預下級的職權，否則卽爲侵官奪權。貞觀律令可視爲中古律令的大成，歐陽修盛贊貞觀體制可爲「萬世法」，其故卽在此。至於君主任意下勅令指揮政事，或派遣代表去干預正常體制，不論其勅令制詔是否假借宰相或有關機關發出，實際上皆得視爲君主專制，尤以宰相或出令官員爲君主腹心，君主透過他們以表面合法的程序頒發制勅時爲然。是則君主專制必發生於律令政治不受尊重或破壞，君主權

威高張之時，而且有專制程度的差異。唐高宗與武則天乃是中國君主政治過渡至君主專制政治的關鍵人物。雖經玄宗君臣的修正，但君主專制的趨勢已然形成。演變至明清，制勅雖然仍有主理機關，有關官員仍得以個人關係折衷君上的意見，至於機關職權，則無明令得以制衡君主，君主專制之局因而完成。日本律令政治幾乎完全倣效唐朝，明治以後則糅以西洋民主色彩，政體採用內閣制。光緒三十四年（一九〇九）清廷頒佈《憲法大綱》，精神抄自日本，君權較天皇更無限制。《光緒東華續錄》卷二一九載述此大綱，除了規定皇帝萬世一系，神聖不可侵犯等虛語之外，第一條第三款規定君上有「欽定頒行法律及發交議案之權」；第五款有「設官制祿及黜陟百司之權」；第六款有「統率陸海軍及編制軍制之權」；第九款有「爵賞及恩赦之權」；第十款有「總攬司法」，委任法官之權；十一款有「發命令及使發命令之權」，並指明「法律爲君上實行司法權之用，命令爲君上實行行政權之用」。專制君主的重要大權，已囊括在內。若以此法衡量武德、貞觀時代，甚至盛唐以至宋代，顯然君主名義上擁有上述的權力，實質上則不盡如此，甚至有些權力名義上亦不全爲君主所囊括。例如君主固然得發交議案，但尙書省亦得主動提出，門下、中書兩省亦得主動提出。李華的〈中書政事堂記〉，記載政事堂得主動提議討論，甚至得議論君主之非違。李華所述大約有法令爲根據，否則起碼也是一種慣例，屬於不成文法。是則君權至此，不得自專可明。除非所有宰相皆是君主腹心或圓滑政客，君權始得以肆其所意。黜陟及司法權，不全在君主，有證可稽，前節亦略有敍述。習慣上命令頒發須以皇帝名義行之，行政命令不在此限，所以尙書有得逕自裁決及下符指揮百司。中書省雖爲「使發命令」的機關，但律令似有允許中書省先行撰寫命令，然後才提請皇帝畫勅蓋印的權力，是則中書省實際上亦不全是「使發命令」的機關而已。而且皇帝印鑑在門下省，門下省依法得封駁詔勅，拒絕蓋印。尋常命令須以中書、門下兩省印爲準，

此亦顯示君主在律令制度下無法專擅發令權。因此，就律令體制去看，隋唐無論如何不能完全以專制政體視之。則天不經中書、門下而下勅，中宗側門斜封墨勅，皆非制度因素，卽使他們有時專制，但亦僅爲個人因素，而且也不是經常如此的。今人批評中國古代皆爲君主專制，頗有意氣而未經仔細及全盤研究之嫌；反對此說的學者，則往往亦舉一二君主及少數個案爲例，頗犯相同的錯誤，故難以使人信服。專制與否乃是牽涉政體，甚至國體的問題，自需由國體及政體下手，作綜合而深入的研究，始可立論的。

　　唐朝政府組織有統治、決策、政務、庶務、顧問、侍從、文教、服務、禁衞、監察、司法等組織系統，這些系統皆環繞統治主體而存在並發生作用。若就權力結構而言，統治主體之下，各組織是以決策、設計、實作三聯制方式結合的。決策系統乃三省及宰輔聯席的最高政事會議組成，設計系統乃尚書省都省、六部及諸司組成，其他組織大體皆爲實作系統，卽使省級的殿中省、秘書省、內侍省亦不例外，只有東宮系統的詹事府及左、右春坊是以儲備決策及設計機關形式存在，稍爲例外。這種組織結構，好處在編制緊縮，機關官署少，在層級節制體系之下，行政效率高。但其弊處則是編制及建制缺乏彈性，隨著事務的日益繁冗或危機的出現，政府難以急速修改律令，使之適應新環境，於是新增的事務及處理危機的責任，不得不用員外官或特遣使節主持，隨著員外官及使司的膨脹，最後必然掠奪了正常體系的法定職權，而使之淪落破壞。上一節論述君權提高，員外系統膨脹，律令政治因而亮起了紅燈。各機關編制的膨脹，今已乏證可稽，僅有內侍省此一單位，尚留蛛絲馬跡，內侍省在貞觀律令下的編制組織如圖一二。

圖一二　貞觀間內侍省編組[49]

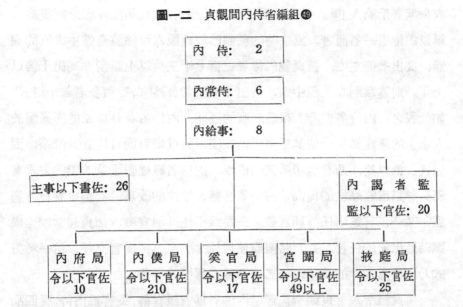

據圖一二可知內侍省組織如中書、門下兩省一樣，將取二元領袖的編制，這是一種委員制，即使內謁者監及五局的組織形態，亦是如此，隋《開皇令》內侍位從四品，《大業令》長秋令位正四品，長秋監（內侍省）且得雜用士人。《武德令》復為內侍省，專用閹宦，內侍位從四品上，自後不改。太宗更定制「內侍省不立三品官」，不任以政事，限制其職責為「門閤守禦，廷內掃除，稟食而已」[50]。是則內侍省僅為宮廷服務機關，地位不過為從四品上，雖名為省，但權勢遠遜於三省；官吏編制則因服務的關係而遠超三省，在三百七十三員以上[51]。則天時代，宦官人數不斷增加，且偶然負擔非常制的出使任務。內侍省員外編制至中宗時已甚嚴重，神龍間（七〇五～七〇六）已擴充至三千餘人，其中衣朱紫者尚寡，而超授七品以上的員外官則已多達千餘人。前述吏部尚書同三品李嶠薦授員外官三千餘人，其中曾一次「超授閹官七品以上及員外者千餘人」[52]。至唐玄宗時，由於內宮編制擴充，服務人員亦隨之擴充，加上宦官對他討平內亂有貢獻，所以宦官至「黃衣以上三千人，

衣朱紫者千餘人」❸。是則員額已至四千餘人,而且品位亦已急劇提高。
單以內侍省一省而言,玄宗時的編制已較貞觀六百餘員全體中央官的編
制,高出七倍左右; 較貞觀內侍省三百七十三員以上編制亦高出十倍以
上了。前述韋嗣立上疏中宗,指出「京諸司員外官,委積多者數十倍」,
如此視之,內侍省似非人事最膨脹的機關。內侍省員外編制的膨脹屬於
人事上的惡性膨脹,使其原來組織破壞,另以嶄新面目建立其體系,因
而代、德以後,乃有北司系統的出現。內侍省職權膨脹及改變的方式有
三: 一為宦官品秩的提高及內侍省官稱、地位的改革。二為宦官員外過
盛,某些宦官遂出任外朝官職。三為雖不任外朝官職,卻負起常制性或
臨時性出使的任務,甚至將南衙使司掠奪過來,由宦官充任。第一種方
式乃內侍省本身的改革,後二者乃侵官奪權的現象。

　　《武德令》《貞觀令》皆以內侍省為省級官稱,長官為內侍,從四品
上階,不得超過三品。換句話說,內侍省在建制上雖以省為名,卻為四
品的中上級單位。由武德至永淳約七十年間,權未假於宦官; 事實上,
稍後武則天統治的二十年間,宦官員數開始增加,但仍未假以事權,控
制非常嚴厲。宦官以惡性化狀況出現,實在中宗時代,此與韋武及諸公
主、嬖倖人物的威權政治發展有關。例如左監門大將軍兼內侍薛簡等宦
官,得寵於安樂公主,專橫用事 。韋武集團要人,因娶韋后乳母而有
「國奢」之稱的御史大夫、雍州刺史竇從一,對京畿驕橫的宦官甚為畏
懼,訴訟糾紛而見訟者無髫鬌,必曲加承接,恐其為某權威人物的親信
而觸犯之❸。左監門大將軍為諸衛正三品職事長官,顯示中宗之時,早
已出現宦官擔任三品大臣的事例,只不過三品宦官為數尚寡而已。雖非
職事三品,而本品卻為三品的宦官在中宗朝亦有其例,恐怕是宦官衣朱
紫者的主要成分。例如自中宗至玄宗的大閹楊思勗,因參與對抗太子重
俊舉兵討伐韋武集團之戰功,由從七品下階的宮闈令超拜從三品的銀青
光祿大夫行內常侍,內常侍為內侍省副長官,秩正五品下階。其後又協

助李隆基討平韋武之亂，累遷從三品監門將軍，開元時代與高力士成為
兩大閹。楊思勖居外，經常統兵出征及監軍，開元中即累加至最高的武
散官——從一品的驃騎大將軍，封爵亦為一品國公，成為唐朝最早可知
的一品內侍。高力士在中宗時已至從八品下的宮闈丞，傾心靠附臨淄王李
隆基。參與討伐韋武集團後，擢為從五品下的朝散大夫，擔任同品的內
給事官。不久參與討伐太平集團，遷為從三品銀青光祿大夫、行內侍、
同正員，為三品員外內侍。開元初遷為右監門將軍、知內侍省事，遂與
楊思勖成為一居內、一居外的大閹。直至天寶七載（七四八），思勖已
死，而力士特擢為驃騎大將軍、右監門衛大將、知內侍省事、渤海郡
公，乃為第二個一品內侍，勢傾一時。史謂開元時代，中官稍稱旨者即
擢授三品將軍，是則宦官至開元間，不論本品或職官，超授三品之例已
極多，「黃衣以上三千人，衣朱紫者千餘人」，蓋指此而言。宦官位居三
品以上既多，內侍省地位亦隨之提高。天寶十三載（七五五），安史之
亂前一年，玄宗改革內侍省，在內侍之上增加兩員內侍監，使之總理全
省事務，位正三品；原來的長官內侍則改為少監，品秩仍舊；尋又於少
監之外另置內侍。自此以後，內侍省遂成為三品的高級機關。當時內侍
省有高品宦官一千六百九十六人，品官及白身（供職無官者）二千九
百三十二人，合共四千六百二十八人，編制龐大已極❸。至於機關官
稱，唐初稱為內侍省，高宗龍朔二年（六六二）改制，改名內侍監，至
咸亨元年（六七○）復舊。則天垂拱元年（六八五）一度又改為司宮
臺，至中宗復位，官稱又告恢復為內侍省，自後不改。

　　宦官擔任三品職事官之例在中宗朝已告出現，但似乎僅以與禁內有
關的官職而止，猶未廣泛出任高級朝官，此慣例至玄宗時猶未打破，故
楊思勖、高力士等內侍，位高勢大，亦僅任以監門大將軍。肅、代之
時，李輔國由兵部尚書遷司空、中書令，制度慣例始告破壞，宦官出任
朝官始多。宦官出任外朝官實為不正常之事，至於封王拜公相，亦僅有

李輔國一例而已。在君主及朝臣的反對下,代、德以後,宦官出任朝官之例遂受抑壓。宦官此時勢力日盛,其干預國政的方式遂改爲出使差遣。出使是一種特派任務,開元時代已流行差使派出工作的風氣,政府機關使司林立,對正常體制發生擾亂作用。政府的各種司使,大體多以京朝官充任,開元時代已有宦官充使之例,而且日漸流行,有掠奪外朝諸使司的趨勢。外朝落入宦官控制的司使,以兩類事務最值注意,一爲樞密機務的控制權,一爲中央及地方各部隊的監督權與指揮權。前者寄於樞密使,後者則尚有細分:統監中央各部隊的乃是諸軍十六衞觀軍容、宣慰、處置使;統監神策軍 —— 禁軍最精銳部隊者乃是神策軍護軍中尉,這個官職兼具職事官及監軍使職,兼有統率權及監督權雙重性質;全國各部隊亦各置監軍使以作監督。樞密使、諸軍諸衞觀軍容等使、神策軍護軍中尉及處理王室財政與庶務的高級使司 —— 宣徽使,中唐以後遂成北司貴官,成爲宦官集團首腦身居之職❸。肅、代以前,宦官多因個人關係而獲君主寵信,取得實權。代、德以後,樞密使及神策中尉先後設立,宦官所領諸使司逐漸以此爲領袖機關,於是團結而形成北司,與南司 —— 政府各機關分峙對立, 操縱君主及朝廷, 已非君主外臣所能控制。各機關員外官原亦得執行職務而有廳事,故有與正官爭事相毆之事發生。中宗時員外多至成爲「三無坐處」之一,始無廳事可爲,但卻有充足人手隨時供使。宦官所以有充足的人手擔任使司及其他工作,卽與員外編制惡性擴充有關,此爲宦官弄權的先決條件之一。北司系統形成以後,君主之寵信與否已不甚重要,君主反被大羣宦官所包圍與挾持,是則高宗以後的員外編制及其膨脹,實對唐、五代的政治影響極大。

　就樞密使而言,外朝爲其奪權的機關乃是「中書門下」,尤其是「中書門下」直轄的樞機房;至於「中書門下」則是調整中書省及門下省兩省職權而成, 其成立含有掠奪了兩省部分權力的意義。 就觀軍容使及監軍使司而言, 外朝被奪權的機關乃是御史臺, 軍事監察權原隸於

此。就神策中尉而言，外朝被奪權的機關乃是兵部，甚至君主本身，因
爲禁軍最高統帥權原由皇帝掌握，軍政權則由兵部行使，左、右兩神策
中尉對於本軍，在中唐以後實際控制了統率、指揮及監督之權，是則皇
帝、兵部及御史臺的職權，部分皆爲中尉所奪。外朝使司直承君相命令
而掠奪律令機關的法定職權，北司諸使復又掠奪南司職權，層層掠奪的
結果，遂使皇帝及外朝臣僚受制於北司宦官，退居於政治舞臺的第二
線。唐朝律令政治爲何演變出這樣的結果？此與時勢環境、君主私心及君
權提高的發展皆有莫大關係。隋朝唐初原本無常制性使司，一切由律令
機關策劃執行。巡撫使、安撫使、巡省使、巡察使等，皆爲臨時差遣，
事畢卽撤。《唐語林》卷五〈補遺〉類說：

> 開元已前，有事于外，則命使臣，否則止罷。自置八節度、十
> 採訪，始有坐而爲使者。其後名號益廣。大抵生于置兵，盛於興
> 利，普於銜命。于是爲使則重，爲官則輕，故天下佩印，有至四十
> 者。（代宗）大曆（七六六～七七九）中，請俸有至百萬者。在朝
> 有太清宮、太微宮、度支、鹽鐵、轉運、知匭、宮苑、閑廏、左右
> 巡、分察、監察、館驛、監倉、監庫、左右衞。外任則節度、觀
> 察、諸軍、押蕃、防禦、團練、經略、鎭遏、招討、榷監、水陸
> 運、營田、給納、監牧、長春宮。有因時而置者則大禮、禮儀、禮
> 會、刪定、三司、黜陟、巡撫、宣慰、推復、選補、會盟、冊立、
> 弔祭、供軍、糧料、和糴。此其大略。經置而廢者，不錄。宦官內
> 外，悉謂之使。舊爲權臣所綰，州縣所理，後屬中人者有之。

這是勾劃差遣機關發展的簡潔文字，據此可知代、德以後，律令機
關幾無不可置使的趨勢。使司由君相特遣而直承命令，可以視爲君相攬
權的行爲。宦官向爲君主視作家奴心腹，君主命令宦官出使以奪取南司
職權，則又可視爲君主向宰相奪權，皇帝向政府收權的行爲，爲君主私

心及君權提高的現象。這種趨勢自安史之亂以後日益明顯。

二、差遣機關的侵官奪權現象

就廣義的差遣來說，唐初不但巡省使、安撫使爲差遣職，卽使參預朝政、參知政事、行軍總管、參掌選事皆爲差遣職，參政更自貞觀開始，卽有常制化的傾向。但就狹義而言，差遣人員需稱爲「某某使」方算使司，則參政、參選僅得視爲授權，行軍總管則爲戰時職任。因爲參政、參選並不影響律令機關法定職權的行使，參政、參選者僅是奉詔來參與其事的某一部分，而非奪取原機關的職權；行軍總管在其戰區內亦僅負責作戰任務，軍政指揮仍由兵部主持，總管所轄部隊亦爲臨時配屬性質，不影響君主及諸衞的正常統率權。使司則不然。使司乃直承君相命令組織而成，派遣地方全權處理其特派任務，凡與其任務有關的事務，其差遣地區一切機關均得與之配合，甚至聽其指揮調度。若爲臨時差遣使司，則正常體系僅被中斷或擾亂一段時間而已；若爲長期性使司，則無異掠奪了法定機關的職權。因此侵官奪權的政治現象與員外編制有關，與差遣制度的關係則更爲密切。

唐初往往因實際環境的需要而設置使司，用意不在掠奪正常機關的職權。巡撫、安撫常在戰爭或災變之後而置，巡省、巡察亦因需要而置，均爲綜合性的差使，職權廣泛。專門性而又有常制化傾向的差使，僅有監軍使。御史臺例於大軍征伐時派遣御史監軍，大軍解散則御史回臺，所以監軍雖成制度，但監軍使則非常設差遣機關。高宗時使司亦未濫置。當時屬於專門性而又常制化的差使，以吏部分銓制度所產生的「南選」最重要。由於吏部主持中下級及流外官的考課及銓敍，人數龐大，事務繁重；加以南方官員赴選，路遙不便，乃實行分銓制度。「南選」的銓敍區以嶺南五管及黔中爲主，於高宗上元二年（六七五）特遣尚書省郎官出充選補使，由御史監注，降臨地方選補官員。翌年八月七

日，勅令選補使由五品以上官充任，每四年派遣一次，任務爲銓選六品以下官員，然後逐交隨行御史代表門下省過官奏聞，畫旨降授，至於五品以上官仍令選補使會同地方長官奏聞，採用制勅任用方式。這個制度行之有效。自後江淮、福建等地若遇災變，朝廷亦效法「南選」制度特遣選補使降臨銓選，廣泛推行❻。「南選」原意在分擔吏部及門下省工作，主持者亦爲郎官，所以最初不得視爲特遣奪權機關，僅可視作吏部分銓的制度，與「北選」分爲西京選及東都選意義相類似。不過既改以五品官充任選補使，充任者未必爲吏部官員，則有吏部被奪權的意義。而且選補使得會同地方長官薦進五品以上官，隨行御史得審核過官，是則連宰相及門下省之法定權力亦遭使司掠奪，於是該地區的人事權遂經使司直承君命控制，意義非比尋常了。則天以降，差使漸多，頗影響正常體系的運作，例如前述的知匭使、理匭使、三司使、推覆使等，已有掠奪正常監察及司法體系作業的情形，此類差使往往又與編制擴充有關。

　　高宗以後至玄宗的局勢有兩種重大發展，一是軍事屢興，隨著大戰略的施行而設立節度、團、防、經略等使，這些差使長期化，遂掠奪了兵部的軍政權及諸衞的軍令權；玄宗時，盛行宦官監軍，宦官亦掠奪了御史臺的軍事監察權。另一方面則因租庸調制度破壞，政府編制惡性擴充，於是社會經濟及國家財政均產生危機，因此財經系統使司屢置，導致財經機關嚴重失權，這是君相行使類似財政緊急權的必然結果。玆舉兩例證明之。王毛仲乃協助玄宗兵變的功臣及寵臣，他雖然未曾拜相，卻權傾一時，連玄宗信任的宦官亦視若無人，品卑者甚至以奴僕待之。開元初玄宗詔令他以諸衞大將軍「檢校內外閑廄使、苑內營田使」。閑廄事務原隸殿中省。殿中省直轄六局，其中尚乘局卽主理閑廄事務。尚乘局自局長（尚乘奉御）以下編制龐大，共有五千六百五人，掌理閑廄馬匹的評鑒、養牧、教習。唐初僅有六閑，此卽外閑。則天萬歲通天元年增置「飛龍」等六閑，此卽內閑，稱爲「伏內閑廄」，常以殿中省官

員檢校內閑。聖曆三年（卽久視元年，七〇〇）則天特置「閑廐使」主理內外十二閑廐，多由宰相大臣充任，玄宗爲平王時卽曾充任「內外閑廐使」，於是「內外閑廐使」卽逐掠奪了尙乘局的職權。因此在開元二年（七一四）玄宗索性將尙乘局長官廢除，其餘編組一律改隸「內外閑廐使」統率❸，殿中省遂喪失其六分之一的法定職權。至於苑內營田事務，原由司農寺掌理。司農寺統轄四署、六監及諸倉，六監卽：第一，司竹監，編制四十五員，掌植養園竹。第二，溫泉監，編制十二員，掌溫池官禁之事，包括附近的種植事務。第三，京都苑總監，編制四十二員，掌理宮苑內館池諸事及養殖。第四，京都苑四面監，編制二十一員，掌四面苑內館池及養殖。第五，諸屯監，掌領轄下諸屯稼穡事務，編制僅三員。第六，九成宮總監，編制十三員，掌理檢校宮樹、供進等事。「苑內營田使」卽奪取諸監而統率之❺，是則司農寺喪失幾近一半的職權。王毛仲乃玄宗寵臣，身居正三品諸衞大將軍。他與玄宗的關係，在禁內則超越楊思勗與高力士；在外朝則匹敵於姚崇、宋璟，以姚、宋委任之專，當時亦難以隨意指揮，更遑論地位已大墮的尙書省兵部及戶部了。王毛仲領此二使，與君相的統率指揮關係今已難詳考。但開元中的宇文融，玄宗對其寵任一如王毛仲，其事則頗可考見。

　　開元初，土地制度破壞，戶口逃移的現象已甚嚴重，此事直接危害政府的財政，因此監察御史宇文融乃上言，請檢括淸查戶口及田畝。侍中源乾曜同意之，玄宗亦因戰爭需要，決定特遣機關執行檢括任務。開元九年（七二一）正月遂設立檢括田戶使，由宇文融充任，授以專權處理「田戶紀綱，兼委之郡縣釐革」及勸農恤災之權。宇文融奏置勸農判官十人，給予攝御史的官職，以監察權作爲後盾。不久他檢括得八十萬戶及籍外之田，歲終增加政府收入數百萬緡，因此極得玄宗寵信，累遷兵部員外郎兼侍御史、御史中丞等官。開元十二年（七二四）六月充任勸農使，主持全國性的農政檢查，極爲保守派官員抨擊。但玄宗委信彌

堅，批評者多獲罪，遂使宇文融在公卿官員心目中形成權威，不敢輕加批評。宇文融以勸農使身分巡視全國，有關田戶農政，事無大小，地方政府必先牒申勸農使，然後才申報尚書省。尚書省接獲申報，不敢逕加裁決，必待宇文融的指揮才敢決行。檢括所得，由勸農使司交付內庫調用，這是宦官得以控制財政的濫觴；至於各地新括得的外來戶口（客戶），其稅錢由使司撥交常平倉，用以為常平基金，因而諸道常平錢、粟的控制權，完全落入本道勸農判官之手❻。宇文融承受君相命令而出使，督促直轄人員工作，地方政府需接受其指揮，甚至直接剝奪其處理常平業務等職權。農業政令原由戶部掌理，庶務則由司農寺及地方政府執行，至此，此類農政問題則尚書都省及戶部均告罷手，反過來接受勸農使司的指示，然後才敢裁決；司農寺則更排除於此類事務之外了。即使以宰相來說，中書令張說亦為玄宗信任的宰相，他素惡宇文融之為人，亦不滿意其權勢太重，因此宇文融每有建議，張說必加力爭。二人交惡結果，反為宇文融連絡御史大夫崔隱甫聯名提起彈劾案，使張說罷相❻。是則使司直承君命，雖宰相亦不能控制，於此可見。

　　當然，並非每一種使司皆有如此重大權力及威勢的，不過有兩類人物出使，往往即可造成上述權威。此即權臣及宰相，尤其具有特別權威的宰相。王毛仲與宇文融皆為權臣之例，有些權臣得到君主的寵信，更有一身兼居三官，領二十餘使之例。例如王鉷，在開元間任縣尉時已充稻田判官，天寶間，累加充使職，可知者計有「京和市、和糴使」，「長春宮使」、「勾當戶口色役使」、「京畿採訪使」、「京畿關內道黜陟使」、「關內採訪使」、「閑廄使」、「苑內營田、五坊、宮苑等使」、「隴右羣牧都使」、「支度營田使」、「都知總監及栽接等使」。他最初為權相李林甫倚重提拔，玄宗因其能每年增加內庫收益百億萬，以救財政危機，故益加寵幸。天寶後期遷至戶部侍郎、御史大夫、京兆尹，同時領二十餘使，雖無宰相之名，應有宰相之實，連李林甫亦畏避之。他所領二十餘使，幾乎盡奪戶、

兵、工三部及御史臺、司農、太僕、少府、將作等中央機關之職權，繁
忙程度亦當可推見。史稱他將使院置於近宅，「文案堆積，胥吏求押一
字，卽累日不遂」云⑫。天寶十一載，王鉷牽入其弟謀殺李林甫等大臣
案，被賜自盡，遺缺悉歸楊國忠所領。楊國忠在天寶初任給事中前，早
已兼領十餘使，天寶中與王鉷分領使數，共達三十以上。同年底又繼承
李林甫右相（中書令）遺缺，遂以宰相兼領使司達四十個，史書亦難以
詳記。今可見者乃有劍南節度、支度、營田等副大使，本道（劍南）兼
山南西道採訪處置使，兩京太府、司農、出納、監倉、祀祭、木炭、宮
市、長春、九成宮等使，關內道及京畿採訪處置使，租庸使、鑄錢使、
水陸運使、召募河西、隴右健兒等使。行政、軍事、財經、監察、典
禮、宮苑等事務系統皆有掌領，由中央至地方亦有兼充，尚掛專判度支
及吏部三銓事，因此繁忙更甚於王鉷。史稱他對旣得事權絕不放手假
人，逕自「剖決機務，居之不疑」，其他宰相束手伴食。至於部屬找他簽
署一字，猶不能盡，於是假手胥吏負責，造成賄賂公行的胥吏政治⑬。
先不論楊國忠的庸劣，卽以兼職之多，卽可見制度的敗壞，宜乎發生大
動亂的。唐朝前期使司理應不止四十餘個，指揮方式似乎有下列三種：

　　(一)皇帝及宰相→三省→使司。

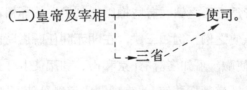

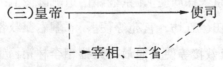

鄙見第一種指揮似是前期較正常的指揮系統。第二種則是使三省淪爲公
文轉遞機關，開元中期以來，卽往往出現這種情況，而且成爲後半期較

常見的情況。至於第三種則是權臣或宰相充使的情況下才會發生；但在君主專制的情況下，君主亦往往逕自指揮使司，使宰相成爲顧問人員，三省成爲公文收發室，此種指揮系統，不論前期或後期，皆曾出現過。使司是差遣機關，只向差遣者負責，似乎不全隸尚書省統率，這是尚書省職權大墮，三省癱瘓，而變成宋制的基本因素。根據上述三種方式，卽可徵見君相收權，指揮使司掠奪正常機關職務；甚至君主收權、宰相、三省旁落的形態。因此絕不能以開元體制去代表唐初體制的，因爲二者不但外表有異，內裏更是大異其趣。

　　我之所以稱格式政治及差遣體制爲柔性體制，主要原因是格式編修所依者爲制勅，制勅得隨時隨事頒下，逐成格式的權源，因此格式經常變動，亦經常刪修。差遣機關的情況與此略同，使司因事因時而置，可暫可久，可以擔任中央或地方機關職務，可以授權專門負責特定事務，亦可以負責綜合性的事務，因此，差遣機關是機動靈活的，得由君相隨時隨事派遣，其產生與任務、組織、編制，皆以制勅命令爲準，而不過分受律令羈絆。這樣的政治體系當然爲柔性的，與貞觀時代不同。本節不在評述每一個律令機關被侵官掠權的情形，這種情形在盛唐以後不勝敍述的。本章旨在勾劃出剛性體制發展至柔性體制的趨勢，足可解釋本章命題的意義。不過，在唐朝體制中，最重要的莫過於三省；三省的改變，足以代表唐朝政體的改變，所以對於太宗以後、玄宗以前的三省制演變，實有略加論述的必要，庶幾可以瞭解唐朝政體演變的大趨。

三、行政結構的演變

　　當前民主國體中，大率有三大政體存在，此卽總統制、內閣制及委員制，世界民主各國大體各就國情，雜用此三大政體而自成系統，所以單就內閣制而言，有英式、有法式，中國政府事實上亦接近內閣制，而與英、法模式略異。試以近代政體，在不附會的原則下，去比喩唐朝體

制，似可對之更加瞭解。唐朝爲君主政治，這是不需否認的。撇開君主國體不論，專就治權運用看政治組織，則唐朝前期的政府，顯然有唐式內閣制的傾向。門下省有駁論權，中書省有勘議權，兩省類似二元議會的制度；當然兩省屬官非由民選，而由宰相推薦，皇帝任命。因此兩員侍中、兩員中書令對本省具有強大控制力，在政治上所扮演的角色，遠較今日各國議長爲積極。假若將兩省視爲國會兩院，則尚書省類似內閣，但非責任內閣，兩員長官（僕射）以下至二十六司官員，亦由宰相薦舉，由皇帝任命。三省官員的任命方式也是一種選舉，是傳統選賢原則下的一種薦選制度，選舉出來的官員除了須接受上級官署統率指揮外，尚得向君主負責。尚書省處理行政事務，並得就此而提出行政計劃及政策，諮請兩省通過。除了少數機關外，大部分皆由尚書省統率指揮，不受統率指揮的機關，亦須受尚書省的政令節制。因此尚書省編制雖然不大，卻是行政系統的心臟。但是三省之間卻無控制對方的絕對力量。尚書省對兩省而言，其日常政務提案及內閣會議（都省八座會議）議決案，未必能夠順利爲兩省通過。吏部的人事權，戶部的財政權，對兩省皆不足以發生威脅的作用。唯一可以發生影響力的似僅有兩途，此即兩僕射及參政省官可以薦進兩省屬官，甚至左右其任免。另外則是透過監察系統彈糾兩省官員。若御史徇私，則都省官員得彈糾御史。是則尚書省必欲逼使兩省就範，僅得利用薦進權及監察督導權間接進行，絕無權力提請皇帝解散兩省官員的。

唐高宗龍朔二年（六六二）二月七日，下詔正式廢除尚書令的編制，而以兩僕射爲正式長官，似乎可以加強尚書省的權位了。事實上則不盡然，尚書省的權位在太宗末已發生變化。貞觀十七年（六四三）六月，唯一僕射高士廉辭職獲准，改爲開府儀同三司、同三品，參與政事堂平章政事會議，太宗自後即不以僕射授人，決策系統即以委員制的姿態呈現。從此至貞觀二十三年駕崩以前，正常狀態下三省長官僅有一個中書

令馬周,其他宰輔長孫無忌、房玄齡、高士廉、蕭瑀、李勣等,皆以一、二品職事官或散官參政。這些人皆爲開國元勳, 以位極人臣的地位參政之外, 卽無實際的職事,雖有馬周以三省唯一長官出席會議,但其位望遠遜諸相,在政事堂中自然缺乏強有力的控制權。是則當時政事堂所議決之案,三省皆未必敢輕易提出反對,而似以奉行政事堂議決案爲常態,這是隋唐類似內閣制的三省制轉變爲政事堂委員制的契機。

委員制出現,受打擊最大的乃是尚書省,自貞觀十七年六月至二十二年正月,前後五年,尚書省無僕射出席政事會議。尚書省旣爲行政樞紐,退出決策系統必會造成諸多不便。雖然在貞觀十七年八月至二十年三月,張亮以刑部尚書參預朝政;中書令馬周於十九年十二月至二十二年正月攝吏部尚書,但這兩名宰輔皆無法取代僕射的法定職權。監察督導權缺乏僕射來督導,長期如此, 必使尚書省制衡兩省的力量大削, 亦使尚書省對百司之統制力低降。尤其太宗在死前一年,命令長孫無忌爲「檢校中書令知尚書、門下二省事」,是則隋唐三省職權, 第一次出現統合狀態,共由一名長官負責,這是亂制。三省統合狀態至高宗卽位後無忌辭官爲止,爲時一年有多,但尚書省長期無長官在前,無副長官出席政事堂在後;而馬周又以中書令攝吏部在前,長孫無忌以司徒兼檢校中書令知尚書省在後, 逐使尚書省與兩省相較,地位發生微妙變化。高宗卽位的前十年(永徽元年—顯慶四年, 六五〇~六五九),一共除拜了李勣等四名僕射,此四名僕射皆掛同三品的名號❸。「同中書門下三品」一名前已敍述,其性質已超越參政授權。因爲「同」任名義,在任用制度上實爲員外任用,所以「同中書門下三品」乃是兩省三品長官以外的員外官,亦卽員外宰相,任何官職帶此名義,在制度上皆爲宰相。僕射在《武德令》及《貞觀令》之中爲尚書省副長官。在五員正宰相之外的最高級政務官,貞觀時代所以視同宰相之任,一方面是因爲尚書省無長官, 僕射依法得代行長官職權; 另一方面則是隋及武德時已慣例上

「知政事」，且任之者皆爲元勳重臣，故貞觀時代僕射權勢極重。高宗在卽位同年任命舊僚及元勳李勣爲左僕射，而帶同三品名，顯然是釐正制度，而非傳統所說的亂制。儘管同三品猶未入銜，但是僕射不帶此號，雖仍得代行尚書令職權，而本官卻不可視爲宰相。因此，武則天以前，僕射例帶員外宰相銜，若深究其意義，顯示朝廷已認爲僕射本官實非正宰相，這種觀念當然對尚書省地位打擊甚大。龍朔二年（六六二）廢除尚書令一官，僕射變成尚書省正式長官，但僕射原非正宰相，變成長官以後不帶相銜仍非宰相，則爲君臣不明三省同爲宰相機關之制度，反而正式將尚書省摒棄於決策系統之外，淪爲奉行命令的行政機關。這是受三省制度實際改變慣例性的影響，是則尚書省摒棄於宰相機關之列，實不自中宗以後才開始，其淵源始於貞觀時代不授尚書令，而正式成爲制度則在高宗龍朔二年。

尚書省既摒棄於決策系統之外，自後勢難保持唐初的威勢，可以預料。不過高宗與則天兩朝，爲僕射者例帶員外相銜，故僕射仍得以尚書省長官的身分出席決策會議，這種情況並不能維持尚書省的好景，同時另有幾種因素對尚書省位望的打擊，嚴重性亦不下於被取消宰相機關的資格。這些因素來自兩方面，一方面爲本機關的問題，一方面爲機關外部的問題。

機關本部問題常爲人所忽略。若依照《貞觀令》，縱使尚書省已被摒棄於宰相機關之列，但其爲最高行政機關的性質猶未改變，而且僕射既例帶員外相銜，是則機關長官尚未與決策完全脫離。不過，僕射帶相銜，原則上與他官帶此銜者無異，名義上已非正宰相。不但如此，出席政事會議時亦未必是位望最高的宰輔，假若同時有三公、太子三師及文武一品散官亦帶銜出席，會議時僕射固無優越的發言及決定權。尚書省爲政本之地，長官在決策會議中卻無優越權力，其位望遭受影響是可知的。更有甚者，貞觀二十三年中，左僕射有六年空缺，右僕射有八年空

缺，尚書省無長官理事的時間幾佔三分之一。此風既開，遂被引爲先例。高宗於顯慶四年遷于志寧爲太子太師、同三品後，直至上元二年（六七五）八月止，連續十六年無人擔任僕射。綜計高宗三十四年間，約有一半時間尚書省無長官，則天二十三年間，兩僕射同時空缺達十一年。是則不論僕射是否爲宰相，僅以長期空缺而論，勢須影響尚書省正常作業及其本部權力結構。可以推見的就是僕射空缺，都省會議無法經常召開，雖召開則成無頭之局，故六部政務及都省事務，往往需要主司分頭提交政事堂會商，使左、右兩丞及六部尚書發生直接承稟政事堂的趨勢，變成純粹奉行命令的機關。尤其尚書省六部首長及其他重要屬官往往亦帶相銜出席會議，更有促進此趨勢發展的作用。復次，僕射與屬官同掛相銜，皆爲宰相，甚至僕射拜相時間尚遲於屬官，則僕射是否權力重於其屬官？其對擁有宰相身分的屬官似乎不得不刮目而視，喪失其強大的統率指揮能力，是可以斷言的。更有甚者，當僕射未掛相銜，而屬官之中已有拜相者，則權力恐怕更會下於此屬官。

例如中宗復位，起用兩舊僚爲僕射。左僕射豆盧欽望雖爲前任宰相，當時卻位居正二品的特進散官；右僕射唐休璟則以正二品武散官 —— 輔國大將軍同、三品，爲現任宰相。唐休璟的任命，指令依舊以同三品知政事；而豆盧欽望則無此命令。豆盧爲圓滑型政客，既不帶同三品，遂不敢赴政事堂議政。這是唐朝僕射自高宗以來不帶相銜而僅單拜的首例，也是第一個僕射不敢參政之例。傳統看法皆批評他不達大體，不知此時制度已改變。當時尚書省屬官已拜相者有吏部尚書、同三品、兼檢校中書令韋安石，兵部尚書、同三品、兼侍中魏元忠，戶部尚書、同三品、檢校揚州大都督楊再思，刑部尚書、同三品祝欽明四人，豆盧一方面不敢出席政事會議，一方面亦未必敢指揮此四員屬官宰相，卽使唐休璟，亦未必敢迳待此四人爲屬官。所以中宗在二十八日以後，急詔豆盧「平章軍國重事」，不過，當時「平章軍國重事」之名非如宋代，用以處重

臣，而是表示非軍國重事，則不得至政事堂會議。此例早在隋朝楊素時發生，高宗麟德元年（六六四）再度出現，當時詔令西臺侍郎樂彥瑋及孫處約「並同知軍國政事」，稍後才改正為「同東西臺三品」。是則「平章軍國重事」不僅不增強僕射的權勢，相反的乃是削除了其處理平常全般政務決策的權力，因此翌年十二月，即為當時已遷為右僕射兼中書令、知兵部事的魏元忠所取代，豆盧轉為開府儀同三司、平章軍國重事如故❻。豆盧之例乃是唐朝首次單拜僕射之例，睿宗以第三子李隆基為太子，長子宋王成器授任左僕射，為第二次單拜之例，開元以後，單拜僕射之例甚多，自後遂不居勢要之任。這種情況下，僕射不但難以指揮屬官之拜相者，即使對非宰輔身分的屬官，其領導力亦必減弱。于志寧以後一直至唐睿宗時代，除了劉仁軌、魏元忠及戴至德少數稱職之外，其餘多無顯著的政績可言，任之者多為資深老弱，或圓滑戒慎，或靠附權威的人。韋安石在景雲二年（七一一）八月由侍中遷為左僕射、同三品，這是由於他任侍中，掌握權柄而不向太平公主屈服，太平公主乃施加報復，遷他為右僕射、同三品。史官說此事為太平公主「雖假以崇寵，實去其權」❻。開元元年（七一三）姚崇任兵部尚書、同三品，為玄宗所委任，而右僕射、同三品劉幽求等惟唯諾而已。諸例皆可證明武周以來，僕射不論儀注如何隆重，不論是否掛相銜，實已淪為位高權不重之官，不待開元才開始。僕射權威劇降，六部尚書又多掛相銜，經常不在本省理事，尚書省事務及政務遂分由兩丞及六部侍郎負責，這是玄宗以後至宋代，丞、郎在政治上日益活躍的根源。

　　尚書省權力結構的改變僅為律令體制改變的一部分，因此本省職權的降墮與外部的改變有密切的關係。就大者來說，員外編制及差遣機關的膨脹為擾亂整個行政體系的基因，使司的濫置更是破壞其結構體制的要素，有許多工作，尚書省已經不能確實指導執行。例如宇文融的勸農使司，不但掠奪了指揮有關機關的權力，而且反使尚書省有關政務部門

接受其指示，成為使司的公文處理部門。玄宗以後宰相親領使司風氣普遍，尚書省淪為中央政務公文收發機關的特色亦越明顯。而且，貞觀以來三省以外的庶務機關長官參政拜相之例日盛，員外宰輔日多，尚書省日漸喪失隨意指揮此類實作系統宰輔的權力。尤其玄宗以後，尚書省工作常由丞、郎主持，對於三品實作長官的指揮力更大受影響，可以斷論。因此，中書門下透過三省出入命令的外表，以直接指揮百司之體系，可說在玄宗時代已經奠定。

四、三省制度的演變及議政制度的形成

　　唐朝的行政體系已然發生如此大的變動，其他系統亦然，尤以決策系統值得注意。討論唐朝決策系統的文章甚多，但是由整個體制的變動去評述者則不多見。在探討決策系統變動前，表二二實可供作參考。

表二二　唐高宗、則天時代新拜宰相分類統計[37]

| 時　間 | 僕射 | 侍中 | 中書令 | 員　外　宰　輔 | | | 宰輔人數 | 備　　　　　　　　註 |
				同三品	同平章	參政		
高宗永徽元年（六五〇）	1	2	2	2	0	0	6	本年宰相為太尉、同三品長孫無忌（《新宰相表》失載），左僕同三品李勣，侍中于志寧與張行成，中書令褚遂良與高季輔。任免時間不贅。僕射既非正宰相，掛同三品即列入同三品項，掛同平章事則列入同平章項，僕射原項仍保留，以便瞭解。下例同。
二年（六五一）	2	3	1	6	0	0	7	無忌、勣、志寧、行成、季輔、宇文節、柳奭七相。

三年（六五二）	2	2	1	9	0	0	10	無忌、勣、志寧、行成、季輔、節、奭、褚遂良、韓瑗、來濟十相。
四年（六五三）	3	3	1	7	0	0	11	無忌、勣、志寧、遂良、瑗、濟、節、行成、季輔、奭、崔敦禮十一相。二月，開府儀同三司、同三品李勣拜爲司空，諸書無仍同三品或罷知政事等紀錄，疑仍同三品，與長孫無忌同爲公相。
五年（六五四）	2	1	1	6	0	0	8	無忌、勣、遂良、志寧、敦禮、奭、瑗、濟八相。六月奭罷相。
六年（六五五）	2	2	2	6	0	1	8	去年七相，新加李義府一相。七月義府爲守中書侍郎參知政事，爲高宗以來第一個出現的參政官。九月右僕射褚遂良因反對冊武氏爲后被貶，右僕射自後十餘年不除人。
顯慶元年（六五六）	1	1	2	5	0	1	8	無忌、李勣、志寧、瑗、濟、敦禮、義府、杜正倫八相。
二年（六五七）	1	2	3	4	0	1	8	無忌、勣、志寧、瑗、許敬宗、濟、義府、正倫八相。八月許氏以衞尉卿逕遷侍中，爲唐朝第一名逕由諸寺長官拜相者。
三年（六五八）	1	2	3	3	0	0	7	無忌、勣、志寧、敬宗、義府、辛茂將、正倫七相。十一月大理卿辛茂將兼

							侍中，爲唐朝第一名司法長官拜相者。
四年（六五九）	1	2	1	7	0	1	9	無忌、勣、志寧、茂將、許圉師、敬宗、盧承慶、任雅相、李義府九相。四月，左僕同三品于志寧遷太子太師、同三品，自後十餘年不除左僕。盧承慶於五月以度支（戶部）尙書參知政事，十一月改爲同三品。
五年（六六○）	0	1	1	4	0	0	6	勣、圉師、敬宗、承慶、雅相、義府六相。
龍朔元年（六六一）	0	1	1	3	0	0	5	勣、圉師、敬宗、雅相、義府五相。
二年（六六二）	0	1	1	5	0	0	6	勣、圉師、敬宗、義府、雅相、上官儀六相。二月七日廢尙書令。
三年（六六三）	0	0	1	4	0	0	4	勣、義府、敬宗、儀四相。四月以後三省無長官，僅有同三品三相，爲唐朝以來的紀錄。
麟德元年（六六四）	0	1	1	5	0	2	7	勣、敬宗、儀、竇德玄、劉祥道、樂彥瑋、孫處約七相。樂、孫二人均「同知軍國政事」，尋改正爲同三品。「同知軍國政事」之名始見。
二年（六六五）	0	1	1	5	0	1	8	勣、德玄、敬宗、彥瑋、處約、陸敦信、姜恪、劉仁軌八相。

乾封元年（六六六）	0	1	2	3	0	1	6	勣、德玄、敦信、仁軌、敬宗、恪六相。
二年（六六七）	0	0	1	7	0	1	9	勣、仁軌、敬宗、恪、楊武、戴至德、趙仁本、李安期、張文瓘九相。六月張文瓘爲東臺舍人（給事中）參知政事，爲唐朝第一名五品宰輔。
總章元年（六六八）	0	1	2	6	0	1	9	勣、恪、仁軌、閻立本、敬宗、武、至德、仁本、文瓘九相。
二年（六六九）	0	1	2	8	0	1	10	勣、恪、仁軌、立本、敬宗、至德、仁本、文瓘、李敬玄、郝處俊十相。二月，張文瓘晉升爲東臺侍郎同三品。是年兩省共出八員宰相，爲唐以來兩省宰相的新紀錄。
咸亨元年（六七〇）	0	1	2	7	0	0	9	敬宗、恪、仁軌、立本、至德、仁本、文瓘、敬玄、處俊九相。
二年（六七一）	0	1	1	4	0	0	6	恪、立本、至德、文瓘、敬玄、處俊六相。
三年（六七二）	0	1	1	5	0	0	7	去年六相，金紫光祿大夫致仕劉仁軌起爲左庶子同三品。
四年（六七三）	0	0	1	5	0	0	6	立本、仁軌、至德、文瓘、敬玄、處俊六相。十月兩省宰相僅有中書侍郎同三品郝處俊一員，爲兩省勢力最小的時候。

上元元年（六七四）	0	0	0	5	0	0	5	是歲宰相人事如舊，三省無長官。
二年（六七五）	2	1	1	3	0	0	5	八月劉仁軌、戴至德分任兩僕射，右僕射至此已空缺二十年，左則十六年。同月李敬玄任吏尚同三品；文瓘、處俊分任侍中、中令，史謂二人「並同中書門下三品」，兩＜本紀＞、＜本傳＞、《通鑑》均不載，《新表》蓋誤耳。
儀鳳元年（六七六）	2	1	2	7	0	0	9	仁軌、至德、文瓘、處俊、敬玄、來恒、薛元超、李義琰、高智周九相。
二年（六七七）	2	1	2	7	0	0	10	去年九相加左庶子同三品張大安。
三年（六七八）	2	1	2	7	0	0	10	同去年。張文瓘、來恒卒。
調露元年（六七九）	2	1	2	6	0	0	8	同去年八相。正月右僕戴至德卒，遺缺不除人。
永隆元年（六八〇）	1	1	1	7	0	0	9	仁軌、敬玄、元超、義琰、大安、處俊、王德眞、裴炎、崔知溫共九相。
開耀元年（六八一）	1	2	2	5	0	0	6	仁軌、處俊、炎、元超、知溫、義琰六相。七月仁軌解左僕，爲太子少傅、同三品。
永淳元年（六八二）	0	1	2	2	5	0	10	炎、元超、知溫、仁軌、義琰、郭待舉、岑長倩、郭正一、魏玄同、劉齊賢

								十相。四月、黃門侍郎待舉，兵部侍郎長倩，秘書員外少監、檢校中書侍郎郭正一，吏部侍郎魏玄同「並與中書門下同承受進止平章事」，爲同平章一名之始，用以處資淺宰相。郭正一乃唐朝第一名以員外副長官拜相者。
弘道元年（六八三）十二月帝崩	1	2	3	5	5	0	10	仁軌、炎、齊賢、元超、知溫、義琰、長倩、待舉、玄同、正一十相。《新表》謂仁軌在十二月「罷爲左僕射、京師留守」，誤。《唐僕尙丞郎表》作高宗崩後，仁軌進階特進，復拜左僕充京師留守仍同三品，是。
中宗嗣聖元年睿宗文明元年武后光宅元年（六八四）	1	2	2	7	4	0	15	是年宰相有仁軌、齊賢、王德眞、炎、騫味道、長倩、玄同、待舉、劉禕之、韋弘敏、武承嗣、李景諶、沈君諒、崔詧、韋方質十五人。但尋拜尋罷者數人，武承嗣拜相僅四個月，李景諶則僅十一日而已，爲唐朝任相最短的新紀錄。又崔詧原官從五品上階的著作郎，沈君諒原官從六品上的右史，二人特擢爲正五品上階的正諫大夫，並同平章事，爲唐朝第二次出現五品宰相，且其原官在從五品以下者，亦爲新紀錄。

武后垂拱元年（六八五）	1	2	2	9	3	0	14	仁軌、德眞、蘇良嗣、味道、裴居道、長倩、玄同、褘之、武承嗣、韋思謙、方質、韋待價、君諒、誉十四相。武承嗣二度拜相，任相僅半個月卽罷。
二　年（六八六）	2	2	2	7	0	0	8	良嗣、待價、居道、思謙、長倩、玄同、褘之、方質八相。《唐僕尚丞郎表》六月良嗣、待價分任左右僕同三品，《新表》僅書待價一人，漏。
三年（六八七）	2	3	2	5	1	0	8	去年八相，劉褘之被殺，張光輔新任。
四　年（六八八）	2	2	1	3	3	0	9	良嗣、待價、居道、玄同、長倩、方質、光輔、騫味道、王本立九相。
永昌元年（六八九）卽載初元年	2	4	2	4	4	0	11	良嗣、待價、居道、玄同、光輔、武承嗣、長倩、方質、本立、范履冰、邢文偉十一相。承嗣三度拜相。
大周天授元年（六九〇）九月武后卽位	3	4	3	5	3	0	12	良嗣、承嗣、長倩、居道、武攸寧、宗秦客、史務滋、文偉、本立、履冰、傅遊藝、方質十二相。一月文昌左相蘇良嗣改爲特進，據《唐僕尚丞郎表》仍同三品。據《舊宗秦客傳》（附其弟楚客傳內，四二：一七）當爲內史之誤，《新紀》、《通鑑》同於《舊傳》。秦客九月拜相，十月卽貶，爲相前

							後亦僅十六日。
二年（六九一）	2	3	0	2	6	0	11	承嗣、長倩、攸寧、務滋、歐陽通、遊藝、樂思晦、任知古、格輔元、裴行本、狄仁傑十一相。九月狄仁傑以從五品下的洛州司馬遷爲守地官侍郎、同平章事，原官品秩之低，僅次於光宅初的沈君諒。是年文昌右相岑長倩，納言史務滋、歐陽通，同平章事傅遊藝、樂思晦、格輔元共六相被殺，爲唐朝開國以來紀錄。
長壽元年（六九二）	1	1	0	1	12	0	14	承嗣、攸寧、知古、行本、仁傑、楊執柔、李遊道、袁智弘、崔神基、崔元綜、李昭德、姚璹、李元素、王璿十四相。除了武承嗣爲左相、同三品外，非正相者皆爲同平章事，前後達十二人之多，爲唐朝以來新紀錄。八月，承嗣罷相，納言武攸寧亦二度罷，諸相皆爲同平章事而無三省長官。九月以前先後流貶八員宰相，罷解四員宰相，僅剩夏官（兵部）侍郎李昭德與秋官（刑部）侍郎崔元綜主政，此皆創下新紀錄。姚璹爲相僅一月，神基、元素、璿則爲相一月而流。
二年（六九三）	0	0	1	0	5	0	6	豆盧欽望、昭德、元綜、婁師德、韋巨源、陸元方

							六相。九月豆盧守內史，此缺已空三年。餘相皆爲同平章事。
延載元年（六九四）	0	1	2	1	12	0	14	欽望、姚璹、昭德、元綜、師德、巨源、元方、蘇味道、王孝傑、武什方、楊再思、杜景儉、李元素、周允元十四相。七月嵩山人武什方詔爲正諫大夫、同平章事，八月准其歸隱，白衣拜相一月左右，爲唐以來之紀錄。
天册萬歲元年即萬歲登封元年（六九五）	0	1	1	1	9	0	11	欽望、璹、師德、巨源、元方、味道、孝傑、再思、景儉、元素、允元十一相。是年貶五相，師德、孝傑統兵在外，中央實自正月起，僅有姚璹、楊再思、李元素三相。
萬歲通天元年（六九六）	0	1	0	1	7	0	8	璹、師德、孝傑、再思、元素、孫元亨、王方慶、李道廣八相。
神功元年（六九七）	0	2	1	2	9	0	13	璹、師德、王及善、武承嗣、武三思、再思、元素、元亨、方慶、道廣、宗楚客、狄仁傑、杜景儉十三相。四月，前益州大督府長史王及善爲內史，爲唐朝以來前資地方上佐逕拜正宰相的紀錄。武承嗣四度相，與武三思皆僅九日而罷，創新任相最短紀錄。案：《新表》八月狄仁傑兼任納言，三思檢校內

								史，欽望任右相，武攸寧同三品諸條，均誤植後來之事，諸書可證。故是年僅有十三相，如《新表》卽有十五相之誤了。同三品已不授人幾五年之久。
聖曆元年（六九八）	0	2	2	1	8	0	13	師德、仁傑、武三思、及善、再思、方慶、道廣、楚客、景儉、武攸寧、姚崇、蘇味道、李嶠十三相。豆盧欽望據《唐僕尙丞郎表》去年、今年皆任秋尙（刑尙），故去年未任右相，今年三月亦無罷相，《新表》誤。八月，狄仁傑兼代納言，武三思檢校內史，夏尙武攸寧同三品等條，《新表》去、今兩年均植，應在今年。
二年（六九九）	2.	2	2	2	8	0	13	及善、豆盧欽望、師德、三思、仁傑、攸寧、再思、味道、崇、嶠、吉頊、魏元忠、陸元方十三相。八月內史王及善，太子宮尹（詹事）豆盧欽望分任左、右相，前者同平章事，後者同三品。自長壽元年八月以來左僕已空缺七年，右僕則已達八年。僕射掛資淺的同平章事銜自王及善始。
久視元年（七〇〇）	1	2	2	1	8	0	12	欽望、仁傑、韋巨源、三思、味道、崇、嶠、頊、元忠、元方、韋安石、張錫十二相。

長安元年（七〇一）	0	0	0	1	7	0	8	元忠、味道、崇、錫、安石、李懷遠、顧琮、李迥秀八相。十月，魏元忠改爲同三品，三省無長官之下，以此位最高，餘皆同平章事。又十一月壬寅謂武三思罷相，《通鑑考異》指出乃《新表》、《新紀》誤植，應在去年正月壬寅，從之（詳《通鑑》久視元年正月條，二〇六：六五四四）。
二年（七〇二）	0	0	0	4	5	0	6	元忠、味道、安石、迥秀、崇、琮六相，味道、安石、迥秀三相在十月改同三品，琮卒，至是僅有姚崇一相掛同平章事。
三年（七〇三）	0	1	0	4	4	0	8	元忠、味道、安石、迥秀、崇、李嶠、朱敬則、唐休璟八相。
四年（七〇四）	0	2	2	6	8	0	14	嶠、安石、楊再思、味道、迥秀、崇、韋嗣立、敬則、休璟、宗楚客、崔玄暐、張柬之、房融、韋承慶十四相，翌年正月則天被推翻。

　　表二二顯示高宗以降，宰輔數目已有增加的趨勢，增加的宰輔往往不是拜爲侍中或中書令，以正宰相姿態出現的，而是以同三品、同平章事名義出現。就律令制度視之，這類宰相爲員外宰相，與以前的參政授權不同。員外宰相數目的增加，正是三省分權制衡的制度演變爲合議委員制度的重要條件。員外宰相來自各種機關，其責任權力僅在評議國政，而不在親自指揮三省運作，因此員外宰輔的本官職責及品秩極值注

意。爲了方便瞭解及便利以後的論述，試作兩表，將上表所收高宗、則天間新拜宰輔共一百三十六人次，分類統計如表二三、表二四。

表二三　唐高宗、則天時代新拜宰輔本官分類統計

本官分類		A	B	C	D	E	人次小計
尚書省	僕射	0	0	0	0	3（4%）	3（2%）
	尚書	1（9%）	6（25%）	0	5（25%）	9（13%）	21（15%）
	丞郎	0	1（4%）	2（15%）	1（5%）	17（25%）	21（15%）
	小計	1（9%）	7（29%）	2（15%）	6（30%）	29（43%）	45（33%）
門下中書兩省	長官	2（18%）	1（4%）	0	1（5%）	6（9%）	10（7%）
	侍郎	5（45%）	9（38%）	9（69%）	4（20%）	20（29%）	47（35%）
	屬官	0	2（8%）	0	3（15%）	3（4%）	8（6%）
	小計	7（64%）	12（50%）	9（69%）	8（40%）	29（43%）	65（48%）
監察、司法系統		0	2（8%）	0	3（15%）	1（1%）	6（4%）
其他		3（27%）	3（13%）	2（15%）	3（15%）	9（13%）	20（15%）
新拜宰輔次數		11（100%）	24（100%）	13（100%）	20（100%）	68（100%）	136（100%）

備註：

＊時期方面：

A代表高宗永徽（六五〇～六五五）六年，此時仍多沿襲貞觀方式，但已略有改變。

B代表高宗顯慶至咸亨（六五六～六七三）十八年，武氏崛起時代。

C代表高宗上元至弘道（六七四～六八三）十年，「二聖」執政時代。

D代表武后光宅至載初（六八四～六八九）六年，臨朝稱制時期。

E代表大周天授至長安（六九〇～七〇四）十五年。

＊貞觀二十三年高宗即位，新拜宰輔撥入A項計算；中宗神龍元年正月兵變成功，則天在此以前人事未變，與長安四年同，故劃入長安四年。

＊其他類包括中央庶務機關、東宮系統、三品以上散官及其他官職。

表二四　唐高宗、則天時代新拜宰輔本官品秩統計

本官品秩 ＼ 時間 / 數目(百分率)	A	B	C	D	E	人次小計	備　註
從一品	1(9%)					1(0.7%)	＊本表ＡＢＣＤＥ時間分類同表二三。
正二品					1(1%)	1(0.7%)	＊正二品及從一品官往往爲散官，以本品計算而無職官，如A項從一品，乃是開府儀同三司、同三品李勣；E項正二品乃是特進同三品、魏王武承嗣。
從二品					3(4%)	3(2%)	
正三品	3(27%)	7(29%)		6(30%)	16(24%)	32(24%)	
從三品		4(17%)		6(30%)	7(10%)	17(13%)	＊三品以上唐制爲册拜官，屬於大臣級之官職；故末兩項以此爲分類標準。
正四品上	1(9%)	2(8%)	2(15%)		3(4%)	8(6%)	
正四品下	6(55%)	10(42%)	10(77%)	5(25%)	30(44%)	61(45%)	
從四品上		1(8%)			2(3%)	3(2%)	＊正五品上至從五品下之間應有正五品下及從五品上兩階，因無人次，及遷就本表篇幅故不列入。
從四品下					2(3%)	2(1%)	
正五品上		1(4%)		3(15%)	3(4%)	7(5%)	
從五品下					1(1%)	1(0.7%)	
新拜宰相次數	11(100%)	24(100%)	13(100%)	20(100%)	68(100%)	136(100%)	
上述三品以上人次	4(36%)	11(46%)	0	12(60%)	27(40%)	54(40%)	
上述四品以下人次	7(64%)	13(54%)	13(100%)	8(40%)	41(60%)	82(60%)	

根據此三表，首先可以看出三省制演變的大勢：第一，尚書省退出

宰相機關之列，僕射以下不掛宰輔名號，不得參預政事決策。第二，宰輔數目增加，經常超逾兩員侍中、兩員中書令的法定四員正宰相之限，甚至超過一倍以上，決策系統不得不演進爲合議的委員制。第三，員外宰輔數目增加，逐漸多掛帶資淺的「同中書門下平章事」銜，使宰輔的位望降低； 另外，四品以下員外宰相劇增，此皆影響到宰相的位望權力。上述三點改變大勢，皆與君權提高，威權政治出現及律令政治破壞有密切的關係，玆略加論述。

　　兩省以外，尚書省是拜授宰輔最多的機關，尤以吏、兵兩部爲最。僕射不常置，兩丞掛帶相銜者極少，是則都省作用日漸降低。除了兩丞負責尚書省全省庶務之外，全般政務會議的都省會議喪失作用最甚，此類似今日內閣會議的功能，逐漸爲政事堂會議所取代。尚書省都省會議常由六部聯席召開，隨著六部官員拜相出席政事堂的人數日眾，原本由都堂會議解決的政務遂逐漸移至政事堂由羣相聯合評議，這是宰相逐漸以「同中書門下平章事」爲定稱，連「同三品」也甚少運用的原因； 也是政事堂不得不改制爲「中書門下」的主因。若六部政務不作裁決，尚書省公務移交門下省審駁的機會遂減少，門下省審駁的案件減少，則中書省勘議出旨的機會亦隨之減少，兩省趨向接受政事堂的指揮，有演變爲政事堂的機務機關的趨勢，類似兩院審議的律令制度亦告破壞。這是尚書省退出宰相機關而屬官參政制度下，另一對政制發生重大影響的因素； 與前面所述尚書省本部及外部權力結構、指揮體系改變的因素，所發生的震撼力實不相上下。尚書省在唐朝前期由於屬官大量參政拜相，所以猶得維持其較正常的職權。但是自中宗以後，僕射不掛相銜卽經常發生，尚書省僅依靠尚書、丞、郎參政拜相來支持，位望遂降。太宗時代，丞、郎無參政之例，但在政治上則甚活躍，尤其兩丞，在僕射空缺之時，太宗往往將都省事務專以責成，因此丞郎遷轉本官後往往得參政拜相的機會。高季輔及張行成乃是唐代與聞政事的第一個丞郎官，太宗

在貞觀十九年（六四五）親征高麗，年底班師後休息養疾，此段時間由太子監國，東宮官僚太子右庶子兼吏部侍郎高季輔，太子少詹事兼檢校左丞張行成，並「同掌機務」，前面已有敍述。不過，正式以兩丞為宰相本官，則在武后稱制的第一年才出現，當時魏玄同由黃門侍郎、同三品遷為左丞、同三品；至於六部侍郎為宰相本官，則在高宗乾封二年（六六七）出現，當時東臺侍郎趙仁本遷為司吏少常伯（吏部侍郎）、同三品。高宗時直以丞、郎掛相銜者仍極少，武周時代即告劇增，當時尚書省官員拜相者，丞郎超過半數，且佔武周宰相總數剛好四分之一之眾。自後丞郎更為活躍。以正四品丞郎拜相，當然影響六部尚書及僕射的領導權威，尚書省位望靠尚書維持的局面遂逐漸淪降為靠丞郎來維持。安史之亂以後，僕尚用以酬庸功勳及羈縻藩鎮，政事遂由丞、郎完全代行，尚書省地位更見低落。尚書省地位日降及其職權日益為君相、使司掠奪，乃是互為因素，在君權提升之下惡性循環，終至成為徒具空名的機關。

隋唐律令原規定宰相僅有尚書令、侍中、中書令五員，貞觀不除尚書令，至高宗廢之，律令上遂減為四員宰相。貞觀時代，宰相實際人數維持三至六員為常，但自貞觀十七年（六四三）以後，出現「同中書門下三品」之名，宰輔人數遂逐漸增加，往往有六個以上並相的事例，高宗以後遂成常例，至玄宗始加整頓，宰輔人數常在兩員至四員之間，也有獨相情況出現，安史之亂以後，四相並用的情況較多見。但也有六員以上並相之局，若加上使相則為數更多。高宗至玄宗，宰相人數的增加，往往由於君主的私意或權威人物的支持，其積極的作用是以集思廣益的方式去決策，使政事減少錯誤；其消極的作用則是分散正宰相之權力，容易養成朋黨對抗之勢或造成權相的出現。則天至玄宗時，復辟集團長期與諸武、韋武、太平等集團互相對抗；後來著名的牛、李黨爭等事件，皆為三省分權制衡制度破壞下的產物。制度上，侍中及中書令以

外，其餘諸相皆得視爲員外編制，但員外宰輔的議政權原則上並無高下之別。在議政制度下，出旨與審駁兩個系統日漸破壞；高宗以後兩省屬官又大量參政，於是經過政事堂議決之案，兩省亦少再加勘議或封駁，政事堂的功能遂日益重要，反之兩省功能則日漸萎縮。在這種情況下，除了可能產生朋黨爭議外，獲得君主或權威人物支持，或擁有大功勳，或具有最高品秩官爵的宰相，往往卽掌握左右、甚至壓倒羣相意見的機會，成爲權相。權相執政，不但羣相束手唯諾，兩省亦因演變而不復敢依法勘議及駁正，遂成唐朝政治波動的另一制度根源。太宗末長孫無忌雖以「司徒、檢校中書令、知尚書、門下二省事」，統攝三省，位高權重，卻不能視爲權相，因爲同時諸相亦多元勳重臣。長孫無忌亦自知此舉違制招忌，所以高宗卽位，卽力請解除統攝三省之任，改爲太尉、同三品。他的身分地位當然使他在政事會議中具有甚大的發言權，但未必能絕對壓倒李勣、褚遂良等重臣。唐朝最早出現的權相，應爲李義府，他支持武氏爲后，得武后大力支持，長孫無忌、褚遂良等相皆被他排擠殺害。義府任相九年，曾任中書侍郎、參知政事，兼中書令，中書令，吏部尚書、同三品，爲所欲爲，甚至高宗好意勸誡其管束家屬的行爲，他反而勃然向皇帝反質，不顧而去❻❽。權威之盛，可想而知。卽使玄宗號稱復辟貞觀之政，但三省制破壞之下，姚崇、宋璟、張說、宇文融、李林甫、楊國忠等，不論忠奸，執政時皆曾使諸相罷手唯諾，實同權相，而且此六人皆曾牽涉於當時的朋黨之爭。是則宰輔增加而形成委員議政制度，影響政治之大，不宜忽略。

　　太宗在位約二十四年，有宰相二十九人，平均每年新拜宰相一點二人。高宗約三十五年，宰相四十七人，平均每年拜一點三人。武則天約二十二年，宰相七十五人，平均每年三點四人。中宗六年，宰相三十八人，平均每年六點三人。睿宗約三年，宰相二十五人，平均每年八點三人。玄宗約四十五年，宰相三十七人，平均每年零點八人❻❾。根據表二

二所示，每年宰輔人數，高宗以後已漸多，最高紀錄在武后稱制第一
年出現。此年先後有十五員宰輔，嗣後經常出現十員以上的紀錄。若再
仔細審核前後兩年的宰輔名單，將會發現後一年名單已有頗大幅度的改
變。後一年較前一年新增一至四員宰輔的情況較多，但新增五相之例有
七年，增七相及八相之例各有一年，增九相之例有兩年❼。除了高宗乾
封二年及永淳元年各曾新增五相外，餘例皆在則天時代發生。一年新增
五至九員宰相，超越法定四相員額一倍以上，顯然因爲舊有宰相遭受誅
黜情形嚴重，才會大量添增新相，其新陳代謝率可見極爲驚人，顯示了
政局極不穩定。武則天執政創下了宰相七十餘員的最高紀錄，而每年新
拜卻僅有三點四人，是則中宗、睿宗的比例更具驚人的意義，政局的動
盪更可想而知。時人譏諷中宗時宰輔、御史、員外官爲「三無坐處」，
描述宰相人數之龐大，實莫恰當於此。

　　宰相濫拜爲君權提高現象之一，則天至睿宗濫拜已極，君權亦大爲
提高。前面談到則天政術，說他大量用人以侵官奪權，然後又對新進人
物加以嚴厲控制，動輒誅殺，以擡高君主權威。這種政策一樣運用於對
付宰輔，直接以監察或司法（大理寺）官拜相者，以武氏册爲皇后及稱
制期間最多。則天稱帝的第二年（天授二年，六九一）前後有十一員宰
相，其中被殺者多達六員，其中右相（右僕射）同三品岑長倩、納言
（侍中）歐陽通、同平章事樂思晦及格輔元皆爲反對立武承嗣爲君位繼
承人一案被殺，宰相幾去一半，翌年又告大量增補，連去年剩下的五
相❼，前後又出現了十四宰相。但此年（長壽元年）則天曾流貶八員宰
相，罷黜四員宰相，其中姚璹在八月拜，九月罷，崔神基、李元素、王
璿均八月拜，九月流，四人皆爲一月宰相，尋起尋廢。天授二年誅殺六
相；長壽元年流放八相，罷黜四相，中央僅剩李昭德、崔元綜兩相主
政，此皆打破隋唐舊有紀錄。在這種情況下，相權勢難回復武德、貞觀
間依法舉職，適當制衡君權之局。前面提到則天事無巨細均親自處理，

姚崇在開元初仍然將郎吏任用事情請准於玄宗，實皆顯示相權在高強的君權下，連細微政務的決定權也遭剝奪，僅有仰成君命執行事務的力量。是則尚書省，甚至門下、中書兩省變成奉行命令的狀態，實不必引以爲怪。

相權一方面爲員外宰輔數目增加而分弱，一方面因君權的壓抑而削減。但影響相權尚有兩個因素，一爲新陳代謝速度太快，任期短促，宰相難以發揮施爲。一爲品秩劇降，有位低勢弱的趨勢。

貞觀時代，宰相任期穩定而長久，有至十餘年者，而極少任相僅一、二年之例，所以政局穩定，有意氣之爭而無朋黨之爭。高宗永徽、顯慶間猶能維持這種情況。武氏以皇后干政以後，情況遂出現改變，大幅度的改變則自武后稱制臨朝以後出現，每年常有宰相被誅黜罷免，新人不斷登臺。唐朝第一個任期最短促的宰相應爲武承嗣，他在光宅元年（六八四）閏五月以太常卿掛同三品，同年八月卽罷爲禮部尚書。翌年（垂拱元年）二月二十九日再以禮尚掛同三品，三月十六日又被罷免。第一度任相四個月，第二度則僅有十七日，創下了最短紀錄。五年之後（元授元年），武后家族的姻戚宗秦客又打破了此紀錄，他在九月丙戌拜相，十月甲子卽因罪貶爲縣尉，前後僅十六日。兩年之後（長壽元年）前述同年流免的十二員宰相之中，崔神基、姚璹、李元素均在八月戊寅拜相，王璿則在八月辛巳拜相。但翌月辛丑姚璹罷相，爲時僅二十九日，同月癸丑神基、元素、王璿三相並流嶺南，前二相僅任三十六日，後者僅任三十三日。一年之內有四員→月宰相，亦創下另一種新紀錄。神功元年（六九七）六月戊子，特進武承嗣及春官尚書武三思，皆同三品，翌月丁酉亦皆罷，僅有九日任期，創下最新紀錄。此皆任相劇短的紀錄，則天任用宰相，以數個月至一、二年較常見。甚少連任五、六年的，這種情況需至玄宗才矯正過來。宰相經常變遷，地位性命將且不保，更遑論發揮作用了。這種情況下，獲利者僅爲獨裁君主、權威人

物（包含權相）及追求名利的官員，這三種人不論誰干預宰相任用或相權，多對政治產生壞作用，對相權亦產生削弱的作用。

　　唐朝參政官自貞觀元年（六二七）御史大夫杜淹檢校吏部尚書、參預朝政始，參政授權例以三品以上大臣爲對象。貞觀十三年（六三九）十一月，尚書左丞劉洎遷黃門侍郎、參知政事，成爲第一個四品官參政者。貞觀四品參政官，例以門下、中書兩省侍郎爲對象，數目亦甚少，前面已有論述。高宗永徽時期，四品丞郎參政數目增加，佔當時新拜宰輔百分之六十四的高比率，自後宰輔品秩有每況愈下的趨勢，宰相不復爲最高級的職事官。此期四品參政仍以兩省侍郎爲主，但性質卻由參政授權轉變爲員外宰相，例掛「同中書門下三品」的名號。「同三品」一名代表宰相的員外性質，在貞觀十七年（六四三）出現，拜之者四人，長孫無忌以開府儀同三司、司徒、太子太師，房玄齡以開府儀三司、司空、太子太傅，蕭瑀以特進、太子太保，李勣以特進、太子詹事兼左衞率爲本官而拜任。李勣以外，其餘三人皆前任宰相，而四人皆開國元勳，分別以一、二品散官、正一品、從一品及正三品職事官掛此名號，顯示此名號甚重，非重臣不輕易除授。高宗即位，因長孫無忌力辭統攝三省之職任，遂改爲太尉、同三品。稍後已罷相的李勣亦詔入爲開府儀同三司、同三品，尋改爲左僕射、同三品，是則仍遵太宗遺意。至永徽二年（六五二）正月，黃門侍郎宇文節及中書侍郎柳奭並同三品，同三品始用以授四品宰相。在意義上，同三品一名與貞觀時代比較，已見貶值；相反來看，侍郎掛同三品，實際提高了其位望。員外宰相自後常以同三品爲名，對其位望權力是有加強作用的。從此年開始至永徽末，同三品宰相的數目每年皆超越宰相人數的半數，顯示了以此名號爲宰相定稱的制度化與普遍化傾向。十餘次出現同三品宰相,其中僅有一次例外，此即永徽六年（六五五）七月，原任正五品上的中書舍人李義府以較低的本品上守中書侍郎參知政事，他不但爲高宗以來第一個參政官，而且

也是有唐以來原任最低的宰輔。「參知政事」在貞觀時代例以處四品參政官，爲最低級的參政名號，這個制度在此期仍能維持。高宗用以處位望低、資格淺的李義府，顯然表示僅以他爲參政官而非員外宰相，二者身分是有分別的。經過兩年的培養及武后的支持，李義府才以此官職兼任中書令，成爲宰相。

高宗的第二階段（武后崛起，前表B項時期），四品宰輔仍然超過宰輔的半數，仍以同三品爲正常名號。不過有極少特例，此卽顯慶四年（六五九）五月參政的盧承慶例，麟德元年（六六四）十二月參政的樂彥瑋及孫處約例，翌年十月參政的劉仁軌例，乾封二年（六六七）六月參政的張文瓘例。盧承慶參政時，本官爲正三品的度支（戶部）尚書，正三品掛「參知政事」，實爲貞觀以來三品宰輔名號最低的紀錄。與承慶同時授任的兵尚任雅相卻掛同三品名號，本官相當而名號有異，顯然違反了慣例，高宗似亦知之，同年十一月卽改承慶名號爲同三品，遵行慣例⑫。樂彥瑋以太子右中護（右庶子）檢校西臺（中書）侍郎，孫處約以西臺侍郎並「同知軍國政事」，成爲新創及唯一一次的參政名號，名號不正，所以同月尋改正爲同三品⑬。劉仁軌以帶方刺史處理高麗戰後政事有功，入爲大司憲（御史大夫）兼知政事、檢校太子左中護，亦在翌年七月改兼右相（中書令），成爲宰相⑭。張文瓘以東臺舍人（給事中）參知政事，本官爲正五品上階，遂爲唐代第一個五品宰輔，掛「參知政事」名號當然恰當不過，他也如李義府之例，經兩年歷練後才晉升爲東臺侍郎、同三品，正式成爲宰相。據此可知除「同三品」一名之外，出席政事堂者帶領參政銜已極少，自此期降至睿宗，參政名號幾已取消。凡掌決策者皆爲正宰相及員外宰相，自此已成習慣法，至五代不改。宋、元雖恢復參政之名，但「參知政事」者固與宰相有別，則與唐初習慣略同。

唐高宗旣將「同三品」廣泛授與員外宰相，而不論其本官品秩的高

下，自後參政授權的方式遂變成特例，極少除授。尋其原意，本不在降低宰相位望，而是欲提高四品宰相的位望。最早掛此名號的黃門侍郎宇文節出身京兆世族，柳奭不但出身蒲州世族，而且也是當時王皇后的母舅，授以「同三品」乃是出於提高其位望之意多，壓低此名號之意少，所以翌年即分別拜二相爲侍中及中書令。不過，從李義府以中書侍郎參知政事之例，顯示高宗本人亦意識到「同三品」此名的濫授，因此新拜而資望極淺的宰輔，如劉仁軌、孫處約、樂彥瑋、張文瓘等人，仍以參政方式授之。宰相既已有員外編制，參政自不需應用，然而卻又不願濫授資淺宰輔以「同三品」名號，於是不得不另創新號以處之。

　　進入「二聖」臨朝的時期，此期新拜十三員宰相全皆位居四品，十年之間居然全無三品以上新拜宰輔，誠爲唐朝以來首見的現象，高宗乃有「同中書門下平章事」一名的設置。永淳元年（六八二）四月，特詔黃門侍郎郭待舉，兵部侍郎岑長倩，秘書員外少監、檢校中書侍郎郭正一，吏部侍郎魏玄同四人「並同中書門下，同承受進止平章事」，並對中書令崔知溫說：「待舉等歷任尙淺，且令預聞政事，未可即與卿等同名稱。」「自是外司四品以下知政事者，遂以平章爲名」❼。「同中書門下平章事」名號用以處外司四品以下資淺宰相，位望自較正宰相、同三品員外宰相爲低，則天稱制時期大體仍能遵行。此期間拜同平章事者計有正諫大夫沈君諒及崔詧、夏官（兵部）侍郎張光輔、左臺御史大夫騫味道、夏官侍郎王本立五人，皆爲資淺官員。但騫味道資歷雖淺，本官卻爲甚重要的從三品左御史臺長官，他在垂拱四年（六八八）九月拜同平章事，可以說是打破此名僅用以處外司四品以下的慣例，自後「同平章事」一名授予三品官之例日多。聖曆二年（六九九）八月，王及善遷爲文昌左相（左僕射）、同平章事，爲位高儀重的僕射掛同平章事的第一人，自後一、二品高官，亦多掛此名號了。王及善早在神功元年（六九七）以「前益州大都督府長史」的前資官身分拜爲內史，爲復辟派宰相，因數次

抑壓張易之兄弟而失去則天的寵信，因而剝奪其侍從顧問權，冷藏於鳳閣（中書省），「但檢校閣中」事。及善因失寵及冷藏，三次請求退休不獲批准，反而遷授左僕射而掛同平章事銜，顯示則天實欲壓低其位望[20]。

從「同三品」用以處一、二品重臣至降爲員外宰相普通名號，則天以降，員外宰相又常以資淺的「同平章事」爲普通名號，是則宰相名號一降再降，無復以前的位望。再者，武周時代四品以下宰輔較三品以上爲多，員外宰相多以「同平章事」爲職銜，至有三省無正相而全爲同三品、同平章事宰相；或三省無正相，僅有一、二員同三品及大多數同平章事，甚至全爲同平章事宰相主政之局，而且經常發生這種狀況。以前資地方官佐、六品官等身分拜相者又屢次發生，乃至延載元年（六九四）七月，嵩岳山人武什方竟以平民身分拜正五品上階的正諫大夫、同平章事爲宰相，且翌月卽罷免放歸，宰相人選如比隨便，與員數眾多，被譏爲「三無坐處」一樣，造成宰相名位的劇降。員多位降，權勢亦隨之分散削弱，完全符合則天樹立權威、君尊臣卑的政策。從前述各方面來看，儘管唐朝制度破壞淵源有自，但則天實爲律令制度破壞，開創唐宋君主專制政治的關鍵人物，不待贅辯。

五、平章政事機關職銜及職掌的奠定

宰相權位品秩及尚書省的演變既如上述，另一有關唐代宰相制度的重要問題，尚需加以敍述，此卽評議政事制度，也是唐代宰相制度最基本的問題。

盛唐時代的著名文士李華，曾撰〈中書政事堂記〉說：

> 政事堂者，自武德以來，已常於門下省議事，卽以議事之所謂之政事堂。故長孫無忌（起復）授司空，房玄齡（起復）授左僕射，魏徵太子太師，皆知門下省事。至高祖（高宗？）光宅元年（？），

裴炎自侍中除中書令，執宰相筆，乃遷政事堂於中書省。

李華歷經玄、肅、代三朝，追記前代故事頗有錯誤，大體他的敍述，乃是盛唐時代政事堂的情況，當時政事堂雖已改稱爲「中書門下」，但習慣仍稱政事堂，位在中書省，故李華逕以「中書政事堂」爲題。李華本人對政事堂的歷史不甚瞭解，所以其記僅作靜態敍述，上述的動態敍述部分，已見錯誤❼。不過，據此可以深入探討評議政事的制度。李華指出政事堂最初不在中書省，而且開國以來卽在門下省，使人禁不住要追問隋朝是否有此制度，議政制度如何發生及發展。

議政制度是傳統制度，漢代的朝議，往往由丞相主持；及至內朝崛起，將軍、尙書的中朝朝議，遂逐漸取代了外朝朝議，唐代的都省會議，卽淵源於此。唐代不但尙書省有都省會議，中書、門下兩省亦各有會議，所以兩省侍郎法定有參議政事之權，是則最高機密，在尙書省有八座都堂會議，兩員侍中及兩員侍郎，兩員中書令及兩員侍郎亦得各在本省舉行機務會議，至於尋常政務則中書舍人及給事中等官皆得參與。不過聯席國務會議的政事堂會議，其性質與三省各自的本部機務會議不同，因爲政事堂會議爲宰相聯席大會，僕、尙及三省侍郎，非獲特別授權則不得參加。政事會議制度的產生，應有兩個先決條件，此卽制度上須有兩個以上宰相機關及宰相。唐制有三個「事無不總」的宰相機關，法定有五員宰相，因此政事會議乃在三省制中產生。不但如此，唐朝有參政官，稍後又有員外宰相編制，這些宰輔各有本官而不能直接指揮三省，其參政的方式不得不運用會議方式進行。明乎此，然後才能瞭解政事堂產生及發展的基礎。

三省制及參政制由隋朝創定，先決條件與唐朝相同，李華指出政事堂議政自唐高祖卽在門下省舉行，從未否定隋朝可能有此制度，諸書記載大體與李華觀點相同，是則此制可能沿襲隋制。三省制的優點在愼

政，缺點在牽制遲滯，故需召開宰相會議以資協調及加強效率。授權他官參政目的之一在集思廣益，更需集會評議政事。前章提到隋文帝爲北周相國時，因李圓通保護有功，由是「參預政事」，顯示北周相國府內可能已有政事會議的存在。廣平王楊雄以右衞大將軍「參預朝政」，爲「四貴」之一，是則開皇初應有政事會議的制度，否則楊雄及後來御史大夫裴蘊、黃門侍郎裴矩、中書侍郎虞世基、左衞大將軍宇文述等參政官如何參政？卽以造成著名的「開皇之治」的宰輔而言，史稱太子少保兼納言（侍中）、民部尚書蘇威與左僕射高熲「參掌朝政」，二人「同心協贊，政刑大小，無不籌之，故革運數年，天下稱治」，是則尚書及門下二相協調議政，實爲至治的因素❼。隋朝被剝奪議政權的宰輔，僅有李德林一人。李德林爲北齊機要官員，助楊堅完成帝業而授內史令（中書令）。當時內史監兼吏部尚書虞慶則建議文帝盡誅北周宗室，免除後患，德林反對力爭。文帝怒說：「君讀書人，不足平章此事！」後來又反對更張法度等問題，文帝又責之：「公爲內史，典朕機密，比不可豫計議者，以公不弘耳，寧知之乎?!」❼所謂「平章」、「計議」，皆爲評議之意，顯示李德林曾被排斥於政事會議之外，起碼曾被君主疏遠，不與他評議政事。至於左僕射楊素爲文帝疏忽，勅令他「不可躬親細務，但三五日一度向省評論大事」，遂終仁壽之末，不復通判省事，此則似指尚書都省會議而言。顯示隋朝宰輔已有政事評議會議的可能，只不過會議場所及方式，至今不可詳考而已。

宰相之職在總理政事，隋唐例以「知政事」一名稱呼宰相，參知政事、參預（議）朝政則指參與「知政事」的授權行爲，所以解除授權亦例稱「罷知政事」。宰輔聯席會議旣以評議政事爲主，故其實爲政事會議，地點亦理順章成的稱爲「政事堂」。此名起碼在唐高祖時已出現，置於門下省，其性質僅爲會議場所而非官署機關，因此政事堂沒有官屬組織，也不能以其名義發號施令。政事會議在唐初純粹爲評議性質，正宰相爲

當然評議委員，參政官爲評議委員。評議一詞，隋唐常以評論、參議表示之，而以「平章」一名較常見❸。李靖在貞觀八年（六三四）辭右僕射獲准，改授特進，詔令「患若小瘳，每三兩日至門下、中書平章政事，患若未除，任在第攝養。」最足以表示評議政事的情況。詔令李靖平章政事先稱門下，後稱中書，這是由於門下省在北朝體制權位高於中書省，而政事堂設置於此之故，所以兩年之後侍中魏徵獲准辭職，詔令亦改授特進：「仍知門下省事，朝章國典，參議得失，自徒流以上罪，詳事奏聞。」貞觀位望重的宰輔多兼攝、知門下省事，至於十七年（六四三）創行「同中書門下三品」一名，似是因出令順序而排列，亦與當時中書令一官日漸活躍有關。「同中書門下三品」卽爲員外宰相，尋其原意，亦爲同中書省、門下省三品長官共同平章政事的意思，故此年六月，高士廉辭右僕射，卽改爲開府儀同三司、「同中書門下三品平章政事」。此在前章已作論述，今不累贅。至於高宗末創用「同中書門下平章事」，顯然從高士廉的先例演變而來，此號最足以顯示政事堂會議的性質與功能。

　　論者或問：「政事評議會議旣爲協調宰相意見，授權參政官出席討論，何以僅以中書、門下兩省爲名，而不涉及尙書省？」此則牽涉到體制的問題。三省關係前章已述，不論君主將意旨交付中書省出旨也好，抑或尙書省擬定的方案移至門下省審駁後再移中書省出旨也好，中書省依例有勘議權。詔勅降至門下省，門下省亦有審駁權。雖經門下省通過，尙書省若認爲有礙施行，亦得重執奏上。三省意見不合，則政事必定往返於君主及三省之間，遷延遲滯，莫得決定，因此集會評議此事。雖然因門下省有駁正尙書省，封駁中書省之權，位居三省的樞紐，而將政事堂設於此，但三省長官皆得出席平章，成爲當然委員。尙書省長官尙書令不常除人，由兩僕代行其職權，則僕射亦得代之出席，史稱右僕射李靖，「每與時宰參議，恂恂然似不能言」，卽指此而言。貞觀僕射不帶任何名號，仍得出席會議，亦因於此。不過，僕射僅爲代理宰相，非宰

相正官，而且品秩高踞從二品，故員外宰相名號不以此爲名，太宗君臣蓋瞭解此體制問題。中書令及侍中均位正三品，爲品秩最低的正宰相，詔勅頒發又須用兩省副署，因此邃逕以「同中書門下三品」、「同中書門下平章事」爲名，以表示同兩省正宰相平章政事，並無排斥尚書省於宰相機關之外的涵義。

　　治史者皆謂用此二名，乃由於協調出旨及審駁的關係，殆未全得其眞相。高宗卽位，僕射例授「同中書門下三品」，蓋因僕射本非正宰相，不授參政或員外名號，任何官員，包括三公在內，均不得出席政事會議的慣例而來，忽略了僕射是代理尚書令職權的問題。就制度而論，僕射旣爲尚書省副長官，當然與中書侍郎、門下侍郎一樣，各得參知本省政事，但若不帶參政或員外宰相名號，仍依例不得出席宰相聯席政事會議的。因此高宗此舉，是完全合法的。不過，值得注意的是龍朔二年（六六二）廢除尚書令建制以後，兩僕射似卽成爲尚書省正長官，此後僕射仍須掛帶名號，顯示若非尚書省因尚書令的取消，已摒棄於宰相機關之列，則必爲沿襲僕射掛銜的慣例，所以僕射若不掛帶名號，卽與其他機關長官一樣不得出席會議。體制旣與貞觀時不同，則「同中書門下」三品或平章事，專指協調兩個宰相機關的出旨及審駁權，可以無疑。治史者解釋二名由來，卽據此時已改變的制度，而忽略了其最早的涵義。事實上，隋朝唐初僕射領導下的尚書省，行政權力非常強大，兩省輕易不加否決其議案的，卽使高宗時代僕射需掛同三品名號，對其行政權的影響猶不甚大。決策系統專門落於門下、中書兩省手中，及政事會議發揮其強大的功能，乃是在僕射不常置；卽使設置除人，亦以同平章事、平章軍國重事畀之，而不授以較高級的同三品名號；甚至單拜僕射，邃將之排棄於決策之外的時候發生。這種狀況於高宗至玄宗經常發生，因此尚書省被排出決策機關之列，由兩省專掌決策，乃是漸變的結果。

　　隨著三省權力結構發生上述的變化過程中，中書、門下兩省的地位

日益重要，因此兩省副長官及屬官成為員外宰相或參政官的機會最大，尤以兩省侍郎為最。兩省之中，門下省地位較中書省為高，又掌握審駁權，故政事堂即設於此省。不過自太宗末年，中書省日益活躍，又因其勘議、出旨權，與君主關係較門下省密切，所以中書令的權力隱然超越侍中，玄宗以前，侍中遷為中書令之例恒較中書令遷為侍中多，其故在此。政事會議既為宰相聯席議政的性質，不能將議決案逕自發令推行，因此議決案仍得交由三省依法出令奉行。在這種情況下，掌握出令權力的中書省亦與政事堂發生最密切的關係。政事會議似乎沒有常制性主席，影響力的大小需視宰輔個人聲望及官爵而定。然而中書令由於上述權力，所以得主持會議紀錄，若無中書令，則由中書侍郎掛帶參政、員外相銜負責，所以中書省正、副長官往往由富有文才的人來擔任。負責政事會議紀錄在唐朝稱為「執政事筆」，執筆宰相約為常務秘書，表現活躍，成為最重要宰相之一，高宗以降，日漸有成為首相的趨勢。安史之亂以後，由於政事堂體制的改變，秉筆制度已不全由中書省執掌，而採取諸相輪流主持的制度，但是制度上「中書門下」的議決案仍由中書省負責草詔，所以諸相仍以中書令為首相，侍中次之。若此兩正宰相官空缺無人，往往即以門下侍郎同平章事（或同三品）為首相，中書侍郎同平章事為次相。門下省地位在中書省之前，這是唐初律令製定的序列，然而中書令地位在侍中之前，則是高宗以後的實際發展，在法令上屬於慣例。這種情況至宋代大體仍然遵用[31]。

政事會議的功能日益完備，不但中書、門下兩省職權在此得到協調，而且尚書省的政務亦逐漸移此裁議，所以制度不得不日漸改變。首先，武則天制詔不經兩省處理而直下，及中宗斜封墨勅，皆引起朝臣的反對，視為非常命令。君主發令猶且如此，政事堂更不能逕自發令。但議決案往往不止一件，中書令或中書省其他員外宰輔需攜回本省，會同有關官員勘議出旨，作業上不甚方便。高宗在東都病危，劉仁軌留守西

京，所以高宗急詔拜相已四年的侍中裴炎及一年的黃門侍郎、同三品劉景先（即劉齊賢）輔助太子監國，「兼於東宮平章事」；稍後單獨詔裴炎入宮，受遺詔輔政。這個時候，裴炎爲侍中正相，實居首相之任❸。高宗在十二月四日崩，太子未即位，侍中裴炎爲唯一顧命宰相，也是唯一的正宰相，乃奏請要速處分，以太后令宣示於中書、門下兩省施行，亦即奏請太后行使監國權。十一日中宗即位，依例守制諒闇，政事仍取決於太后，因此裴炎權勢大到足以會同太后廢黜中宗。二十一日，劉仁軌與裴炎分別遷轉爲左僕射、同三品及中書令，二十五日劉景先亦晉遷爲侍中。這時，裴炎以其當時權勢及中書執筆慣例，將政事堂遷移於中書省❸，遂至宋不改。

隨著尚書省僕射職權的削弱，六部正、副首長參政，所以政事堂的政務日益繁重。睿宗時太平公主欲剝奪侍中韋安石之權，竟利用晉升他爲左僕射、同三品的方式進行，所謂「雖假以崇寵，實去其權」。是則僕射至此，甚至前此時期，即使加同三品名號，亦已於決策系統中居不重要的地位。員外宰輔來自各機關，兩省除外，以尚書省人數最多，這與尚書省爲最高行政機關，而八座地位崇重有關。玄宗先天（七一二）以前，宰輔上午赴政事堂出席評議會議，下午各回本機關辦公，並沒有改變律令制度。開元以降，宰相數目常在兩至四員之間，人數較少，且玄宗對宰相常久任專委，使權高望重，以矯則天以來宰相卑弱不穩的弊病。政事日繁，使司增加，宰相權高望重而數目卻少，遂使宰相在政事堂專門議決政事尚不暇，更無餘力回歸本司治事。宰相不但將政事帶到政事堂辦公，某些權相更帶回家中處理，因此議政制度在開元時期發生了劇烈變化。第一種變化乃是會議本身，姚崇、宋璟、李林甫、楊國忠等玄宗時代具有權威的宰相，往往對政事逕下決定而付諸施行，其他諸相僅得唯諾押署，是則議政性質已變，評議之外，兼帶專斷裁決的性質，這種現象亦在安史之亂以後往往發生。第二種變化乃是政事堂日漸

變成宰相辦公室而非純粹的會議室，因此由非機關性質變成政府最高權力機關。降至開元十一年（七二三），中書令張說奏改「政事堂」爲「中書門下」，處分政事的「政事印」改爲「中書門下之印」，並在「中書門下」建置五個秘書室，歸屬宰相統率指揮，此即吏房、樞機房、兵房、戶房、刑禮房五房❸。至此，中書省、門下省雖仍爲宰相機關，但眞正的決策機關卻在中書省的「中書門下」。「政事堂」改爲「中書門下」，與「同中書門下三品」、「同中書門下平章事」的銜相符。「中書門下」爲宰相機關官稱，是融合中書、門下兩省職權而成，故中書令及侍中仍得爲正宰相；但是「同中書門下」三品或平章事的宰相，自此亦得視爲正宰相了。

李華的〈中書政事堂記〉，主要是敍述政事堂在開元以後，至代、德兩朝逐漸分被樞密使及翰林學士侵奪部分權力前的情況。「中書門下」既融合中書省及門下省的職權而成，因此亦具有制衡君主及裁決政事的權力。李華該文說：「政事堂者，君不可以枉道於天，返道於地，覆道於社稷，無道於黎元，此堂得以議之。」是即「中書門下」秉承中書省的勘議權、門下省的審駁權而擁有議君之權，舉凡君主違反天理、危害國家及暴虐人民的命令及行爲，「中書門下」皆得評議之權，與兩省法定勘議、審駁的權力鼎立，向君主施以制衡。這是盛唐君權回歸理性的原因，也是唐代君權何以不及兩宋的原因。該文又提到舉凡違反法令，包括叛國、亂政、殘民、改易制度、動員軍隊、財經處置、刑賞予奪等問題，此堂皆得評議之，並得裁決、專殺之權。所以說：

> 廟堂之上，樽俎之前，有兵有刑，有挺有刄，有斧鉞、有酖毒、有夷族、有破家。登此堂者，得以行之。故伊尹放太甲之不嗣，周公逐管蔡之不義，霍光去昌邑之亂，梁公（一作狄，狄仁傑。）正盧陵之位。自君弱臣强之後，宰相主生殺之柄，天子掩九重之耳。

燮理化爲權衡，論道變爲機紐（一作論思變成機務）。

是則「中書門下」的宰相，不但有總理國務之權，抑且得以評議君非，放逐及扶植君主，與唐初評議性質相較，相去甚遠。玄、肅、代、德四朝，國家屢次發生危機，君主專制的因素較少，宰相權力太重及太廣泛，而君主委任又太專，所委任者才幹多不勝任的因素居多；因此代、德之間，君主利用樞密使及翰林學士收宰相之權，得由此角度去加以評述。

綜合本章所述，可見開元時代唐朝律令體制已劇烈改變，三省制破壞，委員制形成，柔性體制亦逐漸完成。中唐柳宗元點出柔性體制的基礎在差遣機關的盛行，他說：「古者交政（一作脩）於四方謂之使。今之制，受命、臨戎，職無所統屬者亦謂之使。凡使之號，蓋專焉而行其道也。開元以來，其制愈重。」[85]差遣命令發自君相，尤以宰相爲常見，而且更往往自兼使職，於是使「中書門下」變爲政府最高決策機關，而百司職權皆被侵奪。律令機關與差遣機關同時並存，「中書門下」直接指揮各使司，雖與三省不發生統率關係，卻得指揮三省傳令節制律令機關公事。而且，律令機關職權日奪，終至形成宋朝的型態。這種趨勢，實沿著中央集權及君主進一步自中央收權的政策發展而成。當然，員外編制的惡性膨脹，提供了差遣人員的充足來源，實際上加速了律令體系的分崩離析，亦不容忽視。

附　注

❶ James T. C. Liu and Peter J. Golas 的 *Change in Sung China* (Lexington, Mass., D. C. Heath and Co., 1969. 臺北，虹橋書局影印，一九七二，初版) 一書對各家主張頗有介紹。此書乃輯引中外學者的意見編成，對宋朝整體的轉變皆有扼要介紹。

❷ 關於中國律令的演變，可詳陳顧遠先生的《中國法制史》(臺北，臺灣商務印書館，一九七三，臺五版) 第一編第二至四章。案：貞觀之後，高宗有《永徽令》，玄宗有《開元令》，其詳不可考，恐為對《貞觀令》局部的修正而已，且當時格式已大行，令之修改，固無甚大作用。隋以來四種法令概況，詳《大唐六典》卷一六＜尚書省‧刑部‧刑部司＞，頁一五～二〇。

❸ 本表據兩書＜刑法志＞及《新唐書‧藝文志》、《舊唐書‧經籍志》所載而製，以《新唐書‧藝文志‧史部‧刑法類》所載較詳細，故以之為準，與此異者記於備註項。修撰人及獻上日期可詳《新唐書》卷四八＜藝文志＞，頁一五～一六，及《唐會要》卷三九＜定格令門＞，頁七〇一～七〇六。日人仁井田陞著《唐令拾遺》一卷，余未之閱，唐令舊貌不詳。菊池英夫撰＜唐令復原研究序說──特に戶令、田令にふれへ＞一文(《東洋史研究》，第三一卷，第四期，頁八五～一二二)，對之曾有評述，並在文內比較晉至開元律令的編目，律令內容的轉變頗得參考，該文主要由社會經濟去評唐令。

❹ 詳《唐律疏議》卷二＜職制律＞，二‧一一：一〇三～一〇四。

❺ 太宗時重大刑案常召中書門下五品以上及尚書省官合議，諸書說法略同。至於「三司」的組成，則諸書頗異。《新唐書‧官志‧刑部尚書條》云：「凡鞫大獄，尚書、侍郎與御史中丞、大理卿為三司使。」(第三六卷，頁一一～一二) 同志＜御史大夫條＞卻說：「三司，謂御史大夫、中書、門下也。」(第三八卷，頁一) 一書之中，異說互見。案：《新唐書‧刑法志》說武后時，以刑部、御史臺、大理寺雜按大獄，謂之三司。是則「三司」是

指三個司法機關而言，其名創始於武則天，當時正推行恐怖統治。《舊唐書·官志》提及三司者，僅在御史臺類。然其＜御史大夫·中丞條＞說：「有稱寃而無告者，與三司訊之。」（第二四卷，頁一）其＜侍御史條＞卻說：「凡三司理事，則與給事中、中書舍人更直，直於朝堂受表。若三司所按，而非其長官，則與刑部郎中、員外（郎），大理司直、評事往訊之。」（第二四卷，頁一。《新唐書·官志》及《唐會要·侍御史條》同。）是則《舊唐書》記載曖昧，亦有矛盾存在。《大唐六典·刑部·刑部司條》記述舊制死刑皆於刑部詳覆，然後奏決。開元二十五年勅令除「十惡」等死罪外，其餘死刑皆由中書門下與法官詳定奏聞，故謂「凡決死刑皆於中書門下詳覆」（第六卷，頁二九並注）。卽刑部本部及部本司仍有覆審權，而大理寺據載仍爲中央最高法院，不過此二機關皆未明載有組成「三司」之制。同書＜御史臺·御史大夫·中丞條＞明載正副臺長得透過兩種途徑參與司法，此卽：A「若有制使覆囚徒，則（與）刑部尙書參擇之」（第一三卷，頁六），這是最高覆審，未提大理卿亦得參與。B「有稱寃而無告者，與三司詰之」。李林甫等注云：「三司：御史大夫、中書、門下。大事奏裁，小事專達。」（第一三卷，頁五）是則御史大夫及中丞確有出席三司會審之權。其正文及注文正爲《新唐書·官志》所本。其御史條所載與兩《唐書·官志》略同，指出侍御史六項職掌之第二項卽爲「三司」，是則侍御史亦得爲「三司」的成員之一。同書＜門下省給事中條＞說：「凡國之大獄，三司詳決，若刑名不當輕重或失，則援法例裁而退之。……凡天下寃滯未申，及官吏刻害，必聽其訟，與御史及中書舍人同計其事宜而申理之。」李林甫等又注云：「每日令御史一人，共給事中、中書舍人受詞訟。若告官人事害政者及抑屈者，奏聞，自外依常法。」（第八卷，頁一五）＜中書省·中書舍人條＞亦提及「與給事中及御史三司鞫其事」一項（第九卷，頁一五）。由是言之，極可能「三司」乃指刑部、御史臺及大理寺三個司法系統最高機關而言，此名創自武則天時代。「三司使」則指上述三法司的正副長官共同組成的合議庭成員。但降至開元時代，尙書省已退出宰相機關之列，大刑罰皆須向中書門下申覆。因而在上述「三司使」之外，另外形成一種「三司」，由給事中、中

書舍人及侍御史組成。「三司使」覆審不服者，由給事中等三官輪流直於朝堂接受非常上訴，此爲三類官職而非三個機關，其受事卽「三司受事」；經此三種官員合議推事，認爲「三司使」有錯失，卽可推翻其判決，此卽「若三司所按而非其長官，則與刑部郎中、員外郎，大理司直、評事往訊之」的制度所由生，亦卽會同刑部、大理的中級官員前往重審。因此「三司」可能有兩種，一爲三法司的機關合稱，一爲三類官員合議庭的稱呼。後者又分爲二類，一爲由刑部、御史臺、大理卿三機關正副長官所組成；一爲由門下省給事中、中書省中書舍人、御史臺侍御史組成，皆得稱爲「三司使」，爲開元制度。（可詳《唐會要》卷五九＜尚書諸司下・刑部員外郎條＞，頁一〇三四～一〇三五；《舊唐書》卷三〇＜刑法志＞，頁一二～一三），制度甚紊亂，俟有機會或另文論述。

❻　詳《舊崔隱甫傳》（第一三五卷下，頁九）謂開元十四年任大夫，對御史臺權力結構加以調整，強化大夫領導權，並掘去「臺獄」。此事《唐會要》卷六〇＜御史臺上・御史臺・貞觀二十二年二月條＞（頁一〇四三），及＜御史大夫・開元十四年條＞（第六〇卷，頁一〇四九），均有敍述。

❼　詳《舊韋思謙傳》第三八卷，頁一。

❽　以臺長拜相及由臺長、副臺長遷宰相的姓名，皆據《新宰相世系表》。其中魏元忠先在久視元年以左臺御大同平章事，尋以宰相出禦吐番，至長安二年轉遷同三品，本官仍爲左臺御大。《新、舊兩傳》皆同，《新宰相世系表》語焉不詳，故萬斯同＜唐將相表＞誤以爲罷爲御史大夫。周允元乃則天敬信者之一，《舊豆盧欽望傳（允元附）》謂由左臺中丞拜相，但《新宰相世系表》、《新本紀》及《新豆盧欽望傳（允元附）》皆作右臺中丞，《通鑑》與《舊傳》同。案：左臺主中央，右臺主州縣，是年八月左臺御大楊再思已遷鸞侍、同平章事，左臺中丞周允元又是則天敬信之人，是則左台長官及副長官同年先後拜相當可信，右臺權勢略遜於左臺，右臺御大拜相者僅韋思謙一人，攝右臺御大的宰相則有姚元崇、張仁亶兩人而已，其餘以臺長爲宰相者皆爲左臺，而且左臺中丞拜相者尙有吉頊、魏元忠二例，以右臺中丞者無聞，故今從《舊傳》及《通鑑》作左臺中丞。又李華的＜御史大夫壁記＞

說：「義寧（隋恭帝號）至先天（玄宗卽位），登宰相者十二（或作十一）人，以本官參政事者十三人，故相任者四人。……開元、天寶中，……至宰輔者四人，宰輔兼者二人，故相任者一人。」此文撰於天寶十四載六月十四日，見《文苑英華》（臺北，華聯書局，景明隆慶本，一九六五，附辨證十卷），第七九八卷，頁五～七。

❾ 《通鑑考異》引《實錄》駁此事。《實錄》所載與劉洎《新、舊兩傳》略同，司馬光認爲此事乃許敬宗惡褚遂良，故以此誣加於遂良身上。又謂此種事情，中等的人亦不會做，褚氏爲忠直之臣，與劉洎又素無怨仇，斷不會做出此事，故不書明謂劉洎者爲褚遂良。不過，劉弘業上訴時既指向褚遂良，羣臣無異議，樂彥瑋及高宗亦未表示此事與褚氏無關，而且既詔復官，無異顯示太宗之過失，但爲表示「君無過舉」而不顯明申雪而已，此事恐另有隱情。請詳《舊劉洎傳》第二四卷，頁一～四；《新劉洎傳、樂彥瑋附》第二四卷，頁六～八。《舊樂彥瑋傳》第三一卷，頁七。《通鑑》卷一九八，太宗貞觀十九年十二月並注，頁六二三三～六二三四。《唐大詔令集》卷三〇＜太宗破高麗回怡攝命皇太子斷決機務詔＞，頁一一一；卷一二六＜劉洎賜自盡詔＞，頁六七八。

❿ 《舊蘇珦傳》第五〇卷，頁四。《舊韓休傳》第四八卷，頁一〇。蘇珦事又見《唐會要》卷六二＜御史臺下‧諫諍類＞，頁一〇八〇。

⓫ 特遣屠殺事件前面已提及，當時差遣酷吏六人分攝監察御史，赴六道屠殺。這是唐史的大屠殺案，兩書酷吏傳，《舊唐書》卷三〇＜刑法志＞，頁七，《通鑑》卷二〇五，是年二月條，頁六四九一，《唐會要》卷四一＜酷吏類＞，頁七四一～七四四，皆有詳細記載。

⓬ 語見開皇三年十一月己酉詔（《隋高祖紀》第一卷，頁二〇），據＜文帝紀＞，歷次巡省如下：開皇三年十一月發使巡省風俗，數目不詳。四年八月遣十使巡省天下。＜煬帝紀＞則有大業元年正月發八使巡省風俗，自後卽常親巡。煬帝詔語見大業三年四月庚辰詔（第三卷，頁六七）。漢代刺史代表丞相出刺，日人紙屋正和曾綜合中日諸家意見而有詳論，見＜漢代刺史の設置について＞（《東洋史研究》，一九七四，第三三卷，第二期，頁三四～五六）。

⓭ 《新唐書‧百官志‧御史臺‧侍御史條》：「侍御史……開元七年又詔隨仗

入閣。分左右巡，紏察違失。左巡知京城內，右巡知京城外，盡雍、洛二州之境，月一代。……其後以殿中掌左右巡，尋以務劇，選用京畿縣尉。」<殿中侍御史條>:「二人分知左右巡。」見第三八卷，頁二。

⓮ 詔文及人選詳《唐會要》卷七七<諸使上・觀風俗使類>，頁一四一一～一四一二。

⓯ 李大亮的使銜見《舊本傳》第一二卷，頁一〇。至於道數問題，《通鑑考異》引《會要》及《統記》謂十六道黜陟大使，案: 十三大使似乎不可能分巡十六道，而且使銜似亦不是以黜陟為名。司馬光疑其前者，又以貞觀元年已分天下為十道，因此不敢斷定數目，籠統稱為諸道（《通鑑》卷一九四，貞觀八年正月辛丑並注，頁六一〇五）。事實上，太宗雖分天下為十道，但似非專為分察區，故貞觀十八年置十七道巡察使，二十年置二十二使。垂拱元年置九道巡察大使，皆可為證（《唐會要》卷七七<諸使上・巡察按察巡撫等使類>，頁一四一二～一四一三）。十六道之說因未有證據，溫公以十道而懷疑亦是錯誤的。

⓰ 上述演變諸書頗因有觀風俗、黜陟、巡察、按察等異名，而記載混亂。巡省使及巡察使不同之處是前者代表君主巡狩，後者則代表政府分察督導的意義較濃，但皆有對巡部觀風俗及黜陟官員的職責，而且前者不受六條限制，後者須受六條管束，此其略異之處。諸書於此多未明，故生混誤。又按察一名自景龍三年始，以後或名巡察，或稱按察，開元時常稱按察使。詳《新唐書》卷三八<百官志・御史臺類>並注，頁一～四。《唐會要》卷六〇<御史臺上・御史臺類>，頁一〇四一。及<諸使上・觀風俗使及巡察等使・黜陟使類>第七七卷，頁一四一一～一四一七; 第七八卷，頁一四一九～一四二〇。

⓱ 此詔見《唐會要》卷六二<御史臺下・出使類>，頁一〇八二。此類載有御史出使而與長吏衝突事多條，卽前任宰相、奪嫡功臣的益州刺史高士廉，亦不免為八品監察御史王凝所呵斥，顯示監察權威，由來有自了。

⓲ 《唐會要》卷六〇<御史臺上・監察御史條>引「御史臺雜注」，頁一〇五五。

⓳ 監察御使以從上第一人監吏、禮兩部，次察兵、工，再次察戶、刑，乃德宗至憲宗初之制，《新唐書官志・監察御史類》所言一人察兩部卽此時制度，

前此蓋六人分察六部。至元和四年五月，御史臺奏請復行舊制。分察六部的
監察御史卽「六察官」。詳《唐會要》卷六〇＜御史臺上‧監察御史類，元
和四年及太和八年條＞，頁一〇五七。《大唐六典》亦有記載都省會議必先
牒報御史臺，由御史臺派出監察御史前來監聽的制度。詳卷一三＜御史臺‧
監察御史條並注＞，頁一五。

⑳ 匭檢制度可詳《唐會要》卷五五＜省號下‧匭類＞，頁九五六。《新唐書》
卷三七＜官志‧門下省‧左諫議大夫條＞，頁一。《通鑑》卷二〇三，垂拱
二年三月戊申條，頁六四三七～六四三八。《大唐六典》指出侍御史第六種
職掌爲「理匭」，（第十三卷，頁九）並列載中書省在開元時代已有「匭使
院」的建制（第九卷，頁三一）。

㉑ 臺諫得風聞奏事，詳《通鑑》卷二一一，玄宗開元五年九月，頁六七二八～
六七二九。

㉒ 唐朝人事行政的史料極豐富，研治唐史或文官制度者固知之。若精於史學者
研治之，往往對文官制度及各種政制相關問題疏於理解；精於政制者治之，
則又苦於對唐朝三百多年的權力及環境演變不能把握。因此研治此問題者，
類多作靜態研究，間中涉及動態演變而已。曾睿《中國政治制度史》四册，
隋唐五代部分，於第五篇廣泛討論此問題，但僅爲全部政制之附屬，非以此
爲主題，類此著作不少。坊間出版中國文官制度史的著作亦不少，但隋唐亦
僅居部分篇幅，皆各有疏忽之處，此與問題龐雜有關。去年（一九七七）七
月臺灣商務印書館出版王壽南、陳水逢二先生主編的《岫廬文庫》，其中王
氏著《唐代政治史論集》（臺北，臺灣商務印書館，一九七七，初版），收
入＜唐代文官任用制度之研究＞一文，專論任用問題，似爲國內最近之作，
某些重要問題似乎亦未述及，至於用英文及日文論述者，筆者略有所知，苦
於無法完全搜閱，故不敢妄論。E. A. Kracke, Jr. 著 *Civil Service in
Early Sung China* 一書專論宋代文官制度，以此書比較安史之亂以後制
度，對唐宋人事制度的演變頗得瞭解，是以特別提出。

㉓ 此條乃解釋「八議」之「議貴」一款。職事官三品、散官二品及爵一品以上
皆爲貴官。見《唐律疏議》，一‧一：二四。

㉔ 朝官卽常參官，指「五品以上職事官，八品以上供奉官、員外郎、監察御
史、太常博士」而言。供奉官包括兩省自侍中，中書令以下各種官員。所謂

清望官乃「三品以下官及門下、中書侍郎，尚書左、右丞，諸司侍郎，太常少卿，太子少詹事，左、右庶子，秘書少監，國子司業。」清官乃四品以下、八品　上重要官員。供奉官及常參官的立班序列，可詳《唐會要》卷二五〈文武百官朝謁班序〉，頁四八〇～四八八。職官分法可詳《舊唐書》卷二二〈官志〉，頁一三及卷二三，頁三。《大唐六典》卷二〈吏部〉，頁二三～二五。

㉕ 君主制詔種類及用途，與册禮的演變，可詳《唐會要》卷五四〈省號上・中書省〉，頁九二五～九二六；及同書卷二六〈册讓類〉，頁四八九～四九〇。《唐大詔令集》册拜妃、主、親王、一二品職事之制甚多，顯示唐初四品以上職事官皆爲制授，而三品大臣則有下制於朝堂册拜的儀式，故亦得視爲册授。一、二品職事官則更有臨軒册拜之儀，乃是最隆重正式的册拜。《通典》卷一五〈選舉制〉說職事官正三品以上册拜，五品以上制授，乃高宗以後制度。且六品以下供奉、員外、御史皆勅授，連旨授官共四等。

㉖ 參嚴師〈論唐代尚書省之職權與地位〉，收入《唐史研究叢稿》，頁二一～二四。

㉗ 流外升入流內著名之例爲貞觀時的張玄素。他寒素出身，隋末爲縣戶曹，唐初任同縣都督府錄事參軍。太宗聞其名，召見訪問，表示滿意，擢拜侍御史，由侍御史，給事中，兼太子少詹事、銀青光祿大夫行太子左庶子，因太子承乾案而除名，後起爲刺史至致仕。流內、流外之異因門第政治而產生，流外長久以來一直受歧視，玄素乃特例。史謂太宗曾問及其出身，玄素避不答以刑部令史的流外官，太宗一再追問，玄素慚恥至不能移步離去，色類死灰，這時他已階從三品銀青光祿大夫，而行正四品上的太子左庶子官，位居清要而仍自卑如此，可以推見當時歧視之深。詳《舊張玄素傳》第二五卷，頁八～一二。

㉘ 吏部選舉各問題，《通典》、《册府元龜》、《新唐書》等皆有專章敍述。《唐會要》選部及貢舉兩門收入法令甚多（由卷七四至七七），《大唐六典》及《兩唐書・官志・吏部類》對該部組織結構記載亦頗詳。茲不一一臚證，僅作粗略敍述而已。

㉙ 《隋盧愷傳》第二一卷，頁一三八三～一三八四。

㉚ 詳《隋郎茂傳》第三一卷，頁一五五五；《隋李景傳》第三〇卷，頁一五三

一；《隋宇文述傳》第二六卷，頁一四六五～一四六六；《隋于仲文傳》第
二五卷，頁一四五四。郎茂以都省官而授權，於理尚可，于、李二人以大將
軍授權，則顯屬泛濫。郎茂後亦涉朋黨案而貶。

㉛ 數字依據嚴師《唐僕尚丞郎表》計算而得。所謂宰輔乃指僕射、侍中、中書
令、同三品、同平章事、參預朝政等官職。Ｃ項表示不論吏尚是正除或代
行，只要掛同三品等名號者卽屬之。所謂代理，乃指以知、攝、檢校、判等
名義主持吏部工作者；兼則專指兼任吏尚，兼代理吏尚亦屬之。選舉授權則
列屬代理。至於統計原則宜注意：

(1)先任吏尚，稍後兼代宰輔者依兩次計，一入Ａ項，一入Ｂ項。如貞觀十七
年楊師道正拜吏尚，十九年隨駕征高麗，臨時攝任中書令，卽依此算爲兩
次。先任吏尚，後來掛同三品，參預朝政名義者亦如此例。

(2)先以宰輔兼代吏尚，後正拜吏尚仍爲宰輔者，依兩次計算。如貞觀四年侯
君集爲兵尚檢校吏尚參政，至十二年正拜吏尚而除去兵尚，仍爲參政，則
首次算入Ｄ項，第二次算入Ｃ項。類此如永徽三年褚遂良拜吏尚同三品，
算入Ｃ項，後遷右僕同三品知選事，算入Ｄ項。

(3)本官改變，但仍主吏部者作一次算。如龍朔二年兼吏尚同三品李義府正拜
吏尚同三品，作一次算，入Ｃ項。翌年又遷右相，仍知選事，則已卸去吏
尚，故算入Ｄ項。

(4)由於本官改變，專兼互轉情況發生，故人次數目較人數爲多。人數一項已
除去重複兩次以上任吏部事者，但同一人分在兩個以上君主當政時供職，
則未剔除，宜留意。

㉜ 薩孟武先生在《中國社會政治史》（自印，一九六三，初版）第三册第八章
一、六兩節對隋唐銓政有精到分析，但依據諸書記載誤認吏尚主持六、七品
選，而反駁吏尚在唐初主持五品選之說。持此說者乃盛唐名政制學者蘇冕，
嚴歸田師在＜論唐代尚書省之職權與地位＞一文卽證實蘇氏之言（《唐史研
究叢稿》，見頁二二～二四），兩者皆沒有解釋何以吏尚會失去銓選五品的
權力。

㉝ 據嚴師《唐僕尚丞郎表》，前項高宗朝爲趙仁本、魏玄同，則天朝爲郭待
舉、吉頊、顧琮，中宗朝爲崔湜、鄭愔，崔湜一人兩次任吏侍同平章事。後
項高宗朝爲李敬玄，則天朝爲魏玄同。

㉞ 請詳《通鑑》卷二〇九，睿宗景雲元年七月丁巳，頁六六五二；卷二一〇，同年十二月，頁六六六〇；及卷二一〇，玄宗開元元年十月乙巳並注，頁六六九〇。姚崇三度拜相皆掌兵部，依法既可薦進五品以上官，又得決定六品以下武官。《通鑑考異》不敢決定郎吏指何官，謂郎中、員外郎皆清要官，不得謂秩卑，郎將則又不敢斷定。案：尚書省諸司侍郎、郎中、員外郎皆爲郎官，三省侍郎位正四品，爲「清望官」，諸司郎中從五品，員外郎從六品，皆爲「清官」，此時已由宰相進名，皇帝勅授。武官之中，諸衞率府中郎將爲四品，郎將爲五品，亦爲「清官」，依例仍需勅授，此爲宰相得以序進之官。至於其他非武職的協律郎、校書郎等則例由吏部銓選，門下過官，非兵部所能干預。是則姚崇以專委宰相身分，可能干預吏部銓選秩卑郎官等。此事若眞，則姚崇當時權任可見，難怪能推動復辟之政。

㉟ 《舊李素立傳》第一三五卷上，頁三。

㊱ 此兩例前面已有引用，詳《舊岑文本傳》第二〇卷，頁六；《舊張行成傳》第二八卷，頁六～九，二人後皆拜相。又殿中侍御史在則天垂拱間改爲從七品上階。

㊲ 詳《隋劉焯傳》第四〇卷，頁一七一八～一七一九；《隋劉炫傳》第四〇卷，頁一七一九～一七二〇；《隋王孝緒傳》第六〇卷，頁一七二四～一七二六。

㊳ 「裏行」之始。《唐會要》另備一說，認爲自高宗龍朔元年（六六一）八月任王本立爲監察御史裏行爲始，但亦不敢否定《六典》之說。兩〈馬周傳〉（《舊傳》第二四卷，頁四～八；《新傳》第二三卷，頁四～七）皆僅謂太宗授馬周監察御史，恐爲兩書不明當時裏行官皆帶本官（監察御史）的制度，故誤會太宗直授馬周監察御史耳。裏行之始詳《唐會要》卷六〇〈御史臺上・監察御史類〉，頁一〇五五。兩〈張昌齡傳〉略同（《舊傳》第一四〇卷上，頁八～九；《新傳》第一二六卷，頁四）。

㊴ 這類御史編制的改變，詳同㊳《唐會要》，頁一〇五三～一〇五五。

㊵ 試官以及版授，可詳曾謇《中國政治制度史》四册，頁三七七～三九一。曾謇無員外官的敍述，而員外同正視爲同任官，指出其性質介於正員與員外之間，甚是。王壽南先生〈唐代文官任用制度之研究〉亦鋪述各種任用方式（《唐代政治史論集》，頁二二～四六），但同任一項未指出其性質，而逕

視之爲同任官，似誤。該文員外一項則又引《唐會要》卷六七＜員外官類＞謂永徽五年八月除蔣秦璋員外同正，爲員外官之始，又引原註說顯慶五年五月授廖紹文校書郎員外置同正員，乃員外官之始，未知孰是云。案：今見《舊高宗紀》永徽六年八月說：「尚藥奉御蔣孝璋員外特置，仍同正員。同正自蔣孝璋始也。」（第四卷，頁五）《通鑑》與此全同（第一九九卷，頁六二八九）。是則《唐會要》謂此事在永徽五年八月，似誤；又謂「員外官自此始」而非員外同正之始，亦誤。王著逕據其說而未詳考耳。蓋員外官及員外郎、員外同正乃是不同性質之官。

❹ 《新李嶠傳》（第四八卷，頁一～三）謂李嶠以文章知名，則天朝則以鳳閣（中書）舍人「知天官侍郎事」，後進麟臺少監同平章事，長安三年以左丞再同平章事，後遷至內史（中書令）。復辟兵變成功，以附會張易之兄弟坐貶刺史，數月召爲吏部侍郎，俄遷尚書。可能與投靠韋武集團有關，故翌年正月（神龍二年）以本官同三品，三度拜相。第三度拜相兩《本紀》、《通鑑》皆載，兩傳無述，是年七月轉爲中書令，則諸書皆載。《新傳》說他「在吏部時，陰欲藉時望復宰相，乃奏置員外官數千」，《舊傳》（第四四卷，頁一～三）同之。按《唐僕尚丞郎表》李嶠爲吏部侍郎在神龍元年秋，多天卽遷吏尚。翌年正月二十三日以本官同三品，同年七月二十五日遷爲中書令。《新唐書‧選舉志》將李嶠爲吏尚「置員外郎二千餘人」繫於則天長安間，實誤（第三五卷，頁三）。又兩傳皆作「員外官」而非「員外郎」，二者有別，本文已論，歐公觀念上仍有混亂之處。又據《舊中宗紀》神龍二年（第七卷，頁四～五）說：「正月……吏部尚書李嶠同中書門下三品。……三月……是月大置員外官，自京諸司及諸州佐，凡二千餘人；超授閣官七品以上及員外者千餘人。」《新紀》不載。是則李嶠雖在吏部，若非已爲宰相，固不得進奏員外官，說他汲取時望欲復相，恐有可疑之處。《通鑑》記此事在時間及種類上皆與《舊紀》同，但在則天神功元年閏十月條，卻說：「鳳閣舍人李嶠知天官選事，始置員外官數千人。」（第二〇六卷，頁六五二五）恐爲重出之誤。因爲當時則天對李嶠並未非常倚重，且她志欲親釐事務，安肯以人事權讓於他人？員外官乃宰相進名的勑授官，李嶠時非宰相，亦僅知天官侍郎選事而已，安得奏用員外官數千人？竊意李嶠因與權威人物有關係而在神龍二年三度拜相，握有薦用員外官之權，復受權威人物指示而奏用數千人，是以

後來上疏引咎，史未明載而已。蓋當時他已身爲宰相，無需再邀時望干求相位，而且卽使身爲吏尙，亦無權薦授員外官的，因此兩傳所載，所失甚大；《通鑑》重出，亦乏詳考之故。兩傳謂共用員外官數千人，當指二千餘員外官及千餘北司員外官而言，《舊紀》及《通鑑》所載是。引文可詳《新唐書・選舉志》及《新李嶠傳》。

㊷ 引文詳《新唐書》卷三五＜選舉志＞，頁四。員外斜封諸問題，可詳《唐會要》卷六七＜員外官類與試及邪濫官類＞，頁一，一一七五～一一八三。

㊸ 詳《通鑑》卷二〇一，高宗乾封元年正月壬申，頁六三四六；及《舊蕭至忠傳》第四二卷，頁一六。唐制紫服乃三品以上大臣，中品官服朱緋。

㊹ 《舊韋思謙（嗣立附）傳》第三八卷，頁三～八。《唐會要》卷六七＜員外官・景龍二年條＞，頁一一七七～一一七八；卷七四＜選部上・掌選善惡類＞，頁一三四五。

㊺ 中宗景龍三年宰相崔湜及鄭愔主持侍郎選，額外留人仍不足夠，乃奏用三年以後空缺。兩人皆韋武集團的心腹。詳《舊崔仁師（崔湜附）傳》第二四卷，頁一〇～一一；《舊李尙隱傳》第一三五卷下，頁九。《通鑑》卷二〇九，景龍三年三月，頁六六三五。《新唐書》卷三五＜選舉志＞頁三～四。

㊻ 《唐會要》卷七五＜選部下・雜處置類＞，頁一三六〇。

㊼ 則天在洛陽洛成殿舉行殿試，乃中國科舉有殿試之始，目的在收恩於己，因此武后在殿試後的第七個月，卽實行篡位改國，考試問題，史書及唐人筆記載述甚衆，詳細內容本文不贅。

㊽ 見張九齡＜上姚令公書＞。姚崇有回信，見＜答張九齡書＞。可詳《唐文粹》（臺北，世界書局，景清光緖本，一九六二），第七九卷，頁一～三。

㊾ 內侍省編組諸書記載略有出入，大體《大唐六典》、《通鑑》、《新唐書・官志》所述乃玄宗以後制度，而《舊唐書・官志》常以唐初武德、貞觀、永徽諸令爲主，諸令對內侍省編組無改變的紀錄，極可能一脈相成，是則《舊官志・內侍省》（第二四卷，頁五～六）所述多爲高宗永徽以前制度無異，若無強力反證，唐初內侍省編制以此爲準。開元以後的編制，可詳王壽南先生《唐代宦官權勢之研究》（臺北，正中書局，一九七一，臺初版）所列唐代內侍省之組織及職掌表，頁七～一四。

㊿ 詳《新宦者列傳》上，第一三二卷，頁一。

(51) 王著《唐代宦官權勢之研究》謂合計五百三十七人，乃後來編制。所謂三百七十三員以上，乃因宮闈局有內給使，無員額限制之故。內僕局爲編制最龐大的單位，乃因職掌王室交通事務之故，屬下駕士即有二百員之多。詳《舊唐書》卷二四<官志・內侍省・內僕局>，頁六。

(52) 詳本章㊶。案：李嶠薦授七品以上員外官，乃行使宰相進名薦授之權。但宦官乃宮官，李嶠若非得到韋武集團示意，當不會如此泛加薦進。依法令，七品官不由宰相薦進，但吏部尙書五品官的銓敍權已被掠奪，當時吏尙主持六、七品選，侍郎掌八、九品選，故李嶠得以薦進銓用七品以上宦官，此與宰相薦進員外宦官性質不同，由此知李嶠是薦用七品以上正員宦官及其他員外宦官兩種人，共千餘人。諸書不明當時制度，故有混淆之處，如《舊宦者列傳》（第一三四卷，頁一）說：「超授七品以上員外官者千餘人」。《册府元龜》卷六六五內臣部總序及《唐會要》同此。《新宦者列傳》上（第一三二卷，頁一）則說：「至中宗，黃衣乃二千員，七品以上員外置千員。」顯然誤會。

(53) 詳《舊宦者列傳》第一三四卷，頁一。

(54) 事詳《通鑑》卷二〇八，中宗景龍元年九月，頁六六一七。

(55) 增置內侍監兩員，詳《通鑑》卷二一七，天寶十三年十一月己未，頁六九二八。《舊高力士傳》謂「十四載，置內侍省內侍監兩員，秩正三品，以力士（袁）思藝對任之」。恐爲十三載年底置監，翌年初任命（參第一三四卷，頁四），當時官品人數，見《新唐書・官志・內侍省》注（第一三七卷，頁八），自後內侍省似無超過此人數紀錄者，恐與安史之亂後政局的發展有關。《通鑑》同條胡注說高力士、楊思勗等「皆拜大將軍，階至從一品，猶曰勳官也」，認爲內侍省當時亦無人任三品職事官，大誤。此誤與不明官制有關，蓋監門大將軍、將軍，實爲正三品及從三品職事，以內侍兼任或以此知內侍省事，即見中宗以後，宦官已有任三品職事官者，何況驃騎大將軍等皆爲一品武散官，爲內侍本品之官，胡三省誤此爲勳官，蓋有此說。後人多亦失察，遂從其說，至以爲宦官地位提高，乃天寶間之事，實爲以訛傳訛之說。至於內侍改爲內侍少監，降爲副長官，尋又另置內侍，諸書謂唐代內侍四員，恐爲此時定制，改名之事，亦見上述《新唐書・官志》注。

(56) 王壽南先生《唐代宦官權勢之研究》對此有綜合的討論，其書於宦官所任重

職之中，偏重神策中尉的介紹，因爲中唐以後北司最高首腦多任此職。余曾以《唐代樞密使制度》（臺北，師大史系六十一年大學畢業論文未刋本）作爲大學畢業論文，則曾對樞密使的職權等問題略有討論。大體來說，北司四貴之中，諸軍諸衞觀軍容等使最重要，由於禁軍數目常變，故職銜以六軍十二衞或天下觀軍容宣慰處置使較常見。但此職不常置，故北司最高首腦，例任左、右兩神策中尉及兩樞密使，宣徽使則多爲次高級的領袖擔任。樞密使及宣徽使至兩宋遂成最重要中央官職之一，治史者所知，此不贅。

(57) 詳《唐會要》卷七五＜選部下・南選＞，頁一三六九～一三七〇。《新唐書》卷三四＜選舉志＞，頁七。

(58) 參《唐會要》卷六五＜殿中省及閑廏使條＞，頁一一二六及一一二八。《舊唐書》卷二四＜官志・殿中省＞，頁三；《舊王毛仲傳》第五六卷，頁一二。《通鑑》卷二一六，玄宗天寶十一載四月乙酉注，頁六九一一。

(59) 詳《唐會要》卷五九＜長春宮使＞，頁一〇三八～一〇三九；卷七八＜諸使雜錄類＞，天寶七載十一月條，頁一四三八。《舊唐書》卷二四＜官志・司農寺＞，頁一五。《通鑑》卷二一二，開元七年三月乙卯胡注，頁六七三五。

(60) 宇文融爲貞觀宰相宇文節之孫，玄宗時的權臣。諸書記載其事多有混亂，例如開元九年擔任檢括任務，諸書或稱括地使，或稱勸農使。十道勸農判官的數目，《新唐書》、《通鑑》、《通典》皆作二十九人，《通典》且列其人姓名。今案：宇文融爲勸農使後，成績頗佳，玄宗下制稱贊，稱其初爲「括地使」，可能開元九年時所任「括地使」乃「檢括田戶使」的簡稱。十二年六月充勸農使，八月充「諸色安輯戶口使」，《通鑑》皆有記載。是則宇文融自十二年以後似兼充數使，所以權力廣泛。玄宗制謂「其十道分判官，三五年內使就厥功」，顯示開元九年應有十道判官，十二年以後可能擴充爲二十九人，因此二十九判官之數,可能爲後來之制。至於宇文融到底曾充何使，今已難考。制書及宇文融生平可參《舊宇文融傳》第五五卷，頁一～三。餘書不贅引。

(61) 宇文融原以御史中丞充勸農使，後兼任戶部侍郎，故得彈劾宰相。張說在開元九年第三度拜相，任兵部尙書同三品。十一年兼中書令，尋正拜中令。十三年十一月爲尙書右丞相（僕射）兼中書令，最爲權相。結果反爲宇文融所

彈，翌年四月解除兼中令的官職，單任右丞相，右丞相卽右僕射，此時已非宰相之任。玄宗後亦惡宇文融朋黨，貶刺魏州，十六年則仍入爲鴻臚卿兼戶部侍郎。十七年六月以黃門侍郎同平章事拜相，九月卽坐朋黨貶爲刺史，尋又被彈，配流嶺南，卒於途中。詳舊傳同(60)。

(62) 《舊王鉷傳》第五五卷，頁八～九。

(63) 楊國忠乃楊貴妃從兄，張易之的外甥，其官職可詳《舊楊國忠傳》第五六卷，頁五～七。《唐會要》卷八七＜轉運鹽鐵總序＞，頁一五八七～一五八八；卷八七＜河南水陸運使＞，頁一六〇一～一六〇二；卷七八＜諸使雜錄上＞，天寶七載十一月條注，頁一四三八。《通鑑》卷二一六，天寶十一載三月至十二載正月，頁六九一〇～六九一八。

(64) 《唐會要》謂自武德至則天長安四年以前，僕射並爲宰相，並未指明孰爲第一個僕射加同三品（見卷五七＜尚書省諸司上・左右僕射類＞，頁九九〇），而引「蘇氏駁曰」則說貞觀二十三年八月李勣拜左僕射同三品爲第一人，並評駁爲違制（同書卷五一＜官號・名稱類＞，頁八八四）。案：蘇冕原書已不詳，《唐會要》則顯然不明貞觀末的一段變化。二十三年八月李勣第一個拜僕射而參政，乃是高宗改元以前之事，與五六年來政制發展有關。但四名僕射是否皆帶此名，諸書互異，僅具列如下：

姓名	官職	《舊傳》	《新傳》	《通鑑》	《舊本紀》	《新本紀》	《新宰相世系表》	備註
李勣	左僕射	×	×	×	✓	✓	✓	×代表無掛同三品記載，✓則有。
于志寧	左僕射	✓	✓	✓	✓	✓	✓	
張行成	右僕射	×	×	✓	✓	✓	✓	《新傳》誤作左僕射。
褚遂良	右僕射	×	×	✓	×	×	✓	

《舊高宗紀》上貞觀二十三年八月李勣爲左僕射同三品，下說「僕射始帶同中書門下」（第四卷，頁二）。降至永徽二年八月己巳，于、張二人分任僕

射，同書明載同三品「猶不入銜」云云（第四卷，頁三）。是則四僕皆同帶同三品名，不過猶不入銜耳。

(65) 豆盧欽望在中宗神龍元年（七〇五）五月二十六日任特進、左僕射，六月十五始加「平章軍國重事」，翌年十二月二十六日罷爲開府，仍平章重事。《舊豆盧欽望傳》（第四〇卷，頁八～九）謂豆盧於中宗即位，拜左僕射「知軍國重事兼檢校安國相王府長史、兼中書令、知兵部事、監修國史」，實大誤。《新傳》（第三九卷，頁五～六）謂中宗即位，即拜「左僕射、平章軍國重事」，亦誤。豆盧八月以後官銜才爲「特進、行尚書左僕射、兼檢校安國相王府長史、平章軍國重事、芮國公」，請詳《唐僕尚丞郎表》，輯考一上，左僕、豆盧欽望條，頁三二三～三二四。據《舊中宗紀》及《通鑑》六月十五日特詔豆盧「軍國重事，中書、門下可共平章」，《新中宗紀》作「軍國重事，中書、門下平章」恐爲簡述。是則豆盧僅獲得處理重事的授權可明。

(66) 韋安石同年十月即進一步被罷爲特進，拜僕射僅兩個月。參《舊韋安石傳》第四二卷，頁七～一四。

(67) 本表蓋據《新宰相世系表》，該表頗有錯誤，萬斯同＜唐將相表＞大體據之而製，錯誤更多。故本表又另據嚴歸田師《唐僕尚丞郎表》校正之。原官或本官非尚書省系統的，則另據《兩本紀》、《通鑑》及＜列傳＞考證之，本表有下列原則，請留意:

A、本表僅以新拜及罷後復相人物的官職爲統計對象，拜相後本官若另有遷轉本表均不收入。丁憂起復原來官職的宰相亦不收入。

B、知、檢校、兼、攝諸宰相皆有本官或本品散官，以本官或本品爲統計對象。如顯慶二年黃門侍郎、同三品、兼度支尚書、兼中書令杜正倫，分類時則列入同三品類，本官爲正四品上階的黃門侍郎。僕射同三品則於僕射及同三品類各列一次。

C、宰輔人數一項僅在表示該年曾任宰輔的總人數，並不表示全年共有此數字的宰輔同時執政。

(68) 《舊李義府傳》第三二卷，頁三～七。

(69) 數字據《唐會要》（＜帝號上＞所列諸帝及皇后類的武后條，第一卷，頁二～七及第三卷，頁二四～二五）而計算。玄宗時使相項八人，宰相項三十四

人，剔除重複者得三十六人，另漏薛訥一人，卽三十七人。太宗自武后數目已見前面諸表。

(70) 增五相者爲高宗乾封二年、永淳元年、則天垂拱元年、天授二年、神功元年、聖曆元年。增七及八相者分別在延載元年、長安四年。增九相者在光宅元年及長壽元年。

(71) 納言史務滋及鸞臺侍郎、同平章事傅遊藝在此案之前已被殺，故十一年僅剩下武承嗣、武攸寧、任知古、裴行本、狄仁傑五相。

(72) 《舊高宗紀》顯慶四年說兵尙任雅相、度支盧承慶「並參知政事」，《通鑑》及《新高宗紀》全同。《舊盧承慶傳》（第三一卷，頁一～二）謂他代杜正倫爲「度支尙書，仍同中書門下三品」，似謂他任光祿卿時卽已同三品，實誤。《新盧承慶傳》（第三一卷，頁六）謂是年「以度支尙書、同中書門下三品」，似漏先曾參政一事，語焉不詳。據嚴師《唐僕尙丞郎表》考證，是年承慶由光祿卿遷度支尙書，五月以本官參知政事，至十一月進爲同三品，與《新宰相世系表》合，今從之。至於兵尙任雅相逕以本官同三品，未曾先授參政，《兩本紀》及《通鑑》均誤。

(73) 《舊高宗紀》麟德元年十二月作樂、孫二人「同知政事」。《新高宗紀》、《新宰相世系表》皆作「同知軍國政事」。《舊樂彥瑋傳》（第三一卷，頁七）謂累至左中護、檢校西侍、同三品。《新孫處約傳》（第三一卷，頁一〇～一一）亦簡謂同三品，然《舊孫處約傳》（第三一卷，頁七）則謂處約遷中書侍郎，與李勣等「同知國政」。是則說二人同三品皆爲過於省略之誤，「同知政事」、「同知國政」亦爲簡筆，應爲「同知軍國政事」，《新宰相世系表》所載甚是。

(74) 《舊高宗紀》及《通鑑》皆無劉仁軌「兼知政事」的記載，《新高宗紀》及《新宰相世系表》則有之。仁軌兩傳無此記載，僅謂入爲大司憲、檢校左中護，翌年遷爲右相云云。案：是年劉仁軌率高麗諸國酋長來朝，故擢授大司憲，是否亦令他兼知政事，未可考知，今但存一說。至於翌年兼右相兩紀一表皆同，是年左侍極（左散騎常侍）、檢校右相陸敦信乞老疾致仕獲准，故詔以大司憲劉仁軌兼任，二人皆非正除。《通鑑》及兩傳逕作專任右相，殆誤。

(75) 詳《舊高宗紀》是年月丁亥條，第五卷，頁一一。《通鑑》是年月條（第二〇三卷，頁六四〇九）及《唐會要・官號・名稱類》（第五一卷，頁八八四）

略同。所不同者爲《舊紀》，《通鑑》皆有「且令預聞政事」一語，《會要》無。另外，崔知溫早在兩年前已拜中書令，《通鑑》避而不載其官銜，而《舊紀》、《會要》則稱之爲「參知政事」。案：崔氏由黃門侍郎、同三品遷爲中書令，自非「參知政事」，《舊紀》及《會要》若非錯誤，則恐爲後人抄印時手誤，因爲「知政事」乃宰輔泛稱，「參」字殆衍字。最重要的是《舊紀》及《會要》均作「同中書門下，同承受進止平章事」，而《通鑑》及《新高宗紀》則前一「同」字作「與」字，「同中書門下」乃相銜的前五字，且《舊紀》、《會要》成書較早，故從之。至於郭正一爲第一個員外官拜相之例，本官爲「秘書員外少監、檢校中書侍郎」，《兩書紀、傳》皆有漏誤，今從《通鑑》。

76 王及善從少侍從高宗，故極受高宗寵信，累官尚書，以益州大都督府長史退休。後因契丹作亂，山東騷擾，則天乃起用他爲滑州刺史，請他臥理戰地。臨行陳政事十餘道，極爲則天器重，故留拜內史。拜左僕射後，旬日而薨，年八十二歲。詳《舊王及善傳》第四○卷，頁一～二。

77 李華兩《唐書》列入＜文苑（文藝）列傳＞中，《新唐書》敍述較詳。李華爲趙郡人，開元二十三年進士擢第，天寶中登朝爲監察御史，歷任臺省清官，以文章著名。後被安祿山所俘，脅任中書舍人。長安收復，依「三司類例」受審判，減罪貶官。他深自責備，拒不任官，代宗大曆初卒（《舊傳》第一四○卷下，頁一；《新傳》第一二八卷，頁一）。＜中書政事堂記＞，《全唐文》（臺北，經緯書局，景清嘉慶本，一九六五）及《文苑英華》所收文字有異，今據後書（第七九七卷，頁四～五）。引文（起復）二字，他書或無之。司馬光述政事堂及遷移，蓋據此記，而繫於高宗弘道元年（六八三）十二月戊寅，距裴炎轉爲中書令前後僅五日（詳《通鑑》卷二○三，頁六四一六）。是則李華作「高祖光宅（武后年號）元年」，均誤。又兩＜長孫無忌傳＞均無任司空、知門下省事的記載，他任司空時在貞觀七年，正是畏懼權勢太盛而力辭右僕射後之事，不可能仍然過問大政。倒是太宗死前一年任命他統攝三省，以「司徒、檢校中書令知尚書、門下二省事」則諸書皆同，李華蓋誤。房玄齡亦自以任僕射十餘年，顯貴已極，頻表辭位，乃於貞觀十六年七月改爲司空，翌年居母喪罷，起復爲司空，「仍綜朝政」（詳《舊傳》第一六卷，頁一～六；《新傳》第二一卷，頁一～四）。

㊲ 詳《隋蘇威傳》第六卷，頁一一八四～一一九一。

㊳ 詳《隋李德林傳》第七卷，頁一一九三～一二〇九。

㊴ 前述隋文帝怒謂內史李德林「不足平章此事」，即指參議誅戮北周宗室之事。「平章」一詞隋唐作評議解，處處可見，例如文帝臨崩，向太子楊廣說：「何稠用心，我付以後事，動靜當共平章。」何稠爲文帝親昵的工程官，當時囑以山陵後事（詳《隋何稠傳》第三三卷，頁一五九七）。李靖以特進，勅令「每三兩日至門下、中書平章政事」，高宗末創「同中書門下平章事」即據此。甚至北周時，蘇綽、盧辯等因習於禮儀，詔令「平章國典，以爲時用」。（《五代史志》卷一＜禮儀志＞，頁一〇七）魏徵「朝章國典，參議得失」與此同義，於此可見「平章」一詞在當時的意義。

㊶ 詳金中樞＜宋代三省長官置廢之研究＞，《新亞學報》，一九七四，第一一卷上，頁八九～一四七。案：親王、節度使掛同三品、同平章事或拜中書令、侍中，唐朝後期、兩宋皆列屬使相，不實際在中書門下理事。本文所述乃以中央實際執政情形爲主，不包括使相制度。

㊷ 高宗崩前，諸相除裴炎外，尙有黃門侍郎、同三品劉景先，黃門侍郎、同平章事郭待舉三員門下省宰相，及屬於中書省的中書侍郎、同平章事郭正一，其他身分的有太子少傅、同三品劉仁軌，吏部侍郎、同平章事魏玄同，兵部侍郎、同平章事岑長倩。以品秩而言，最高爲劉仁軌，其次爲裴炎；以當時的權力言，前三相應依次爲裴炎、劉仁軌、劉景先；劉仁軌留守西京，劉景先輔助監國，恐後者權力猶在前者之上。

㊸ 本段敍述高宗末的人事變遷，依據《通鑑》及《新宰相世系表》。《唐會要》說中書令裴炎以「中書執政事筆，其政事堂合在中書省」爲理由，遂移之於中書，甚是。但此事繫於永淳三年七月則誤。詳該書卷五一＜官號・中書令類＞，頁八八三。又輪流執筆制度在肅宗時形成，亦可詳同頁。

㊹ 開元十一年二月，朔方節度使、兵部尙書、同三品張說兼中書令，四月正拜中書令，何時奏請改制，諸書未言，兩＜本紀＞及＜本傳＞更不提此事。今據《唐會要》（卷五一＜官號・中書令類＞，頁八八三）及《通鑑》（卷二一二，是年是月條，頁六七五八）繫於此年。

㊺ 柳宗元在順、憲兩朝，屬於改革派人物。他參加王叔文集團，此派頗以革新政治爲宗旨，可詳王泳＜柳子厚黨事之剖析＞（《大陸雜誌》，一九六四，

第二九卷，第五期，頁一九～二三及第二九卷，第六期，頁二五～三二）。
子厚對政治有改革的熱忱，《兩書》及《唐柳河東集》（臺北，臺灣商務印
書館，景元刊本，一九六八，臺一版，另有外集兩卷）所收文章都可窺見，
因此他對使司的制度頗有見地。引文詳其＜諸使兼御史中丞壁記＞，見文集
第二六卷，頁五〇。

第五章　唐朝軍事政策與國防軍事體制的奠定與發展

第一節　唐初固本國策下的建軍政策及侍衞體系

一、唐初建軍政策及其軍事體制

　　國防軍事爲一門非常古老而又專門的學問，爲政權的存在、發展及延續的根本力量之一；在政治行爲上，戰爭實爲政治問題的最後解決。因此，國防如何部署，軍事體制如何建立，戰鬥力量如何組織發揮，均爲最高權力結構賴以寄託、運行及演變的基礎，討論中央權力結構，不得不對之加以適當的探討。唐朝後期的節度、團、防體系向爲學者所重視，研討亦多，但隋朝及唐朝前期的國防體系及軍事體系，除府兵此一問題外，向鮮綜合性的研究，誠屬遺憾。唐朝前期由於史料零碎及混亂，軍事建制非常隱晦，研治不易。筆者向對軍事、國防極爲留意，玆格於本文實際需要，故欲就此角度略申管見，盼能對研究唐朝何以能成爲東亞盟主，中央權力何以能奠定，地方武力何以消滅屈服等問題，獻其一己的愚見。

　　國家將興，必先建軍；建軍之前，必先建制。建立武力、組織制度，關係乎一個政權的盛衰。通常來說，軍制的建立必須具備民族傳統精神與時代環境需求兩種條件，其建立要素不能脫離精神、制度、紀律、組織四種，精神與制度尤爲其根本。制度與組織在國防上卽爲國防

體制，在軍事上卽爲軍事體制，包括了與軍事有密切關係的兵役、動員、人事、教育、政戰、後勤、研究發展、參謀作業、統率指揮等各種制度，軍隊的編組卽據此而完成。研究唐朝軍事的學者，著眼點往往在軍事與政治的關係、軍事人事制度、兵役制度、軍事編制等方面，史籍記載亦以此爲多。試以兩《唐書》〈兵志〉及〈官志〉爲例，閱讀者對於唐朝軍事制度的演變、大戰略及國家戰略的前後變化、常備建制與警備防禦體制的互相消長、統率指揮的關係、參謀作業的運用等大問題，恐不會有清晰的概念。筆者在本章致力目標，卽以此爲主。

在軍事學的理論中，軍事體制的建立必須以軍事戰略爲前提，軍事戰略又須以國家目標爲根本。國家爲穩固、保護及發展其政權，爲安全與利益，因而訂定了立國的原則，此原則卽國家目標，亦卽國策，如何依照國策去發展及運用其國力，此卽國家戰略構想。戰略構想是總體性的，包括了政治、經濟、軍事、心理各方面，軍事戰略構想落實爲軍事政策，此卽建軍的基礎。漢魏天下大亂，國策中心所在乃在如何有效消弭禍亂以維持政權，因此國家戰略構想遂以分區統制警備、分區作戰爲主，造成了刺史、都督割據之禍。南、北朝皆曾出現本位化運動，北朝較南朝更成功，其原因相當複雜。但是值得注意的是北朝君臣瞭解建立制度以推行固本國策的可能性，而致力於此，與南朝發展不同。北朝固本國策下的國家戰略構想乃是以政、軍分離二元化，部隊國家化，軍人中央化爲目的，因此在分區防禦體系之外另建中央化的新體系，此卽著名的府兵制。隋朝建軍原則沿承北朝，自開皇九年（五八九）天下統一以後，國家內爭對象已消滅：戰略構想亦需加以適當改變。平陳第三個月，文帝以南朝統一，北狄屈服，下詔昭示今後國策說：

> 今率土大同，含生遂性，太平之法，方可流行。……緬將十載，君無君德，臣失臣道，父有不慈，子有不孝，兄弟之情或薄，

夫婦之義或違，長幼失序，尊卑錯亂。朕為帝王，志存愛養，時有臻道，不敢寧息。內外職位，遐邇黎人，家家自修，人人克念，使不軌不法，蕩然俱盡。兵可立威，不可不戢；刑可助化，不可專行。禁衛九重之餘，鎮守四方之外，戎旅軍器，皆宜停罷。代路既夷，羣方無事，武力之子，俱可學文；人間甲仗，悉皆除毀。有功之臣，降情文藝，家門子姪，各守一經，令海外翕然，高山仰止。

❶

這道詔書昭示了國家目標之一在偃武修文。修文方面以建立法治，重整社會秩序為主；偃武方面以防止戰爭，裁兵戢武，引導軍閥世家及武人轉向文化以尋求出路，取締民間武器以促進社會安全為主。換句話說，開皇國策在鞏固中央，推行偃武修文政策，在此國策下，國家戰略構想是假設四方無事的狀態下，如何建軍以維持此局面。據此構思而制定的國防軍事政策：第一，除中央化的府兵之外，裁汰鄉兵等兵種，府兵亦適量裁減。第二，府兵的職責限制於「禁衛九重」、「鎮守四方」，從而建立番衛京師，及保留北朝以來的警備體系。第三，消滅民間武力，引導其向文化發展，鞏固社會安全。這種構思及政策，後為唐朝所本。隋朝為了推行此種國家戰略，逐漸切實推行了幾個軍事政策，由於推行過度，造成了崩亡因素之一。

　　隋朝推行上述政策，最有成效的是第一種，至於二、三兩種則發生甚大流弊。《隋書·高祖紀》開皇十年（五九〇）五月乙未，根據第二種原則進一步頒詔改革，這次改革有三方面：第一，「凡是軍人，可悉屬州縣，墾田籍帳，一與民同」。亦即將府兵與農民合為一體，使中央軍隊建立於租庸調社會安全制度下。兵農合一的作用，實可促進國家安全及社會穩定。第二，軍事財政由行政體系接管，而「軍府統領，宜依舊式」。亦即軍令、軍政分離以後，軍令系統仍舊採取二元體制，以資制衡。軍

府乃地方駐軍的泛稱，隋朝府兵歸中央諸衞、率府統率，地方鎮戍體系由總管刺史指揮，鎮戍部隊由府兵調赴配屬，此即「鎮守四方」之任。鎮戍體系及侍衞體系皆受兵部節制，此二元體系造成了地方有力量、中央有權勢的制衡局面。原則上，地方軍區雖然有力量叛亂，但在中央侍衞部隊武力威脅及軍政控制之下，絕不會輕易成功。早在開皇九年閏四月，中央頒發木魚符於各地總管刺史，顯示中央有意限制其管區的軍事調動權；至開皇十七年（五九七）十月，又頒銅獸符於驃騎府及車騎府，是則將各地府兵的動員調發權收歸中央，總管、刺史若非緊急狀態，再不能任意指揮管內軍府，遂將其指揮權行使對象限制於管內鎮戍部隊或臨時配屬部隊。更有甚者，隋煬帝進一步推行此政策，在大業元年（六○五）正月廢除諸州總管建制，翌年二月又設置都尉官，統率州內警備防禦體系，地方軍令系統完全獨立，刺史不能干預。此後地方固然無力造反，但是大軍區制度已取消，每州警備力量有限，且與地方行政單位不協調，力量大減❷。及至羣雄起事，不論事涉一州或數州，地方警備力量皆不足以應付，須待中央部隊來支持，這正是隋朝瓦解的原因之一，故與固本國策推行過度有密切關係。第三，同詔下令「罷山東、河南及北方緣邊之地新置軍府」。通常設置軍府之地，多爲邊防要塞所在，或爲有潛在危機的地方，因應實際狀況而設置。這些地區原爲北齊的領土，民風雄武，地接突厥，易於爲亂。新置軍府取消情況不詳，但顯然是不智的。地方部隊少，震懾力量即弱，大業初進一步取消總管府，遂使地方警備力量幾乎喪盡。大業七年（六一一），民間苦於徭役者開始結成羣盜，煬帝乃在十二月甲子「勅都尉、鷹揚與郡縣相知追捕，隨獲斬決之」❸。煬帝意欲將地方警備部隊、中央駐泊部隊及地方政府三個不同的系統連結起來，會同處理治安問題，顯示了地方無力的情況，這正是羣雄坐大，尤以山東、河北、河南地區爲烈的主因。

　　第三種政策乃是消滅民間武力。尋乎文帝推行的原意，著眼點在追

求社會安全，因此平陳之後乃下詔裁軍偃武，轉武化爲文治。但是由於猜忌政治興起，遂有矯枉過正的傾向。開皇十五年（五九五）二月，下詔「收天下兵器，敢有私造者，坐之。關中緣邊，不在其例」❹。十八年正月，惟恐南方人以船爲盜，更令江南諸州，民間有三丈以上船隻，全部充公入官。煬帝大業五年（六〇九）正月，徹底推行此禁武政策，甚至下詔禁絕民間鐵叉、搭鈎、攙刀等工具。地方上各部隊，亦早據開皇九年四月的詔書實施「戎旅軍器，皆宜停罷」，武器皆收藏於府庫，非征伐或演習，衛士平常不許持兵器的措施。由最初的禁絕民間持有甲仗，至沒收天下兵器，禁止私家營造，再至禁絕民間三丈以上船隻與鐵叉等謀生工具的持有，從偃武至禁武的政策演變於此可見。禁武政策對代北、關隴崇尚武功的風俗，及北朝軍事閥閱之家打擊最大。所謂「武力之子，俱可學文」，乃是逼使軍人武士作風改變的措施。大業八年（六一二）親征高麗失敗而還，鑒於班朝多出於勳敍而非士人，乃詔令「自今已後，諸授勳官者，並不得迴授文武職事，……若吏部輒擬用者，御史即宜糾彈」❺。勳官用以酬戰功，文帝時以戰功出任地方長吏或京朝官的武人甚多，煬帝此舉，無異斷絕了軍人的前途，對士氣影響甚大。大業十一年（六一五）煬帝被突厥圍困於雁門，急詔天下募兵來援，應募者在危解後，卻因煬帝拒絕依約授勳，打擊民心士氣更大❻。種下了軍人不肯力戰，軍事閥閱反對朝廷，甚至後來江都兵變，隋朝崩裂之因。

　　唐高祖的開國戰略是與初期的大戰略配合的，他北連突厥，南圖關中，然後討伐河隴以固後方，再分由黃河及長江兩線經略天下。這個戰略非常有效，再加上以隋恭帝及關中百官家族爲政戰及心戰力量❼，透過戰場及外交的作用，使割據集團被各個擊破。唐高祖太原起事之初，總兵力似乎在五萬人左右，他率領三萬人南圖關中成功，極需擴充武力以支持其戰略。直至高祖順利控制關隴，其武裝力量實由羣盜、羣雄起

事集團及隋朝政府軍隊臨時整編而成，派赴各戰區投入作戰序列。唐高祖是重新採用開皇體制的君主，當戰區先後建立行臺及總管府的時候，必須另外建立中央直屬兵團以資制衡，唐朝的中央軍事建制遂在武德二年（六一九）七月建立。高祖將中央兵團依照府兵制的方式，建立爲十二軍，司令官稱爲將，副司令稱爲副將。軍將與諸衞、率府的關係不明，不過，十二軍由中央野戰部隊改編而成，軍以下的建制單位則爲府；府有兩種，一種爲驃騎府，一種爲車騎府，實際統率軍士從事耕作、訓練及作戰❽。十二軍實爲唐朝的基本武力，是兵農合一的中央直屬野戰軍。武德四年（六二一）九月，秦王世民特拜天策上將，天策上將府成爲最高作戰指揮部。翌年十月，天策上將特制「可領左右十二衞大將軍」，「總攝戎機」❾，這時候，軍制已發生前所未有的變化。天策上將府具有最高統帥部、最高作戰總部及參謀總部的性質，成爲軍令系統中最高級的機關。天策上將兼爲左右武候衞大將軍，直接統率類似憲兵的武候部隊，因此除了東宮及齊王府部隊之外，其餘軍種兵種幾乎莫不接受其統率。武德六年二月，參旗等十二軍級建制取消；五月，車騎府改隸於驃騎府，唐朝由諸衞、率府直統兵府的形態乃告形成。武德七年二月，各總管府改爲都督府，都督爲文職長官，軍制組織爲之一新。若以此年爲準，則其軍事組織當如圖一三。

圖一三並不表示唐高祖在位全部時期均是如此，但武德後半期體制與此大異之處則不多。自從天策上將府建制，兵部完全排出軍令系統；而且兵部對擁有管內緊急處置權的行臺、督府或安撫大使，節制力似沒有貞觀時強大。天策上將府擁有最高參謀及作戰指揮權，所以李世民在政治環境惡劣之下，能夠兵變成功。他即位後，即取消天策上將的建制，並在貞觀十年（六三六）改革府兵制，兵府一律稱爲折衝府，唐朝前半朝的軍事體系完全奠定；玄宗時府兵制破壞而行募兵制，型態始告改變。

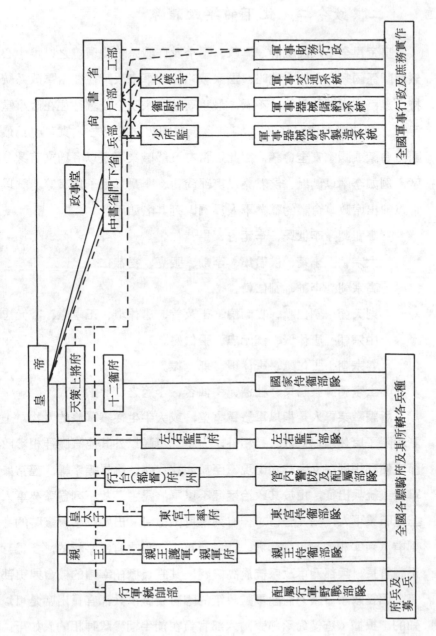

圖一三　武德七年國防、軍事體制 ⑩

二、政令二元化下的軍政體系

皇帝爲全軍最高統帥，軍政、軍令及作戰系統均環繞之以爲中心，然而關係國家安全的大戰略、國家戰略、及軍事政策往往由軍政系統主持，羣臣亦常上疏討論。不過，最重要的國家安全商議往往在政事堂舉行，政事堂雖非機關官署，但其會議在國防立場視之，實可視爲最高國防會議或國家安全會議，因此經常有高級職業軍人以各種文官身分出席，例如李靖以僕射、侯君集以吏部尚書、李勣以太子詹事等。試以玄宗以前出席政事會議的職業軍人爲例，列其名如下：

高祖朝：李世民、李元吉、楊恭仁。

太宗朝：李靖、侯君集、李勣、張亮、楊恭仁。

高宗朝：李勣、劉仁軌。

則天朝：劉仁軌、婁師德、王及善、唐休璟、王孝傑、魏元忠。

中宗朝：唐休璟、魏元忠、張仁愿。

睿宗朝：張仁愿、唐休璟、郭元振。

玄宗朝：張嘉貞、杜暹、牛仙客、李適之、薛訥。

所謂職業軍人是指以軍旅爲事業，或大半生從事軍旅的人物，上述諸相除了唐休璟以武散官拜相外，大多以軍職以外其他官職拜相參政，節度使拜相則在玄宗時才出現。至於如狄仁傑、姚崇等宰輔，經常兼任軍職或統兵出征，由於其政治生涯不以軍旅爲主，故不列爲職業軍人。上述職業軍人，兩《唐書》皆有列傳可供檢尋，出席政事會議時的身分則有《新宰相表》可供參考。非職業軍人而以文官爲宰輔的，多爲兵部正副首長。兵部乃軍政系統最高機關，其官員擔任宰輔的機會與吏部相等，因爲政事會議乃討論軍國政策的國防會議，兵部官員出席是可以想知的。根據《唐僕尙丞郎表》六部官員在前半期參政拜相的人如下：

	吏 部	兵 部	戶 部	刑 部	禮 部	工 部
尚書	30	27	19	10	8	3
侍郎	9	9	1	1	0	1

兵部參政在各朝的情況則爲（以人次爲準）：

	高 祖	太 宗	高 宗	則 天	中 宗
兵部尚書	0	3	3	8	7
兵部侍郎	0	0	1	9	0

	睿 宗	玄 宗	總人次	人 數
	2	10	33	27
	0	0	10	9

唐朝大戰略改變自太宗開始實施，降至安史之亂以前皆爲諸帝所奉行，兵部官員參政亦自太宗開始，愈後愈成常例，顯然與大戰略改變有密切關係，政府極需軍政部門官員出席政事堂。現可考知的前半期兵部尚書共有四十六人，共五十三人次❶，其中卻有二十七人，三十三次兼爲宰輔，超過了總人數及次數的半數以上。更重要的是，吏部爲君相控制人事權的奪權對象，具有宰輔身分的吏部尚書雖較兵部尚書多三人，但機會並不比兵部優勝❷。上述職業將領出席政事堂未必以兵部首長或副首長身分參加，而兵部首長或副首長仍有如此多機會參政拜相，是則政事會議實爲最高國防會議，是評議「軍國政事」的會議，對戰略改變、軍制改革、國防部署，擁有極大的決策權，沒有軍事人員與會是非常危險的。唐休璟爲職業軍人，屢爲邊防軍區司令，稍後入調爲諸衞大將軍，武則天因他熟悉西北國防軍事，多令宰相與他切磋。由於唐休璟建議往往準確有效，則天恨用之晚，晉升爲夏官（兵部）尚書、同三品，而對其他宰輔說：「休璟諳練邊事，卿等十不當一也！」❸在在顯示了職業軍人及文職軍政官出席政事堂的重要性。

在法令上，十二衞府及監門府共十四員大將軍，皆位正三品，與兵部尚書相等，而且大將軍序列尚在兵部尚書之前；另外，都督、刺史及討伐軍司令往往有親王、宰輔兼充之例，地位較兵部尚書更高，這種建制型態對兵部行使職權甚爲不便，成爲兵部職權旁落被侵，雖其首長或副首長獲得宰輔身分亦不能挽救的原因之一。不過國防軍事建制型態是逐漸改變的，太宗推行法治而取消天策上將建制、削弱太子及親王統率部隊的能力，奠定了深厚的基礎。在律令政治之下，兵部乃尚書省的構成單位之一，尚書省爲最高行政機關，諸衞大將軍、都督、刺史及討伐軍司令位望權勢皆居其下，親王、宰輔充任督、刺或行軍統帥，亦勢須受其節制。兵部在此情況下，職權顯得活躍而重要。兵部在貞觀體制未完全破壞時，不但具有軍政督導權，兼且具有某種程度的軍令指揮權，它以軍事行政爲基本職權，而兼負參謀作業的任務。兵部的組成及其職權是這樣的：首長兵部尚書一員；侍郎一員，正四品下階；直轄四司：

<blockquote>
兵部司：掌理全軍兵役帳籍，軍事人事行政：衞府番號、編制；指揮諸衞番上，差遣鎮防部隊，處理諸州府折衝府軍政，及有關討伐軍的申報、告捷、解散、復員等政務。

職方司：掌理全國國防地圖、各地警防設施的分佈與數額等政務。

駕部司：掌理全國交通及畜養事業的政務。

庫部司：掌理全國軍事儀仗及武器營製、貯備、出納等政務。
</blockquote>

四司的司長皆爲郎中，從五品上；副司長爲員外郎，正六品上。除了兵部司政務繁重，編製較大之外，其餘三司皆郎中、員外郎各一員，各有主事以下人員數十人不等。因此，兵部在法令上掌理全國國防政務，除軍事財務行政之外，其餘軍事行政，皆歸本部掌理⓮。兵部爲設計軍政的機關，實際事務多以符牒指揮有關機關執行。例如太僕寺執行監牧事務，在未被監牧使司奪權前，必須接受兵部的督導指揮，這類政務則由駕部司負責執行。同樣的，在國家公製武器政策下，少府監直轄的軍器監

及軍器監直轄的甲坊與弩坊，其製造武器的種類及數目等，均須在兵部的督導下進行；衞尉寺直轄的武庫及武器諸署，其儲備及出納武器事務亦由兵部節制，武器裝備的政令，與庫部司有關。各地（都督）府、州的帳籍、圖經，關係兵役行政及國防部署，亦分由兵部司與職方司處理。軍事財務行政不由兵部掌理，即使後來出現行軍長駐化，甚至節度區出現，成立不少統一指揮部的軍事體制，但掌理部隊財政的支度使，其政令仍與戶部度支司發生關係；部隊屯田事務則仍受屯田司節制。這裏有數例略可窺見兵部的活動：姚崇應制舉及第，累官至夏官（兵部）郎中，當時契丹反叛，夏官尚書、同三品王孝傑早在萬歲通天元年（六九六）因與吐番會戰失敗而免官，此時則天特詔起用王孝傑以白衣充任清邊道行軍總管，統兵十八萬與契丹會戰，全軍大敗，孝傑殉國。契丹入寇，淪陷河北數州，兵機填委，東北危急。當時兵部首長空缺，由檢校夏官侍郎、同平章事孫元亨代理，孫元亨似非熟習軍事的人，軍情申報至兵部，姚崇以兵部司長身分分析計議，向則天提出系列建議，遂受重視，超擢爲夏官侍郎，翌年拜同平章事，主持國防大計❺。剖析兵機而向最高統帥提出方案，乃是參謀總部的職責，天策上將府撤消後，體制上已無參謀本部的建制，顯示兵部兼具參謀性質。姚崇在長安元年（七〇一）三月，由夏官侍郎、同平章事改爲鳳閣侍郎、同平章事，同年六月以兵部首長空缺，詔令兼知夏官尚書事。長安四年（七〇四），姚崇又以相王府長史兼知夏官尚書事、同三品。姚崇力辭，上言以事相王而又「知兵馬」，非常不便，當時則天已病，奉宸集團干政，太子無力，而姚崇既以相王幕僚長任宰相，再掌兵部，恐引起政治敏感，所以力辭。則天同意其理由，改知春官尚書事。兵部有法定的軍政權，又有處理參謀作業之權，此即姚崇所謂「知兵馬」的不便之處。例如開元十年（七二二）張說以兵部尚書、同三品兼領朔方節度使，奉勅出巡北邊而回，奏請將兵敗來降，入居河曲的五萬餘殘胡遷徙於腹地；又奏請裁

減邊防軍二十餘萬，及將已敗壞的府兵制改爲募兵制，此皆兵都部署國防而「知兵馬」的職權，得以擬定奏請施行❻。姚崇在睿宗復位後由刺史入爲兵部尚書、同三品，與宋璟主政，穩定情勢。玄宗用非常的軍事手段鋤除太平集團，急召當時任用州刺史的姚崇再入爲兵尚、同三品，尋兼紫微令（中書令），委以穩定局勢及復辟的全權，而諸相罷手伴食，在在皆顯示出兵部在軍事系統中的強大地位。

　　兵部各種職權之中，能夠使軍令系統置於軍政控制之下的基本權力應爲軍事人事行政權、兵役行政權，及軍隊動員、徵調權。軍人的考試、考核、銓敍制度，與吏部相類似。兵部「尚書銓」及「侍郎銓」，能夠決定大量的中、下級軍人的前途。中上級及高級軍官的敍進雖依法由宰輔提名薦進，君主制授，但兵部正、副首長經常獲得宰輔身分，因此高級將領的前途，仍與兵部首長的薦進有密切關係，這是兵部控制軍官的重要權力。兵役問題的最後裁決權在君主及政事會議，但兵部擁有事先提議及奉令設計施行的權力。兵役命令經由兵部處理而發下府州等有關機關執行，卽使柔性體制出現，府兵制逐漸破壞，政府遣使至各地募兵，如前述楊國忠領「招募劍南健兒等使」，在安史之亂以前，募兵使司大體上仍受兵部政令節制的。軍隊來源、數目、解散皆由兵部節制，因此玄宗開元以前，除了太宗以天策上將兼尚書令、中書令發動兵變之外，中央諸衞府大將軍絕無能力擅兵跋扈，隨意增加軍隊，因而也與中央兵變關係較弱。玄宗以前屢次兵變，軍事主體皆爲左右屯營、飛騎、羽林軍等禁軍系統部隊，中央及東宮二十六衞、率府的衞軍系統卽使參預，亦僅擔任不太重要的角色。在地方上，都督府一樣受到兵部的控制，無能力建立地方武力體系，所以每次地方動亂，多以招募方式糾合烏合之衆來進行，正規的討伐部隊輕易卽能摧毀之。唐朝前期地方叛亂事件，以徐敬業及宗室諸王聯合舉兵討伐武后的兩次行動聲勢最大，但龐大的募兵在訓練有素的中央軍討伐之下，迅速土崩瓦解，原因卽在

此。

　　衛、率府及都督府對屬下或管內軍隊無徵募諸權，甚至也無動員、徵調之權，這是國家安全政策下的建軍原則。緊急動員軍隊組織討伐軍赴戰，及調動府兵番上、調動府兵鎮戍，甚至府兵在都督區內或都督區外移防運動，皆兵部發令指揮，或由有關單位報部核准施行。〈擅興律〉的製定，旨在防止及懲罰與上述相反的非法行動。該律第一條及第三條規定如下❶：

　　　第一條:「諸擅發兵，十人以上，徒一年；百人，徒一年半；百
　　　　　　　人加一等，千人絞。給與者，隨所給人數，減擅發一
　　　　　　　等。」

　　　第三條:「諸應給發兵符而不給，應下發兵符而不下；若下符違
　　　　　　　式，及不以符合從事；或符不合，不速以聞，各徒二
　　　　　　　年。其違限不卽還符者，徒一年，餘符各減二等。」

在進一步討論之前，首先須明白貞觀型態的動員、徵調制度。兵部將軍隊動員、徵調的計劃，經過三省作業程序作成決策，由中書出旨，皇帝畫勅，發交門下審駁無誤，卽在制勅上加蓋「皇帝信璽」，並將調兵專用的「銅魚符」及使用郵傳系統的「傳符」發交尙書省兵部，遣使傳令施行；若調動外國軍隊，作業程序亦一樣，所異者在不用「皇帝信璽」而用「天子信璽」而已❶。《唐律疏議》解釋第一條說:「依令：若兵十人以上，並須銅魚、勅書勘同，始合差發。若急須兵處，準程不得奏聞者，聽便；差發，卽須言上。若無警急，又不先言上，輒擅發」，卽依輕重受律文懲罰。又說:「無警急，又不先言上，而輒發兵者；雖卽言上，而不待報。謂準程應得言上者，並須待報；若不得報，猶爲擅發，但文書施行卽坐，不必要在得兵。」亦卽是說，徵調十員軍人以上，必須由兵部頒下銅魚符及制勅，承受單位領勅及勘合魚符無誤，始得依照命令調發軍隊，否則卽屬擅興罪。未依手續勘合而交出軍隊的單位，亦

犯了擅興罪。這是正常情形。另外，在正常情況下，有關單位亦得建議
調發軍隊，但必須先申報上奏，等待核可，才得施行，否則逕自下令調
發，只要公文已發出，不論軍隊實際調動與否，皆算犯了擅興之罪。若
在緊急狀態下，有關單位緊急動員軍隊，亦須在動員調發以後，申奏要
求認可，這是特殊情形下的事後追認程序。從兩《唐書》諸將領的傳記
中，經常發現他們雖身為刺史、都督或節度使等官職，但部署管內防禦
設施或調動管內部隊前，例須事先經過奏請程序，顯示此為唐朝前期普
遍遵行的制度。《唐律疏議》對第三條有如下解釋：

> 依《公式令》：下魚符，畿內三左一右，畿外五左一右。左者
> 在內，右者在外。……又條：應給魚符及傳符，皆長官執。長官
> 無，次官執。……其符通授官、差使、雜追、徵等，以發兵事重，
> 故以發兵為文。應下兵符而不下者，謂差兵不下左符。若下符違
> 式，謂不依次第，不得承用。

是則表示唐朝發兵符法為包括授官、差使等項目在內的總稱，以《公式
令》為準，有一定的方式程序，發兵單位及受符單位皆不能違反。《疏
議》又說：

> 不以符合從事者，謂執兵之司得左符，皆用右符勘合，始從發
> 兵之事；若不合符即從事，或勘左符與右符不合，不速奏者，各徒
> 二年，違限不即還符，謂執兵之司勘符記，依《公式令》封符付使
> 人；若使人更往別處，未即還者，附餘使傳送；若州內有使次，諸
> 府總附；五日內無使次，差專使送之。

根據此令，可知動員、調發府兵出征、番上、上防、移防，只要調動十
人以上，例由兵部奏請發給勅書、兵符，遣使乘傳發交府兵所在的都督
府或州，都督、刺史需依《公式令》規定頒下符記給執兵的兵府首長，

首長勘合後即須依令發兵。軍隊調發後，兵府首長仍須依法在五日內將收受兵符封還報備。若收到的符記與所持有的右符不合，即須急速呈奏兵部上聞。據《疏議》解釋，上述程序亦適用於太子監國，京都留守司及討伐軍系統，此三者與正常調發不同處，僅在以木契爲信符而非銅魚符而已。由此可見調發軍隊爲軍令作業，例由最高統帥的皇帝下勑爲之，但參謀策劃則由兵部負責，因而常備、討伐、監國、留守諸軍令體系，皆置於兵部控制之下。

上述制度既明，則唐朝前期多次非常軍事行動的成敗關鍵，將可豁然迎刃而解。就中央兵變來說，第一次玄武門事件中，由於天策、秦王集團及太子、齊王集團各有將領擔任十二衛軍職，所以李世民發動兵變不用十二衛，而僅調秦府侍衛部隊，會同受諸衛控制的玄武門宿衛部隊進行。這是擅興罪，但李世民既採非常行動，自然在所不顧。同樣地，東宮及齊王衛隊在太子被殺之後，又無軍令調發動員所屬府兵情況之下，會攻玄武門報仇，顯然統軍者亦犯了擅興罪。東宮與及齊王這支部隊實非天策上將所能統率指揮，然以後援無力，故在尉遲敬德要脅高祖，取得皇帝手勑，宣示諸軍須接受天策上將指揮，東宮十率府因而迅速罷解。進攻玄武門的二千部隊以大勢已去，亦告潰散，沒有進一步釀成東宮十率對抗中央十二衛的全面大戰。太子親信幽州大都督廬江王李瑗欲在督區發兵起事，爲其助手右領軍將軍王君廓以「囚執勑使，擅自發兵」理由所殺❶。武后廢中宗，假太后令爲之。中書令裴炎乃合謀者之一，兵部尚書同三品岑長倩則爲武后追隨者，因此左、右羽林軍奉令入宮廢帝。當時太后攝政，裴炎輔政，命令頒發完全合法，故忠勇的羽林將軍程務挺亦不得不奉令執行。武則天被推翻時，其親信奉宸集團的夏官侍郎、同三品李迥秀在是年二月已貶出，繼任的另一親信，諸武集團的宗楚客尋在七月亦貶出。姚崇長期主持兵部，對禁軍人事似有刻意的安排，所以左、右羽林衛除了右大將軍武攸宜之外，其餘大將軍及將軍

皆爲復辟派人物。剛巧接替姚崇遺缺的夏官尚書唐休璟兼爲幽、營二都
督出鎮幽州，兵部全無正、副首長。姚崇、張柬之等乃得以羽林衛部隊
爲主，發動兵變。兵變成功，即以張柬之爲夏尚、同三品控制軍情。中
宗景龍元年（七○七）七月，太子重俊兵變欲淸除韋武集團，但僅取得
部分左羽林軍支持。兵變之時，兵部尚書宗楚客，左衛將軍紀處訥等韋
武心腹調兵佈防，太子及左羽林大將軍李多祚的行動遂告徹底失敗；宗
楚客似以此功，在九月拜同三品。景龍四年六月，韋武集團謀弒中宗，
召宰相入禁中，徵調附近府兵五萬人屯衛京城，與禁軍分由韋氏子弟統
領，當時兵尚、同三品即爲韋嗣立。若非兵部侍郎崔日用向李隆基洩露
機密，而韋氏子弟待軍人嚴苛引起不滿，類似武后革命，誅戮唐室之事
早已成功。李隆基所恃者乃禁軍系統的「萬騎」部隊，以「萬騎」威脅
玄武門屯衛的「羽林軍」，另一支禁軍系統的「飛騎」部隊則在宮內臨時
響應。至於南牙衛軍系統則宿衛於太極殿，來不及調動赴北牙佈防❷。
兵變成功，急召姚崇入爲兵尚、同三品，隆基兄弟分任左右羽林及諸衛
大將軍。 上述皆爲非常行動， 但兵部仍然在行動中佔有重要的地位。

　　純粹軍事行動雖然持挾君權於一時，全面軍事部署及善後仍需以控
制兵部發施號令，這種狀況在地方兵變更易看出來。太宗在玄武門兵變
成功，親太子的幽州大都督李瑗下令徵召管內部隊，其幕佐兵曹參軍王
利涉說：「王（李瑗）不奉詔而擅發兵，此爲反矣。須改易法度，以權
宜應變，先定眾心。今諸州刺史，或有逆命，王徵兵不集，何以保全？」
李瑗問計。利涉答說：「山東之地，先從竇建德，酋豪首領，皆是僞官，
今併黜之，退居匹庶，此人思亂，若旱苗之望雨。王宜發使，復其舊
職，各於所在，遣募本兵。諸州儻有不從，即委隨便誅戮。此計若行，
河北之地，可呼吸而定也。……」❷此語顯示幽州都督府管內諸州刺史，
雖獲都督命令，但以兵部沒有發給符記，不肯擅自受命發兵，使李瑗急
忙改革現行制度及採取募兵的計劃， 終告敗事。另外， 類似情形亦發

生於太宗貞觀十七年齊州都督齊王祐的身上。齊王祐聽採母舅陰弘智建議，秘密募集壯士自衞，以圖在太宗死後有所作爲。後與幕僚長權萬紀衝突而提早兵變，開府設官，徵召管內靑、淄數州鎭兵，均不從命；又傳檄諸縣，亦被拒絕，遂欲虜刼城中百姓出走爲盜，爲兵曹參軍杜行敏聯絡兵士包圍，餘黨就擒，當時兵部尙書李勣，奉詔動員懷、洛、汴、宋、潞、滑、濟、鄆、海九州兵，親自統領來攻。李勣討伐軍未至，靑、淄等附近數州部隊已奉令集合於齊州境界，準備會攻李祐。齊州都督府軍事幕僚杜行敏卽利用人人自危的心理，解決李祐及其叛亂集團❷。靑、淄等州均爲齊州都督府巡屬，不受都督之命而依法奉兵部命令來攻，顯示了兵部權力強大的法令基礎，亦足以說明開元以前，何以沒有藩鎭之亂的危機存在。

兵部後因府兵制的破壞，中央遣使分道招募兵源的制度亦在安史以後逐漸演變爲節度、團，防諸使自行募兵，因而喪失兵役行政權。又由於藩鎭已興，節度體制漸漸形成，兵部於是喪失該節度區軍事行政權及軍隊調動權。加上中央有諸軍諸衞觀軍容宣慰處置使及左、右神策軍護軍中尉等官職的設立，攫奪了禁衞軍的控制權，因此職權大墜，變成閑曹。其在軍事體制上的原來地位，在五代遂爲樞密院所取代，最後演進爲宋代的中書、樞密院二府並峙之型態。

三、政令二元化下的侍衞體系

隋朝在固本國策之下，推行軍隊中央化政策，除府兵之外，其餘建制部隊陸續取消。隋唐府兵皆稱爲衞士，各地兵府直隸中央諸衞、率府，此卽本文所稱的衞軍體系。唐初建軍，至太宗時衞軍體系卽已奠定，《貞觀令》所載諸衞府組織，乃糅合《開皇令》及《大業令》而創成，其官稱改變如表二五。

表二五　貞觀十六衞府官稱沿革及職掌㊿

《開皇令》	《大業令》	《武德令》	《貞觀令》	番號	職　掌	備　　註
衞　府	翊衞府	衞　府	衞　府	驍騎	宮廷禁禦，督攝戎仗。唐制衞府自武候衞府共十二衞，班序有先後，職掌無分異。諸衞府皆分左右兩單位。	唐制十二衞各領所屬以警備宮廷。左、右衞爲第一衞，衞士之名可能與此有關。《唐會要》說：「武德元年，諸衞因隋舊並爲府，至（高宗）龍朔二年二月四日，並去『府』字爲衞。」（卷七一，頁一二八三）是則《五代史志·百官》下所載大業諸衞，皆應加府字。
無	驍衞府	同　左	同　左	豹騎		此衞府在煬帝時由左、右備身府析離而成。《五代史志·百官》下作騎衞、驍騎衞不等，互矛盾。《隋書》諸傳，常見驍衞大將軍一官，故定爲驍衞府。
武衞府	同　左	同　左	同　左	熊渠	隋朝掌外軍宿衞。	
領軍府	屯衞府	同　左	同　左	羽林	隋朝左右領軍兩府各掌十二軍籍帳、差科、訴訟的事務。	《新唐書·官志》十六衞項謂武德五年改屯衞爲威衞（卷三九上，頁一），似誤。《武德令》有屯衞一名，龍朔二年改爲威衞，去府字（《舊官志》

						卷二二，頁一及三）。
無	禦衞府	領軍府	同　左	射聲	《大業令》加置，在隋職掌不明。	《舊唐書·官志》注謂「煬帝改爲屯衞，國家改爲領軍衞」（卷二四，頁二一）。案：煬帝改領軍府爲屯衞，另置禦衞府以統射聲軍，唐朝將此府恢復開皇領軍府舊名而已。
武候府	候衞府	武候衞府	同　左	伏飛	隋朝掌侍從車駕，警備治安，略具憲兵性質。唐制同。	龍朔二年，改名金吾衞。
監門府	同　左	同　左	同　左	無	隋唐皆掌宮殿門禁及守衞事。	龍朔二年去府字，逐改爲衞，但職掌與上述十二衞有別。
領左右府	備身府	千牛府	千牛府	無	隋唐皆掌宿衞侍從，供御兵仗，爲貼身侍衞。	《開皇令》中的左右領左右府組成分子在《大業令》中析離爲驍衞府，剩餘部分改稱備身府。唐兩令去備身之字，高宗顯慶元年升格千牛衞，龍朔二年改爲奉宸衞。中宗神龍元年改爲千牛衞，成爲定稱。

　　諸衞府依照分散制衡的原則建立，力量地位大體相埒，而以左、右衞府地位最峻美，其次爲左右武候衞府（卽金吾衞）、左右驍衞府。此六衞府大將軍高踞武職官之首，多以處重臣、腹心或名將，且與左右監門府及諸省，皆列爲內官，其他衞府及機關則列爲外官，自開皇以來卽如此❷。任此六衞大將軍者，轉遷拜相的機會甚大，在隋朝則此六衞大

將軍更往往由宰相兼任或逕掛參政名號❷。唐初因襲其制，自太宗以後才改變，但此六衞大將軍仍甚峻美，轉遷拜相的機會仍大，只不過不再直以此官參政拜相，似乎與軍令系統必須接受軍政系統節制的政策有關，避免隋朝楊雄、宇文述等職重權大，威脅政權的現象再現。十二衞大將軍轉遷則爲宰輔，外放則爲都督、刺史，奉令征伐則爲總管、大總管，尤以左、右兩衞組織，編制最大，其餘十衞略遜，左右監門府及千牛府位望低而編組小。左右衞府與其他十衞府相異之處，一爲十衞統率兵府數目不及前者，二爲十衞各有翊衞中郎將府建制，但無左右兩衞府的親衞中郎將府及勳衞中郎將府建制。亦卽親、勳、翊三衞五府建制，僅爲左右兩衞府特有的組織。

三衞五府衞士皆爲唐朝功勳、大臣、要官的子弟擔任，所以兩衞府特別重要而位望峻美。東宮十率府建制倣摹十六衞府建制而成，其長官爲率，副長官爲副率，分別爲正四品上及從四品上的中上級武官。東宮左右衞率府如中央左右衞府，爲東宮最大總部，軍額番號爲「超乘」。左右司禦率府番號「旅賁」，左右清道率府番號「直盪」，性質皆同十二衞，而清道率府略帶憲兵性質，與左右武候府性質相同。唐朝前期言兵，往往兼稱十二衞及東宮六率，這是由於東宮左右監門率府性質同於中央左右監門府，左右內率府同於左右千牛府，性質、組織、編制皆與十二衞及六率府有異之故。今試以左衞府編組繪爲圖表，以概其餘。

《新唐書·兵志》說：「其（折衝府）隸於衞也，左右衞皆領六十府，諸衞領五十至四十，其餘以隸東宮六率。」❷是則唐朝五、六百兵府分統於十二衞、六率府，是名正言順的中央衞軍，雖分駐各地，斷不能視爲地方軍。諸書列兵府於諸衞之後，而不列於地方府（都督）、州之後，其意在此。東宮六率府建制亦摹倣十二衞府，所統兵府數目則甚少，最大的左右衞率府，亦僅各統親、勳、翊三府及廣濟折衝府等五兵府，估計兵力不過八千人左右。至於三衞五府，唐制往往僅稱爲三衞，衞士皆

圖一四　唐初左衞府組織編制㉖

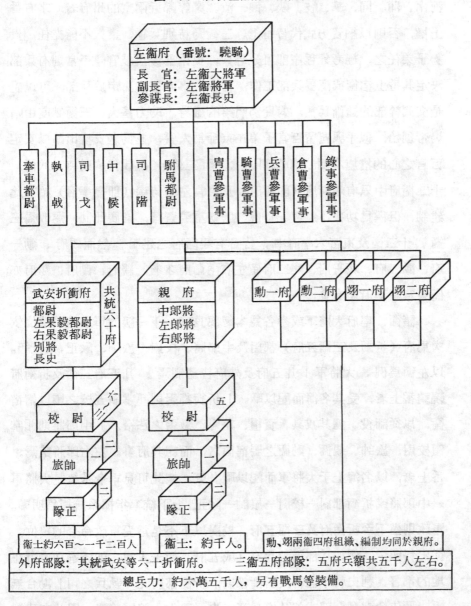

左衞府（番號：驍騎）

長　官：左衞大將軍
副長官：左衞將軍
參謀長：左衞長史

奉車都尉

執戟

司戈

中候

司階

駙馬都尉

冑曹參軍事

騎曹參軍事

兵曹參軍事

倉曹參軍事

錄事參軍事

武安折衝府

都尉
左果毅都尉
右果毅都尉
別將
長史

共統六十府

親　府

中郎將
左郎將
右郎將

勳一府　勳二府　翊一府　翊二府

校　尉

旅帥

隊正

校　尉

旅帥

隊正

衞士約六百～一千二百人

衞士：約千人。

勳、翊兩衞四府組織、編制均同於親府。

外府部隊：其統武安等六十折衝府。　三衞五府部隊：五府兵額共五千人左右。

總兵力：約六萬五千人，另有戰馬等裝備。

取父兄資蔭高下，依次擔任親、勳、翊的衞士。三衞衞士籍貫在京兆、河南、蒲、同、華、岐、陝、懷、汝、鄭等鄰近兩京的州府者，才有番上權，否則以納資方式代替番上。三衞乃特別兵種，常人不能充任，貴勢子弟任之，經考銓程序卽可分赴兵、吏兩部優爲敍官；平常則有兵部決定其番上宿衞或配屬兵部工作，初步人事考核亦決定於兵部，可以說是文武幹部的儲備兵種，對貴勢門第的維持，助力甚大。三衞制度由隋煬帝創始，似乎與羈留百官子弟在京師爲人質，並爲之安排出路以安定百官之心的措施有關。隋朝稱「三衞」爲「三侍」，卽親侍、勳侍、武侍，十二衞府中只有翊衞府（卽衞府）及東宮左右侍率（卽衞率府）始有此建制，但稱爲功曹、義曹、良曹。唐初重視資蔭，推廣此制，遂改爲三衞，十二衞及東宮六率府中，皆各有翊衞府之建制；然而親府、勳一府、勳二府、翊一府、翊二府僅左右兩衞府才有，親府、勳府、翊府亦僅東宮諸率府才有❷❽。

　　諸衞、率府大將軍或率各爲本總部長官，下一級的軍事建制單位依次爲府（折衝及三衞五府）都尉及中郎將、校尉、旅帥、隊正,共五級。以左衞爲例，大將軍「凡五府及外府皆總制焉。凡五府三衞及折衝府驍騎番上者，受其名簿而配以職。」折衝都尉則「掌領五校之屬以備宿衞，以從師役；總其戎具、資糧、差點、教習之法令。」中郎將則「掌領校尉、旅帥、親衞、勳衞之屬宿衞者，而總其府事。左右郎將貳焉。番上者，以名簿上于大將軍而配以職」❷❾。據此可見軍令系統是大將軍—中郎將或折衝都尉—校尉—旅帥—隊正，上下統率指揮系統極爲明顯。軍政則僅下至折衝府及三衞五府，校尉以下不是承受軍政命令的單位。從史料顯示，例如兵部調發兵府（或五府）衞士入宿，卽透過兵府所在地的都督、刺史轉下信符於折衝都尉，折衝都尉此「執兵之司」勘合無誤，乃依命調發全部或部分府兵至中央，聽由大將軍差遣。因此在建制上，折衝府或五府乃是最高戰術單位，同時亦爲最低戰略單位。這個體

制明瞭，然後可進一步討論諸衞、率府與皇帝、皇太子、兵部的關係。

在軍事體制上，宰輔協助皇帝決策國防軍政是毫無疑問的，尚書省為政本之地亦不必再贅。兵部為尚書省組成分子，所以協助尚書令、僕分行軍政事務，若兵部有統率軍隊之權，則尚書省亦當有此權力。事實上，十二衞大將軍地位為正三品，與兵部尚書一樣，序列猶在兵尚之前，兵部勢不可能統率諸衞府。若從尚書省整體來看，亦無尚書省統兵的證據。高祖時尚書令李世民統率十二衞大將軍，絕非由於他為尚書令之官，而是因為他是天策上將，是地位品秩超越尚書令兩階的最高統帥，且獲統兵授權。尚書省不能統率十二衞，正宰相亦與統兵無關，許圉師之事可以為例。高宗龍朔二年（六六二）十月，左相（侍中）許圉師之子侵犯他人農田，田主控告於御史臺，憲司不受理。西臺（中書）舍人袁公瑜遣人上封事，直接向皇帝提出非常訴願。高宗責備許氏作福作威，許氏自辯說：「臣備位樞軸，以直道事陛下，……至於作威福者，或手握強兵，或身居重鎮。臣以文吏……何敢作威福！」高宗大怒說：「汝恨無兵邪！」許敬宗又在旁鼓煽，遂特詔罷免官職❸。因此，可以斷定宰相及尚書省皆為軍政系統的構成官署及機關，沒有統帥權。兵部部本司管理「衞府之名數」，「凡天下之府五百九十有四，有上中下，並於諸衞之職」。兵部需處理兵役、番上、征防等事務，所以必須掌握諸衞及所屬諸兵府的名數，折衝府必須「每歲十一月，以衞士帳上尚書省，天下兵馬之數以聞。」兵部司據此而將「衞士各立名簿」，校核其征防差遣表現的優劣，「每年正月十日送本（折衝）府印記，仍錄一道送本（所屬）衞府」。駕部司據此，則「凡諸衞有承直之馬，凡諸司有備運之牛，審其制以定數焉」❸。亦即兵府每年需上帳籍於兵部，作為軍政施行、差遣徵發的依據，兵部整理後的兵府名簿，一本送還該兵府，一本送交該兵府所屬的衞府，以作統率命令的參考。武器裝備的保養及出納由衞尉寺及府（都督府）州主理，所以左衞府在「大朝會從行，則受黃質甲

鎧弓矢於衞尉」❸，衞尉寺事實上受兵部節制，是則衞府、兵府與兵部的軍政關係，於此可明；諸衞大將軍絕不受兵部的統率，僅在指揮屬下兵府及三衞五府行動時，「受其（兵部所送至）名簿而配以職」而已。

東宮六率軍令關係原則上同於十二衞府，太宗以後，太子名義統率諸率府，實際上甚少發生軍令關係。東宮最高職事機關為詹事府，據法令，「詹事統東宮三寺、十率府之政令。少詹事為之貳。凡天子六官（尚書省六部）之典制，皆視其事而承受之」。詹事府是比照尚書省，三寺比照諸寺監，十率府比照十六衞府而置，是則詹事府直接受尚書省節制，皇太子統而不治的型態可明。詹事府有丞及司直此一建制，詹事丞「掌判府事，知文武官簿、假、使，凡勅令及尚書省、（東宮）二坊符牒下東宮諸司者，皆發焉」，顯示兵部軍政直下詹事府，然後轉下於率府。司直具有監察權，「掌劾宮寮及率府之兵」❸。是則東宮兵馬統率系統，實為皇帝—（皇太子）—率府—折衝府及三衞府，校尉以下則與十二衞同，詹事府為二重軍政機關。

左右監門府、千牛府、東宮左右監門率府、左右內率府統率系統如十二衞及六率府。監門率府職掌略同監門府，內率府略同千牛府，編組亦較小。左右監門府職掌守衞宮殿門禁，直轄四個翊衞府而無折衝府配屬，但另有監門校尉、立長、長人、長上等編制，大約有千人左右，屬於內官，因此中宗以後，左右監門大將軍已逐漸為宦官掌握。宦官控制監門部隊，中、晚唐以後，成為阻隔皇帝與朝臣關係的重要力量。至於左右千牛府在開皇時原稱左右領左右府，為天子貼身侍衞，轄下有千牛備身、備身左右、備身等數十員編制。開皇十八年（五九八）設立備身府，《大業令》將左右領左右府大部分成員改組為驍衞府，剩餘的改稱左右備身府，不置大將軍與將軍，僅各設備身郎將一員以統率千牛左右、司射左右各十六員，與數目不超過三個的外府。由於編組小而地位低，故不被史家重視。

　　事實上，左右備身府乃是皇帝最親近的侍衛，即使左右衛府的親府亦未必及之。唐朝將之改為千牛府，郎將改為將軍，直轄千牛備身（千牛左右及備身左右合併而成）、備身、主仗等百餘員，另統翊府中郎將兩員，無外府編制，關係更見密切，而且編制、地位不斷擴充及提高，終於在高宗時升格為千牛衛。唐朝千牛官員非常親貴，由於編制不大，因此若非高級官員的嫡子，絕無資格充任。千牛官員需為貴官嫡子，乃隋文帝的獨孤后所定。獨孤后素性善妬，又深受重嫡賤庶觀念影響，乃「普禁庶子，不得入侍」，引起嫡子以外的貴勢子弟怨懟，而且嫡子不一定有才幹，因此皇帝及皇太子最親密的侍衛隊，往往有品德惡劣、才幹低庸的人。隋朝最著名的例子為宇文化及，他是左翊衛（左衛）大將軍、參預朝政宇文述之嫡子，唐初宰相宇文士及的嫡兄，年輕時素有「輕薄公子」的綽號。煬帝因其父協助而為太子，乃令化及「常領千牛，出入臥內」，再三因惡行而免官，但因其家世及太子嬖昵，屢次復職。化及驕橫，至陵辱公卿。宇文述薨後，煬帝追憶之，遂起化及為右屯衛將軍，化及主持江都兵變弒害煬帝，即與刎頸之交的賭友設計，這人多任直長、勳侍（勳衛）及其他親近官職，而且先遣人進入備身府鼓動驍果部隊，終成殺弒❸。唐高祖亦曾任文帝的千牛備身。唐初在用人唯才的政策下，此機關官員任用資格不詳，高宗簡用千牛舍人，欲依據任用嫡子之制，左僕射褚遂良極力反對，認為親、勳諸衛士不限嫡庶，而嚴限千牛之選，將引起異端憤懟，且舉崔仁師等嫡子以粗人任千牛官，遭受檢責為例❸。玄宗以後，三衛五府衛士已賤，貴勢子弟多不肯任，產生極大流弊，但千牛衛官職，任用資格仍嚴峻，德宗貞元七年（七九一）十二月五日，批准兵部的請示，規定千牛人員任用限制如下❸：

　　㈠下列資格得任用之：

　　　⑴需門地清華、容儀整肅，年齡在十一至十四之間。

　　　⑵上述人物須試讀一小經，兼薄解弓馬者。

(3)取蔭標準爲：嗣王任常品四品以上清資官，宰輔及文武職事
　　正二品以上官，御史大夫、諸司卿監、國子祭酒、京兆尹、
　　河南尹子孫、主男。現任左右丞、諸司侍郎及左右庶子；應
　　前任並身役蔭者，三品以上官仍須兼三品以上階；其現任官
　　蔭，並不須階。

㈡下列情況不許放寬任用：

(1)庶孽、酗酒、胈疾等，不在應限。

(2)一蔭之下或周親有現任千牛者，再有子弟應補千牛，亦不在
　　應限。

(3)所用蔭若是攝、試、檢（校）、員外、兼官等非正闕釐務者，
　　並不在應限。

㈢應用贈蔭者，須承前歷任清資，事兼門地，與格文相當者。但
　　其贈蔭必須準格降品敍任。

是則千牛用人標準，仍以貴勢嫡子爲優先，因此安史之亂以後，戰亂頻
仍，貴勢之家仍得維持其門第，與此制度的保障有關。例如前述宰相王
及善，父親官至左武衞將軍、新興縣公，隨太宗征高麗，統領左右屯營
爲維護太宗安全而力戰殉國，太宗特贈左衞大將軍、幽州都督、邢國
公。王及善時年十四歲，特授正五品下的朝散大夫，襲爵。高宗時，累
遷東宮左奉裕率（卽左內率府首長），因輔導太子有成績，尋除右千牛
衞將軍。高宗對他說：「朕以卿忠讜，故與卿三品要職，他人非搜辟不
得至朕所。卿佩大橫刀在朕側，知此官貴否？！」後來累至宰相。千牛衞
爲皇帝及太子的貼身帶刀侍衞，地位極爲優美，晉遷亦佳，爲貴勢子弟
努力爭取的官職，於此可見。千牛府在高宗龍朔二年（六六二）改爲左
右奉宸衞，至中宗神龍元年（七〇五）復爲千牛衞，且置大將軍各一
員，機關地位乃與十二衞相等，且首任大將軍卽曾爲皇帝、皇太子、皇
嗣的安國相王（睿宗）❸。

諸衞、率府長官爲皇帝及皇太子以外最高級的軍令長官，分別歸由皇帝及皇太子統率。降至高宗顯慶至中宗神龍間，原本十二衞府擴展爲地位平等的十六衞，而除去「府」字，加上太子十率府，合共二十六個軍事總部。總部以下的次級建制單位爲兵府，兵府有兩種，一爲三衞五府的中郎將府，一爲外府系統的折衝府。二十六個總部中，僅左右監門府、千牛府、東宮監門率府、內率府八個總部因在禁內工作關係而無外府的編制外，其餘十八個總部皆有之。因此，府兵建制在此有略加論述的必要。

四、兵府的建制、功能、部署與國家戰略的關係

府兵制中外歷來研討者甚多，卓見亦不少，但就整個國防、軍事體制來論述者則較少，所以解釋上偶有不能令人滿意的地方。唐朝繼承北朝以來的國策及建軍條件，使府兵制的確立產生幾種特色，若誣之爲兒戲安排或剝削軍人等，恐難令人心服。

隋唐府兵制建立於固本國策之上，整個大戰略、國家戰略構想亦依此製定。就大戰略而論，隋煬帝及唐太宗除了意氣用事而撻伐高麗，原則上自隋文帝至唐太宗初期，皆不考慮大舉征服四裔的問題，因此對外遂以聯盟、結好，及近程防禦作爲其大戰略的方針，漫長的邊疆沒有部署如天寶時代的高級統一指揮部，以節度使指揮龐大的軍團執行征服擴張的計劃。就國家戰略構想而言，隋唐建軍的第一個構想卽爲初唐羣臣常說的「強幹弱枝」政策。實施這個政策需有兩種措施，首先是軍隊國家化與軍人中央化，其次爲軍力集中化。另一個重要構想則就國家安全及社會安全方面著眼，所以產生軍人社會化及專業化的共生型態。揚棄楊隋過度重文輕武及偃武銷兵政策。這些構想及政策，產生不少措施，牽涉到政治、國防、軍事、財經及心理各方面，是一個複雜的制度問題，固不可單從軍制入手作研究，亦不可僅由社會財經的立場去論述，否則必有偏倚苛議之論。本文並不專門研究府兵問題，本節除了討論軍

隊國家化、軍人中央化及軍力集中化此一建軍原則之外，餘待另贅。

　　陳寅恪先生曾論述北朝末期府兵制發展的大勢爲：從鮮卑制轉爲華夏兵制，從兵農分離制轉爲兵農合一制，從部酋分屬制轉爲君主直轄制。實對府兵制的建制精神及性質，有一針見血之功❸。不過，陳先生所謂的鮮卑制轉變爲華夏兵制實有狹義化之嫌，君主直轄制亦然。首先打破鮮卑部落武力體系爲北齊，北齊簡募華人的勇力絕倫者爲軍人，稱爲「勇士」。至河清三年（五六四）定令，正式將徵兵制植建於社會基礎上，規定男子自十八歲至六十五歲爲丁，自二十歲卽有受徵當兵的資格。另一方面，北周亦在保定元年（五六一）實施十二丁兵制，使兵役徵調歸由國家統理。前者具有軍事國家化的意義，後者兼具軍隊中央化的意義，並不以華夏兵制及君主直轄制的意義爲限。

　　隋唐糅合二者之長，府兵之外，鄉兵等兵種皆已陸續取消，而府兵此單一軍種，亦由北周「侍官」之名改稱爲「衞士」，此卽本文所稱的侍衞部隊或衞軍系統❸。軍人改稱謂，直隸中央十二衞府及東宮六率府的意義非常重大，是含有保衞君主、保衞中央、保衞國家的涵義的，這也是侍衞軍的三種重要功能。實施前二功能則有番衞制度，後一功能則有上防及行軍制度。某些研究府兵制的學者，著眼點在府兵的番上宿衞制度，因而強調府兵自創始與發展，皆與專制主義的中央集權政治有關係❹。這種解釋近乎牽強，而且抹殺了當時局勢的客觀需要。府兵直隸於最高統帥的元首，純從制度而論，不能算是專制主義的安排；在大分裂及統一新局完成的時代，武裝部隊全由元首（君主）來統率，起碼可以消弭地方武力體系的延續，清除軍閥政治的弊病，爲日後「開皇之治」、「貞觀之治」等較和平安定的新局，提供了良好的基礎。追求這種發展，是君臣共同的目的，所以兵權內收的過程中，爲此而公開反抗的高級將領，爲數甚少。換句話說，這種關係國家安全的軍事政策，起碼得到大多數臣民的支持，是應實際環境的需要而產生。隋煬帝推行此政

策矯枉過正，他取消足以武力反叛的總管制，而將各州警防體系撥歸都尉主持，與刺史的行政體系互不相知，因此無力應付地方動亂。唐高祖實施文職化的都督制度，以掌管轄下數州的軍政及警防體系，使地方上得到較大的穩定力量，而又不足以造成割據叛亂，正符合局勢發展的需要。

　　府兵出充鎮戍部隊，以鎮守四方，確保國防安全；入則番上宿衛，保衛首都，侍衛皇帝；遇有征伐，乃奉令組成行軍，奔赴戰場。功能顯明，並不專為侍衛皇帝。況且，十二衛及東宮六率府的衛士，統率上直隸於皇帝，但為皇帝貼身侍衛或禁衛宮禁的部隊，主要由監門府、千牛府、北門禁軍諸軍種負責，或者也分給十二衛的三衛五府部隊協助。因此衛士番上，保衛首都、保衛中央的意義，實大於禁衛皇帝私人，視之為國家衛軍較視之為天子禁軍來得更貼切。府兵保衛國家、保衛政府的意義大，所以唐制列為南衙部隊，意即中央政府部隊，與北衙禁軍是不同系統的。十二衛及東宮六率乃是南衙機關，體制上屬於「京（中央）職事官」系統，因此其所統率的兵府及衛士，皆得列屬中央體系，此即軍隊中央化。一切衛士皆為中央軍，自不會對地方產生統率上的歸屬感，這是唐朝前期百年間，沒有出現藩鎮之亂的主因之一。另外，從兵役至各種軍政措施，完全由中央政府指揮督導，兵部乃文職機關，上承君相決策以指導各軍事總部，或者透過都督、刺史指導當地兵府推行政令，遂使一切軍事問題收歸國家統籌，即使大將軍及都督，若不經兵部及宰相考銓或薦進，不能私用任何軍官；若非接獲兵部通知，不能擅發十員以上軍隊，這種政策即本文所稱的軍事國家化。削弱地方勢力而不使之無力，取消地方軍隊而不使之無兵，不論就歷史發展來看，或就國家安全來看，皆符合政治上及軍事上力量集中與分散的建軍原理。儘管唐朝府兵制乃固本國策下所謂「強幹弱枝」政策的結果，但不影響其建軍精神的合理性。

　　折衝府部署的原則是集中求散，而又在散中求合，數百兵府各以番

號隸屬於十八衞率麾下，集中部署於中央，地方距離首都愈遠，兵力的疏離度愈大，這種戰略部署最能表現出「強幹弱枝」下的軍力集中化精神。唐朝兵府數目說法不一，可能各據不同時期的數字。兵府爲數在五、六百之間，諸書大體不異❹。若據左右兩衞府各統六十兵府，十衞各統五十至四十的最高額計，十二衞共統外府部隊約六百二十個府。東宮以左右率爲首，各統五兵府，餘四率府每率府數目當亦不超過五個，最高估計六率府統兵府三十個。十六個總部最高統率兵府數目，不應超過六百五十個，最低估計當有五百五十個。除了陸贄奏議提及八百兵府，恐爲誇大之辭外，今見諸書所載數字，完全符合五百五十至六百五十之間，因此難以認定。唐朝十道分兵乃太宗貞觀十年（六三六）以後的事，每道部署兵府數字，顯示太宗君臣以國策及國家戰略出發，欲舉關中之力以臨四方的構想，是不可輕加懷疑的。十道分兵亦有異說，但兵府集中於關內道的事實則不異，請詳表二六。

表二六　唐折衝府配置

道 數目 史料	關內	河東	河南	河北	隴右	山南	劍南	淮南	嶺南	江南	總計	備　　註
《通典》	173 (273?)	39 (139?)	62	14	29	10	10	6	3	2	564	總數乃據❹之(2)爲五六四，但其分道數字無論如何計算，皆與總數不合。存疑待考。
《新唐書·地志》	275 (273)	141	62	30	29	10	10	6	3	2	568 (566)	本條據❹之(7)，此項爲五六六府，今爲五六八府者，乃因關內道舊府有二七三個，延州有新府兩個之故。

<唐折衝府考校補>	214	163	73	46	37	14	13	10	6	5	581	本表依據<唐折衝府考>及<唐折衝府考校補>二文製成（《二十五史補編》，頁七五九五～七六○六及七六四三～七六六○）。

　　表二六顯示河南道及隴右以下六道，《通典》及《新唐書・地志》所載相同，可能唐朝某段時期確有如上述的部署。無論如何，關內道兵府幾達半數，若加上河東道及河南道兵府，則兩京之間的府數已達五分之四，「強幹弱枝」的戰略部署，不喻而明。關內道共有兩府、兩都護府、二十七州、一百三十五縣，兵府密佈，平均每縣駐有兩個兵府；而首都所在的京兆一府及其二十縣，即擁有一百三十一兵府的龐大數目。至於嶺南道則共有七十三州、一都護府、三百一十四縣，卻僅駐有三個或六個兵府；僅廣州一州及其十三縣，已擁有其中的兩個兵府。部署疏密的差異，於此可見❷。

　　兵府集中在關中以拱衛首都及中央，對其餘諸道各州的叛亂集團具有極大的震撼力。例如齊州都督李祐反，齊州屬河南道，全道共有一府、二十九州、九十六縣，兵府六十餘個。齊州都督管轄齊、青、淄、萊、密五州二十餘縣，境內沒有兵府駐紮，僅有警防部隊。此道兵府的分佈情況是東都所在的河南府有三十九個，汝州四個，陝州十五個，虢州四個，六十二兵府悉佈於此一府三州。當齊州督府諸州警防體系拒絕參與叛亂，反而奉兵部指示統兵逼臨齊州時，兵尚李勣抽調懷、洛九州部隊未至，齊州警備部隊已因心理壓力太重，輕易策動反叛亂行動，清肅了叛亂集團❸。武則天光宅元年（六八四）九月，徐敬業舉兵討伐武后，以匡復廬陵王(中宗)為政治號召，以揚州部隊為基礎，迅速擴充至十餘萬。揚州為淮南道首府，為都督揚、滁、常、潤、和、宣、歙七州的大都督府，全道六個兵府即有四個在揚州，一個在和州。徐敬業不愧

爲李勣之子，他挑選距離首都遙遠而兵力尙佳的揚州起事。其起事前已有週詳的部署，先使人告變，稱揚州長史造反而逮捕之，然後才到揚州，矯稱朝廷任命他爲揚州司馬來到任。然後僞稱奉密詔動員府兵征伐高州（廣東茂名縣東北）叛蠻，下令打開軍械庫發給軍械，並武裝州內囚徒、工匠以起事。由於他求得與太子李賢狀貌相似的人做傀儡，建立「匡復府」及「英公府」，以中宗及其父聲威爲號召，因此能募得十餘萬兵，但所部正規軍不多，臨時募集之眾究非正規軍之敵，當軍隊攻戰之時，往往爲各地警防部隊阻拒，揚州督府所屬的潤州卽死守十數日才陷。朝廷以左玉鈐（左領軍）衞大將軍李孝逸統兵三十萬趨潤州會戰，尋又命左鷹揚（左武衞）大將軍黑齒常之別道來攻，因而敬業部隊先勝數役，以後繼無力而大敗。在大軍壓力之下，敬業甚至不敢率殘部死戰，反而輕騎奔回江都，攜帶妻子欲往海道流亡高麗。前後起兵四十四日，揚、潤、楚三州僅受波及，但極迅速卽平定❹。唐朝前期地方不敢輕易叛亂，卽有叛亂亦能迅速平定或自行潰敗，實與國家戰略構想及其施行的「強幹弱枝」政策有關，可見效果之大。

府兵集中於關內道一方面藩衞中央，一方面方便輪調動員，皇帝的軍令下達，中間僅經過諸衞或率府一個階級，卽可到達兵府執行。由兵府首長折衝都尉下達衞士，亦僅需經過校尉、旅帥、隊正三個建制單位。亦卽是說，由皇帝至衞士，一共七級轉承卽可行動；事實上君令僅下達至折衝都尉，行動卽可付諸實行，指揮非常靈活有效。唐朝前期「軍」級單位，由千人至十餘萬人不等。換句話說，武則天改制以前，一個折衝府兵力約千人左右，實際上卽屬一個最低戰略單位及最高戰術單位，也是中央軍訓練基地。全國六百兵府，卽有六百餘最小編制的軍，總兵力達六十餘萬人。垂拱改制雖然劃分兵府爲上、中、下三級，上府兵額千二百人，中府千人，下府八百人，兵額平均仍爲千人左右，且統率系統無變，則天以後，徵兵制已逐漸破壞，募兵制逐漸興起，

然而統率系統及番上宿衞的制度，衞士對中央的向心力及認同力仍甚堅強，藩鎮體系仍然無以建立。

在地方上，兵府指揮官與駐地都督或刺史僅發生軍政關係，只有在緊急狀況下才發生軍令關係，這種分離制度早在隋朝已實行。折衝都尉品秩甚高，與六部侍郎及中書、門下兩省侍郎、下州的刺史同居正四品下，其他兵府軍官品位亦甚高❹。兵府首長地位如此高，自無可能與駐在地的刺史、縣令發生被統率的關係。唐太宗時曾經發生如下一件案件：陳倉縣有兵府駐紮，折衝都尉魯寧恃其品高，縱橫無禮，歷任縣官莫能禁止之。剛好劉仁軌敍任爲九品的陳倉縣尉，負責地方治安，乃先誠喩之。不聽，乃杖殺之，然後申報刺史。刺史申報中央。太宗大怒說：「是何縣尉，輒殺吾折衝！」逮捕仁軌入京，但奇其剛正，不但不責，反而擢遷仁軌爲縣丞❹。此案略可窺見兵府與駐地長吏的某些關係。兵府軍官品高固爲不法的原因，但軍官爲中央職事官、皇帝侍衞幹部，不受地方管束亦爲另一原因，太宗之語，卽已表達出這種觀念。因此，兵府在地方上，僅爲中央駐軍基地及中央練兵中心。這兩重性質若被忽略，則論述府兵制終有遺憾之處。

綜合上述各問題，唐朝常備軍事體系制應已明瞭。在軍令系統方面，最高統率爲皇帝，皇帝利用手勅及正常的制詔，逕自或透過三省兵部下達軍令於諸衞府，或透過兵部移送太子詹事府下達於東宮十率府，由諸衞、率府長官下達於所屬的外府及三衞五府部隊，折衝都尉或中郎將承令指揮所屬衞士執行。至於軍政，則由三省會決，兵部策劃並施行，或兵部透過地方軍政或行政長官施行，架構整然。其後因爲大戰略的改變，兵役制度的破壞，促使府兵制崩潰，此問題容後再述。府兵制崩潰，中央諸總部遂無兵可統，不得不採用招募「長從宿衞」、「彍騎」以資補救。募兵兵額不多而素質低，安史之亂以前，侍衞部隊已呈現無力現象；兵亂以後，功能遂爲禁軍取代，衞軍更形無能力、無地位，至

宋代諸衞大將軍遂成環衞官，用於敍遷。禁軍落入宦官集團掌握之中，兵部遂喪失其中央軍節制權；節度體制出現，兵部又喪失其地方武力的節制權。禁軍與藩軍（節度、團、防部隊）逕行募兵及提拔幹部，兵部軍政權大削。安史之亂前後，唐朝常備軍制可說已告潰敗；時間愈後，面目愈非，終至五代重建侍衞體制及殿前體制爲止❹。

有關唐朝常備軍事體制尚須申明者，常備體系的基礎在府兵制，府兵制崩潰則國危，健全則國安。設非府兵制崩壞，卽使藩軍自行招募，安史之亂及軍閥割據抗命的現象或不會如此嚴重，宦官擁弒皇帝的事件亦將不會易如反掌，甚至不可能輕易發生。另外，唐朝建軍一向採取集中而分散的原則，南、北牙部隊處於制衡狀態；南牙十六衞及北牙各軍種亦各自處於制衡狀態，任何大臣或將領均無指揮全軍的權力，卽使左衞大將軍亦不能指揮右衞部隊，左羽林大將軍亦不能指揮右羽林軍，後來的左神策中尉亦不能指揮右神策軍，因此每次政變，政變集團仍須擁護某一李氏王室爲皇帝，以資安撫，消弭緊張。唐朝三百餘年，除朱溫之外，絕無曹操類型的篡奪人物出現，其故在此。朱溫以武力完全控制中央，地方武力又無法產生重大制衡力量，唐室遂告滅亡。所以，唐朝武力制衡主義及軍隊國家化與中央化、軍力集中化的建軍政策，應值得史家及謀國者給予適當的注意。

第二節　唐朝固本國策下的禁衞、警防及行軍作戰體系

一、禁軍的建立與功能

隋朝律令有《宮衞軍防令》，唐朝將之離析爲《宮衞令》及《軍防令》兩令，顯示宮衞與軍防是不同的兩種體系。此二令今已遺佚，難究

其詳。《宮衞令》當與宮廷禁衞有關,唐初禁軍尚未壯大,《宮衞令》主
要在規範十六衞十率府的番上宿衞制度,以輔助〈衞禁律〉之不足❹。
《唐律疏議》解釋〈衞禁律〉第五條「諸宿衞者」一名說:「宿衞者,
謂大將軍以上(下?),衞士以上,以次當上,宿衞宮殿」;第十條「諸
宿衞人」說:「宿衞人,謂衞士以上,諸衞大將軍以下。」又解釋第十三
條「諸宿衞人已配仗衞」一律,說:「依式:衞士以上應當宿衞者,皆當
衞見在長官割配於職掌之所,各依仗衞次依坐立,此即職掌已定。」❹
是則唐初宮衞責任,幾乎盡由衞軍負責,南、北衙對峙的制度尚未形
成,《新唐書。兵志》說:「所謂天子禁軍者,南、北衙兵也。南衙,諸
衞兵是也;北衙者,禁軍也。」❺其言頗指睿宗時北門諸軍成立以後的制
度。睿宗以前,所謂禁軍,性質及發展雖異於衞軍,但禁軍常受衞軍控
制,而衞軍亦未脫隋朝以來兼爲禁軍的色彩。實際上說,隋朝唐初的衞
軍,實即禁衞軍。本文爲了區分衞軍與禁軍,加上衞軍責任亦不專在禁
衞天子,且北周時曾有「侍官」之稱,故稱之爲侍衞軍而已。

　在北衙專門禁衞皇帝,隋朝原無專門負責的部隊,而由衞軍兼爲
之。唐高祖以天下稍定,推行復員政策。部分起事部隊志願留營宿衞,
約三萬人,於是乃置之於渭北白渠旁邊,分賜以附近百姓已放棄的腴
田,頒給「元從禁軍」番號。正確建號日期不詳,但此唐朝最早出現的
禁軍,可以推斷有軍職終身化,及府兵耕屯的制度。兵府番上制度爲五
百里內分配五番,每月一番。禁軍近在渭北,有歸府耕作的任務,當亦
有番上之制。若禁軍依衞軍輪番之制,則每五個月即全軍輪調一次,每
次調動六千人左右❺,此六千人不知如何分配執勤。禁軍既居渭北,恐
與北門屯衞有關,但北門左右屯營,未必全由禁軍負責。李世民玄武門
兵變時,支持他的屯營當值將軍可知者有敬君弘及呂世衡,前者官職爲
「雲麾將軍、驃騎將軍、黔昌縣侯」,後者爲「中郎將」。二將殉陣,太
宗分別追贈爲左屯衞大將軍及右驍衞將軍。是則敬君弘恐爲左屯衞府轄

下某驃騎（卽折衝）府的首長，而呂世衡恐爲右驍衞府轄下的翊衞中郎將❷。無論如何，呂世衡既爲中郎將，卽屬三衞系統，屯衞玄武門的責任並不全由禁軍包辦可明。

太宗時，「元從禁軍」逐漸老弱，由子弟接替其軍職，故號爲「父子軍」，是則禁軍不但終身化，且有世襲化的傾向。太宗爲報復「渭水之恥」，全面練兵，準備討伐突厥，稍後府兵卽經常抽調出征；相對的，禁軍責任必然加重。因此在貞觀初，太宗遂從這支忠貞部隊中遴選善射者百人，編組爲「百騎」，分爲兩番在北門長上。所謂長上，乃是長駐北門，不隨部隊下番的精銳將士。《唐律疏議》解釋〈衞禁律〉第七條的「長籍」說：「謂宿衞長上人。雖一日上，兩日下，皆有長籍。」是則長上軍人永不下番，每隔三日卽輪値一次，非當値日，雖有長籍亦不能進入宮殿❸。太宗以後，長上軍人不僅禁軍有，諸衞率府亦有，例如薛仁貴以白衣自願赴高麗參戰，太宗親視其驍勇，超擢游擊將軍、雲泉折衝府果毅都尉，並特令在北門長上。禁、衞兩系仍無大異❹。編組「百騎」約同時，太宗又於禁軍中挑選材力驍壯者，特置爲「北衙七營」，每一月以一營番上。是則「元從禁軍」已產生兩個新兵種，以「百騎」及「北衙七營」爲番號，有長上及七番的制度，此爲禁軍帶「北衙」字號之始。「百騎」以百人爲額，分兩批番上，營級單位則非正常建制單位，而爲隋唐行軍單位，軍之下往往爲團營；騎兵團營兵額常在千人左右，步兵團營則約二千人。七營若以二千人計，「北衙七營」兵力應有一萬四千人。唐朝禁軍建軍方式似乎開始卽採用行軍編組，所以稱爲「元從禁軍」。唐朝禁軍採用行軍編組，可能與「元從禁軍」原本爲征伐野戰部隊有關。

「百騎」及「北衙七營」建立後，「元從禁軍」番號自此消失。貞觀十二年（六三八）十一月，禁軍第二次整編，將禁軍改制爲左右屯營的「飛騎」部隊與「百騎」。左右屯營屯駐玄武門，指揮官由諸衞將軍

兼領，不置常制性首長，其兵源來自徵兵，徵召條件爲二等以上戶，身高六尺，身材潤壯，通過弓馬及體能測驗的壯丁。壯丁之中，善於馬射者則挑選爲「百騎」，以侍從遊幸。換句話說，禁軍自此脫離了元從軍人的人事基礎，專門侍從皇帝及屯衞北門，但指揮上尙未與諸衞府完全分離。高宗時，左右「羽林軍」建立，地位與左右「飛騎」略等。武后似乎爲了維持其政權及確保其權威，禁軍不斷擴充提升，永昌元年（六八九）十月二十八日，將「百騎」擴充爲「千騎」；天授二年（六九一）二月，左右「羽林軍」亦升格爲衞。禁軍「飛騎」、「千騎」、「羽林衞」三系六單位需馬匹甚殷，武后設置閑廐使，可能與此有關。中宗景龍元年（七〇七）九月二十一日太子重俊與左羽林大將軍李多祚矯制發動部分左「羽林軍」及「千騎」討伐韋武集團失敗後，中宗爲了增強皇帝禁衞力量，進一步將「千騎」擴充爲「萬騎」，劃分爲左右兩廂，此即「左萬騎」及「右萬騎」部隊。「萬騎」兩廂各「置使以領之」，使以下有兵府組織，略如十二衞，睿宗景雲元年（七一〇）八月，將「飛騎」撥隸於左右「羽林軍」，翌年二月丙戌，正式建立「北門四軍」的系統，此即左右「羽林軍」及左右「萬騎」❺。降至玄宗，似因左右「羽林軍」兵力龐大，且左右「萬騎」又無軍額，乃於開元二十六年（七三八）十一月，抽調兩「羽林軍」部分兵力與功臣子弟另建爲左右「龍武軍」，又將原來獨立的左右「萬騎」分別移隸於「龍武軍」；「龍武軍」體制大抵與「羽林軍」相同，「北門四軍」至此名副其實❺。

　　禁軍最初不是大部隊，地位及重要性亦不及十六衞府，其獲得重大發展乃是高宗、武后時期的事，這時正是唐朝律令體制改變的樞紐時期。常備部隊編制，五十人爲隊，由隊正指揮；行軍時則往往以百人或百騎爲隊。是則唐初「百騎」實爲皇帝直轄騎兵隊，左右屯營的「飛騎」亦不過是營級單位而已。臨時當値上番，則遴選南衙將軍兼領，與諸衞產生配屬關係，是可想而知的。高宗龍朔二年（六六二），於上述建制之

外，建立「軍」級單位的左右「羽林軍」，禁軍始有大單位的出現，其
兵力來源取自折衝府的「越騎」與「步射」兩兵種❺。是則禁軍三系統
在高宗時兵源皆來自徵兵。左右屯營無常制性指揮官建制；左右羽林軍
既稱爲軍，體制自較屯營大。屯營由諸衞將軍兼領，則羽林軍當由更高
級的大將軍兼領才是。由於隋唐十二衞府中，左右屯衞府所統折衝府衞
士，其番號即爲「羽林」，儘管龍朔二年二月改官名，十六總部一律改稱
爲衞而去府字，左右屯衞改稱左右威衞，然而羽林軍若建置將軍，必與
從前屯衞將軍及其羽林衞士相混❺，因此羽林軍最初亦似無常制長官，
而由諸衞大將軍兼領。武后、裴炎廢中宗時，主持北門禁衞的「左驍衞
大將軍、檢校左羽林軍」程務挺及「右領軍大將軍、檢校右羽林軍」張
虔勗，奉詔指揮所屬「羽林軍」及「飛騎」執行任務，其故至此。這時
距離禁軍建軍已四十餘年，距離「羽林軍」建軍已二十三年，左右羽林
軍除了創立了「羽林獄」以懲處違法禁軍，略如「金吾獄」懲處衞軍
之制外❺，仍爲南衙諸衞的臨時配屬部隊，不過其責任專在禁衞北門而
已。

羽林軍在則天時急遽發展，垂拱元年（六八五）五月，左右羽林軍
增領羽林郎六千人。天授二年（六九一）二月三十日，升左右「羽林
軍」爲左右「羽林衞」，第一任左羽林大將軍爲建昌王武攸寧，皇嗣讓
皇太子位於廬陵王（中宗）後，亦改任右羽林大將軍。顯示左右羽林軍
升格爲衞以後，已建立本身統率體系，且成爲皇帝最親近的衞隊，與左
右衞不遑多讓。則天晚期，曾經有一段時間命令河內王武懿宗及九江王
武攸歸統領都下屯兵，三年後召還討伐突厥的天兵道行軍元帥相王旦（睿
宗），命令他兼「知左右羽林衞大將軍事」，頗有交由李氏掌北軍、武氏
掌南軍的制衡意義❻。顯示禁軍自成系統後，羽林大將軍統率本部及指
揮「飛騎」等部隊，與南衙諸衞不再發生配屬關係。大足元年（即長安
元年，七〇一）八月，相王兼知左右羽林衞時，左右兩部各增置將軍一

員❻，禁軍及羽林衛的體制至此大備，諸書記載羽林軍組織多爲此年以
後之事。中宗神龍元年二月復辟羽林衛爲羽林軍，其體制亦無甚大改
動。左右羽林軍似在升格爲衛，設立大將軍之時，已有羽林將軍爲副首
長。至此各設大將軍一員，將軍兩員，總部幕僚、四色官、一個翊衛中
郎將府，編制品秩如同左右衛以外的諸衛，但羽林長官另督禁軍諸部
隊，情況與諸衛外府部隊略異。《舊唐書・官志・羽林軍》條說：

> 羽林將軍，統領北衙禁兵之法令，而督攝左右廂飛騎之儀仗；
> 以統諸曹之職。若大朝會，率其儀仗以周圍階陛；大駕行幸，則夾
> 道馳而爲內仗；凡飛騎每月番上者，皆據其名曆而配于所職。其飛
> 騎仗或有勑上南衙者，則大將軍承墨勑白移於金吾引駕仗，引駕仗
> 官與監門覆奏，又降墨勑，然後得入。❻

這段史料顯示了：第一、左右羽林衛乃統領北衙禁軍法令的最高軍事機
關，南衙十六衛對此已不能過問，而且雙方軍人各以南、北衙爲責任
區，互不踰越。第二、皇帝得逕用墨勑而不經中書、門下兩省，指揮北
衙禁軍。第三、禁軍立仗於朝堂或禁衛皇帝於行幸，其位置皆在內，接
近皇帝；而十六衛則在外，環衛皇帝，故禁軍與皇帝的關係極密切。第
四、左右羽林衛（軍）大將軍統率本部兵士，「飛騎」部隊並不接受其
統率，僅接受其軍令督攝。自睿宗將左右「飛騎」撥隸左右「羽林軍」
以後，直接統率的關係應已發生。基於上述四種關係，下述諸事牽涉到
的制度問題乃得豁然而解：第一、武后廢中宗時，由程務挺及張虔勖各
以諸衛大將軍統率羽林軍及飛騎執行，因爲當時禁軍體制未建立，仍由
南衙大將兼領。但復辟兵變推翻武周時，體系已建，遂完全由禁軍執行。
自後兵變武力，衛軍系統已非重要。第二，羽林兩軍大將軍專主北衙禁
令，屯衛北門，所以復辟兵變前，左羽林將軍桓彥範及右羽林將軍敬暉乃
得在執勤時，負責聯絡經常至北門請安的皇太子（中宗）。兵變時兩軍取

得左右「千騎」的合作，而衞軍已爲相王等適切控制，是以大事告成❸。

禁軍與衞軍制衡，後者不能過問北衙事；「千騎」與「羽林衞」制衡，共同負擔禁衞工作，至於左羽林衞及右羽林衞之間亦互相制衡，因此兵變之前，需要全面控制軍情，否則成功機率不大。復辟兵變時，復辟集團雖已妥善部署，由羽林軍與五百「千騎」發動，但另一半「千騎」正由殿中監田歸道押領，當番於玄武門`。「千騎」不屬羽林衞統率，田氏亦非復辟派人物，所以敬暉遣使命令田氏交出兵權時，爲田氏所拒，幸好田氏保持中立態度，否則兵變成否，尚無絕對把握❹。中宗時太子重俊及左羽林大將軍李多祚僅依靠小部分「羽林軍」及「千騎」兵變，爲右羽林大將軍劉景仁統「飛騎」與禁衞軍士拒守，兵尚宗楚客及左衞將軍紀處訥調兵二千來攻，兵變者徹底失敗。韋后弑中宗，分由韋氏子弟押領南衙屯衞軍、「羽林軍」及「萬騎」，若非「萬騎」嘩變，影響「羽林軍」及「飛騎」叛變，李隆基（玄宗）不會輕易成功，是則此次兵變，相當於全軍行動，形勢非常明顯。推翻韋武集團成功，由於軍心實因臨時嘩變而起事，所以李隆基即日晉升爲平王，「兼知內外閑廄、押左右廂萬騎」；以其親兄弟宋王成器、衡陽王成義、巴陵王隆範、彭城王隆業分別爲左、右衞及左、右羽林四大將軍，控制南、北衙的統率指揮權。由此可知高宗以後，禁軍實已扮演了兵變的武力主角，但其所以仍未造成「羽林軍」一枝獨秀的局面，與武力制衡主義的軍制有關。

中唐以降，六軍十二衞武力大削，左右「神策軍」的獨盛，控制權又落入北司宦官集團手中，因此情勢大異於盛唐以前。《唐語林》記載了一則這樣的事：宣宗崩（八五九），內官（宦者）定策立懿宗，進入中書商議，命令宰相認可署狀。宰相中有人將表不同意，中書侍郎兼工部尚書、同平章事夏候孜卻說：「三十年前，外大臣得與禁中事。三十年以來，外大臣固不得知。但是李氏子孫，內大臣立定，外大臣郎北面事之，安有是非之說！」遂率同全體宰相副署同意。當時情況是左神

策軍中尉王宗實逮捕了右中尉王茂玄，兼統兩軍壓迫羣相簽署[65]。顯示了神策軍對政局有近乎絕對性的左右力量，唯一能制衡者乃是左、右兩神策軍中尉之間的意見不合，使兩軍之間產生制衡作用。若兩中尉合作，則諸軍諸衞的武力，可以視同廢物。禁軍權力結構前後大異，竟至於如此。

二、禁軍兵源、兵力及其對政局的影響

　　睿宗時左右「飛騎」已隸屬左右「羽林軍」，與左右「萬騎」形成「北門四軍」。玄宗開元二十六年（七三八），「萬騎」併入新成立的左右「龍武軍」，仍爲四軍之制，此四軍的軍政及兵源似有進一步討論的必要。高宗時，「百騎」、「飛騎」及「羽林軍」皆經由徵兵制而獲得可靠的兵源。武后、中宗時，禁軍急遽發展，兵源需求大增。然而當時府兵制已逐漸破壞，現有府兵經常派遣出征及長征猶感不足，遂經常招募兵士補充。諸衞、率及征戰衞士皆感缺乏，因而禁軍亦不能依靠徵選來擴充。中宗景龍元年（七〇七）十月，詔令「停戶奴爲萬騎」[66]，顯示前此已曾挑選「戶奴」充當禁軍「萬騎」，以滿足需要。「戶奴」爲官戶奴婢，爲唐朝最受歧視的階層，在法律上正確的身分有界定。〈名例律〉第二十條《疏議》解釋「官戶」一名說:「官戶者，亦謂前代以來，配隸相生；或有今朝配設州縣。無貫，唯屬本司。」同律第四十七條「諸官戶」條，《疏議》亦說:「官戶隸屬司農，州、縣原無戶貫。」至於〈戶婚律〉第十條《疏議》說:「官戶亦是配隸設官，唯屬諸司，州縣無貫。」[67]是則官奴婢多因犯罪配沒入官，配屬各機關工作而無正常戶籍紀錄的一羣。以如此低賤的人充任禁軍，這是普通良民不肯入伍當兵，與之同流的因素之一，影響唐朝兵源及軍人素質極大，停止以戶奴爲「萬騎」，恐與此原因有關。玄宗卽位，努力整頓政治，欲挽回徵兵制，但從下述詔勅公文，顯示府兵制的崩壞，已達積重難返的地

步:

(一)先天二年（即開元元年，七一三)正月詔:「往者計戶充軍，
使二十一入募，六十出軍；多憚劬勞，咸欲避匿，不有釐
革，將何致理？應令天下衞士，取年二十五以上者充，十五
年放出，頻經征鎮者，十年放出。自今後『羽林』、『飛騎』，
並於衞士中簡補。」

(二)開元十一年（七二三）十一月二十日，兵部尚書張說奏置
「『長從宿衞』兵十萬人於南衙，簡京兆、蒲、同歧等州府
兵及白丁、准尺八例，一年兩番，州縣更不得雜使役。仍令
尚書左丞蕭嵩與本州長官，同揀擇以聞。」

(三)開元十三年（七二五）二月二十一日，將「長從宿衞」更名
「彍騎」，分隸十二衞。十六年（七二八）二月二十五日勅
令「『彍騎』弓手，宜改爲左右『羽林騎』。」

(四)開元二十九年(七四一)閏四月勅:「應簡『三衞』、『彍騎』，
宜令京畿採訪使……兼知，不須別差使。從今已後，使有移
改，亦當令一中丞相知勾當。」

(五)天寶五載（七四六）三月十八日勅:「應募『飛騎』，請委郡
縣長官，先取長六尺；不足，即選取五尺九寸以上，灼然壯
壯，膂力過人者申送。」

(六)天寶八載（七四九）五月九日詔勅:「停折衝上府（？）下
魚書。」❻

根據上述詔令提案，必然對玄宗時代的兵役及軍政有清楚的概念。(一)詔
顯示府兵逃避兵役之風已熾，因而依照實際情況縮減服役年限，希望透
過此措施挽回徵兵制；而且禁軍的「羽林」、「飛騎」，亦堅持兵源來自
衞軍的辦法，意圖恢復太宗及高宗時代的制度，以改善禁軍的身分與素
質。(二)項提案顯示府兵缺額不足，不得不採取募兵以濟其用，募兵來自

京畿鄰近諸州的府兵及平民，其他地方概排棄於徵募之外，是則「長從宿衞」部隊，性質已發生極大改變，僅可視爲地方部隊，甚至可視爲後來節度使衙軍的濫觴；由此而產生的「羽林騎」，亦不過類似節度使的親軍而已，與唐初宿衞部隊爲中央直轄及國家侍衞部隊的性質，不可同日而語。《新唐書·兵志》說當時府兵視番上宿衞者爲「侍官」，嘲笑其功能僅在「侍衞天子」，更促進了逃避兵役的風氣。府兵番上「侍衞天子」之外，又爲達官、機關借調充「雜使役」，與奴僕相類，故同〈兵志〉說：「至是，衞佐悉以假人爲童奴，京師人恥之，至相罵辱，必曰『侍官』。」[69] 這種情況下，應募者僅在博取私人利益，無復保衞政府，捍衞國家的觀念。「侍衞天子」既受人賤視，爲之者無異甘心爲奴僕，府兵有如此心理，勢必大量逃役，所以天寶五載，由集賢大學士、左僕射兼右相（中書令）、吏部尚書李林甫建議停止上下魚書，廢除中央政府徵補調動府兵的制度。這樣一來，折衝府更無兵可帶，無兵可交，比及天寶末年，兵府但有兵額之外，衞士及一切軍事裝備皆廢，完全實行募兵之制。

在軍制及兵役全面崩壞大趨之下，侍衞皇帝的親軍亦勢必受到強烈影響。衞軍體系中，原本以親、勳、翊三衞最親貴，前途最佳，但三衞衞士主要負責執扇、執杖、執乘等王室服務性工作，且由本衞「印臂」爲記。降至盛唐，入官路艱，至「柱國子有白首不得進者，流外雖鄙，不數年給祿禀。故三衞益賤，人罕趨之」[70]。上述（四）勅，即顯示了三衞亦需透過招募來補充的實況。禁軍由衞軍產生，「礦騎」既源於招募，則「羽林軍」亦不過如此，只不過禁軍乃募兵中較精銳的壯士而已。（五）勅顯示降至玄宗中期，禁軍亦已採取直接招募的方式來補充。繼招募「長從宿衞」之後，開元十二年（七二四），下詔：「左右『羽林軍』、『飛騎』闕，取京旁州府士，以『戶部印』印其臂，爲二籍，『羽林』、兵部分掌之。」[71] 顯示大部分禁軍經由首都地區的府兵及募士補充，有地方化、職業化、奴隸化的傾向。世人但訴五代兩宋以降，軍人須刺印如奴

僕，使素質日低，孰知此為「開元之治」時代的作風。是則兵役近代化，實肇始於國人推崇的開元時代，當兵為世人所恥訴，始作俑者居然是著名的唐玄宗。禁、衞二軍種的兵役崩壞，至天寶十一載（七五二）八月十一日，玄宗可能鑒於衞士已無衞國的觀念及功能，乃詔改諸「衞士」為「武士」**⓲**，是則軍隊的性質、功能、乃至名稱，至此幾乎完全改變，這時距離安史之亂僅差三年。安史事變前的狀況是「六軍（應為四軍）宿衞，皆市人富者。販繒綵，食粱肉，壯者為角觝、拔河、翹木、扛鐵之戲」，無復砥礪武德、磨練戰技的制度，故「祿山反，皆不能受甲矣。」這些軍人不能作戰，所以安祿山橫行二京，唐朝雖有名將亦不能抵抗。更重要的是，安史事變前夕，「禁兵寖耗，及祿山反，天子西駕，禁軍從者裁千人，肅宗赴靈武，武士不滿百。」**⓳**

肅宗平定安史之亂，乃依靠各節度部隊的力量，其採用姑息政策處置叛軍，亦基於中央無軍可資作戰的考慮。安史之亂後，中央曾試圖復興府兵制，但以客觀形勢已變，力難重振，故自肅宗開始，即以重建禁軍為務，希望以此為中央武力基礎。不過，新建的「神武軍」，情況略如「龍武軍」。所謂「龍武軍」，即玄宗開元二十六年十一月合併左右「萬騎」而成「北門四軍」之一，除「萬騎」之外，其餘體制一如左右羽林軍，而且軍人多來自「唐元功臣子弟，非外州人也」。當左右龍武軍建立時，良家子逃避兵役之風甚盛，所以功臣子弟「亦皆納資隸軍」**⓴**，僅為掛名。龍武軍在玄宗時重要性居於羽林軍之下，原因在此。肅宗無意重振此四軍，而在至德二載（七五七）另建左右「神武軍」，以元從、扈從功臣子弟為基礎，兵源不足，才招募「他色、帶品者」補足**㉕**，「北衙六軍」之制遂形成。但羽林、龍武四軍不振，神武二軍素質兵力亦不佳，觀其建軍詔令可知：詔令規定「左右神武二軍，先取元、扈從官子弟充，如不足，任於諸色中簡取；二千人為定額。其帶品人，並同四軍例；白身，准萬騎例，仍賜名神武天騎，永為恒式。」**㉖**是則神武軍與

龍武軍相似之處乃是以功臣子弟為班底，以無官平民為補充。然而龍武軍統有萬騎，兵力起碼超越五千以上；神武軍則僅以二千人為定額，而且兵源不充足，不得不從樂、工、雜、官戶諸色人中選補，素質可見。治史者常對肅、代二宗缺乏清除安史集團的魄力大加批評，而盛贊德宗的氣魄。這是昧於當時藩鎮不可靠，而中央無足夠武力，故不可以輕動的客觀形勢。德宗欲用武力對付強藩而招致「奉天之難」，唐室幾為之滅亡，這個事實即可作為肅、代二宗不得不採用姑息政策的有力辯護。事實上，衛軍力量幾等於消滅，肅、代二宗一直擴充禁軍，以徐後圖，乃是明智之舉，不過行動緩慢，效果不大，實為憾事。德宗經「奉天之難」而另建左右神策軍，並加速整建，乃有後來憲宗「元和中興」之局，已是中期形勢改變後之事了。

　　從上述禁軍各問題，當可瞭解其軍政系統、兵役等制度程序，與衛軍大同小異，兵部基於律令制度或禁軍發展的歷史淵源，皆理所當然的成為禁軍政令的控制機關，舉凡禁軍發展政策、建制、編制、兵額、兵源補充、武器及裝備配補，番上輪調，皆由兵部設計而實施。即使安史之亂後，藩鎮部隊已有各自為政的趨勢，禁軍亦曾一度自行募兵，但德宗君臣仍然欲恢復兵部徵募軍隊的職權，作為重振中央政府的基礎。貞元四年（七八八）八月下勅說：「左右羽林軍、飛騎等，兵部召補，格勅甚明，軍司不合擅有違越，自今以後，不得輒自召補。」⑰為「元和中興」開創了機緣。開元以前，中央武力基礎在衛軍，軍力強大。衛軍沒落，禁軍乃興。太宗時代，禁軍的「百騎」及「飛騎」，估計兵力分別約在百人及萬五、六千人之間。則天時，「百騎」擴充為「千騎」、「飛騎」人數恐不會過分劇增，至於左右「羽林軍」領羽林郎六千人，另有一個翊府，兵力恐亦不滿萬人。玄宗時左右「羽林軍」與左右「龍武軍」合稱「北門四軍」，後者體制如前者，另有左右「萬騎」合併加入，四軍兵力可能差不多，總兵力未必及得上左衛盛時六七萬兵額之譜，更

遑論與南衙衞軍總兵力比較了。天寶七載（七四八）左右「羽林軍」、「飛騎」連同新增兵額，僅有一萬五千人，兩軍定額不過三萬人，而分爲六番上下❼❽。若以此例左右「龍武軍」，禁軍總兵力當約六萬人左右。玄宗避難至蜀，禁軍從者才千人，顯見禁衞力量幾至毀滅，難怪肅宗另建左右「神武軍」。但兩軍初置不過各以二千人爲定額，雖稍後又增至左右「英武軍」共千人，仍無補於大計❼❾。代宗廣德二年（七六三）正月勅令「左右神武等軍，各一千五百人爲定額。左右羽林軍各以二千人爲定額。」❽⓿是則六軍總兵力以一萬人爲定額。政府討伐叛鎭，勢須依靠認同中央的藩鎭武力，這些藩鎭亦未必完全可靠，故在衞軍淪喪、禁軍微弱情勢下，唐室不絕如縷，更無可能向叛亂者實施大力撻伐的政策。代宗曾因吐蕃入寇攻陷長安而出奔，賴郭子儀等統藩鎭部隊收復首都；「奉天之難」，首都爲叛亂藩軍佔領，德宗出奔，亦賴藩鎭勤王部隊收復，這二件事顯示出此時期禁衞軍既無力保衞中央，亦無力保衞皇帝，宜乎採取姑息政策了。

三、鎭戍的地位、組織與功能

所謂警防體系，乃是指隋唐總管（都督）、鎭、戍等地方警備防禦體系而言。隋朝總管乃流外視品系統的高級官，地位僅次於行臺；唐朝改總管爲都督，都督爲文職官，屬「外職事官」流內系統，是最高級的地方軍政機關。警防體系極可能依照《軍防令》而建立，蓋軍當指行軍，防當指警防。

隋唐警防體制乃因襲北朝都督、鎭、軍體制而成，唐朝較隋朝更接近北朝的形式。北魏鎭軍制度前後期不大相同，已進行改革。在前期，全國各都督區內多部署有鎭、軍、戍等軍事單位，鎭爲最高級的統兵單位，其下往往統有軍、戍等組織。鎭的指揮官爲鎭將，若以親王宰相或大臣充任之，則稱爲都大將，地位極隆，與州刺史相等，往往兼都督附

近的州鎮，其官銜基本爲「都督某某若干鎮諸軍事、某某將軍、某某鎮都大將（或大將、鎮將）」。鎮原本是胡族的征服經略單位。都督區內往往以其中最重要之鎮將兼任都督。北魏後期，鎮的地位降低，與州轄之郡同級，或低於郡，長官亦常以鎮將爲稱呼。這是中央削弱地方武力政策下的演變；於是鎮軍的作用由征服經略朝著地方警防的功能發展❸。

北周將「鎮」改稱爲「防」，但隋唐顯然承襲北齊制度，故仍稱爲鎮。鎮爲國防軍事單位，與州郡地方行政單位不同，因此隋朝委任總管，往往以總管諸州諸軍事或總管若干州鎮爲名義，例如文帝第三子秦王俊任「幷州總管二十四州諸軍事」，第五子漢王諒更爲幷州總管五十二州諸軍事，周搖爲「幽州總管六州、五十鎮諸軍事」，賀婁子敬任「楡關總管十鎮諸軍事」❸。是則不論其官銜爲「某州總管若干州諸軍事」、或「某州總管若干州、若干鎮諸軍事」，抑或逕爲「某總管若干鎮諸軍事」，顯然皆爲管區內各州軍政長官及軍令長官，但其軍令指揮，主要爲負責管內的警防任務。例如周搖在幽州總管任上，以「修彰塞，謹斥候，邊民以安」稱著；乞伏慧任涼州總管，亦以「嚴警烽燧，遠爲斥候」，使突厥不敢入侵稱著❸。至於野戰征伐，則非其分內之事。隋煬帝削除總管府建制，各州鎮戍地位劇降，編制收縮。設有鎮戍之州刺史，例帶「使持節」以督導軍政，但統率上則不發生關係。當時地方行政單位僅有郡、縣二級，鎮的地位遂降至與縣相當。唐朝國策本於隋，對於地方警防力量的削抑，大抵與隋無異。

唐朝鎮將品秩與縣令相當，由於推行「強幹弱枝」的軍事政策，而且社會日漸安定，所以鎮戍或被裁撤，或轉變爲縣，甚至一些小州，參考下列諸條當可瞭解❸：

　　　　　　　武德二年改　　　　貞觀二年改
關內道、延州、安人鎮————→安人縣————→延水縣。

　　　　　　　　貞觀十年
　　　　罷交鎮————→罷交縣。

　　　　　　　　貞觀十七年
　　山南道、歸州、大清鎮————→興山縣。

　　　　　　　　武德元年
　　　　涪州、涪陵鎮————→涪州（《新地志》同，卷三〇，
　　　　　　　　　　　　　　　　頁二）。

　　　　　　貞觀十四年
　　　　　　　武德六年
　河東道、隋恒安鎮————→北恒州————→雲州（《舊地志
　　　　　　　　　　　　　　　　》，卷一九，頁一〇）。

　　　　　　　　武德四年
　河北道、隋宣府鎮————→安陵縣　（初屬觀州，後屬景州。
　　　　　　　　　　　　　　　　《舊地志》，卷一九，頁
　　　　　　　　　　　　　　　　二一）。

　　　　　　　　貞觀初
　　　　陽師鎮————→師州　（師州僅領陽師一縣。《舊
　　　　　　　　　　　　　　　地志》，卷一九，頁二八）。

　　　　　　　　武德五年
　隴右道、隋常樂鎮————→常樂縣　（後屬河西道、瓜州，《舊
　　　　　　　　　　　　　　　地志》卷二〇，頁三六）。

　　　　　　　　高宗開耀元年
　淮南道、揚州、揚子鎮————→揚子縣。

　　　　　　　　武德五年
　劍南道、漢建始鎮————→始建縣　（屬陵州，《舊地志》，
　　　　　　　　　　　　　　　卷二一，頁七）。

　　　　　　　　武德元年
　　　　公井鎮————→公井縣　（屬榮州，《舊地志》，
　　　　　　　　　　　　　　　卷二一，頁八）。

　　　　　　　　貞觀八年
　　　　百丈鎮————→百丈縣　（武德置鎮。屬雅州。《舊
　　　　　　　　　　　　　　　地志》卷二一，頁一一）。

貞觀二年
茂州、端源戍─────→塗州（爲茂州督府羈縻州。《
舊地志》卷二一，頁一四）。

武德二年
北周定莋鎮─────→昆明縣　　（屬嶲州，《舊地志》，
卷二一，頁一八）。

武德七年
隋定廉鎮─────→定廉縣　　（屬保州，《舊地志》，
卷二一，頁二一）。

今僅搜得十五例，其中由鎮升爲州者有涪州、北恒州、師州三例，皆爲
羈縻州或國防要塞；由戍升爲州者有塗州，亦羈縻州；餘例皆由鎮改爲
縣。改變時期包括高祖至高宗，範圍包括唐初及隋朝以前已設置的單
位。鎮戍長官在武德時代猶能保住較高的品秩，貞觀以後卽劇降。

表二七　隋唐地方警防、兵府及行政三系首長品秩比較

體系 朝代 官署 品秩	地方行政系統		折衝府系統		地方警防系統		備　　註
	隋	唐	隋	唐	隋	唐	
正一品							本表依據《五代史志·官志》及《舊唐書·官志》作成，下列諸事宜加注意：
從一品							
正二品							
從二品	雍州牧	京府牧			上總管	大都督	(1)地方行政單位中，隋有州、郡、縣三級，每級各分上中下三等。刺指刺史，守指郡守，令指縣令。開元以前唐朝縣有上、中、中下、下四等，天寶時取消中下之等。
正三品	京尹、上刺				中總管	中都督	
從三品	中刺	京府尹上刺			下總管	下都督	
正四品上	下刺	中刺	驃騎	上府			
正四品下		下刺		兵府			
從四品上	上守					上鎮	(2)折衝府單位，隋之驃騎

品秩						
從四品下				中府		
正五品上			車騎			
正五品下				下府		
從五品上	京令、中守	京令			中鎮	
從五品下						
正六品上	下守		大都督		下鎮	
正六品下						上鎮
從六品上	上令	上令	帥都督			
從六品下						
正七品上		中令	都督		上戍	中鎮
正七品下						下鎮
從七品上	中令	中下令				
從七品下		下令		校尉		
正八品上	下令				中戍	
正八品下						上戍
從八品上				旅帥		
從八品下						中戍
正九品上					下戍	
正九品下			隊正			下戍

府即唐之折衝府，大都督即校尉，帥都督即旅帥，都督即隊正。唐高宗以前兵府無上中下之分，僅書「兵府」者即當時折衝府的地位。

(3)警防單位中，隋三等總管乃流外視品，列於此以作比較耳。關、津非兵部節制的警防單位，不列。

(4)《五代史志·官志》所列品秩，極可能根據《開皇令》。唐品前後有改變，《武德令》大抵同於隋制，但兵府警防的官署地位略低於隋；本表列品，主要依據太宗至玄宗間的品秩。

(5)上鎮地位連降七階，中鎮降六階，下鎮降五階，貶抑情況可見。

　　根據表二七，顯示太宗以後有意壓低警防體系軍官的品秩，兵府品秩已略低於隋制，而鎮戍品秩更遠下之。折衝都尉為中央衛官，品秩與都督刺史相差不遠，互不統率；但地方警防體系的鎮將、戍主，品秩遠低於都督刺史，自不可能如北魏一樣以鎮將兼任都督或刺史，亦不可能形成藩鎮武力以威脅中央，此即「強幹弱枝」政策在地方武力體系的落實。《唐會要》說「凡天下，軍有四十，府有六百三十四，鎮有四百五

十，戍五百九十，守捉有三十五。」《新唐書‧官志》說：「凡上鎮二
十，中鎮九十，下鎮一百三十五；上戍十一，中戍八十六，下戍二百四
十五。」❸若以「五百人爲上鎮，三百人爲中鎮，不及者爲下鎮；五十
人爲上戍，三十人爲中戍，不及者爲下戍」，而將軍、府、守捉，摒棄
不計❹，則《唐會要》所載一千四十鎮戍，總兵力不過十餘萬人；《新
唐書‧官志》所載不過七八萬人而已。上鎮兵力五百人，約爲折衝府之
半；中、下鎮兵力約與兵府校尉相當；上戍不過相當於兵府的一隊。
以《唐會要》數目而計，唐初三百餘州平均每州配置到一鎮兩戍左右，
兵力約六七百人。每州平均兵力不過如此，誠如《新唐書‧官志》所
說，鎮戍系統職責在「掌捍防守禦」而已，若遇較重大的軍事叛亂或入
侵，實無力以應付之，更無力發揮攻擊性的大行動。因此隋唐之間，不
論國內叛亂或邊裔入侵，例必先由附近警防部隊拒守，等待中央征伐部
隊馳來支援；兵府部署於各地，實與方便緊急動員，馳援危機，爭取主
動的戰略構想有密切關係。鎮戍因官小力弱，向爲研究兵制者所不甚重
視，事實上在隋唐國防上，鎮戍擁有重要的地位，茲據《唐律疏議》保
留的部分律令，用之以簡單建立鎮戍警防體系，俾便參考。

　　(一)鎮戍部隊兵源：〈擅興律〉第十二條：「諸在軍所，及在鎮
戍，私放征、防人還者，各以征鎮人逃亡罪論。卽私放、輒離軍鎮者，
各減二等。」《疏議》解釋說：「在軍所，謂在行軍之所；在鎮戍者，謂
在鎮戍之處。」是則征人指參與征伐行軍的軍人，防人指在鎮戍防守的
軍人，首長不得私放之。若「放軍人去軍，防人離鎮，卽非卽放還家，
征、防二色，各減本罪二等。」且依據「征人從重，鎮戍從輕」原則判
罪。

　　案：征戰及警防乃衞士兩大責任，故稱爲「征、防二色」。衞士
「揀點之法」，《軍防令》有嚴格規定，必須本「財均者取強；力均者取
富；財力又均，先取多丁」的原則，折衝府奉令揀點而不依此原則行

事，連坐府典、兵曹參軍、果毅都尉及折衝都尉四等官。是則鎮戍部隊由衞士充任，身分爲中央軍，但執行地方警防事務❻。

　　(二)鎮戍部隊管區及責任：〈衞禁律〉第二十四條：「諸州鎮、戍之所，各自有城。……縱無城垣，籬柵亦是。」鎮戍部隊在緊急狀態下，日間亦得關閉，實施戒嚴；平常則在晚間戒嚴。平常戒嚴情況略同首都金吾部隊實施之法。城柵卽爲鎮戍據點，不得非法偷渡。據《疏議》解釋，僅有在「若有緊急驛使及制敕事速，非時至州縣者，城主驗實，亦得依法爲開。」所謂「城主」，指「州、縣、鎮、戍等長官，主執鑰者。」執行戒嚴職權之餘，平常連帶得檢查來往行人，〈衞禁律〉二十五條《疏議》解釋唐制：「行人來往，皆有公文。謂驛使驗『符券』，傳送據『遞牒』，軍、防、丁、夫有『總歷』。」第二十九條更規定部隊兵馬出入關禁，亦須出示『敕符』、『文帳』，給予勘檢，否則統兵官亦依私度關禁論罪❽。至於邊疆地區的鎮戍，責任更重，其額外責任有二：一爲獨立或聯合附近鎮戍建立反間諜系統；一爲建立烽燧警報系統。〈衞禁律〉第三十二條及三十三條對此兩責規定甚嚴，《疏議》解釋說是由於「國境邊緣，皆有城戍，式遏寇虐，預備不虞。」「從緣邊置烽，連於京邑。烽燧相應，以備非常；放烽多少，具在別式。」❾

　　(三)鎮戍部隊的重要戒條及其業餘作業：鎮戍主要工作乃是執行上述的警戒、檢查、逮捕違法者及負責國防警訊任務，編制不大的原因亦在於此。然而，鎮戍防人在平常無事，亦得在不妨礙任務下，由領導機關抽調他用，依據《軍防令》：「防人在防，守固之外，唯得修理軍器、城隍、公廨、居宇；各量限人多少，於當處側近給空閒地，逐水陸所宜，斟酌營種，並雜蔬菜，以充糧貯及防等食。」是則防人在業餘得從事修護武器、防禦設施、官廳宿舍；亦得種植營牧，以充實及改善生活。防人後來爲所在官員指使借調，用以爲其私人工作，猶如奴僕，使他們相率逃亡或避役，造成府兵制崩潰因素之一。不過，唐初〈擅興

律〉對此有嚴格懲處，故官員不敢妄爲。《疏議》亦曾針對《軍防令》而加解釋，說明「此非正役，不責全功，自須苦樂均平，量力驅使。鎮戍官司使不以理，致令逃走者，一人杖六十，五人加一等，罪止徒一年半；若使不以理，而防人雖不逃走，仍從違令科斷。」在役期私自役使防人，論罪更重❾。

（四）鎮戍部隊的揀點及上防制度：唐初軍人有四種系統，卽軍人、衞士、募人、防人。軍人乃征伐軍；募人又稱征人，爲臨時招募的征伐軍人；衞士卽諸衞、率府及兵府軍人；防人卽鎮戍軍人，除募人之外，其餘皆從兵府衞士中揀點。揀點之法則四種軍人完全相同，前面已述。依照《軍防令》：「防人番代，皆十月一日交代。」顯示軍防番代制度與宿衞番代略異。差發府兵宿衞或軍防，原則上「皆（兵部）下符契，州刺史與折衝勘契，乃發」；折衝都尉依符揀點衞士之法，程序上並無不同。不過宿衞時間短，二千里以外的兵府才有每年輪調十二分之一衞士番上之制；然而軍防番代規定每年十月一日交代，卽是每次充防一年之久，役期太長，而且鎮戍或與兵府距離遙遠，因而造成諸多不便，這是鎮戍制度難以長久維持的原因。要之，縱非全府充防，兵府負擔警防任務實亦極重❿。

（五）鎮戍部隊統率體系：〈職制律〉第三條：「諸刺史、縣令、折衝、果毅私自出界者，杖一百。」《疏議》說：「州、縣有境、界，折衝府有地團。不因公事，私自出境界者，杖一百。」此條充分顯示出州境、縣界、府地及上述的鎮、戍城垣或籬柵，各有界限，非公事不得逾越。這種界限亦可察知州縣、兵府、鎮戍統率體系不同的分野。〈名例律〉第四十條《疏議》解釋上級官署說：「上官者，在京諸司向臺省；及諸州向尚書省，諸縣向州。」是則省─州─縣乃行政體系。在律令體制下，上、下級機關公文申上或行下，皆不得越級，〈職制律〉第二十七條「不由所管而越言上」文，《疏議》解釋說：「假謂州管縣，都督

管州，州、縣事須上（尚書）省，皆須先申所管州、（都督）府。」否則即為「不申而越言上」。都督為軍政官，往往兼任管內某州的刺史，有關軍政事務，由下至上申報系統即為縣—州—府—省四級；不列屬都督區之州，得逕由州申省，為三級制度。這裏須加注意的是，不論行政或軍政體系，皆與兵府或鎮戍無涉，因為二者皆軍令單位。〈鬥訟律〉第十二條，《疏議》解釋統屬關係說：「若省、寺、監管局署，州管縣，鎮管戍，衞管諸（折衝）府之類。」此條更能顯示出地方上行政、警防、中央衞軍各有統率體系，互無相關❷。警防體系僅為「鎮管戍」兩級，而受所在地的都督、刺史節制，與兵府不同之處僅在兵府於緊急狀態下乃得接受都督刺史指揮而已。原則上，鎮戍部隊的性質，實為中央軍派遣地方執勤單位。

四、（都督）府、州與鎮戍的督導指揮關係

鎮戍體制既明，剩下來而最為關鍵的問題乃是（督）府州與鎮戍的軍政及指揮關係。《新唐書‧官志》記載都督職責，說「掌督諸州兵馬、甲械、城隍、鎮戍、糧禀，總判府事。」❸「督」之為義應為監督、督導而非統率，在隋唐用法與總管之「管」字略異。總管制下的總管，似有權管轄管區內一切部隊，這些部隊與總管之間，似具有軍制學上的統屬關係。隋文帝幼子漢王諒任幷州總管五十二州諸軍事，自以位居衝要，握天下勁兵之半而討伐煬帝，順利動員，與太宗的齊州都督李祐徵兵不至，不可同日而語。煬帝平亂後，下詔取消總管建制；唐初兵興，復行總管制，天下略定，亦將之改為都督制，用意可知。唐朝都督僅對督區內的武器營造修護、防禦設施、鎮戍部隊及軍事財務行政有督導權，這也是為何後來將都督制改為節度體制的基本因素之一，節度體制無疑是總管制的變相。〈擅興律〉第一條說：

其寇賊卒來，欲有攻襲；即城屯反叛，若賊有內應，急須兵者，（都督、刺史）得便調發。雖非所屬，比部官司，亦須調發給與，並即上言。若不即調發，及不即給與者，準所須人數，並與擅發罪同。其不即言上者，亦準所發人數，減罪一等。若有逃亡盜賊，權差人夫，足以追捕者，不用此律。

《疏議》解釋「城屯反叛」爲「國內城鎮及屯聚兵馬之處」；「雖非所屬」爲「謂所在人兵，不相管隸，雖比部官司，亦得調發；掌兵軍司,亦得隨便給與❹」。據此可見都督平時無統率部內一切軍隊之權，部內鎮戍、兵府及臨時駐紮的征伐軍，僅在寇賊來侵、鎮戍或屯兵叛變、追捕強有力的盜賊而力量不足情況下，才因緊急處分而產生指揮全部或部分軍隊的關係，這種關係仍須事後申奏，請求追認。根據此制度，齊州都督李祐等地方軍事行動的失敗，顯然是注定的命運；據此亦可更明瞭固本國策下的國家戰略構想實施情況。一切部隊皆收爲中央軍，中央軍隊部署及配置於全國，以首都地區最多，舉凡番上宿衛、番代警防及行軍征伐，皆由中央軍擔任，是則都督位雖高，所督州數雖眾，固無力量形成藩鎮，以威脅中央。

「督」的一字，原意監督、督導，無統率軍隊之義。根據《宋書·百官志》上敍述持節都督的起源說：

持節都督,無定員。前漢遣使,始有持節。光武建武（二五～五五）初，征伐四方，始權時置「督軍御史」；事竟，罷。建安（一九六～二二九）中，魏武帝（曹操）爲相，始置大將軍督軍，二十一年（二一六）征孫權還，夏侯惇督二十六軍是也。

顯示監軍則以御史充督軍，監州則充刺史，監軍、監政，爲漢代中央政府行使督導權的兩個重要制度；且督軍由文職官充任，是一種職而

不是官，其職責在監督所部軍隊而不在統率所部軍隊。降至漢末魏晉，督軍責任乃改爲將軍充任，也有地方行政長官刺史充任之例。魏晉南北朝督軍制度頗複雜，但大體是這樣的；都督刺史掌政而軍府掌兵，軍府乃將軍府；軍政系統由都督、刺史掌理。不過都督、刺史常兼任將軍，因而造成督、刺有統率本部軍隊之權；若刺史不兼將軍者，僅爲「單車刺史」，無統兵之權❾❺。都督既變爲督軍官署，爲了強化其對本部軍隊督導權，因此產生督、監、都督，甚至大都督此類官稱，以表示督軍者權威的輕重，地位的高下。而且，又依其官職身分分別授以專殺權。專殺權的授予，是假借使持節、持節、假節三種名號頒授，於是產生下列組合形式：

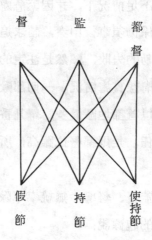

上志又說：

> 　　晉世，都督諸軍爲上，監諸軍次之，督諸軍爲下。使持節爲上，持節次之，假節爲下。使持節得殺二千石以下；持節殺無官位人，若軍事，得與使持節同，假節唯軍事得殺犯軍令者。

據此可知晉世都督乃以都督爲最隆重的督軍之職；使持節爲最嚴重的專

殺授權，得專殺一般將軍及刺史、郡守以下各種官吏。部內各統兵官及行政官所以須接受都督的指揮，尤其在軍事方面，卽由於督軍者的身分及其專殺授權之故，否則軍、鎮、州、郡，若非都督兼任司令或長官，均可不受其統率指揮。督軍者因兼為將軍而得統率該軍府所轄兵團，因兼為部內第一州刺史而得統率該州所屬郡縣，但是對於督區以內其餘軍、鎮及州，例無統率權，而僅有監督權；不過由於專殺權及監督權強大的關係，此類軍、鎮、州首長固需接受其指揮。上述九種組合，不單為晉朝制度，事實上亦為三國以至南北朝的常例。據嚴歸田師研究，南朝以「使持節、都督」例最多，「持節、都督」例亦極多，「假節、都督」例在魏、晉多見，宋以後較少。「使持節、監」例在晉、宋、齊頗常見，「持節、監」於宋、齊較多，「假節、監」則魏晉多見，宋以後少見。「使持節、督」例在宋以後多有之，「持節、督」亦然，「假節、督」則大都為小鎮，齊、梁為多。然而亦有督軍而不加節者。北朝完全效法魏晉南朝，但以「使持節、都督」最多，「持節、督」及「假節、都督」亦頗多，餘例較少見，「持節、監」及「使持節、監」皆不見其例[96]。刺史兼將軍卽得統兵權，而刺史節制軍事，亦常常獲得上述專殺授權。

　　南北朝時代，北周特別推行總管制。總管制最特別之處為：第一，制度及轄區較都督制穩定。第二，總管對部內控制力加強，包括控制部內軍事及全般行政。所以總管反叛，部屬將領及刺、守亦須從命行事。第三，總管例兼部內首州刺史，但楊堅（隋文帝）輔政時加以改革，有時另外委任該州刺史，使總管不能兼任，削弱其權。第四，慣例都督不開府，所謂軍府，乃指都督所兼的將軍府。但北魏中期以後都督開府，遂有督府、軍府、州府三種幕僚組織。北周總管制下僅有總管府，督府及軍府並廢。第五，總管、刺史兼加「使持節諸軍事」，假節甚少。大象元年（五七九）楊堅輔政，「詔總管、刺史及行兵者加持節，餘悉罷之。」卽專殺授權與都督制異[97]。隋朝採用總管制，所以并州總管漢王

諒有力量起兵討伐煬帝。煬帝平定楊諒之亂後，卽下令取消總管制，連同「舊有兵處，則刺史帶（持節）諸軍事以統之」的制度亦取消，別置都尉統兵，「與郡不相知」⑨。地方有賊亂，則令都尉會同鷹揚（卽唐折衝府）、郡縣聯合討捕。唐初軍興恢復總管制，天下略定卽改爲都督制，並將督區依需要而省併，成爲軍政區，最多亦不過可以視爲軍政及警備區，若視之爲有如總管或後來節度使制度下的軍區，實爲極大的錯誤。茲以貞觀時代督府爲例，作成表二八以便參考。

表二八　貞觀都督區⑨

府名	府等	所在道名	督　　　區	兵　府　鎮　戍	備　　　　　　　　註
原州	中	關內	原、慶、會、銀四州	慶： 8 原： 2 共： 10	五年置，督七州，十年削督此四州。銀州自六年始領突厥降戶，慶州有羈縻府州。以下各例部內有羈縻府州者不贅。
鄜州		關內	不詳	鄜： 11	二年置，六年升大督府，九年復爲督府。
夏州	中	關內	夏、綏二州	夏： 2 綏： 4 共： 6	二年置，督三州，五年所督銀州改隸原州督府。
靈州		關內	靈、塡、鹽、（迴、環）	靈： 5 鹽： 1 共： 6	迴、環二州在四年隸入，十三年廢。
豐州		關內	豐州一州		四年以突厥降戶而置，不領縣，唯領蕃戶。二十一年廢入靈州督府，二十三年又獨立。
汴州		河南	汴、洧、杞、陳四州		
兗州	上	河南	兗、泰、沂三州		十四年始置。

徐州		河南	徐、泗、譙			貞觀八年督三州，十七年解散督府。
齊州		河南	齊、青、淄、萊、密、濟（？）六州		萊：1	貞觀七年置督府。
潞州	大、中	河東	潞、澤、沁、韓、蓋五州	潞：1 沁：2 澤：5 共：8		八年置大督府，十年降為督府。十七年韓州廢，所屬五縣改隸潞州，即督區仍舊。
并州	大	河東	并、汾、箕、嵐四州	并：18 汾：11 嵐：1 共：31	鎮：1	原大管府。七年改大督府，原督九州及朔州督府，八年削督此四州。此府乃正北最大駐兵區，則天曾置為北都兼督府，玄宗時改為北京。
代州	中	河東	代、忻、蔚、朔四州	代：3		四年一度督靈州，六年一度督順州，後靈州獨立建府，順州廢。
洛州	大	河南	洛、懷、鄭、汝四州	洛：39 汝：4 共：43		武德四年原置管府，管九州。是年十一月改置陝東道大行臺，至九年罷，復為督府。十八年廢。洛州為東都所在，故兵府特多。
幽州	大、中	河北	幽、易、燕、北燕、平、檀六州	幽：14 易：9 平：1 北燕：2 共：26	鎮：18 戍：20	武德時曾管九州，武德七年升為大督府。九年復為督府，督十七州。貞觀八年削督此六州。
營州	上	河北	營、遼、昌、師、崇、順、愼七州		鎮：3 戍：1	武德時原管二州，貞觀時陸續增加為七州。師州則原為陽師鎮。
梁州		山南	梁、洋、集、壁四州	梁：1		原管五州，貞觀六年廢，八年復，督此四州，十七年又廢府，至高宗時復之。後屬山南西道，興元府所在。

金州		山南	金、井、洋、豐、均、漸、房、順等州	金：1 均：1 共：2	鎮：1	武德三年置管府，管十二州，管區變易大。
荊州		山南	荊、硤、灃、朗、岳五州	荊：1	鎮：1	武德五年置大管府，管十三州，另統潭、桂等九州。貞觀二年降爲督府，潭桂等州獨立，而屬州亦有變易，但原督東、松二州廢入硤州，故督區並未大削。高宗時升大，肅宗時爲南都江陵府所在。
揚州		淮南	揚、滁、常、潤、和、宣、歙七州	揚：4 和：1 共：5		武德九年置大督府，貞觀十年降爲督府。高宗以後又升大。揚、滁、和三州在淮南道，餘在江南道。
越州	中	江南	越、婺、泉、建、臺、括六州	越：1	鎮：1 戍：1	
洪州	上	江南	洪、饒、撫、吉、虔、袁、江、鄂八州		鎮：1 戍：3	
潭州	中	江南	潭、衡、郴、連、永、邵、道七州	潭：1	鎮：2 戍：7	原隸荊府。
黔州	下	江南	黔、務、施、業、辰、智、牂、充、應、莊十州			四年置府。此府愈後統州愈多，多爲羈縻州。玄宗時至督五十餘州，督區變易甚大。
秦州	中	隴右	秦、成、渭、武四州	秦：6 渭：4 共：10	鎮：1	原管十三州，有省易，十四年定督此四州。武州卽階州。
鄯州	下	隴右	不詳			貞觀中置府，不知何時。本區後因吐蕃崛興，駐軍甚多，鄯州都督常充隴右節度使。
蘭州		隴右	蘭、（鄯）、儒、西鹽、（涼）等州	蘭：2		武德八年置督府、督蘭、鄯四州，貞觀時加督西鹽、涼二州

							確實情況不詳。鄯州、涼州後皆爲督府。
岷州		隴右	岷、宕、洮、旭、橋、意六州	岷：3 洮：1 宕：2 共：6			原管九州，貞觀元年督前四州，六年加督後二州。十二年廢。
疊州	下	隴右	疊、津、序、壹、枯、嶂、王、立、岷、洮、宕、橋、蓋等州	疊：1	戍：1		十三年置府，永徽元年廢，原岷州督府屬州多移於此。兵府數共七個。疊州僅領一縣，有一兵府一戍。
涼州	中	隴右	涼、甘、伊、芳、文、（肅、瓜、沙）等州	涼：6 沙：3 瓜：2 共：11	鎮：3 戍：4		武德二年置管府，管涼、甘、瓜、肅四州；七年改督府，兼督沙、伊、芳、文，共八州。芳州卽疊州的常芬縣，武德二年升。睿宗景雲二年爲河西道。涼督常爲河西節度使的本官，爲西北大鎮。
瓜州	下	隴右	瓜、西、沙、肅四州	見上	見上		武德五年管此四州，卽瓜、沙、肅三州一度由涼府移隸此。武德八年罷。貞觀中復爲督府，督區不詳，似仍此四州，瓜州有二鎮，肅州有一戍。本府後似廢，屬涼府。
西州	中	隴右	似督西州（高昌國）一州		鎮：2		十三年滅高昌而置府，督區不明，似督高昌（西州）本國。轄縣蒲昌縣後升爲北庭都護府。
益州		劍南	督：益、綿、簡、嘉、陵、眉、雅、邛八州 兼領：茂州督府與州督府	益：9 邛：1 共：10	鎮：29 戍：4		武德元年置管府，管十七州，三年置西南行臺而廢府，九年罷行臺復督府，督十州。貞觀時督區頗改易，右述督領乃十年以後狀況。因於彭、蜀、漢三州後來由益州離析而成，故兵府列爲益州所部。高宗升大。

茂州	下	劍南	茂、翼、維、塗、炎、徹、向、冉、筰、穹十州,隸於益府			鎮: 8 戍: 1	武德三年置管府,管會(卽南會、茂州)、翼二州。貞觀八年改名茂州,督此十州。翼、維以下九州原爲羈縻州,翼、維二州後改爲正州。
瀘州	下	劍南	瀘州一州				瀘州在武德三年置管府,管本州七縣。貞觀以後督所屬羈縻州。
戎州	中	劍南	戎、郎、昆、曲、協、紫、盤、曾、鈎、公、分、尹、匡、哀、宋、麼、姚、徽十八州			鎮: 1	六年置督府,戎州以外皆羈縻州。戎州有十一鎮。
雟州	中	劍南	雟州一州。隸益州府。			鎮: 1 戍: 1	原管七縣,後增至九縣,其中昆明縣原爲定筰鎮。
松州	下	隴右	松州及二十五羈縻州。				二年置督府,督二十五羈縻州,督區多屬隴右道,高宗以後割屬劍南道,且調整爲督六個正州及三十八羈縻州。天寶十載時,增督至一百四州。
廣州	大、中	嶺南	廣、韶、端、康、封、岡、新、藥、瀧、竇、義、雷、循、潮十四州	廣: 2	鎮: 4 戍: 2	武德五年置管府,管五州及南康管府,六年增管高、循二管府,七年改爲大督府,九年廢南康管府,以端、封等十一州來隸。貞觀中降爲中督府,督區略改易,曾先後督南康、高循、崖四督府。高宗後以桂、容、邑、安南四府隸廣州府,此卽五管,五府經略使例由廣州刺史兼,爲南方最大鎮。
高州		嶺南	高、春、羅、辨四州				貞觀二十三年廢。

桂州	中、下	嶺南	桂、昭、賀、富、梧、藤、容、潘、白、廉、繡、欽、橫、邕、融、柳、貴十七州	貴：	1		武德四年置管府，管九州及定州管府，以後屢變易。貞觀中督此十七州。本督府盛時曾督定、欽、龔三督府。
邕州	下	嶺南	不詳	鎭：	1		六年置，區域不明。
交州		嶺南	交、峰、愛、驩四州				武德五年置管府，管十州。貞觀中督此四州，調露元年改爲安南都護府，例領安南經略使。
驩州	下	嶺南	驩、演、智、林、景五州。				武德五年置南德州管府，管八州。貞觀初改南德州爲驩州，舊驩州爲演州，二年置督府，十二年廢明、源、海三州，不久似卽廢府，驩州改隸交州府。

　　上述四十三個督府，分統二百餘州（包括羈縻府州），多設於邊防衝要。這四十三督府並非貞觀時代所有的數目，國內有許多正州亦未劃入上述督區，顯示尚書省一州一縣乃爲正常行政體系，都督府不過爲了國防需要而設置，加強處理該地區的軍政及警備事務。督區督三至七州諸軍事較常見。若至十餘州則多爲邊疆上爲撫慰蠻夷而置的羈縻州，督府下轄另外若干督府亦多因羈縻政策而設置。督府最少督本州一州，甚至如豐州都督府督豐州，領突厥降戶，下無任何屬縣，此爲特例。至於隋制有總管數十州諸軍事，唐制則無，例如隋漢王諒總管幷州等五十二州諸軍事，唐則幷州都督僅督四州。不過，益、廣、桂等督府曾兼督更低級的督府，合起來督州亦有二十以上，但多爲羈縻州，於制度並無大妨，或謂唐初「管十州已上爲上都督府，不滿十州，只爲都督府」，此說未確。卽使中宗景雲二年（七〇八）一度欲建置二十四督府以統全國

諸州，分爲大、中、下三等，但其計劃中，都督府所督亦不過五至七州，僅秦州督府領十一州，卻列爲中府●。顯示以州數定督府等第之說，未甚可靠。若以上表而論，曾爲大督府的諸府，除廣府外，皆督三至六州之數，未曾超過十州。反而有時不及一些中、下督府的州數。是則都督府是否列爲大，似以國防戰略價值及軍隊部署來決定。

唐制沿襲前代，府、州幕僚組織皆有司馬、兵曹、士曹三種，此皆掌理軍政之職，顯示都督及刺史皆督導本部軍政無異。鎮、戍地位已降，勢不能與督、刺相兼；兵府直隸中央，正常情況下亦不兼督、刺，或由督、刺兼領。因此正常情況下督、刺不統兵，與大業制度相同。不過，隋唐出使例持節，出任都督（或總管）或刺史亦沿北朝慣例授予使持節等名號，這方面史料碑碣保留最多，是否有不加節之例則未詳。

行軍總管例加使持節，更不必贅舉，乃北周以來通例●。是則都督督若干州時，其基本官銜爲「使持節，都督甲、乙、丙……若干州諸軍事、甲州刺史」，督本州則爲「使持節、都督甲州諸軍事、甲州刺史」；任刺史而不兼都督則爲「使持節、甲州諸軍事、甲州刺史」，與魏晉以降常例無以大異。加節原爲專殺授權，用以增強持節者對部內行政的控制權，於軍事言之，則爲增強其軍事行政權及軍事監督權，所謂「使持節諸軍事」，並非指統率本部軍隊而言。加節者亦從未稱爲節度使，卽使都督（總管）加節亦然。《新唐書‧官志》說：「自高宗永徽以後，都督帶使持節者，始謂之節度使」，治史者皆引用之，實爲不明軍制情況下產生的錯誤觀念。節度使爲差遣之職，與安撫使、巡察使等差遣機關同類；「使持節」乃是專殺授權而非官職，兩者互異，不可相混。要之，都督、刺史多加「使持節、諸軍事」乃在強化其處理軍政及監督「諸軍事」的權威性，因此唐代諸軍大使、節度使等職未建立前，都督、刺史得主持部內警防任務。執行警防任務的鎮戍部隊雖爲中央衞軍，但鎮將、戍主等首長則爲「外職事官」。衞士輪流配屬上下防，仍歸由原屬

兵府統率，是則鎮戍在建制上原爲無兵可統，然而卻得指揮上防的衞士。鎮戍地位低微，無法直承兵部政令，須聽由都督、刺史監督指導；鎮戍不如衞士般流動配置，它有一定的警備區、一定的城柵基地及武器庫，都督、刺史對之有充分的支配權，甚至從若干史料看，在兵部同意下且有增加、減少及移動鎮戍之權。是則鎮戍首長在長期的配屬下，得視爲都督及刺史的實際統率單位。雖然如此，鎮戍的兵力少，部署亦不多。督、刺雖能有效指揮之，卻無力形成藩鎮，更無力造反興兵。在軍事統一指揮部（節度使司）出現之前，唐朝的國家戰略及其建軍政策在「強幹弱枝」，於此最明顯不過。

五、行軍兵源與兵力

　　行軍作戰體系依據《軍防令》而組成，爲唐朝禁軍、衞軍及警防體系以外的特別軍事體系，其功能在征伐作戰，其特色是臨時編組而事畢卽撤，與上述三種體系不同。若粗略以玄宗爲分界點，行軍作戰的兵源、編組、統率及其性質，前後不盡相同。單以性質而言，前期征伐軍是以中央征伐部隊的姿態出現，而後期則往往以藩軍奉詔聯合作戰的姿態出現。所以前期例稱征伐軍爲「某某道行軍」，其意義卽爲中央軍某某地區分行部隊；後期則常稱爲「某地行營」，意卽奉命前赴某地參與征伐的藩軍（節度、團、防部隊）分行營隊。安史之亂以後，中央幾乎處於解除武力的狀態，行軍作戰須依靠各地節度、團、防部隊抽調編成，這些由藩鎮大本營抽調而來的軍隊，例稱行營，與中央行軍性質不同。換句話說，行軍是中央派遣軍，行營是藩鎮派遣部隊。玄宗以前最著名的行營，可以說是勃律行營了。小勃律位於中亞高原，與吐蕃結盟，使西北二十餘國皆受制於吐蕃，唐朝西北安全及戰略形勢急轉直下，負責中亞國防的安西四鎮節度使司多次派遣行營討伐之，皆無效果。開元、天寶間，夫蒙靈詧擔任節度使，提拔高仙芝爲「安西副都護、四鎮都知兵馬

使」，由玄宗特勅爲「行營節度使」，抽調安西步騎一萬歸其指揮，負責執行遠程突擊的任務。三個多月的攀山越嶺急行軍及多次突擊作戰，顯示了唐朝軍隊強大的行軍作戰能力，圓滿完成任務，解決了西北危機。勃律行營在天寶六載（七四七）夏天組成，依法仍受安西四鎮節度使司指揮，與中央派遣軍不同，於此可見❿。唐朝後半期依靠藩鎮武力維持國祚，論者已多，因此凡有征伐，例稱行營。「元和中興」奠定之役——淮西之戰，乃最著名的行營，雖有中央軍參與，仍不改行營之名，前後制度互異如此。

隋唐行軍兵源有二：卽衞士與募士。出征作戰乃衞士的基本責任，兵府練兵的作用卽爲此。募士則是應募從征者，在法律上稱爲「募人」或「征人」，唐律往往提及⓭。「征人，謂非衞士，臨時募行者」，其揀點之法與衞士同，「財均者取強，力均者取富，財力又均者，先取多丁」，是則征人亦非貧弱之輩，他們參加征伐，主要目的在追求功名。征人入伍，一律接受正規軍的管制⓮。由於招募名義不同，募人亦往往有不同的稱呼，例如隋末募兵伐高麗，募人給予「驍果」的番號，「驍果」後來成爲兵變殺煬帝的主力。唐太宗募人征高麗，卽稱爲「募士」，高宗時有「猛士」之稱。讀唐朝歷史，常見「兵募」一名，此卽府兵（衞士）與募人的總稱，常見於征伐軍及邊防軍中。「兵募」以外，往往亦有志願軍，志願軍人常是在征伐不招募，或招募已滿額的情況下產生，他們自願攜帶武器裝備從征，不列屬正規軍體系。

茲舉若干著名之例爲證：貞觀十九年（六四五）太宗親征高麗，他以李勣爲遼東道行軍大總管，統率正規軍步騎六萬及蘭、河二州歸降胡騎先行；又以張亮爲平壤道行軍大總管，統率江、淮、嶺、峽府兵四萬及兩京募士三千人，共有戰艦五百艘趨海道出發，大軍集合於幽州，遠近勇士前來應募及貢獻攻擊性武器者不可勝數，太宗親自處理其事。臨發前，太宗曾與羣臣檢討整個戰略形勢，認爲士氣可用，北狄斷不敢乘虛來襲。他說：

征高「朕今麗，皆取願行者，募十得百，募百得千，其不得從軍者,皆憤歎鬱邑，豈比隋之行怨民哉!」史謂:「有不預征名，自願以私裝從軍，動以千計，皆曰:『不求縣官、勳、賞，惟願效死遼東!』上不許。」應募者有些爲功名而來，有些似爲報仇而來，因爲隋煬帝三次親征高麗，傷亡慘重，太宗曾公開申述「朕今東征，欲爲中國報子弟之讎」，應募者似有不少是從前陣亡者的子弟。因此攻擊展開時，長孫無忌在最高作戰會議中提出軍情報告，指出「臣適行經諸營，見士卒聞高麗至，皆拔刀結旆，喜形於色」，認爲「此必勝之兵也」⑯。前述薛仁貴乃中國民間知名的「白袍將軍」，事實上薛仁貴是絳州龍門（山西河津縣西二里）人，附近州縣兵府林立，戰略地位重要。仁貴出身士族，有當兵資格，當太宗征高麗時年約三十四歲，「謁將軍張士貴應募，請從行」，由於不列屬正規部隊，故能每次衝鋒陷陣皆「異其服色，著白衣」，目標顯著。太宗遙驚「先鋒白衣者」之勇，問之，引見，擢「游擊將軍、雲泉折衝府果毅、北門長上」。軍還。太宗說:「朕舊將並老，不堪受閫外之寄，每欲抽擢驍雄，莫如卿者。朕不喜得遼東，喜得卿也。」尋遷右領軍郎將，仍北門長上。仁貴雖出身士族，但「少貧賤，以田爲業」，似不合揀點之法，張士貴似乎未許其列入征名，他既能異服作戰，顯然乃是屬於「有不預征名，自願以私裝從軍，動以千計」中的人物，爲志願軍人無異⑯。寒素出身的鄭州婁師德，弱冠舉進士，與狄仁傑並爲則天時代的名相，在高宗上元（六七四～六七五）初做到監察御史。當時吐蕃大舉犯塞，基於國家、責任的觀念，於朝廷「募猛士以討之（吐蕃)，師德抗表請爲猛士。」高宗大悅，特假朝散大夫以從軍西征，累任軍職而立功勳，遂爲則天拔擢爲宰相，若不在中央主持軍政，則必在正北或西北主持國防⑯。盛唐名將哥舒翰及封常清皆爲安西軍人。哥舒翰乃安西最強大的突騎施哥舒部落的子弟，祖、父皆爲唐臣，父且爲安西副都護。哥舒翰從事軍旅，最初投募於河西節度使王，後以戰功偃，屢爲節

帥提拔，晉升至「隴右節度、支度、營田副大使、知節度事」。六年以後兼充河西節度使，封西平郡王，爲楊國忠親結的對象，用以抗衡當時身兼范陽等節度而封東平郡王的安祿山。封常清則爲安西軍人子弟，三十餘歲時堅持投效於「安西副都護、四鎮都知兵馬使」高仙芝麾下爲侍從，仙芝屢卻不果，乃補爲侍從，由戌主、鎮將、果毅都尉、折衝都尉，爲仙芝提拔至安西節度判官，後來晉升節度使，安史事變之前，且一度權知伊西、北庭節度事●。

上述皆著名軍人之例，就整個募兵來說，茲以有較完整史料的平壤道募兵爲例：高宗顯慶五年（六六〇）蘇定方討平高麗同盟百濟，使高麗孤立。翌年宰相任雅相率師伐高麗，共三十五軍。出征前，曾詔「於河南、河北、淮南六十七州募得四萬四千六百四十六人，往平壤、帶方道行管。」這支部隊，起碼有部分配屬於百濟府城鎮守軍司令劉仁願及當時以白衣身分檢校帶方刺史的劉仁軌指揮，他們是戰地善後及鎮守部隊，征伐軍班師後，軍事重責卽落在他們身上。不久，百濟復叛，攻擊劉仁願部，朝廷急令劉仁軌部馳赴救援，迅速平定叛亂，並且首次大敗日軍於白江口，將其龐大艦隊殲滅。事平之後，劉仁軌與孫仁師凱還唐朝，詔令劉仁軌勒兵鎮守。劉仁軌統率募兵成爲穩定朝鮮半島的力量，後來卽因此晉升拜相。仁軌曾經透過兵部向高宗提出其極著名的朝鮮現勢檢討及軍情報告書，成爲研究唐初募兵問題的重要文獻●。

征伐得另行募兵，乃隋唐共有的制度。政府爲何需要在常備部隊之外募兵？此實需要進一步研討到常備兵力及其部署，以及征伐、鎮守實際需要諸問題。

隋朝的府兵數目及部署不詳，但史稱煬帝第一次征伐高麗，卽動員了一百一十三萬三千八百兵士（詳後）。這個龐大的數字絕非府兵所能負擔，因而不得不另外募兵。以唐朝而論，全國兵府約六百個，總兵力約六十萬。這六十萬左右的兵力，需要負擔番上、輪防、留守等任務。

估計中央十二衞府及東宮六率府的番上部隊，每月可能保持十萬左右
⑩。上節估計鎮戍上防部隊約爲十萬以上，是則正常情況之下，全國常
備部隊常有三分之一以上兵力處於執勤狀態之下，另外三分之一強處於
預備狀態。於是行軍作戰可用的兵力不多，徵召其中三分之一，勢必影
響到輪調番防制度；若長期作戰或戰勝後鎮守，問題更嚴重。這是唐朝
作戰兵力往往不龐大，而且需臨時募兵的客觀需要。

　　太宗親征高麗之役，李勣及張亮兩部共達十萬，外國兵團尚未計算
入內，因而不得不募兵。史謂此役劃分爲十六個行軍序列，若以一軍萬
人計算，連太宗所統，不過約二十萬人。若將突厥、新羅、百濟、契
丹、奚等參戰兵團在內，當然不止此數。唐高宗調露元年（六七九）裴
行儉遠征突厥，其定襄道行軍大總管直轄兵力十八萬，西翼由程務挺、
東翼由李文暕指揮，總兵力達三十餘萬，全軍「並受行儉節度」。史稱開
國以來出師之盛，無過於此⑪。由此可見太宗親征大軍，猶未過此兵力。

　　事實上，唐朝府兵士氣旺盛，訓練精良，戰鬥力當時舉世難匹。卽
以唐初名將而論，李靖在武德六年（六二三）爲行軍總管，統江淮兵一
萬人前赴太原抵抗突厥，成績斐然。他又在貞觀三年（六二九）以兵部
尚書充行軍總管，突擊突厥而獲扭轉戰略形勢性的定襄大捷，兵力僅有
驍騎三千。另一名將李勣，亦曾在貞觀十五年（六四一）以兵尚充朔州
道行軍總管，率輕騎三千追擊強大的薛延陀，獲得決定性的青山大捷。
定襄之捷奠定了太宗天可汗的尊號，青山之捷，穩固了唐朝在亞洲的盟
主權。繼任雅相統三十五軍會攻平壤後第八年，李勣以司空、同三品充
任遼東道行軍大總管，統兵二萬，平定了擾攘五、六十年的高麗政權，使
唐朝版圖拓展至朝鮮半島⑫。小兵團可以不用募兵，若將領任用得宜，
往往發揮巨大效果；反而組合兵募而成的大兵團會戰，則往往失敗，這
是唐朝前期普遍的現象，可能與募兵臨時招募，懷有功利思想而來，戰
力又不強的因素有關。

六、行軍作戰體系

　　隋唐行軍、作戰是不同的序列，此爲許多學者所忽略。通常來說，出征行軍，例以某某道行軍建立序列；作戰之時，則每行軍各自展開戰鬥序列。唐朝前後期戰鬥序列亦不盡相同，大體言之，作戰體系往往以三人編爲一小隊，三小隊爲一中隊，五中隊爲一隊，每隊野戰兵卽四十五人，另有押官、隊正、副隊正、左傔旗、右傔旗各一人，合共五十人。每十隊似爲團級單位，另置押官，由折衝府別將或鎭戍主帥充任；每兩團似爲營級單位，置子總管統之，以果毅都尉等級軍官充任，此卽可能是作戰體系的高級戰術單位。五團左右卽置行軍總管，以折衝都尉以上軍官充任。大兵團則置大總管。總管以上單位應爲戰略單位，接戰時往往展開前、後、左、右（包括左右廂野戰及左右虞候警備部隊）、中及衙前六種會戰體系，每個體系通常擁有弩手、弓手、馬軍、跳盪、奇兵等多個兵種⓮。至於行軍序列，隋唐戰史上以隋煬帝第一次親征高麗最著名，陣容最壯盛，史料亦較可考，茲以之爲例。

　　大業七年（六一一）二月下詔「問罪遼左」，以涿郡爲籌備基地，至翌年正月籌備就緒，下詔親征。當時總兵力達一百一十三萬三千八百人，號稱二百萬，後勤補給人員倍之，顯然爲中古史上最大的征伐兵團。行軍序列是這樣的：最高統帥爲皇帝本人，諸軍節度由左翊衞大將軍于仲文充任。除天子直轄內、外、前、後、左、右六軍之外，其餘各以左右爲翼，共二十四軍；海軍則別爲一軍。實際上行軍序列的指揮系統爲皇帝——軍——團——隊——兵，以表二九示之如下。

　　史稱三十路大軍出發時，依一、二、三序列先後每日發一軍，每軍保持四十里距離，連營漸進；月餘大軍發完，首尾相繼，鼓角相聞，旌旗亘九百六十里。中央各機關分隸於天子六軍隨行，每軍各有「軍號」，自王公至廝役，悉帶軍徽，號「軍記帶」；擅離本軍被執，驗「軍記帶」，

表二九　隋大業八年親征高麗行軍序列❶

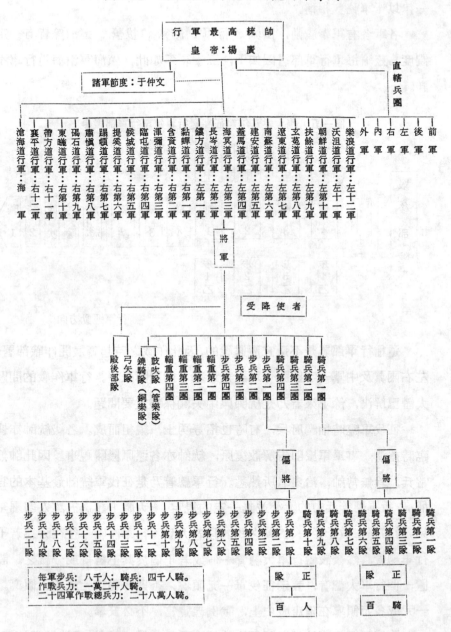

行軍最高統帥
皇帝：楊廣

諸軍節度：于仲文

直轄兵團

前軍
後軍
左軍
右軍
內軍
外軍
樂浪道行軍：左十二軍
沃沮道行軍：左十一軍
朝鮮道行軍：左第十軍
扶餘道行軍：左第九軍
玄菟道行軍：左第八軍
遼東道行軍：左第七軍
南蘇道行軍：左第六軍
建安道行軍：左第五軍
蓋馬道行軍：左第四軍
海冥道行軍：左第三軍
長岑道行軍：左第二軍
鏤方道行軍：左第一軍
黏蟬道行軍：右第一軍
含資道行軍：右第二軍
渾彌道行軍：右第三軍
臨屯道行軍：右第四軍
侯城道行軍：右第五軍
提奚道行軍：右第六軍
蹋頓道行軍：右第七軍
肅慎道行軍：右第八軍
蹋石道行軍：右第九軍
東暆道行軍：右第十軍
帶方道行軍：右十一軍
襄平道行軍：右十二軍
滄海道行軍：海軍

將軍

受降使者

騎兵第一團
騎兵第二團
騎兵第三團
騎兵第四團
步兵第一團
步兵第二團
步兵第三團
步兵第四團
輜重第一團
輜重第二團
輜重第三團
輜重第四團
鼓吹隊（管樂隊）
鐃騎隊（銅樂隊）
弓矢隊
殿後部隊

偏將

偏將

騎兵第一隊
騎兵第二隊
騎兵第三隊
騎兵第四隊
騎兵第五隊
騎兵第六隊
騎兵第七隊
騎兵第八隊
騎兵第九隊
騎兵第十隊
步兵第一隊
步兵第二隊
步兵第三隊
步兵第四隊
步兵第五隊
步兵第六隊
步兵第七隊
步兵第八隊
步兵第九隊
步兵第十隊
步兵十一隊
步兵十二隊
步兵十三隊
步兵十四隊
步兵十五隊
步兵十六隊
步兵十七隊
步兵十八隊
步兵十九隊
步兵二十隊

正隊

百人

正隊

百騎

每軍步兵：八千人；騎兵：四千人騎。
作戰兵力：一萬二千人騎。
二十四軍作戰總兵力：二十八萬人騎。

知非所屬，卽可由擒獲單位專殺，各隨行中央機關不得自言機關官稱，一律以「軍號」相稱。

各軍各有軍事設備，出城、行軍、結營、拔營、巡哨等皆有一定制度，茲繪每軍行軍部署圖如下，三十軍率如此，僅海軍滄海道行軍不詳。

圖一五　隋大業八年親征高麗行軍每軍行軍部署⑱

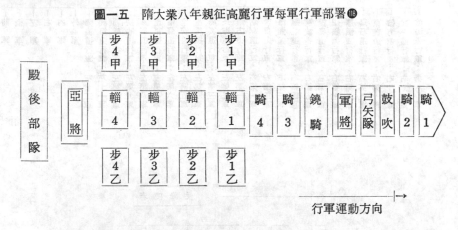

行軍運動方向

這種行軍部署是不適宜遭遇戰的，因此作戰之時起碼展開作戰部署，左右兩翼及中軍一字排開可以說是最基本的對陣隊型。行軍作戰的問題大體已解決，餘下來者乃是統帥與中央關係等重要問題。

征伐軍臨時抽調府兵，有時也招募勇士，編組而成。各級統帥亦皆臨時差遣；事畢軍旅卽告解散復原，統帥亦各還原機關視事。因此帥無常兵，兵無常帥，治史者所熟悉。行軍總管乃是征伐軍統帥最基本的官稱，行軍總管兵力的大小並無一定的規定，大體上超過五萬人卽屬罕見，通常都在數千至一、二萬之間。假若大兵團行軍作戰，往往分為若干行軍總管，然後設置行軍大總管一個或若干個於其上總統或分統之。設置一個行軍大總管，表示征伐軍一元領導，否則卽為二元或多元領導。一元或多元領導在隋唐戰史上，戰例甚豐富，不必贅舉。

隋唐行軍最高統帥以行軍大總管官稱最常見。行軍最高統帥例加節，

乃南北朝以來慣例,例如貞觀時參政官侯君集征伐高昌,全銜爲「使持節、交河道行軍大總管、光祿大夫、吏部尙書、上柱國、陳國公」,此「使持節、某某道行軍大總管、階官、職事官、勳、爵」方式, 乃是行軍最高統帥最常見的官銜。行軍大總管、總管沒有一定的任用資歷限制,端視實際情形而定, 通常宰輔大臣充任則以大總管爲號,但一軍獨行而上無大總管建制或皇帝親征之時,雖宰輔亦僅號行軍總管。隋唐慣例亦有不置行軍大總管而代之以行軍元帥的例子, 此類例子亦不少見。然而政典諸書對元帥之制往往記述錯誤。《舊唐書‧官志》說: 安史之亂以前「舊無其名」,《唐會要》及《新唐書‧官志》則說: 元帥皆親王領之, 顯然皆失實。

　　隋朝行軍元帥不由親王任之的例較親王爲多, 例如前述煬帝征遼行軍節度的于仲文, 卽曾在開皇時以行軍元帥統十二行軍總管北伐。開皇元年九月首次伐陳朝, 其部署爲長孫覽、元景山, 兩個行軍元帥各統若干行軍總管, 分從長江下、中游南攻, 另以左僕射高熲「節度諸軍」爲總指揮, 無一人是親王❿。開皇八年 (五八八) 十月第二次伐陳, 出兵八路, 共九十道行軍總管, 秦王俊以「山南道行軍元帥、山南道行臺尙書令」督三十軍, 包括海、陸軍種十餘萬, 爲「上流節度」; 另一 行軍元帥信州總管楊素統四千艘艦隊自四川東下,掃蕩陳朝長江水師; 內 史令、晉王楊廣 (煬帝) 充下游行軍元帥兼全軍節度, 爲九十道行軍總管總指揮, 總兵力達五十一萬八千。其中楊素亦非親王⓴。李建成、世民兄弟在唐朝未建前, 亦任元帥之職。顯示開皇制度實有行軍元帥之制, 且不專任親王,宰輔大臣亦得充任之。唐高祖遵行開皇體制,亦有此制。唐朝第一個元帥爲秦王世民,他在開國翌月 (武德元年六月,六一八) 以尙書令充任「西討元帥」, 統八總管討伐西北的薛舉, 自後他與太子建成經常充任元帥,而以東討、西討等號爲名,此類名號自後不再應用。太宗朝無元帥, 高宗、則天兩朝則常以太子、皇子充「某某道行軍元帥」, 且有副元帥代行元帥的制度。如則天聖曆元年 (六九八) 九月重立廬陵

王（中宗）爲太子後三日，即拜他爲「河北道行軍元帥」，但他不負實際
責任，另拜納言（侍中）狄仁傑爲「行軍副元帥、知元帥事」。同樣制度
又見於長安二年（七〇二）五月，拜「知左右羽林衞大將軍事」相王（睿
宗）爲「幷州牧、安北道行軍元帥」，以屢次統兵鎮守及征伐的宰相魏
元忠爲副元帥，討伐突厥。未行，翌月改拜相王爲幷州道行軍元帥，元
忠仍爲之副。此類史料兩〈本紀〉及《通鑑》記載頗豐，可證政典之
誤。大體來說，唐朝置行軍元帥則不置行軍大總管，元帥常以「某某
道行軍」爲正式的官稱，與行軍（大）總管方式相同；而且行軍元帥未
必由親王充任，但以親王充任爲常例。副元帥之制隋無，唐朝用以處宰
輔重臣，實際指揮行軍。至於「先鋒兵馬元帥」、「行營兵馬元帥」、「諸
道兵馬元帥」、「天下兵馬元帥」或其副帥、「行營都統」、「行營節度
使」、「行營都部署」等征伐軍統帥的名號，安史之亂以後即經常設置，
與前期不同。上述安史事變以後諸銜，除了「天下兵馬元帥」往往由太
子，起碼亦由親王身分充任外，其餘名號，宰相大臣亦得任之。宰輔重
臣非親王身分，最高得任「天下兵馬副元帥」，郭子儀可爲例。《唐會
要》說諸號元帥爲「此並副元帥也」，實誤。因爲「兵馬元帥」及「行
營元帥」皆具有征伐軍或大戰區野戰軍最高統帥的性質，絕非副元帥之
任。唐代前後兩期元帥制的不同，容待以後續論，此不詳辨。

　　征伐軍最高統帥由君相擬定，拜任時例有告廟、授斧鉞等隆重儀典，
表示付予專征的責任。因此征伐軍最高統帥爲直承君命的差遣武職，麾
下皆爲臨時配屬部隊。統帥握有行軍最高統帥權，指揮所部執行作戰任
務，貫徹交付的戰略及處置戰地政務。行軍統帥原則上僅爲野戰（戰
區）戰略的策定人，其他問題勢須申報兵部以奏上皇帝裁決，因此兵部
及三省對行軍皆有節制權。事實上，行軍統帥受任後例須赴兵部以軍容
參謁，請示軍機及作戰任務，以後軍情、捷報等文書亦須先申兵部❷。
不過，既付行軍統帥以專征權，因此統兵征伐者往往有極大的自由裁量

權，此即所謂「將在外，君令有所不受，以利國家」的權力。大體來說，唐朝前期的行軍統帥素質甚佳，在嚴整的制度之下，甚少有擅權的現象。高宗時，名將蘇定方以右衞勳一府中郎將官從另一名將左衞大將軍程知節征伐突厥，知節命令他爲前軍總管率兵挺進攻擊，大破突厥。副大總管王文度妒忌其功，矯制節制之。蘇定方稟告大總管程知節並提出建議說：「公爲大將，閫外之事，不許自專，別遣軍副，專其號令，理必不然。須囚文度，飛表奏之。」知節不知王文度是否眞受制命行事，不敢逮捕文度，班師後才奏論其罪。此事顯示行軍統帥專征權之大，皇帝不會任命副帥瓜分其權的，程知節謹愼行事，並不表示他無逮捕副帥之權❷。然而行軍作戰，例由御史監軍，監軍使得向皇帝提出報告，使統帥受到制衡及威脅。開元以後，改由宦官監軍，自後監軍權力日盛，幾爲太上統帥，行軍權力結構至此大異。綜而言之，副帥或監軍牽制統帥權的事件，睿宗以前較少見，故統帥得專以責成。

　　茲據以上論述，可見唐朝前期基本軍事制度在太宗時奠定，玄宗時已變。若捨軍政體制不論，則貞觀軍事體制應有如圖一六之系統。若依圖一六軍事系統，再參照前繪的武德時國防軍事體制圖，則唐朝前期正常軍制應如圖一七。

　　圖一七除了諸衞、率府一些特別編制的軍職，及行軍組織變化大，而不能繪出之外，其餘正常建制體系已予繪畫，降至玄宗開元時代，府兵制已壞，禁軍及藩軍崛盛，制度與此有異，另文再詳。要之，唐朝政、軍分離，地方無常兵，軍隊中央化及國家化，而依制衡主義原則建立體制，閱此圖當有助於明瞭。

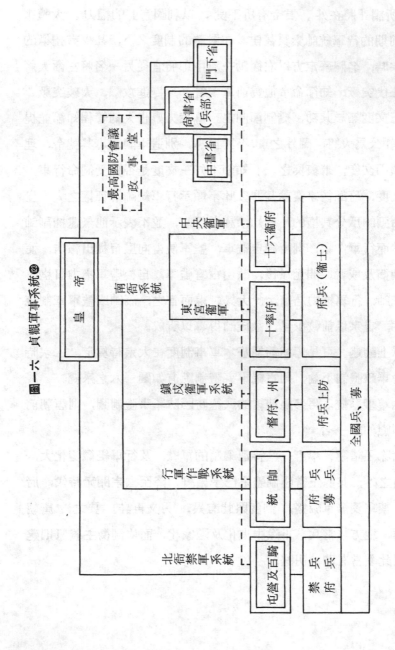

圖一六　貞觀軍事系統⑫

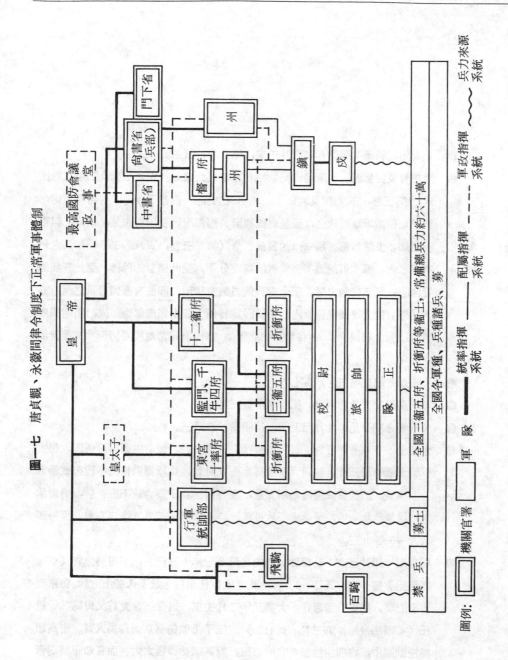

圖一七　唐貞觀、永徽間律令制度下正常軍事體制

附　注

❶　見《隋高祖紀》開皇九年四月壬戌，第二卷，頁三二～三三。

❷　廢總管及置都尉，《隋煬帝紀》均有記載（大業元年正月壬辰及二年二月戊戌，第三卷，頁六四及六五）。《五代史志・百官下》謂：「舊有兵處，則刺史帶諸軍事以統之，至是別置都尉、副都尉。都尉正四品，領兵，與郡不相知。」卽以都尉爲一州的警備司令（第二三卷，頁八〇二）。無兵之州不置都尉，原本可能爲某總管區的構成分子，受此總管的保護，至此旣無總管保護，又無警備力量，完全處於武力眞空狀態。卽使有警備力量之州，亦不見得有能力單獨維持管內治安。因爲警備力量由鎭戍部隊組成，隋朝鎭戍數目已較北朝減少，故在無力狀態下，常得會同當地鷹揚府府兵來維持治安。

❸　《隋煬帝紀》第三卷，頁七六。

❹　《隋高祖紀》是月丙辰，第二卷，頁三九。

❺　《隋煬帝紀》是年九月己丑詔，第四卷，頁八三。

❻　大業十一年八月煬帝君臣爲突厥所圍，官軍失利。或有主張冒險突圍，但大臣樊子蓋堅請死守，並向天下徵募兵士來赴救，以厚爲勳格的手段來鼓勵人心。事後，納言蘇威追論勳格太重，宜再斟酌。子蓋力請不宜失信，煬帝斥之，說他欲收物情，子蓋遂不敢再言。詳《隋樊子蓋傳》第二八卷，頁一四八九～一四九三。

❼　開皇四年四月己亥，勅總管、刺史父母及子年十五已上，不得將之官（《隋高祖紀》第一卷，頁二一）。各地長官上佐皆須每年歲暮入朝上考課，在京師皆有府邸，用以控制百官。大業五年二月壬戌，煬帝下制允許父母隨其子赴任（《隋煬帝紀》第三卷，頁七二）。但子弟似仍羈京師作爲人質。唐高祖能控制關中，亦卽能控制百官的心理，對其成功影響太大。而且恭帝爲煬帝的嫡孫，政治上的號召力較王世充、宇文化及等集團爲強。

❽ 高祖起事時兵力可能在三至五萬之間，即位前已擴充至二十萬。武德元年始置驃騎及車騎府統率軍士，並將之編為十二道。翌年建軍級單級，以萬年道諸府編屬於參旗軍，長安道為鼓旗軍等十二軍，《新唐書・兵志》及《通鑑》皆有記載，但《新唐書・兵志》不詳十二道建於何時，改編為軍則謂在武德三年，今從《通鑑》作二年七月。案：《唐會要》謂元年六月十九日立驃騎將軍為兵府司令，車騎將軍副之。又謂六年五月十六日勑令車騎府隸屬於驃騎府， 是則武德初期效法開皇制度置兩種府，互不統屬，但詳細關係則不明。詳《唐會要》卷七二〈府兵〉，頁一二九六；《新唐書》卷四〇〈兵志〉，頁一～二；《通鑑》卷一八七，武德二年七月，頁五八五八。

❾ 《唐大詔令集》卷三五〈諸王・除親王官上〉、〈秦王天策上將制〉及〈秦王領左右十二衛大將軍制〉，頁一四八～一四九。

❿ 讀本圖需注意如下事情：

(1)表圖僅列舉軍令、軍政兩系統中最重要的官署機關，認為已足以代表武德國防、軍事體制。事實上本圖尚可詳細繪作，然筆者無意贅繪。中央軍總部及其統率體制，本文稍後仍有敍述。

(2)武德六年二月取消參旗等十二軍， 至八年四月，因突厥入侵不已，遂重建十二軍制度（詳《新唐書》卷四〇〈兵志〉，頁二；及《通鑑》卷一九一，武德八年四月，頁五九九五）。本圖不代表此時的軍制。

(3)天策上將統率十二衛府，但《武德令》卻有十四衛府的建制，此即左右監門府不受天策上將統率。監門府較諸衛府地位略遜，主管宮城門禁事務，編制不大，無軍額番號。另有千牛府，編制更小亦無番號，故亦不列入。降至中宗，完成十六衛建制，此為後來之事。

⓫ 他們是高祖朝：屈突通、任懷二人。太宗朝：杜如晦※、李靖※、侯君集※、長孫無憲、李勣、崔敦禮六人。

高宗朝：〔崔敦禮〕、唐臨、任雅相※、姜恪※、崔餘慶、裴熙載、李德懋、郝處俊※、李虔繹八人。

則天朝：岑長倩※、武三思、歐陽通、楊執柔※、王璿※、婁師德、王孝傑※、武攸寧※、唐奉一、姚崇※、唐休璟※、（姚崇※）、（唐休璟）十一人。

中宗朝：張柬之※、魏元忠※、豆盧欽望※、（魏元忠※）、宗楚客※、韋

嗣立※、李嶠※六人。

睿宗朝：〔李嶠※〕、（姚崇※）、郭元振※、李迥秀兩人。

玄宗朝：（郭元振※）、（姚崇※）、王晙、張說※、（王晙※）、蕭嵩※、李
　　　　昰、李褘、李林甫※、牛仙客※、李適之※、陳希烈※、哥舒翰、
　　　　韋見素※十一人。

上述※號代表具有宰輔身分，〔〕代表前朝所任而猶未去職者，（　）代表
任兵尚兩次以上者。

⑫　兵部尚書有百分之五十九具有宰輔身分，吏部尚書則有百分之六十。但具有
　　宰輔身分的兵尚人次有百分之六十三，而吏尚僅有六十一。顯示吏尚以宰
　　輔任之的機會尚較兵尚為低。據《唐僕尚丞郎表》，玄宗以前吏部尚書五十
　　人，五十六次；其中具有宰輔身分者有三十人，三十四次。百分率即依吏、
　　兵兩部人數及次數演算出來。

⑬　詳《舊唐休璟傳》第四三卷，頁三。又前文提及王及善受知於則天而拜相
　　之例，亦略如唐氏的遭遇。

⑭　兵部在《武德令》及《貞觀令》均略有不同之處，高宗以後又有變動。例如
　　總章二年（六六九）增加一員侍郎編制；則天長壽二年（六九三）又增一員，
　　變成一尚三侍，至長安四年（七〇四）復減為兩侍郎。今略以貞觀時代為
　　準，詳細不及備贅。

⑮　王孝傑兵敗罷官後，兵部首長一直無人出任。至聖曆元年（六九八）九月，
　　武攸寧任夏尚、同三品為止，共空缺了兩年半。當時東北軍情最急，孫元亨
　　乃在王孝傑罷官後一月出任夏侍、同平章事，但九個月後即被殺，正、副首
　　長中空半年，才由宗楚客繼承孫元亨遺缺，所以兵部吃重，姚崇以郎中身分
　　剖析軍情。姚崇在神功元年（六九七）九月擢遷副首長，聖曆元年十月以本
　　官同平章事。及至武攸寧罷官，唐奉一繼任夏尚而出禦突厥，且又無宰輔身
　　分，則天乃改詔姚崇為鳳閣侍郎、同平章事，尋令兼知夏官尚書事，直至
　　長安四年（七〇四）改換兼知春官（禮部）尚書事止，主兵部政令共八年左
　　右。詳《新宰相表》第一卷，頁一九～二一；《唐僕尚丞郎表》，頁二四一
　　～二四四；《舊姚崇傳》第四六卷，頁一～六；《舊王孝傑傳》第四三卷，
　　頁二。孫元亨兩書無傳，其人不詳。

⑯　詳《舊張說傳》第四七卷，頁七～一三。

⑰ 下引法律條文及解釋條文，均詳見《唐律疏議》卷一六＜擅興律＞，頁二五 ～二八。

⑱ 「皇帝信璽」用於徵調本國軍隊，「天子信璽」用於外國軍隊，爲隋唐沿襲 北朝的制度，信符由門下省符璽局掌理。隋開皇十七年十月丁未，正式建立 各地軍府保有「銅獸符」之制（《隋高祖紀》下，第二卷，頁四二），調 發軍隊時，須由符璽局將與該軍府相同的信符發交兵部，由兵部遣使持至對 勘，合則發兵。唐制採用「銅魚符」爲信符。

⑲ 兵變全況詳《通鑑》卷一九一，高祖武德九年六月，頁六〇〇四～六〇一 六。兵變時，兵部尚書爲任瓌，任瓌與太子歷史淵源較深，太子死後，卽坐 貶。太宗時爲尚書令，爲其頂頭上司，且又無制詔，所以任瓌雖任兵尚，固 無法調動軍隊應變。兩＜任瓌傳＞不載其任兵尚事（見《舊傳》第九卷，頁 三～四；《新傳》第一五卷，頁六～七），今據《唐僕尚丞郎表》（見頁八 九七）。王君廓乃十二衛的將軍，派赴幽州督區統兵協防，其軍當直隷右領 軍衛大將軍，李瑗徵其兵，實屬犯了擅興罪，故君廓以此爲理由而解決了李 瑗。其事見《新王君廓傳》第一七卷，頁五～六；《舊傳》附入＜李瑗傳＞ 內，見第一〇卷，頁八～九。

⑳ 詳細部署及發展，前章已述。概況可參《通鑑》卷二〇九，睿宗景雲元年六 月，頁六六四二～六六四八。

㉑ 王利涉復建議北連突厥，使突厥由太原南下，請李瑗率兵趨洛陽，西赴潼關 會師。詳《舊廬江王瑗傳》第一〇卷，頁八。

㉒ 詳《舊庶人祐傳》第二六卷，頁六～八；及《通鑑》卷一九六，是年二月至 三月，頁六一八六～六一八九。

㉓ 諸書記載十六衛府官稱及序列多所混亂，今以《舊唐書・官志》正三品官序 爲準。案：煬帝時十二衛與唐十二衛官稱或不同，但軍額番號則一樣，據此 而列成此表。十二衛府加上左右監門府、左右備身府卽爲十六府。高宗龍朔 二年，左右監門府升格爲衛，備身府亦升格爲左右奉宸衛，自後始有十六衛 之名。本表蓋依《五代史志》卷二三＜百官下＞，頁七七三，七七八～七七 九；《舊唐書・官志》第二二卷，頁一～四及六，第二四卷，頁二〇～二 二；《唐會要》卷七一＜十二衛類＞，頁一二八二～一二八九；《新唐書》 卷三九上＜官志＞，頁一～五；硏製而成。千牛府升格改名，詳參本節㉟。

㉔ 詳《五代史志》卷二三〈百官〉下，頁七八一。

㉕ 如高熲以左僕射兼納言領左衞大將軍，另一宰相虞慶則轉爲右衞大將軍、右武候大將軍，煬帝長子晉王楊昭亦以內史令兼左衞大將軍。甚至唐初尙書令秦王李世民亦長期兼任右武候大將軍、左右武候大將軍，侍中齊王李元吉亦長兼左領軍及右武候大將軍。隋朝第一個參政官爲右衞將軍、廣平王楊雄，不久遷爲左衞。權傾一時的宇文述亦以左翊衞（左衞）大將軍參政。六衞如此峻美，所以平陳第一功臣右武候大將軍賀若弼「每以宰相自許」，因而免官下獄。諸例前面各章已有敍述，賀若弼事詳《隋書本傳》第一七卷，頁一三四三～一三四六。

㉖ 本表注意下列諸問題：

(1)編制上大將軍一員，正三品；將軍兩員，從三品；長史一員，從六品上。至德宗貞元二年（七八六）十六衞各添置上將軍一員，從二品，今不採入。

(2)左衞本部編制中，五曹乃參謀室，官員人數品秩不贅。駙馬及奉車都尉，從五品上，僅左右兩衞才有此編制，但駙馬用以處公主夫婿，奉車亦不除人，有需要則由他官暫攝。至於＊所示乃「四色官」，則天時始添置，共十五員，諸衞皆有，升殿時執兵立階於殿陛，以其後置，故以＊符異之。

(3)左右衞各統六十兵府，兵府官稱在武德末爲驃騎府，首長稱統軍。貞觀十年（六三六）改稱折衝府及都尉，遂成定制。則天垂拱間始分爲上、中、下三等兵府，太宗及高宗時猶未劃分，今以太宗及高宗時爲準。折衝府及三衞五府各有參謀室，卽錄事及兵曹兩種，均不錄入。

(4)三衞五府系統與折衝府的外府系統不同，統兵官爲中郎將，另有中郎一官，品秩與中郎將同，職掌侍從受表章，故不列入。本表參考《舊唐書》卷二四〈官志・武官左右衞類〉，頁二〇；卷二四〈諸府類〉，頁二三。《唐會要・十二衞及府兵類》第七一卷，頁一二八二～一二八九；第七二卷，頁一二九八～一二九九。《新唐書》卷三九上〈官志・十六衞・左右衞〉，頁一～二。

㉗ 諸書記載諸衞統兵府數目略異，如《舊唐書・官志》說左右衞長史「掌判諸曹，親、勳、翊五府，及武安、武成等五十府之事」（第二四卷，頁二〇）。可能諸府統兵府數目各朝略有改變，如羽林軍建立，卽曾奪取部分兵府而

成。另外，《舊唐書‧官志》除左右衛外，明載統兵府數目者僅有金吾衛（武候衛），統同軌等五十府（第二四卷，頁二一），金吾衛爲位次左右衛的總部，僅統五十府，與《新唐書‧兵志》所言各衛各統四十至五十府之說類同，且《通典‧兵制》所載，其說亦同《唐書》，詳《新唐書》卷四〇＜兵志＞，頁二。

❷❽ 其詳請參《五代史志》卷二三＜百官下＞，頁八〇〇～八〇一；《舊唐書》卷二三＜官志‧兵部＞，頁一二；《新唐書》卷三九上＜官志‧十六衛＞，頁二。

❷❾ 引文見《新唐書》卷三九上＜官志‧十六衛‧左右衛類＞，頁一及二。折衝都尉則引自《舊唐書》卷二四＜官志‧諸府類＞，頁二三。

❸⓿ 事詳《通鑑》卷二〇一，是年癸丑條，頁六三三一～六三三二。

❸❶ 詳見《舊官志‧兵部、兵部郎中、駕部郎中及諸府條》，第二三卷，頁一一～一四；第二四卷，頁二三。

❸❷ 各衛均向衛尉寺取鎧甲矢兵、顏色則不一樣，詳《新唐書》卷三九上＜官志‧十六衛＞，頁一～五。

❸❸ 兩《唐書‧官志》相同，詳《新志》第三九卷上，頁六～一〇；《舊志》第二四卷，頁二三～二四。

❸❹ 《隋宇文化及傳》第五〇卷，頁一八八八～一八九二。

❸❺ 詳《唐會要》卷七一＜十二衛‧左右千牛衛‧永徽元年條＞，頁一二八六。

❸❻ 詳同❸❺書，貞元七年條，第七一卷，頁一二八七。

❸❼ 參《舊王及善傳》第四〇卷，頁一～二。案：兩《官志》謂高宗龍朔二年改太子內率府爲奉裕衛，《唐會要》作神裕衛，誤（見＜東宮諸衛＞，第七一卷，頁一二八九）。王及善爲左奉裕率，可以助證。又：中宗神龍元年左右千牛衛始置大將軍各一員，安國相王（睿宗）曾任首任大將軍（《唐會要》卷七一＜十二衛‧左右千牛衛＞，頁一二八五；《舊唐書》卷二二＜官志＞，頁四）。故高宗時千牛將軍卽爲長官。千牛府的機關官稱諸書詳略矛盾互見。鄙見唐初改隋備身府爲千牛府，龍朔時爲奉宸衛，至始才有十六衛之名。中宗神龍時改爲千牛衛，乃是復辟永淳以前，顯示高宗曾一度將千牛府改稱千牛衛（《舊唐書》卷二二＜官志＞，頁四；及十二衛千牛衛注，第二四卷，頁二二）。今王及善由左奉裕率遷右千牛衛將軍，顯示龍朔二年二月以前千牛

府已升格爲千牛衛無異。《唐會要》說：「武德初爲左右府（左右千牛府？），顯慶元年改爲左右千牛衛，龍朔年（二年）改爲左右奉宸衛，咸亨（元）年復爲左右千牛衛。」（第七一卷，頁一二八五）其說近實。是則顯慶元年（六五六）千牛府已升格爲衛，不過當時無大將軍的建制而已。

㊳　其說詳參<隋唐制度淵源略論稿・兵部篇>（《陳寅恪先生論文集》，頁一一七～一三三），及<府兵制前朝史料試釋>（同集，頁四八七～五〇二）。

㊴　北朝晚期兵役問題可詳《五代史志》卷一九<食貨志>，頁六七五～六八〇。

㊵　這種說法多由身在大陸的學者提出，如谷霽光的《府兵制度考釋》即如此解釋。此類解釋除非必要，否則筆者不便在此註明出處及駁論之。

㊶　今據勞經原的<唐折衝府考>（收入《二十五史補編》，頁七五九五～七六〇六）。所輯諸書數目列述如下：

(1)《通典・兵制篇》：六三四。（謂貞觀十道置府數目。《新唐書・兵志》及《通鑑》均同此。）

(2)《通典・郡國兵》：五六四。（亦謂貞觀十道數目，但與前項異，不知孰是。）

(3)《唐六典》：五九四。（謂天下之府數目，不知指何朝數目，《舊唐書・官志・兵部》同此，顯爲武后以後至天寶間數目。）

(4)<鄴侯家傳>：六三〇。（謂諸道兵府數，時間不詳。）

(5)《通典・折衝府》：五七四。（天下諸道數目，時間不詳。《通志・職官略》及《文獻通考・職官考》皆據之。）

(6)《新唐書・官志》注：六三三。（謂三輔及近畿數目，時間不詳。《玉海》引之。）

(7)《新唐書・地志》：五六六。（錢大昕據《新地志》統計所得數目。）

(8)《唐會要・府兵》：六三三。（通計舊府數目，《新唐書・官志》注同。）

(9)《樊川（杜牧）文集》：五七四。（全國府數。）

(10)《通典・兵制・章氏曰》：八〇〇。（引自安史之亂後陸贄奏議，恐爲誇張之辭。）

(11)<唐折衝府考>：五五七。（勞氏本人參考史籍碑志而得。）

是則兵府數目，即使同一書，亦前後互異。《新唐書》<官志>、<兵

志＞、＜地志＞注，《通典》職官折衝府、兵制、郡國兵一書三異數。

㊷　江南道五十一州，二百四十七縣，駐有兩個或五個兵府，全道兵府數目雖最少，但比例上猶不及嶺南道之少。詳參《新唐書・地志・關內、江南、嶺南》三道第二七卷，頁二；第三一卷，頁三；第三三卷上，頁一。

㊸　齊州在貞觀七年建都督府，統五州二十餘縣，見《舊唐書》卷一八＜地志・河南道・齊州條＞，頁三五。該道兵府分佈詳《新唐書》卷二八＜地志・河南道＞，頁一～八。

㊹　揚州督府管區詳《舊唐書》卷二〇＜地志・淮南道・揚州大都督府條＞，頁一。該道兵府分佈詳《新唐書》卷三一＜地志・淮南道及江南道＞，頁一～八。徐敬業起兵本末，可參《通鑑》卷二〇三，是年月至十一月，頁六四二二～六四三一。案：敬業起兵前由眉州刺史貶柳州司馬，僞造揚州司馬的文件應不難。他僅能起揚州一州之兵，且曾爲督府軍事參謀拒絕奉令，恐怕揚州府兵響應者亦不眾，故有驅集囚徒、工匠之事；而且所部潤州刺史李思文卽率本州警備隊死戰十六日，然後力屈而陷，可見敬業起事亦不順利。當時揚州大都督人選不詳，揚州督區部署兵府及鎭戍是否如《新唐書・地志》所載亦不詳。

㊺　請詳表二七。

㊻　陳倉縣卽今寶雞縣治。唐初屬岐州（卽後來西京鳳翔府），岐州部署兵府十三個，貞觀初統領九縣，陳倉縣可能置有兩個或以上兵府。詳《舊劉仁軌傳》第三四卷，頁一；《舊唐書》卷一八＜地志・關內道・鳳翔府條＞，頁一〇～一一；《新唐書・地志》同條，第二七卷，頁四。

㊼　藩鎭自行提拔幹部及募兵，論之者甚多，論之最詳者當爲日野開三郎的《支那中世の軍閥》一書（東京，大安株式會社，一九六七）。至於藩帥的任用，亦往往決定於宦官，傅樂成師的＜唐代宦官與藩鎭的關係＞〔收入《漢唐史論集》（臺北，聯經出版事業公司，一九七七，初版），頁一九一～二〇八。〕一文亦有論述，拙著＜唐代宦官的婚姻與收養關係＞（分上下刊於《鵝湖月刊》，一九七七，第三卷二、三兩期。）亦從家族制度討論宦官與將領的關係。至於中央軍制的重建及其影響，可詳王賡武，*The Structure of Power in North China During The Five Dynasties*，尤詳於該書第五章，頁一七七～二〇七。

㊽ 唐朝法律，〈衞禁律〉乃諸篇的首篇，僅在〈名例〉之次。長孫無忌等解釋，
北齊於〈宮衞律〉中附入關禁諸事而創成〈禁衞律〉，爲隋唐所本。「衞者，
言警衞之法；禁者，以關禁爲名」。以事關「敬上防非，於事尤重」，故居
諸篇之首。見《唐律疏議・禁衞上・疏議曰》，二・七：五〇。

㊾ 詳《唐律疏議・衞禁律》二・七：五三、五七及五八。

㊿ 見《新唐書》卷四〇〈兵志〉，頁五。

㊱ 唐制番上制度，研究者多留意於折衝府的情況。事實上三衞及武散官亦有番
上制度，與兵府不大相同。兵部調動兵府番上，五百里爲五番，千里七番，
千五百里八番，二千里十番，二千里以外爲十二番。除禁軍外，三衞、長上、
武散官番衞皆可知，詳《唐律疏議・衞禁律》第十八條，二・七：六二；《新
唐書》卷四〇〈兵志〉，頁三；〈官志・兵部〉第三六卷，頁一〇～一一。

㊲ 敬君弘爲絳州太平縣（今山西汾城東北二十七里）人，唐屬河東道。呂世衡
附入〈君弘傳〉，不詳何許人，不知是否元從禁軍人物。《通鑑》及《新敬君
弘傳》所載其官職事蹟均略，今據《舊敬君弘傳》第一三七卷上，頁六。又
陳寅恪先生謂根據李義府手撰〈常何墓志銘〉，說太宗收買常何而兵變，常
何當日「實任屯守玄武門之職」，卻未明言他擔任何種軍職，殊甚可惜。該
墓志現存巴黎圖書館，筆者未之閱，不敢妄推。《舊馬周傳》（第二四卷，
頁四）說馬周在貞觀五年以前至京師，舍於中郎將常何之家，代其作問答而
爲太宗賞識。馬周爲清河人，不知是否與常何同邑而舍其家，總之常何在貞
觀初僅爲中郎將，兵變當日地位應在敬君弘二將之下，且恐出身三衞部隊，
與呂世衡同。陳先生謂「太宗旣殺其兄弟之後，常何遂總率北門之屯軍矣」，
恐爲誇大之辭。因爲常何在貞觀五年以前仍爲中郎將，地位實未足以統率北
門屯軍，統率北門屯軍中的某部隊可能較眞實。陳先生之論，詳其〈唐代政
治史述論稿〉，頁二〇五。開元時代，南衙衞軍仍有左右屯營之制，詳《唐
會要・京城諸軍》，開元十年九月二十七日勅，第七二卷，頁一二九二。

㊳ 見該書，二・七：五九。

㊴ 《兩官志・十六衞》所載諸衞、率府多有長上編制，則天所置的「四色官」
實亦長上軍職。薛仁貴事詳《舊本傳》第三三卷，頁五。

㊵ 參《通鑑》卷二一〇，睿宗景雲元年八月及二年五月丙戌，頁六六五五及六
六六四。

㊺　龍武軍的建立時間，依《通鑑》，在開元二十六年十一月（第二一四卷，頁六八三六），或說在二十七年三月建軍者，未詳孰是，今據《通鑑》、《唐會要》之說；另詳《唐會要》卷七二＜京城諸軍＞，開元二十六年十一月條並注，頁一二九二～一二九三；《舊唐書》卷二四＜官志・左右龍武軍條注＞頁二二～二三。

㊼　《唐會要・京城諸軍》，垂拱元年條，說五月十七日「置左右羽林軍，領羽林郎六千人」（第七二卷，頁一二九一）。案：《新唐書・兵志》說：「高宗龍朔二年始取府兵越騎、步射置左右羽林軍。」（第四〇卷，頁六）《舊唐書・官志序》說龍朔二年二月甲子改官名，其中「屯營爲羽林軍」（第二二卷，頁三）。同書＜左右羽林軍＞條注則說：「龍朔二年置左右羽林軍。」（第二四卷，頁二二）＜左右神武軍＞條注說：「北衙七營後改爲左右羽林軍。」（第二四卷，頁二三）諸說紛紜，但武后廢中宗時，用左右羽林軍執行之，故羽林軍應在高宗時置無異，今依兩書＜官志＞、＜兵志＞之說。

㊽　《舊唐書・官志序》說是月改官名，左右屯衞改爲威衞，改「屯營爲羽林軍」（第二二卷，頁三），降至高宗咸亨元年十二月，詔各機關恢復舊名，但左右威衞不改（第二二卷，頁四）。武后光宅元年九月改易官名，將左右驍衞改爲威衞，原來的威衞（屯衞府）改爲豹衞（第二二卷，頁四）。至中宗復辟，百司依永淳官名，左右屯衞乃復爲威衞，與「羽林軍」錯開。

㊾　此次廢帝成功後，有十餘「飛騎」聚飲於坊曲，埋怨有功無賞，爲人告發，被逮捕入「羽林獄」。詳《通鑑》卷二〇三，則天后光宅元年二月，頁六四一七～六四一八。

㉍　羽林軍改爲衞，統有羽林郎的事，《兩書》失載，今據《唐會要・京城諸軍類》（第七二卷，頁一二九一）。漢朝呂后崩前，曾令子弟掌南、北軍，遂引起太尉周勃等奪兵消滅諸呂之禍。武后可能效法此事，但由李氏子弟掌北軍（禁軍），以消除其恐懼。二武掌都下屯兵時在聖曆元年（六九八）十月，當時武攸寧亦新除兵部尙書、同三品。

㉑　《舊唐書》卷二二＜官志＞，頁四。

㉒　《舊官志》第二四卷，頁二二。《新官志》同條所載略同，第三九卷上，頁五～六。又《唐律疏議》解釋＜捕亡律＞第十條說：「衞士於宮城外守衞，或於京城守當，或配於王府上番。」（四・八：六三～六四）顯示衞軍僅得

在宮城以外守衞，及保衞首都與中央各機關。高宗時除禁軍及監門府、千牛府外，宮城以內已非衞軍主要負責之區。

❻❸　當時羽林衞將領，諸書多有錯誤記載。左右各一大將軍，兩員將軍如下：

出　　　處	李多祚	武攸宜	桓彥範	李　湛	敬　暉	楊元琰	備　　　註
《舊桓彥範傳》	左		左	左	右	右	見第四一卷，頁一～二。
《舊楊元琰傳》				ˏ		右	第一三五卷下，頁三。《新傳》同（第四五卷，頁四）。
《新李多祚傳》	右大			右	右		第三五卷，頁八～九。
《新桓彥範傳》			左		右		第四五卷，頁一。
《通　鑑》	右大	右大				右	神龍元年正月條，卷二○七，頁六五七九。
《唐會要》	右大						＜京城諸軍＞，第七二卷，頁一二九一。

　　案：李多祚當爲左大將軍，武攸宜當爲右大，兵變成功後，李湛遷爲右大將軍，多祚仍舊。至於左將軍應爲桓彥範及李湛，右將軍應爲敬暉及楊元琰，僅武攸宜爲武后子弟。

❻❹　此次兵變可詳《新李多祚傳》及《通鑑》（頁碼見同❻❸）。《通鑑》僅謂參與者有「左右羽林兵五百餘人」，實誤。《舊桓彥範傳》記爲左右羽林兵及「千騎五百人」，今從之。參與的「千騎」極可能爲下番的一半，因爲另一半正由田歸道押領在玄武門上番。田氏曾先後任左金吾將軍、司膳卿、尙方監、殿中監，一直押領「千騎」，詳《舊田歸道傳》第一三五卷上，頁七一八；《唐會要》（頁碼同❻❸）亦有提及。

❻❺　宣宗長子郫王溫（懿宗）無寵，而愛第三子李滋，但以其地非居長，故久不册立皇太子。臨崩，秘密將李滋託附於樞密使王歸長、馬公儒、宣徽南院使王居方，使立之爲帝。三大閽聯絡右神策軍中尉王茂玄，四閽皆宣宗生前親

厚的人，而左軍中尉王宗實則爲「素不同心」的反對派領袖，四閹欲將之排出爲監軍，結果反爲王宗實以四人矯詔爲由而逮捕殺害，奉李溫爲太子監國，擁護其卽位。)《通鑑》，宣宗大中十三年六月，第二四九卷，頁八〇七五〜八〇七六) 王宗實的行動實以左神策軍及宣徽北院等力量爲基礎。此段記載顯然指王宗實派系的宦官以詔令命令宰相副署的事。所謂三十年以前，卽指文宗甘露事變以前的情況。宣宗崩時共有左僕射兼門下侍郎、同平章事令狐綯，中書侍郎兼禮部尚書、同平章事蕭鄴、夏侯孜，翰林學士承旨、兵部侍郎、同平章事蔣伸，留中央卽此四相；但首相檢校司徒、兼門下侍郎、同平章事白敏中在外擔任節度使，可視爲使相，是年十二月才入爲司徒兼門下侍郎、同平章事，仍居首相地位。《唐語林》(臺北，世界書局，一九六七，再版) 事見＜補遺篇＞，第七卷，頁二五一。

㊻ 《唐會要》卷七二＜京城諸軍＞，頁一二九二。

㊼ ＜名例律＞第二十條見《唐律疏議》，一・三：四二；第四十七條見二・六：三九。＜戶婚律＞見二・一二：一〇九。官戶奴婢在身分及婚姻各方面皆受歧視約束，雜戶、部曲雖與之類似，但未有官戶之甚。《六典・刑部・都官條》解釋說：「凡反逆相坐，沒其家爲官奴婢。一免爲番戶，再免爲雜戶，三免爲良人，皆因赦有所及，則免之。」注云：「諸律令格式有言。官戶者，是番戶之總號，非謂別有一色。」又云：「男年十四以下者，配司農；十五以上者，以其年長，命遠京邑，配嶺南爲城奴。」不論配置何處，官戶每歲十月，自黃口以上，所司須印臂送至都官閱貌。詳第六卷，頁四〇〜四四。

㊽ 《兩書》、《通鑑》間有節錄上述文獻，時間上或亦有出入。今據《唐會要》所載爲準，(一)、(五) 兩項見＜京城諸軍類＞，第七二卷，頁一二九二〜一二九三；其餘見＜府兵類＞，第七二卷，頁一二九八〜一二九九。(六) 項＜上府下魚書＞一文，恐「府」字爲衍字。

㊾ 《新唐書》卷四〇＜兵志＞，頁三一四。

㊿ 《新唐書》卷三九上＜官志・十六衞・左右衞條＞，頁二。

㉛ 《新唐書》卷四〇＜兵志＞，頁六。

㉜ 《唐會要》卷七二＜府兵＞，頁一二九九。

㉝ 《新唐書》卷四〇＜兵志＞，頁四及六。

㉞ 詳《新唐書》卷四〇＜兵志＞，頁六；及《舊唐書》卷二四＜官志・左右神

武軍條注＞，頁二三。

⑦ 參同⑭。所謂元從、扈從，乃指追隨他在靈武及扈從玄宗至四川的功臣，這類官員中三十三個重要人物在是年十二月一日曾被册勳，見《唐會要》卷四五＜功臣＞，頁八〇三～八〇四。

⑦ 見《唐會要》卷七二＜京城諸軍＞，是年十月十四日條，頁一二九二。

⑦ 《唐會要》卷七二＜京城諸軍＞，頁一二九三。事在「奉天之難」後。

⑦ 同⑦。

⑦ 肅宗於神武軍之外，另外挑選善騎射者組成「衙前射生手」，兵額千人，又稱爲「供奉射生官」、「殿前射生」，分爲左右廂，總號左右「英武軍」，是則兩「英武軍」各統五百人。此兩軍體制不及「北門六軍」，而是左右「神武軍」轄屬的部隊，以軍爲號而已。詳《新唐書》卷四〇＜兵志＞，頁六；《舊唐書》卷二四＜官志・左右神武軍注＞，頁二三。

⑧ 同⑦。

⑧ 鎮軍制度詳嚴歸田師《魏晉南北朝地方行政制度》一書，頁七八三～七九三。嚴師在文中並未釐整出鎮、軍、戍的明確統率系統，對鎮軍功能的改變亦未加以解釋，本文所言，乃是讀其書後的一己愚見。

⑧ 詳《隋書》＜秦王俊傳＞（第一〇卷，頁一二三九～一二四一）、＜庶人諒傳＞（第一〇卷，頁一二四四～一二四六）、＜周搖傳＞（第二〇卷，頁一三七六）、＜賀婁子幹傳＞（第一八卷，頁一三五三）。

⑧ 《隋乞伏慧傳》第二〇卷，頁一三七七～一三七八。

⑧ 下列諸條若未標明出處，卽據《唐會要》（第七〇卷，頁一二三一～一二六七）所載州縣改置諸條；道望亦據之，但隴右道常樂鎮一條，太宗時未有河西道建置，該書列入河西道乃後期之事。兩《唐書・地理志》簡稱《新、舊地志》。

⑧ 《新唐書・官志》之數目與《唐會要》相差甚大，後書似載貞觀時數目，前書則未說明何時，恐爲太宗以後陸續改鎮撤鎮後某一時期的數目。見前書，第三九卷下，頁七～八；後書＜州縣分望道類＞，第七〇卷，頁一二三三。又《六典・兵部・職方條》所載鎮戍數目，大體與《新唐書》同，疑《新唐書》所述本於《六典》，爲開元時代的數目，詳《六典》第五卷，頁三〇～三一。又《通典・兵部・職方條》所載鎮戍數目，除謂下戍有二百三十五外，

餘皆同，疑＜兵志＞本此，第五卷，頁三〇～三一。

⑧⑥　府指兵府，乃中央衞軍體系；軍及守捉乃大戰略改變下的邊防體系，前者已論，後者容後再詳。鎮戍兵力引文詳同⑧⑤所引《新唐書・官志》注。

⑧⑦　＜擅興律＞第十二條可詳三・一六：三二～三三。「揀點之法」及《軍防令》規定兵府統率關係及其四等連坐法，　可詳同律第四條及第五條三・一六：二八及二九～三〇。揀點由折衝府「主帥」差遣，違令固需懲罰，但州政府將軍令轉交兵府時，若違反揀點法，亦連坐其州典、兵曹、州長史、刺史四官，上述第五條已有解釋。四等官連坐法適用於一切機關，舉凡有錯失，機關長官、通判官、判官、主典四等各依輕重論罪，此在＜名例律＞第四十條有詳細規定，見二・五：二三～二五。

⑧⑧　詳＜衞禁律＞第二十四、二十五、二十九條，二・八：六五～六七及六九。所謂丁、夫，《疏議》說：「丁謂正役，夫謂雜徭。」詳＜捕亡律＞十一條，四・二八：六四。

⑧⑨　此兩條詳同⑧⑧＜衞禁律＞，頁七一。

⑨〇　本項引文，俱見＜擅興律＞第十六及二十四條，三・一六：三四～三五及三九。

⑨①　本段發符契引文見《新唐書》卷四〇＜兵志＞，頁二。《軍防令》見＜擅興律＞第十六條《疏議》補充時引用，該條律文規定「諸鎮戍應遣番代而違限不遣者，一日杖一百，三日加一等，罪止徒二年。即代到而不放（下番）者，減一等。」處罰頗重，詳三・一六：三四～三五。至於軍人四種身分及揀點之法，可詳＜職制律＞第三十三條及《疏議》，二・一〇：九〇；　＜捕亡律＞第七條及《疏議》，四・二八：六二；＜擅興律＞第四條及《疏議》，三・一六：二八。

⑨②　見＜職制律＞二・九：第三條，七四；＜名例律＞四十條，二・五：二三～二五；＜職制律＞二十七條，二・一〇：八六；　＜鬥訟律＞十二條，三・二一：九一。

⑨③　《新唐書》卷三九下＜官志＞，頁五。

⑨④　詳《唐律疏議・擅興律》第一條第二款，三・一六：二五～二七。

⑨⑤　嚴歸田師在其《魏晉南北朝地方行政制度》上下兩册對地方組織及其關係有極詳備的論述。不過嚴師討論督府與刺史的關係及都督、刺史與軍隊的關係似嫌未足，筆者數閱其書，深意都督對州原則上僅有行政及軍政的督導權，但此權甚大，故得指揮本部各刺史。至於都督、刺史乃至郡守，與軍隊的關係原則上僅有軍政關係，由於三者往往兼將軍，或者又兼部內鎮將、戍主，故亦掌有統率指揮權。嚴師對此未甚措意，今僅提出，以作參考。

⑨⑥　同⑨⑤書上册，頁九一～九九；下册，頁五一八～五二〇。

(97) 詳同(95)書下册，頁五三〇～五三四。

(98) 詳《五代史志》卷二三＜百官下＞，頁八〇四。

(99) 本表據兩《唐書・地志》製成，備註項內不註明出處者乃據《舊地志》；兵府及鎭戍數目據《新地志》注。本表列述範圍：第一，貞觀時代的督府，武德七年改總管府爲都督府，但七年至九年諸督府不述；高宗以後新建立的督府亦不述。第二，雖貞觀時代督府，但經常廢置者不述。第三，雖貞觀時代督府，但建置時間不超過十年以上者不述。至於府等，未知是何時等第，今列之僅作參考。

(100) 詳《唐會要》卷六八＜都督府類＞，頁一一九二～一一九四。

(101) 《舊高祖紀》武德元年六月乙卯詔「諸州總管加號使持節」(第一卷，頁四)，是則高祖卽位翌月卽恢復開皇制度，武德七年改總管爲都督，使持節未改，不必贅舉。

(102) 大、小勃律爲唐與吐蕃間的戰略要地，距離吐蕃近而與中國遠，在吐蕃軍事威脅及和親政策下屈服，背叛中國。小勃律與吐蕃結盟，使唐朝大戰略發生動搖，因而征伐之。夫蒙靈詧原爲安西將領，曾任「疏勒鎭守使」等（《通鑑》，開元二十七年八月乙亥條，第二一四卷，頁六八三八)，開元二十九年充任安西四鎭節度使，例兼安西都護，因而提拔安西軍人高仙芝，累至「于闐使」、「焉耆鎭守使」、「安西副都護」、「安西都知兵馬使」。仙芝任「行營節度使」，可能亦爲他推薦。仙芝奏捷報不經由安西節度使司，幾乎依軍法被斬，幸而隨營監軍使宦官邊令誠爲之申奏，反而制授安西節度，代替夫蒙靈詧原職。勃律事平，唐朝在此建立「歸仁軍」以作鎭守，兵額千人。詳參《舊高仙芝傳》第五四卷，頁一～三；《新大勃律傳》第一四六卷下，頁五～六；《通鑑》玄宗天寶六載十二月，第二一五卷，頁六八八四～六八八六及第二一六卷，頁六八八七～六八八八。

(103) 前節提及《唐律疏議》談到軍人有「軍人」、「衞士」、「募人」、「防人」，蓋指禁軍、衞軍、募兵、鎭戍四種軍人身分。

(104) 征人的法律解釋及揀點法，請詳(91)＜擅興律＞第四條。征人征名已定及在軍所，卽須接受軍令指揮及軍法控制，離軍或逃亡，皆以「征人從重」原則論罪。前文亦已論述。

(105) 應募情況詳《通鑑》卷一九七，太宗貞觀十八年十一月甲午至十九年三月丁

亥，頁六二一四～六二一八。

⑩ 薛仁貴在高宗開耀元年(六八一)死，貞觀十九年時應為三十四歲，兩傳均不
詳其家世，《新本傳》說他家道及參軍的情況為「少貧賤，以田為業。將改
葬其先，妻柳曰：『夫有高世之材，要須遇時乃發，今天子自征遼東，求猛
將，此難得之時，君盍圖功名以自顯？富貴還鄉，葬未晚。』」仁貴乃謁將
軍張士貴應募。是則仁貴應募，目的在功名富貴。「貧賤，以田為業」未
必就是寒素，據《新宰相世系表》，其家實為士族，與武士彠、李勣情況頗
類似（見該表薛訥條，第一三卷下，頁二三）。又龍門縣原屬河中府，貞觀
十七年改隸於絳州，屬於「次畿」之縣。河中府（蒲州）及絳州各有三十三
個兵府駐紮，為河東道重兵之區。雲泉折衝府乃絳州其中之一府，仁貴由白
衣遷擢從五品下的雲泉果毅，但不在絳州駐紮，而在北門長上。詳＜仁貴舊
傳＞，第三三卷，頁五～七；《新傳》第三六卷，頁五～九。

⑩ 《舊婁師德傳》第四三卷，頁一～二。

⑩ 《舊哥舒翰傳》第五四卷，頁六～九；《舊封常清傳》第五四卷，頁三～
六。

⑩ 此書及戰略情勢可詳《舊劉仁軌傳》第三四卷，頁一～六。募河南等地四萬
餘兵事見《舊高宗紀》顯慶六年春正月乙卯，第四卷，頁九。

⑩ 依五百里為五番，千里為七番，千五百里為八番，二千里為十番，二千里以
外為十二番制度估計：

(1)五番兵府：關內、河南、河東三道共有一百八十五個，兵力約二十萬人，
　　　　　　每月輪番上應有四萬左右。

(2)七番兵府：三道共有一百二十六個，兵力約十二、三萬左右，每月番上兵
　　　　　　力約近二萬人。

(3)八番兵府：三道共有五十六個，兵力約五、六萬人，每月番上約在七千人
　　　　　　左右。

以上依《舊唐書・地志》所列道里及《新唐書・地志》所載府數統計，以關
內、河南、河東三道兵府最集中，三道每月番上部隊共約六、七萬左右。他
道尚未計算在內。

⑪ 行儉本官為禮部尚書兼檢校右衛大將軍，事詳《舊本傳》第三四卷，頁一○
及《舊高宗紀》第五卷，頁八～九。

⑫　兩將各詳《新、舊本傳》，以《舊李靖傳》（第一七卷，頁〜一六）及《舊李勣傳》（第一七卷，頁六〜一二）所載較詳細。

⑬　戰鬥編組往往視戰場戰略而定，本文僅述其較常見的慣例。戰鬥編組日人菊池英夫頗有敍述，但其對於行軍及作戰兩種序列亦有混淆不清之嫌。可詳其＜節度使制確立以前における「軍」制度の展開＞（《東洋學報》，一九六一，第四四卷，第二期，頁五四〜八八）一文，是研究唐初作戰制度較詳細的論文。

⑭　下表史料來源爲《隋煬帝紀下》（第四卷，頁八〇〜八一），此敍二十四軍及海軍序列。《五代史志》卷三＜禮儀志＞（第三卷，頁一六二）則載天子直轄兵團共六軍。每軍編組則據《五代史志》卷三＜禮儀志＞（第三卷，頁一六〇〜一六一），諸軍節度于仲文乃唐相于志寧從父。仲文爲北周及隋之大將，在隋曾充行軍元帥統十二總管北伐突厥，伐陳之役又以行軍總管統海軍，爲晉王楊廣最器重的將領之一。及卽位，擢遷右翊衞大將軍「參掌文武選事」，此次親征，充任樂浪道行軍總管，爲左第十二軍軍將。因其爲出色的作戰策劃人才，故煬帝「令諸軍諮稟節度」，後因兵敗下獄，見《隋于仲文傳》第二五卷，頁一四五〇〜一四五五。

⑮　諸軍統帥稱爲軍將，可考者爲：左第二軍樊子蓋（民尙、檢校武威太守、攝左武衞大將軍）。左第四軍吐萬緖（左屯衞大將軍），該軍監軍使爲游元（左驍衞長史兼治書侍御史，見《隋吐萬緖傳》第三〇卷，頁一二三八）。左第六軍段文振（兵尙、左候衞大將軍），文振中道卒，代理統帥爲斛斯政（兵部侍郎，見《隋段文振傳》第二五卷，頁一四五九）左第七軍楊雄。（京兆尹、檢校左翊衞大將軍、觀王），他亦中道疾薨，代理人不詳。左第九軍宇文述。左第十軍周法尙（左武衞將軍、領會寧太守）。左十一軍薛世雄（右翊衞將軍）。左十二軍于仲文（左翊衞大將軍兼全軍節度）。右第三軍李景（右武衞大將軍）。右第七軍史詳（左驍衞將軍，本傳作蹋頓道，＜煬帝紀＞作踏頓道，蹋頓乃人名，依＜本傳＞，第二八卷，頁一四九六）。右第八軍楊義臣（太僕卿）。右第十軍軍將不詳，監軍使則爲陸知命（治書侍御史，《隋本傳》第三一卷，頁一五六〇）。海軍滄海道行軍總管則爲來護兒（右翊衞大將軍），他是唐初宰相來恒、來濟兩兄弟之父。上述不書明出處者，《隋書》各有傳。下列人物知其爲軍將，但不知爲何道將軍：王恭仁、

麥鐵杖、衞玄、元壽、楊達，元、楊皆爲宰相，皆各有傳。崔弘昇亦不知何軍軍將，事詳《隋崔弘度傳》第三九卷，頁一七〇〇。

⑯　每軍有步團、騎團各四個。副軍長爲亞將，一員；受降使者一員，不受軍將節制，平常承詔撫慰，戰陣時則爲監軍使，直轄有騎吏三員，車輻白從十二員。輜重團由輜重、戰車及散兵組成，編組不詳。軍樂部分「前部鼓吹」及「後部鐃騎」，皆騎兵，前者編制一百人，後者不詳。軍將及亞將直轄部隊中，弓矢隊一百騎，殿後部隊五百騎，共六百騎。詳《五代史志》卷三＜禮儀志＞，頁一六〇～一六一。

⑰　二十四軍編組相同，戰鬥兵力各約一萬二千餘人。若依⑯所述輜重部隊等計算在內，則每軍已知兵額達一萬三千人，估計輜重部隊的散兵及人夫，當亦有萬人以上，全軍當在三萬人以上。史謂左第九軍軍將、左衞大將軍（參預朝政）宇文述渡遼時，九軍總兵力有三十萬五千人（《隋本傳》，第二六卷，頁一四六六），是則每軍三萬餘人無異。若以二十四軍計，總兵力當達八十餘萬。加上天子六軍約二十餘萬，滄海道行軍可能數萬，全部總兵力具有一百一十三萬三千八百人，當不必懷疑。

⑱　本圖史料來源同⑭，步兵團各分爲甲乙兩部分以挾護輜重團，大約每部分有十隊，共千人。

⑲　元景山、長孫覽官職不詳，後者充任「東南道行軍元帥」，詳《隋書·高祖紀上》第一卷，頁一五～一六；＜長孫覽傳＞，第一六卷，頁一三二七～一三二八；＜元景山傳＞，第四卷，頁一一五三。

⑳　詳《隋書·高祖紀下》第二卷，頁三一；＜秦孝王俊傳＞，第一〇卷，頁一二三九；＜楊素傳＞，第一三卷，頁一二八二～一二八三。

㉑　詳嚴師＜論唐代尚書省之職權與地位＞，頁三五～三八及九四～九七。

㉒　王文度事後被處死刑，經人挽救，始幸而改判除名。詳《舊蘇定方傳》第三三卷，頁三。

㉓　本圖特別標明統率指揮系統，目的在幫助瞭解。另外兩省、兵部大抵與十六衞、都督、行軍統帥品秩相當，但在行政上，三省因爲是上級單位，故地位略高，繪成此狀，卽此之故。本圖督府及州對鎭戍，鎭戍與府兵原無肯定的統率關係，但有配屬指揮的關係，故一併列入統率指揮系統。至於三省位置，本圖以尚書省稱中臺、都省、臺省，門下省稱左臺、東臺，中書省稱右臺、西臺的政治慣例布置。

結　論

　　本文共五章十一節，各因事類，論述其演變；優點在能各詳變化，
缺憾則爲分散失約。於玆全文旣就，統合綜述，在所必需。玆就唐朝重
建統一政府的時代背景，因此背景而形成的重建策略，及其新政府的權
力結構三大問題，分別綜述如下。

　　國家策略往往因實際需要而製定，對於隋唐而言，他們結束了二百
多年的大分裂時代。這個時代有若干特色，影響隋唐國策的製定：首先
在政治上，這是一個權臣政治的時代；權臣主要有兩類，一爲中央的強公
（以師公地位在中央總攬大權者），一爲地方的強藩，當然也有兼具兩者
的權臣。強公往往是中央政府組織及權力的破壞者，強臣則爲中央政府
權威的挑戰者。兩者皆破壞政府的組織，而直接威脅君權的存在。其次
爲社會方面，長期大分裂，使割據政權逐漸採取地區本位化的政策，造
成區域性思想觀念的差異，對統一新局有妨礙作用。尤其許多社會上的
大門第，獲得政治上幾乎世襲的特權，卻無動於君主的廢弒、政權的興
滅，與國家甚少休戚感，無異給予野心者間接或直接的鼓勵，對政治波
動產生促進的作用。這是大分裂時代問題的犖犖大者，也是隋唐國策形
成的最重要刺激因素。

　　對付強藩，消極的措施在裁抑或撤銷其武力；在建制上使之與政、
經體系分離，喪失完全能力。這種釜底抽薪的政策，需積極地與建立中
央優勢武力及權威有能政府的政策配合，始能收美滿效果。因此，隋唐
同時努力朝此方針重建政府。中央政府建立後，若權能失衡，必會導致

強公政治的重演，威脅君權的存在。因此，隋唐一方面集權中央，一方面又集權於皇帝，俾君主有權控制政府，政府分權制衡，無以威脅皇帝，但亦不失其依法舉職，發揮能力之效。君主託付部分權力給宰相及各種機關官署，自君主以下，各有定位，各有定職，亦各有法定權力，於是必須明定律令，各予規範。換句話說，隋唐國策在以分權制衡方式設官分職，以律令法令明定規範，重建中央權威，鞏固君主權位。這種國策本文稱之爲「固本國策」，政府各方面的制度及行爲，皆可由此而加解釋。玆將此國策下人事、政制設定、權力分配、武力安排及君主與政府等大關係，依次略敍如下。

壹

　　六朝社會差異（包括地域及門第差異）由於長久的分裂與士族政治造成。唐朝建國開啓了一些轉機，太宗兵變，最重要的考慮是如何收攬精英才智，以爭取一舉成功，至於這些人才的籍貫門第，當不特別重視。李唐開創儘管有不少主要人物來自士族或關隴士族，但是其開創之功並不完全賴此爲主，而是兼以非士族及山東人物爲主。開國功臣不一定具有治國才幹，因此也不一定是政府最高統治階層的人物。治國必依賴決策，設計施行必依賴行政中樞。唐朝決策系統由兩省正宰相及員外宰相、參政官組成，行政則由尚書省兩僕射及六部首長組成，這是政府最高權力圈內的官職。若以此代表唐初三朝治國階層的人事結構，截至高宗顯慶五年（六六〇）此四十二年之間，其情形是：

　　（一）決策階層中山東人多於關隴人，行政階層中六部首長則關隴人略多於山東人。李唐開創既以山東人佔過半數優勢，他們在決策系統中佔有優勢，是可以理解的。李唐留用隋朝官吏以控制關中基地，則行政系統中關隴人略佔優勢亦可理解。

　　（二）以政府最高權力的決策系統而言，關隴人物分別在高祖、太

宗、高宗初期所佔的百分率有遞降的趨勢，山東人爲政權開
創的主力，由此顯示起用山東人治國的政策，在太宗時已實
施。

(三)士族在三朝決策階層中，所佔力量的百分率亦呈遞降現象，
相反的非士族成員自太宗朝激增。李唐開創以非士族人物爲
主，他們逐漸進入決策階層應是比例升高的主因。

「貞觀・永徽之治」乃唐初君臣努力的結果，顯慶以後，第一代重
要人物凋零殆盡，因此四十二年之間的人事結構，適足以解釋「固本國
策」下人事政策的成功，提拔精英之士而不特重門第，起碼自李唐開國
時已實施，太宗時推行更明顯，無待武則天以後的創舉。

唐朝沒有摧毀士族政治及門第社會的意圖，太宗目的在建立唐朝的
士族而揚棄衰門朽第，改革士族但求爲好官及維持門第，不理會政治篡
奪的惡風，《貞觀政要》記載君臣休戚的言論甚多，可爲佐證，故指示
編修《氏族志》時，命令高士廉等「不須論數世以前，止取今日官職高
下作等級」。以唐朝官職高下作等級，亦卽推行以唐朝政治地位來改變
社會地位的政策，一方面培養唐朝人物並增強其向心力，一方面清除大
分裂時代高門巨族在社會政治上近乎世襲、不上進、不關懷君權王室盛
衰的惡習。唐太宗提拔了不少小姓、寒素人物，他們以「今日官職」取
得士族資格，自然與李唐政權產生休戚感，這是則天、中宗、睿宗、玄
宗時，復辟運動產生的基本原因，亦顯示出唐太宗新士族政策的強大效
果。李義府在高宗朝修《姓氏錄》，亦無意改變太宗的政策，其目的乃
在推廣太宗的士族政策。武則天家族列入第一等，李義府亦將己族列入
士族，甚至勳品五品以上亦納入士族門第，顯示他們的希望是取得本朝
士族地位，而非對抗或推翻唐朝的士族。武周後來建立自己的人事系
統，形成日後反復辟運動的力量，完全由於則天效法太宗的政策而來，
卽以「今日官職」爲資格的標準。加上中宗以繼承政府自居，承認武周

「革命」政權及其人事結構的合法。於是復辟派以皇唐舊臣為主，反復辟派以武周新人為本，互相衝突激盪，至玄宗否定武周政權，僅承認則天為高宗皇后，復辟政治才得以順利推行。

唐朝以人才主義政策引進許多新人，並因新士族政策使之取得士族地位，因此唐朝大體上仍為門第社會及士族政治。不過，唐朝士族政策具有相對性及流動性，所以政治地位及社會地位常呈對流現象，不如大分裂時代般近乎世襲化及固定化。最高統治階層由此揀拔構成，尤其宗室、姻戚、功臣三系有結合之勢，控制了政府最高權力。然而唐朝對君權及君權延續的政治問題極具敏感性，上述最高權力結構的三系統，在太宗以來，即不斷受到破壞摧殘，造成武后崛興的良機。

唐太宗自制力甚強，整肅政策尚未過分。則天在太宗先例的基礎上，推行高壓恐怖統治，順利篡權。但是她瞭解唐朝建國已久而得臣民擁護，唐朝的人事基礎不能迅速摧毀。因此她在另一方面，採取確立個人權威及培養自己的新人事結構政策，希望造成人事制衡的情勢。意圖即使不能延續武周「革命」政權，亦可望因人事勢力而使政權得到日後的合法承認，避免重蹈漢朝呂后之禍。其努力相當成功，其兩子（中宗及睿宗）一孫（玄宗）一方面推行復辟政策，一方面則又或多或少自認為繼承政權。以玄宗復辟意志之堅，猶未完全抹殺則天曾有過的客觀地位。在人事上，開元復辟僅摧毀了武周人事結構的幾個重要系統，尚未絕對排斥則天所用的人，可說是武則天發揮太宗人才主義及新士族兩政策之功效。中央政府採取此開放性政策，對吸收全國精英，發揮中央能力，並提高其威信，具有積極的作用。

貳

大分裂時代君權常呈不穩及低落的現象，連帶使中央政府的權威亦

降墜。隋唐針對此而製定「固本國策」，並以此國策爲指導原則分配權力與分官設職。通常來說，中央權威強大不一定表示君權強大，但是，君權強大則多能帶動中央權威的提高。隋朝以中央權臣，唐朝以地方強藩的姿態開創政權，乃是魏晉以來權臣政治的餘緒。因此兩朝皆以切身經驗，欲消弭此政治惡風。

中央與地方關係是隋唐重視的一環，大體州縣兩級制度爲行政系統，作用在推行中央政令，並無專決自治的權力。州長（刺史）及重要幕佐均由宰相薦進，皇帝制授，君相控制其去留命運，中央並得透過分察制度，或皇帝派遣特使實施分巡，以行使中央督導監察權。地方行政與軍事系統分離，互不統攝，使漢魏以來強藩賴以割據的力量消失約半。在地方武力系統上，行臺省及總管府的取消，代表了中央壓制地方武力的政策。都督制度的建立原則上以處理軍政爲主，軍政系統雖以（尚書）省一（都督）府一州一縣四級形式組成，但都督府在法令上乃是中央施行軍政的機關，無法抗拒中央的指揮。而且都督雖然督部內若干州，然行政系統仍以（尚書）省一州一縣三級方式運作，不受都督的命令，都督僅能處理所兼本州的政務。在節度體制未盛行之前，各州與尚書省的行政統率指揮關係是直下、直達的。因此都督無從劫持部內諸州以建立割據勢力。至於地方警防體系的鎭戍單位，雖然由中央依國防需要配置於都督或州轄區之內，得接受督、刺的指揮，然而鎭戍數目不多，兵力不強，且由折衝府衞士輪番上防負責，所以實際上沒有地方建制部隊，而僅有中央軍配屬部隊。上防衞士皆爲中央軍，他們不會與暫時配屬的地方產生歸屬感，當然也不會與遭受貶抑的鎭戍長官產生認同心理，從這種關係，可以推知隋唐較前代更接近中央集權，中央權威較前代更堅強。中央與地方權力劃分採用強幹弱枝原則，是爲漢魏以來藩鎭消滅的主因。行臺省及總管府曾經成爲隋唐政治危機的權力機關，因而被整頓撤銷。

　　不過，盛唐以後的節度體制，違反了「固本國策」劃分中央、地方權力的原則，重蹈地區性高級統一指揮體制尾大不掉之弊，釀成藩鎮之亂，這是制度使然，也是唐朝長期施行遠程防衞及國外決戰戰略的結果。

　　地方力量受到整頓的同時，中央權威相對的得到提高。由此產生的問題厥爲：如何壓抑強公，以徹底消除權臣政治，建立合理而高效率的政府。

　　漢魏以來，相國、丞相已非人臣之位，師公級最高官職亦類多如此，權臣多假此名號以攬權專政。隋文帝及唐高祖、太宗父子，未卽位前卽已有此經驗，因此隋唐均採抑壓強公的政策。隋文帝撤銷師公官的幕府，不許師公過問實際政事，使之成爲訓導論道的最高級職官。《大業令》進一步廢除三師官，因此正常情況下，隋朝無強公的現象，君權亦不受其威脅。唐初號稱奉行《開皇令》，不過由於特殊情況而產生強公之禍。李世民以親王任「天策上將、太尉、司徒、尚書令」，雖無太尉及司徒府以攬政，卻能透過此官提高其位望，利用天策府及尚書都省行其攬權之實，最後篡奪嫡兄的君位繼承權及父親的君權。這是漢魏以來至唐亡之前最後一次強公之禍。

　　尚書令雖非公級官職，在歷史淵源及隋唐制度下實有強公之勢。隋朝尚書令僅一人，楊素亦僅擔任此官一年，卻被強迫晉遷爲公，實權遭剝奪；隋唐甚至亦不輕易用此官以追贈重臣，而寧願贈以師公官職。尚書令具有如此大的法定權勢，故太宗以後，羣臣不敢居此官，君主也不用以除人，至高宗龍朔二年（六六二）遂正式在組織法中加以取消。尚書令爲首相之官，其空置及廢除，對重建的中央政府體制影響極大。羣相在無首之下，逐漸形成聯合議決的制度，起碼尚書令的廢除對此有促進的作用；而且直接形成尚書省退出決策系統的契機，破壞了三省制衡的良制。京省尚書令旣空廢，連帶也使尚書省分行單位（行臺）尚書令之制亦永久取消。京省及行臺省的改革，實爲太宗強力抑制最高級職事

機關及強公政治措施下的連帶結果。

　　天策上將府爲中央衞軍最高統帥部及作戰總部，爲特殊權力機關，是武德體制最具危機之所在。若欲消除權臣政治，則須廢除此建制不可。太宗將此位在王公之上的機關，連同行臺一併永久撤銷，是非常適當的。自後唐朝貫徹消滅強公的政策，開元以前三師不除人，三公無實權。師公若兼任侍中或中書令才得爲正宰相。若掛同三品或同平章事僅爲員外宰相（開元以後亦爲正相），兼侍中則僅能指揮門下省，兼中書令則指揮中書省，掛員外相銜則僅獲政務評議權，絕無能力控制整個政府，長孫無忌以「太尉、同中書門下三品」，國之元舅兼功臣，卻輕易被逮捕殺害，其故在此。安史事變以後，重臣強藩拜師公而握事權之例極多。但前此時期，曾拜師公者並無實權，兼爲宰輔者則事例少，且常懷戒懼，知所謙退。除李世民一例外，唐朝前半期百餘年間，強公強藩的消滅，對君權的穩固及提高非常有利，是漢魏以來新局面的基礎。

　　解決政制上對君權及國家安全潛在威脅的強公、強藩的同時，如何在不威脅君權及國家安全前提之下重建政府，亦爲當務之急。隋唐實施中央集權，原則上臺、寺、監及府、州等機關，皆爲奉令實作機關，而無專擅決策的權力。尚書省則總理全國政事、握有政事決策、行政設計及發號施令之權，爲實作系統的統率指揮機關。在行政體系中，決策與執行是兩種不同的權力。遵照決策而設計，然後發號施令，指導有關機關去實際作業，在隋唐政制中又是兩種不同的系統。換句話說，執行乃包括了設計及實作兩系統。寺、監、府、州旣爲實作系統，則發號施令的尚書省卽爲設計系統。政務由六部分行，都省會決，除了極少數事務，尚書省絕不親自操作庶務。因此在建制上，尚書省的職權爲決策與遵照決策而設計，是一個決策兼設計機關，以政務爲主；實際的庶務作

業，則指揮統率或非統率機關去完成。尚書省總理全國政務，雖非**統率機關亦須**受其行政節制。尤其尚書省擁有人事行政權、監察監察權（監察御史臺）、司法覆判權，因而領導力堅強，地位崇重。不過，自太宗以降出現了幾種演變，使尚書省權力大削，退出宰相機關之列。此即：第一、尚書省正副長官長期空缺及廢除。第二、君權提高及干預行政。第三、合議制度日漸成熟。第四、政府編制惡性膨脹，使原有行政體系崩裂。第五、君相直接指揮使司侵官奪權。這些問題皆在本文有詳細論述，此不重贅。總之，隋唐政府組織以決策—設計—實作三聯方式建立，降至開元時代，尚書省退出決策系統，則行政體系遂以設計—實作方式存在。後來差遣制度日盛，尚書省所領導的律令機關，職權日奪，漸漸演變爲君相決策、使司執行的決策—執行（直接設計與執行）形式，爲宋型制度所本。

隋唐以尚書省爲決策—設計的政本機關，尚書令爲首相，行政體系的最高官署。尚書令編制僅一員，顯示行政體系採取一元化的層級節制原理而建立。然而尚書令位高權重，因而成爲消除權臣政治政策下的犧牲者。其職權遂由位次一階的兩員副長官（僕射）代行，行政體系變爲二元化領導。僕射在法令上不是正宰相之官，僅因代行總理權，才能控制原隸於尚書令的六部首長。僕射既非正相，又無遠超六部首長的品秩，這是行政體系出現問題的主因。太宗以兩僕射通掌政務，這是制衡政策的具體安排，與門下省及中書省各有兩員長官來領導的意義相同，即每一個決策機關之內，各有兩員領袖，誰也不能擅權獨專。不但決策機關如此，其他不少機關亦如此，於此可見權力制衡政制在各機關建制上，亦被廣泛採用。

機關內部組織採用制衡政策，其外部關係也是如此，尤其決策系統分由三省組成，互相制衡。在法令上，尚書省爲政務決策及設計施行機關，政務施行不受其他機關干擾，但決策則關係國家命運，且若由一官控制，將會造成權臣政治。於是尚書省政務決議提案，要求皇帝頒詔勅

施行者，遂由門下省審駁之，中書省勘議之。兩省原本僅為皇帝機務機關，責任主要為獻納意見，助皇帝裁成。隋文帝定制，尋常政事得逕以門下、中書兩省印決行，兩省乃成宰相機關，參與政務的決策。尚書省的提案，兩省通常會通過。但若發生異議時，門下省得駁正尚書省提案，也得封駁皇帝的命令。同樣的，中書省亦可就門下省移來的尚書省提案，或其封還的皇帝命令，加以勘議，然後奏請裁決。至於尚書省對於兩省修改其提案不滿時，亦得重執奏上，要求再審再議。因此三省依作業程序共同分配一個決策權，而以出令─審駁─施行的形式出現。事實上三省權力沒有高下之分，皆可以彼此牽制，提出異議，這是三省制為了慎重決策及制衡決策權的建制精神。

由於僕射在法令上不是宰相之官，高宗龍朔二年又廢除了位居首相的尚書令建制，遂使尚書省在法令上退出宰相機關之列，喪失決策的權力。於是在律令體制上，門下、中書兩省仍為宰相機關，而尚書逐漸淪為奉行兩省決策，而加以設計施行的純粹行政總部，這種形態在玄宗時代已成定局。唐朝法定四員正宰相，乃指門下省兩員侍中，中書省兩員中書令而言。僕射即使掛銜參政，但其決策權力轉在四相之下。武周、中宗以來，欲奪四相之權而又不欲過分使之難堪，多陽遷之為僕射而掛員外相銜，成為明升暗貶的方式。是則高宗廢尚書令以後，三省分權制衡的制度已告破壞，形成兩省分權制衡的制度，整個政府結構更接近決策─設計─實作的形式；亦即門下、中書兩省決策，尚書省奉行設計，指揮寺監機關實作執行。

三省制的優點是慎決策而均權力，但其缺點亦由此而生，此即決議延滯及爭持不下。隋文帝制定及推行此制度時似已發現其缺點，因此利用聯合議政的方式以資折衷，這種方式在煬帝時頗有取代三省分別決策的趨勢。武德體制以開皇體制為本，維持三省制衡制度。唐太宗為了集思廣益及提高決策效率，將隋朝參政制度加以推廣，俾更多有才幹的官

員獲得參政授權，出席政事堂平章政事。這是太宗欲分中求合的非正式制度。自貞觀十六年（六四二）起，於參政制度中產生「同中書門下三品」的名號，自此出現了與兩省正相同等權力的員外宰相，決策系統於是益以合議制形式運作。開元時代政事堂改為「中書門下」，正式成為宰相機關，於是「同中書門下三品」或「同中書門下平章事」乃成宰相正銜，掛此銜者亦得視為正宰相，前此參政諸號逐漸取消，羣相合議制正式完成。原本同三品銜用以處二品以上大臣，同平章銜用以處資淺員外宰相，參預朝政用以處三品參政官，參知政事等銜用以處四品以下參政官的慣例，至此打破。參政制度變為員外宰相制度，再變為正宰相制度，宰相除侍中及中書令外，他官一律須掛同三品或同平章銜；此三種銜在權力上的差異亦逐漸消滅，而以本官分高下。

合議的決策仍須依法經由三省作業以頒發執行，中書省位居決策程序的始端，且與君主關係較密切，故武后稱制時，政事堂遂由門下省移於中書省。由中書令執政事筆，這是中書令逐漸成為首相之官的原因。但在官職序列之中，門下省在中書省之前，故安史之亂以後，產生羣相輪流秉筆之制，若無兩省長官，首相之任必為以門下侍郎掛同平章事銜者。至於開元以後，宰相直接指揮公事等問題，本文皆有論述，於此不重贅。是則貞觀合議制、三省制及政府三聯結構，皆與開元體制不同。原則上，貞觀體制較符合分權制衡精神，開元體制則較具委員合議的意義，後者且比前者更接近決策─設計─實作的三聯結構。不過，開元體制的決策系統中，取得了集思廣益及效率提高的優點，卻犧牲了分權制衡的精神，加上宰相的指揮律令機關以外的龐大使司，遂產生了權相現象，破壞了唐初努力建立的律令政治，可謂其得者少，所失者大了。

肆

隋唐以固本為國策，國家戰略構想亦以此衍生，此即中央保持絕對

武力以臨四方，收內重外輕、強幹弱枝之效。這種構想落實於軍事政策，遂產生了唐朝有效而合理的國防軍事體制。唐朝國防軍事建制的原則本於分權制衡、內重外輕、及強幹弱枝，一切常備部隊皆國家化，一切常備軍人皆中央化，卽使地方警防部隊亦如此。所有軍人一律稱爲「衞士」，意卽國家禁衞軍。他們編屬於各折衝府，折衝府雖配駐於各地，卻直隷於中央十二衞及東宮六率府；衞府由皇帝直接統率，率府則透過虛位的皇太子而受皇帝統率，因此衞士對中央產生歸屬感，而不認同於地方長官，此卽固本國策的戰略構想。衞軍的功能有三，此卽禁衞君主及儲君、保衞中央，及保衞國家，實施前二功能則產生宮衞體制，實施保衞國家則產生警防及行軍作戰兩體制。

在軍令系統上，諸衞府及率府之間，各統數目相當的折衝府以互相制衡，折衝府衞士擔任各地警防，雖歸當地督府指揮，然而不受其統率；配屬而不統率，正是中央與地方軍令制衡的關係，所以藩鎭武力無從形成。及至禁軍體系日漸形成，衞軍讓出部分禁衞君主的職權。但此二軍種大體亦互相制衡，除了天策上將外，唐朝前期絕無軍事強人，能完全控制禁、衞兩軍。所以儘管兵變頻仍，成功者例必擁護李唐王室爲新君，以避免不能控制的軍種或單位反兵變，形成大規模的內戰，唐朝有武力奪權而無篡權行爲，雖欲篡權亦不會成功，卽與制衡主義的軍事建制有關。

軍令系統自相制衡，軍令與軍政亦分離爲二元，具有制衡的意義。就軍令系統看，皇帝—衞府—折衝府—校尉—旅帥—隊正—衞士共七級，軍政僅下達至折衝府而止。折衝府爲最低戰略單位及最高戰術單位；其部署配駐於各州，不能視爲地方軍，因爲與所在地的督、刺并無統率指揮關係。督、刺在緊急狀態下雖得徵調府兵，但徵調單位及被徵調單位必須迅速奏報中央，取得皇帝事後的追認。因此，軍政系統的尚書省

（兵部）—都督府或州—縣，　實際與軍令系統相對而協調，軍政系統向軍令系統有督導監察作用，後者對前者則有震懾嚇阻作用。兵部不敢擁兵竊權，督、刺不敢擁兵割據；相反的，中央衞率府受兵部軍政節制，亦不敢違亂擅動，分駐的折衝府亦受所在督、刺節制，不敢動亂。

重大軍政的裁決在君相，兵部正副首長在太宗以後卽經常兼爲宰相。政事會議無異成爲最高國防會議，　處理「軍國政事」。隋朝常有現役諸衞大將軍參政，唐朝前半期從無此例，顯示唐朝防範軍人更嚴，更接近文人政府。政事會議作成決策，由兵部設計施行。兵部直接或間接頒令於諸衞、率府長官；及透過督、刺頒下各地兵府（包括折衝府與三衞中郎將府）執行。高宗以後，地方高級統一指揮部制度產生，以後形成節度制度，體制已告改變。安史事變後，禁軍崛興，由宦官控制，兵部對中央軍的約束力亦告轉弱，形同閒曹。武力制衡的建制遂告崩潰。

兵府直隸於衞率府，集中於首都地區；離首都越遠，配駐數目則越少。兵府配駐於各地，以中央駐軍及中央軍練兵基地姿態出現，對於原則上無兵可統的地方機關產生震懾作用。龐大的首都附近兵府亦對遙遠而數目稀少的兵府產生同樣作用，此卽內重外輕的戰略部署。中央無專兵的將領，地方無造反的勢力；雖有叛亂，亦在此戰略部署震懾之下迅速瓦解。至於抽調府兵或招募募士臨時組成征伐軍，征伐軍由皇帝指揮，宰相及兵部節制，且事畢卽撤，軍人解散復員，將領解職回朝，亦無以爲亂。不過，由於太宗以後改變大戰略，征伐軍有長征、長駐化的趨勢，產生野戰軍、經略軍、鎮守軍等制度，逼使中央設立統一指揮部以指揮之，造成內輕外重倒懸之勢。大戰略影響武力結構的改變，日漸成爲嚴重問題，唐初固無之。

伍

隋唐皆努力推行律令政治。律卽法律，令卽法令，二者對格、式兩

類法令來說，是較爲剛性的。格、式亦爲行政法令，用以輔助令典的不足，可以依據勅令經常修改，所以屬柔性法典。漢魏以降，律令爲政府行爲及組織的依據，南北朝末期才有格式出現，唐太宗時才將四類法典並列，使之皆具官方地位及效力，自後格式效力越來越較律令大。格式編修以勅令爲本，勅令爲皇帝所頒，是則格式的日益重要，編修日益頻繁，適足以表示君權日高，經常行使創制、立法權以修正政府行爲及組織。高宗以後格式不斷推陳出新，顯示政府行爲及組織正不斷在改變。

貞觀以前，政府組織與行爲以律令爲本。大體上，隋朝二主頗不尊重律令，唐初二主懲於隋亂，對律令皆加尊重，這是律令政治得以維持推行的原因。律令較客觀而剛性，政府編組及運作，皆有一定的軌道規範，政府權力亦因之劃分，互不侵官越權。唐初經常出現知、攝、檢校、員外等官，皆與律令剛性具有關係。上述諸名皆爲律令正官編制以外，權宜任用的名稱。

傳統君權不但代表了政權，事實上也是最高治權；至於相權，僅爲治權的一部分而已。君主握有最高統治權，律令無明文直接限制之，因此權臣專權，亦無以限制。隋唐諸主，懲於前代君權旁落，而君主本身亦常濫權；招致危亡的教訓，在律令中雖不直接規限君權，卻對相權加以規限，因而連帶亦規限了君權，使君主與政府產生相當的制衡作用。

在律令上，君主的意旨行爲，羣臣皆可提出意見或加以反對，是毫無疑問的。君主不能自撰命令，逕行頒下有關機關，即使威權獨任如隋煬帝，仍須依照出旨程序頒令。因此，宰相機關不敢忤旨是一回事，法定程序與此無關，唐高宗以前，隋唐諸主在法令上未有專制之例。制度上，君主勅令必須透過三省作業。中書省先得勘議之，對勅令得延宕之或提出異議，重請君主考慮，以資折衷。即使中書奉勅出旨，當其移至門下省時，門下得逕行否決其全部或部分；皇帝不納，門下省另有專司

諫議之官，對皇帝提出忠告及糾正，逼使他採納門下的意見。通常君主在中書勘議反對或門下封還諫諍之下，不會堅持己見，行使最後否決權。皇帝的符璽由門下省控制，勅詔不通過門下，即無法加印發令。而且，即使兩省通過，移至尚書省，尚書省亦得以施行難易等理由，提案執奏，要求修改或收回。不過，主要制衡的權力以兩省為主，尚書的行政反對，效果沒有勘議及審駁等權來得直接。尚須注意的是：一般政事，自隋文帝以來，得逕用兩省印決行發令，不需奏稟於君主。君主之是否專制，於上述制度自可印證。政事堂會議，主要為協調兩省意見而設，李華盛贊政事會議有議君之權，可以格君之非，其實議君格君之權，即由兩省法定相權而來。若兩省各舉職，君主即無以專制任情，唯一的措施只好以忤旨為理由而罷免宰相，另用屈附於己的人。則天前後共用了七十五員宰相，多為諂順之人，其故在此。這種情況發生，推行政事必最後以權力為極致，亦即會產生極權專政現象，使威權政治流行。是則三省制衡及君相制衡的精神意義，不喻可明。

　　隋文帝之刻薄，煬帝的威嚴，大體上均未破壞律令體制。煬帝任情，有專制極權傾向，亦僅止於廢止諫議系統及不除授足額的三省長官而已。武則天是唐以來第一個極權專制者，她事無大小必加過問，宰相仰承其旨；而且曾有制勅不經過兩省處理的程序，逕直行下。不過，制勅不經兩省之例似非常有之事，而且也曾遭到政府的合法反彈，拒絕奉制，亦否認其制詔的合法性。以則天的威權猶遭反彈，故中宗、韋后等，被迫使用「斜封墨勅」以肆其所欲。原則上，「斜封墨勅」是不合法的，政府也不會正式承認其效力，故復辟運動及反復辟運動乃以「斜封墨勅」為導火線，前者否定之；後者亦不敢肯定「斜封墨勅」的合法性，僅在要求政府應給予斜封官正式化的機會，最後結果，仍遭全盤否定，略無地位。可見君主專制及威權政治，在律令政治未全面破壞前，仍未得以肆意進行。是則律令政治的確立，實足以代表權力的理性化。

　　至於君位繼承制度，原亦爲了國家安全而設。不過，基於種種因素，逐使繼承制度發生危機。撇開其他因素不論，就法制來說，繼承制度最大的弊病有二：一爲非萬世嫡系繼承，此卽嫡長子、嫡長孫分別獲得第一、二繼承優先權，但嫡曾長孫以下，無法取得第三以次優先權。因此，擁有法定第三以次優先權的嫡長子同母弟，易起窺伺之心。二爲皇太子本爲儲君，得臣羣臣，位望特別。隋唐一再貶抑太子的權力地位，若遇有功勳特大、官職崇重的親王，尤其此親王爲太子同母弟時，則太子地位將受威脅，引起奪嫡之變。這二者乃是權力繼承的結構不完美所引起，爲隋唐繼承糾紛及朋黨比附根源所在。

　　總括來說，隋唐重建政府的原則及制度是合理的，但是由於政治的敏感性，君權沒有直接以律令設限，逐使政治基礎不能穩固，因此促進君權的提高及柔性體制的建立，這是唐朝政治與政制危機的淵藪，也是宋型體制與政治的淵源。至於本文論及的若干較小問題，這裏不便一一綜結，讀者可自詳正文。

參 考 書 目

壹、原始史料

二十五史刊行委員會輯：《二十五史補編》。上海，開明書店，民國二
　　十六年。

于志寧等：《五代史志》，三〇卷。臺北，宏業書局，新校標點本，六
　　十三・七（卽民國六十三年七月，下同）。此書原別行，後收入
　　《隋書》爲十志（詳《四庫全書總目》，卷四五），今爲尊重原
　　作，仍別立爲書。

王定保：《唐摭言》，一五卷，附校勘記。臺北，世界書局，五十六年
　　再版。

王昶：《金石萃編》，一六〇卷。臺北，藝文印書館，五十七年。此
　　書由嚴耕望師編入《石料叢書》（《石刻史料叢書》簡稱，下
　　同）甲之六，原刻景印，附札記。

王欽若等：《冊府元龜》，一千卷。臺北，清華書局，景宋本，五十六
　　・三。

王溥：《唐會要》，一〇〇卷。臺北，世界書局，五十七・十一°三版。

王讜：《唐語林》，八卷。臺北，世界書局，五十六・五，再版。

令狐德棻等：《周書》，五〇卷。臺灣商務印書館百衲本（以下簡稱臺
　　灣商印館百衲本），景宋蜀大字等本。

司馬光撰，胡三省注：《資治通鑑》（簡稱《通鑑》），二九四卷。臺
　　北，宏業書局，六十一・四。據元刊本新校標點，另附釋文一二

卷。

朱壽朋纂：《十二朝東華錄》（光緒朝），二二〇卷。臺北，文海出版
　　　社，景印，五十二・九，初版。

沈炳震合鈔：《新舊唐書合鈔》，二六〇卷。臺北，鼎文書局，景印，
　　　六十一・四，初版。附編十六種。

沈約：《宋書》，一〇〇卷。臺北，臺灣商印館百衲本，景宋蜀大字等
　　　本，五十七・九，臺二版。

杜佑：《通典》，二〇〇卷。臺北，新興書局，景清乾隆殿本，五十二・
　　　十，新一版。

李世民：《晉書》，一三〇卷。臺灣商印館百衲本，景宋本。唐太宗曾
　　　作論贊，故題稱御撰。

李百藥：《北齊書》，五〇卷。臺灣商印館百衲本，景宋蜀大字等本。

李昉等編：《文苑英華》，一〇〇〇卷。臺北，華聯書局，景明隆慶
　　　本，五十四・六。附辨證一〇卷。

───《太平御覽》，一〇〇〇卷。臺北，大化書局，景宋本六十六・
　　　五，初版。

李延壽：《南史》，八〇卷。臺灣商印館百衲本，景元大德刻本。

───《北史》，一〇〇卷。臺灣商印館百衲本，景元大德刻本。

李隆基敕撰，李林甫等奉敕注：《大唐六典》，三〇卷。臺北，文海出
　　　版社，景日本亨保九年刊大正三年京都帝大文科大學印本，五十
　　　一・十一。案：《唐會要》卷三六謂中書令張九齡於開元二十三
　　　年上「六典」，《四庫全書總目》卷七九據浙江汪氏藏本作《唐
　　　六典》。今景本乃據近衞家熙校訂之本，名爲《大唐六典》。續
　　　修《四庫全書提要》史部、職官類有兩條論之，至許家熙爲「六
　　　典功臣」，今據其校本，故從其書名。

李肇：《唐國史補》，三卷。臺北，世界書局，五十七・十一，再版。

宋綬等編：《唐大詔令集》，一三〇卷。臺北，鼎文書局，六十一·
　　九。

吳兢：《貞觀政要》，一〇卷。臺北，臺灣中華書局，景印，五十一·
　　五，臺一版。

長孫無忌等：《唐律疏議》，三〇卷。臺灣商印館，點校元泰定本，六
　　十二·二，臺二版。

柳宗元：《唐柳河東集》，四十三卷。臺灣商印館，景元刊本，五十
　　七·九，臺一版。另有外集兩卷。

范祖禹：《唐鑑》，二四卷。臺灣商印館，景明弘治呂祖謙注本，六十
　　六·三，臺一版。

范曄：《後漢書》，一三〇卷。臺灣商印館百衲本，景宋紹興等本。案：
　　此書為唐高宗的章懷太子李賢所注，原無志。晉司馬彪作《續漢
　　書》，蕭梁劉昭卽以此書之志三〇卷作補注，本另為一書，後與
　　《范書》合刊，卽今《後漢書》一三〇卷本。其情況與于志寧等
　　《五代史志》補入《隋書》相倣，以其非本文主引史料，故不別
　　立為書，僅於此註明。本文又另參臺北新陸書局五十七年十月出
　　版的景清武英殿本。

班固：《漢書》，一二〇卷。臺灣商印館百衲本，又參臺北新陸書局五
　　十七年十月景清武英殿本。此書由顏師古注。

馬端臨：《文獻通考》，三四八卷。臺北，新興書局，景清乾隆殿本，
　　五十二·十，新一版。附考證三卷。

姚思廉：《梁書》，五六卷。臺灣商印館百衲本，景宋蜀大字等本。

────《陳書》，三六卷。臺灣商印館百衲本，景宋蜀大字本。

姚鉉等編：《唐文粹》，一〇〇卷。臺北，世界書局，景清光緒本，五
　　十一年。

陸增祥：《八瓊室金石補正》，一三〇卷。臺北，藝文印書館《石料叢

書》甲之九，景印。

陳思：《寶刻叢編》，二〇卷。臺北，藝文印書館《石料叢書》乙之四，
　　　景印。

陳傅良：《歷代兵制》，八卷。臺北，廣文書局，景印，五十八年。

脫脫等：《宋史》，四九六卷。臺灣商印館百衲本，景元至正等刊本。

溫大雅：《大唐創業起居注》，三卷。收入《筆記小說大觀》九編第一
　　　　冊，頁三七三〜五〇六。臺北，新興書局六十四年景明等刊本。

董誥等編：《全唐文》，一〇〇〇卷。臺南，經緯書局，景清嘉慶本，
　　　　　五十四・六。

劉昫等：《舊唐書》，二卷。臺灣商印館百衲本，景宋元闕本。

趙明誠：《金石錄》，三〇卷。臺北，藝文印書館石料叢書乙之三，景
　　　　印。

歐陽修：《集古錄》，一〇卷。臺北，藝文印書館石料叢書乙之一，景
　　　　印。

歐陽修等：《新唐書》，二二五卷。臺灣商印館百衲本，景宋嘉祐刊
　　　　　本。

鄭樵：《通志》，二〇〇卷。臺北，新興書局，景清乾隆殿本，五十
　　　二・十，新一版。

蕭子顯：《南齊書》，五九卷。臺灣商印館百衲本，景宋蜀大字本。魏
收：《魏書》，一一四卷。臺灣商印館百衲本，景宋蜀大字本。

魏徵等：《隋書》，五五卷。臺北，宏業書局，六十三・七，新校標點
　　　　本。

貳、一般論著

一、中文

王夫之：《讀通鑑論》，三○卷。臺北,世界書局,五十八・九，再版。

王鳴盛：《十七史商榷》，一○○卷。臺北，廣文書局，景清乾隆本，六十・五，再版。

王壽南：《唐代藩鎮與中央關係之研究》。臺北，政大政研所五十七年國家博士論文未刊本，九一四頁。又五十八年已由臺北，嘉新水泥公司文化基金會印行。

——《唐代宦官權勢之研究》。臺北，正中書局，六十・十二，臺初版，一三八頁。

——《唐代政治史論集》。臺北，臺灣商務印書館，六十六・七，初版，二四二頁。

毛漢光：《兩晉南北朝士族政治之研究》。臺北，中國學術著作獎助出版委員會，五十五・七，初版，七五二頁。

——《唐代統治階層社會變動》。臺北，政大政研所五十七年國家博士論文未刊本，四四○頁。

牟宗三：《政道與治道》。臺北,廣文書局,五十・二，初版,二七九頁。

沈任遠：《隋唐政治制度》。臺北，臺灣商務印書館，六十六・十，初版，三四○頁。

李凱 (Leckie, Robert) 著，陳希平譯：《論戰爭》(*Warfare*)。臺北，三軍大學，六十二・六，初版，二三六頁。

李福登：《唐代監察制度》。臺南，私立臺南家政專科學校，六十六・六，再版，二○六頁。

李德哈達 (Liddell, Hart) 著，鈕先鍾譯：《戰略論》(*Stragtegy*)。

臺北，軍事譯粹社，四十四・三，初版，四二二頁。

李樹桐：《唐史考辨》。臺北，臺灣中華書局，五十四・四，初版，三四〇頁。

——《唐史新論》，臺北，臺灣中華書局，六十一・四，初版，三一二頁。

克利斯 (Eccles, Henry E.) 著，常香圻等譯：《軍事概念與哲學》 (*Military Concepts and Philosophy*)。臺北，黎明文化事業公司，六十四年再版，三四三頁。

余英時：《歷史與思想》。臺北，聯經出版事業公司，六十五・十二，第二印，四九二頁。

呂思勉：《隋唐五代史》。臺北，九思出版社，六十六・十二，臺一版，一四一二頁。

周林根：《國防與參謀本部》。臺北，正中書局，五十六・七，臺初版，三八〇頁。

周道濟：《漢唐宰相制度》。臺北，政大政研所四十九年國家博士論文未刊本，九五三頁。

——《中國宰相制度研究》。臺北，臺灣中華書局，五十一・五，臺一版，三七六頁。

林天蔚：《隋唐史新論》。臺北，東華書局，六十七・九，初版，四四九頁。

林紀東：《行政學新論》。臺北，三民書局，六十五・九，十八版，三七四頁。

施義勝：《唐太宗與貞觀之治》。臺北，文化學院政研所五十九年碩士論文未刊本，七六頁。又：商務印書館五十九年十二月已出版。

馬起華：《貞觀政論》。臺北，漢苑出版社，六十六年，一四九頁。

——《政治制度》。臺北，臺灣商務印書館，六十七・四，八一六頁。

章群：《唐史》。臺北，華岡出版公司，六十七‧四，四版，四九〇頁。

陳寅恪：《陳寅恪先生論文集》。臺北，三人行出版社，六十三‧五，一五〇四頁。另附緣起、編年等。

陳顧遠：《中國法制史》。臺北，臺灣商務印書館，六十二‧八，臺五版，一八二頁。

張金鑑：《中國政治制度史》。臺北，三民書局，五十六‧一，再版，一八三頁。

───《行政學典範》。臺北，三民書局，四十七‧四，三版，五三一頁。

───《動態政治學》。臺北，七友出版傳播公司，六十六‧九，初版，七五九頁。

湯承業：《隋文帝政治事功之研究》。臺北，中國學術著作獎助委員會，五十六‧八，初版，三九九頁。

曾謇著，陶希聖編校：《中國政治制度史》。臺北，啓業書局，六十三‧四，臺一版，一四九四頁。

傅樂成：《漢唐史論集》。臺北，聯經出版事業公司，六十六‧九，出版，四三二頁。

黃本驥：《歷代職官表》。三七六頁，另附瞿蛻園歷代職官簡釋。二一〇頁。臺北，樂天書局，六十二‧四。

黃宗羲：《明夷待訪錄》。臺北，臺灣中華書局，景印，五十五‧三，臺一版，三九頁。

楊幼烱：《各國政府與政治》。臺北，臺灣中華書局，五十二‧二，初版，一四九九頁。

楊樹藩：《唐代政制史》。臺北，正中書局，五十六‧三，六四六頁。

雷家驥：《唐代樞密使制度》。臺北，師大史系六十一年大學畢業論文

未刊本，一八四頁。

雷飛龍：《漢唐宋明朋黨的形成原因》，臺北，政大政研所五十一年國家博士論文未刊本，三五九頁。

趙翼：《二十二史劄記》，三六卷。臺北，世界書局，六十五・五，六版。

鄧嗣禹：《中國考試制度史》。臺北，臺灣學生書局，五十六・二，臺一版，四七五頁。另附英文附錄一篇，六頁。

劉伯驥；《唐代政教史》。臺北，臺灣中華書局，四十七・九，臺二版，四○八頁。

蔣百里：《國防論》。臺北，臺灣中華書局，五十一・五，臺一版，二二○頁。

蔣緯國：《軍事論叢》。臺北，三軍大學，六十二・十，初版，一四九五頁。

───《國防體制概論》。臺北，三軍大學，六十二・十，初版，二一八頁。

錢穆：《中國歷代政治得失》。自印，四十一・十一，初版，一三○頁。

───《中國歷史精神》。臺北，東大圖書公司，六十五・十二，修訂初版，一六六頁。

謝海平：《唐代蕃胡生活及其對文化之影響》。臺北，政大中研所六十四年國家博士論文未刊本。

藍文徵：《隋唐五代史》。上海，商務印書館，三十五・八，初版，一七四頁。

薩孟武：《中國社會政治史》（第三冊）。自印，五十二・十二，初版，三八三頁。

羅香林：《唐代文化史》。臺北，臺灣商務印書館，六十三・六，臺四

版，二五九頁。

羅龍治：《李唐前期的宮闈政治》。臺北，臺大史研所六十二年國家博
　　　士論文未刊本，二五二頁。

嚴耕望：《唐僕尚丞郎表》。臺北，中研院史語所專刊之三十六，四十
　　　五·四，初版，一一三一頁。

──《唐史研究叢稿》。香港，新亞研究所，五十八·十，初版，六
　　　七〇頁。

──《中國地方行政制度史》。臺北，中研院史語所專刊之四十五。
　　　其中卷上《秦漢地方行政制度》，四七八頁，六十三·十二，再
　　　版；卷中《魏晉南北朝地方行政制度》，一三六三頁，五十二·
　　　七，初版。

二、日文

山本隆義：《中國政治制度の研究》。東京，東京大學東洋史研究叢刊
　　　之十八，一九六八。

日野開三郎：《支那中世の軍閥》。東京，大安株式會社，一九六七
　　　年。

平岡武夫編：《唐代の行政地理》。京都，京都大學人文科學研究所，
　　　昭和三十年。

周藤吉之：《宋代經濟史研究》。東京，東京大學出版會，一九六二。

宮崎市定：《大唐帝國》。京都，河出書房新社再版，昭和四十五年。

鈴木勤等編：《大唐の繁榮》。東京，世界文化社，昭和四十五年。

築山治三郎：《唐代政治制度の研究》。大阪，創元社，昭和四十二
　　　年。

三、英文

Eberhard, Wolfram. *Conquerors and Rulers-Social Forces in Medieval China,* Leiden, 2nd Edition, 1965.

Fitzgerald, C. P. *The Empress Wu,* Rep. 1968. 臺北，虹橋書局影印，六十三·六，第一版。

Liu, T. C. James and Golas, Peter J. *Change in Sung China-Innovation or Renovation?,* Lexington, Mass., D. C. Heath and Co., 1969. 臺北，虹橋書局影印，六十一·三，第一版。

Wechsler, Howard Jerome. *Mirror to Son of Heaven: Wei Cheng at the Court of T'ang T'ai-tsung,* New Haven, Yale univ. Press, 1974.

Wright, Arthur F. and Twitchett, Denis. *Perspectives on the T'ang,* ed., 1973. 臺北，虹橋書局影印，六十三·七，第一版。

參、論　文

一、中文

王泳：〈柳子厚黨事之剖析〉。臺北，《大陸雜誌》二九·五：一九～二三(上篇)；二九·六：二五～三二(下篇)，五十三·十。

谷霽光：〈唐折衝府考拾補〉。北平，《禹貢》三·四：二四～二九，二十四·四。

金中樞：〈宋三省長官置廢之研究〉。香港，《新亞學報》一一上：八九～一四七，一九七四·九。

唐長孺：〈唐代軍事制度之演變〉。武漢，《武大社會季刊》九·一：九七～一二六，四十八·六。

孫國棟：〈唐書宰相表初校〉。香港，《新亞學報》二·一：三〇七～

三五九，一九五六·八。

───〈唐代三省制之發展研究〉。香港，《新亞學報》三·一：一七
　　～一二一，一九五七·八。

───〈唐宋之際社會門第之消融〉。香港，《新亞學報》四·一：二
　　一一～三〇四，一九五九·八。

康樂：〈唐代前期的邊防〉。臺中，《東海大學歷史學報》一：一～四
　　〇，六十六·四。

章群：〈論唐開元前的政治集團〉。香港，《新亞學報》一·二：二八
　　一～三〇三，一九五六·二。

陳啓雲：〈兩晉三省制度之淵源、特色及其演變〉。香港，《新亞學
　　報》三·二：九九～三二九，一九五七。

馮承基：〈牛李黨爭始因質疑〉。臺北，《臺大文學院文史哲學報》
　　八：一三五～一四六，四十七·七。

雷家驥：〈曹植贈白馬王彪詩並序箋證〉。香港，《新亞學報》一二：
　　三三七～四〇四，一九七七·八。

雷家驥、黃淑梅：〈唐代宦官的婚姻與收養關係〉。臺北，《鵝湖》三
　　·二：二二～二五(上)；三·三：二五～三二(下)，六十六·八
　　及九。

蔣復璁：〈宋代一個國策的檢討〉。臺北，《宋史研究集》一：四〇七
　　～四五〇，四十七·六。

錢穆：〈論宋代相權〉。臺北，《宋史研究集》一：四五五～四六
　　二。

───〈唐宋時代文化〉。臺北，《大陸雜誌》四·八：二七～三四，
　　五十二·四。

藍文徵：〈唐武宗謀奪宦官兵柄考〉。《說文》四：二六三～二六四，
　　四十四·五。

薩孟武：〈由丞相集權到三省分權〉。臺北，《臺大法學院社會科學》二：一～三五，五十一・一。

嚴耕望：〈略論唐六典之性質與施行問題〉。臺北，《中研院史語所集刊》二四：六九～七六，四十二。

───〈唐代六部與九寺諸監之關係〉。臺北，《大陸雜誌》二・一一：一八～一九，四十。

───〈唐代行政制度論略〉。香港，《新亞書院學術年刊》一一：三三～四一，一九六九。

二、日文

日野開三郎：〈五代鎭將考〉。東京，《東洋學報》二五・二：五四～八五，昭和十三年。

───〈藩鎭體制と直屬州〉。東京，《東洋學報》四三・四：一～三六，昭和三十六年。

宮崎市定：〈五代節度使の支配體制〉。京都，《史學雜誌》六一・四：二八九～三二九（上篇）及六一・六：五二一～五三九（續篇），一九五二。

紙屋正和：〈漢代刺史の設置について〉。《東洋史研究》三三・二：三四～五六，昭和四十九年。

菊池英夫：〈節度使制確立以前における「軍」制度の展開〉。東京，《東洋學報》四四・二：五四～八八，昭和三十六年。

三民大專用書書目——國父遺教

三民主義	孫　　文	著	
三民主義要論	周　世　輔	編著	前政治大學
大專聯考三民主義複習指要	涂　子　麟	著	中 山 大 學
建國方略建國大綱	孫　　文	著	
民權初步	孫　　文	著	
國父思想	涂　子　麟	著	中 山 大 學
國父思想	周　世　輔	著	前政治大學
國父思想新論	周　世　輔	著	前政治大學
國父思想要義	周　世　輔	著	前政治大學
國父思想綱要	周　世　輔	著	前政治大學
中山思想新詮 ——總論與民族主義	周世輔、周陽山	著	政 治 大 學
中山思想新詮 ——民權主義與中華民國憲法	周世輔、周陽山	著	政 治 大 學
國父思想概要	張　鐵　君	著	
國父遺教概要	張　鐵　君	著	
國父遺教表解	尹　讓　轍	著	
三民主義要義	涂　子　麟	著	中 山 大 學

三民大專用書書目——歷史·地理

書名	作者	學校
中國歷史	李國祁著	師範大學
中國歷史系統圖	顏仰雲編繪	
中國通史（上）（下）	林瑞翰著	臺灣大學
中國通史（上）（下）	李方晨著	
中國近代史四講	左舜生著	
中國現代史	李守孔著	臺灣大學
中國近代史概要	蕭一山著	
中國近代史（近代及現代史）	李守孔著	臺灣大學
中國近代史	李守孔著	臺灣大大
中國近代史	李方晨著	
中國近代史	李雲漢著	政治大學
中國近代史（簡史）	李雲漢著	政治大學
中國近代史	古鴻廷著	東海大學
中國史	林瑞翰著	臺灣大大
隋唐史	王壽南著	政治大學
明清史	陳捷先著	臺灣大學
黃河文明之光（中國史卷一）	姚大中著	東吳大學
古代北西中國（中國史卷二）	姚大中著	東吳大學
南方的奮起（中國史卷三）	姚大中著	東吳大學
中國世界的全盛（中國史卷四）	姚大中著	東吳大學
近代中國的成立（中國史卷五）	姚大中著	東吳大
秦漢史話	陳致平著	
三國史話	陳致平著	
通鑑紀事本末 1/6	袁樞著	
宋史紀事本末 1/2	陳邦瞻著	
元史紀事本末	陳邦瞻著	
明史紀事本末 1/2	谷應泰著	
清史紀事本末 1/2	黃鴻壽著	
戰國風雲人物	惜秋撰	
漢初風雲人物	惜秋撰	
東漢風雲人物	惜秋撰	

書名	著者		服務機關
蜀漢風雲人物	惜秋	撰	
隋唐風雲人物	惜秋	撰	
宋初風雲人物	惜秋	撰	
民初風雲人物（上）（下）	惜秋	撰	
世界通史	王曾才	著	臺灣大學
西洋上古史	吳圳義	著	政治大學
世界近代史	李方晨	著	臺灣大學
世界現代史（上）（下）	王曾才	著	前臺灣大學
西洋現代史	李邁先	著	前臺灣大學
東歐諸國史	李邁先	著	前臺灣大學
英國史綱	許介鱗	著	臺灣大學
德意志帝國史話	郭恒鈺	著	柏林自由大學
印度史	吳俊才	著	政治大學
日本史	林明德	著	臺灣師大
日本信史的開始——問題初探	陶天翼	著	
日本現代史	許介鱗	著	臺灣大學
臺灣史綱	黃大受	著	臺灣師大
近代中日關係史	林明德	著	臺灣師大
美洲地理	林鈞祥	著	臺灣師大
非洲地理	劉鴻喜	著	臺灣師大
自然地理學	劉鴻喜	著	臺灣師大
地形學綱要	劉鴻喜	著	臺灣師大
聚落地理學	胡振洲	著	臺灣藝專
海事地理學	胡振洲	著	臺灣藝專
經濟地理	陳伯中	著	前臺灣大學
經濟地理	胡振洲	著	臺灣藝專
都市地理學	陳伯中	著	前臺灣大學
中國地理（上）（下）（合）	任德庚	著	

三民大專用書書目——新聞

基礎新聞學　　　　　　　　　彭家發　　著　　　政治大學
新聞論　　　　　　　　　　　彭家發　　著　　　政治大學
傳播研究方法總論　　　　　　楊孝濚　　著　　　東吳大學
傳播研究調查法　　　　　　　蘇蘅　　　著　　　輔仁大學
傳播原理　　　　　　　　　　方蘭生　　著　　　文化大學
行銷傳播學　　　　　　　　　羅文坤　　著　　　政治大學
國際傳播　　　　　　　　　　李瞻　　　著　　　政治大學
國際傳播與科技　　　　　　　彭芸　　　著　　　政治大學
廣播與電視　　　　　　　　　何貽謀　　著　　　輔仁大學
廣播原理與製作　　　　　　　于洪海　　著　　　中廣
電影原理與製作　　　　　　　梅長齡　　著　　　前文化大學
新聞學與大眾傳播學　　　　　鄭貞銘　　著　　　文化大學
新聞採訪與編輯　　　　　　　鄭貞銘　　著　　　文化大學
新聞編輯學　　　　　　　　　徐旭　　　著　　　新生報
採訪寫作　　　　　　　　　　歐陽醇　　著　　　臺灣師大
評論寫作　　　　　　　　　　程之行　　著　　　紐約日報
新聞英文寫作　　　　　　　　朱耀龍　　著　　　前文化大學
小型報刊實務　　　　　　　　彭家發　　著　　　政治大學
媒介實務　　　　　　　　　　趙俊邁　　著　　　東吳大學
中國新聞傳播史　　　　　　　賴光臨　　著　　　政治大學
中國新聞史　　　　　　　　　曾虛白　　主編　　前國策顧問
世界新聞史　　　　　　　　　李瞻　　　著　　　政治大學
新聞學　　　　　　　　　　　李瞻　　　著　　　政治大學
新聞採訪學　　　　　　　　　李瞻　　　著　　　政治大學
新聞道德　　　　　　　　　　李瞻　　　著　　　政治大學
電視制度　　　　　　　　　　李瞻　　　著　　　政治大學
電視新聞　　　　　　　　　　張勤　　　著　　　中視文化公司
電視與觀眾　　　　　　　　　曠湘霞　　著　　　政治大學
大眾傳播理論　　　　　　　　李金銓　　著　　　明尼蘇達大學
大眾傳播新論　　　　　　　　李茂政　　著　　　政治大學
大眾傳播理論與實證　　　　　翁秀琪　　著　　　政治大學

三民大專用書書目——社會

社會學（增訂版）	蔡文輝	著	印第安那州立大學
社會學	龍冠海	著	前臺灣大學
社會學	張華葆	主編	東海大學
社會學理論	蔡文輝	著	印第安那州立大學
社會學理論	陳秉璋	著	政治大學
社會學概要	張曉春等	著	臺灣大學
社會心理學	劉安彥	著	傑克遜州立大學
社會心理學	張華葆	著	東海大學
社會心理學	趙淑賢	著	安柏拉校區
社會心理學理論	張華葆	著	東海大學
政治社會學	陳秉璋	著	政治大學
醫療社會學	藍采風、廖榮利	著	臺灣大學
組織社會學	張笠雲	著	臺灣大學
人口遷移	廖正宏	著	臺灣大學
社區原理	蔡宏進	著	臺灣大學
鄉村社會學	蔡宏進	著	臺灣大學
人口教育	孫得雄	編著	研考會
社會階層化與社會流動	許嘉猷	著	臺灣大學
社會階層	張華葆	著	東海大學
西洋社會思想史	龍冠海、張承漢	著	臺灣大學
中國社會思想史（上）（下）	張承漢	著	臺灣大學
社會變遷	蔡文輝	著	印第安那州立大學
社會政策與社會行政	陳國鈞	著	前中興大學
社會福利行政（修訂版）	白秀雄	著	內政部
社會工作	白秀雄	著	內政部
社會工作管理——人羣服務經營藝術	廖榮利	著	臺灣大學
團體工作：理論與技術	林萬億	著	臺灣大學
都市社會學理論與應用	龍冠海	著	前臺灣大學
社會科學概論	薩孟武	著	前臺灣大學
文化人類學	陳國鈞	著	前中興大學
一九九一文化評論	龔鵬程	編	中正大學

三民大專用書書目——政治・外交

政治學	薩 孟 武	著	前臺灣大學
政治學	鄒 文 海	著	前政治大學
政治學	曹 伯 森	著	陸軍官校
政治學	呂 亞 力	著	臺灣大學
政治學概論	張 金 鑑	著	前政治大學
政治學概要	張 金 鑑	著	前政治大學
政治學概要	呂 亞 力	著	臺灣大學
政治學方法論	呂 亞 力	著	臺灣大學
政治理論與研究方法	易 君 博	著	政治大學
公共政策	朱 志 宏	著	臺灣大學
公共政策	曹 俊 漢	著	臺灣大學
公共關係	王德馨、俞成業	著	交通大學等
中國社會政治史(一)～(四)	薩 孟 武	著	前臺灣大學
中國政治思想史	薩 孟 武	著	前臺灣大學
中國政治思想史（上）（中）（下）	張 金 鑑	著	前政治大學
西洋政治思想史	張 金 鑑	著	前政治大學
西洋政治思想史	薩 孟 武	著	前臺灣大學
佛洛姆(Erich Fromm)的政治思想	陳 秀 容	著	政治大學
中國政治制度史	張 金 鑑	著	前政治大學
比較主義	張 亞 澐	著	政治大學
比較監察制度	陶 百 川	著	國策顧問
歐洲各國政府	張 金 鑑	著	政治大學
美國政府	張 金 鑑	著	前政治大學
地方自治概要	管 歐	著	東吳大學
中國吏治制度史概要	張 金 鑑	著	前政治大學
國際關係——理論與實踐	朱張碧珠	著	臺灣大學
中國外交史	劉 彥	著	
中美早期外交史	李 定 一	著	政治大學
現代西洋外交史	楊 逢 泰	著	政治大學
中國大陸研究	段家鋒、張煥卿、周玉山主編		政治大學等

三民大專用書書目——教育

教育理念與教育問題	李 錫 津 著	松山商職校長
比較國民教育	雷 國 鼎 著	臺 灣 師 大
中等教育	司 琦 著	前政治大學
中國教育史	胡 美 琦 著	文 化 大 學
中國現代教育史	鄭 世 興 著	臺 灣 師 大
中國大學教育發展史	伍 振 鷟 著	臺 灣 師 大
中國職業教育發展史	周 談 輝 著	臺 灣 師 大
社會教育新論	李 建 興 著	臺 灣 師 大
中國社會教育發展史	李 建 興 著	臺 灣 師 大
中國國民教育發展史	司 琦 著	前政治大學
中國體育發展史	吳 文 忠 著	臺 灣 師 大

中小學人文及社會學科教育目標研究總報告
　　　　教育部人文及社會學科教育指導委員會 主編
中小學人文學科教育目標研究報告
　　　　教育部人文及社會學科教育指導委員會 主編
中小學社會學科教育目標研究報告
　　　　教育部人文及社會學科教育指導委員會 主編
教育專題研究　第一輯
　　　　教育部人文及社會學科教育指導委員會 主編
教育專題研究　第二輯
　　　　教育部人文及社會學科教育指導委員會 主編
教育專題研究　第三輯
　　　　教育部人文及社會學科教育指導委員會 主編
選文研究——中小學國語文選文之評價與定位問題
　　　　教育部人文及社會學科教育指導委員會 主編
英國小學社會科課程之分析　　　張玉成 著　　教育部人指會
　　　　教育部人文及社會學科教育指導委員會 主編

如何寫學術論文	宋楚瑜 著	省 政 府
論文寫作研究	段家鋒、孫正豐、張世賢 主編	政 治 大 學
美育與文化	黃昆輝 主編	陸 委 會

三民大專用書書目——行政・管理

書名	著者		服務機關
行政學	張潤書	著	政治大學
行政學	左潞生	著	前中興大學
行政學新論	張金鑑	著	前政治大學
行政學概要	左潞生	著	前中興大學
行政管理學	傅肅良	著	前中興大學
行政生態學	彭文賢	著	中興大學
人事行政學	張金鑑	著	前政治大學
各國人事制度	傅肅良	著	前中興大學
人事行政的守與變	傅肅良	著	前中興大學
各國人事制度概要	張金鑑	著	前政治大學
現行考銓制度	陳鑑波	著	
考銓制度	傅肅良	著	前中興大學
員工考選學	傅肅良	著	前中興大學
員工訓練學	傅肅良	著	前中興大學
員工激勵學	傅肅良	著	前中興大學
交通行政	劉承漢	著	成功大學
陸空運輸法概要	劉承漢	著	成功大學
運輸學概要（增訂版）	程振粵	著	臺灣大學
兵役理論與實務	顧傳型	著	
行為管理論	林安弘	著	德明商專
組織行為管理	龔平邦	著	前逢甲大學
行為科學概論	龔平邦	著	前逢甲大學
行為科學概論	徐道鄰	著	
行為科學與管理	徐木蘭	著	臺灣大學
組織行為學	高尚仁、伍錫康	著	香港大學
組織原理	彭文賢	著	中興大學
實用企業管理學（增訂版）	解宏賓	著	中興大學
企業管理	蔣靜一	著	逢甲大學
企業管理	陳定國	著	前臺灣大學
國際企業論	李蘭甫	著	香港中文大學
企業政策	陳光華	著	交通大學

企業概論	陳 定 國	著	前臺灣大學
管理新論	謝 長 宏	著	交 通 大 學
管理概論	郭 崑 謨	著	中 興 大 學
管理個案分析（增訂新版）	郭 崑 謨	著	中 興 大 學
企業組織與管理	郭 崑 謨	著	中 興 大 學
企業組織與管理（工商管理）	盧 宗 漢	著	中 興 大 學
企業管理概要	張 振 宇	著	中 興 大 學
現代企業管理	龔 平 邦	著	前逢甲大學
現代管理學	龔 平 邦	著	前逢甲大學
管理學	龔 平 邦	著	前逢甲大學
文檔管理	張 翔	著	郵 政研究所
事務管理手冊	行政院新聞局	編	
現代生產管理學	劉 一 忠	著	舊金山州立大學
生產管理	劉 漢 容	著	成 功 大 學
管理心理學	湯 淑 貞	著	成 功 大 學
品質管制（合）	柯 阿 銀	譯	中 興 大 學
品質管理	戴 久 永	著	交 通 大 學
可靠度導論	戴 久 永	著	交 通 大 學
執行人員的管理技術	王 龍 興	譯	
人事管理（修訂版）	傅 肅 良	著	前中興大學
人力資源策略管理	何永福、楊國安	著	
作業研究	林 照 雄	著	輔 仁 大 學
作業研究	楊 超 然	著	臺 灣 大 學
作業研究	劉 一 忠	著	舊金山州立大學
數量方法	葉 桂 珍	著	成 功 大 學
系統分析	陳 進	著	前聖瑪利大學
秘書實務	黃 正 興	編著	實 踐 學 院

三民大專用書書目——心理學

心理學（修訂版）	劉　安　彥	著	傑克遜州立大學
心理學	張春興、楊國樞	著	臺灣師大等
怎樣研究心理學	王　書　林	著	淡江大學
人事心理學	黃　天　中	著	淡江大學
人事心理學	傅　肅　良	著	前中興大學
心理測驗	葉　重　新	著	臺中師範學院
青年心理學	劉安彥　陳英豪	著	傑克遜州立大學省政府